U0000860

百衲本二十四史

金史

上海涵芬樓借北平圖
書館藏元至正刊本景
印關卷以涵芬樓藏元
覆本配補原書板高營
造尺七寸寬五寸一分

《百衲本二十四史》新版刊印序

《百衲本二十四史》是近百年來校考最精良、版本最珍貴、蒐羅最廣泛的二十四史，先父王雲五先生於一九七六年〈重印補校百衲本二十四史序〉中已有論證。

一八九七年商務印書館在上海創立，創館元老張元濟先生於一九〇二年正式主持商務印書館編譯所，將商務帶入「出版好書、匡輔教育」的出版之路。一九二一年(民國十年)王雲五先生經胡適先生推薦，接替主持商務印書館編譯所，並於一九三〇年兼任總經理，與張元濟先生共同為商務印書館的百年大業作出貢獻。

張元濟先生入館後，積極蒐購民間珍貴藏書，一方面用來印製、廣泛發行，另一方面也為成立「涵芬樓」藏書室(後來開放為「東方圖書館」)預作準備。當年他並積極向各公私立圖書館商借影印各種版本的二十四史，逐一比較補正缺漏，然後在一九三〇年開始付印，至一九三七年全部出齊。校印工程之艱鉅與可貴，從他所撰寫的《校史隨筆》可以了解。

商務涵芬樓所珍藏的二十四史及各種珍貴版本，可惜在一九三二年日本發動淞滬戰爭時，被日軍炸毀，化為灰燼。《百衲本二十四史》的傳印，就顯得格外有意義。

王雲五先生於一九六四年在臺重新主持臺灣商務印書館，與當時總編輯楊樹人教授，依據臺北故宮博物院和中央圖書館珍藏的宋元版本，修補校正《百衲本二十四史》，並於一九七六年重版印行。

《百衲本二十四史》初印至今，已經八十年，雖經在臺補正重版，舊書均已售完，而各界索購者絡繹不絕，不得已先以隨需印刷供應，但仍然供不應求。

為了適應讀者的需要，本公司由副董事長施嘉明先生、總編輯方鵬程先生和舊書重印小組一起規劃，決定放大字體，以十八開精裝本重印《百衲本二十四史》，每種均加印目錄頁次，讓讀者方便查考，也讓我們與《百衲本二十四史》共同邁向百年大慶。值此付印前夕，特為之序。

臺灣商務印書館董事長王學哲謹序

二〇一〇年三月二十五日

一

金史 一百三十五卷

元托克托等奉敕撰。凡紀十九卷、志三十九卷、表四卷、列傳七十三卷。

金人肇基東海，奄有中原，制度典章，彬彬為盛，徵文考獻，具有所資。即如大金弔伐一錄，自天輔七年，交割燕雲。及天會三年，再舉伐宋，五年廢宋立楚。至康王南渡，所有國書誓誥、冊表文狀、指揮牒檄，以載於故府案牘者，具有年月，得以編次成書。

是自開國之初，即已遺聞不墜。〈文藝傳〉稱元好問晚年以著作自任。以金源氏有天下，典章法制，幾及漢唐，國亡史作，已所當任。時金國實錄，在順天張萬戶家，乃言於張，願為撰述。既因有阻而止，乃搆野史亭，著述其上。凡金源君臣遺言往行，採摭所聞，有所得，輒以片紙細字為記錄，至百餘萬言。纂修《金史》，多本其所著。又稱劉祁撰《歸潛志》，於金末之事，多有足徵。是相承纂述，復不乏人。

且考托克托等進書表，稱張柔歸金史於其前，王鶚輯金事於其後。是以纂修之命，見諸數遺之謀。延祐申學而未遑，天歷推行而弗竟。是元人之於此書，經營已久，與宋遼二史，取辦倉卒者不同。故其首尾完密，條例整齊，約而不疏，贍而不蕪。在三史之中，獨為最善。如載世紀於卷首，而列景宣帝睿宗顯宗於世紀補，則酌取《魏書》之例。〈歷志〉則採趙知微之大明歷，而兼考渾象之存亡。〈禮志〉則掇韓企先等之大金集禮，而兼及雜儀之品節。〈河渠志〉之詳於二十五埽，〈百官志〉之首敘建國諸官，咸本本元元，具有條理。〈食貨志〉則因物力之微，而歎其初法之不慎。〈選舉志〉則因令史之正班，而推言仕進之末弊。〈交聘表〉則數宋人三失，而惜其不知守險，不能自強，皆切中事機，意存殷鑒，卓然有良史之風。

惟其列傳之中，頗多疏舛。如楊朴佐太祖開基，見於《遼史》，而不為立傳。晉王宗翰之上書乞免，見北盟會編，瀋王宗弼之遺令處分，見建炎以來繫年要錄，皆有關國政，而本傳不書。海陵之失德，既見於本紀，而諸婆之猥褻，復詳述於后妃傳。王倫以奉使被留，未嘗受職，而傳列於酈瓊李成之後。張邦昌傳，既云宋史有傳，事具宗翰等傳，而復複引本紀之文列於劉豫之前，皆乖體例。至昌本之南走，施宜生之泄謀，宇文虛中之謗訕，傳聞異辭，皆未能核定，亦由於祗據實錄，未暇旁考諸書。

然《宋史》載兩國兵事，多採摭宋人所記，不免浮詞。如采石之戰，其時海陵士卒，聞大定改元，離心自

潰，虞允文攘以為功，殊非事實。此書所載，獨得其真。泰和以後諸臣傳，尤能悉其情事。蓋好問等得諸目覩，與傳聞異詞者殊也。卷三十三、卷七十六，中有闕文，蓋明代監版之脫誤。今以內府所藏元版校補，仍為完帙云。（本文引自景印《文淵閣四庫全書》總目史部卷四十六，頁二二之四十）

重印補校百衲本二十四史序

百衲本者何？彙集諸種善本，有闕卷闕頁，復多方蒐求，以事配補，有如僧衣之補綴多處者也。

我國正史彙刻之存於今者，有汲古閣之十七史，有南北監之二十一史。清高宗初立，成明史，命武英殿開

雕，至四年竣工；繼之者二十一史。其後又詔增劉昫唐書，與歐宋新唐書並行，越七年遂成武英殿二十三史。及

四庫開館，諸臣復據永樂大典及太平御覽，冊府元龜等書，裒輯薛居正舊五代史，得旨刊布，以四十九年奏進；

於是二十四史之名以立。

武英殿本以監本為依據。清高宗製序，雖有監本殘闕，併勅校讎之言，始意未嘗不思成一善本也。惟在事諸

臣，既未能廣蒐善本，復不知慎加校勘，佚者未補，訛者未正，甚或彌縫缺乏，以訛亂真，誠可惜也。

本館前輩張菊生先生，以多年之時力，廣集佳槧，審慎校讎，自民十九年開始景印，迄二十六年甫竟全功。

雖中經一二八之劫，抱書而走，亂定掇拾需時，然景印之初，海宇清寧，亦緣校讎精審，多費時日。嘗聞菊老茸

印初稿，悉經手勘，朱墨爛然，盈闌溢幅，點畫纖細，鉤勒不遺，與同人共成校勘記，多至百數十冊，文字繁

冗，尚待董理。爰取原稿若干條，集為校史隨筆，而付梓焉。

就隨筆所記，殿本詿闕殊多。分史言之，則史記正義多遺漏，漢書正文注文均有錯簡，三國志卷第淆亂，宋

書誤註為正文，南齊書地名脫誤，北齊書增補字句均據北史，而仍與北史有異同。魏書考證有誤，舊唐書有闕

文，訂正錯簡亦有小誤，唐書有衍文，舊五代史遂於嘉業堂劉氏刊本，元史有衍文及闕文，且多錯簡，重出之

傳，亦未刪盡。綜此諸失，殿本二十四史不如衲史遠矣，況善本精美，古香古色，尤非殿本所能望其項背。

茲將百衲本二十四史據以景印之版本列述於後：

史　記　　宋慶元黃善夫刊本。

漢　書　　北宋景祐刊本，瞿氏鐵琴銅劍樓藏。

後漢書　　宋紹興刊本，原闕五卷半，以北平國立圖書館元覆宋本配補。

三國志　　宋紹熙刊本，日本帝室圖書寮藏，原闕魏志三卷，以涵芬樓藏宋紹興刊本配補。

晉　書　　宋本，海寧蔣氏衍芬草堂藏，原闕載記三十卷，以江蘇省立圖書館藏宋本配補。

宋書　宋蜀大字本，北平國立圖書館吳興劉氏嘉業堂藏，闕卷以涵芬樓藏元明遞修本配補。

南齊書　宋蜀大字本，江安傅氏雙鑑樓藏。

梁書　宋蜀大字本，北平國立圖書館及日本靜嘉堂文庫藏，闕卷以涵芬樓藏元明遞修本配補。

陳書　宋蜀大字本，北平國立圖書館及日本靜嘉堂文庫藏。

魏書　宋蜀大字本，北平國立圖書館江安傅氏雙鑑樓吳興劉氏嘉業堂及涵芬樓藏。

北齊書　宋蜀大字本，北平國立圖書館藏，闕卷以涵芬樓藏元明遞修本配補。

周書　宋蜀大字本，吳縣潘氏范硯樓及自藏，闕卷以涵芬樓藏元明遞修本配補。

隋書　元大德刊本，闕卷以北平國立圖書館江蘇省立圖書館藏本配補。

南史　元大德刊本，北平國立圖書館及自藏。

北史　元大德刊本，北平國立圖書館及自藏。

舊唐書　宋紹興刊本，常熟鐵琴銅劍樓藏，闕卷以明聞人詮覆宋本配補。

新唐書　北宋嘉祐刊本，日本岩崎氏靜嘉堂文庫藏，闕卷以北平國立圖書館江安傅氏雙鑑樓藏宋本配補。

舊五代史　原輯永樂大典有注本，吳興劉氏嘉業堂刻。

五代史記　宋慶元刊本，江安傅氏雙鑑樓藏。

宋史　元至正刊本，北平國立圖書館藏，闕卷以明成化刊本配補。

遼史　元至正刊本。

金史　元至正刊本，北平國立圖書館藏，闕卷以涵芬樓藏元覆本配補。

元史　明洪武刊本，北平國立圖書館及自藏。

明史　清乾隆武英殿原刊本，附王頌蔚編集考證攟逸。

上開版本之搜求補綴，在彼時實已盡最大之能事。惟今者善本時有發見，前此認為業已失傳者，漸集於一隅，尤以中央圖書館及故宮博物院在抗戰期內，故家遺族，前此秘藏不宣，因播遷而割愛者不在少數；盡量收購，寄存盟邦，以策安全。近年悉數運回，使臺灣成為善本之總匯。百衲本後漢書原據本館前涵芬樓所藏宋紹興本影印，益以北平圖書館及日本靜嘉堂文庫殘本之配備，當時堪稱人間瑰寶；且志在存真，對其中未盡完善之處

一仍其舊。然故宮博物院近藏宋福唐郡庠覆景祐監刊元代修補本及中央圖書館所藏錢大昕手跋北宋刊本與宋慶元間建安劉元起刊本，各有其長處。本館總編輯楊樹人教授特據以覆校百衲本原刊，計修正原影本因配補殘本而致首尾不貫者五處，其中重複者四處，共圈刪衍文三十六字，補足脫漏一處，缺文二字，原板存留墨丁四十六處，補正五十二字。另有顯屬雕刻錯誤者若干字，亦酌為改正。於是宋刊原面目，大致可復舊觀矣。又前漢書原景本闕漏目錄全份，亦據故宮博物院珍藏宋福唐郡庠覆景祐監刊元代修補本補印十有四頁，以成全璧。校書如掃落葉，愈掃愈落，礙難悉數掃清，然多費一番心力，對於鑽研史籍者，定可多一番裨益。區區之意，當為讀者所樂聞，亦可稍慰本館前輩張菊老在天之靈，喜其繼起有人也。

本館衲史原以三十二開本連史紙印製，訂為八百二十冊，流行雖廣，以中經多難，存者無多，臺省尤感缺乏，各國亦多訪購，爰應各方之需求，改訂為十六開大本，縮印二頁為一面，字體較縮本四部叢刊初編為大，用上等印書紙精印精裝，訂為四十一鉅冊，以便檢閱，經重版數次。茲為謀普及，再縮印為二十四開本五十八冊，字體仍甚清晰，而售價不及原印十六開本之半，莘莘學子，多有購置之力，誠不負普及之名矣。付印有日，謹述概要。

中華民國六十五年雙十節王雲五識

六

股東會全體股東獻禮

本公司董事長王岫廬（雲五）先生，學界巨擘，社會棟樑，歷任艱巨，功在國家。一生繫中國文化出版之命脈，惠澤士林。本公司三度罹國難而得復興。咸賴 先生之大力。每次復興，莫不聲光煥發，蔚為奇蹟。民國五十二年冬，先生退出政壇。次年秋重主本公司，謀慮擘劃，晨夕辛勞，不取分文之酬，而甘之如飴；蓋純出於愛護本公司與宏揚文化之心願。無 先生之犧牲精神與卓越領導，不能有今日之商務書館，已為識者之定評。今歲欣逢 先生八秩華誕，社會同慶。股東會同人本崇功報德之念，群思有以祝賀。 先生謙辭至再至三，當以恭敬不如從命，爰於五十六年股東會議席上全體決議，利用重印之百衲本二十四史，作為 華誕獻禮。要不過體認先生造福文化界之功績，聊表嵩祝悃誠於萬一耳。

中華民國五十六年四月十五日

臺灣商務印書館股份有限公司
股東會全體股東　謹啟

七

儀同三司上柱國錄軍國重事中書右丞相監修

領 經筵事提調太醫院廣惠司事臣阿魯圖言

竊惟漢高帝入關任蕭何而收秦籍唐太宗即祚命魏

微以作隋書蓋曆敦歸

國也若置郡而傳令及燼興於禮樂乃煥有乎聲明當

真主之朝而簡編戴前代之事國可滅史不可滅善吾

師惡亦吾師翔夫典故之源流章程之沿革不披往牒

曷嘗間聞維此金源起於海裔以滿萬之眾橫行天下

不十年之久也其用兵也如縱燎而乘風其得

吞四海之勢而未有壹四海之規明昌能成一代之制

而亦能壞一代之法海陵無道自取覆敗宣宗輕動昌

濟中興迫夫浚郊多壘之秋汝水飛煙之日天人屬望

父有在矣君臣守義足取焉我

太祖法天啟運聖武皇帝以有名之師而釋奕世之懷以

無敵之仁而收兆民之心勍卒博居庸關比拊其背

大軍出紫荊口南擠其吭

措顧可成於篤功

▲金史目錄上　　一　任德章刊

橾縱莫窺於

廟筭懋彼取彼遼之暴容其涉河以遷

太宗英文皇帝席卷雲朔而徇地并營囊括趙代而傳檄

齊魯滅夏國以蹴秦鞏通宋人以偪河淮

曆宗仁聖景襄皇帝冒萬險出饒風長驅平陸戰三峯乘

世祖聖德神功文武皇帝

恢弘至化勞来遺黎

大雪遂定中原

太陽出而爝火熄

正音作而眾樂慶夏及

燕地定都撒武靈之舊址遼陽建省撫肅慎之故墟于

時張柔歸金史於其先王鶚輯金車於其後是以纂修

之命見諸

敷遺之謀延祐申舉而未遑天曆推行而弗竟臣阿魯圖

誠惶誠懼頓首頓首欽惟

皇帝陛下緝熙

聖學

紹述

先猷當

邦家閒暇之時

▲金史目錄上　　二　任德章刊

22-1

治經史討論之協念彼泰和以來之事蹟涉我
聖代初興之歲年
太祖受帝號於丙寅先五載而朱鳳應
世皇纘聖質於乙亥蚤一歲而黃河清若此
貞符昭然
成命第以變故多而搆史闕著史沒而新說訛弗折衷於
大朝恐失真於他日於是
聖心獨斷盛事力行
申命臣阿魯圖以中書右丞相別兒怯不花以中書
左丞相領三史事臣脫脫以前中書右丞相仍都總裁
御史大夫帖睦爾達世臣中書平章政事賀惟一臣
翰林學士承旨張起巖臣翰林學士歐陽玄臣治書侍
御史李好文臣禮部尚書王沂臣崇文太監楊宗瑞為
總裁官臣江西湖東道蕭政廉訪使王理臣國子博
東道廉政廉訪副使王沙剌班臣江西湖
士賢著臣秘書監著作郎趙時敏臣太常博士商企翁
為史官集衆技以責成書佇
覽近監臣阿魯圖仰承
奏篇以
隆委俯鴻微勞紬石室之文誠乏司馬遷之作獻金鏡

之錄願攄張相國之忠謹撰述本紀十九卷志三十九
卷表四卷列傳七十三卷目錄二卷裝潢成一百三十
七帙隨表以
閒上塵
天覽無任慚恧戰汗屏營之至臣阿魯圖誠惶誠懼頓
首頓首謹言
至正

修史官員

領三史事

開府儀同三司上柱國錄軍國重事中書右丞相總裁 國史領 經進事臣阿魯圖

開府儀同三司上柱國錄軍國重事中書左丞相領 經進事臣別兒怯不花

都總裁

開府儀同三司莊國錄軍國重事前中書平章相監修 國史領 經進事臣脫脫

總裁官

銀青榮祿大夫御史大夫知 經筵事臣帖睦爾達世

光祿大夫中書平章政事知 經筵事臣賀惟一

翰林學士承旨榮祿大夫知 制誥兼修 國史臣張起巖

翰林學士承旨榮祿大夫知 制誥同修 國史同知 經筵事臣揭傒斯

翰林侍講學士中奉大夫知 制誥同修 國史臣歐陽玄

翰林學士資善大夫知 制誥同修 國史臣

正議大夫崇文太監撿校書籍事臣楊宗瑞

嘉議大夫治 書侍御史臣李好文

中大夫禮部尚 書臣王沂

纂修官

江西湖東道肅政廉訪使臣沙剌班

江西湖東道肅政廉訪副使臣王理

翰林待制奉議大夫兼國史院編修官臣伯顏

奉訓大夫監察御史臣趙時敏

奉訓大夫國子博士臣費著

承務郎太常博士臣商企翁

【金史目錄上 五】

【金史目錄上 六】

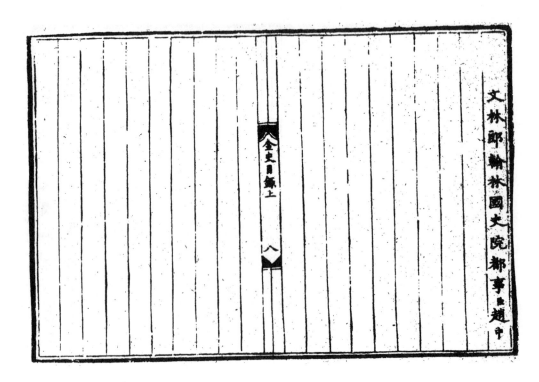

提調官

榮祿大夫中書平章政事知 經筵事 臣伯顏

榮祿大夫中書右丞知 經筵事 臣...

資德大夫中書左丞 臣董守簡

中奉大夫參議中書省事 臣...

嘉議大夫參議中書省事 臣...

亞中大夫僉議中書省事 臣丁元

中順大夫左司郎中 臣愛子

承德郎右司郎中 臣陳思謙

華議大夫右司郎中 臣老老

亞中大夫左司員外郎 臣何執禮

奉訓大夫左司都事 臣俞末

華訓大夫左司都事 臣趙公謙

朝請大夫吏部尚書 臣郝佺

過議大夫兵部尚書 臣李猷

正議大夫戶部尚書 臣蔡襲龍

正議大夫工部尚書 臣路希賢

朝散大夫禮部侍郎 臣靳巌

亞中大夫刑部郎中 臣顧忿

過議大夫僉太常禮儀院事 臣杜秉彝

金史目錄上 七 三四七

金史目錄上 八

文林郎翰林國史院都事 臣趙申

皇帝聖旨裏江浙等處行中書省至正五年六月二十六日准

中書省咨至正五年四月十三日篤憐帖木兒怯

薛第二日沙嶺納鉢

斡脫裏有時分速古兒赤雅普化云都赤撒迪里迷

失殿中撒馬給事中也先不先等有來阿魯禿右

丞相帖木兒塔失大夫太平院使伯顏平章達世

帖木兒丞等奏失去歲教纂修遼金宋三代史書

即目遼金史書纂修了有如今將造遼史書令江浙

江西二省開板就彼的的學校錢內就用疾早教

各印造一百部來呵怎生奏呵奉

〖金大夫文　一〗

聖旨那般者欽此咨請欽依施行仍令省委自文資正

官首領官各一貟欽依提調疾早印造完備起解

准此本省咨委委知政事秦中華左右司都事徐

牒承德欽依提調及下江浙儒司委自提舉班惟

志奉政校正字畫杭州路委文資正官首領官提

調鋟梓印造裝褙

至正五年九月　　日

都　　事

承務郎江浙等處行中書省左右司都事臣馬黑麻

承德郎江浙等處行中書省左右司都事臣徐禝

奉訓大夫江浙等處行中書省左右司貟外郎臣鄭瑨

奉直大夫江浙等處行中書省左右司貟外郎臣赫德會

中奉大夫江浙等處行中書省左右司郎中臣崔敬

朝列大夫江浙等處行中書省左右司郎中臣島剌沙

資德大夫江浙等處行中書省參知政事臣沙班

資政大夫江浙等處行中書省參知政事臣秦從儉

資善大夫江浙等處行中書省左丞臣李褒如

榮祿大夫江浙等處行中書省平章政事臣卜尺兒

〖金大夫文　二〗

平　章　政　事

資善大夫江浙等處行中書省左丞臣

資政大夫江浙等處行中書省右丞臣

金紫光祿大夫江浙等處行中書省右丞相提調諸路財賦都總管府事臣　朵兒只

22-8

22-9

22-20

金史目錄下　二十
〔沈陽之師〕

金史目錄下　二十一

校勘
臣彭衍　臣倪中　臣麥澂
臣岳信　臣楊鑣　臣年思善
臣卜勝　臣李源　臣揚模
臣丁士恒

開府儀同三司柱國錄軍國重事中書右丞相樂　國領　經筵事都總裁　脫脫　奉

勅修

世紀

金之先出靺鞨氏靺鞨本號勿吉勿吉古肅慎地也元魏
時勿吉有七部曰粟末部曰伯咄部曰安車骨部曰拂涅
部曰號室部曰黑水部曰白山部隋稱靺鞨而七部並同
唐初有黑水靺鞨粟末靺鞨其五部無聞粟末靺鞨始附
高麗姓大氏李勣破高麗粟末靺鞨保東牟山後為渤海
稱王傳十餘世有文字禮樂官府制度有五京十五府六
十二州黑水靺鞨居肅慎地東瀕海南接高麗亦附于高
麗嘗以兵十五萬衆助高麗拒唐太宗敗于安市開元中
來朝置黑水府以部長為都督刺史置長史監之賜
姓李氏名獻誠領黑水經略使其後渤海盛強黑水役屬
之朝貢遂絕五代時契丹盡取渤海地而黑水靺鞨附屬
于契丹其在南者籍契丹號熟女直其在北者不在契丹
籍號生女直生女直地有混同江長白山混同江亦號黑
龍江所謂白山黑水是也金之始祖諱函普初從高麗來
年已六十餘矣兄阿古迺好佛留高麗不肯從曰後世子
孫必有能相聚者吾不能去也獨與弟保活里俱始祖居

完顏部僕幹水之涯保活里居耶懶其後胡十門以曷蘇
館歸太祖自言其祖兄弟三人相別而去蓋自謂阿古迺
之後石土門迪古乃保活里之裔也及太祖敗遼兵于境
上獲耶律謝十乃使梁福幹答剌招諭渤海人曰女直渤
海本同一家蓋其初皆勿吉之七部也始祖至完顏部居
久之其部人謂始祖曰若能為部人解此怨使兩族不相
殺之人皆得為同部仍為同部始祖曰諾
父之其部人嘗殺它族之人由是兩族交惡鬭不能解
完顏部有賢女年六十而未嫁當以相配仍為同部
延自往諭之曰殺一人而鬭不解損傷益多曷若止誅首
亂者一人部內以物納償汝可以無鬭而且獲利焉怨家
從之乃為約曰凡有殺傷人者徵其家人口一馬十偶特
牛十黃金六兩與所殺傷之家即兩解不得私鬭如此部
約女直之俗殺人償馬牛三十自此始既備償如約部眾
信服之謝以青牛一并許得其質產後生二男長曰烏魯為
一女曰注思板遂為完顏部人天會十四年追諡始祖
帝廟號始祖皇統四年號其藏曰光陵五年增諡始祖懿
憲景元皇帝德帝諱烏魯天會十四年追諡景元皇
統四年號其藏曰熙陵五年增諡德皇帝子安帝皇
諱跋海天會十四年追諡安皇帝皇統四年號其藏建陵

五年增諡和靖慶安皇帝獻祖諱綏可黑水舊俗無室
廬負山水坎地潔木其上覆以土夏則出隨水草以居冬
則入處其中遷徙不常獻祖乃徙居海古水耕墾樹藝始
築室有棟宇之制人呼其地為納葛里者漢語居
室也自此遂定居于安出虎水之側矣天會十四年追諡
定昭皇帝廟號獻祖皇統四年號其藏曰輝陵五年增諡
獻祖純烈定昭皇帝昭祖皇統諱石魯剛毅質直生女直無
書契無約束不可檢制昭祖欲稍立條教諸父部人皆不
悅欲坑殺之已被執叔父謝里忽知部眾

兄子賢人也必能承家安輯部眾此舉奈何輒欲坑殺昭祖曰吾不
吸往誓弓注矢射於眾中刳執者皆散走昭祖乃得免昭
祖稍以條教為治部落寖強遼以惕隱者之諸部猶以舊
俗不肯用條教昭祖耀武至于青嶺白山順者撫之不從
者討伐之入于蘇濱耶懶之地所至克捷還經僕斡水僕
散漢語惡瘡也昭祖惡其地名雖已困憊不肯止行至遍剌紀
里旬得疾迫夜寢于村舍有盜至遂中夜啓行至遍剌紀
村止焉是夕卒載柩而行遇賊於路奪柩去部眾追賊與
戰復得柩去此幾何其人蒲虎復來襲之垂及蒲虎問諸路人
曰石魯柩去此幾何其人曰遠矣追之不及也蒲虎遂止
於是乃得歸葬焉生女直之俗至昭祖時稍用條教民頗

聽從尚未有文字無官府不知歲月晦朔是以年壽脩短
莫得而考焉天會十五年追諡昭祖武惠成襄皇帝廟號昭祖皇統
四年藏號安陵五年辛酉歲生自始祖至此巳六世矣景
烏古迺遼太平元年辛酉年增諡昭祖武惠成襄皇帝子景祖諱
祖稍役屬諸部自白山耶悔懶土骨論之屬以至
五國之長皆聽命是時遼之邊民有逃而歸者及邊以兵
徒鐵勒烏惹之民鐵勒烏惹多不肯徙亦逃而來歸遼使
曷魯林牙將兵來索通之民景祖恐遼兵深入盡得山
川道路險易或將圖之乃以計止之曰兵若深入諸部必

驚擾憂生不測通戶亦不可得非計也曷魯以為然遂
其軍與曷魯自行索之是時隣部雖從孫翼水烏林答
部石顯尚拒阻不服攻之不克景祖以計告於遼主遼主
遣使責讓石顯與婆諸刊入見遼主於春蒐遼主乃留石顯
還其後石顯與婆諸刊入見遼主於春蒐遼主乃留石顯
於邊地而遣婆諸刊還所部景祖之謀也既而五國蒲聶
部節度使接乙門畔遼鷹路不通遼人將討之先遣同幹
來諭旨景祖曰可以計取若用兵彼將走保險阻非歲月
可平也遼人從之蓋景祖終畏遼兵之入其境也故自以
為功於是景祖陽與挞乙門為好而以妻子為質襲而擒
之獻於遼主遼主召見于寢殿燕賜加等以為生女直部

族節度使遼人呼節度使為太師金人稱都太師者自此
始遼主將刻印與之景祖不肯繁遼籍辭曰請俟他日遼
主終欲與之遣使來景祖詭使部人揚言曰主公若受印
繫籍部人必殺之用是以拒之遼使既為節度使乃還
官屬紀綱漸立矣生女直舊無鐵隣國有以甲冑來鬻者
傾貲厚賈以與貿易亦令昆弟族人皆售之得鐵既多因
之以修弓矢備器械兵勢稍振前後顧附者眾幹泯水蒲
察部泰神忒保水完顏部統門水溫迪痕部神隱水完顏
部皆相繼來附景祖為人寬恕能容物平生不見喜慍推
財與人分食解衣無所吝惜人或忤之亦不念先時有畔

本紀 【金史一卷】 五

去者遣人諭誘之畔者曰汝主活羅也活羅吾能獲之吾
豈能為活羅屈哉活雒漢語逸鳥也北方有之狀如大雞
善啄物見馬牛囊脊間有瘡啄其脊間食之馬牛輒死
紿飢不得食雛砂石亦食之景祖嗜酒好色飲噉過人時
人呼曰活羅故畔者以此訕之亦不以介意其後訕者力屈
去俾復其故人以此益信服之眾降者錄其姓名即遣
來降厚賜遣還曷懶水有率眾降者景祖禦之謝野來禦
謝野勃菫畔遼鷹路不通景祖伐之謝野來禦景祖被重
鎧率眾力戰謝野兵敗走拔里邁灄時方十月冰忽解謝
野不能軍眾皆潰去乃旋師道中遇通云要遮險阻晝夜

拒戰此至部巳憚即往見遼邊將遼魯骨疾自陳敗謝野功
行次來流水未見達魯骨疾作而復卒于家年五十四天
會十四年追諡景祖英烈桓皇帝廟號景祖皇統四年藏號定陵
五年增諡景祖英烈惠桓皇帝第二子襲節度使是為世
祖諱劾里鉢生女直之俗生子年長即異居景祖九子元
配唐括氏劾者次世祖次劾孫次蕭宗次穆宗與蕭
宗同居景祖卒世祖繼之蕭宗卒穆宗
不成劾孫亦柔善人耳乃命劾者與世祖同居劾孫
居景祖曰劾者柔和可治家務劾里鉢有器量智識何事
繼之穆宗復傳世祖之子至於太祖竟登大位馬世祖遂

本紀 【金史一】 六

重熙八年已卯歲生遼咸雍十年襲節度使景祖異母弟
跋黑有異志世祖慮其為歊加意事之不使將兵但為部
長跋黑遂誘桓赧散達烏春窩謀宰為亂及間諸部使貳
于世祖世祖猶欲撫慰之語在跋黑桓赧等傳中世祖嘗
賈加古部鍛工烏不屯被甲九十烏春欲託此以為兵端
世祖還其甲語在烏春傳部中有流言曰欲生則附於跋
黑欲死則附於劾里鉢世祖聞之疑焉無以察之
乃伴為具裝欲有所往者陰遣人揚言曰冠至部眾聞者
莫知虛實有保於跋黑之室者有保於世祖之室者世祖
乃盡得兄弟部屬向背彼此之情矣間數年烏春來攻世

祖拒之時十月巳半大雨累晝夜冰澌澨覆地烏春不能進
既而悔曰此天也乃引兵去烏舍於阿里矮村滓不乃
家而以兵圍其弟勝昆於胡木村兵退勝其兄滓不
乃而請泣殺千世祖且請免其鞏戟從之桓赦散達亦舉
兵遺蕭宗拒之當是時烏春兵在北桓赦散
達之家明日大霧晦真失道至婆多吐水乃覺即還至舍
威戒之曰可和則與之和否則決戰蕭宗兵敗會烏春以
久兩解去世祖乃以偏師浚舍很水經貼割水覆桓赦
很貼割之間升高阜望之見六騎來大呼馳擊之世祖射
一人鷙生獲五人間之乃知卜灰撒骨出使助桓赦散達

重 七

者也世祖至桓赦散達所居婆盪其室家殺百許人舊將
主保亦死之此世祖還與蕭宗會蕭宗兵又敗矣世祖讓
蕭宗失利之狀遺人謙和桓赦散達曰以爾盈歇之大赤
馬辭不失之紫騮馬與我我則和二馬皆女直名馬不許
桓赦散達大會諸部來攻過裝滿部以其附於世祖也縱
火焚之蒲察部沙祗勒童胡補答勃童使阿昌來告難世
祖使行有報者曰跋黑食於愛芊之父家肉張咽死矣乃
衆將行以詭從以自全曰戰則以旗鼓自別世祖住禦桓赦之
祖使求援於遼遂率衆出使辭不失併取其衆徑至海姑
而乃知海姑兄貳於桓赦笑欲併取其衆徑至海姑偵

者報曰敵巳至將戰世祖戒之辭不失曰汝先陣於脫豁豉
原待吾三揚旗三鳴鼓即棄旗決戰死生惟在今日命不
足惜使裴滿胡喜牽大紫騮馬以爲貳馬馳至陣時桓赦
散達盛彊將世祖軍吏未戰而懼皆植立卻人色世祖陽陽
如平常亦無責讓之軍勢復振乃避衆獨引稽宗執其
软水飲之有頃訓勵之令士卒解甲少憩以水沃面調
手決令介馬遍觀勿預戰事若勝則巳萬一有不勝吾必
生決汝曰今汝死汝勿收吾骨勿顧戀
親戚巫馳馬奔于違繁乃收吾骨以報
此䚴語畢祖袖不被甲以縕袍裹襯護前後心報弓提紉

重 八

三揚旗三鳴鼓棄旗搏戰身爲軍鋒突入廠陣衆從之辭
不失後奮身大敗之乘勝遂之阿不罕至于北隘甸
死者如仆麻破多吐水水爲之赤棄車甲馬牛軍實盡獲
之世祖曰今日之捷非天不能及此亦以知足矣雖繼
之去敗軍之氣沒世不振乃引軍還世祖視其戰地馳突
成大路闊且三十餘手殺九人自相重積人皆異之桓赦
散達自此不能復聚未幾各以其屬來降遼大安七年也
初桓赦兄弟之變不術嘗部卜灰蒲察部撒骨出助之至
是招之不肯和卜灰之黨石魯送殺上灰來降撒骨出追
驅亡者道傍人潛射之中口而死自是舊部悲歸景祖時

斡勤部人盂乃來屬及是有他志會其家失火因以縱火
誣使爾宗與戰敗之世祖徵償如約盂乃不自安遂結烏春等謀舉
兵使爾宗敗居女直略來流水牧馬乃世祖擊之於遼臘醅麻產侵
掠野居女直略來流水牧馬世祖擊之於遼臘醅麻產給
臘醅等復略穆宗牧馬交結諸部世祖復伐之臘醅等給
降乃旋臘醅及婆諸刊亦在其中世祖圍而克之盡獲姑里甸兵麻
顯子婆諸刊亦在其中世祖圍而克之盡獲姑里甸兵麻
產道夫遂擒臘醅及婆諸刊皆獻之遼都在破烏春等於斜堆
與之并以前後所獻罪人歸之歡都合兵嶺東諸軍皆至
故石抜石皆就擒世祖自將與歡都合兵嶺東諸軍皆至

是時烏春已前死窩謀罕請于遼願和解既與和復來襲
乃進軍圍之窩謀罕棄城遁去破其城盡俘獲之以功差
次分賜諸軍城始破議渠長生殺衆皆跪遼使者在坐
急一人佩長刀突前咫尺謂世祖曰勿殺我遼使及左右
皆走歷世祖色不少動執其人之手語之曰吾不殺汝也
於是剖左右匿者曰汝勿哭汝性懶剔已乃徐使執
突前者殺之其膽勇鎮物如此師還寢疾遂篤元聖擎懶
氏哭不止世祖曰汝勿哭汝性懶後浅一歲耳蕭宗請後事
曰汝惟後我三年蕭宗出謂人曰烏雅束柔善若辦集契丹
音乃叩地而哭俄呼穆宗謂曰烏雅束柔善若辦集契丹

事阿骨打能之遼大安八年五月十五日卒襲位十九年
年五十四明年擎懶氏卒又明年蕭宗卒蕭宗病篤歡曰
我兄真多智哉世祖天性嚴重有智識一見必識輒聞示
忘凝寒不縮栗動止不回顧每戰未嘗被甲先以夢兆俟
其勝負嘗乘醉驟入室中明日見驪足跡間而知之自
是不復飲酒襲位之初內外潰叛締交為寇世祖乃因大
為功纍弱為彊既破桓赧散達烏春窩謀罕基業自此大
矣天會十五年追諡世祖神武蕭皇帝廟號世祖母弟頗刺淑襲
藏曰永陵五年增諡聖蕭皇帝遼重熙十一年壬午歲
節度使景祖第四子也是為蕭宗遼重熙十一年壬午歲

生在父兄時號國相國相之稱不知始何時初雅達為國
相雅達者桓赧散達之父也景祖以幣馬求之於雅達而
命蕭宗為之蕭宗自幼機敏善辯當其兄時身居國相盡
石顯父子臘醅麻產作難用兵之際蕭宗屢嘗一面尢能
心匡輔身時叔父跋黑有異志及桓赧散達烏春窩謀罕
知遼人國政人情凡一切委之故先不以實告譯者感之
事於遼官皆令遠跪陳辭譯者傳致之往往為譯者錯亂
蕭宗欲得自前委曲言之故乃以草木尢石為籌校數其事而
不得已引之前使自言乃以草木尢石為籌校數其事而
陳之官吏聽者皆愕然問其故則為具辭以對曰鄙陋無

文故如此官吏以為實然不復疑之是以所訴無不如意
桓被散達之戰蕭部人賽罕死之其弟活羅陰懷怨怨一日
忽以鎗脊置蕭宗項上曰吾兄為汝軍死矣剄汝以償則
如之何久之因其兄樞至遂怒而攻習不出習不出走避
之攻蕭宗于家矢注次室之裙著于門扉復攻歡都歡都
襄甲柜于室中既左軍中有力戰者則大功成矣命蕭宗
諉烏春兵廢鎖世祖不能入持其門摑而去住附盃乃
及子蘇素海甸世祖曰子昔有異
夢全不可觀戰若天助我當為眾部長則今日之事神祇監之語
及斜列辟不失與之戰蕭宗下為名呼世祖復自呼其名
而言曰若天助我當為眾部長則今日之事神祇監之語

畢再拜遂炷火束縕頃之大風自後起火益熾是時八月
井青草皆焚之煙焰漲天我軍隨煙衝擊大敗之遂獲盃
乃四而獻諸遼升獲活羅蕭宗釋其罪左右任使之後竟
得其力焉大安八年自國相襲位是時麻產尚據直屋鎧
水繕完營堡誘納亡命招之不聽遣康宗伐之太祖別軍
取麻產家屬鍰金無遺既獲麻產殺之獻馘于遼陶溫水
民來附二年癸酉遣太祖以偏師伐泥厖古部帥水抹離
海村跋黑擋立開平之自是冠賊皆息三年八月蕭宗辛
天會十五年追諡穆憲皇帝母弟穆宗諱盈歌字烏魯完景祖
諡曰肅宗明睿穆憲皇帝

第五子也南人稱揚割太師又曰揚割追諡孝平皇帝號
穆宗又曰揚割號仁祖金代無號仁祖者穆宗諱盈歌諡
孝平盈歌近揚割南北音訛遼人呼節度使為太師自
景祖至太祖皆有是稱兄叢言松漠記張棣金志等書皆
無足取穆宗遼重熙二十一年癸巳歲生蕭宗時檛麻產
遼命穆宗為詳穩大安十年甲戌節度使太祖率與溫
兄勃魯改為國相三年丙子唐括部跋葛使太祖睹
都部人撒改為詳穩有舊跋葛以事往跋葛勃董與溫
祿阻兵為難穆宗自將伐阿踈撒改以偏師攻鈍恩城拔
伐跋葛跋葛亡去及殺之星顯水紇石烈部阿踈毛睹
之阿踈初聞來伐乃自訴于遼遂留劾者丁阿踈城穆宗
乃遠會陶溫水徒籠古水紇石烈部阿閤版及石魯阻五
國鷹路執殺遼捕鷹使者遼詔穆宗討之阿閤版等據險
立柵方大寒乃募善射者操勁弓利矢攻之數日入其城
出遼使存者數人俾之歸統門渾蠢水之交烏古論部留
可詐都與蘇濱水烏古論敵庫德起兵千米里迷石罕城
納根涅之子鈍恩亦亡去於是兩黨作難八月撒改為都
統辭不失阿里合懣庫德撒改欲先平邊地城堡或欲先取
都訐石土門伐敵庫德帶副之以伐留可詐都鵁塔等謢
留可莫能决乃命太祖往鈍恩將援留可乘謢都訐兵未

葉而攻之石士寧都既與謨都訶會迎擊鈍恩大敗之降
米里迷石罕城獲鈍恩敵庫德釋弗殺太祖慶盈與
撒改會攻破留可城先已亡在外城降於軍訶亦降於蒲
遠圍塢塔城塢塔先已亡時太祖因致稱都統門渾蠡
家奴於是撫寧諸路如舊諸部自今勿復稱都部長又命
耶悔等撫定乙離骨嶺東諸部自今勿復稱都部長命
覷阿等撫定乙離骨嶺注阿閤水之西諸部居民又命
帝及偏裨悉平二涅襄虎二蠻出等路寇盜而遠七年庚
展勁者尚守阿疎城毛睹祿來降阿疎猶在遼遼使使來
罷兵來到穆宗使烏林荅石魯往佐勁者戒之曰遼使來
之因戒勁者曰遼使可以計却勿聽其言遠罷兵也遠使知
罷兵但換我軍衣服旗幟與阿疎城中無辨勿令遠使知
果來罷兵穆宗使蒲察胡魯勃菫邀遂亭董與俱至阿
疎城勁者見遠使詭謂胡魯遂曰我部族自相攻擊干
汝等何事誰識汝之太師乃援劍剌殺胡魯遂所乘馬
遠使駭遽走不敢回顧徑歸居數日破其城狄故保還
自遠在城中執而殺之阿疎復訴於遼遼道窘節度使乙
烈來穆宗至來流水與和村見乙烈問阿疎城事命穆宗
曰凡攻城所獲存者復與之不存者備償且徵馬數百四
穆宗與傞佐謀曰若償阿疎則諸部不復可號令任使也

乃令主隈秃荅兩水之民陽為阻絕鷹路復使鼈故德部
節慶使言干遠曰欲開鷹路非生女直節度使不可遠不
知其為穆宗聲言也信之命穆宗討阻絕鷹路畋
事遂止穆宗謀言平鷹路畋於土溫水而歸其有功者九年
降八年辛巳遠使使持賜物來賞平鷹路之有功者命來
壬午使蒲家奴入于係賜主隈秃荅之民且修鷹路而歸
穆宗捕討海里穆宗送斡達剌干遼募軍得甲千餘女直
結和曰顧與太師為友同往伐遼穆宗執斡達剌會遼命
冬蕭海里叛入于係案女直阿典部遼其族人斡達來
甲兵之數飴見千此蓋未嘗滿千也軍次混同水蕭海里
每使人來復執之既而與海里遇海里遂問曰我使者安
在對曰與後人偕來海里不信是時遠追海里遼將
攻之不能克穆宗謂遠將曰退爾軍我當獨取海里遼將
許之太祖策馬突戰流矢中海里首海里墜馬下執而殺
之大破其軍康宗最先登於是以先登并有功者為前
易與也是役也康宗阿離合懣獻辭斜野知遼兵之
行次以諸軍護俘獲歸所部穆宗朝遼主于漁所大被嘉
賞授以便相錫予加等十年癸未二月穆宗還遼遼使使授
從破海里者官賞高麗始來通好十月二十九日穆宗卒
年五十有一初諸部各有信牌穆宗用太祖議檀置牌號

者實于法自是號令乃一民聽不疑矣自景祖以來兩世
四主志業相因辛定難析一切治以本部法令東南至于
乙離骨曷懶耶懶土骨論東北至于五國主隈秃荅金蓋
盛于此天會十五年追諡孝平皇帝朝號穆宗諱盈歌爲
號其藏曰獻陵五年增諡章順孝平皇帝兄子康宗諱烏
雅束毛路完世祖長子也遼清寧七年辛丑歲生乾統
五年癸未襲節度使年四十三穆宗末年阿踈使達紀誘
屬邊民曷懶甸人執送之穆宗使石適歡撫納曷懶甸未
行穆宗卒至是遣馬先是高麗通好既而頗有隙高麗使
來請議書使者至高麗拒而不納五水之民附于高麗執
團練使十四人語在高麗傳中二年甲申高麗後來伐石
適歡再破之高麗復請和前所執團練使十四人皆遣歸石
適歡撫定邊民而還蘇濱水民不聽命使斡帶等至活羅
海川召諸官僚告諭之舍國部蘇濱水居曷懶甸
斡惟部職德部既至復亡去塢塔遇二部於馬紀嶺執之
而來遂伐斡豁克之斡帶進至北琴海攻桉沶忒城乃遷
四年丙戌高麗遣黑歡方石來賀襲位遣盃魯報之高麗
約還諸亡在彼者乃使阿聒勝昆往受之高麗背約殺二
使築九城於曷懶甸以兵數萬來攻斡賽敗之斡魯亦築
九城與高麗九城相對高麗復來攻斡賽復敗之高麗約

以還逋逃之人退九城之軍復所侵故地九月乃罷兵七
年已丑歲不登減盜徵償振貧乏者十一年癸酉康宗
卒年五十三天會十五年追諡恭簡皇帝皇統四年號其
藏曰喬陵五年增諡康宗獻敏恭簡皇帝
贊曰金之厥初兄弟三人亦微矣熙宗追帝祖宗定著
祖景祖世祖廟世不祧始祖娶六十之婦而生二男一
女豈非天耶景祖不受遼籍遼印取雅達國相以與其子
世祖既破桓赦散達遼政曰衰而以太祖屬之穆宗其思
慮豈不深遠矣夫

本紀第一

開府儀同三司權參知政事臣趙秉文相修
國子祭酒紫菴臣趙思警　　脫脫　奉
勅修

太祖

太祖應乾與運昭德定功仁明莊孝大聖武元皇帝諱旻

本諱阿骨打世祖第二子也母曰翼簡皇后拏懶氏遼道

宗時有五色雲氣屢出東方大若二十斛圍倉之狀司天

孔致和竊謂人曰其下當生異人建非常之事天以象告

非人力所能為也咸雍四年戊申七月一日太祖生帝時

與羣兒戲力兼數童與止端重世祖尤愛之世祖與臘醅

麻產戰於野鵲水世祖被四創疾困坐太祖于膝循其髭

而撫之曰此兒長大吾復何憂十歲好弓矢甫成童即善

射一日遼使坐府中頷見太祖手持弓矢使射羣鳥連三

發皆中遼使警然曰奇男子也太祖嘗宴紇石烈部活離

罕家散步門外南望高阜使衆射之皆不能至太祖一發

過之度所至踰三百二十步立射碑以識焉世祖伐卜灰

及者猶百步也天德三年立射碑以識太祖伐卜灰太

祖因辭不失請從行世祖不許而心異之烏春旣死窩謀

罕請和旣請和復來攻遼圍其城太祖年二十三被短甲

免冑不介馬行圍號令諸軍城中望而識之壯士太峪東

駿馬持槍出城馳剌太祖太祖不及備舅氏活臘胡出

其間擊太峪槍折剌中其馬太峪僅得免舅與沙忽帶出

營救略不令世祖知之且還敵以重兵追之獨行臨巷中

失道追者益危值高岸乃遼統軍司將行世祖往見易龟駙

古統軍旣軍事前世祖沒一日還至家世祖性入必

請事皆如志喜其勢太祖手抱其頸而撫之謂穆宗曰必

雅勇柔善惟此子足了契丹事穆宗亦雅重太祖曰入必

俱敵出而歸穆宗必親迂之世祖已擒臘醅麻產尚

此事五月未半而歸則我猶及見汝也太祖怯行戒之曰汝速了

祖襄疾太祖以事如遼統軍司世祖見來所

水團七太祖會軍親獲麻產家屬康宗至直屋鎧

擊直屋鎧水蕭宗使太祖先取麻產家屬康宗至直屋鎧

部跋黑播立開等乃以遼塗阿鄉導沿水夜行襲之

仍命穆宗辭不失歡殺唐括部跋葛穆宗命太祖伐

鹵其妻子初溫都部跋葛殺唐括部跋葛穆宗為詳穩

之太祖入辭謂穆宗曰昨夕見赤祥此行必克敵遂行是

歲大雪寒甚與烏古論部兵沿土溫水過末鄰鄉追及跋

感於阿斯溫山北瀥之關殺之軍還穆宗親迂太祖于露

建杆撒改以都統伐留可護庫訶合石土門伐敵庫德撒

改與將佐議或欲先平邊地部落城堡或欲徑攻留可城

離不能決願得太祖至軍中穆宗使太祖往曰事必有可

擬軍之未發者止有甲士七十而次護都訶在米里

迷石罕城下石土門未到土人欲軋訶以與敵使來

告急過太祖於斜堆甸太祖曰國兵盡在此矣使敵先得

志於護都訶後雖種誅何益也乃分甲士四十與之太

祖以三十人詰撒改軍道遇人曰敵已據盆搦嶺南路有

眾欲由沙偏嶺往太祖曰汝等良敵邪既度盆搦嶺不見

敵已而聞敵乃守沙偏嶺皆在途既破留可遷攻塢塔

遲明砍其衆是時初太祖過盆搦嶺經塢塔城下從騎有

城城中人以城降初太祖過夜急攻之

後者塢塔城人攻而奪之盆太祖駐馬呼謂之曰毋取我

炊食器其人謾言曰公能來此何憂不得食太祖以鞭指

之曰吾破留可即於次平取之至是其人持盆而前曰奴

韡誰敢毀毀辤穩之器也道蒲家奴招詐都詐都乃降辤之

穆宗將伐蕭海里募兵得千餘人自為戰勳

太祖勇氣自倍曰有此甲兵何事不可圖也海上來戰興

遠兵合因止遠人自為戰勳海留守以甲贈太祖太祖亦

不來穆宗問何為不受曰彼以此贈我而反用以與彼成

功也穆宗末年令詰部不受擅置信牌馳驛訊事號令自

此始一皆自太祖啟之康宗七年歲不登民多流莩強者

轉而為盜歡都等欲重其法為盜者皆殺之太祖曰以財

殺人不可財者人所致也邊臧盜賊徵償法為徵三倍民

間多通負責賣妻子不能償康宗與官屬會議太祖在外庭

以帛繫杖端麾其妻子令員不能自活賣妻子以償皆

債骨肉之愛心所同自今三年勿徵過三年徐圖之眾皆

聽令聞者感泣自是遠近歸心焉歲癸巳十月康宗薨逐

狼屢發不能中太祖前射中之兆也是月康宗即世太祖襲

曰吉兄不能得而弟得之之旦以所夢問僚佐衆皆

位為都勃極烈遼使阿息保來曰何以不告喪太祖曰有

喪不能弔而乃以為罪乎他日阿息保後來徑騎至康宗

頗所閱問賜馬欲取之太祖怒將殺之宗雄諫而止既而遼

命父不至遼主好畋獵滛酗急于政事四方奏事往性不

見省紀石烈阿踈奔遼穆宗取其城及其部衆不能歸

遂與族弟銀朮可辭里罕陰結南江居人渾都僕速欲與

俱亡八高麗事覺太祖使夾古撒喝捕之而銀朮可辭里

罕先為遼戍所獲渾都僕速已亡去撒喝取其妻子而還

二年甲午六月太祖至江西遼使使來致襄節度之命初

徵索無藝公私厭苦之遠蒲家奴往索阿踈故常以此二者

使者太祖嗣節度亦遣蒲家奴往索阿踈故常以此二者

遠海歲遣使市名鷹海東青于海上道出境內使者貪縱

本紀 卷三 金

五 黃龍府

為言終至于滅遼然後已至是復遣宗室胥古延完顏銀
術可往索阿踈胥古延等還具言遼主驕肆廢弛之狀於
是召官僚耆舊以伐遼告之使備衝要達城堡修戎器以
聽後命遼統軍司聞之使節度使捏哥來問狀曰汝等有
異志乎修戰具飭汝大國德澤不施而逋逃是主以此孛小
事大國不敢廢禮大國保來詰之太祖誻之曰我小國也
能無望乎阿息保還遼人始為備命統軍蕭撻觀其形勢僕
於寧江州太祖聞之使僕賭剌復索阿踈實觀其形勢僕
粘剌還言遼許多不知其數太祖曰彼初調兵豈能遽集
如此復遣胡沙保往還言惟四院統軍司與寧江州軍及
渤海八百人耳太祖曰果如吾言謂諸將佐曰遼人知我
能舉兵集諸路軍備我我必先發制之無為人制眾皆曰
善乃入見宣靖皇后告以伐遼事后曰汝嗣父兄立邦家
見可則行吾老矣無貽我憂汝汝必不至是也太祖感泣奉
觴為壽即奉后寧諸將出門舉觴東向以遼人蕭彧不歸
阿踈并已用兵之意僑于皇天后土酹畢后命太祖正坐
與僚屬會酒號令諸部使婆盧火徵移懶路迪古乃兵幹
魯古阿薈撫諭斡忽忿賽兩路係遼籍女直實不送往完

本紀 卷三 金

六 黃龍府

睹路執遼障鷹官達魯古部副使薛列寧江州渤海大家
奴於是達魯古部實里館來告開舉兵伐遼我部誰從從
太祖曰吾兵雖少舊國也與汝隣境固當從我若兩徵兵
自往就之九月太祖進軍寧江州次寧海濼得二千五百
後期校之復遣謾里軍諸路兵皆會于來流水春
人致遼之聯申告于天地曰世事遼國恪修職貢定烏春
阿踈屢請不遣今將問罪於遼天地其鑒佑之遂命諸將
窩謀窵之亂破蕭海里之眾有功者奴婢部曲之良庶人
官之先有官者敘進輕重眠功苟違擒言身死挺下家屬
傳挺而搭曰汝等同心盡力有功當加罪人
無赦師次唐括帶幹甲之地諸軍襪射介而立有光如烈
火起於人足又戈子之上人以為兵祥明日次扎只水光
見如初將至遼界先使宗幹士卒衷甲既度過渤海軍
攻我左翼七謀克眾少却敵兵直犯中軍斜也出戰哲埒
先驅太祖曰戰不可易也遂與宗幹馳出斜也前
控止哲埒馬斜也遂與俱還謝十揆馬遼
人前救太祖射救者斃併射謝十中之有騎突前又射之
徹扎洞胃謝十揆箭走追射遼軍中其背飲矢之半償而死
獲所乘馬宗幹與數騎陷遼軍中太祖救之克胄戰或自
傍射之矢拂于顙太祖顧見射者一矢而斃謂將士曰盡

敵而止眾從之勇氣自倍敵大奔祖跡踐死者十七八撒
改在別路不及會戰使人以戰勝告之而以謝十馬賜之
撒改使其子宗翰完顏希尹來賀且稱帝因勸進太祖曰
一戰而勝遂稱大號何示人淺也進軍寧江州諸軍填軼
攻城寧江人自東門出溫迪痕阿徒罕遨擊江州諸軍盡殪之十月
朔克其城獲防禦使大藥師奴陰縱之使招諭遼人鐵驪
部來送欵次來流城以俘獲賜賚將士召渤海梁福幹荅剌
使之偽亡去招諭其鄉人曰女直渤海本同一家我興師
調宣靖皇后以所獲頒賜宗室耆老以實里館貲產給將士
伐罪不濫及無辜也使完顏婁室招諭係遼籍女直師還
擊之末至鴨子河饒夜太祖方就枕若有扶其首者三太祖自
寤而起曰神明警我也即鳴鼓舉燧而行黎明及河遼兵
方壞凌道選壯士十輩擊之大軍繼進遂登岸甲士三
千七百至者繞三之一俄與敵遇于出河店會大風起塵埃
紀里副都統捷不野將步騎十萬會于鴨子河此太祖
說謀水女直髓古薦長胡蘇魯以城降十一月遼都統蕭
初命諸路以三百戶為謀克十謀克為猛安

其節度使撻不野僕廝等攻賓州柚之元惹雛髀室來降
遼將赤狗兒戰于賓州僕廝渾黜敗之鐵驪王回離保以
所部降吾睹補蒲察復敗赤狗兒軍于咸州西斬統裊實于
忽盜塞兩路降幹魯古敗遼軍于祥州裊實于
陣完顏婁室克咸州是月其乞買撒改辭不失率官屬諸
將勸進願以新歲元旦恭上尊號太祖不許阿離合懣蒲
家奴宗雄等進曰今大功已建若不稱號無以繫天下心
太祖曰吾將思之
收國元年正月壬申朔群臣奉上尊號是日即皇帝位上
曰遼以賓鐵為號取其堅也賓鐵雖堅終亦變壞惟金不
變不壞金之色白完顏部色尚白於是國號大金改元收
國二年上自將攻黃龍府進臨益州州人走保黃龍取其
餘民以歸遼遣都統耶律訛里朵左副統蕭乙薛右副統
耶律張家奴都監蕭謝佛留騎二十萬步辛七萬戌邊婁
室銀木可守黃龍上率兵趨達魯古城次寧江州西遼使
僧家奴來議和國書斤上名且使為屬國庚子進師有火
光正閘自空而隊上曰此祥殆天助也酹白水而拜將
士莫不喜躍進逼達魯古城上登高阜遼兵若連雲灌木
狀顧謂左右曰遼兵心貳而情怯雖多不足畏遂趨高阜
為陣宗雄以右翼先馳遼左軍左卻左翼出其陣後遨

右軍皆力戰妻室銀朮可衝其中堅凡九陷陣皆力戰而
出宗翰請以中軍助之上使宗翰往爲疑兵宗雄已得利
擊遼右軍潰出遼兵遂敗乘勝追躡至其營會日已暮圍之黎
明遼軍潰圍出遼北至阿婁岡遼步卒盡殪得其耕具數
千以給諸軍是役也遼人本欲屯田且守故併其耕
具獲之二月師還三月遼避暑于近郊甲戌拜天射柳歲以爲常六
張奴以國書來上以書辭慢悔留其五人獨遣張奴回報
書亦如之五月庚午朔
五月五日七月十五日九月九日拜 天射柳歲以爲常六
月己亥朔遼耶律張奴復以國書來猶斥上名上亦斥遼

主名以復之且諭之使降七月戊辰以弟吳乞買爲諳班
勃極烈國相撒改爲國論勃極烈辭剌以書來留之不遣
弟斜也爲國論勃極烈使辭剌以書來留之不遣
九百癸營來降八月戊戌上親征黃龍府次諸軍
上使一人道前乘赭白馬徑涉曰視吾鞭所指而行諸軍
隨之水及馬腹後使舟人測其渡蓋不得其底熙宗天
九月克黃龍府已卯黃龍府遣辭剌遼班師至江徑渡如前丁丑至
卷二年以黃龍府爲濟州軍曰利涉蓋以太祖涉濟故也
自黃龍府已卯黃龍見空申癸巳以國論勃極烈撒改爲
國論忽魯勃極烈阿卨合滿宗爲國論乙室勃極烈十一月

遼主聞取黃龍府大懼自將七十萬至馳門駙馬蕭特末
林牙蕭查剌等將騎五萬步四十萬至幹鄰濼上自將禦
之十二月己亥行次交剌會諸將議皆曰遼兵號七十萬
其鋒未易當吾軍遠來人馬疲乏宜駐于此深溝高壘以
待上從之遣迪古乃銀朮可鎮達魯古丁未上以騎兵親
候遼軍獲督餉者知遼主叛西還二日矣是日上
還至熟結濼有光見于矛端戊申諸將曰今遼主既還可
乘怠追擊之上曰敵來不迎戰去而追之欲以此爲勇邪
衆皆悚愧願自効上復曰誠欲追敵約蕭以性無事輒饋
若破敵何求衆皆蒼躍追及遼主于護步答岡是役
也兵止二萬上曰彼衆我寡兵不可分視其中軍最堅遼
主必在焉敗其中軍可以得志使右翼先戰兵數交左翼
合而攻之遼兵大潰我師馳之橫出其中遼師敗績死者
相屬百餘里獲輿輦幄帳兵械軍資他寶物馬牛不可勝
計是戰斛援矛殺數十人阿魯本被圍力戰不已功皆論
以四謀克兵出之完顏蒙刮身被數創迪溫迪罕迪盧
最蕭特末等頒管遁去遂班師來谷撒喝取開州遼班盧
火下特鄰城辭里罕降
二年正月戊子詔曰自破遼兵四方來降者衆宜加優恤
自今契丹奚漢渤海係遼籍女直韋室達魯古元卷鐵驪

諸部官民已降或爲軍所俘獲逃避而還者勿以爲罪其酋長仍官之且使從宜居處月高求昌據東京便捷不野來求援高麗遣使來賀捷且求保州詔許自取之二月已巳詔曰比以歲凶庶民艱食多依附豪族因爲奴隷及有犯法徵償莫辦折身爲奴者或私約立限以久對贖過期則爲奴者並聽以兩人贖一爲良若元約以一人贖者即從元約四月乙丑以斡魯古統內外諸軍與蒲察迪古乃會咸州路都統斡魯古討高求昌胡沙補等被害五月斡魯等敗求昌撻不野擒永昌以獻殺之于軍東京州縣及南路係遼女直皆降詔除遼法省稅賦置猛安謀克一如

本朝之制以斡魯爲南路都統洗勃極烈阿徒罕破遼兵六萬于照散城九月巳亥上獵近郊乙巳南路都統斡魯來見于婆盧買水始製金牌十二月庚申朔諳班勃極烈吳乞買及羣臣上尊號曰大聖皇帝改明年爲天輔元年天輔元年正月關州叛加古撒喝等討平之國論具勃極烈斜也以兵一萬取泰州四月遼泰晉國王耶律捏里來伐迪古乃夔室婁盧火將兵二萬會咸州路都統斡魯古擊之五月丁巳詔自收寧江州巳後同姓爲婚者杖而離之七月戊申以完顏斡論知東京事八月癸亥高麗遣使來請保州十二月甲子斡魯古等敗耶律捏里兵于蒺藜

山棧顯州乾懿豪徽成川惠等州皆降是月宋使登州防禦使馬政以國書來其略曰日出之分實生聖人竊聞征遼屢破勃敵若克遼之後五代時陷入契丹漢地願聞下

二年正月庚寅遼雙州節度使張崇降使散觀如宋報聘書曰所請之地今當與宋夾攻得者有之二月癸丑朔遼使耶律奴哥等來議和辛酉李董迪古乃妻婁室等言咸州遼主近在中京而敢輒來之勿里保雙古等言咸州都統斡魯古知遼主在中京而不進討芻糧豐足而不以實聞攻顯州時所獲生口財畜多自取三月癸未朔命閣母以國書來五月丙申命胡突袞如遼六月甲寅詔有司禁守乃命合諸路謀克以婁室爲萬戶鎮之四月辛巳遼使奴哥以國書來庚子以婁室言黃龍府地僻且遠宜重戍哥代以都統而鞠治之斡魯古坐降謀克壬辰遼使耶律民慶虜典崔良人及倍取贖直者甲戌遼通祺雙遼等州八百餘戶來歸命分置諸部擇膂腴之地處之七月癸未詔曰四里水路完顏术里古渤海大家奴等六謀克貧乏之民昔嘗給以官糧置之漁獵之地今歷日巳久不知登耗可具其數以聞胡突袞還自遼耶律奴哥復以國書來丙申胡突袞如遼遼戶二百來歸處之泰州詔遣阿里骨

李家奴特里招諭未降者仍詔遣魯古部勃董辭列凡
降附新民善為存撫來者各令從便安居給以官糧以
動撫八月胡突袞還自遼耶律奴哥突袞後以國書來九
月戊子詔曰國書既還令宜選善屬文者為之其以所在訪
求博學雄才之士敢遣赴闕閏月庚戌朔以降將霍石韓
慶和為千戶九百癸未高從蕭寶乙辛北部訛里野漢人王六
兒王伯龍契丹特末高從祐等各率眾來降遼耶律奴哥
以國書來十月癸未以龍化州降漢人李孝功渤海二哥率
戶乙未咸州都統司言漢人李孝功渤海二哥率眾來降
命各以所部為千戶十二月甲辰遣孛堇董术孛以定遼地

石烈照里擊破之
論高麗耶律奴哥以國書來遼懿州節慶使劉宋以戶三
千并執遼候人來降以為千戶川州冠二萬已降復叛紇
誅其首惡餘皆杖百沒八在行家屬資產之半詔知東京
事斡論繼有犯者並如之丙辰詔覽古亭董酬斡自今毋
古迭八合二部來送款若等先時不無交惡詔曰兵興以前
撓三月耶律奴哥以國書來四月丙子朔曰有食之五月
壬戌詔咸州路都統司曰兵興以前昌蘇館回怕里與係
遼籍不係遼籍女直戶民有犯罪流竄邊境或亡入于遼

者本皆吾民遠在異境朕甚憫之今既議和當行理索可
明諭諸路千戶謀克太傅習泥烈等奉冊璽來上摘山文不
上六月辛卯遼習泥烈等奉冊璽來上摘山文不
合者數事復之散觀練使上怒杖而奪之宋使還復遣還散
魯等如宋七月辛亥遼人楊詢卿羅子韋各率眾來降命
覷受宋國練使之散觀還自宋使馬政及其子宏來聘詢命
失期詔諸路軍過江屯駐十一月習泥烈等復以國書來
昌懶甸長城高麗增築三尺詔胡剌古習顯慎固營壘
四年二月辭列諸路謀克魯還自宋宋使趙良嗣來議燕京
失期詔諸路軍過江屯駐十一月習泥烈王暉來議燕京
旅修器械具數以聞辛酉詔咸州路都統軍司治軍
盧辭以為緩師之計當議進討其令咸州路都統軍司治軍
和議無成將以四月二十五日進師令斜蔕留兵一千鎮
守關毋以餘兵來會千渾河遼習泥烈以國書來四月乙
未乃自將伐遼以遼使趙良嗣等從行五月
甲辰次渾河西使宗雄先趨上京遣降者馬乙持詔諭城
中壬子至上京詔官民曰遼主失道上下同怨朕與兵以
來所過城邑負固不服者即攻拔之降者撫恤之汝等必
聞之矣今爾國和好之事反覆見欺朕不欲天下生靈久

羅塗炭遂決策進討比遣宗雄等相繼招諭尚不聽從今
若攻之則城破矣重以弔伐之義不欲殘民故開示明詔
諭以禍福其審圖之上京人恃樂儲蓄為固守計甲寅
亟命進攻上謂習泥烈趙良嗣等曰汝可觀吾用兵以卜
去就上親臨城督將士諸軍鼓譟而進自旦及巳闌即入
為壽皆稱萬歲是日敕上京官民詔諭遼副統余觀王戌
魔下先登克其外城留守撻不野以城降趙良嗣等奉觴
次沃黑河宗幹率羣臣諫曰地遠時暑軍馬罷乏若深入
敵境糧餽之絕恐有後難請上從之乃班師命分兵攻慶州
余觀襲閣母於遼河完顏背荅烏塔等戰却之完顏特虎

死馬七月癸卯上至自伐遼九月燭隈水部寶里古達等
殺字董酬斡僕忽得以叛十月戊辰朔日有食之戊寅
幹魯分胡刺古烏春之兵以討實里古達十一月東京留
守司乞本京官民質子增數番代上不許曰諸質子已各
受田廬若復番代則往來動搖可並仍舊十二月宋復使
馬政來請西京之地
五年春正月幹魯敗實里古達於合撻剌山誅首惡四人
餘悉撫定二月遣昱及宗雄分諸路猛安謀克之民萬戶
也泰州以婆盧火統之賜耕牛五十四頭乙丑朔宗翰請
伐遼詔諸路預戒軍事五月遼都統耶律余睹等詣咸州

降閏月辛巳國論胡魯勃極烈撒改薨六月癸巳余覩與
其將吏來見丙申千戶胡離荅坐擅署部人為蒲里衍杖
一百罷之庚子詔諳版勃極烈吳乞買貳國政以昊勃極
烈斜也為勿魯勃極烈蒲家奴為昊勃極烈宗翰為移賚
勃極烈昱為都統移賚勃極烈宗翰副之帥師而西十
事宜已決議親征其冶軍以俟師期尋以連兩罷親征命
宗幹宗磐宗盤等副之甲辰詔曰遼政不綱人神共棄令
欲中外一統故命汝率大軍以行討伐爾其慎重兵事擇
用善謀賞罰必行糧餉必繼勿擾降服勿縱俘掠見可而
進無淹師期事有從權母湏申禀戊申詔曰若克中京所
得禮樂儀仗圖書文籍並先次津發赴闕
六年正月癸酉都統昱果為高恩回紇三城乙亥取中京送
下澤州二月庚寅朔日有食之已亥宗翰等敗遼王霞
末于北安州降斐部西節慶使訛里剌以本部降壬寅都
統昱遣使來奏捷升獻所獲貨實詔曰汝等提兵于外克
副所任攻下城邑撫安人民朕甚嘉之所言分遣將士招
降山前諸部計悉以撫定續遣來報山後若未可住即營
田牧馬俟及秋成乃圖大舉更當熟議見可則行如欲益

兵具數來上不可恃一戰之勝輒自馳慢新降附者當善
撫存宣諭將士使知朕意輒遣希尹等略地獲
遼護衛耶律習泥烈知遼主獵駐鴛鴦濼以其子晉王賢而
有人望惡而親之眾益溫心雖有西北西南兩路兵馬皆而
羸弱遂遣耨盌溫都等報都統杲進兵襲之三月都
出青嶺宗翰出瓢嶺追遼主于鴛鴦濼遼主奔西京宗翰
希尹追遼主于乙室部不及獲其貲實已巳至西京壬申西京降
後追至白水濼不及乙亥西京復叛是月遼
國王耶律捏里即位于燕四月辛卯復取西京趨白水濼具勃
徒

單具甲高慶裔如宋戊戌都

極烈晏襲毗室部于鐵呂川為敵所敗還會剌兵追至
黃水北大破之耶律坦招徠西南諸部西至夏其招討使
耶律佛頂降金蕭西平二郡漢軍四千餘人叛去耶律坦
等襲取之闇母婁室招降天德雲內寧邊東勝等州獲阿
踈而還是時山西城邑諸部雖降人心未固遼主保陰山
耶律捏里在燕京都統杲遣宗望入奏請上臨軍五月辛
酉宗望來奏捷百官入賀賜宴歡甚先是獲遼捏密使得
赴闕得里底道亡阿隣坐誅耶律捏里遣使請罷兵戊寅
里底節度使和尚雅里斯余里野等都統杲使阿隣護送
使揚勉以書諭捏里使之降謀葛失遣其子逌泥刮失貢

方物六月戊子朔上親征遼發自上京詣班勃極烈宗具乞
買監國辛亥詔諭上京官民曰朕順天弔伐已定三京但
以遼主未獲兵不能已今者親征欲由上京路進惩阻撫定
新民散竄失業已出其先降後叛逃入險阻者
詔後出首來免其罪若猶拒命朁戮無赦是月耶律捏里
卒翰嚕妻室敗夏於乂於谷犖午子詔諸將無惑命領
以廢軍務乙丑上京漢人毛八十率二千餘戶以忽薛副之
午希尹以阿踈見杖而釋之八月己丑次鴛鴦濼都統杲
率官屬來見癸已上追遼主于大魚濼昱宗望追及遼主

干石輦鐸與戰敗之遼主遁已亥次居延北辛丑中京將
完顏渾黜敗契丹美漢六萬于高州李董麻吉死之得里
得滿部降昱宗望追遼主于烏里質鐸不及九月庚申次
草濼闇母平中京部族之先叛者及招撫沿海郡縣節度
使耶律慎思領諸部入內地乙丑詔六部癸丑次中京將
復叛扇誘眾心罪在不赦尚以歸附日淺思綏懷之道有
所未孚故復令招諭若能速降當釋其罪官皆仍舊歸化
州降戊辰次歸化州甲戌宗雄慶丁丑奉聖州降十月丙
戌朔次奉聖州詔曰朕屢勑將臣安輯懷附無或侵擾然
愚民無知尚多逃匿山林即欲加兵深所不忍今其逃散

人民罪無輕重咸與矜免有能平衆歸附者授之世官或
奴婢先其主降並釋為良其布告之使諭朕意蔚州降庚
寅余觀等遺蔚州降臣翟昭彥徐興田慶來見命昭彥慶
皆為刺史興為團練使詔曰比以幽薊一方招之不服今
欲師師之故先安撫詔曰比以懷服宜加撫
各遷叙之丁酉蔚州翟昭彥蒙知州事蕭觀密等以
存官民未附已前罪無輕重及係官通貢皆與釋免諸官
罪官皆仍舊十二月上伐燕京宗望率兵七千先之迪古
乃出得勝口銀术哥出居庸關襄室為左冀婆盧火為右

冀取居庸關丁亥次媯州戊子次居庸關庚寅遼統軍都
監高六等來送款上至燕京入自南門使銀术哥襄室陣
于城上乃次于城南遼知樞密院左仆弓虞仲文密使
曹勇義副使張彥忠參知政事康公弼僉書劉彥宗奉表
降辛卯遼百官詣軍門叩頭請罪詔一切釋之壬辰上御
德勝殿羣臣稱賀甲午命左仆弓等撫定燕京諸州縣詔
西京官吏曰乃師至燕都已皆撫定唯蕭妃與宗屬數
人遁去已發兵追襲或至彼路可執以來黃龍府叛宗輔
討平之
七年正月丁巳遼秦王回崏保僭稱帝甲子遼平州節度

使時立愛降詔曲赦平州又詔諳班勃極烈曰比遣昂徙
諸部民人于領安而昂悖戾騷動煩擾致多怨叛其進命
失衆當責重典若或有疑禁錮以待庚午詔中京都統詔
諭曰聞卿撫定人民各安其業朕甚嘉之(?)四離保聚徙逆
命汝宜計畫無使滋蔓壬申詔招諭四離保聚徙逆
顯成川豪猷等州皆降甲申詔招諭曰諸州部族歸附曰淺民
心未寧人農事將興可遣分諭燕云官無繼軍士動搖
人民以廢農業二月乙酉朔命撒八詔諭與中府降之遼
來州節度使田顥隰州刺史杜師田遷州刺史高永福潤
州刺史張成皆降壬辰詔諳版勃極烈曰郡縣全皆撫定
有逃散未降者已釋其罪更宜招諭之前後起遷戶民去
鄉未久豈無懷土之心可令所在有司深加存恤母輒有
驅動衣食不足者官賑恤之癸巳詔曰頃因兵事未息諸
路關津絕其往來今天下一家若仍禁之非所以便民也
自今顯成東京等路往來聽從其便其間被虜及罷軍身者
並許自贖為良仍令馳驛來請加歲幣以代燕稅及議畫疆遺使賀正旦生辰
置権場交易弁計諸西京等事癸卯銀术哥鐸刺如宋乙
巳詔都統果曰新附之民有材能者可錄用之戊申詔平

州官與宋使同分割所與燕京六州之地癸丑大赦是月
改平州為南京以張覺為留守三月甲寅將誅昂以習
不失諫杖之七十仍拘泰月戊午都統杲等言耶律麻荅
余觀吳十鐸剌等謀叛宜早圖之上召余觀從容謂之曰
朕得天下皆我君臣同心同德以成大功固非汝等之力
本闕汝等謀叛若然耶必須鞍馬甲冑器械之屬當惠
之宋使盧益趙良嗣馬宏以國書來四月丁亥遣斡魯宗
睍襲遼主于陰山壬辰復書于宋師初入燕遼兵復犯宗
志吾不食言若再拜為我擄無望免宛無懊異
付汝使朕不汝疑余觀皆戰慄不能對命杖欲留事朕無懷異
餘皆取決樞密院契丹九斤耶黨興中府作亂擄之九斤
自殺命督古乃婆盧火監護長勝軍及燕京豪族工匠由
松亭關從之內地己亥次儒州斡魯宗望龍雙遼權六院
婁室銀朮哥等追襲之宗望追及遼主決戰大敗之獲其
開遼主留輻重青塚以兵萬人往應州遣照里背荅宗望
司唱瑪賀于白水濼獲之其宗屬秦王許王等十五人降
子趙王習泥烈及傳國璽五月甲寅南京留守張覺據城

（中：金史二 王）

叛丙寅次野狐嶺己巳次洛孫灤斡魯宗等以趙王習泥烈
林牙大石駙馬乳奴等來獻并上所獲國璽宗隽以所俘
遼主子秦王許王女奧野等來見奧野路都統捷懶攻速古
斃里鐵尼所部十三巖皆平之又遣奧馬和尚保為其下所殺
魯古弁五院司諸部執其節度乙列四離保乃敗
辛巳詔諭南京官民六月壬朔次鴛鴦濼是日闇母敗
張覺于營州丙申上不豫將還上京命移賷斡魯宗翰
爲都統具奏勃極烈豈迭勃極烈斡魯勃極烈宗翰
邊己酉次斡獨山驛召諳班勃極烈斡魯副之駐兵雲中以備
牛山宗翰還軍中八月辛巳朔日有食之乙未次渾河北

（中：本紀 金史二 世）

諳班勃極烈晏己買率宗室百官上謁戊申上崩于部堵
濼西行官年五十六九月癸丑諳班勃極烈即皇帝位天會三年三月
西南寧神殿丙辰帝廟立原廟于西京天會十三
上尊諡曰武元皇帝廟號太祖起睿德神功之碑于燕
年二月辛酉改葬和陵立原廟曰開天啟祚睿德神功
京城南嘗所駐蹕之地皇統四年改和陵曰胡陵五年十
月增諡應乾興運昭德定功夷厲神莊孝仁明大聖武元皇
帝貞元三年十一月改葬于大房山仍號胡陵
贊曰太祖英謨廠略豁達大度知人善任人樂為用世祖
陰有取遼之志是以兄弟相授傳及康宗遂及太祖臨終

以太祖屬穆宗其素志蓋如是也初定東京即除去遼法
減省租稅用本國制度遼主播越宋納歲幣以幽薊武朔
等州與宋而置南京于平州宋人終不能守燕代卒之遼
主見獲宋主被執雖功成于天會間而規摹運為寘自此
始金有天下百十有九年太祖數年之間籌無遺策兵無
留行厎定大業傳之子孫嗚呼雄哉

本紀第二

卷二

二十五

太宗

太宗體元應運世德昭功哲惠仁聖文烈皇帝諱晟本諱
吳乞買世祖第四子母曰翼簡皇后烈懶氏太祖母弟也
遼大康元年乙卯歲生初為穆宗養子牧國元年七月命
為諳班勃極烈太祖征伐常居守天輔五年賜詔曰汝惟
朕之母弟義均一體是用汝貳我國政凡軍事遣者閱實
其罪從宜處之其餘事無大小一依本朝舊制天輔七年

〔本紀三〕　四九　■〔金史三〕　一　▼　齊召南

六月太祖次篤濟濼有疾至幹獨山驛召赴行在詔曰今
遼主盡喪其師奔于夏國遼官特列遣設等劫其子雅里
而立之巳留宗翰等措畫朕親巡巳以功亦大就所獲州
部政須綏撫是用還都八月中旬可至春州汝率內戚迎
我若至豹子崖尤善八月乙未會于渾河北戊申太祖崩
九月乙卯葬太祖于宮城西國論勃極烈果郢王昂宗峻
宗幹率宗親百官請正帝位不許固請亦不許宗幹率諸
弟以赭袍被體實顯懷中兩辰即皇帝位已未告祀天地
丙寅大赦中外改天輔七年為天會元年癸酉發春州粟
賑降人之徙于上京者戌寅詔諸猛安賦米給戶口在內

地匱乏者南路軍帥闍母敗張覺于梁峯口十月壬辰詔
以空名宣頭百道給西南西北兩路都統宗翰曰今寄爾
以方面如當還授必待奏請恐致稽滯其兵以便宜從事巳
壬戌復以空名宣頭及銀牌給上京路軍帥實古迺諭南
火等癸亥宗望以闍母軍發廣寧下瀕海諸郡縣詔諭南
京割武朔二州入于宋妻室白答於歸化巳巳徙
勃董幹督別及勃剌速破走乙室白答於歸化巳巳徙

〔本紀三〕　四五四　■〔金史三〕　二　▼

勃董幹督別及勃剌速之民于瀋州庚午宗望及張覺戰于南京東
潤來隰四州之民于瀋州庚午宗望戰于南京
大敗之張覺奔宋城中人執其父及二子以獻我之軍中
壬申張忠嗣張敦固以南京降遣使與張敦固入諭城中
復親其使者以叛巳卯詔安直人先有附於遼全復虜獲
者悉從其所欲而復之其奴婢部曲雖逃背今令能復
歸者並聽為民十二月辛巳濁民間儲息詔以咸州以南
蘇復州以北年穀不登其應輸南京軍糧免之甲午詔曰
比聞民間乏食至有鬻其子者其聽以丁力等者贖之是
日以國論勃極烈果為諳班勃極烈宗幹為國論勃極烈
遣勃董李靖如宋告哀

二年春正月庚戌朔以謾都訶為阿捨勃極烈參議國政

壬子命賞宗望及將士克南京之功赦闔母罪甲寅以空
名宣頭五十銀牌十給宗望戊午詔李董完顏阿實賚曰
先帝以同姓之人有自鬻及典質其身者命官為贖不聞
尚有未復者其悉閱贖之癸亥以東京比歲不登詔減田
租市租之半甲戌西南西北兩路都統宗翰宗望請勿割
山西郡縣與宋上曰是遵先帝之命也其速與之夏國奉
表稱藩以下寨以北陰山以南乙室耶剌部吐祿濼西之
地與之丙子貽宋書索俘虜叛云乙丑始自京師至南京
每五十里置驛二月詔有盜發遺諸陵者罪死庚寅詔命
給宗翰馬七百疋田種千石米七千石以賑新附之民丁
酉命徙移懶路都勃堇完顏忠于蘇濊水乙巳詔諭南京
官僚小大之事必關白軍帥無得專達朝廷丙午宗望乞
濟師詔有司選精兵五千給之丁未命宗望以南京留守
及諸關貸可選勳賢有人望者就註擬之具姓名官階以
聞三月己酉朔命宗望以宋歲幣銀絹分賜將士之有功
者庚戌叛人活字帶降詔釋之宗望以南京反覆凡攻取
之計乞與知樞密院事劉彥宗裁決之劉公卿王永福棄
來隰之民保山砦者從之已未宗望以南京反覆凡攻取
家諭城來降以公卿為廣寧尹永福為奉先軍節度使辛
未夏國王李乾順遣使上誓表閏月戊寅朔賜夏國誓詔

辛巳命置驛上京春泰之間己丑烏虎里迪烈底兩部來
降丙午阮許割劄山西諸鎮與宋以宗翰言罷之是月斜野
襲奚昭古牙走之獲其妻孥群從及豪族勃堇渾嘬等
破奚嚴而撫其民人四月己酉以宗翰經略西夏及破
遼功賜以十馬使自擇其二餘以分諸帥賑西夏豪族者六
路降者及新徙嶺東之人戊午以實古迺所築上京新城
名會平州乙亥詔贖上京路新遷寧江州戶口賣身者六
百餘人宋遣使來弔喪即位國信使如宋五月丁丑朔上京
興輔劉興嗣等充告即位國信使高
軍帥實古迺以所獲印綬二十二及銀牌來上癸未詔曰
新降之民訴訟者眾今方農時或失田業可俟農隙聽決
丁亥婆速路猛安僕盧古以贓罷以謀克習泥烈代之乙
巳曷懶路軍帥完顏忽剌古等言往者歲捕海狗海東青
鴉鶻於高麗之境近以二舟性彼乃小故起戰爭甚非所
之盡殺二舟之人奪其兵仗上曰以戰艦十四要而擊
宜今後非奉命毋輒往閣母剌南京殺都統張敦固七月
壬午皇子宗峻薨丙戌禁外方使介冗從多者壬辰鵰寶
答言高麗納吾叛云增邊備必有異圖詔曰納我叛亡
而弗歸其曲在彼凡有通問毋遵常式或來侵略整爾行
列與之從軍敢先犯彼雖捷必罰乙未以烏虎部及諸營

叛以民勃極烈豊等討平之八月乙巳朔以宇文虛中為爪乃

金家奴代之六部都統撻懶擊走昭古牙殺其隊將昌魯

燦白撒喝等又破降路馳山金源興中諸軍詔增給銀牌

十有一月甲辰朔夏國遣使謝誓詔戊午天清節遣宋夏遣使

牙軍眾來降興中府降丙寅詔南路軍帥閻母以備高麗戊辰西南西北兩路

來賀甲子詔發寧江州粟賑泰州民被秋潦者遣蕃昭于廣寧

以給南京潤州戌顏阿實賷以備高麗戊辰西南西北兩路合

蘇館路李董完顏阿實賷言遼詳穩撻不野來奔言耶律大石自稱為

権都統斜卻言遼詳穩撻不野來奔言耶律大石自稱為

節度使以韓慶民等為賀宋正旦使

月戊申以宇文董高居慶等為賀宋正旦使

討大石則候報下十一月癸未閏毋下宜州掠杈抐山殺

騎萬餘欲趨天德駐余都谷詔曰追襲遼主必酌事宜其

王置南北官屬有戰馬萬定遼主從者不過四十戶有步

三年正月癸酉朔宋夏遣使來賀戊子同知宣徽院事韓

資正加尚書左僕射為諸宮都部署乙未夏國遣使萬帥

及賀即位宋遣使賀即位二月壬戌婁室獲遼主于余睹

谷丁卯以庵蒻城地分授所徙烏虎里迪烈二部及契丹

民三月乙亥阿撻勃極烈謖都訶羲兩子賑其契丹新附

金史卷三　五

陳元章

之民辛巳建乾元殿翰魯獻國寶以謀萬失來附請授

印綬是日賜完顏婁室鐵券四月壬寅朔詔以遼主赴京

師丁巳南路軍帥察剌以罪罷五月己丑蕭八斤獲遼王

寶來獻六月庚申以獲遼主遣李用和等充告慶使如宋

七月壬申禁內外官宗室遼主私後百姓長吏詐賷詔權南京師以錦

賷賓民為奴其絲綿來獻命賞其長吏詔權勢之家毋

州野蠶成繭奉其絲綿來獻命賞其長吏詔權勢之分給

諸軍以耶律固等為宋報謝使八月癸卯翰魯以遼主至

京師甲辰告于太祖廟丙午遼主延禧入見降封海濱王

壬子詔有司揀閱善射勇健之士以備宋九月壬午廣寧

府獻嘉禾癸巳保州路都統加古撒喝有罪伏誅以李

董徒單烏烈代之十月甲辰詔諸將伐宋以譜班勃極烈

景燕領都元帥移賷勃極烈宗翰兼左副元帥先鋒經略

使完顏希尹為元帥右監軍左金吾上將軍耶律余睹為

元帥右都監自西京入太原六部路軍帥撻懶為六部路

都統斜也副之宗望為南京路都統閻母副之知樞密院

事劉彥宗兼領漢軍都統自南京入燕山詔建太祖廟于

西京召耶魯赴京師教授女直字戊申有司言權南路軍

帥鶻實荅官吏貪縱詔鞫之壬子天清節宋夏遣使來賀

金史卷三　六

陳元章

金史卷三

丁巳以闍毋為南京路都統掃嘸鳴副之宗望為闍毋劉彥
宗兩軍監戰壬戌詔曰今大有年無儲蓄則何以備饑饉
其令牛一具賦粟一石每謀克為一廩貯之宋易州戍將
韓民毅以軍降處之蓟州十一月庚辰以降封遼主為海
濱王毅以所降之蒲覽敗宋兵于古比口丙午郭藥師降
詔勿禁以張忠嗣權簽南京中書樞密院事十二月庚子
宗翰下朔州甲辰宗望諸軍及宋郭藥師張企徽劉舜仁
戰於白河大破之蒲覽敗宋兵于古比口丙午宗望降
燕山州縣悉平戊戌宗翰克代州乙卯中山降丙辰宗望
破宋兵五千于真定戊午宗翰圍太原耶律余睹破宋河
東陝西援兵于汾河北甲子宗望克信德府
四年春正月丁卯朔始朝日降臣郭藥師董才皆賜姓完
顏氏戊辰宗望取湯陰大臭攻下濬州迪古補取黎陽己
巳諸軍圍汴甲戌宋使具孝民等入汴問宗望取
首謀平山童貫譚稹詹度及張覺等宋太上皇帝出奔癸
酉諸軍渡河庚午取渭州宗望使具孝民等入汴以康王
構少宰張邦昌為質辛巳宋上誓書稱姪戊寅宋皇帝
伯大金皇帝癸未諸軍解圍二月丁酉朔夜宋將姚平仲
修好約質割三鎮地增歲幣載書稱伯姪戊寅宋以康王
兵四十萬來襲宗望營敗之己亥復進師圍汴宋使宇文

虜中以書來改以蕭王樞為質遣康王構歸師還壬子以
滑濬二州與宋宗翰定威勝軍攻下隆德府丁巳次澤州
海濱王家奴誣其主欲亡去詔誅其首惡餘並杖之三月
癸未銀术可圍太原宗翰還西京四月癸卯宗望使宗弼
來奏捷乙丑耿守忠等大敗宋兵于都城五月丙申朔師
种師中以兵出井陘癸酉完顏活女敗之于穀熊嶺斬師
中於陣是月扳離速敗宋姚古軍於隆州谷六月宗望使
宗望為右副元帥七月丙寅遣高伯淑等宣諭高麗壬申
高麗國王王楷奉表稱藩庚戌宗望獻所獲三象萬戶申
出金牌命李童大臭以所領勃海軍八猛安為萬戶戊子
以鐵勒部長奪离剌不從其兄唯里本叛賜賜馬十一豕百

金史卷三

錢五百萬蕭仲恭使宋還以所持宋帝與耶律余睹蠟書
自陳八月庚子詔左副元帥宗翰右副元帥宗望宋
張灝率兵出汾州扳離速擊走之劉臻以兵出壽陽襄室
破之庚戌宗翰發西京辛亥臭室等破宋張灝軍于文水
癸丑宗望發保州是日耶律鐸破宋兵于雄州那野等敗
宋兵于中山甲寅新城縣進白烏庚申突撚取新樂九月
丙寅宗翰克太原軹經略使張孝純鶻沙虎取平遙靈石
孝義介休諸縣己巳復以南京為平州辛未宗望破宋种
師閣軍於井陘取天威軍克真定殺其守李邈十月臭室

克汾州石州降蒲察克平定靈遂州降丁未天清節高麗
夏遣使來賀中京進嘉禾十一月甲子宗翰自太原趨汴
丙寅宗望自真定趨趙州戊辰宗翰下威勝軍癸酉撒剌荅
破天井關乙亥宗翰克隆德府活女渡盟津河西京永安軍
鄭州皆降德府開德府皆下丙戌克懷州是日宗望至汴閏月
縣德清軍開德府諸軍渡河臨河大名二
壬辰朔宗望出兵推戰宗望等擊敗之癸巳宗望至汴丙辰
克汴城庚申以高隨充高麗生日使辛酉宗主桓出居青
城十二月癸亥宋主桓降是日歸于汴城庚辰詔曰朕惟
國家四境雖遠而兵革未息田野雖廣而畎畝未闢百工

【金史卷三】 九 李肅

略備而祿秩未均方貢僅修而賓館未贍是皆出乎民力
苟不務本業而柳游手欲上下皆足其可得乎其今所在
長吏敦勸農功
五年正月辛卯朔高麗夏遣使來賀癸巳宗翰宗望使使
以宋降表來上乙未知樞密院事劉彥宗上表請復立趙
氏不聽丁巳囬鶻唱里可汗遣使入貢二月丙寅詔降宋
二帝為庶人三月丁酉立宋少宰張邦昌為大楚皇帝割
地賜夏國四月乙酉克陝府取虢州丙戌以六部路都統
捷懶為元帥南京路都統闍母為元帥左都監宗
翰宗望以宋二帝歸己丑詔曰合蘇館諸部與新附人民

其在降附之後同姓為婚者離之五月庚寅朔宋康王構
即位於歸德宋殺張邦昌豎室隆隆慈隰石河中皆歲
寧化保德火山諸城捷懶徇地山東下寰州迪虎下草州
廣信軍降六月庚申詔曰自河之北令所分畫重念其民
或見城邑降德者不無疑懼遂命堅守若即討伐生靈
可憫其申諭以理招輯安全之儻執不移自當致討若諸
軍敢利於俘掠肆行殺戮殘敗者底于罰庚辰以右副元帥宗望
薨漢國王宗傑繼薨七月甲午賜宗翰券書右副元帥宗望
寅以宋捷遣耶律居謹等充宣慶使高麗丙戌以宗翰

【金史卷三】 十 李肅

為右副元帥詔曰河北河東郡縣職貟多闕宣開貢舉取
士以安新民其南北進士各以所業試之九月辛亥詔曰
內地諸路每耕牛一具賦粟五斗以備歲儉所不原者勿
論闍母取河閒大敗宋兵于其州雄州降捷懶克邢州永
靈軍保州順安軍皆降冬十月丁卯沙州囬鶻活剌散丁
右監軍完顏希尹萬戶銀术可劾書除赦所不原餘並勿
汗遣使入貢辛未天清節高麗夏遣使來賀宋二帝自燕
徙居于中京十二月丙寅右副元帥宗輔伐宋徇地淄青
烏林荅泰欲敗宋將李成于淄州趙州降阿里刮徇地淄青
州敗敵兵遂取滑州乙亥西南路都統斡魯薨己卯賽里

下汝州

六年正月丙戌朔高麗夏遣使來賀宗弼破宋鄭孟軍
子青州銀朮可取鄧州隆謀魯入襄陽扳離速入均州馬
五取房州癸巳克青州癸卯閻母克濰州丁未迪古補敗
宋將趙子昉兵撤離喝敗宋兵于河上甲寅宋將馬括敗
次樂安宗輔擊敗之聞宋主在維揚以農時還師宗弼敗
宋兵于河上二月乙卯朔宋主扳離速取唐州癸亥取蔡州巳
巳移剌古敗宋將臺宗雋等兵于大名庚午再破其軍獲
臺宗雋及宋忠宗翰復遣婁室攻下同華京兆鳳翔檢宋
叛入于宋板離速取陳州潁昌汝鄭均房府鄧州
蔡之民于河北宗翰遷洛陽襄陽潁昌汝鄭州
經制使傅亮阿隣破河中斡魯入馮翊三月壬辰命南路
軍帥寶古畫籍節度使完顏慎恩所領諸部及未置猛安
本部來附六月巳未詔求祖宗遺事捷懶遣兵徇下磁州以
謀克戶來上巳酉捷懶下恩州五月戊戌移沙土古思以
宋主遣使奉表請和詔進兵伐之以宋二麻人赴上京八
月乙卯妻室敗宋兵于華州詭特剌破敵于渭水遂取下
信德府真定賊自稱元帥秦王撒離喝討平之七月乙巳
其父昏德公子重昏侯是日告于太祖廟遂入見于乾元殿封
郛丁丑以宋二麻人素服見太祖廟以州郡職貢名

金史三　十一　于文孟
本紀十　四百卅九

稱及俸給因華詔中外九月辛丑繩果等敗宋兵于蒲城
甲申又破敵於同州乙丑取丹州十月丙寅天清節高麗
夏遣使來賀癸酉知樞密院事劉彥宗薨丁丑蒲察妻室
敗宋兵于臨真戊寅徙昏德公重昏侯于韓州庚辰宗翰
宗輔會于濮伐宋十一月庚寅蒲察妻室再攻晉寧軍其守
賑移懶路乙未取濮州綏德軍降婁室取延安府壬辰守
徐徽言固守不能克十二月丙辰宗翰取開德府丁卯宗
輔克大名府鶻沙虎敗宋兵于鞏
七年正月庚辰朔高麗夏遣使來賀辛巳吳國王闍母薨
甲午以南京留守韓企先同中書門下平章事知樞密院
巳巳妻室婁室鶻沙虎等破晉寧軍其守徐徽言據子城
事二月戊辰宋麟府路安撫使折可求以麟府豐三州降
命降綱折可求之拜不拜臨之以兵不動
統制孫昻及士卒皆不屈盡殺之甲戌詔禁醫卜巫覡山遼
拒戰庚午率衆潰圍走檻之擒徽言
良人被略為驅者聽其父母夫妻子贖之尚書左僕射高
代山陵樵採三月巳卯朔日中有黑子
慶罷四月蒲察妻室取鄜坊二州五月乙卯扳離速等孃
宋主于楊州九月丙午朔宗弼敗宋兵于
雎陽辛未降其城是月曹州降十月丙子朔京兆府降丁

金史三　十二
本紀十　四百卅九

丑罌州降敵于庚寅天清節高麗夏遣使來賀丁酉阿里當海
大臭破敵于壽春己亥安撫使馬世元以寧州
降十一月庚戌徙昌蘇館都統司治寧州乙卯高麗遣使
來貢丙辰宗弼取和州壬戌宗弼渡江敗宋副元帥杜充
軍于江寧丁卯守臣陳邦光以城降十二月丙戌宗弼取
湖州丁亥克杭州阿里蒲盧渾追宋兵于明州越州宗大
臭敗宋樞密使周望于秀州又敗宋兵于杭州東北戊戌
阿里蒲盧渾敗宋兵于東關遂瀕曹娥江壬寅敗宋兵于
高橋宋主入于海
八年正月甲辰朔高麗夏遣使來賀丁巳以同中書門下
平章事韓企先為尚書左僕射兼待中己未阿里蒲盧渾
克明州執其守臣趙伯諤庚申詔曰避後之民以微直糶
身權貴之家者悉出還本貫阿魯補斜里也下太平順昌
及濠州是月宋韓世忠死以其眾降二月乙亥宗弼還
自杭州庚寅取秀州戊戌韓世忠取平江汴京亂三月丁卯大迪
里復取之宗弼及宋韓世忠戰于鎮江不利四月丙申周
戰于江寧敗之諸軍渡江是日阿魯補戰于拓皋己亥周
企戰于壽春辛丑妻室戰于淳化皆勝之醴州降遂克鄰
州五月癸卯詔僧尼及繼父繼母之男女無相嫁娶
戌申詔曰河北河東蒭軍其家屬流寓河南被俘掠為奴

婢者官為贖之俾復其業六月壬申詔遣邊統軍使耶律
昌禮質節度使蕭別離剌等十人分治新附州鎮癸酉詔
以曷德公六女為宗婦七月辛亥詔給略陝西所下城邑
所部諸謀克甲胄各五十先遣婁室經略陝西都統婆盧火詔
叛服不常其監戰阿盧補諸益兵師府會諸將議曰兵者
非不足綏懷之道有所未盡誠得位望隆重恩威兼濟者
以往可指日而定若以皇子右副元帥宗輔往為宜以聞
詔曰婁室往者所向輒克今使專征陝西延安住為宜豈倦
于兵而自愛耶關陝重地卿等其勉力焉丁卯上如東京
溫湯徙昬德公重昬侯于髃里改路九月戊申立劉豫為
大齊皇帝世修子禮都大名府辛酉譜班勃極烈都元帥
果覩癸亥宗輔等敗宋張浚軍于富平耀州降乙丑鳳翔
府降十月乙亥上至自東京薊帝劉豫遣使謝封冊甲申
平章事詔遼宋官上本國誥命等第換授十一月甲辰宗
輔下涇原路統制張中孚知鎮戎軍李彥琦以眾降馬五等
擊宋吳玠軍于隴州庚戌以遙鎮節度使烏克壽等為齊
劉豫生日使癸亥宗輔以陝西事狀聞詔獎諭之十二月
丁丑完顏妻室薨乙酉宗輔敗宋劉維輔軍壬辰熙州降

九年正月己亥朔齊高麗夏遣使來賀戌申命以徒門水
以西渾瞳星顯儔蠶三水以比閘田給昌懶路諸謀克辛
亥蒲察鶻拔魯完顏忒里討振萬敵于白馬湖隘于敵奚
丑以同中書門下平章事時立慶爲爲侍中知樞密院張忠
河樂西寧蘭廓積石等州涇原熙河兩路皆平四月己卯
詔新徙戍邊戶匿于衣食有典質其親屬奴婢者官爲贖
之戶計其口而有二三者以官奴婢益之使戶爲四口又
芝耕牛者給以官牛別委官勸督田作戍子及邊軍資糧
不繼糶粟于民而與賑郵其續遷戍戶在中路者姑止之

《金史三》 十五 齊

即其地種藝俟畢稼而行及來春農時以至戌所五月丙
午分遣使者諸路勸農六月壬辰賜晉德公重昏侯時服
各兩襲八月辛巳鶻撒八迪里突迷來貢九月己酉州四
髇執耶律大石之黨撒八迪里欲遣使來獻十月戊寅和
節莎高麗夏道使來賀撒離喝攻下慶陽幕消以環州清
宗猶與宋吳玠戰于和尚原敗績十一月己未遷趙氏蹴降
屬于上京以陝西地賜齊
十年正月癸巳朔齊高麗夏道使來賀己酉齊表謝賜地
壬子詔曰昔遼人分士庶之族賦後皆有等差其悉均之
二月庚午賑上京路戍邊猛安民四月丁卯詔諸良人知

情嫁奴者聽如故爲妻其不知而嫁者去住悉從所欲移
蠻勃極烈左副元帥勃極烈翰朝京師庚午以太祖孫置爲譜
班勃極烈宗磐晉爲國論勿魯勃極烈國論勃極烈宗
幹爲國論左勃極烈移賚勃極烈爲左
右勃極烈兼都元帥右副元帥宗輔爲左勃極烈宗翰爲國論
鴨淥混同江暴漲命賑從戍邊戶在混同江者閏月辛卯
詔分遣鶻沙虎等十三人閱諸路丁壯調起軍七月甲午
賑泰州路邊戶十月壬寅九月元帥右都監耶律余睹

《金史三》 十六 齊

謀反出奔其黨燕京統軍使蕭高六伏誅蔚州節度使蕭
使土古厮捕斬余睹及其諸子函其首來獻十二月庚子
撒離喝克金州上至自興中府
十一年正月丁巳朔齊高麗夏道使來賀丁卯撒離喝敗
吳玠于饒峰關戊辰取洋州甲戌入興元府二月己亥元
帥府言承詔賑軍士臣恐有司錢幣將不繼請自元帥以
下有祿者出錢助給之詔曰官有府庫而取於臣下此何
理耶其悉從官給八月甲申黃龍府置錢帛司戊子趙樗
誣告其父昏德公謀反樗及其壻劉文彥伏誅戍戌詔曰

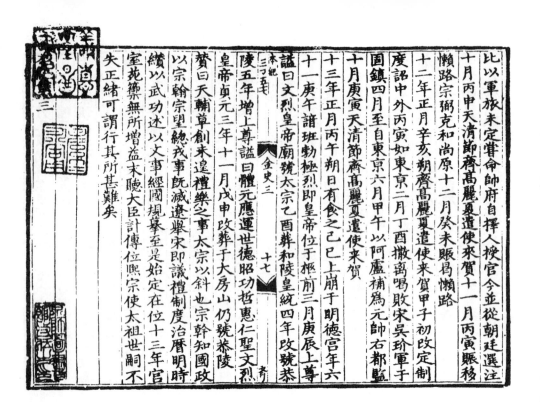

比以軍旅未定嘗命帥府自擇人授官今並從朝廷選注

十月丙申天清節齊高麗夏遣使來賀十一月丙寅賑移

懶路宗彌克和尚原十二月癸未賑曷懶路

十二年正月辛亥朝齊高麗夏遣使來賀甲子初改定制

度詔中外丙寅如東京二月丁酉撒离喝敗宋吳玠軍于

園鎮四月至自東京六月甲午以阿盧補爲元帥右都監

十月庚寅天清節齊高麗夏遣使來賀

十三年正月丙午朔日有食之己巳上崩于明德宮年六

十一諸班勸極烈即皇帝位于柩前三月庚辰上尊

諡曰文烈皇帝廟號太宗乙酉葬和陵皇統四年改號恭

陵五年增上尊諡曰體元應運世德昭功哲惠仁聖文烈

皇帝寅元三年十一月戊申改葬于大房山仍號恭陵

贊曰天輔草創未遑禮樂之事太宗以斜也宗幹知國政

以宗翰宗望總戎事既滅遼舉宋即議禮制度治曆明時

繼以武功述作以文事經國規暮至是始定在位十三年官

室苑藥無所增益末聽大臣計傳位熙宗使太祖世嗣不

失正緒可謂行其所甚難矣

金史三 本紀三 十七

勒修

熙宗

【熙宗紀贊】

開府儀同三司監修國史上柱國臣脫脫等奉
……國子祭酒臣歐陽玄

【金史卷四】

熙宗弘基纘武莊靖孝成皇帝諱亶本諱合剌太祖孫景
宣皇帝子母蒲察氏天輔三年己亥歲生天會八年諸班
勃極烈杲薨太宗意父未決十年左副元帥宗翰右副元
帥宗輔左監軍完顏希尹入朝興宗幹議曰諸班勃極烈
虛位已久今不早定恐授非其人合剌先帝嫡孫當立之
興請於太宗者再三從之四月庚午詔曰爾為太祖之
嫡孫故命爾為諸班勃極烈其無自謂冲幼押于童戲惟
敬厥德諸班勃極烈者太宗嘗居是官及登大位以命弟
杲杲薨帝定議為儲嗣故以是命為十三年正月巳巳太
宗崩庚午即皇帝位甲戌詔中外詔公私禁酒癸酉遣使
告哀于齊高麗夏及報即位仍詔齊自今稱臣勿稱子二
月乙巳追諡太祖扢括氏曰德妃烏古論氏曰光懿
皇后追冊太祖于和陵妃僕散氏曰聖穆皇后裴滿氏二
改葬太祖于和陵三月巳卯葬高麗使來弔癸康辰以
行皇帝曰文烈廟號太宗乙酉葬太宗于和陵甲午以大
論右勃極烈都元帥宗翰為太保領三省事封晉國王戊

【熙宗卷四】

戌詔諸國使賜宴不舉樂四月戊午齊高麗遣使賀即位
丙寅曆德公趙倩薨遣使致祭及賻贈是月甘露降于熊
岳縣五月甲申左副元帥宗輔薨九月壬申追尊美考豐
王為景宣皇帝廟號徽宗母唐括氏皆為惠昭皇后戊寅
尊太祖紇石烈氏太宗后唐括氏后于興陵十一月以尚書令宗
外乙酉改葬徽宗及惠昭后于興陵十二月癸亥始
國王宗磐為太師乙亥初頒曆巳卯以尚書左丞相完顏
希尹為尚書左丞相兼侍中太子少保高慶裔為左丞平
陽尹蕭慶為右丞巳丑建天開殿于文剌十二月癸亥始
定齊高麗夏朝賀賜宴朝辭儀以京西鹿囿賜農民十四
年正月巳巳朔上朝太皇太后于兩宮齊高麗夏遣使來
賀癸酉頒曆于高麗丁丑太皇太后紇石烈氏崩乙酉萬
壽節齊高麗夏遣使來賀上本七月七日生以同皇考忌
日改用正月十七日二月癸卯上尊諡曰欽獻皇后葬廬
陵三月壬午以太保宗翰太師宗磐太傅宗幹並領三省
事丁酉高麗遣使來弔八月丙辰追尊九代祖以下曰皇
帝皇后定始祖景祖世祖太祖太宗廟皆不祧癸亥詔齊
國與本朝軍民訴訟相關者文移署年止用天會十年甲
寅以吳激為高麗王生日使蕭仲恭為齊劉豫四謝并生
日正旦使十五年正月癸亥朔上朝太皇太后于明德宮

齊高麗夏遣使來賀初用大明曆己卯萬壽節齊高麗夏

遣使來賀六月庚戌尚書左丞高慶裔轉運使劉思有罪

伏誅七月辛巳太保領三省事晉國王宗磐丙戌夜京

師地震封皇叔宗雋固叔祖量守為王丁亥汴兵興監

爵十月乙卯以元帥左監軍撻懶為左副元帥封曾國王

宗弼君副元帥封潘王知樞密院事兼侍中時立愛致仕

為天眷元年大赦命韓昉豫上表謝封爵癸未詔改明年

書省于汴十二月戊辰封劉豫為蜀王詔中外置行臺尚

十一月丙午廢齊國降封劉豫為劉王詔

宗弼君副元帥封潘王知樞密院事兼侍中時立愛致仕

為天眷元年大赦命韓昉明德宮高麗夏遣使來賀頒

女直小字封大司空晏為王甲辰萬壽節高麗夏遣使來

賀二月壬戌上如父剃春水乙丑幸天開殿已詔罷來

淅水混同江護邏地與民耕牧三月庚寅以禁苑陳地分

給百姓戊申以韓昉為翰林學士甲午于天元殿立裴滿氏

彥倫營建宮室止從偷素壬午朝辛于天元殿立裴滿氏

至自天開殿秋七月辛卯左副元帥撻懶東京留守宗雋

來朝丁酉掊出淅河溢壞廬舍民多羸死壬寅左丞相希

金史卷四

三

七通

天眷元年正月戊子朔上朝明德宮高麗夏遣使來賀頒

女直小字封大司空晏為王甲辰萬壽節高麗夏遣使來

尹罷八月甲寅朔頒行官制癸亥四鶻遣使朝貢己卯以

河南地與宋以君司侍郎張通古等使江南以京師為上

東府曰會寧府上京為北京九月甲申朔以襲為會寧收

封鄧王乙未詔命女直漢人各用本字渤海

同漢人丁酉改燕京樞密院為行臺尚書省上朝明

德宮甲辰以奕為平章政事己酉省燕中西三京平州東

宗強為紀王宗敏邢王太宗子解會輔等十三人為王己

朔以御前管勾契丹文字李德固為參知政事丙寅甲寅

西等路州縣勾契丹文字李德固行臺左丞相張孝純致仕十月甲寅

留守宗雋為尚書左丞相兼侍中封陳王十一月丙辰以

己始禁親王以下佩刀入宮未定封究國制癸酉以東京

熙宗以上畫像工畢奠獻于乾元殿十二月癸亥新宮成

甲戌高麗遣使入貢丁丑立貴妃裴滿氏為皇后

二年正月壬午朔高麗夏遣使來賀戊戌萬壽節高麗夏

遣使來賀以右丞相宗雋為太保領三省事二月乙未進

顯中尹完顏希尹復為尚書左丞相兼侍中封陳王十一

如天開殿三月丙辰命百官詳定儀制四月甲戌百官朝

參初用朝服己卯宋遣使來謝河南地五月戊子太白晝見

乙巳上至自天開殿六月己酉朔初御冠服辛亥吳其君

反伏誅己未上從容謂侍臣曰朕每閱貞觀政要見其君

臣議論大可規法翰林學士韓昉對曰皆由太宗溫顏訪

金史卷四

四

老通

閣房杜董竭忠盡誠其書雖簡足以爲法上曰太宗固一
代賢君明皇何如也帝曰唐自太宗以來惟明皇憲宗可數
明皇所謂有始而無終者初以艱危得位用姚崇宋璟惟
正是行故能成開元之治末年怠于萬機委政李林甫姦
諛是用以致天寶之亂茍能慎終如始則貞觀之風不難
追矣上稱善又曰周成王何如主昉對曰古之賢君上曰
成王雖賢亦周公輔佐之力後世疑周公殺其兄以朕觀
之爲社稷大計亦不當非也七月辛巳宋國王宗磐究國
王宗磐爲謀反伏誅丙戌以右副元帥宗弼爲都元帥進封
越國王丁亥以詮宗磐等詔中外巳丑以左副元帥撻懶
爲行臺左丞相杜充爲行臺右丞相蕭賓耶律暉行臺平
章政事甲午咸州詳穩沂王量坐與宗磐謀反伏誅辛丑
以太傅領三省事宗幹爲太師領三省如故進封梁國
王八月辛亥行臺左丞相撻懶翼王鵬懶及活離胡土撻
闥子斡帶烏達補謀反伏誅丁丑太白晝見九月戊寅朔
于慶元宮壬寅宋道王倫等乞歸父喪及母韋氏等拘倫
降封太宗諸子大司空昱罷丙申初居新宮立太祖原廟
不遣以溫都思忠諸路廉問十月癸酉夏國使来告喪十
二月豫國公昱薨
三年正月丁丑朔高麗夏遣使来賀癸巳萬壽節高麗夏

遣使来賀以都元帥宗弼領行臺尚書省事四月乙巳朔
溫都思忠廉問諸路得廉吏杜遵晦以下百二十四人各
進一階貪吏張鑅以下二十一人皆罷之癸丑蜀國公完
顏銀术哥薨丁卯上如燕京五月丙子詔元帥府復取河
南陝西地巳卯詔冊李仁孝爲夏國王命都元帥宗弼以
兵自黎陽趨汴乙卯宗弼遣使奏河南陝西捷
平六月陝西平上次凉涇大旱使蕭芳讓田毅決西京
秋七月癸卯朔日有食之乙卯仕給俸祿之半職三品者仍
丁卯詔文武官五品以上致給俸人八月辛巳扫撫諭陝西五路壬午初定公主郡縣
主及駙馬官品九月壬寅朔宗弼来朝戊申上至燕京巳
酉親饗太祖廟庚申宗弼還軍中夏國遣使謝賻贈癸亥
輙左丞相完顏希尹右丞相蕭慶及希尹子昭武大將軍
把撻符寶郎漫帶戊辰夏國遣使謝封冊十一月癸丑以
孔子四十九代孫璠襲封衍聖公癸亥以都點檢蕭仲恭
爲尚書右丞前西京留守昰爲平章政事甲子行臺尚書
右丞相杜充十二月乙亥都元帥宗弼上言宋將岳飛
張俊韓世忠率銀渡江詔命擊之丁丑地震巳亥以元帥
左監軍阿鲁補爲左副元帥右監軍撻辭郎合爲右副元帥
皇統元年正月辛丑朔高麗夏遣使来賀庚戌群臣上尊

號曰崇天體道欽明文武聖德皇帝初御袞冕癸丑謝太
廟大赦改元丁巳萬壽節高麗夏遣使來賀已未初定命
婦封號夏國請置榷場許之已巳封平章政事昂爲漆水
郡王二月戊寅詔諸致仕官職俱至三品者俸祿人力各
給其半宗弼克盧州乙酉改封海濱王耶律延禧爲豫王
昏德公趙佶爲天水郡王重昏侯趙桓爲天水郡公戊午
上親祭孔子廟北面再拜謂侍臣曰朕幼年游佚不知
志學歲月逾邁追悔孔子雖無位其道可尊使萬世
景仰大凡爲善不可不勉自是顧讀尚書論語及五代遼
史諸書或以夜繼焉已未上宣聖于瑤池殿適宗弼遣

使奏捷侍臣多進詩稱賀帝覽之曰太平之世當尚文物
自古致治皆由是也四月丙子以濟南尹韓昉參知政事
辛巳宗弼請伐江南從之五月己酉太師領三省事梁宗
國王宗幹薨庚戌上親臨上曰君
臣之義骨肉之親豈可避之遂殞之慟命輟朝七日六月
甲戌都元帥宗弼與宰執同入奏事庚寅行臺平章政
事耶律暉致仕壬辰有司請舉樂上以宗弼喪不允甲
午紀王宗強薨上親臨輟朝如故
皇帝忌辰命尚食進肉丙午以宗弼爲尚書左丞相以景宣
中都元帥領行臺如故已酉宗弼還軍中辛亥參知政事

耶律讓罷九月戊申上至自燕京朝太皇太后于明德宮
詔賜綵幣寡孤獨不能自存者人絹二疋絮三斤是秋蝗都
元帥宗弼伐宋渡淮以書讓宋復書乞罷兵宗弼以便
宜畫疆爲界十一月已酉高麗國賀受尊號天水郡公趙桓受尊號賜
二月癸巳夏國賀受尊號宋進先朝實錄
濟之左丞勖進先朝實錄三卷上焚香立受之
乙巳命伐高麗丁未上至自來流河辛亥上獵于來流河
二年正月乙未朔高麗夏遣使來賀己亥萬壽節高麗夏

遣使來賀壬子衍聖公孔璠麃子拯襲二月丁卯上如天
開殿甲戌賑熙河路戊子皇子濟安生辛卯宋使曹勛來
言改封蜀王劉豫爲曹王壬辰以皇子生赦中外三月辛
丑還自天開殿大雪丙午以宗弼爲大傅丙辰遣左宣徽
許歲幣銀絹二十五萬兩匹畫淮爲界
使劉筈以袞冕圭冊冊宋康王爲帝歸宋帝母韋氏及故
妻邢氏天水郡王幷妻鄭氏喪于江南戊午立子濟安爲
皇太子丙寅以宋告中外庚午五雲樓重明等殿成五
月癸巳朔不視朝曰知卿等意今既飲矣明日當戒因
宰相入諫輒飲以酒與近臣日飲或繼以夜
復飲乙卯賜宋誓詔辛酉宴群臣於五雲樓皆盡醉而罷
七月甲午回鶻遣使來貢比京廣寧府璧丁酉賜宗弼金

22-54

券八月丁卯詔歸朱弁張邵洪皓于宋辛未復太宗子胡
盧為王賑陝西九月壬辰詔給天水郡王姪婿天水郡
公子俸給十一月甲寅平章政事漆水郡王昂薨封鄆
至十二月乙丑高麗王遣使謝封冊庚午宋遣使謝歸三
襄及母韋氏壬申上獵于按耶呆米路癸未還宮甲申皇
太子濟安薨
三年正月巳丑以皇太子喪不御正殿群臣詣便殿稱
賀宋高麗夏使詣皇極殿通賀乙巳萬壽節如正旦儀三
月辛卯以尚書左丞相太皇太后唐括氏崩巳酉封子道濟為
尚書左丞丁酉太皇太后唐括氏崩巳酉封子道濟為
初立太廟杜稷六月巳酉初置驍騎軍七月丙寅上致祭
太皇太后庚辰太原路進獼豕并瑞麥八月辛卯詔給天
水郡王孫及天水郡公婿俸祿丙申老人星見乙巳諡太
皇太后曰欽仁皇后戊申葬恭陵十二月癸未朔日有食
之
四年正月癸丑朔宋高麗夏遣使來賀甲寅詔以去年宋
幣賜始祖以下宗室巳未以宋使王倫為平州轉運使既
受命復辭罷其反覆誅之乙丑陝西進嘉禾十有二莖莖
皆七穗巳巳萬壽節宋高麗夏遣使來賀乙亥上祭欽仁

東京

皇后哭盡哀二月癸未上如東京丙申次百泊河春水丁
酉四鶻遣使來賀以粘合韓奴報之五月辛亥朔次薰風
殿六月巳朔日有食之七月庚午建原廟于東京八月
癸未殺魏王道濟九月乙酉上如東京壬子畋于沙河射
虎獲之十月乙卯遣使祭遼主陵辛酉詔薰風殿二十里
內及巡幸所過五里內並復一歲癸酉行臺左丞相張孝
純薨十一月壬辰立借貸飢民酬賞格甲辰以河朔諸郡
地震詔復百姓一年其歷死無人牧葬者官為斂之陝
西蒲解洪蔡等處因歲饑流民典顧為奴婢者官給絹贖
為良放還其鄉十一月巳酉上獵于海島十二月甲午至
東京
五年正月丁未朔宋高麗夏遣使來賀癸亥萬壽節宋高
麗夏遣使來賀二月乙未次濟州春水三月戊辰次天開
殿五月戊午初用御製小字壬申以平章政事勖諫上為
止酒仍布告廷臣六月乙亥朔日有食之八月戊戌發天
開殿九月庚申至自東京十月辛卯增諡太祖閏月戊寅
大名府進牛生麟壬辰懷州進嘉禾十二月戊申增諡始
祖以下十帝及太宗徽宗丁巳赦
六年正月辛未朔宋高麗夏遣使來賀壬申封太祖諸孫
為王乙亥畋于謀勒甲申還京師丁亥萬壽節宋高麗夏

【上欄】

遣使来賀庚寅以遼地賜夏國壬辰如春水
悞入大澤中帝馬陷因步出亦不罪導者乙未封偽蜀為
王二月丙寅右丞相韓企先薨三月壬申以阿离補為行
臺右丞相四月庚子朔上至自春水以同判大宗正事
固為右丞相兼中書令乙午行臺右丞相阿离補薨
麗王克遂及妻室銀木可皆有大功並為立碑戊寅曹王
鄭王起復嗣王睍九月戊辰朔以許王破沛膚宗平陝西
麗六月乙巳殺牢文庫辛卯以左宣徽使劉筈為行臺右
丞相六月甲寅右丞相兼中書令至自春水以高士談乙丑遣使弔祭
五月壬申高麗王楷薨辛卯以左宣徽使劉筈為行臺右
劉豫廢是歲遣拈割轄奴招耶律大石被害

金史卷四　熙宗紀　士　士通

七年正月乙丑朔宋遣使来賀辛巳萬壽節宋高
麗夏遣使来賀癸未以西京鹿圍為民田丁亥太白經天
三月戊寅高麗遣使謝弔祭起復四月戊午宴便殿上醉
酒殺戶部尚書宗禮六月丁酉殺橫海軍節度使田瑴左
司郎中奚毅翰林待制邢具瞻及王植高鳳廷王傚益左
興龍東鑒等七月己巳太白經天曲赦畿內九月太保趙
丞相固薨以都元帥宗弼為太師領三省事都元帥行
臺尚書省事如故平章政事昺為左丞相兼侍中都元帥
宗賢為右丞相昺劉筈為左丞相兼侍中蕭仲恭右丞
為平章政事李德固為尚書右丞秘書監蕭肄為參知政

【下欄】

事十月壬子平章行臺尚書省事昺薨十一月癸酉以
工部侍郎僕散太彎為御史大夫乙亥兵部尚書秉德進
三月辛卯詔減常勝羊秉之二癸未以尚書左丞宗
寔為行臺平章政事韓昉罷兵部尚書秉德為參知政事
月戊午參知政事韓昉罷兵部尚書秉德為參知政事
八年正月庚申朔宋高麗夏遣使来賀二月壬子以哥之辛丑遼史成六月乙卯
夏遣使来賀甲寅以大理卿宗安等為高麗王睍封冊使乙卯
上如天開殿四月戊子朔日有食之辛丑遼史成六月乙卯
德等廉察官吏庚戌至自天開殿甲寅遼史成六月乙卯至

金史卷四　熙宗紀　十二　士通

平章政事蕭仲恭為行臺左丞相昺為平章政事都
黜撻唐括辨為尚書左丞高麗王睍封冊七月乙亥
御史大夫僕散太彎罷以侍衛親軍都指揮使阿魯帶為
御史大夫戊寅以尚書左丞唐括辨罷以左宣徽使票為
戊戌宗弼進太祖實錄上焚香立受之庚子以尚書左
相賜領行臺尚書省事右丞相蕭仲恭為太保尚書左丞相
丙午以行臺左丞相蕭仲恭為尚書右丞相閏月庚申
臣以西林多鹿請上獵上怒害稼不久丙寅太廟成九月
丙申尚書左丞唐括辨罷以左宣徽使票為尚書左丞十
月辛酉大師領三省事都元帥越國王宗弼薨十一月壬

辰太白經天乙未左丞相宗賢左丞稟等言州郡長吏當
並用本國人上曰四海之內皆朕臣子若分別待之豈能
致一諭不云乎兼人勿使人勿規自今本國及諸色人
量才通用之辛丑以尚書左丞相宗賢爲左副元帥平
政事亮爲尚書左丞相兼侍中參知政事秉德爲左副元帥平章
十二月乙卯以右丞相蕭仲恭爲太保左丞相宗賢爲太師領三省
事庚戌以右丞相宗賢復爲太保左丞相
亮爲尚書右丞相乙亥以左丞相宗賢爲太師領三省事
兼都元帥

九年正月甲申朔宋高麗夏遣使來賀戊戌太師領三省
事都元帥宗賢罷領行臺尚書省事昂爲太師領三省
同判大宗正事充爲尚書左丞相右丞相亮兼都元帥庚
子萬壽節宋高麗遣使來賀壬寅左丞相亮薨丙午以
右丞相亮爲太師領判大宗正事宗本爲尚書右丞相兼
副元帥宗敏爲左丞相判大宗正事宗賢復爲太保領三省
京留守巳酉宗賢復爲太保領三省事二月甲寅會寧牧
唐括辨復爲尚書左丞票爲行臺平章政事三
月癸未朔日有食之辛丑以司空宗本爲尚書右丞相兼
中書令左丞相亮爲太保領三省事四月乙申夜大風雨
雷電震壞寢殿鴟尾有火入上寢燒幃幔帝趨別殿避之

丁丑有龍闘於利州榆林河水上大風壞民居官舍瓦木
人畜皆飄風十數里死傷者數百人五月戊子以四月壬
申丁丑天寶肆赦命翰林學士張鈞草詔認爲參知政事蕭鐵
摘其語以爲誹謗上怒殺鈞是日曲赦上京四庚寅出太
保領三省事亮領行臺尚書省省事亮復爲平章
斤妻稱上言宿直將軍蕭祿與胙王元爲黨誅之六月巳
未以都元帥宗敏爲太保領三省事兼戊申武庫署令耶律八
宗賢兼都元帥八月庚申以劉筈爲司空行臺右丞相左

故宰臣議徙遼陽渤海之民於燕南從之侍從高壽星等
當遷邊訴於后后以白上上怒議者杖平章政事秉德殺左
政事戊戌以右丞相宗本爲太保領三省事左副元帥宗
司郎中三合九月丙申以領行臺尚書省省事亮復爲平章
敏領行臺尚書省省事平章政事秉德爲尚書左丞相兼中
書令司空劉筈爲平章政事庚子以御史大夫宗甫爲參
知政事十月乙丑殺北京留守胙王元及弟安武軍節度
使查剌左衛將軍特思大赦癸酉以翰林學士京爲御史
大夫十一月癸未殺皇后裴滿氏色胙王妃撒卯入宮戊
子殺故鄧王子阿懶達懶癸巳上獵于忽剌渾土溫遣使
殺德妃烏古論氏及夾谷氏張氏十二月巳酉朔上至自
獵所丙辰殺妃裴滿氏於寢殿而平章政事亮因群臣震

恐與所親駙馬唐括辨寢殿小底大興國護衛十人忿土阿里出虎等謀為亂丁巳以忿土阿里出虎當內直命省令史李老僧語與國夜二鼓與國篩符矯詔開宮門召辨等甚懷刀與其妹夫特斯隨辨入至宮門守者以辨駙馬不疑內之及殿門衛士覺亮復前手刃之莫敢動忿土阿里出虎至帝前帝永掲上常所置佩刀不知巳為興國易置其處忿土阿里出虎遂進弒帝為東昏王葬于裴滿氏墓中面與衣帝崩時年三十一左丞相東德等遂奉亮坐拜呼萬歲立以為帝降帝為東昏王

貞元三年改葬于大房山蓼香甸諸王同兆域大定初追謚武靈皇帝廟號閔宗陵曰思陵別立廟十九年升祔于太廟增謚弘基纘武莊靖孝成皇帝二十七年改廟號熙宗二十八年以思陵狹小改葬于峨眉谷仍號思陵詔中

外

贊曰熙宗之時四方無事敬禮宗室大臣委以國政其繼體守文之治有足觀者末年酗酒妄殺人懷危懼所謂前有說而不見後有賊而不知馴致其道非一朝一夕故也

本紀第四

閣府儒臣司正柱國縂軍國重事勲書臣丞相脫脫　國史縂裁　經筵事都縂裁　脫脫　纂

勅修

海陵

廢帝海陵庶人亮字元功本諱迪古乃遼王宗幹第二子
也母大氏天輔六年壬寅歲生天春三年年十八以宗室
子為奉國上將軍赴梁王宗弼軍前任使以為行軍萬戶
遷驃騎上將軍皇統四年加龍虎衛上將軍為中京留守
還光祿大夫為人慓急多猜忌殘忍任數初熙宗以太祖
嫡孫嗣位亮意以為宗幹太祖長子而已亦太祖孫遂懷

觀亮在中京專務立威以厭伏小人猛安蕭裕傾險敢決
亮結納之每與論天下事裕揣知其意因勸海陵舉大事
語在裕傳七年五月召為同判大宗正事加特進十一月
拜尚書右丞務攬持權柄用其腹心為省臺要職引蕭裕
為兵部侍郎一日因召對語及太宗剏業艱難亮因鳴咽
流涕熙宗以為忠八年六月拜平章政事十一月拜右丞
相九年正月兼都元帥熙宗使小底大底追其賜亮由此
不自安三月賜禮物熙宗不悅妆興國百追求人
后亦附賜禮物熙宗不悅妆興國百追求人譽引用勢望子
孫結其驩心四月拜太保領三省事益邀求人譽引用勢望子

之左丞相宗賢對曰太保實然熙宗不悅遂出為領行臺
尚書省事過中京與蕭裕定約而去至良鄉召還海陵莫
測所以召還之意大恐然至復為平章政事由是益危迫
熙宗嘗以事杖左丞唐括辯及右丞相秉德辯曰公豈有
其次曰鄧王子阿懶亮曰阿懶屬陳安得立辯曰昨王
語及廢立事曰若舉大事誰可立者辯曰胙王常勝乎問
卿烏帶謀立而烏帶先以此謀告海陵他日海陵與辯
意邪海陵曰果不得已捨我其誰於是旦夕相與密謀謀
衛將軍特思疑之以告熙宗熙宗怒召辯等謂曰爾與亮謀何事將如
疑之后以告熙宗

我何杖之亮因此忌常勝阿懶且惡特思因河南兵士孫
進自稱皇弟披察大王而熙宗之弟止有常勝查剌海陵
乘此構常勝查剌阿懶達懶熙宗使特思鞫之無狀海陵
曰特思鞫不以實遂俱殺之護衛十八人長僕散忽土舊受
宗幹恩徒單阿里出虎與海陵姻家大興國嘗給事寢殿時
時乘夜從主者取符鑰啟門納海陵秉德辯烏帶徒單貞
海陵得為尚書省令史故使老僧結興國為內應而興國
亦以被杖怨熙宗遂與亮約十二月丁巳忽土阿里出虎
內直是夜興國取符鑰啟門納海陵秉德辯烏帶徒單貞
李老僧等入至寢殿遂弑熙宗秉德等未有所屬忽土曰

始者議立平章令復何疑乃奉海陵坐皆拜稱萬歲詡以
熙宗欲議立大臣遂殺曹國王宗敏左丞相宗賢是
日以秉德爲左丞相兼侍中左副元帥宗本兼中
書令烏帶爲平章政事忽土爲左副點檢阿里出虎爲右
副點檢真壽爲左衛將軍辯與國爲廣寧尹於是自太師領三
省事勗以下二十人進爵增職各有差已未大赦改天統
九年爲天德元年來知政事蕭肆除名鎮南統軍孛極
烈以滦京路都轉運使劉麟爲僉知政事癸酉太傅領三省
廟召秉德辯烏帶忽土阿里出虎興國六人賜誓券丙寅

尹興國點檢忽土阿里出虎左衛將軍員尹尚書省令史老
事蕭仲恭尚書右丞稟罷以行臺尚書左丞溫都思忠爲
右丞乙亥追諡岐王道文昭武烈章孝睿明
皇帝廟號追諡德宗名其故居曰興聖宮宋高麗夏賀正旦使
中道遣還
二年正月辛巳以同知中京留守事蕭裕爲秘書監癸巳
尊嫡母徒單氏及母大氏皆爲皇太后名徒單氏宮曰永
壽大氏宮曰永寧乙巳以勵官守務農時慎刑罰揚側陋
恤窮民節財用審才實七事詔中外遣侍衛親軍炎軍都

指揮使完顏思恭等以廢立事報諭宋高麗夏國以左
相兼左副元帥秉德領行臺尚書省事二月戊申朔封子
元壽爲崇王庚戌降前帝爲東昏王給天水郡公孫女二
人月俸甲子以兵部尚書完顏宜等克賀宋生日使戊
辰群臣上尊號曰天膺連睿武宣文大明聖帝詔
中外永壽永寧兩太后父祖贈官有差以右丞相唐括
爲左丞相平章政事烏帶爲右丞相三月丙戌宋高麗遺
使即位以弟充爲司徒兼都元帥詔以天水郡王王帶遺
歸宋四月戊午殺太傅領三省行臺尚書省事秉德東
辯判大宗正府事宗美遺使殺領行臺尚書省事秉德

京留守宗懿北京留守卞及太宗子孫七十餘人周宋國
王宗翰子孫三十餘人諸宗室五十餘人辛酉以尚書省
譯史蕭玉爲禮部尚書祕書監蕭裕爲尚書左丞司徒充
領三省事封王都元帥如故右丞相烏帶爲司空左丞宗
兼侍中平章政事劉筈爲尚書右丞相兼中書令左丞宗
義右丞溫都思忠爲平章政事僉知政事劉麟爲尚書右
丞殿前左副點檢忽土爲殿前都點檢五月戊子以
平章行臺尚書省事右副元帥大臭爲行臺尚書右丞相
元帥如故壬辰以左副元帥撒離喝爲行臺尚書右丞
元帥如故同判大宗正事宗安爲御史大夫六月丙午朔

高麗遣使賀即位甲子太廟初設四神門及四隅界恩七
月巳丑司空左丞相燕侍中烏帶罷以平章政事溫都思
忠為左丞相尚書左丞蕭裕為平章政事右丞劉麟為左
丞侍衛親軍步軍都指揮使完顏思恭為右丞祭知政事
張浩丁憂起復如故戊戌夏國遣使賀即位及受尊號八
月戊申以司徒究復如故以禮部
尚書蕭玉為祭知政事九月甲午立惠妃徒單氏為皇后
十月癸卯右丞相劉菩罷以會寧牧徒單恭為平
章政事尚書右丞劉麟右丞完顏思恭罷以祭知政事張
浩為尚書左丞乙酉以太后旨稱令旨戊子以十二事
丞丙戌白虹貫日丁亥以太后旨稱令旨戊子以十二事
戒約官吏已丑命廉官許求次室二人百姓亦許置妾十
二月癸卯朔詔去所屬百里外者不許祭謁百里內及皇后
不得過三日癸丑立太祖射碑于統石烈部中上及皇后
俸格命外官去所屬百里外者不許祭謁百里內者牲還
致奠于碑下甲寅野人來獻異香却之乙卯有司奏慶雲

宗安貝吴其族以魏王幹帶之孫活里甲好脩飾亦族之

見上曰朕何德以當此自今瑞應母得上聞若有妖異當
以諭朕使自警焉已未罷行臺高書省改都元帥府為樞
密院詔改定繼絕法以右副元帥大臭為尚書右丞相兼
中書令祭知行臺高書省事張中平為祭知政事都元帥
宛為樞密使太尉領三省事如故元帥左監軍昂為樞密
副使刑部尚書趙資福為御史大夫
御史大夫趙資福曰汝等多徇私情未聞有所彈劾朕甚
宮中戊子生辰宋高麗夏遣使來賀甲午丁亥初置國子監謂
玉丁憂起復如故癸未立春觀擊土牛丁亥初造登山于
三年正月癸酉朔宋夏高麗遣使來賀乙未立春觀擊土
獵至相以下辭於近郊上駐馬戒之曰朕不惜高爵厚祿
以任汝等比聞事多留滯豈汝等苟圖自安不以民事為
念即自今朕將察其勤惰以為賞罰其各勉之丁酉白虹
貫日二月丁巳還宮三月庚寅以翰林學士劉長言等為
宋生日皇后獻朕一物大異珍異卿試觀之即出諸緯囊中
生日皇后獻朕一物大異珍異卿試觀之即出諸緯囊中
不取自今百官有不法者必當擊劾無隱權貴言乙未上出
乃田家稼穡圖后意太子生深宮之中不知民間稼穡之
艱難故以為獻朕其買之四月丙午詔遷都燕京辛酉有
司圖上燕城宮室制度營建隆陽五姓所宜海陵曰國家

吉凶在德不在地使築衛居
之何用卜爲丙寅罷歲貢鷹隼沂州男子吳真犯法當死
有司以其母老無侍者請命官與養濟著爲令閏月革
未湖命尚書右丞張浩調選燕京仍諭浩無私御丙子命
太官常膳惟進魚肉舊貢雞鴨等悉罷之丁丑罷皇統間
苑中所養禽獸歸德軍節度使阿魯補以撤官舍材木構
私第賜死戊辰詔朝官稱疾不治事者坐之五月壬子以戒敕宰相以
史與太醫同診視無實詔宰臣請益嬪御以廣嗣續上命徒單員
下官詔中外戊辰宰臣
語宰臣前所誅黨人諸婦人中多朕中表親欲納之宮中

金史卷五　七　熙宗

平章政事蕭裕不可上不從送納宗本子莎魯喝宗固子
胡里剌胡失打束德弟乱里等妻宮中六月庚戌殺
監完顏馮六宋遣使祈請山陵不許九月庚戌殺太府
夫帛人一匹以東京路兵馬都總管府判官蕭子敏爲高
麗生日使修起居注蕭彭哥爲夏國生日使十月己巳殺
蘭子山猛安蕭拱以右副點檢不术魯阿海等爲宋正旦
使十一月癸亥詔罷世襲萬戶前後賜姓人各復本姓
十二月戊辰杖哥寧縣主徐轂癸酉獵于近郊乙酉還宮
是歲子崇王元壽薨
四年正月丁酉朔宋高麗夏遣使來賀羣臣請立皇太子

從之戊戌初定東宮官屬立捕益詹格癸卯太白經天壬
子生辰宋高麗夏遣使來賀癸亥朝謁世祖太祖太宗德
宗陵甲子還宮二月丁卯立子光英爲皇太子庚午詔中
外甲戌如燕京昭義軍節度使蕭仲宣家奴告其主怨謗
上曰仲華之姪迪輦阿不近以誹謗誅故敢妄爲怨告
著迪輦阿不者蕭拱也戊子次泰州三月丙申朔以刑部
尚書田秀穎等爲宋生日使四月上自泰州如涼陉五
南北選人並赴中京銓注乙卯次臨潢
月丁酉獵于立列只山甲寅賜獵士人一羊乙卯次臨潢
府丁巳太白經天六月甲子湖駐綿山戊寅權楚底部猛

金史卷五　八　熙宗

安那野伏誅七月癸卯命崇義軍管度使烏帶之妻唐括
定哥殺其夫而納之八月癸亥朔獵于途你山甲戌以侍
御史保魯鞫事不實杖之丙子次于鑘瓦九月甲午次中
京丙午尚書右丞相大臭罷殺太府少監劉景以都水使
者完顏麻潑爲高麗使使日使奉遷太廟神主御史大夫趙資福
日使十月壬戌朔使更太廟神主御史大夫趙資福
罷甲申以太子詹事張用直等爲賀宋正旦使殺太祖長
公主元魯杖罷其夫平章政事徒單恭封其侍婢忽撻爲
國夫人恭之兄定哥初尚兀魯定哥死恭強納焉而不相
能又與侍婢忽撻不愜忽撻得幸于后遂譖于上故見報

而并罷恭十一月戊戌以威平尹李德固爲平章政事辛
丑買珠于烏古迪烈部及蒲與路禁百姓私相貿易仍調
兩路民夫採珠一年戊申以前平章政事徒單恭爲司徒
十二月甲子斬袁人畝仙于中京市辛未以汴京路都轉
運使左藏等爲賀宋正旦使庚寅太尉領三省事樞密使

兗覽

貞元元年正月辛卯朔上不視朝詔有司受宋高麗夏國
統貢獻丙午生辰宋高麗夏遣使來賀以中京如燕京
爲御史大夫二月庚申上自中京如燕京三月辛亥上至
燕京初備法駕甲寅親選良家子百三十餘人充後宮乙
卯以還都詔中外改元貞元改燕京爲中都府曰大興汴
京爲南京中京爲北京丙辰以司徒徒單恭爲太保領三
省事辛章政事蕭裕爲右丞相中書令右丞相張浩左丞
相平章政事張中孚爲左
丞平章政事李德固爲司空左宣徽使劉等爲叅知政事
樞密副使昂爲樞密使工部尚書僕散師恭爲樞密副使
四月辛酉以右宣徽使紇石烈撒合輦等爲宋賀生日使
辛未特封唐括定哥爲貴妃戊寅皇太后大氏崩五月辛
卯報弟西京留守蒲家奴兵馬完顏謨盧瓦編修官圓
福奴遍進孛迭坐與蒲家善并糓之乙卯以京城隙地賜

金史本紀卷五　九

朝官及衛士六月乙丑以安國軍節度使耶律恕爲叅知
政事七月戊子朔元賜朝官捕射麈鹿戊寅賜營建宮室
戊司空李德固竟禁中都路京城隙地徵錢有差八月壬
工匠及役夫昂九月丁亥朔以翰林待制謀良虎爲夏國
生日使吏部郎中宊合山爲高麗生日使十月丁巳獵于
良鄉封料石岡神爲靈應王初海陵嘗過此祠持杯校禱
曰使吾有天命當得吉卜投之又吉故封之戊午還宮壬戌
當有報否則毀爾祠宇投之又吉故封之丙子命內
有司言太后合傳冬享及祫祭從之丙子命內
外官關大功以上喪止給當日假若父母喪聽給假三日
著爲令十一月丙戌朔定州獻嘉禾詔自今不得復進已
丑瑤池殿成丙申以戶部尚書蔡松年等爲賀宋正旦使
戊戌左丞相耨盌溫都思致仕庚戌以樞密使昂爲左
丞相樞密副使僕散師恭爲樞密副使辛未封所納皇叔
午特賜貴妃唐括定哥家奴孫梅進士及第壬戌以簽書
樞密院事南撒爲樞密副使十二月太白經天戊
敏妃阿懶爲昭妃丙子貴妃唐括定哥坐與舊奴妖賜死
癸卯以太保領三省事徒單恭爲太師領三省事如故命
閏月乙酉朔殺護衛特誤葛癸巳定社稷制慶太白經天
西京路統軍捷懶西比路招討蕭懷忠臨潢府總管爲和

金史本紀卷五　十

尚烏古迪烈司招討斜野等北巡

二年正月甲寅朔上不豫不視朝賜宋高麗夏使就館燕

廣申太白經天尚書右丞相蕭裕與前真定尹蕭鴻家奴

前御史中丞蕭招折博州同知遙設等謀反伏誅詔中外

討使蕭好胡為樞密副使三月戊辰夏遣使賀還都丙戌

已巳生辰宋高麗夏遣使來賀二月甲申朔以平章政事

張浩為尚書右丞相燕中書令甲午以尚書右丞蕭玉為

平章政事前河南路統軍使張暉為尚書右丞西北路招

朔日有食之避正殿勅百官勿治事已未詔自今每月上

幸大興府及都轉運使司遵薦舍桃于衍慶宮五月癸丑

乘傳焚其骨擲水中七月庚申初設鹽鈔香茶文引遣

庫使副丙子恭知政事耶律恕罷八月丙午以左丞相昂

去衣杖其弟婦命様之戊申以御史大夫高楨為司空御

史大夫如故九月己未常武殿擊翔令百姓縱觀辛酉以

吏部尚書蕭賾為朱知政事癸亥獵于近郊丁卯次順州

太師領三省事單恭亮是夜還宮乙庚寅復獵于近郊十

月庚辰朔殺廣寧尹韓王亨庚寅還宮以刑部侍郎白彥恭等

仕溫都思忠起為太傅領三省事以刑部侍郎白彥恭等

為賀宋正旦使十一月戊辰上命諸從姉妹皆分屬諸妃

出入禁中與為滛亂卧內偏設地衣裸逐為戲是月初置

惠民局高麗遣使謝賜生日十二月乙酉以太傅溫都思

忠為太師領三省事如故平章政事張通古為司徒平章

政事如故

三年正月己酉朔宋高麗夏遣使來賀辛酉以判東京留

守大臭為太傅領三省事甲子生辰宋高麗夏遣使來賀

二月壬午以左丞相張浩平章政事張暉每見僧法寶

必坐其下失大臣體各杖二十僧法寶妾自尊大杖二百

乙卯命以大房山雲峯寺為山陵建行宮其麓庚午以左

丞相兼侍中樞密使僕散師恭為右丞相兼中書令尚書

左丞相張中孕罷右丞張暉為平章政事條知政事劉尊為

左丞恭知政事蕭賾為右丞吏部尚書蔡松年為朱知政

司郎中李通為賀宋生日使夏四月丁丑朔昏霧四塞日

無光凡十有七日五月丁未朔日有食之癸丑朔太宗梓宮

火乙卯命判大宗正事京等如上京奉遷太祖太宗梓宮

丙寅如大房山營山陵六月丙戌登寶昌門觀角抵百姓

縱觀乙未命右丞相僕散師恭大宗正丞胡抜魯如上京

奉遷山陵及迎永壽宮皇太后七月癸丑太白晝見辛酉

如大房山提舉營造官吏部尚書耶律安禮等乙亥還
宮八月壬午如大房山甲申啓土賜役夫人絹一四是日
還宮甲午遣平章政事蕭玉迎祭祖宗梓宮於廣寧乙未
增置教坊人數庚子杖左宣徽使敬嗣暉同知宣徽事爲
居仁及尚食官丁卯上親迎祭梓宮及皇太后於宗
州乙卯上謂宰臣及左司官曰朝廷之事尤在慎密昨都授
張中孚趙慶禳官除書未到先已知之皆汝等泄之也敢
有子如此叱持杖者退庚午獵親射麋以薦梓宮壬申至
于沙流河命左右持杖知政事丁卯上親迎梓宮及皇太后
黥偷納合椿年爲眾知二東跽太后前曰某不孝久失溫
復爾者殺無赦己未如大房山庚午獵親射麋以薦梓宮至
清顧彌篤之太后懷起之曰九民有子家猶愛之況我
安太廟神主于延聖寺致奠祭宮于東郊舉哀己卯梓宮
自沙流河十月丙子皇太后居壽康宮戊寅權奉
至中都以大安殿爲丕承殿壬午命省諸司便服
永寧皇太后曰慈憲皇后丁酉大房山行宮成名曰盤寧
戊戌十一月乙亥車卯告于丕承殿乙未如蔵宮冊謚
治事不奏死刑一月乙巳朔梓宮發丕承殿戊申山陵禮成甲寅
旦使以翰林學士承旨耶律履歸一等爲賀宋正
詔內外大小職官覃遷一重員元四年租稅並與放免軍

士人於屯戌不經替換者人賜絹三匹銀三兩羣臣稱賀
丙辰燕百官於泰和殿丁卯奉安神主于太廟戊辰羣臣奉
稱賀辛未獵于近郊十二月己丑還宮未氷乙未上朝大
后于壽康宮己亥太傅領三省事大臭羔親臨哭之命有
司廢務及禁樂三日
正隆元年正月癸卯朔宋高麗夏遣使來賀己酉羣臣奉
上尊號曰聖文神武皇帝上自九月廢朝常數月不出有
急奏召左右司郎中于臥內庚戌始視朝戊午生辰宋
高麗夏遣使來賀乙丑觀角抵罷中書門下省以太師
領三省事溫都思忠爲尚書令太尉右
丞相僕散師恭爲太尉樞密使左丞劉筈等右丞蕭賾罷柰
知政事蔡松年爲尚書右丞樞密副使蕭懷忠罷吏部尚
書耶律安禮罷樞密副使平章政事蕭玉爲右丞相平章
政事張暉罷御宣華門觀迎佛賜諸寺僧二月癸酉朔改元正隆大
赦庚辰御宣華門觀迎佛賜諸寺僧絹五百匹綵五十段
銀五百兩辛巳改定內外諸司印記乙未司徒張通古致
仕庚子謁山陵辛丑還都三月壬寅朔始定職事官朝參日
等格仍罷兵衛庚申以左宣徽使敬嗣暉等爲賀宋生日
使四月太尉樞密使僕散師恭以父憂起復如故五月辛
亥憍容安氏閤女御爲妖所憑舞謔宮中命殺之是月頒

金史紀卷五 十五

行正隆官制六月庚辰天水郡公趙瑩薨丙戌以尚書右
丞蔡松年爲左樞密副使耶律安禮爲右丞駙馬都尉
烏古論當海爲左丞樞密副使七月己酉命太保昂如上京
遷始祖以下梓宮八月丁丑如大房山十月乙
酉葬始祖以下十一帝于大房山丁酉還宮閏月己亥朔山
陵禮成羣臣稱賀甲辰回鶻使阿木烏籠骨來貢庚寅實
杖右丞相蕭王左丞蔡松年右丞耶律安禮御史中丞爲
諷等十一月己巳朔以右司郎中粘鏑等爲賀宋正旦使
癸巳禁二月八日迎佛

二年正月戊辰朔宋高麗夏遣使來賀庚寅以工部侍郎韓錫同知
宣徽院事錫不謝杖百二十奪所授官二月辛丑初定太
廟時享牲牢禮儀癸卯改定親王以下封爵等第命置局
追東存亡告身存者一品餘酌削降景宣
文書但有王爵字者皆立限毀抹雖墳墓碑志並發而毀
之三月丙寅朔高麗遣使來賀受尊號四月戊戌追降景宣
皇帝爲遼王以簽書宣徽院事張浩爲橫賜夏國使宿直
將軍溫敦幹喝爲橫賜高麗使六月乙未參知政事納合
椿年薨以禮部尚書耶律守素等爲賀宋生日使八月癸
卯始置登聞院甲寅罷上京留守司九月乙丑以宿直將

金史紀卷五 十六

軍僕散忽里爲夏國生日使戊子罷護駕軍置龍翔虎
步軍罷尚書省文資令史出爲外官是秋中都山東河東
鐙十月壬寅命會寧府毀舊宮殿諸大族第宅及儲慶寺
仍夷其址而耕種之丁未禁賣古器入他境乙卯初鑄銅
錢十一月辛未以待衛親軍都指揮使高助不吉等爲賀
宋正旦使十二月己亥以待衛親軍都指揮使紇石烈良
弼爲參知政事

三年正月壬戌朔宋高麗夏遣使來賀丙寅子朝思阿不
死殺太醫副使謝友正及其乳母等丁丑生辰宋高麗夏
遣使來賀己卯杖右諫議大夫楊伯雄

及京兆初置錢監甲午遣使檢視隨路金銀銅鐵冶三月
辛酉朔司天奏日食候之不見命自今遇日食面奏不須
頒告辛巳以兵部尚書蕭恭等爲賀宋生日使四月丙辰
樞密副使烏古論當海罷以北京留守張暉爲樞密副使
六月壬辰鐙入京師七月庚申封子廣陽爲滕王甲申以
右丞相蕭王爲左丞知政事紇石烈良弼爲右丞左宣徽
律安禮爲左丞衆知政事石烈良弼爲右丞左宣徽使
敕嗣暉戶部尚書李通爲參知政事九月己未太白經天
甲子滕王廣陽薨庚午以宿直將軍阿魯保爲夏國生日
使丁丑以教坊提點高存福爲高麗生日使辛巳遷中都

屯軍二猛安於南京遣吏部尚書李愵等分地安置十月
戊戌詔尚書省凡事理不當者許詣登聞檢院投狀類
奏覽訖付御史臺理問十一月辛酉以工部尚書蘇保衡
等爲賀宋正旦使癸亥詔有司勸農以復制起復如故詔左丞
耶律安禮罷樞知政事敬嗣暉營建南京宮室十二月乙卯以
張浩薨知政事敬嗣暉爲尚書左丞歸德尹致仕高召和式起爲樞
密副使張暉爲尚書左丞歸德尹致仕高召和式起爲樞
密副使

本紀

四年正月丙辰朔宋高麗夏遣使來賀上朝太后于壽康
宮丁巳御史大夫高楨薨庚申更定私相越境法並論死
御史大夫丁未修中都城造戰船于通州詔諭宰臣以伐
宋事調諸路猛安謀克軍年二十以上五十以下者皆籍
之雛親老且多亦不許留侍三月丙辰朔遣兵部尚書
恭經畫夏國邊界遣使分詣諸道總管府瞥造兵器四月
舊貯軍器並致于中都時方建宮室於南京又中都詔諸路
方所造軍器材用皆賦於民箭翎一尺至千錢村落間往
辛丑命增山東路泉水料括兩營兵士廩給庚戌詔諸路
生辰宋高麗唐鄧蔡鞏洮膠西諸権場置場泗州辛未
辛酉罷鳳翔唐鄧潁蔡鞏洮膠西諸権場置場泗州辛未
性椎牛以供筋革至於烏鵲狗彘無不被害者辛亥尚書

左丞張暉御史大夫許霖罷以大興尹徒單貞爲樞密副
使以祕書監王可道等爲賀宋生日使八月詔諸路調馬
以戶口爲差計五十六萬餘疋富室有至六七正者仍令戶
自養飼以俟己卯尚書右丞相蔡松年薨九月以翰林待
制完顏逢紀爲高麗生日使使宿直將軍加古撻懶爲夏國
生日使十月乙亥獵于近郊觀造船于通州賜尚書右丞
紇石烈良弼樞密副使徒單貞佩刀入宮十一月乙卯宋
遣使告母章氏哀甲子太白晝見乙亥太醫使祈宰上疏諫伐宋殺之
忠等爲宋弔祭使乙丑以左副點檢大懷
翰林侍講學士施宜生等爲賀宋正旦使十二月乙卯宋
遣使來賀二月壬子宋遣使獻母后遺留物丁卯太白
夏遣使來賀二月壬子宋遣使德順軍大風壞廬舍人多
書見辛未河東陝西地震戎德順軍大風壞廬舍人多
壓死甲戌遣引進使高植戎刑部郎中海狗分道監視所獲
盜賊並凌遲慶死或鋸灼去皮截手足仍戒屯戌千戶謀
克等後有獲者並劇死都水監徐文步軍指揮使張弘信
縣民張旺徐元等反遣都水監徐文步軍指揮使張弘信
同知大興尹事李惟忠宿直將軍蕭阿穸率舟師九百浮
海討之命之曰朕意不在一邑將試舟師耳庚子以司徒
判大宗正事蕭玉爲御史大夫司徒如故尚書右丞紇石

五年正月庚辰朔宋高麗夏遣使來賀乙未生辰宋高麗

烈良弼爲左丞橫海軍節度使致仕劉長言起爲右丞四
月庚戌昭妃蒲察阿里忽有罪賜死甲寅宿州防禦使耶
律夏宋失體狀二百除名甲戌東海平七月辛巳詔東海縣徐元張旺註
破賊張旺徐元東海平七月辛巳詔東海縣徐文邏萊州興
誤者並釋之壬午以張弘信被命討賊稱疾逗遛漢軍與
妓樂飲燕杖之二百癸卯遣使簽諸路錢引庫起赴南京已卯
樞密副使徒單貞罷以太子少保徒單永年爲樞密副使
日有食之辛亥命樞貨務并印造鈔引庫起赴南京已卯
辛未謁山陵見田間穫者問其豐耗以衣賜之九月已卯
還宮十月庚午遣護衛完顏普連等二十四人督捕山東

河東河北中都盜賊籍諸路水手得三萬人十一月乙酉
以濟南尹僕散烏者等爲賀宋正旦使尚書右丞劉長言
罷命親軍司以所掌付大興府置左右驍騎都副指揮使
隸點檢司步軍都指揮使隸宣徽院十二月癸丑禁中都
河北山東河南京兆軍民網捕禽獸及畜養雕隼者
戌辰禁朝官飲酒犯者死三國人使燕飲者非
六年正月甲戌朔宋高麗夏遣使來賀丁丑判大宗正徒
單貞益都尹京安武軍節度使奠金吾衛上將軍阿速飲
酒以近屬故杖貞七十餘皆杖百壬午上將如南京以司
徒御史大夫蕭玉爲大興尹司徒如故樞密副使徒單永

年罷以都點檢紇石烈志寧爲樞密副使已丑生辰宋高
麗夏遣使來賀癸已命叅知政事李通謝宋使徐度等曰
朕昔從梁王軍樂南京風土常欲巡幸自古有之以准右安騎士
以二月末先往河南帝王巡守自古有之以准右安騎士期
欲校獵其間從兵不踰萬人況朕祖宗廟在此安能久
于彼乎汝等歸告汝主令有司謝使宣徽公主出幼鞠
懷疑懷聞庚子詔自中都至河南府所過州縣調從獵馬
二千辛丑殺蒲察阿虎迭女義察義蔡慶宜公主出幼鞠
宮中上屢蒲察阿虎迭女義察甲寅以叅知政事李通爲
衛王襄之妃及左宣徽使許霖甲寅以叅知政事李通爲

尚書右丞已未禁庶從縱獵擾民庚申徵諸道水手運戰
船癸亥發中都丙寅次安肅州三月已卯改河南北邙山
爲太平山欄舊名者以違制論丁亥將至獲嘉有男子上
書言事斬之所言莫得聞癸已次河南府因出獵幸汝州
溫湯視行宮地自中都至河南所過麥皆爲空復禁庵從
母輒離次及游賞飲酒犯者罪皆死而莫有從者詔內地
諸猛安赴山後牧馬俟秋並發弟兊之妻烏延氏有罪賜
死烏延氏之弟南京兵馬副都指揮使習泥亦以罪誅四
月丁未詔百官先赴南京治事尚書省樞密院大宗正府
勸農司太府少府皆從行吏戶兵刑部四方館都水監大

理司官各留一員以簽書樞密院事禹景山等為賀宋生
日使戊申詔汝州百五十里內州縣量遣商賈赴溫湯置
市詔有司移問宋人蔡潁壽諸州對境創置堡戍溫庚戌
發河南府契丹不補自山馳下伏道左自陳破東海賊有
功扈奉惟忠所抑立命斬之丁卯次溫湯誠虔從毋輒過
汝水上獵奔鹿突之隨馬嘔血數日遣使徵諸道兵五月
次南京近郊尚書左丞相張浩率百官迎謁是夜大風壞天
守蕭懷忠等討之六月癸卯命樞密使僕散師恭西京
軍蕭禿剌等討之一萬討契丹諸部上自汝州如南京壬戌

本紀四十九　金史卷五　二十一

門鴟尾癸亥上備法駕入于南京七月丁亥以左丞相張
浩為太傅尚書令司徒大興尹蕭玉為尚書左丞相使部
尚書白彥恭為北面兵馬都統開封尹紇石烈志寧為開封
尹安武軍節度使徒單貞為御史大夫己丑賜從駕從行
從軍及千戶男凡百三十餘人八月壬寅單州賊杜奎據城叛
趙氏縣檢耶律溫右驍騎副都指揮使大磐討之以樞密
遣都統白彥恭為北面兵馬都統開封尹紇石烈志寧副之
副使白彥恭完顏穀為西北面兵馬都統紇石烈志寧副之
中都留守完顏穀卓為西北路招討使
唐括字古的副之討契丹癸丑以諫伐宋殺皇太后徒單招討使

氏子寧德宮仍焚即宮中焚之棄其骨水中并殺其侍婢
等十餘人癸亥殺右將軍蕭禿剌護衛十人長韓盧保族
樞密使僕散師恭北京留守蕭賾西京留守蕭懷忠杖尚
書令張浩左丞相蕭玉以太常博士張棠為高麗生日使
蕭誼忠為夏國生日使甲子封判大宗正事昂為樞密使
鄭國夫人九月庚午朔以太保判大宗正事毛良虎康寅大名府賊毛
太保如故戊子殺前將軍蕭旗懷而行宮軍莫敢近上又惡開盜
山澤或以十數騎張旗幟而行宮軍莫敢近上又惡開盜
九攘城叛眾至數萬所至盜賊蜂起大者連城邑小者保
賊事言者輒罪之上自將三十二總管兵伐宋進自壽春以

本紀四十九　金史紀卷五　二十二

太保樞密使昂為左領軍大都督右丞相李通副之尚
書左丞紇石烈良弼為右領軍大都督大宗正為延蒲
盧渾副之御史大夫徒單貞為左監軍同判大宗正事徒
單永年為右監軍左宣徽使許霖為左都監河南尹清簽
軒論為右都監皆從工部尚書蘇保衡為浙東道水軍都
統制益都尹郭家副之由海道徑趨臨安太原尹劉萼為
漢南道行營兵馬都統制濟南尹僕散烏者副之進自蔡
州河中尹徒單合喜為西蜀道行營兵馬都統制平陽尹
張中彥副之由鳳翔取散關駐軍以俟後命武勝武平武
捷三軍為前鋒徒單貞剌別將兵二萬入洧隂甲午上發南

京詔皇后及太子光居守尚書令張浩左丞相蕭玉參
知政事敕嗣暉留治省事丙申太白晝見將士自軍中七
歸者相屬子道昌蘇館猛安福壽東京謀克住等始授
甲于大名即舉部七歸從者眾至萬餘皆公言於路曰我
蓋今往東京慶雲見東京留守曹國公烏祿迷即位于遼陽改
元大定丙午赦數海陵過惡弒皇太后徒單氏殺遼豫王宋天水
宗弟子孫及宗本諸王毀上京宮室殺遼豫王宋天水
翰宗弼子孫數十事丁未大軍渡淮將至廬州獲白
郡王郡公子孫之兆漢南道劉萼取通化軍蔣州信陽
鹿以為武王白魚之兆漢南道劉萼取通化軍蔣州信陽

本紀 四百年

軍徒單貞敗宋將王權于盱眙進取揚州前鋒軍至阬寨
宋積兵皆敗去敗宋兵于蔚子橋敗宋兵于巢縣斬二百級
至和州王權夜以兵千餘來襲射却之一翼日雨宋人夜襲
其積聚避去詰旦追之宋人逆戰猛安韓棠軍卻遂失利
溫都與刺奔北武捷軍副總管阿散率進階賞賚有差
之王權退保單合喜駐散關宋人攻秦州脘家城德順州克
西蜀道徒單合喜駐散關宋人攻秦州脘家城德順州克
之浙東道蘇保衡與宋人戰于海道敗績副統制鄭家死
之十一月庚午左司郎中元以聞赦入白東京即位
改元事上拊髀歎曰我本欲滅宋後改元大定豈非天命

平出其書示之即預志改元事也以勸農使完顏元宜為
浙西道兵馬都統制刑部尚書郭安國副之上駐軍江北
遣武平總管阿隣先渡江至南岸失利上還和州遂進兵
揚州甲午會冊師于瓜洲渡期以明日渡江乙未浙西兵
馬都統制完顏元宜等軍反帝遇弒崩年四十海陵在位
十餘年每需索一鶻以御臣民食或用數萬售之有以一牛
易一鶻者或以弊衾覆之以示近臣補綴令記注官
見之或取軍士陳米飯與尚食同進先食軍士飯幾盡或
見民車陷泥澤令衛士下挽侯車出然後行與近臣熱語
頓次不時需情貌以示儉及游獵

本紀 四百年

輒引古昔賢君以自況顧責大臣使進直言使張仲軻輩
為諫官而柙穽死比昵群小官賞無度左右有
曠僚者人或以名呼之即授以顯階常置黃金裀褥閒有
喜之者今自取之而潼蹙不擇骨肉刑殺不問有罪至營
南京宮殿之飾編傳黃金而後間以五采金屑飛空如落雪一
殿之費以億萬計成而復毀務極華麗其南征造戰艦江
上毀民廬舍以為材菁死人膏以為油殫民力如馬牛費
財用如土苴空國以圖人國遂至於敗都督府以其柩置
之南京班荊館大定二年降封為海陵郡王諡曰煬二月

世宗使小底妻室與南京官遷其樞於寧德宮四月葬于

大房山鹿門谷諸王兆域中二十年熙宗旣祔廟有司奏

曰煬王之罪未正准晉趙王倫廢惠帝自立惠帝反正誅

倫廢煬爲庶人煬帝罪惡過於倫不當有王封亦不當在諸

王塋域乃詔降爲海陵庶人改葬于山陵西南四十里

贊曰海陵智足以拒諫言足以飾非欲爲君則弒其君欲

伐國則弒其母欲奪人之妻則使之賊其夫三綱絕矣何

暇他論至於屠滅宗族翦刈忠良婦姑姊妹盡入嬪御方

以三十二總管之兵圖一天下卒之戾氣感召身由惡終

使天下後世稱無道主以海陵爲首可不戒哉可不戒哉

本紀第五

本紀第六　　　　　金史六

開府儀同三司兼修國史上柱國錄軍國重事監修國史領經筵事臣脫脫奉　勅修

世宗紀

金史卷六

世宗上

世宗光天興運文德武功聖明仁孝皇帝，諱雍，本諱
烏祿，太祖孫睿宗子也。母曰貞懿皇后李氏。天輔七年癸卯歲，
生于上京。體貌奇偉，美鬚髯，長過其腹，嘗聞有七子如北
斗形。性仁孝，沉靜明達，善騎射，國人推為第一。每出獵，耆
老皆隨而觀之。皇統間以宗室子例授光祿大夫，封葛王。
為兵部尚書。天德初判會寧牧，明年判大宗正事，改中京
留守。俄改燕京。未幾為濟南尹。貞元初為西京留守。三年
改東京，進封趙王。正隆二年例降封鄭國公，進封衛國。三
年再任留守，徙封曹國。六年五月居貞懿皇后喪，一日方
襄，有紅光照室，及黃龍見寢室上。又嘗夜有大星流入留
守第中。是歲，東梁水漲溢暴至城下，水與城等，決女墻之
鐫，中流入城，滿溢如涌，城中人惶駭。上親登城，舉酒酹之，
水退。海陵南伐，天下騷動。是時籍契丹部人丁壯為兵，部
人不願行，以告使者煉，合畏海陵，不以告。部人遂反，
起後東京留守徙速括里兵四百來會討括里，復得城中子

第願為兵者數百人。帝男與中少尹李石以病免家居遼
陽。戊午，發東京以石圭留務，覘視賊者聞擊鼓聲震天見姓
旗獵野，傳言國公兵十萬且至。賊衆至濟州，邀去會烏延
查剌等敗賊兵，還至常安縣。海陵遣使婆速路總管完顏
衍來討賊，以石圭南務之九月，至東京副留守高存福密謀
海陵後宮兵，存福伺起居，適以造甲，密使人以白海陵遂與推官
十存福宣言留守，何為造甲，密使人以白海陵，餘材造官數
李彥隆託為擊毬謀，不利存福，家人以其謀來告平定知
軍李蒲速越亦言其事，海陵嘗聞上有疾，即使近習來觀
動靜。至是又使謀良虎圖濰比諸王，上知之，心常隱憂。及
有迹李石勸上早圖之，於是以議備賊事，召官屬會清河過故吏
寺彥隆先到，存福累召始來，並於座上執之。是月復有雲
來自西黃龍見雲中。十月辛丑，南征萬戶完顏謀衍自長安
其毋殺兄子檀奴阿里白及樞密使懷忿怨土等又曰且
遣人來害宗室兄弟矣。上聞之益懼，及聞存福圖己事且
有迹李石勸上早圖之，於是以議備賊事召官屬會清安
率兵五千皆來附，謀衍即以臣檀上調已，已諸軍入城共
擊殺存福等。是夜諸軍披甲環衛皇城，丙午慶雲見，官屬
諸軍勸進，固讓良久，於是親告于太祖廟，遂御宣政殿即

世宗紀

皇帝位以完顏謀衍為右副元帥高忠建元帥左監軍完
顏福壽右監軍盧萬家奴顯德軍節度使丁未大赦改元
大定下詔暴揚海陵罪惡凡十事已酉犒將士賜官賞各
有差仍給復三年會寧胡里改速頻等路南伐諸軍會尚
書省奏請以從軍來者補諸局司承應人及官吏闕員上
曰舊人南征行營者即還何以處之必不可闕者量用新人可
也辛亥以利涉軍節度使獨吉義為參知政事中都留守

九帥壬戌以前臨潢尹晏為左丞相裒亥詔論南京太傅
慈眾丁巳出內府金銀器物賜軍吏民出財物佐官用者
西北面行營都統完顏晏為左丞相裒亥詔論南京太傅

尚書令張浩甲子興平軍節度使張玄素上調尚書省奏
正隆軍興之餘錢粟者寶量授以官從之詔遣後制孔
八招契丹諸部為亂者以前肇州防禦使神土懣為元帥
右都監十一月己巳朝以左丞相晏兼都元帥辛未以戶
部尚書李石為參知政事已卯詔調民間馬充軍用事畢
還主死者給價阿璙璋自稱同知中都留守事沙離尺阿璙
自稱中都留守期日詔群臣壬午詔中都都轉運使左
賀辛巳以如中都期日詔群臣壬午以擾百姓但謹圖
淵曰九寶殿張設毋得增置無後一夫以擾百姓但謹圖
蔡巖出入而已以尚書右司員外郎完顏兀古出為詔諭

金史卷六   三   肖寶列

世宗紀

高麗使癸未遣權元帥左都監完顏忒怒右都監神土懣廣寧
尹僕散渾坦討契丹諸部甲申追尊皇考允為皇帝諡
簡肅廟號睿宗皇妣蒲察氏曰欽慈皇后李氏曰貞懿皇
后群臣上尊號曰仁明聖孝皇帝乙酉追後東昏王帝號
諡武靈廟號閔宗丙戌詔中外封于實剌為許王胡土瓦為
楚王戊子辭謁太祖廟及貞懿皇后園陵已丑如中都次
小口使中都留守北面行營都統白彥敬次桑魚務統紇石烈志
寧以所統軍數來上安武軍節度使奕來歸乙未完顏元
宜等栽海陵於揚州丙申次義州丁酉宋人破陝州防禦
使折可直降同知防禦使事李彥至死之十二月乙卯次
三河縣左副元帥完顏謀衍來朝丙辰次通州延安尹唐
括德溫來朝丁巳至中都戊午謁太祖廟己未御貞元殿
受群臣朝庚申以元帥左監軍高忠建等為報諭宋國使
壬戌詔軍士自東京扈從至京師者復三年同知河間尹
高昌福上書陳便宜上覽之拜三詔內外大小職官陳便
二年正月戊辰朝日有食之伐敢用幣減膳不視事
朝庚午上謂宰相曰進賢退不肖宰相之職也有才能高
於己者或懼其分權性往不肯引置同列朕甚不取卿等

母以此為心以前翰林學士承旨致仕羅永固為尚書左
丞濟南尹僕散忠義為右丞都統斜哥副統完顏布輝坐
擅易置中都官吏斜哥除名布輝削兩階罷之辛未御史大
和殿宴百官宗戚命婦賜賚有差壬申勅御史臺檢察六
部常晏等諫曰邊事未寧不宜游畋戊寅即言毋壅神
朕常慕古之帝王虛心受諫卿等有言戊寅即言毋壅自
相令已亥如大房山丙子勅有言山陵遣還宮因諭晏等曰
部欠移稽而不行行而失當宜舉勁之甲戌除迎賽神佛
禁令乙亥如大房山丙子獻言即言毋壅黙以自
便辛已以兵部尚書可喜等謀及伏誅詔中外是日賜鬼
從猛安謀克甲士下至阿里喜有差副熙檢蒲察阿

世宗紀 《金史卷六》 五

從猛安謀克甲士以前勸農使移剌元宜為御史大
夫詔前工部尚書蘇保衡太子少保高恩廉振賜山東百
姓粟帛無妻者具姓名以聞庚寅行納粟補官法選右副
元帥完顏謀衍率師討蕭嘺斡壬辰上謂宰執曰朕即位
未半年可行之事甚多近日全無敷奏矣巳太白晝見甲
卿等贊襄各思所長以聞朕豈有倦怠癸巳居九重正賴
午上謂宰執曰卿等當察民間利害及時事之可否以時
敷奏不可公餘輒從自便優游而巳命河北山東陝西等
路征南步軍並放還家咸平瀋州軍二萬入屯京師丙申
以西南路招討使完顏思敬兵部尚書阿鄰督北邊將士

二月巳亥前翰林待制大頖以言盜賊忤海陵杖而除名
起為秘書丞補闕馬欽以謂事海陵得華除名庚子詔前
戶部尚書梁球戶部郎中耶律道安撫山東百姓招諭盜
賊或避賊及避徭後在他所者業令歸業及時農種無聞
將軍令其家各食五品俸仍收錄石烈志寧國上
補招契丹叛人為白彥敬紇石烈志寧所害並贈鎮國上
罪名輕重並與原免壬寅太傅尚書令張浩來見癸卯以
上初即位道遼陽主簿石抹移迭東京翹院都監移剌葛
師尚書令如故御史大夫移剌元宜為平章政事辛亥為太
世襲猛安謀克遷授格壬子以太保左領軍大都督奔睹
刺史特末哥及其妻高福娘伏誅閏月甲戌上謂宰臣曰

世宗紀 《金史卷六》 六

為都元帥太保如故癸丑詔降蕭王敬嗣暉許察等官放
歸田里甲寅復用進士為尚書省令史丙辰蔚州刺史石
抹朮突剌等敗宋兵於壽安縣丁巳鄭州防禦使蒲察世
傑取陝州甲子詔山東經略邊事移剌元宜泰州路
此間外議言奏事甚難朕於可行者未嘗不從自今數奏
勿有所隱朕固樂聞之戊子上謂宰臣臣曰臣民上書者多
行也其丞條具以聞庚寅詔平章政事移剌元宜泰州路
勒尚書省詳閱而不即具奏天下將謂朕徒受其言而不
規措邊事辛卯太和厚德殿火乙未尚書兵部侍郎溫敦

金史卷六

本紀六

术突剌等與窩斡戰敗于勝州三月癸卯參知政事獨吉
義罷元帥左都監徒單合喜敗宋將吳璘于德順州甲辰
迫削李通官職乙巳免南京正隆丁夫貸役錢辛亥以康
平誠諭中外官吏癸亥詔河南陝西山東昨因捕賊良民
被虜為賊者釐正之四月巳巳右副元帥完顏謀衍戰于花
及窩斡右副元帥完顏謀衍復敗窩斡於霤霿河辛巳宴夏
富幹于長濼辛未降廢帝亮為海陵郡王乙亥詔減御膳
食不精膳曰何以服遠人之心學食官皆坐
使貞元厥故事外國使三節人從皆坐廡下賜食上察其
春節元厥故事外國遣使來賀窩斡即位及進方物及賀萬
安撫之後招誘來降者除奴婢以已虜為定其親屬使各
還其家仍官為贖之五月丁酉朔以曷速館節度使白彥
敬為御史大夫戊戌遣元帥左都監軍高忠達會北征帥
討契丹已亥以臨海軍節度使紇石烈志寧為元帥右監
契丹部將士曰應契丹與大軍未戰而降者不得殺傷仍
使朝辭乞互市從之已丑以右丞相晏為太尉壬辰詔征
軍右副元帥完顏謀衍元帥右監軍完顏福壽坐逗遛召
還京師皆罷之壬寅立楚王充迪為皇太子詔中外丁巳
押軍萬戶數滿按刺猛安剌沙里敗宋兵于華州六月
月戊辰命御史大夫白彥敬西北路市馬庚午以尚書右

金史卷六

本紀六

丞僕散忠義為平章政事兼右副元帥經略契丹詔出內
府金銀給征契丹軍用戊寅詔居庸關古北口詗察契丹
姦細捕獲者加官賞巳卯詔守禦古北口及石門關庚辰
宋遣使賀即位壬午右副元帥僕散忠義與窩斡戰于花
道戊子以南京留守紇石烈良弼為尚書右丞右副元帥
庚寅僕散忠義大敗窩斡于襄嶺西陲泉獲其弟襄壬辰
以西南路招討使完顏思敬為元帥右都監七月丁酉復
取原州兩午宋主傳位于子睿甲寅詔諭契丹丁巳速頻
軍士术里古等譖完顏謀衍子斜哥寄書其父謀反丹以
其書上之上覽書曰此讟也止訊告者訊之果讟也朱里
古伏誅庚申太尉尚書左丞相晏致仕壬戌詔發濟州會
寧府軍在京師者以五千人赴北京都統府陝西都統璋
敗宋將吳璘于張義堡八月乙丑朔奕抹白謀克徐列等
降宋監軍高忠建異于梓桃山及招降旁近異六營有
不降者攻破之盡被其男子以其婦女童孺分給諸軍丁
卯永興縣進嘉禾壬申萬戶溫迪罕阿魯帶與異戰于古
此口敗焉詔同判大宗正事完顏謀衍等禦之癸酉上謂
宰臣曰百姓上書陳時政其言猶有所補卿等位居機要
略無獻替可乎夫聽斷獄訟簿書期會何人不能為謀之
聖猶務兼覽博照乃能成治正隆專任獨見故取敗亡朕

早夜孜孜與聞議論卿等宜體朕意詔百司官吏九上書
言事或為有司所抑許進表以聞朕將親覽以觀人材優
劣夏國遣使賀尊號丁丑免齊國妃韓王亨樞密忽土留
守順等家親屬在宮籍者詔乙酉詔左都監完顏思敬以所
部軍與大軍會討離軒河北東路丁亥詔御史臺曰卿等所
史馮仲尹廉察大夫石琚監察御
諸局行移稽緩及緩於赴局者耳此細事也自三公以下
官僚罪惡邪正當審察之若止理細務而略其大者將治
鄉等罪奧契丹老和尚降辛卯罷諸關征稅九月甲午朔
完顏謀衍擒吳猛安合住元帥左都監徒單合喜大敗宋

招撫吳契丹之叛者庚子元帥右都監完顏思敬獲契丹
窩斡餘衆悉平以尚書左司郎中完顏正臣為夏國生
日使壬寅獵于近郊己巳以移剌窩斡平詔中外庚戌改
葬廢宗皇帝壬子以兀右都監完顏平詔中外庚戌改
戊午詔思敬經略南邊辛酉奉遷廢宗皇帝梓宮于礬等
宮癸亥元帥左監軍徒單合喜等敗宋兵于德順州河南
統軍使宗尹復取涇州十月丁卯以左副元帥完顏轂英
為平章政事戊辰如山陵謁廢宗皇帝梓宮哭盡哀平章
政事右副元帥僕散忠義等運自軍上謁丙戌以僕散忠

義為尚書右丞相元帥左監軍統石烈志寧為左副元帥
戊子葬廢宗皇帝于景陵大赦已丑詔左副元帥統石烈
志寧經略南邊壬辰華州防禦使蒲察世傑丹州刺史赤
盞胡速魯改敗宋兵于德順州十一月癸巳朔詔右丞相
僕散忠義伐宋丁酉第職官廉能污濫不職各為三等而
黜陟之十二月乙酉遣尚書刑部侍郎劉仲淵等廉察宣
諭東京北京等路
三年正月壬辰朔高麗夏遣使來賀庚子太白晝見壬子
遣客省使為居仁賞勞河南軍士癸丑復取德順州二月
甲子詔太子少詹事楊伯雄等廉問山西路庚午上謁寧

相曰滁州饑民流散逐食甚可憫移於山西富民塘濟
仍于道路計口給食壬申詔撫諭陝西庚辰取太保都元帥
本睹亮丙戌趙景元等以亂言伏誅庚寅高麗夏遣使來
賀萬春節高麗遣使賀即位東京僧法通以妖術亂衆都
統府討平之三月丙申中都以南八路蝗詔尚書省道官
克勤農及廉問詔臨潢漢民墾食於會寧府濟信等州庚
捕之壬寅詔戶部侍郎魏子平等九人分詣諸路諸猛安謀
戊詔免去年租稅四月辛酉朔右副元帥完顏思敬罷丁
卯平章政事完顏敬英御史大夫白彥敬右副元帥完顏思敬罷以參知政事
李石為御史大夫丁丑詔吏犯贓罪雖會赦不敘已卯以

引進使韓綱為横賜高麗使乙酉賑山西路猛安謀克貧
民給六十日糧是月耶商就環州宋所侵一十六州至是
皆復五月辛卯朔右丞相僕散忠義朝京師乙未以重五
舉廣樂園射柳命皇太子親王百官皆射勝者賜物有差
上復御常武殿賜宴擊毬自是歲以為常丙申宋人攻破
靈壁虹縣巳亥罷河南山東統軍司置都統副統以
太子詹事完顏守道從皇太子上召諭守道曰卿任執
所責非輕自今毋從行辛丑以右丞相僕散忠義兼都元
帥癸卯僕散忠義還軍河南路都統英擢不也叛入于宋
餘黨非速越等如能自新並釋其罪若執蒲速越父子以
方甫定民意稍蘇而復縶軍非長策不聽癸丑詔諭契丹
來者仍官賞之左副元帥紇石烈志寧復取宿州河南副
兩午宋人攻破宿州辛亥更定出征軍司法尚書省請

籍天德閒被誅大臣諸奴隸及從偽幹亂者為軍上以四
統字術魯定方死于陣乙卯以北京留守完顏思敬復為
右副元帥中都蝗詔參知政事完顏守道按閒大興府捕
蝗官六月庚申朔日有食之以刑部尚書蘇保衡為參知
政事丙子詔曰正隆之末澈州路逃迴軍士為中都官
軍所邀殺者官為收葬巳卯觀稼于近郊甲申太師尚書
令張浩罷以宿直將軍阿勒根和衍為横賜夏國使七月

庚戌太白晝見以太子太師宗憲為平章政事以孔緫為
襲封衍聖公八月丙寅太白經天庚午詔曰祖宗時有勞
效未嘗遷賞者五品以上聞奏六品以下及無職事者尚
書省約量升除甲戌詔以參知政事完顏守道招撫契丹餘
黨戊寅詔罷契丹猛安謀克其戶分隸女直猛安謀克命
諸官貧年老者許許為一二疋餘並括買入官能無都
黠檢唐括德溫重九出獵國朝舊俗令庖從軍二十能無
擾民可嚴約束仍以錢萬貫分場之乙酉如大房山丁
亥薦享于麞陵戊子還宮癸巳宿直將軍僕散習尼列為
夏國生日使九月丁酉秋獵以重九拜天于北郊丙午詔
翰林待制劉仲誨等廣開軍駕所經州縣乙卯還宮十月
甲子大享于太廟丙寅以許王府長史移剌天佛留為尚
麗生日使癸酉冬獵十一月庚寅太白晝見經天壬辰還
都戍申詔求仕官輒入權要之門追一官仍降除以請求
有所饋獻及受之者具狀奏裁庚戌百官請上尊號不允
詔中都平州及饒蕪地升經契丹所剽掠為貧實妻子者官
為收贖壬子尚書左丞程永固罷癸丑罷貢金線段疋甲
寅以尚書右丞紇石烈良弼為左丞吏部尚書石琚為參
知政事十二月丁丑臘獵于近郊以所獲薦山陵自是歲
以為常詔流民未復業增限招誘巳卯參知政事蘇保衡

至自軍辛巳以爲尚書右丞

四年正月丁亥朔高麗頁遣使來賀戊子罷路府州元日

及萬春節頁獻上謂侍臣曰泰王宗翰有功於國何乃無

嗣皆未知所對上曰朕嘗聞宗翰在西京坑殺勾者者千人

得非其報耶癸巳百官復請上尊號不允丁酉如安州春

水壬寅至安州大雪詔屈從人舍民家者入日支錢一百

與其主甲辰元帥府言宋遣審議官胡助致尚書右僕射

書來議和好以其言失信拘助軍中以書致元帥府及以書進

上覽之曰宋之失信行人何罪當即遣還遷邊事令元帥府

從宜措畫乙巳尚書省奏徐州民曹珪討賊江志而子彌

金史卷六 十三

亦在賊中弁殺之法當補二官叙雜班上以所奏未當進

一官正班用之辛亥獲頭驚遺使燕山陵自是歲以爲常

二月丁巳免安州今年賦役及保塞縣御城邊吳二村凡

屈從人嘗止其家者亦復一年辛西獵于高陽之北庚午

還都庚辰以此京乘價踴貴詔免今年課甲三月丙戌朔

萬春節高麗頁遣使來賀詔免北京歲課段四一年庚子

京師地震壬寅百官復請上尊號不允四月丁巳平章政

事完顏元宜罷甲戌出宮女二十一人五月辛癸卯勒有

司審宽宽禁宫中音樂放毬場後夫乙巳詔禮部尚書王

競禱雨于北岳己酉命參知政事石琚等於北郊望祭橋

兩壬子兩寓斡餘竇蒲速越伏誅六月甲寅朔日有食之

壬戌尚書左丞統石烈良弼至自征南元帥府甲子以兩

足命有司祭謝撤鎮海瀆辛未觀稼于近郊庚辰詔諭

疾庚午初定祭五瀆四瀆禮辛未觀稼于近郊庚辰詔諭

元帥府曰所請代宋軍萬五千今以騎三千犮四千赴之

詔陝西元帥府議入蜀利害庚子以尚書左丞統石烈良弼

爲平章政事辛丑大風雷雨拔木八月甲寅朔詔征南元

帥府曰前所請收復舊疆乞候秋涼進發今秋涼復後

及其子和尚以妖妄伏誅庚子以尚書左丞大興尹唐

何時戊午以參知政事完顏守道爲尚書左丞大興尹唐

金史卷六 西

括安禮爲參知政事壬申上謂宰臣曰卿每奏皆常事凡

治國安民及朝政不便於民者未嘗及也如此則宰相之

任誰不能之巳卯如大房山辛巳致祭于山陵九月癸未

朔還都乙酉上謂宰臣曰形勢之家親識訴訟請屬道達

官吏往往屈法徇情宜一切禁止已丑上謂宰臣曰北京

懿州曉渝漢等路常經知丹渧掠平灤二州復蝗旱百姓

艱食父母兄弟不能相保多冒禁爲奴朕甚閔之可速遣

使閱實其穀出内庫物贖之乙未華華鷹房主者必鷹鶻

內省堂上上怒曰此宰相職豈當置鷹房處耶彌責其人

偏置他所已亥以宿直將軍烏里雅爲夏國生日使辛亥

22-78

以太子必唐事為古論三合為高麗生日使十月癸亥朔
獵于密雲縣丙寅還都己卯命泰寧軍節度使張弘信等
二十四人分路通檢諸路物力十一月乙酉征南都統徒
單克寧敗宋兵取楚州巳丑封子永功為鄭王辛卯冬獵
乙未詔進師伐宋兵戊戌次河間府辛丑尚書省火甲辰次
清州閏月壬子朔還都十二月丁亥尚書省奏都統高景
山取商州巳丑臘獵于近郊辛卯太白晝見經天是歲大
有年斷死罪十有七人

五年正月辛亥朔高麗夏遣使來賀乙卯詔泰州臨潢接
境設邊堡七十駐兵萬三千巳未宋通問使魏杞等以國
帝歲幣二十萬辛未詔中外復命有司旱鹽水溢之處與
免祖賦笑西命元帥府諸新撫軍以六萬人留戍餘並放
還以宋國歲幣悉賞諸軍二月壬午以左副都點檢完顏
仲等為宋報間使壬寅罷納粟補官令三月戊申萬春節
宋高麗夏遣使來賀問安上尊號曰應天興祚仁
德聖孝皇帝詔中外四月癸卯西京留守壽王完顏思敬
成特免死秋之除名嵐州僕散忠義還自軍五月壬子左副
罷丁未右丞相都元帥僕散忠義還自軍五月壬子左副
元帥紇石烈志寧以召入見丁巳以僕散忠義為尚書左

丞相紇石烈志寧為平章政事還軍己丑以平章政事宗
憲為尚書右丞相癸酉罷山東路都統府以其軍各隸宗
管府六月甲辰芝產大安殿柱丙午京師地震兩毛七月
戊申朔元帥京師地復震罷陝西都統復置統軍司京兆徙
陝西元帥河中八月巳卯前宿州防禦使烏林荅剌撒
以與宋李世輔交通伏誅癸巳宋夏遣使賀生日九月丁
未朔以吏部尚書高衎等為夏國生日使甲戌還都十月丁
丑朔地震辛巳以大宗正丞璋為賀宋生日使乙未冬獵
辛丑還都十一月丙午朔上謂宰臣曰朕在位日淺未能
編識臣下賢否全賴卿等舉薦今六品以下殊乏人
材何以副朕求賢之意癸丑華東宮戊午以右副都點檢
烏古論粘沒曷為賀宋正旦使癸丑華東宮戊午以右副都點檢
築秘法癸酉大霧晝晦十二月巳丑獵于近郊高麗遣
六年正月丙午朔宋高麗夏遣使來賀庚午敕有司
宮中張設母以塗金為飾二月丁亥尚書左丞相無都
元帥近國公僕散忠義薨三月壬寅萬春節宋高麗夏遣
使來賀甲寅上如西京庚申朝謁太祖廟壬申擊毬百姓縱
溫上謁戊辰至西京庚午朝謁太祖廟壬申擊毬百姓縱
觀四月甲戌朔詔月朔禁屠宰戊戌以尚書右司郎中移

刺道爲橫賜爲高麗使宿直將軍斜卯掴刺爲橫賜爲夏國使
辛丑太白晝見五月戊申華嚴寺觀故遼諸帝銅像詔
主僧謹視之壬子詔雲中大同縣及警巡院給復一年壬
戌詔將華銀山諸庵從軍士賜錢五萬貫有敢擅茁稼者
并償之六月辛巳太白晝見經天丙戌獵
于墊雲之南山七月辛酉次遼陽庚辰獵
于銀山七月辛酉次三義口八月辛未朔次源陽庚辰獵
魏子平爲賀宋生日使以翰林待制移剌熙載爲夏
國生日使澤州刺史劉德裕等以盜用官錢伏誅壬子太
白晝見癸丑尚書右承相宗覬薨丙辰太白晝見經天十
月已卯以尚書兵部侍郎移剌按荅爲高麗生日使甲申
朝享于太廟詔免雄莫等州今年祖壬辰太白晝見經天
丁酉如安蕭詔十一月丙午還都癸丑以右副點
檢爲古論元忠爲賀宋正旦使上謂宰臣曰朝官當愼選
其人庶可激勵其餘若不當則敬觀艦之心卿等以知人
才優勞舉實才用之庚申十二月甲戌詔每月朔望及上七日
右据以母憂罷十二月甲戌詔有司每月朔望及上七日
母奏刑名戊子太白晝見經天甲午泰州民合住謀反伏
誅丙申以平章政事統石烈良彌爲尚書右承相紇石烈
志寧爲樞密使

七年正月庚子朔宋高麗夏遣使來賀辛亥石琚起復參
知政事壬戌上服袞冕御大安殿受尊號冊實癸丑大
赦庚申以元帥左監軍僕合喜爲樞密副使二月庚寅
尚書右承蘇保衡薨丙申以參知政事石琚爲尚書右承
以北京留守耨盌溫敦兀帶爲參知政事六月癸酉命地
農用龍父者罷之七月戊申禁服金線其織衛者皆括
罪丙戌葦東宮巳未率束宮視皇太子疾閏月丁卯觀稼
于近郊戊辰越王永中進封許王鄭王永功封隨王永成
封滕王甲戌詔遣秘書監移剌子敬經略北邊八月丙寅幸東
宮巳卯慶雲環日壬午觀稼子近郊戊子觀稼于此郊八
月辛亥慶雲環日癸丑尚書右承相監修國史紇石烈良
彌進太宗實錄上立受之巳未如大房山壬戌捕蝗受略
九月乙丑朔還宮巳巳右三部檢法官韓鐸以捕蝗致祭陵
除名詔更人但犯賊罪雖會赦非特旨不敘以勸農使蒲
察沙鄰嘗等爲賀宋生日使辛未參知政事唐括安禮罷
乙亥以宿直將軍唐括鄰爲夏國生日使庚辰地震辛
巳以都水監李衛國爲高麗生日使乙酉秋獵庚寅次保

州詔修起居注王天祺察訪所經過州縣官十月乙未朔
上謂侍臣曰近聞所車郡邑嘗宴饗堂宇後皆避之此
甚無謂可宣諭令仍舊居止戊申還都丁巳上謂宰臣曰
海陵不辨人才優劣惟徇巳欲多所升擢朕即位以來以
此為戒止取實才用之近聞鷹房子如應居官在官汙
瀳詢其出身乃正隆時鷹房子如類人之類可典城
牧民耶自今如此局分不得授以臨民職任以御史中丞
孟浩為參知政事是日參知政事耨盌溫敦兀帶羲辛酉
勑有司於東宮涼樓前增建殿位孟浩諫曰皇太子雖為
儲貳宜示以儉德不當與至尊宮室相侔乃罷之十一月
乙丑朔上謂宰臣曰閱縣令多兆其人其令吏部察其善
惡明加黜陟辛未以河閒尹徒單克寧等為賀宋正旦使
肇州防禦使蒲察通朝辭賜通金帶諭之曰卿雖有才然
用心多詐朕左右頑補外賜卿金帶卿不可謂
御服勞之父也又顧謂左宣徽使敬嗣輝曰如卿
無才所欠者純實耳甲辰以北京留守完顏思敬為平章
政事是歲斷死罪四二十人
壬申太白晝見丁丑歲星晝見丁亥樞密副使徒單合喜
罷十二月戊戌東京留守徒單合喜北京留守完顏謀衍
八年正月甲子朔宋高麗夏遣使來賀乙丑上謂宰臣曰

朕治天下方與卿等共之事有不可各當面陳以輔朕之
不逮慎勿阿順取容卿等致仕公行正道揚名之時苟
或偷安自便雖為今日之華後世以為何如群臣皆拜萬
歲辛未謂秘書監移剌子敬等曰昔唐虞之時未有華飾
漢淮孝文為純儉朕於宮室惟恐過度其或興修即當
宮人歲費以充之今亦不復營建矣如宴飲之事近惟太
子生日及歲元嘗飲酒此外上元中秋飲之亦未嘗
至醉至於佛法九所未信梁武帝為同泰寺如遼道宗以
民戶賜僧復加以三公之官其惑深矣庚辰行皇太子
冊禮二月甲午朔制子為陂嫁妍服喪三年上諭左宣徽
使敬嗣輝曰兄為人臣下欲干民之譽心
慮忠節卿宜戒之三月癸亥朔萬春節宋高麗夏遣使來
賀巳命以職官子補吏丁丑命護衛親軍百戶五十
戶兆直日不得帶刀入宮巳丑太白晝見四月丙午詔曰
馬者軍旅所用牛者農耕之資牧牛馬亦何殊其令
禁之戊申嘗越常武殿百天馬貴中諫曰陛下為天下主
繫社稷之重又春秋高圍獵擊毬危事也宜悉罷之上曰
六十里詔戶工兩部自今宮中之飾並勿用黃金乙丑上
朕以示習武耳五月甲子北望淀太霫風雨電廣十里長
如原隰丁卯歲星晝見庚寅改旺國崖曰靜寧山曷里滸

東川曰金蓮川六月河決李固渡水入曹州七月甲子制
盜群牧馬者死告者給錢三百貫戊辰上謂平章政事
顏思敬等曰朕思得賢士寘寐不忘自今朝臣出外即令
體訪外任職官廉能者及草萊之士可以助治者具姓名
以聞甲戌秋獵巳卯次三義口上諭點檢司曰汝路未稼
九月辛酉上諭尚書右丞石琚參政孟浩曰聞蔚州採地
甚佳其尾從人少有蹂踐則當汝罪八月乙卯至自涼陘
華役夫數百千人朕所用幾何而擾動如此自今差役凡
稱御前者皆須禀奏仍令附冊癸亥以宣徽使高希甫為夏國生
獨幹等為賀宋生日使巳巳以引進使高希甫為夏國生

日使庚午上辛東宮癸酉上諭宰臣曰卿等舉用人材几
巳所知識必使他人舉奏朕甚不喜如其果賢何必以親
踈為避忌也以戶部尚書魏子平為參知政事辛巳上謂
御史大夫李石曰臺憲固在分別邪正然內外百司豈謂
無人惟見卿等劾人之罪不聞舉善自今宜令監察御史
分路刺舉善惡以聞上嘗命左衛將軍大磐訪求良弓而
磐多自取護衛囊室以告上命點檢司鞠磐磐姝為寶林
磐屬內侍僧兒言之寶林寶林以聞命秋僧兒出磐為
隴州防禦使十月巳丑朔以戒諭官吏貪墨詔中外乙未
命涿州刺史無提點山陵每以朔望致祭䘐則用素望則

用肉仍以明年正月為首及命圖畫功臣於太祖廟其未
立碑者立之以翰林待制靖為高麗生日使上謂宰臣曰
海陵時備趨起居注不任直臣故所書多不實可訪求得實
詳而錄之參政孟浩進曰良史直筆君舉必書自古帝王
不自觀史之意正在此辛亥詔罷彼州歲貢鹿筋十一月乙
丑幸東宮少同簽大宗正事闕合等為賀宋正旦使
敬嗣暉秘書監後剌子敬論古今事因曰卜遼曰屠食羊
九年正月戊午朔宋高麗夏遣使來賀辛酉上與宣徽使
二月戊子朔遣武定軍節度使後剌按等招諭轍
三百亦嘗能盡用徒傷生耳朕雖麗食當貪常思貧
民飢餒猶在巳也彼身為惡而口祈福何益之有如海陵
以張仲軻為諫議大夫聞忠言朕與大臣論議一
軍非正不言卿等不以正對豈人臣之道也庚午詔諸州
縣和糴毋得抑配百姓戊寅刺等謀叛伏誅丙
戌制漢人渤海兄弟之妻服闋歸宗以禮續婚者聽二月
庚寅制妄言邊關兵馬者徒二年丙申詔政葬漢二燕王
於城東庚子以中都等路水免稅詔中外又以曹單二州
被水尤甚給復一年甲寅詔女直人與諸色人公事相關
只就女直理問三月丁巳朔萬春節宋高麗夏遣使來賀
丁卯以尚書省定綱捕走獸法或至徒上曰以禽獸之故

而抵民以徒是重簡獸而輕民命也豈朕意哉自今有犯
可杖而釋之詔御史中丞移剌道廉問山東河南辛未禁
民間稱言銷金條理內舊有者改作明金字辛巳以大名
路諸猛安民戶艱食遣使發倉廩減價出之四月己丑謂
宰臣曰朕觀在位之臣初入仕時競求聲譽以取爵位亦
既顯達即徇默苟容爲自安計朕甚不取宜宣諭百官使
知朕意癸巳遣翰林侍講蒲察兀虎監察御史完顏懶沙
丙辰朔以符寶郎徒單懷貞爲橫賜高麗使宿直將軍完
顏賽也爲橫賜夏國使戊辰尚書省奏越王永中隋王永

切二府有所興造餞後夫上曰朕見宮中竹有枯萃者欲
令更栽恐勞人而止二王府各有引從人力又奴婢甚多
何得更役百姓爾坐以二王府仍舊餘並官給傭直重者
倒耶自今在都浮役父爲例者爲請海陵橫後續可盡
奏閏六月庚寅冀州張和等反伏誅戊戌以火旱命宮中
毋用扇庚子兩七月乙卯朔罷東北路採珠壬申觀稼于
近郊八月甲申朔有司奏日食以兩不見代用幣如常
禮九月甲寅朔以刑部尚書高德基等爲賀宋生日使宿
直將軍僕散守中爲夏國生日使提點司天臺馬貴爲
高麗生日使罷皇太子月料歲給錢五萬貫上謂臺臣曰

比聞朝官內有攬中官物以規貨利者汝何不言皆對曰
不知上曰朕尚知之汝有不知者乎朕若舉行汝將安用
壬戌秋獮十月丁亥還都辛丑以尚書右丞相完顏守道
駙爲左丞相樞密使統石烈志寧爲右丞相詔宗廟之祭
以鶻代牛著爲令丙午大享于太廟辛亥以平章政事完
顏思敬爲樞密使十一月己未以尚書左丞完顏守道爲
平章政事右丞石琚爲左丞參知政事孟浩爲右丞庚申
上幸東宮辛酉以京兆尹尹毅等爲賀宋正旦使壬戌冬獮
丙子還都十二月丙戌詔賑瞰黃泰州山東東路河北東
路諸猛安民以東京留守徒單合喜爲平章政事丁酉太

者雖太官猶論
白晝覽辛丑獵于近郊兩午制職官犯公罪在官已承伏
十年正月壬子朔宋高麗夏遣使來賀甲午司徒高麗夏遣使來賀
無得更役十年正月壬子朔宋高麗夏遣使來賀甲午以
月甲午安化軍節度使徒單子溫副使老君奴以贓罪伏
誅戊申上謂近臣曰護衛以後皆是治民之官其令教以
讀書三月壬子朔萬春節宋高麗夏遣使來賀丙辰上因
命護衛中善射者押賜宋使射弓宴宋使中五十押宴者
緩中其七謂左右將軍曰護衛十年出爲五品職官每三
日上直役亦輕矣豈徒令飽食安卧而已弓矢不習將焉

用之戊午以河南統軍使宗叙為參知政事庚午上謂參
政宗叙曰卿昨為河南統軍時言黃河堤埽利害甚合朕
意朕每念百姓差調官吏互為姦弊不早計料臨期星火
率欲所費倍徙為害非細卿既參朝政皆當革弊擇利行
之又諭左丞琚曰女直人徑居選要不知閭閻間疾苦波
等自丞簿至是民間何事不知凡有利害宜敷陳四月
丁酉制命婦犯姦不用夫廕以子封者不拘此法五月乙
卯如柳河川閏月庚辰夏寧得敬脅其主李仁孝上
表請中分其國上問宰臣李石等以為釁彼國不如
許之上曰彼迿於權臣耳詔不許升却其貢物七月壬午
秋獵戊戌放圍場役夫部屋從糧食並從官給乙巳勅尾
從人繼畜牧踐踐禾稼者杖之仍償其直八月巳未至自
柳河川壬申遣參知政事宗叙北巡九月庚辰尚書左丞
相統石烈良弼丁憂起復如故壬午以簽書樞察院事移
剌子敬為賀宋生日使庚寅以戶部郎中央谷阿里補為
夏國生日使十月巳酉以大宗正丞㟥為高麗生日使甲
寅如霸州冬獵乙丑上謂大臣曰比因巡獵閭固安縣令
高昌裔不職已令罷之霸州司候成奉先奉職謹恪可進
一階除固安令辛未上謂宰臣曰朕凡論事有未能深究
其利害者卿等宜悉心論列無為面從而退有後言十一

月辛巳制盜太廟物者與盜宮中物論同甲申上幸東宮
丁亥以太子詹事蒲察蒲速越等為賀宋正旦使巳夏
國以誅任得敬遣使來謝詔慰諭之十二月丙寅上謂宰
臣曰比體中不佳有妨朝事今觀所奏事皆依條格殊無
一利國之事若一朝一事歲計有餘則其利博矣朕居
深宮豈能悉知外事卿等尤當注意
十一年正月丙子朔宋夏道使來賀丁丑封子永升為徐
王永蹈為滕王永濟為薛王壬午詔職官年七十以上致
仕者不拘官品並給俸祿之半丙申命賑南京屯田猛安
被水災者戊戌尚書省奏汾陽軍節度副使牛信昌生日
受饋獻法當奪官上曰朝廷行事苟不自正何以正天下
尚書省樞密院生日節屐饋獻不少此而不問小官饋獻
即加劾豈正天下之道自今宰執樞密饋獻亦宜罷去
上謂宰臣曰往歲清暑山西近路禾稼甚廣殆無畜牧之
地因命五里外乃得耕種事有類此卿等宜即告朕三月乙亥朔萬
其令依舊道使來賀辛巳命有司以天水郡公旅櫬依一
春節宋夏道使來賀辛巳命有司以天水郡公旅櫬依一
品禮葬於鞏洛之原四月丁未歸德府民藏安兒謀反伏
誅大理卿李昌圖以蔗閭具定尹徒單貞平尹石抹阿
渙剌受賕不法既得罪狀不即黜罷杖之四十癸亥參知

22-84

政事魏子平罷高麗國王明弟皓廢其主自立詐稱讓國
遣使以表來上五月辛卯詔遣吏部侍即靖使高麗問故
癸巳以南京留守秋剌成為樞密副使六月巳酉詔曰諸
路常貢毅的同州沙苑羊非急用徒勞民兩自今罷之朕
居深官勞民之事豈能盡知似此當具以聞戊午觀稼子
近郊甲子平章政事徒軍合嘉藜七月甲申參知政事宗
敘藜八月癸卯詔太白書見詔朝臣亦嘗諭淶等國家
利便治體遺關皆可直言外路官民亦嘗言事彼等終無
一語凡政事所行豈能皆當自今直言得失毋有所隱乙
巳上謂宰臣曰隨朝之官自謂歷一考則當得其職兩考

《金史卷六》 廿七 肖刷

則當得其職第務因循碌碌而已苟簡於事不濱住滿便以
者察其公勤則外用之但苟簡於事不濱住滿便以本品
出之賞罰不明豈能勸勉庚戌詔曰應因窩斡被掠女直
及諸色人未經刷放者官為贖放隱匿者以違制論其年
幼不能稱說住賈者從便坐上謂宰臣曰五品以下闕
貧慧多而難於得人三品以上朕則知之五品以下不能
知也卿等曾無一言舉者欲盡父安之計與百姓之利
而無良輔佐所行皆尋常事耳雖日視朝何益之有卿
等宜勉思之巳巳以尚書刑部侍即為林啟天錫等為賀
宋生日使近侍局使劉琉為夏國生日使九月癸未獵于

横山庚寅還都十月壬寅朔以左宣徽使敬嗣暉為參知
政事甲寅上謂宰臣曰朕已行之事卿等以為成命不可
復更但承順而已一無執奏何嘗不從自
今朕旨雖出宜審而行有未便者即奏改之或在下位有
言尚書省所行未便亦當從而改之母拒而不從兩寅尚
書旨繼純石烈良弼進睿宗實錄戊辰上謂宰臣曰行
慶官圖盡切臣已命增為二十人如丞相韓企先自本朝
興國以來憲章法度多出其手至於關決大政但與大臣
謀議終不使外人知寬漢人宰相前後無比若襄顯之亦
足示勸慎無遺之十一月丁丑以西南路招討使宗寧等

《金史卷六》 廿八 肖刷

為賀宋正旦使戊寅華東宮上謂皇太子曰吾兒在儲貳
之位朕為汝措天下當無復有經營之事汝惟無忘祖宗
純厚之風以勤修道德為孝明信賞罰為治而已昔唐太
宗謂其子高宗曰吾代高麗不克終汝可繼之如此之事
朕不以遺汝如遼之海濱王以國人愛其子嫉而殺之此
何理也子為眾愛尚若此安有不亡唐太宗
有道之君而謂其子高宗曰爾於李勣無恩今以事出之
我死宜即授以僕射彼必致死力矣人者焉用偽為愛
恩於父安有忘報於子者乎朕御臣下惟以誠實耳群臣
皆稱萬歲丙戌朝享于太廟丁亥有事于圜丘大赦癸巳

群臣奉上尊號曰應天興祚欽文廣武仁德聖孝皇帝乙
未詔中外十二月癸卯冬獵乙卯還宮丙辰參知政事敬
嗣暉薨辛酉進封越王永中趙王隨王永功曹王潘王永
成幽王徐王永朴虞王勝王永蹈徐王薛王永濟滕王乙
丑趙王永中曹王永功俱授猛安仍命永功親治事以習
爲政

金史卷六　廿九

開府儀同三司監修國史臣脫脫等奉勑脩撰　經筵都總裁臣歐陽玄　奉

金史七

勑脩

世宗中

十二年正月庚午朔宋高麗夏遣使來賀戊寅詔有司凡
陳言文字皆國政利害自今言有可行以其本封送祕書
監當行者錄副付所司丙申以水旱免中都西京南京河
北河東山東陝西去年租稅二月壬寅上召諸王府長史
謂之曰朕選汝等正欲勸導諸王使之為善如諸王所為
有所未善當力陳之尚或不從則具其曰行某事以奏若
〈世宗紀〉
〈金史七〉　〈一〉
阿意不言朕惟汝罪丙午尚書省奏廉察到同知城陽軍
事山和尚等清強官上曰此輩暗察明訪皆著政聲可弟
其政績各進官旌賞其速議升除庚戌上如順州春水癸
丑還都丙辰詔自今官長不法其僚佐不能紏正又不言
上者並坐之戶部尚書高德基監支朝官俸錢四十萬貫
枝八十三月己巳湖萬春節宋高麗夏遣使來賀乙亥詔
尚書省賦汙之官已被廉問者仍舊職必復害民其遣使
諸道即日罷之丁丑詔遣宿直將軍為古論思列冊封王
晧為高麗國王庚寅壬癸巳以前西北路招討使核剌
道為參知政事田純遣使來貢丁酉比京審貴等謀反伏

誅四月癸卯尚書右丞孟浩罷丁巳西北路納合七斤
等謀反伏誅癸亥以父旱命禱祠山川詔宰臣曰諸府少
尹多闕員當選進士雖資叙未至而有政聲者權用之乙
宿直將軍唐括阿忽里為橫賜夏國使乙丑大名尹荊王
文以賊罪奪王爵降授德州防禦使四紇使使來貢丙寅
尚書右丞相紇石烈志寧薨丁卯宋高麗夏遣使賀尊號
鞢來貢五月癸酉上如百花川甲戌命賑山東東路胡剌
溫猛安民饑丁丑次阻居久旱雨戊寅觀稼禁屠肆從踐
蹂民田禁百官及承應人不得服純黃油衣癸未諭宰臣
曰朕每次舍几䆫馬之具皆假於民間多亡失不還其主
〈世宗紀〉
〈金史七〉　〈二〉
此彌壓官不職可擇人代之所過即令詢問恒亡失民間
什物並償其直乙酉詔給西北路人戶六月甲寅如金
蓮川九月丙子至自金蓮川辛巳以右副都點撿完顏
臣等為賀宋生日使右衛將軍粘割斡特剌為夏國生日
使丁女太白晝見在日前鄜州李方等謀反伏誅十月高
麗國王王晧遣使謝封冊乙未臨奠故右丞相紇石烈志
寧喪志寧妻永安縣主進鍍甲弓矢鷹鶻重綵壬子召皇
太子及趙王永中上殿上顧謂宰臣曰京審圖謀今不除
之恐為後患又曰天下大器歸於有德海陵失道朕乃得
之但務脩德餘何足慮皇太子及永中皆曰誠如聖訓遂

釋之丙辰以德州防禦使文賢產賜其兄之子咬住且諭
其母文之孫汝等宜當連坐念宋王有大功於國故置不
問仍以家產賜汝子十一月甲戌上謂宰臣曰宋有司嚴禁
不任官事者若不加恩澤於親親之道有所未弘朕欲搜
以散官量子廕祿未知前代何如左丞石琚曰陶唐之親
九族周家之內睦九族見於詩書皆帝王羲事也丙子上
以曹國公主家奴犯事宛平令劉彥弼杖之主乃折辱令
既深責公主又以臺目徇勢愉安畏忌不敢言奪俸一月
以陝西統軍使瑋為御史大夫以戶部尚書曹望之為賀
宋正旦使壬午同州民屈立等謀反伏誅戊子上屏侍臣
意諭之十二月乙未詔以濟南尹劉萃在定武軍貪墨不
道命大理少卿張九思鞫之丁酉詔遣官及護衛往
分路選年二十以上四十以下有門地才行及善射者二十人
謹衛不得過百人冀州王瓊等謀反及伏誅德州防禦文
以謀反伏誅辛丑出宮女二十餘人已酉樞密副使移剌
成罷辛亥禁審錄官以宴飲廢公務詔金銀坑冶聽民開
採毋得收稅癸丑獵于近郊以殿前都點檢徒單克寧為
樞密副使己未詔自今除名人子孫有在仕者並取奏裁

十三年正月乙丑朔宋高麗夏遣使來賀癸酉尚書省奏
南客車俊等因權場貿易誤犯過界罪當死上曰本非故
意可免罪發還毋令彼國知之恐復治其罪詔有司嚴禁
州縣坊里為民害者閏月壬子詔太子詹事曰東宮官屬
尤當選用正人如行檢不備及不稱職者具以名聞辛酉
太白晝見洛陽縣賊聚攻盧氏縣殺縣令李庭才亡入
于宋三月癸巳朔萬春節宋高麗夏遣使來賀乙卯上謂
宰臣曰會寧乃國家興王之地自海陵遷都永安女直人
寖忘舊風朕時嘗見女直風俗迄今不忘今之燕飲音樂
皆習漢風蓋以備禮也非朕心所好東宮不知女直風俗
第以朕故猶尚存之恐異時一變此風非長久之計甚欲
一至會寧使子孫得見舊俗庶幾習效之太子詹事劉仲
誨請增東宮牧人及張設上曰東宮諸司局人自有常數
張設已具何暇增益太子生於富貴易入於侈惟當導以
淳儉朕自即位以來服御器物往往仍舊卿以此意諭之
四月己巳出繼子所繼財產特授洺州孝子劉政皇太子
掌飲丞乙亥上御膚思殿命歌者歌女直詞顧謂皇太子
及諸王曰朕思先朝所行之事未嘗暫忘故時聽此詞亦
欲令汝輩知之汝輩自幼惟習漢人風俗不知女直純實

之風至於文字語言或不通曉非忘本也汝輩當体朕意

至於子孫亦當遵朕教誡也辛巳更定盜宗廟祭物法五

月壬辰朔日有食之戊戌禁女直人毋得譯為漢姓壬寅

真叟尹孟浩甍甲辰尚書省奏鄧州民范三毆殺人當死

而親老無待上曰在醜不爭謂之孝孝然後能養斯人以

一朝之忿忘其身而有事親之心乎可論如法其親官興

為樞密使詔賜諸安謀克廉能三等官賞已卯御史大

夫璋罷兩戌以左副都點檢襄等為賀宋生日使丁亥秋

上京庚戌罷歲課雉尾八月丁卯以判大興尹趙王永中為

養濟六月壬戌朔

獵九月辛卯朔以宿直將軍胡什賚為夏國生日使辛亥

還都大名府憎李智究等謀反伏誅十月乙丑歲星晝見

兩子以前南京留守唐括安禮為尚書右丞十一月以大

興尹璋為賀宋正旦使引進使大洞為高麗生日使上謂

寧尹曰外路正五品職事多闕員何也太尉李石對曰資

考少有及者上曰苟有賢能當不次用之壬子吏部尚書

梁蕭請禁奴婢服羅綺上曰近已禁其服明金行之以漸

可也且教化之行當自貴近始朕御常自節約舊

服明金者已減太半矣近民間風俗比正隆時間稍淳儉

卿等當更務從儉素使民知所效也

十四年正月已丑朔宋高麗夏遣使來賀二月壬戌以大

興尹璋使宋有罪杖百五十除名仍以所受禮物入官丙

寅以刑部尚書粘割斡特等為宋詳問使庚午以太尉尚書令

李石為太保致仕戊寅詔免去年被水旱百姓租稅三月

戊子朔萬春節宋高麗夏遣使來賀甲午上謂大臣曰海

陵純尚吏事遇辰亦不許赴會他所恐妨農功

祈祭尚吏事當時宰執止以案牘為功卿等當思經濟之

術不可狃于故常也又詔妨農功雖開月亦不許殺生

終並禁飲節犯者抵罪可編諭之又命應衛士有不關女直語

許祭絕飲燕及祭天日許得飲會自二月一日至八月

者並勸習學仍自後不得漢語辛丑太白歲星晝見甲辰

上更名雍詔中外丙辰太白歲星晝見甲辰

諭宰臣曰聞愚民祈福多建佛寺雖已條禁尚多犯者宜

申約束無令徒費財用戊辰有事于太廟以皇太子攝行

事乙亥以勸農副使完顏蒲涅為橫賜高麗使上御垂拱

殿顧謂皇太子及親王曰人之行莫大於孝弟孝弟無不

蒙天日之祐汝等宜盡孝于父母友于兄弟自古兄弟之

際多因妻妾離間以至相遺且妻者乃外屬耳可比兄弟

之親乎若妻言是聽而兄弟相遺甚非理也汝等當以朕

言常銘于心戊子以樞密副使徒單克寧兼大興尹五月

世宗紀

丙戌朔詳問使梁蕭等還自宋甲午如金蓮川六月己未
太白晝見八月丁巳次別吉中白龍見東小港
中須雲乘雷而去癸亥獵于彌離補己卯太白晝見九
月乙亥還都乙未以兵部尚書完顏讓等為賀宋生日使
宿直將軍崇蕭為夏國生日使癸卯上退朝謂侍臣曰朕
有疾巳酉宋遣使報聘十月乙卯詔圖畫功臣二十人
衍慶宮聖武殿之左左廡十一月甲申朔日有食之丙申
御史臺奏樞密使承中嘗致書河南統軍使完顏仲託
以賣馬朕知而不問朕之欺心此一事耳凤夜思之其如
近御史中丞劉仲海等為賀宋正旦使戊戌召尚食局使論
之曰太官之食皆民脂膏日者品味太多不可徧舉徒為
糜費自今止進可口者製品而巳戊申以儀鸞局使曹士
元為右丞相樞密副使徒單克寧為平章政事
為右丞相樞密副使徒單克寧為平章政事
十五年正月此下關七月丙午粘拔恩與所部康里孛古
等內附九月戊子至自金蓮川辛卯高照西京留守趙位
寵叛其君請以慈悲嶺以西鴨淥江以東四十餘城內附
不納丙申辛新宮閏月己酉朔定應禁弓箭槍刀路分品
官家奴客旅等許帶弓箭制上謂左丞相良弼曰今之在

世宗紀

官者須職位稱惬所望後始加勉力其或稍不如意則
止以慶日為務是豈忠臣之道耶丁巳又謂良弼曰武靈
時領省柬德左丞相言皆有能名然為政不務遠圖止以
奇刻為事言及可喜等在會寧時一月之間杖刑而殺之者
二十人罪皆不至於死於理可乎海陵為人如虎此輩尚
欲以術數要之以至賣直取死得為能乎巳未以歸德尹
完顏王祥等為賀宋生日使符寶郎斜卯阿和尚為夏國生
日使辛酉高嶺國王秦告趙位寵伏誅詔慰苔之詔親王
百官儕人所服紅紫改為黑紫甲戌詔年老之人母注縣
令年老而任從政其佐亦擇壯者參用十月乙未冬獵丁
未還都十一月乙卯上幸東宮初唐古部族節慶使移剌
毛得之子殺其妻而逃上命捕之至是皇姑梁國公主請
赦之上謂宰臣曰公主婦人不識典法罪尚可恕毛得請
託至此豈可貸宥不許戊午以右宣徽使靖等為賀宋正
旦使甲子太白晝見戊辰以宿直將軍阿典蒲魯虎為高
廡生日使
十六年正月戊申朔宋高嶺夏遣使來賀甲寅詔免去年
被水旱路分租稅甲子詔宗屬未附王牒者並與編次丙
寅上與親王宰執從官從容論古今興廢事曰經籍之興
其來久矣垂教後世無不盡善今之學者既能誦之必須

行之然知而不能行者多矣苟不能行誦之何益女直舊
風最爲純直雖不知書然其察天地敬親戚尊耆老接賓
客信朋友禮意欵曲皆出自然其善與古書所載無異汝
輩當習學之舊風不可忘也戊辰宮中火庚午上被鷹高
橋見道側醉人隨駈而即命左右扶之乘之送至其家辛
未皇姑上至私第諸妃從宴飲甚歡公主每進酒辛
立飲之二月庚寅皇子瀋王妃徒單氏以疾伏誅已亥平
章政事徒克寧罷以女故三月丙午朔日有食之是日
萬春節改用明日宋高麗夏遣使來賀戊申兩豆於臨潢
之境戊午上御廣仁殿皇太子親王皆侍膳上從容訓之

曰大凡資用當務節省如其有餘可周親戚勿妄費也因
擧所御服曰此服已三年未嘗更換尚完好汝等宜識
之壬申復置吾都梅部荒里四月丙戌詔京府設學養士
及定宗室宰相子程試等戊子制商賈舟車不得用馬
以東京留守崇尹爲樞密副使壬寅如金蓮川五月戊申
南京宮殿火甲寅晝見庚申遣使檮兩靜寧山神有
坐賊伏誅八月辛巳次霈霝灄九月乙巳至自金蓮川已
酉諭左丞相紇石烈良弼曰西邊自來不備儲蓄其令所
在和糶以爲緩急之備癸丑以殿前都點檢蒲察通等爲

賀宋生日使宿直將軍完顏觀古速爲夏國生日使諭左
丞相良弼曰海陵非理殺戮臣下甚可哀憫其亭論出等
遺骸仰逐處訪求官爲收葬辛酉以南京宮殿火留守轉
運兩司官皆抵罪十月丙申詔諭宰執曰諸王小字未嘗
以女直語命之今皆當更易卿等擇名以上十一月壬寅
輙謀知政事王蔚罷尚書省奏河北東路蒲速列上賢而
之仍令議加舍廝恩賞戊午以同知宣徽院事劉玖等爲
賀宋正旦使庚申以吏部尚書張汝弼爲參知政事甲子
以粘割韓奴之子詳古爲尚輦局直長妻室爲武器直長

初韓奴被旨招契丹大石後不知所終至是因粘接恩部
長撒里雅寅特斯等來詢知其死節之詳故錄其後遣兵
部郎中移剌子元爲高麗國生日使十二月壬申詔諸
科人出身四十年方注縣令今歲大遠令後仕及三十二
年別無負犯贓涷追奪便與縣令丙子詔諸流移人老病
者官與養濟上諭宰臣曰凡已經奏聞改正朕以萬幾之繁豈無一失卿等倃
謂已行不爲奏聞改正朕以萬幾之繁豈無一失卿等倃
言之朕當更改必無吝也庚寅定權場香茶罪賞法
十七年正月壬寅朔宋高麗夏遣使來賀高麗所進玉帶乃石似玉者上曰
納趙位寵丙午有司奏高麗所進玉帶乃石似玉者上曰

小國無能辨識者誤以為玉耳且人不易物惟德其物若

復知之豈禮體體耶戊申詔於衍慶宮聖武殿西建世祖神

御殿東建太宗睿宗御殿詔西北路招討司契丹民戶

其聲叛亂者已行措置其不與叛亂及放良奴隸可徙為

古里石壘部令及春耕作尚書省奏吾都椀部體土胡魯

雅里密斯請入獻許之庚戌詔諸大臣奏吾都應請功臣號

既不許其子孫自陳吏部考尚書省中年高者其詳考其勞績當賜號

者即以聞壬子上謂宰臣曰宗室中年高者有名位可稱如何

稱其先皆有功於國朕欲稍加以官使有名位可稱如何

對曰親親報切先王之令則丁巳詔朝官嫁娶給假三日

金史卷七　十一

不須申告壬戌詔宰臣海陵時大臣無辜被戮家屬籍沒

者並釋為良遼豫王宋天水郡王被害子孫各葬於廣寧

河南樁壄其後復詔天水郡王親屬於都北安葬外咸平

所寄骨殖官為葬之於本墊遼豫王親屬未入本墊者亦當

衬之三月辛丑胡宗高麗夏遣使來貢辛亥詔免河北山

東陝西河東西京遼東等十路去年被旱蝗租稅賑東京

速速曷速館三路乙丑尚書省奏三路之粟不能周給上

曰朕嘗語卿華遇豐年即廣糴以備凶歉卿等皆言天下

倉廩盈溢今欲賑濟乃云不給自古帝王皆以蓄積為國

家長計朕之積粟豈欲獨用之耶今既不給可於隣道取

之以濟自今預備當以為常四月甲戌制世襲猛安謀克

若出仕者雖年未及六十欲令子孫襲者聽戊寅諭宰臣

曰郡縣之官雖以罪解一二歲後亦須再用猛安克皆

太祖創業之際於國勤勞有功之人其世襲之官不宜以

小罪奪免戊子以勝王府長史徒單烏者為橫賜高嚴使

五月尚書省奏定皇家裡免以上親燕饗班次並從唐制

癸如幸姚村淀閱七品以下官及宗室子諸局承應人射

柳賞有差六月己卯上謂宰臣曰朕年老矣恐因一時喜怒

慶置有所不當卿等為面從成朕之失乙未

金史卷七　十二

以英王爽之子思列為忠順軍節度副使爽入謝上曰朕

以卿疾故特任卿子所異卿因喜而愈也欲即加峻擢恐

思列年幼未閑政事汝當訓之使有善可觀更當升擢七

月壬子尚書省奏歲以羊三萬賜西北路戍兵上問如何

運致宰臣不能對上曰朕雖退朝留心政務不遑安寧卿

等勿謂細事非帝王所宜問以卿等於國家之事未嘗用

心故問之耳是月大兩河決八月己巳觀稼于近郊壬申

以監察御史體察東北路官吏輒受訟牒為不稱職笞之

五十庚辰上謂宰臣曰今之在官者同僚所見事雖當理

必以為非意謂從之則恐人謂政非己出如此者多朕其

不取今觀大理寺所斷雖制有正條理不能行者別具情

見朕惟取其所長夫為人之理他人之善者從之則可謂
善矣壬午上謂宰臣曰今在下懵豈無人材但在上者不
為汲引惡其材勝已故耳丙戌上謂御史中丞紇石烈遜
曰臺臣糾察吏治之能否務去其穢民且冀其得賢也今
所至輒受訟牒聽其妄告使為政者如何則可也九月丁
西朔日有食之辛丑封子永德為薛王以右副都點檢完
為夏國生日使戊申秋獵庚戌歲星熒惑太白聚於尾甲
顏胄尼列等為賀宋生日使癸卯以兵部郎中石抹忽土
子還都十月巳巳夏國進百頭帳詔邠之境上癸酉有司
奏行慶宮所畫功臣二十八人惟五人有諡令考檢餘十五
部畜牧其滋息以子貧民汀丑制諸猛安父任別職子須
年二十五以上方許承襲辛巳上謂宰臣曰今在位不閒
萬賢何也昔狄仁傑起自下僚力扶唐祚使既危而安延
數百年之永仁傑雖賢非婁師德何以自薦乎癸未更護
送罪人逃巳制上謂宰臣曰近觀上封章者殊無大利害
且古之諫者既忠於國亦以求名令之諫者為利而已如
尸部尚書曹望之讒南尹梁蕭皆上書言事蓋覬覦執政
耳其於國政究何所補進官如此況餘人乎昔海陵南伐
太醫使祁宰極諫至戮於市此本朝以來一人而已丁亥

上命宰臣曰監察御史田忠孺嘗上書言事令當升權以
勵其餘十一月戊戌以南京留守徒單克寧為平章政事
庚戌上謂宰臣曰朕常恐重歛以困吾民自令諸路差科
之煩細者亦當以聞有司奏夏國進御帳使因邊邑懇求
進入乃許之以尚書左丞石琚為平章政事丙辰以渤海舊
俗男女婚娶多不以禮必先攘竊以奔詔禁絕之犯者以
姦論以宿直將軍僕散忠為高麗生日使巳巳太白晝
見壬申以尚書右丞唐括安禮為左丞殿前都點檢蒲察
通為右丞上謂宰臣執曰朕今巳五十有五若年躋六十
雖欲有為而莫之能矣及朕之廉強其女直人猛安謀
克及國家政事之未究與夫法令之未一者宜皆修舉之
凡所施行朕不為急

十八年正月丙申胡宋高麗夏遣使來賀壬寅定殺異居
周親奴婢同居甲幼輒殺奴婢及妻無罪而輒歐殺者罪
庚戌修起居注移剌傑上書言每屏人議事雖史官亦不
與聞無由紀錄上以問平章政事石琚左丞唐括安禮對
曰古者天子置史官於左右言動必書所以儆戒人君庶
幾有所畏也庚申免中都河北河東山東河南陝西等路
前年旅災租稅壬戌如春水二月丙寅朝次管莊丙子次

華港巳丑還官三月乙未胡萬春節宋高麗夏遣使來賀
乙巳命戊遊女直人遇祭祀婚嫁節展許自造酒丁未上
謂宰執曰縣令之職最為親民當得賢材用之遇來犯法
者報殊不聞有能者比在春水見石城王田兩縣令皆年
老苟祿而巳鐵間尚爾遼縣可知平章政事石琚對曰良
鄉令焦旭慶郡令李伯逢皆能吏可任上曰審如卿言司
權用之巳禁民閒無得期興寺觀獻州人殷小二等謀
反伏誅四月巳巳上謂宰臣曰朕巡幸所至必令體訪官
吏臧否曰知主簿石抹杳乃能吏也可授本縣令巳
丑以太子左贊善阿不罕德甫為橫賜高麗使五月丙午

上如金蓮川六月庚午尚書左丞相紇石烈良弼薨閨月
辛丑命賑西南西北兩招討司民及烏古里石壘部轉戶
饑七月丙子上謂宰臣曰職官始犯贓罪容有過誤至於
再犯是無改過之心自今再犯不以贓數多寡並除名八
月乙巳至自金蓮川丙辰以尚書右丞相完顏守道為左
丞相平章政事石琚為右丞九月辛未以大理卿張九
思等為賀宋生日使侍御史完顏蒲盧渾為夏國生日
癸酉以尚書左丞唐括安禮為平章政事移剌道為右丞蒲
察通為左丞參知政事十月庚寅胡渶州防禦不使石抹斷家奴
特剌為參知政事十月庚寅胡渶州防禦不使石抹斷家奴

以罪除名甲午御史中丞劉仲晦侍御史李瑜坐失糾察
大長公主事各削官一階十一月庚申胡尚書省奏擬同
知永寧軍節度使事阿可為刺史上曰阿可年幼於事未
練授佐貳官可也平章政事唐括安禮奏曰昆等以阿可
宗室故觀是職上曰郡守千里休戚所不擇人而私
於部民三日不償其直當削官
者俱當取其貪汙與清白之尤者數人黜陟之則人自知
其親耶若以親親之恩賜與雖厚無害於政使之治郡而
非其才一境何賴焉手申以靜難軍節度使為延安查刺等
為賀宋正旦使而子尚書省奏崇信縣令石安節賈車材
懃懃美夫朝廷之政太寬則人不知懼太猛則小站亦將
不免於罪惟當用中典耳戊寅上責宰臣曰近問趙承元
何故再任卿等言曹王審遇人言其才能幹敏故再任之
官爵撰注雖由卿聾子寡之權富出于朕曹王言尚從
之假皇太子有所諭則其從可知矣此事因卿言始知其
不知著知復幾何且卿等公受請屬可乎壽承元前為曹
王府文學與王即婢姦杖百五十除名而後用也丙戌以
吏部尚書為古論元忠為御史大夫以東上閤門使左光
慶為高麗生日使十二月庚戌封孫吾都補溫國公麻達
葛為金源郡王承慶道國公主子羣臣奉上大金受命萬世

之寶

十九年正月庚申朝宋高麗夏遣使來賀丁卯如春水二
月己酉還宮乙卯免去年被水旱民田租稅三月己未朝
萬春節宋高麗夏遣使來賀乙丑尚書省奏廬課院務官
顏襲等六十八人各令削官一階上曰以承應人主榷沽
之力朕觀古之姦人當國家建儲之時恐其聰明不利於

上與宰臣論史事且曰朕觀前史多溢美大抵史書載事
貴實不必浮辭諂諛也辛未上謂宰臣曰姦邪之臣欲有
規求往往私其黨與不肯明言託以他事陽不與陰為
以致喪亂此明驗也丁丑上謂宰臣曰朕觀前代人臣將
諫於朝必父母妻子訣示以必死同列目觀其死亦不顧
身又為之諫此盡忠於國者人所難能也已卯制糾彈之
官知有犯法而不舉者減犯人罪一等科之關親者許回

避上謂宰臣曰人多奉釋老意欲微福朕蚤年亦頗惑之
旋悟其非且上天立君使之治民若盤樂怠忽欲以佛倖
祈福難矣果能愛養下民上當天心福必報之四月己丑
朝詣賑西南路招討司所部民己酉以外裄閤宗詣中外

金史卷第七　十七　劉景中

丁巳歲星晝見五月戊寅幸太寧宮六月戊子朝詣更定
制條七月辛未有司奏擬趙王子石古九人從上不從謂
宰相曰兒童尚幼若奉承太過使心滋大卒難教養此
不可長諭兒每入侍當其謀笑娛樂之際朕必默然抑此
以嚴燕其知朕教戒之意使常畏慎而寡過也癸酉密州
民許通等謀反伏誅丙子太白晝見辛卯西南路招討為

察廉等為賀宋生日使太子左衛率府率裴滿胡刺為
夏國生日使癸亥秋獵癸未還都十月辛卯西南路招討
月壬辰尚書右丞相石琚致仕戊戌以宋大觀錢當五用
丙午濟南民劉溪電謀反伏誅九月戊午以左宣徽使蒲
移剌慥等為賀宋正旦使戊辰以西上閤門使盧拱為高

使招典以贖罪伏誅辛亥制知情服內親者雖自首仍
依律坐之十一月壬戌改葬昭德皇后大赦以御史中丞
麗生日使壬申上如河間冬獵
二十年正月甲寅朝宋高麗夏遣使來賀戊午定試令史

格壬戌命歲以錢五千貫造隨朝百官節酒及冰燭藥炭
視品秩給之己巳如春水丙子幸石城縣行宮以玉
田縣行宮之地偏林為御林大淀濼為長春淀二月丁未
還都三月癸丑朝萬春節宋高麗夏遣使來賀乙丑以新定猛安謀克

犯罪被問之官雖遇赦不得復職乙丑以新定猛安謀克

金史卷第七　十八　劉景中

《金史卷第七》 十九 黄善尤

詔免中都西京河北山東河東陝西路去年租稅辛巳以
平章政事徒單克寧為尚書右丞相御史大夫烏古論元
忠為平章政事四月丁亥定冒廕罪賞己亥制宗室及外
戚并一品命婦衣服聽用眀金以西上閤門使郭喜為
橫賜高麗使太寧宮火乙巳上謂宰臣曰女直官多謂朕
欲尾宰物命賞為天子能自節約亦不惡也朕服御或舊
食用太儉常謂不然夫一食多常其為美事況朕年高不
常使澣濯至于破碎方始更易向時帳幕常用塗金為飾
今則不爾但令足用何必事紛華也金蓮川五月
丙寅京師地震生黑白毛七月旱八月壬午秋獵九月壬
戌至自金蓮川以太府監李偀等為賀宋生日使少府少
監賽補為夏國生日使丙子蕭迪飽群牧老忽謀叛伏誅
十月庚辰朔更定銓注縣令丞薄招詔西北路招討司每
進馬驄鷹鶻等輒率欲部內自今並罷之壬午上謂宰臣
曰察問細微非人君之體朕亦知之然以卿等殊不用心
故時或察問如山後之地皆為親王公主權勢之家所占
轉租於民皆由卿等當盡心勤事毋令朕之
煩勞也詔徙遙浴河移馬河兩猛安於大名東平等路安
置戌上謂宰臣曰凡人在下位欲異升進勉為公廉既
不肖何以知之及其通顯觀其施為方見本心如招討拓

《金史第七》 二十 黄善尤

典初任定州同知繼為都司未嘗少有私徇所至皆有清
名及為招討不固守人心險于山川誠難知也壬寅上謂
宰臣曰近覽資治通鑑編次廢興甚有鑑戒司馬光
用心如此古之良史無以加也校書郎毛麾問以事
善於應對真該博老儒可除太常職事以備討論甲辰以
殿前都點檢襄為御史大夫十一月丁巳尚書右丞移剌
道罷乙丑以真定尹徒單守素等為賀宋正旦使癸酉以
御史大夫襄為尚書右丞乙亥上諭宰臣曰岐國守選人資
考雖未及廉能者則升用之以勵其餘以太常少卿任侃
為高麗生日使十二月辛巳上謂宰臣曰岐國用人但一
言令意便升用之一言之失便貶罰之凡人言辭一得一
失賢者不免自古用人咸試以事若止以奏對之間安能
知人賢否朕之取人猥者用之不以獨見為是也己
友河決衞州辛丑獵于近郊癸卯特授襲封衍聖公孔揔
兗州曲阜令封爵如故

本紀第八

勅修

開府儀同三司上柱國錄軍國重事監修國史事兼中書監監修 國史 經筵都總管脫脫 奉

世宗下

二十一年正月戊申朔宋高麗夏遣使來賀上子以夏國
請詔復綏德軍榷場仍許就館市易上聞山東大名等路
猛安謀克之民驕縱奢侈不事耕稼詔遣閻實計口授地
必令自耕地有餘而力不贍者方許招人租佃仍禁農時
飲酒兩辰追貶海陵煬王亮為庶人詔中外甲子如春水
兩子次永清縣有移剌余里也者契丹人也隸虞王猛安
有一妻一妾之子六妾之子四妻死其六子屬墓下更
是亦更宿焉三歲如一上因獵過而聞之賜錢五百貫仍
令縣官積錢於市以示縣民然後給之以為孝子之勸二
史大夫乙巳以元妃李氏之母致祭與德宮過市肆不聞
樂聲謂宰臣曰豈以妃故縶之耶細民日作而食若禁之
是廢其生計也其勿禁朕前將詣興德宮有司請由劇門
朕恐妨市民生業特從他道顧見街衢門肆或有毀撤障
以蔽簡何必爾也白令勿復毀撤三月丁未朔萬春節宋

高麗夏遣使來賀上初聞劉平灤等州民乏食命有司發
粟糶之資不能糴者賑之有司以賑貧民恐不能償止賑
有戶籍者上至長春宮聞之更遣人閱實賑恤以監察御
史石抹元禮鄭達卿不料量各管四十前所遣官皆論罪
甲子太白晝見乙丑詔山後罔占官地十頃以上者皆籍
入官均給貧民遼州民朱忠等亂言伏誅上謂宰臣曰近
既興招討職事猶不守廉達官慄散那也取部人二赶杖至細事
聞宗州節度使阿思懣行事多不法通州刺史完顏未嘗
舉劾幹觀只群牧副使懌散那也
便幼奏謂之攝職可乎今監察職事修舉者與選擇
不攝者大則降罰小則決責仍不許去官閏月己卯恩州
民鄭明等亂言伏誅辛卯漷陽令夾谷移里罕司候判官
劉居漸以被命賑恤止給冨各削三官通州刺史郭邦
傑總其事尊俸三月乙未上謂宰臣曰朕觀自古人君多
進用諛諂其間蒙蔽為害非細若漢明帝尚為此輩惑之
朕雖不及古之明君然近習諛諂言未嘗入耳至於宰輔
臣亦未嘗偏用一人私議也癸卯以尚書左丞蒲察通為平章
道為太尉尚書令尚書左丞蒲察通為平章政事右丞襄
為左丞參知政事張汝弼為右丞彰德軍節度使梁肅為
參知政事四月戊申以右丞相徒單克寧為左丞相平章

政事唐括安禮爲右丞相樂泰州臨潢府等路邊僅及
屋宇庚戌奉安昭祖以下三祖三宗御容於衍慶宮行親
祀禮上諭宰臣曰朕之言行豈能無過常欲人直諫而無
肯言者使其言果善朕從而行之又何難也戊辰以勝王
府長史把德固爲橫賜夏國使壬申幸壽安宮五月丙戌
爲樞密使辛丑以太尉尚書令完顏守道復爲左丞相太
還都招討使趙王永中罷已亥以左丞相徒單克寧
兩北路招討使完顏守能以贓罪枚二百除名七月丙戌
尉如故八月乙丑以右尚書點檢胡什賽等爲賀宋生日
使吏部郎中奚胡失海爲夏國生日使

二十二年三月辛未朔萬春節宋高麗夏遣使來賀丁丑命尚書
省申勅西北路招討司勤猛安謀克官督部人貿武備甲申諭
戶部令歲行幸山後並不得取之民間雖所用人夫並以
官錢和糴權巽杖八十罷職癸已詔頒重修制條以吏部
尚書張汝霖爲御史大夫四月乙卯行監臨院務官食直
法以削明廉尊號詔中外從皇太子請也甲子上如金蓮
川五月甲申太白晝見六月庚子朔制立限放良之奴限
内要良人爲妻所生男女即爲良丁巳右丞相致仕石琚
薨七月辛巳宰臣奏事上頗違豫宰臣請退上曰當以朕
之微樂於和而倦臨朝之大政耶使終其奏甲午秋獵八

月戊辰太白經天九月戊寅至自金蓮川以左衛將軍樞
赤等爲賀宋生日使尚藝局使僕散昌遠宰爲夏國生日
使已丑以同知東京留守司事商在任專恣失上下之分
謫授復州刺史乙未壽州刺史訛里也同知查剌軍事判
官孫紹先摧場副使韓仲英等以受商賂縱禁物出界皆
思死死甲申徒河間宗室于平州庚戌袷享于太廟十
東京留守完顏宇室謀于阿魯罕等爲高麗生日使王
一月丙子以吏部尚書術魯逆謀伏誅妻永平縣主慎
田縣令移剌查坐贓伏誅戊子冬獵十二月庚子還都祭

丑獵近郊辛酉立強取諸部羊馬法
二十三年正月丁卯朔宋高麗夏遣使來賀庚午詔有司
但獲強盜迹狀既明賞隨給之勿得更待丁丑參知政事
梁肅致仕辛巳廣樂園燈山火壬午如春水詔夾道三十
里內被役之民與免今年租稅仍給備直甲午大邦基伏
誅二月乙巳還都免申以尚書右丞張汝弼攝太尉致伏
于至聖文宣王廟庚戌以戶部尚書張仲愈爲參知政事
御史臺進所察州縣官罪上覽之曰鄉等所虋皆細碎事
又止錄其惡而不舉其善審如是其爲官者不亦難平其
併察善惡以聞三月丙寅朔萬春節宋高麗夏遣使來賀

丙子初製宣命之寶金玉各一尚書右丞相烏古論元忠
罷洛州涉縣人陳圓亂言伏誅乙酉丙戌詔戒諭中
外百官辛丑更定奉使三國人從差遣格祁州刺史大醫
坐無罪撩死染工安認良人二十五口為奴削官四階罷
之笑丑地生白毛以大理正紇石烈朮列速為橫賜高麗
使壬戌幸壽安營勑有司為民構雨是夕雷雨電地生
階六十以下者進官一階並給半俸甲戌命應部除官當
以罪罷而再叙者遣使按其治迹如有善狀方許授以縣
令無治狀者不以任數多少並不得授丁亥雷雨電地生

白毛六月壬子有司奏右司郎中段珪卒上曰是人甚明
正可用者也如知登聞檢院巨構每事俱委順而已燕人
自古忠直者鮮遼至則從遼宋至則從宋本朝至則
從本朝其俗詭隨有自來矣雖屢經遷變而未嘗殘破者
凡以此也南人勁挺敢言直諫者多前有一人見殺後復
一人諫之甚可尚也又曰昨夕苦熱朕通宵不寐因念小
政事張仲愈罷御史大夫張汝霖坐失禮降授棣州
民比屋甲隨何以安處七月乙酉平章政事移剌道參知
防禦使八月乙未觀稼于東郊以女直字孝經千部付點
撿司分賜護衛親軍癸卯還都乙巳大名府猛安人馬和

尚謀叛伏誅括定猛安謀克戶口田土牛具以戶部尚書
程輝為參知政事九月己巳以同僉大宗正事方等為賀
宋生日使宿直將軍完顏斜里虎為夏國生日使譯經所
進所譯易書論語孟子老子揚子文中子劉子及新唐書
上謂宰臣曰朕所以令譯五經者正欲女直人知仁義道
德所在耳命頒行之辛未慶雲見丙酉太白晝見十
宮賜皇孫吾都補洗兒禮已未秋十月癸巳還都庚戌東
一月壬戌朔日有食之丙寅平章政事蒲察通罷閏月甲午上
星晝見壬申以樞密副使崇尹為平章政事閏月甲午上
謂宰臣曰帝王之政固以覽慈為德然如梁武帝專務寬

慈以至綱紀大壞朕嘗思之賞罰不濫即是寬政也餘復
何為以尚書左丞襄為平章政事右丞張汝弼為左參
知政事粘割斡特刺為右丞禮部尚書張汝霖為參知政
事以西京留守婆廬火等為賀宋正旦使制外任官當為
宰執者凡吏牘上省部依親王例免書名戊午歲星晝見
上謂宰臣曰女直進士可依漢兒進士補省令史六儒者
操行清潔非禮不行以吏出身者自幼為吏習其貪墨至
於為官習性不能遷改政道興廢實由於此庚申尚書省
左司貟外郎徐偉奏事上謂宰臣曰斯人純而幹右司郎
中郭邦傑直而頗躁十二月癸酉上謂宰臣曰海陵自以

失道恐上京宗室起而圖之故不問踈近並徙之南鄙非
以漢光武宋康王之踈庶得繼大統故有是心過應若此
何其謬也乙酉高麗以母喪來告丁亥以真定尹烏古論
元忠復為尚書右丞相
二十四年正月辛卯朔宋夏道使來賀徐州進芝草十有
八莖真定進嘉禾二本六莖異畝同穎戊戌如長春宮春
水二月壬申還都癸酉上曰朕將徃上京則燕勞鄉間宗室父老甲戌制
端午節比及端午癸廷更不引見丙戌以東上閤門使
一品職事官庶孽子承廕西上閤門使大仲尹為慰問
完顏進兒等為高麗勃察使
使廣王府長史永明為起復使以器物局使尚為橫賜夏
國使三月庚寅朔萬春節宋夏道使來賀甲午以上將如
上京尚書省奏定皇太子守國諸儀丙申尚書省進皇太
子國寶上召皇太子授之且諭之曰上自祖宗興王之
地欲與諸王一到或留三二年以汝守國讐之農家種田
商人營財但能不墜父業即為克家子況社稷任重尤宜
畏慎常時觀汝甚謹今日能紓朕憂乃見中心孝也皇太
子再三辭讓以不諳政務乞備庇從上曰政事無甚難但
用心公正母納諂邪父之自勉皇太子流涕左右皆為之
感動皇太子乃受寶丁酉如山陵己亥還都壬寅如上京

皇太子允恭守國癸卯宰執以下奉辭于通州上謂宰執
曰卿輩皆故老皇太子守國宜悉心輔之以副朕意又謂
樞密使徒單克寧曰朕巡省之後朕或有事卿必親之母
忽細微大難圖也又顧六部官曰朕聞省部文字多以小
可行則行可罷則罷母使在下有滯留之歎時諸王皆從
不合而駁之苟求自便致累歲不能結絶朕甚惡之自今
以趙王永中留輔太子四月己未朔太白晝見咸平尹移
剌道蔑申次廣寧府丙寅次東京丁卯朝謁孝寧宮給
復東京百里內夏秋稅租一年在城隨闕年七十者補一
官曲赦百里內犯徒二年以下罪乙酉觀漁于混同江五
月己丑至上京居于光興宮庚寅朝謁于慶元宮戊戌宴
于皇武殿上謂宗室曰朕思故鄉積有日矣今既至此可
極歡飲君臣同之賜諸王妃主宰執命婦各有差宗
戚皆霑醉起舞竟日乃罷六月乙未上謂宰臣曰天子巡狩當
壬戌閲馬于綠野淀七月辛酉韋按出虎水臨漪亭
舉善罰惡凡士民之孝弟媧睦者舉而用之其不顧廉恥
無行之人則教戒之不悛者則加懲罰丙午獵于勃野淀
乙卯上謂宰臣曰今時之人有罪不問既過之後則謂不
知有罪必責則謂每事尋罪風俗之薄如此不以文德感
化不能復于古也卿等以德輔佐當使復還古風八月癸

世宗妃

亥以太府監張大節等為賀宋生日使侍御史遙里特末
哥為夏國生日使乙亥詔免上京今年市稅九月甲辰歲
星晝見十月丁卯獵于近郊十一月辛卯還宮甲午詔以
上京天寒地遠宋正旦生日高麗夏國生日並不須遣使
令有司報諭丙午尚書省奏徙速頻胡里改三猛安二十
謀克以實上京十二月乙亥宴妃嬪親王公主文武從官
二十五年正月乙酉朔丁亥宴徙速頻胡里改兩路猛安二十
予光德殿宗室宗婦及五品以上命婦與坐者千七百餘
人賞賚有差二月癸酉以東平尹烏古論思列怨望殺之
丁丑如春水四月己未至自春水癸亥辛皇武殿擊毬許
士民縱觀甲子詔於速頻胡里改兩路猛安下選三十謀
克為三猛安移置于率督畔窟之地以實上京壬申曲赦
會寧府仍放免今年租稅百姓年七十以上者補一官甲
成以會寧府官一人兼大宗正丞以治宗室之政上謂群
臣曰上京風物朕自樂之每奏還都輒用感愴祖宗舊邦
不忍捨去萬歲之後當置朕于率督畔窟之側卿等無忘朕言
丁丑宴宗室宗婦于皇武殿大功親賜官三階小功二階
總麻一階年高屬近者加宣武將軍及封宗女賜銀綵各
有差曰朕尋常不飲酒今日其欲成醉此樂亦不易得也
宗室婦女及羣臣故老以次起舞進酒上曰吾來數月未

世宗紀

有一人歌本曲者吾為汝等歌之命宗室子弟叙坐殿下
者皆坐殿上聽上自歌其詞道王業之艱難及繼述之不
易至慨想祖宗宛然如睹慷慨悲激不能成聲歌畢泣下
右丞相元忠率羣臣宗戚捧觴上壽皆稱萬歲於是諸夫
人更歌本曲如私家之會既醉上復續調至一鼓乃罷已
卯發上京庚辰宗室戚屬奉辭上曰朕久思故鄉甚欲留
一二歲京師天下根本不能久於此也太平歲久國無征
徭汝等皆奢縱佚貪之朕甚憐之當務儉約無忘先
艱難因涕泣數行下宗室戚屬皆感泣而退五月庚寅平章
政事襄奉御平山等射懷孕兔上怒杖平山三十召襄誠
飭之遂下詔禁射兔壬寅次天平山好水川癸卯遣使臨
潢泰州勸農丙午命尚書省奏事衣窄紫六月甲寅獵近
山見田壠不治命笞田者庚申皇太子允恭丙寅尚書
右丞相烏古論元忠罷庚午遣左宣徽使唐括鼎諸京師
致祭皇太子戊寅命皇太子妃叉諸皇孫執喪並用漢儀
七月戊申簽水川九月辛巳朔次轄沙河賜百歲老嫗
帛甲申次遼水召見百二十歲女直老人能道太祖開創
事上嘉歎賜食并賜帛十月丙辰尚書省奏親軍數多宜稍減
皇太子于熙春園十月丙辰尚書省奏親軍數多宜稍減
損詔定額為三千宰臣退上謂左右曰宰相年老戴于久

胎時採捕上謂衛臣曰護衛年老出職而授臨民千守尚
不能畫何以治民人嘗中明暗外不能知精神盡筆已見
於是強其所不能也天子以兆民為子不能家家而撫
在用人而已知其不能而強授之百姓其謂我何丁丑命
學士院諫院秘書監司天臺著作局閤門通進拱衛直
器署等官凡直官中午前許退十一月庚辰朔詔曰豹未
祭獸不許採捕上謂冬月雪尺以上不許用網及速撒海恐盡
獸類歲星晝見壬午太白晝見甲午以臨潢尹僕散守中
等為賀宋正旦使丙申夏國道使問起居戊戌以曹王宗

功為御史大夫壬寅以禮部員外郎移剌履為高麗生日
使十二月戊午以皇孫金源郡王麻達為判大興尹進封
原王甲子太白晝見天丙寅左丞相完顏守道左丞張
汝弼右丞粘割斡特剌參知政事張汝霖坐擅增東官諸
皇孫食料各削官一階甲戌制增留守統軍總管招討都
轉運府尹轉運節度使月俸上謂宰臣曰太尉守道論事
止務從寬犯罪罷職者多欲復用特徵其首鼠後來知畏
罪而後用何以示戒是日命范銅為禮信之寶凡賜行事如
禮物給信牌則用之兩子上問宰臣曰原王大興行事如
何右丞幹特剌對曰闕鄰人皆稱之上曰朕令察于民間

咸言見事甚明子羣皆不失當曹圖二王弗能及也又聞
有女直人訴事以女直語問之漢人訴事漢語問之大抵
習本朝語為善不習薄風將奪汝弼對曰不忘本者聖
人之道也幹特剌曰以西夏小邦崇尚舊俗猶能保國數
百年上曰事當任實一事有偽則役百真故凡事莫如真
實也

二十六年正月庚辰朔宋高麗夏遣使來賀甲辰如長春
宮春水二月癸酉還都乙亥詔曰每季求仕人問以疑難
省未嘗薦士止限資級安能得人古有布衣入相者仍宋
令剖汰之其才識可取者仍訪察政迹如其言行相副即
加陞用三月巳卯朔高麗夏遣使來賀丁亥以

大理卿關上問誰可右丞粘割斡特剌言前吏部尚書唐
括貢可乃授以是職巳丑尚書省擬奏除授上曰卿等在
省雖未嘗薦士止限資級安能得人古有布衣入相者聞宋
亦多用山東河南流寓疏遠之人皆不拘於貴近也以本
朝境土之大豈無其人朕難徧知卿又不舉自古豈有終
身為相者外官三品以上必有可用之人但緘故得進耳
左丞張汝弼曰下位雖有才能亦在沙汰而已見參政程輝曰
外官雖有聲一旦入朝卻不稱任亦在沙汰而已癸巳香
山寺成葦其寺賜名大永安給田二千畝粟七千株錢二
萬貫丁酉以親軍完顏乞奴言制猛安謀克皆先讀女直

字經史然後承襲因曰但令稍通古今則不肯為非前一
親軍麾人乃能言此審其有益何憚而不從四月壬子尚
書省奏定院務監官勸忰陪納法及橫班格因曰朕常日
御膳亦從減省審有一公主至至無餘膳可與當直官皆
目睹之若欲豐膳雖日用五十羊亦不難笑然皆民之脂
膏不忍為也監臨官惟知利已不知其利自何而來朕嘗
歷外任稍知民間之事想前代之君雖享富貴不知稼穡
艱難者甚多其失天下皆由此也遼主聞民間乏食謂何
不食乾腊蓋幼失師保之訓及其即位故不知民間疾苦
也隋煬帝時楊素專權行事乃不慎委任之過也與正人
同處所知必正道所聞必正言不可不慎也今原王府官
鳳凰當選純謹秉性正直者克勿用有權術之人戊午尚書
左丞張汝弼罷已未幸永安宮壬戌太尉左丞相完顏守
道致仕以客省使李盤為橫賜高麗使尚書省奏北京轉
運使以贓除名尚書省職官犯除
名不可復用此董何以戒將來又奏年前以諸路水旱於
下無事復用此軍何以擬免稅四十九萬餘石從之
軍民地土二十一萬餘頃內擬免稅四十九萬餘石從之
詔曰今之稅者古行之但遇災傷常加蠲免五月甲申以
司徒樞密使徒單克寧為太尉尚書左丞相判大宗正事

趙王永中復為樞密使大興尹原王麻達葛為尚書右丞
相賜名璟參知政事程輝致仕戊子盧溝決於上陽村瑞
流成河遂因之庚寅御史大夫曹王永功罷以蒲里改世
為御史大夫戊戌六月癸亥尚書右丞粘割斡特剌為左丞參知
政事張汝霖為右丞以尚書省奏速頻胡里改分
襲謀克事上曰其人皆勇悍昔世祖與之隣苦戰累年僅
能克復其後作叛乍叛至穆康時始服聲教近世亦嘗執
徒朕欲稍遷其民上京實國家長久之計已已上謂右丞
曰齋樞中庸主也得一管仲遂成霸業朕夙夜以思惟恐
失人朕既不知卿等又不薦必俟全才而後舉蓋亦難矣
如舉其人長於某事朕亦量材用之朕與卿等俱老矣天
下至大豈得無人薦寡人材當今急務也又言人之有幹
能固不易得然不若德行之士最優也上謂右丞相原王
曰爾嘗讀太祖實錄乎太祖征麻產遂襲之至泥淖馬不能
進太祖捨馬而步歡都射中麻產遂擒之創業之難如此
可不思乎甲戌詔曰凡陳言文字詣登聞撿院送學士院
聞奏毋經省廷七月壬午詔給內外職事官兼職俸錢丙
申御史中丞馬惠迪為參知政事庚子上聞同知中都路
都轉運使事趙曦瑞其在職應錢穀利害文字多不題署
但思安身降授積石州刺史閏月已未還都八月丁丑上

謂宰臣曰親軍雖不識字亦令依例出職善涉賦賄必痛
繩之太尉左丞相克寧曰依法則可上曰朕於女直人未
甞不優恤然亦涉於贓罪雖朕子弟亦不能恕太尉之意
欲姑息女直人耳戊戌尚書省奏河決衛州胙城縣丁亥
郎王寁都水少監王汝嘉徙衛州胙城縣
遼吏部侍郎李晏等二十六人分路推排諸路物力從之
幸仙洞寺壬寅幸香林淨名二寺九月甲辰朔丙寅上謂宰
崇浩等為賀宋生日使甲午秋獵九月庚子次蘄州辛丑
巳丑以宿直將軍李達可為夏國生日使丙寅上謂宰
方寺因編歷中盤天香威化諸寺廣申遠都丙寅上謂宰

臣曰烏底改叛亡已遣人討之可益以甲士毀其船栰參
知政事馬惠迪曰得其人不可不可居恐不足
勞重願上曰朕亦知此類無用所以毀其船栰欲不使再
窺遼境耳十月戊戌賞定職官犯贓同職相糾察法庚寅上
謂宰臣曰西南西北兩路招討司地隘猛安人戶無處圍
獵不能關習騎射委各猛安謀克官依時教練其弛慢過
期及不親監視並決罰之甲午詔瀘河防軍數戍戊寧昌
軍節度使崇肅行軍都統忠思道以討烏底改不待克敵而
遠崇肅杖七十削官一階忠道杖八十削官三階十一月
甲辰朔定閔宗陵廟蒸享禮上謂宰臣曰女直人中材傑

之士朕少肯識者蓋亦難得也新進士如徒單鎰夾古阿
里補尼厖古鑑輩皆可用之起身刀筆者雖才力可
用其廉介之節終不及進士今五品以上關員甚多必資
級相當至老有不能得者況欲至卿等特不舉宰相乎不
過三五年而退宰有三二十年者卿等為人也辛亥以
意上顧修起居注崇璧曰斯人屢付之以事未必能辦
以其謹厚長者故置諸左欲諸官劾其為人劭能立
刑部尚書移剌子元等可為賀宋正旦使戊午以左丞副
使鶻沙通敏善斷權殿中侍御史兼右三部司正庚申立
右丞相原王璟為皇太孫甲子上謂宰臣曰朕閱宋軍自

來教習不輟令我軍專務遊情卿等勿謂天下既安而無
豫防之心一旦有警軍不可用顧不敗事耶其令以時訓
練丙寅上謂侍臣曰唐太子承乾所為多非度太宗纔而
弗棧迷至於廢如早禁止當不至是朕於聖經不能深
潔皆出天性至於常人多喜善人不忘忠孝檢身之廉
解至於史傳開卷輒有所益毋見善人不喜見非
何由致治孔子為政七日而誅少正卯聖人尚爾況餘人
乎戊辰上謂宰臣曰朕雖年老閒善不厭孔子云見善如
不及見不善如探湯大哉言乎右丞張汝弼對曰知之非
艱行之惟艱以拱衛直副都指揮使韓鄯栜為高麗生日

上欄

使以近侍局直長尾尾古鑑絀直通敏擢皇太孫侍承
巳獵近郊庚午上謂宰臣曰朕方前古明君固不可及至
於不納近臣說言不受威里私謂亦無愧矣朕嘗自思惟
能無過所患過而不改過而能改庶幾無咎省朕之過頗
喜與土木之工自今不復作矣十二月甲申上退朝御香
閣左諫議大夫黃父約言遞送荔支非是上諭之曰朕不
知也今令罷之丙戌上謂宰臣曰有司奉上惟姑辨事之
名不問利害如何朕嘗欲得新荔支兵部遽於道路特設
鋪遞比因諫官黃父約言方知之夫荔支為人無識一旦臨
事便至顛躓宮中事無大小朕常觀覽者以不得人故也

〔崇帖〕 金史卷 十七 景中

如使得人寧復他慮丁亥上謂宰臣曰朕年來惟以省約
為務常膳止四五味已厭飫之比初即位十減七八宰臣
曰天子自有制不同餘人上曰天子亦人耳狂費皆非被
曰天子自有制不同餘人上曰天子亦人耳狂費皆非丙
申上謂宰臣曰必隣道也聞河水泛溢民罷其害者貲產皆空今
復遣官於彼推排何耶右丞張汝霖曰今推排皆非被
之勳上曰必隣道也既隣水而居豈無鬱擾還者乎計
其實產豈有餘哉尚何推排為又曰平時用人宜尚平直
至於軍職當用權謀使人不易測可以集事唐太宗自少
年能用兵其後雖居帝位猶不能改吭瘁剪髭皆權謀也
二十七年正月癸卯朔宋高麗夏遣使來賀巳酉以襄城

下欄

令趙諷為膺奉翰林文字諷入謝上問宰臣曰此黨懷英
所薦耶對曰諫議黃父約亦嘗薦之上曰學士院比薦珠
無人材何也右丞張汝霖曰人材須作養若今久任練胃
自可得人庚戌如長春宮春水二月乙亥還都巳卯改閱
宗廟號曰熙宗發來曲陽縣置錢監賜名利通乙酉上
謂宰執曰朕自即位以來言事者雖有狂妄未嘗罪之卿
等未嘗肯盡言何也當言而不言見疑也君臣無疑則
謂之嘉會事有利害可竭誠言之朕見緘默不言之人不
欲觀之矣丁亥命沿河京府州縣長貳官並帶管勾河防
事巳丑諭宰執曰近侍局官須選忠直練達之人用之朕

〔世宗帖〕 金史卷 十八 〔作吉甫〕

雖不聽諛言使佞人在側將恐漸漬聽從之矣上謂宰臣
曰朕聞讒垢尉蒙括特末也清廉其為政何如左丞特
對曰其部民亦安得全才之人可進官一階升為官又
剌對曰朕寶民亦然不知所稱何事上曰凡為官
但得清廉亦可矣安得全才之人可進官一階升為令
言朕時或體中不佳未嘗不視朝諸王百官但有微疾便
不治事自今命罪人在禁中有疾聽親屬入視
三月癸卯朔尚書省言孟家山金口閘下視都城百四十餘
冊敕乙卯尚書省言孟家山金口閘下視都城百四十餘
尺恐暴水為害請閉之從之上謂大臣曰十室之邑必有
忠信今天下之廣人民之眾豈得無人唐之顏真卿段秀

實時節義之臣也終不升用亦當時大臣固蔽而不舉也
卿等當不私親故而不舉忠正之人朕將用之又言國初
風俗淳偷偷居家惟衣布衣非大會賓客未嘗輒章舉家朕
嘗念當時節偷之風不欲妄費凡宮中之官與賜之食者
皆有常數四月丙戌以刑部尚書崇浩為參知政事丙申
上如金蓮川辛丑京師地震五月壬子詔罷昌懶路所進
海蔥及太府監日進時果應用鮮何徒勞人耳惟
上林諸果三日一進庚午以所進御膳味不調適有盲問
之尚食局直長言臣間老母病劇私心憒亂如喪魂魄以
此有失嘗視臣罪萬死上嘉其孝即令還家侍疾俟平愈
乃來六月戊寅免中都河北等路嘗被河決水災軍民租
稅庚辰太白晝見七月丙午太白晝見經天壬子秋獵八
月丙戌次雙山子九月己亥朔還都己酉上謂宰臣曰朕
今歲春水所過州縣其小官多幹事蓋朕前嘗有賞權故
皆勉力以此見專任責罰不如用賞之有激勸也以河中
尹田彥皋等為賀宋生日使十月乙亥宋前主構殂庚辰拾辛卯阿土為夏國
生日使十月乙亥宋前主構殂庚辰拾
謂宰臣曰朕觀唐史惟魏徵善諫所言皆國家大事其餘
諫臣之體近時臺諫惟指摘一二細碎事姑以塞責未嘗
有及國家大利害者豈知而不言歟無乃亦不知也宰臣

無以對十一月庚戌以左副都點檢崇安為賀宋正旦使
甲寅詔河水泛溢裛夫被災者與免差稅一年衛懷孟鄭
四州塞河役并免今年差稅庚申平章政事崇懷尹致仕
甲子上謂宰臣曰卿等老矣殊無可以自代者乎必待朕
知而後進乎顧右丞張汝霖曰若右丞者亦石丞相所言
也平章政事襄及汝霖對曰臣等苟有所知豈敢不言
無人耳上曰春秋諸國分裂土地編小皆稱有賢卿等不
舉而已今朕自勉庶幾致治他日子孫誰與共治者乎宰
臣皆有慚色十二月庚午以翰林待制趙可為高麗生日
使丁丑獵于近郊壬午宋遣使告袁甲申上諭宰臣曰人
皆以奉道崇佛設齋讀經為福朕使百姓無寬天下安樂
不勝於彼乎禰等居輔相之任誠能匡益國家使百姓蒙
利不惟身享其報亦將施及子孫矣左丞特刺曰臣等
敢不盡心第才不逮不能稱職耳上曰人亦安能每事蓋
善但加勉勵可也戊子禁女直人不得改稱漢姓學南人
衣裝犯者抵罪
二十八年正月丁酉朔宋高麗夏遣使來賀癸卯遣宣徽
使蒲察克忠為宋弔祭使甲辰如春水二月乙亥還都己
丑宋遣使獻宋先帝遺留物癸巳宋使朝辭以所獻禮物中
玉器五玻璃器二十及弓劍之屬使還遺宋曰此皆吾國

前主珍玩之物所宜寶藏以無忘追慕今受之力之義有不忍

歸告爾主使知朕意也三月丁酉湖萬春節宋高麗皆遣

使來賀御慶和殿受摩臣朝復要于神龍殿諸王公主以

次捧觴上壽上驩甚以本國音自度曲蓋言臨御父春秋

高迥然思國家基緒之重萬世無窮之託以戒皇太孫當

修身養德善于持守及命太尉左丞相克寧盡忠輔漢之

意於是上自歌此皇太孫及克寧和之極驩而罷戊申命

隨朝六品外路五品以職事官舉進士已在仕才可居翰

苑者試制詔等求仕人文字三道取文理優贈者補充學士院職

任應赴部求仕人老病昏昧者勒令致仕止給半俸更不

出宗紀

還官甲寅幸壽安宮四月癸酉命增外任小官及紫難局

分承應人俸丁丑以陜西路統軍使木魯阿魯罕為察

知政事癸未命建女直大學五月丙午制諸教授必以

儒高才者充給俸與弘簿等戊申宋使來謝弔祭七月辛

亥尚書左丞粘斡特刺罷八月甲子朔日有食之辛未

還都庚辰上謂宰臣曰近聞烏底改有不順服之意若遣

使責問彼或抵捍不遜則邊境之事有不可已者朕當思

之招諫速彼於國家殊無所益彼來則聽之不來則勿強

其柔此前世羈縻之長策也參知政事李术魯阿魯罕罷

壬午以山東路統軍使完顏婁室火魯察知政事甲申上

謂宰臣曰用人之道當自其壯年心力精強時用之若拘

以資格則性性至於耄老此不思之甚也阿魯罕使其早

用朝廷必得補助之力惜其已矣老矣凡有可用之材汝

等宜早思之九月甲午朔以鷹房使崇義為夏國生日使

安武軍節度使王克溫等為賀宋生日使已亥秋獵乙卯

還都十月乙丑京府及節慶州增置流泉務凡二十八所

禁煉禪瓢禪其傳止之家尚書省奏擬除授而

拘以資格上曰日月資考所以待庸常之人若才行過人

豈可拘以常例國家事務須得人汝等不能隨才委使

所以事多不治朕固不知用人之術汝等但務循資守格

不思進用才能豈以才能見用將待舉已之祿位乎不然是

無知人之明也群臣皆曰臣等豈敢敢賢才識不速耳上

顧謂右丞張汝霖曰前世言之臣何多今日何少也汝

霖對曰世亂則忠言進承平則忠言無所施上曰何代無

可言之事但古人知無不言今人不肯言耳汝霖不能對

喜怒不可太極恕極則心勞喜極則氣散得中甚難是故

十一月戊戌以改葬熙陵詔中外上謂侍臣曰凡修身者

節其喜怒以思安身今官中一歲未嘗責罰人也庚子太

白晝見詔南京大名府等處避求逃移不能復業者官與

庚溝錢仍量地頃歇給以耕牛甲辰以河中尹田彥畏等

為賀宋正旦使戊申上謂宰臣曰制條以拘於舊律間有
難解之辭夫法律歷代損益而為之彼智慮不及而有乖
違本意爭若行則正令難易曉有何不可宜修之務令明
白有司奏每委修上京御容苟上謂宰臣曰宮殿制度苟務
即欲漏者奢華苟且勞民費財莫甚於此自今體究重抵
物上則戶工部官支錢慶村惟務苟辦至有工役繼華隨
今土木之工滅裂尤甚則吏與工匠相結為姦侵侵冠工
歲歲修完惟此殿如鸞以此見虛華無實者不能經久也
華飾必不堅固今仁政殿流時所建全無委飾但見抵
以罪庚戌上謂宰臣曰朕近讀漢書見光武所為人有所

難能為者更始既害其兄伯升當亂離之際不思報怨事更
始如平日人不見咸容豈非人所難能平此其度量將
大有為者也其他庸主豈可及哉右丞張汝霖曰湖陽公
主奴殺人匿主車中洛陽令董宣慨車中戕奴下殺之主
入奏光武怒欲殺宣及聞宣意遂解使宣謝主宣不奉詔
主以言激光武但笑而已更賜宣錢三十萬上曰高祖
光武聞直言而怒解可謂賢主矣令宣謝主則非也高祖
英雄大度豪傑起自布衣數年而成帝業非光武所
及然及即帝位猶有布衣麤豪之氣光武所不為也癸丑
葬太尉克寧第十二月丙寅以大理正移剌彥拱為高麗

生日使乙亥上不豫庚辰敕天下乙酉詔皇太孫璟攝政
居慶和殿東廊丙戌以太尉左丞相徒單克寧為太尉兼
尚書令平章政事裏襄為尚書右丞相右丞張汝霖為平章
政事令完顏婆盧火罷以戶部尚書劉暐為參知
政事參知政事完顏婆盧火罷以尚書令徒單克寧右丞相襄平章政事張汝
文德武功聖明仁孝皇帝廟號世宗四月乙酉葬與陵
霖宿於內殿

二十九年正月壬辰朔上大漸不能視朝詔道宋高麗夏
賀正旦使還癸巳上崩于福安殿壽六十七皇太孫即皇
帝位已亥殯于大安殿三月辛卯朔上尊謚曰光天興運
贊曰世宗之立雖由勸進然天命人心之所歸雖古聖賢
之君亦不能辭也蓋自太祖以來海內用兵萬姓昕昕國
以海陵無道賦役繁興盜賊滿野兵甲並起萬姓昕昕國
內騷然老無顧復之愛顛危愁困待盡朝
夕世宗久典外郡明禍亂之故知吏治之得失即位五載
而南北講好與民休息於是躬節倫崇孝弟信賞罰重農
桑慎守令之選嚴廉察之責却任得敬分國之請拒趙位
此之時群臣守職上下相安家給人足倉廩有餘刑部歲
籠郡縣之獻葺葺為治夜以繼日可謂得敬分國之道矣
斷死罪或十七人或二十人號稱小堯舜此其效驗也然

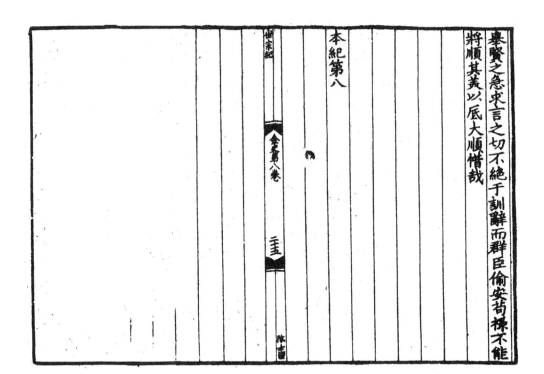

舉賢之急求言之切不絕于訓辭而群臣偷安苟祿不能

將順其義以底大順惜哉

本紀第八

（金史卷八）

二五

世宗紀

22-109

勑修

章宗一

明嘉議大夫禮部尚書兼都總裁臣脫脫等奉勑撰

章宗憲天光運仁文義武神聖英孝皇帝諱璟小字麻達
葛顯宗嫡子也母曰孝懿皇后徒單氏大定八年世宗幸
金蓮川秋七月丙戌次冰井上生翌日世宗幸東宮宴飲
嚴甚語顯宗曰祖宗積慶而有令日社稷之福也又謂司
徒李石撝密使紇石烈志寧等曰朕子雖多皇后止有太
子一人章見嫡孫又生於麻達葛山朕嘗喜其地衍而氣

章宗紀

《金史卷九》　一

清其以山名之群臣皆稱萬歲十八年封金源郡王始習
本朝語言小字及漢字經書以進士完顏匡司經徐孝義
等侍讀二十四年世宗從顯宗守國上奉表詣上京開
安仍請卓駕遷都世宗嘉其意賜勑書荅諭二十五年三
月萬春節復奉表朝賀六月顯宗朋世宗遣滕王判大興府事入
臺御院通進奏來護視且為之感動謂宰臣曰朕固知汝年幼
以國語謝世宗喜且為之感動謂宰臣曰朕嘗命諸王習
本朝語惟原王語甚習朕甚嘉之諭旨曰朕周知汝年幼
服制中未可付以職然政事亦須學京輦之任姑試爾才
其勉之二十六年四月詔賜名璟五月拜尚書右丞相世

章宗紀

宗謂曰宮中有輿地圖觀之可以具知天下遠近阨塞又
謂宰臣曰朕所以置原王於近輔者欲令親見朝廷議論
習知政事朕之體故也十一月詔立為皇太孫稱謝於慶和
殿世宗諭之曰爾年尚幼以明德皇后嫡孫惟汝一人試
之以事甚有可學之資朕從正立汝為皇太孫遠近在朕
保守在汝宜行正養德勿近邪佞事朕必盡忠孝無失衆
望期惟汝嘉二十七年三月世宗御大安殿歲賀二十八年
被中外丁巳謁太廟癸山陵始受百官歲賀二十八年
十二月乙亥世宗不豫詔攝政聽攝五品以下官丁亥受
攝政之寶二十九年春正月癸巳世宗崩即皇帝位于柩

《金史卷九》　二

前丙申詔中外官軍恩兩重三品巳上者一重免
今歲租稅并自來懸欠係官等錢穀蠲豁孤獨人絹一匹米
兩石巳亥遷大行皇帝梓宮于大安殿癸卯以皇太后命
為令旨甲辰以大理卿王元德等報哀于宋高驪夏乙卯
白虹貫日亘天丁巳參知政事崇浩罷山東統軍以私
過都城不赴哭臨答五十降彰化軍節度使戊午名皇
太后宮曰仁壽故衛尉等官二月辛酉朔日有食之癸亥
始聽政追尊皇考為皇帝尊母為皇太后命學士院
進呈漢唐便民事及當令急務乙丑白虹亘天勑登聞鼓
院所以達冤枉舊嘗鎖戶其令開之戊辰更仁壽宮名隆

慶詔宮籍監戶隸係睿宗及大行皇帝皇考之奴婢者恶
放為良已巳勑御史臺自令監察本臺辟舉任內不稱
職亦從奏罷丁丑贈定百官體乙酉詔有司稽考典故許
引問宗事是月宋主柜禪嗣立三月壬辰朝于隆慶
宮是月凡五朝已酉詔以生辰為天壽節癸丑夏國遣使
來吊夏四月已巳夏國遣使來祭辛未宋遣使來吊癸乙
酉葬世宗光天興運文德武功聖明仁孝皇帝於興陵戊
子朝于隆慶宮五月庚寅朔太白晝見壬寅宋主遣使來
報嗣位夏國遣使來賀即位丙午以祔廟禮成大赦丁未

千貫壬子勑收錄功臣子孫量材於局分承應戊午朝于
隆慶宮以東北路招討使溫迪罕速可等為賀宋主即位
使河滏沂曹州閏月庚申朔封兄珣為豐王珌王琮鄆王瓌瀛王
從彝沂王弟從憲壽王玠溫王辛酉制諸飢民賣身已贖
放為良復與奴生男女並聽為良丙寅觀稼于近郊庚午
以樞密副使唐括貢為御史大夫壬申封乳母孫氏蕭國
夫人姚氏莘國夫人丙子進封趙王永中漢王永功
冀王永蹈王雖其王虞王永升隨王徐王永蹈衛王勝王
永濟潞王薛王永德瀋王庚辰宋遣使來賀即位癸未朝
于隆慶言詔學士院自本譜詞並用四六乙酉詔諸有出

身承應人係將來受親民之職可命所屬諭使為學其謹
衛符寶應奉御奉職侍直近窩當選有德行學問之人為之
教授六月已丑朔有司言律科舉人止知讀律不知教化
之原必使通治論語孟子涵養義理邁府會試委經義試
官出題別試與本科通定去留為宜從之詔烏者知祫德箴
到任各給錢二十萬辛卯懈起居注完顏匡請覲王
院孫鐸皆上書諫罷圍獵上納其言拾遺馬升上偷德箴
乙未初置提刑司分按九路並兼勸農採訪事屯田鎮防
諸軍皆屬焉丁酉辛慶壽寺作瀘溝石橋巳亥朝于隆慶
宮甲辰罷送敕禮物錢朝于隆慶宮乙卯高麗國王晧遣
使來吊祭及會葬勑有司移報宋高麗夏天壽節於九月
一日來賀丁巳命提刑官除後於便殿聽旨每十月使副
內一貫入見議事如止一員則令判官入見其判官所掌
煩劇可升同隨朝職住秋七月辛酉朝民地稅十之一河
東南北路十之二下田十之三甲子朝于隆慶宮乙丑勑
近侍官授外任三品四品賜金帶一重幣有差丁卯以太
尉尚書令東平郡王徒單克寧為太傅改封金源郡王辛
未高麗遣使來賀即位甲戌奉皇太后辛御壽安宮辛巳詔
京府節鎮防禦州設學養士初設經童科御史大夫唐括
貢罷禮部尚書移剌頵為參知政事以刑部尚書完顏守

卿等為賀宋生日使八月戊子湖奉皇太后幸壽安宮辛
卯勑有司京府州鎮設學校處其長貳幕職內各以進士
官提控其事仍具入銜壬辰初定品官子孫試補令史格
及提刑司所掌事二十二條左諫議郭安民上疏論三事曰
崇節愉去嗜欲廣學問丁酉如大房山戊寅制提刑司設
女直契丹漢兒知法各一人甲辰參知政事劉璋罷丙辰
宋高驪夏遣使來賀天壽節九月戊午朔天壽節以世宗
喪不受朝庚申詔增守山陵為二十丁給地十頃壬戌詔
罷告捕亂言人賞甲子制諸盜賊聚集至十人或尉五人
以上所屬核捕盜官捕之仍逓言省部三十八人以上聞奏
逓者杖百是日朝于隆慶宮是月凡四朝丁卯制強族大
姓不得與所屬官吏交徙違者有罪戊辰以隆慶宮衛尉
把思忠為夏國生日使庚午以尚輦局使崇德為橫賜高
驪使丙子獵于近郊戊寅御史焦旭劾奏大傅克寧
右丞相襄不應諸車駕田獵上曰此小事不湏治之乙酉
如大房山冬十月丁亥朔謁奠諸陵己丑還都庚寅朝于
隆慶宮是月凡四朝辛卯上顧謂宰臣曰翰林闕人平章
政事汝霖對曰鳳翔治中郭俣可汝霖諫止田獵詔答曰
卿能每事如此朕復何憂然時異事殊得中為當丙申冬

獵己亥次羅山庚子次王田辛丑沁州丹州進嘉禾丁未
次寶坻庚戌中侍石抹阿古誤帶刀入禁門罷應死詔杖
八十癸丑至自寶坻十一月己未朝于隆慶宮辛酉以右
宣徽院使裴滿餘慶等為賀宋正旦使癸亥上謂宰臣曰
今之用人太拘資歷循資之法起於唐代如此何以得人
平章政事汝霖對曰不拘資格所以待非常之材㢤甲子諭尚
祐甫為相未諭年薦八百人豈皆非常之材㢤甲子諭尚
書省曰太傅年高每趨朝而又赴省恐不易自今旬休外
四日一居休庶得調攝常事他相理問惟大事白之可也
戊辰諭尚書省自今五品以上官各舉所知歲限所舉之數
如不舉者坐以蔽賢之罪仍依唐制內五品以上官到任
即舉自代並從提刑司操訪之已巳初制轉迹文字法壬
申朝于隆慶宮乙亥命參知政事移剌履為高驪生日使
丁丑以西上閤門使移剌呵為高驪生日使御史臺有
事臺官不得與人相見盡為親王宰執形勢之家恐有私
徇然無以訪知民間利病官吏善惡詔自今許與四品以
下官相見三品以上如故辛巳詔有司令後諸處或有饑
饉令總管節度使或提刑司先行賑俙或賑濟然後言上
十二月丙戌朔朝于隆慶宮是月凡五朝詔罷鑄錢丁亥
密州進白雉壬辰諭有司女直人及百姓不得用經捕野

物及不得放飛鷹枉害物命亦恐女直人廢射也戊戌復
置北京遼東鹽使司仍罷巡鹽使以河東南路提刑司
言賑寧化保德嵐州饑其流移復業給復一年是日禁宮
中上直官及承應人毋得飲酒乙巳祭裕陵壬子諭臺
臣曰提刑司所舉劾多小過行則失大體不行則恐有所
沮其以此意諭之甲寅宋高麗夏遣使來賀正旦是冬無
雪
明昌元年春正月丙辰朝改元以世宗喪不受朝賀上朝
于隆慶宮是月凡四朝丁巳制諸王任外路者許游獵五
日過此禁之仍令戒約人從毋擾民辛酉諭尚書省宰執
所以總持國家不得受人餽遺戒逸生辰受所獻母過萬
錢若總太切以上親及二品以上官不禁壬戌以知河中
府事王蔚為尚書右丞刑部尚書完顏守貞為參知政事
甲子如大房山乙丑謁興陵裕陵丙寅還都戊辰制
自波剌剌僧道者勿外路求世宗御書如近畿春水巳
卯如春水二月丁亥太白晝見丙申遣謝諸王凡出獵母
越本境壬寅謝有司宴食給假五日著于令甲辰至白春
水朝于隆慶宮廷月凡四朝癸丑地生白毛甲寅如大房
山三月乙卯朔罰黃興陵丙辰還都朝于隆慶宮是月凡
六朝巳未勑黜撫司諸試讀衛人湏身形及格若功臣子

孫善射出眾雖不及格亦令入見祭灰禮官言民或一產
三男內有才行可用者可令寮舉量材敘用其驅婢所生
舊制官給錢百貫以資乳哺尚書省請更給錢四十貫贖
以為良制可丙寅有司言嚐制朝官六品以下從人輸庸
者聽五品以上不許輸庸恐傷禮體此有官職而俱至三品
年六十以上致仕者人力給半乞不分內外願令輸庸者
聽從之巳巳越於西苑百寮會觀祭酉詔內外五品以
上歲舉廉能官一員不舉者坐敝賢乙亥初設應制及
宏詞科丁丑制內外官并諸局承應人遇祖父母父母喪
日並給假一日辛巳詔修曲阜孔子廟壁王午如壽安宮
夏四月甲申朔朝于隆慶宮是月凡四朝戊戌如壽安宮
五月丙子不雨乙卯祈于北郊及太廟朝于隆慶宮是月凡三
朝丙辰以鷹坊使移剌寧為橫賜夏國使戊午拜天于西
苑射柳擊球縱百姓觀壬戌祈雨于杜稷甲子制省元及
四舉終場人許該恩巳巳復祈雨于太廟庚午置知閤門
鼓院事一人丙子以祈雨望祭嶽鎮海瀆于北郊戊寅命
內外官五品以上任內舉所知才能官一員以自代壬午
以參知政事尚書右丞相為尚書右丞御史中丞徒單鎰為參
知政事府掾失覺察故縱罪壬辰奉皇太后幸慶壽等甲
其長史府掾失覺察故縱罪壬辰奉皇太后幸慶壽寺甲

辰勅儈道三年一試秋七月己巳以禮部尚書王倚等為
賀宋生日使庚午朝于隆慶宮丁丑詔罷西北路蝦蟆山
市場八月癸未朝禁指託親王公主奴隷占綱船侵商旅
及妄徵錢債乙酉詔設常平倉丁亥至自壽安宮戊子朝
于隆慶宮是月凡三朝己丑以判大睦親府事宇寧為平
章政事壬辰幸玉泉山即日還宮癸巳罷諸府鎮泉務
選才幹之官為諸州刺史皆召見諭戒之戊戌上諭宰臣
曰何以使民棄本而務末以廣儲蓄令集百官議戶部尚
書鄧儼等曰今風俗侈靡宜定制度辨上下使服用居室
各有差等卽昏喪過度之禮禁追逐無名之費用度有節

薔積自廣矣右丞顏麥知政事守貞鑑曰凡人之情見美
則願若不節以制度將見奢侈無極費用過多民之貧之
殆由此致方今平之際正宜講究此事為經久法上是
顧議壬寅勅麻吉以皇家袒免之親特收充尚書省都
郎君仍為永制丁未獵于近郊丙宋高麗夏遣使來賀
天壽節九月壬子朔天壽節以世宗喪不受朝丙辰以廉
能進擇北海縣令張翔等十八人官已未以武衛軍副都
指揮使烏林荅謀甲為夏國生日使庚申朝于隆慶宮至
戌如秋山冬十月丁亥至自秋山戊子朝于隆慶宮丙申
詔賜貴德州孝子翟斐遂州節婦張氏各絹十四粟二十

石戊戌以有司言登聞鼓院同記注院勿有所隷制民庶
聘財為三等上百貫次五十貫次二十貫丁未獵于近郊
十一月乙卯朝于隆慶宮是月凡五朝以感眾亂民禁罷
全真及五行眡盧以焚書樞密院事把德固等為賀宋正
旦使丁巳制諸職官讓蔭兄弟子姪者從其所請戊辰正
禮部尚書王倚諫議大夫張暐詣殿門諭之曰朝廷可行
之事汝諫官禮官卽當辯析小民之言有可採者朕尚從
之況卿等平自今所議毋但附合於尚書省耳未以西上
閤門使核刺撻不也為高麗生日使丙子冬獵已卯次雄
州判真定府事吳王永成判定武軍節度使隋王永升來

朝十二月壬午獵地今年秋丁亥次饒陽已丑平章政
事張汝霖薨丁酉至自饒陽甲辰幸太傅徒單克寧第視
疾以克寧薨為太師尚書令封淄王賜銀千五百兩絹二千
匹乙巳朝于隆慶宮丙午詔有司正旦可先賀隆慶宮然
後進酒丁未宋高麗夏遣使來賀正旦
二年春正月庚戌朔以世宗喪不受朝許貿易三日從之
使可令館內貿易一日尚書省言故事許貿易三日往侍疾
甲寅始許官中稗聖主乙卯皇太后不豫自是日往侍疾
丙夜乃還辛酉皇太后崩丙寅以左副都點檢回等報哀
于宋高麗夏庚午太師尚書令淄王徒單克寧薨甲戌百

官奏請聽政不許戊寅詔賜陛括里部羊三萬口重幣五
百端絹二千四以振其乏吳王永成隋王永升以聞國哭
奔赴失期罰其俸一月其長史各五十巳卯有司言潢王
永中以疾失期上諭使回二月壬午百官復請聽政不許
壬辰上始視朝勅觀王及三品官之家母許僧尼道士出
入諭有司進士程文但合格者即取之母限人數丙申以
樞密副使夾谷清臣為尚書左丞戊戌更定奴誘良人法
丙午初設王傅府尉官為尚書省宗夏國遣使來吊癸亥勅
有司國號犯漢遼唐宋等名不得封臣下有司議以遼為
恒宋為詐秦為鶉晉宋遣使來弔

唐為絳吳為鄂蜀為艷陳為澀虜為澤制可丁卯
夏國遣使來祭乙亥高麗遣使來弔祭丁丑宋遣使來弔
遂相婚姻實國家久安寧之計從之乙酉辭孝懿皇太
后于裕陵戊子制諸部內災傷主司應言而不言及妄言
者杖七十檢視不以實者罪如之閏月戶長坐詐不以實
制論致枉有徵免者坐贓論妄告者戶長坐詐不以實達
計贓重從詐匿為永制庚寅禁民庶不得服純黃銀褐色
婦人勿禁著為永制辛卯上幸壽安宮諫議大夫張暐等
上疏請止其行不兇癸巳諭有司自今女直字直譯為漢

字國史院專嗣契丹字者罷之甲午改封永中為并王永
功為魯王永成充王永升曹王永蹈鄭王永濟韓王永德
幽王戊戌增太學博士助教貟巳亥備安宮名萬寧壬寅
韓愈劉禹錫杜牧貟島王建宋王禹偁歐陽脩王安石蘇
軾張耒秦觀等集二十六部庚子改壽安宮名萬寧五月
如萬寧宮詔襲封衍聖公孔元措視四品秩五月庚戌勅
充六月戊子平章政事崇寧竟癸巳禁稱本朝人及本朝
師社稷神壇隨廢者復之詔御史臺令史並以終場舉人
言語為蕃違者杖之丙午尚書右丞移剌履薨秋七月丁

巳以參知政事徒單鎰為尚書右丞御史中丞夾谷衡熱
參知政事巳未觀稼于近郊巳巳藥職官元日生辰受所
旨母擅離職八月癸未至自萬寧宮巳亥勅山東河北闕
食等處許納粟補官諭有司自今親王所領如有軍處令
屬獻遺仍為永制以同僉大睦親府事兗等為賀宋生日
使庚午諭有司自今外路公主應赴闕其駙馬都尉非系
佐貳總押軍事乙巳宋高麗夏遣使來賀天壽節九月丁
未朔天壽節以皇太后喪不受朝甲寅如大房山乙卯謁
奠裕陵丙辰還都丁巳以西上閤門使白琬為夏國生日
使巳未定詐為制書未施行制以尚書左丞夾谷清臣為

平章政事封莒國公叅知政事完顏守貞為尚書左叅知
大興府事張萬公為叅知政事庚申如秋山冬十月己丑
至自秋山甲午勅司獄毋得與府州司縣官遊宴還往
一月丙午朔制諸女直人不得以姓氏譯為漢字甲寅禁
山東旱雩雜犯及強盗已未發覺藏死一等釋徒以下十
伶人不得以歷代帝王佛揀匿名書著徒四年丙寅以近侍
殺我邊將阿魯帶甲宇佈宗辟等為賀宗正旦使戊午夏人
重法科丁巳以幽王傅宗辟等為高麗生日使壬申勅提刑司官自今每
局副使完顏匡為高麗生日使壬申勅提刑司官自今每
詔罷獎丹字丑尚書右丞徒單鎰罷癸卯宗高麗夏遣
使來賀正旦

令輸庸巳卯定鎮邊守將致盗賊罪甲申獵于近郊乙酉
后小祥尚書省請依明昌元年世宗忌辰例諸王皆位服
十五日一朝十二月乙亥朔勅三品致仕官所得傔從母
慘紫去金玉之飾百官不視事禁音樂屬寧從之壬戌如
春水二月甲戌朔勅猛安謀克時秋冬月率所屬戶敗獵
二次每出不得過十日壬辰至自春水丁酉獵于近郊辛
三年春正月乙巳朔以皇太后喪不受朝丙辰以孝懿皇
丑詔追復田毅等官爵閏月甲子以山東路統軍使烏林

咨愿為御史大夫三月乙亥更定強盗徵賊品官及諸人
親獲強盗官賞制辛巳初設左右衛副將軍癸未瀘溝石
橋成辛酉宮辛卯詔賜隸州孝子劉瑜
錦州孝子劉慶祚絹粟旌其門閭復其身因問宰臣曰
從來孝子曾官使者幾何左丞守貞對曰豈必盡然有
劉政者嘗官之然亦多淳質亦及事上曰豈必盡然有
義之人素行巳備可用即當用之後雖有希觀作偽者
然偽為孝義猶不失為善可檢勘前後所申而孝義之人如
有可用者可其以聞癸巳尚書省奏言言者謂釋道之流
不拜父母親屬敗壞風俗莫此為甚禮官言唐開元二年
勅云闍道士女冠僧尼不拜二親是為子而忘其生其傲親
而徇於末自今以後並聽拜父母其有喪紀輕重及尊屬
禮數一准常儀臣等以為宜依典故行之制可左丞守貞
言上嘗命臣閻忻州陳毅上書所言事其一極論守令之
弊也彼雖無救弊之術但能言其弊亦足嘉臭如毅欲言及
弊臣面問所以救之之道竟不能言上曰方今政欲知其
隨慶有司不能奉行條制為人傭雇尚須出力況食國家
禄而乃如是得無媿臣行之乎其令檢會前後所降條
理舉行之是日溫王琮薨丁酉命有司祈雨望祀嶽鎮海
瀆于北郊四月壬寅朔定宣聖廟春秋釋奠三獻官以祭

酒司業博士先祝詞稱皇帝謹遣及登歌改用太常樂工其
獄官并執事與享者並法服陪位舉官公服學官儒服尚
書省奏提刑司察舉涿州進士劉彖博博州進士張安行
河中府胡光謙光謙年雖八十三尚可住用勅劉彖博張安行
安行特賜同進士出身胡光謙召赴闕甲辰祈雨于社稷
丙午罷天山北界外採銅甲戌午詔責躬丁卯復以
議北邊開壞事詔賜藥內孝子孟興絹十四粟二十石賜
祈雨望祀鎮海瀆山川于北郊戊辰勅親王衣領用銀
同州貞婦師氏諡曰節丙寅以旱災下詔宽獄外路委提
禍紫緣遣御史中丞吳鼎樞等審決中都宽獄外路委提
刑司廢決左丞宁呈奉呈表乞解職不允參知政事衡
萬公皆入謝上曰前詔所謂罷不急之役省無名之費議
冗官決滯獄四事其速行之五月壬申朔以尚書禮部員
外郎李术魯子元為橫賜高麗使癸酉罷北邊開壞之役
甲戌祈雨于社稷是日雨戊寅出宫女百八十三人尚書
省奏近以山東河北之饑已委宣差所至安撫賑濟復遣
右三部司正范文淵徃視之乙酉以雨足致祭于社稷戊
子百官賀雨足尚書左丞完顏守貞罷已丑以雨足望祀
嶽鎮海瀆六月癸卯宰臣請罷提刑司上曰諸路提刑司
官止三十餘員猶患不得其人州郡三百餘屬其能盡得

人乎弗許甲寅以久雨命有司祈晴丁巳定提刑司條制
辛酉詔定內外所司公事故作愆申呈罪罰格乙丑以知
大名府事劉璋為尚書右丞有司言河州災傷民乏食而
租稅有未輸詔免之諭戶部可預給百官冬季俸令就倉
以時直糴與貧民秋成各以其賞糴之其所得必多矣而
上下真糴與貧民不願者聽秋七月戊寅勅尚書省曰
其饑民止給以文書官長計口分散給富者出
饑民如至途東恐難遽得食必有饑死者其令富者閭
粟養之限以兩月其粟凶秋稅之歎巳卯祁州刺史頻長
壽安武軍節度副使胡刺坐賑濟不及四縣各杖五十癸
未詔增北遠軍十二百人分置諸堡丁亥胡光謙至關命
學士院以雜文試之稱旨上曰朕欲親問之辛卯以殿前
都點檢儼散端等為賀宋生日使已交上謂宰臣曰聞諸
王傅尉多奇細學動拘防亦非朕意是職之設本欲輔導
諸王使歸之正得其大體而已平章政事清臣曰請以聖
意偏行之曰巳諭之矣八月癸卯勅諸職官老病不肯辭
避有司諭使休閒者不在給俸之列掊前勿論上以軍民
不和吏負姦弊詔集三品以下六品以上集議于尚書省
述所見以聞甲辰集三品以上官問以朝政得
失及民間利害令各書所對丁未以有司奏寧海州文登

縣王覆葬行以嘗業進士并試其文特賜同進士出身仍
注教授一等職任辛亥至自萬寧宮特賜胡光謙明昌二
年進士第三甲及第授將仕郎太常寺奉禮郎官制舊設
是職未曾除人以光謙德行才能故特授之已未以烏林
荅應為尚書左丞辛酉擺于近郊乙丑上謂宰臣曰朕欲
材然亦能慈辦者鮮矣對曰使中材之人久于其職事既
住官令久於其事若今日作禮官明日司鉞敦雖閒有異
熟故以聞丁卯宗高麗再遣使来賀天壽節去歲山東河北被
典終亦得力于閒太常卿張暐古有三恪今何無之晦具
天壽節以皇太后喪不受朝諭尚書省九月庚午朔

災傷廉所閣租稅及借債錢粟若便徵之恐貧民未蘇俟
豐收日以不數帶徵可也又諭宰臣曰隨路提刑司儧止
察老病不住職及不堪親民者如得其實即改除他路著
他路以郊杜署令唐括合達為夏國生日使乙卯如秋山
甲戌以郊杜署令唐括合達為夏國生日使乙卯如秋山
免圍場經過人户今歲夏秋租稅之半曾諭提刑司自令保
年冬十月壬寅至自秋山丙午勅御史臺提刑司自令保
申廉能官勿復有乞升品語壬子有司奏增修曲阜宣聖
廟車勅黨懷英撰碑丈將親行釋奠之禮其掄討典故
以聞甲寅勅置常平倉廩並令州府官以本職提舉縣官

燕管句所事以所羅多寡衡量升降以為升制賜河南路
提刑司所舉逸民游總同進士出身以年老不樂仕進特
登仕郎給正八品半俸終身戊午諭尚書首訪求博物多
知之士癸亥遣諭諸王府傅尉曰朕分命諸王出鎮蓋欲
政事之暇安便優逸有以自適耳然應其舉措之閒發達
宜各思職分事舉其中無失禮體仍就諭諸王使知朕意
門細碎之事無妨公道者一一干與贊助之道宜當如是
餘遊宴不至過度亦復勸導彌縫不入於過失而巳若公
教理所以不置傅尉使勸導爾等或用意太過凡王
內寅勅應保舉官及試中書判者委官覆察言行相副者

量典陞除隨朝及六品以上各隨所長用之巳巳獵于近
郊十一月庚午朔尚書省奏翰林侍講學士党懷英舉孔
子四十八代孫端甫年德俱高談通古學濟南府樂舉孔
冀有文章德誼誉學三十餘年巳巳舉終場舉善書事親至孝
勅魏汝翼特賜進士及第劉震有等同進士出身並附王
澤榜孔端甫侯春暇召之丙子詔臣庶名犯古帝王名而姓
復同者禁之周公孔子之名亦令回避戊寅升相州為彰
德府以前右都黜檢溫敦忠等為賀宋正旦使壬午尚
書省奏知河南府事程璋乞進封父祖權尚書禮部郎中

黨懷英言凡宰執改除外任長官以下相見禮儀
皆與他長官不同其子亦得試補省令史其子且爾父祖
封贈理當不同合與宰執一例封贈從之甲申改提刑司
令史為書史丙申以有司言河州定羌民張顯孝友力田
焚券已責又獻粟千石以賑饑棣州民榮楫賑米七百石
錢三百貫冬月散柴薪三千束省別無希覬特各補兩官
仍正班叙十二月癸卯以東上閤門使張汝獻為高麗生
日使辛交謝有司折雪癸丑獵于近郊丙辰有赤氣見于
北方丁巳勅華州下邽縣置武定鎮倉京兆櫟陽縣置粟
邑鎮倉許州舞陽縣置址舞渡倉各設倉草都監二人縣官
燕領之乙丑定到任告致仕格丁卯宋高麗夏遣使來賀
正旦

本紀第九

開府儀同三司上柱國錄軍國重事中書右丞相監國史領経筵事臣脫脫　奉

本紀第十

章宗紀二

勑修

章宗二

四年春正月己巳朔以皇太后疾不受朝辛未以平章政
事夾谷清臣為尚書右丞相監修國史丁丑遺戶部侍郎
李獻可等分路勸農事癸未尚書省奏大興府推官蘇德
秀為禮部主事上勾朕飢嘗語卿百官當使父於其職彼
方任理官後改户曹尋又除禮部人才豈能兼之若父於
其職但中材勝於新人事既經練亦必有濟後不可輕易
改除上又言凡稱政有異迹者謂其斷事有軌才也若止
清廉此乃本分以貪汙者多故顯其異耳宰臣又言近言
事者謂方今孝弟廉恥道缺乞正風俗此蓋官吏不能奉
宣教化使然今之察舉官吏者多責近效以幹辦為上其
有秉心寬厚欲行德化者輒謂之迂闊故人人皆以教化
為餘事此乃所以廢也若諭所司官吏有能務行德化者
擢而用之則教化可行孝弟可興矣今之所察舉皆先
才而後德巧猾之徒雖有贓汙一旦見用猶為能吏此廉
恥所以喪也若諭所司察舉官吏必審真偽使有才而無
者不能觀觀非道求進者加之斜劾則奔競之俗息而廉

吳原漸

本紀第十　　一

恥可與矣辛卯賑河北諸路被水災者癸巳諭點檢司行
宮外地及圍獵之處悉與民耕雖禁地聽民持農器出入
丙申東京路副使三勝進鷹遺諭之曰汝職非輕民聞利
害官吏邪正略不具聞而乃以鷹進此豈汝所職也後毋
復爾二月戊戌朔如春水始以春秋二仲月上戊日祭社
稷癸丑獵于姚村淀然亥至自春水丙寅參知政事張萬
公罷三月戊辰朔諸路提刑司入見各問以職事仍誡諭
曰朕特設提刑司本欲安民于今五年効猶未著蓋多不
識本職之體而徒事細碎以致州縣例皆畏縮而不敢行
事廼復山東民艱于食當遣使賑濟蓋卿等不職故王於
此既徙之失其思愆改庚午上將幸景明宮御史中丞董
師中等上書切諫不報壬申章再上補闕許安仁拾遺路
鐸光諫廼止制定民習角觝搶捧罪以工部尚書書持國
為參知政事丙子特賜有司孔端甫及第授小學教授尋
以年老命食主簿半俸致事甲申幸香山永安寺及玉泉
山甲午定配享功臣勅自今御史臺奏事修起居注並令
回避夏四月丁酉朔幸興慶崇妃第是日始舉樂自己亥
至癸卯百官三表請上尊號比年五穀不登百姓流離正當戒懼
蓋有其德故有其名不發百姓流離正當戒懼
修身之日豈得虛受榮名耶不許仍斷來章戊申親補千

吳原礼

太廟庚戌如萬寧宮辛亥右丞相清臣率百官及耆艾等
復請上尊號學官劉璣亦率六學諸生趙楷等七百九十
五人詣紫宸殿門請上尊號如唐元和故事不許丁巳賑河
州饑勒女直進士及第後仍試以騎射中選者升擢之乙
丑減尚食廚食殺馬五月丙寅朔曹王永升及諸王請上尊
號不許以尚厩不受詔謝中外徒罪以下逓降一等杖以下
臣累上尊號于近郊癸未以父兄六月癸丑謝諸路令月具兩
原之甲戌觀稼于近郊辛巳謝左司編謝諸路有司所舉
德行才能之士安州崔兼仁兗州翟駒錦州齊文乙大名
澤田禾分數以開癸未以父兄

孫可久陳信仁應州董毅並同進士出身丙辰以睛致
獄鎮海瀆壬戌尚書右丞相夾谷清臣進封戴國公西京
留守完顏守貞為平章政事封蕭國公尚書右丞劉瑋薨
辛巳南京路提刑司自許州遷治南京巳丑制三
品以上官有故者若親賢勳舊尚書省即與聞奏議加追
贈命以銀改鑄禮信之寳仍塗以金以同判大睦親府事
襄為樞密使以御史中丞董師中等為賀宋生日使八月
已亥樞密使襄帥百僚再請上尊號不許是日歲星太白
晝見庚子大赦甲辰至自萬寧宮丁未釋奠孔子廟北面
再拜辛亥國史院進世宗實錄上服袍帶御仁政殿降座

立受之九月甲子朔天壽節御大安殿受親王百官及宋
高麗真使朝賀戊辰以叅知政事夾谷衡為尚書右丞戶
部尚書馬琪為叅知政事勒尚書省大定二十九年以後
士庶言事或係國家或過關大利害巳嘗施行者可特補
一官有益於官民量給以賞以西上閤門使大舉為夏國
生日使庚午如山陵次奉先縣西壬申致
莫諸陵癸酉如秋山十一月庚午右丞相清臣知政事
持國上表馬閒優詔不許戊寅以翰林直學士完顏匡等
為賀宋正旦使命匡易名弼以避宋諱壬午木氷丙戌
詔諸職官以贓污不職被罪以廉能獲升者令隨路京府
州縣列其姓名揭之公署以示勸懲庚寅夏國嗣子李純
佑遣使來計告十二月甲午朔夏國李純
仁孝遺表以進諭大興府於暖湯院日給米五石以贍貧
者戊戌定武軍節度使鄭王永蹈以謀反伏誅巳亥諭有
司以鄭王財產分賜諸王澤國公主財物分賜諸公主甲
辰諸王府增置司馬一人以統石烈璟為高麗生日使西
上閤門使大舉等為夏國勒祭慰問使庚戌尚書省以科
目近多得人乞是舉增取進士上然之詔有司會試毋限
人數甲寅冊長白山之神為開天弘聖帝丙辰獮于近郊
是歲大有年邢洺深冀及河北十六謀克之地野蠶成繭

五年春正月癸亥朔宋高麗夏遣使來賀乙丑昭容李氏
進位淑妃己巳初用唐宋典憷皇后忌辰皆廢務尚書省
進區田法詔相其地宜務從民便又言遣官勸農之擾命
提刑司禁止之乙亥以葉蕢谷神始製女直字詔加封贈
子孫拜奠本路官一人及本千戶春秋二祭辛巳前中都
依倉頡立廟歲屋例祠於上京納里渾莊歲時致祭令其
備領間前河北西路轉運使李楊言慶陽府進士李獎純
德博學鄉曲舉之絳州人蔡州文商經明行修足
有才德上曰文商可令呂之李獎給主簿半俸終身獎賜

路都轉運使王寂薦三鄉終場人及本千戶
為承華殿從之詔購求遺文總目內所關書籍戊戌祭社
禮官言孝懿皇后祥除已久宜易隆慶宮為東宮慈訓殿
幸城南別宮丁酉初定長吏勸課能否賞訓格尚書省奏
同進士出身道國子祭酒劉瑋冊李純祐為夏國王丁亥
稷以宣獻皇后忌辰用熙寧祀儀樂縣而不作二月甲辰
鄆王琮薨己酉宰臣請罷此邊屯駐軍馬不允癸丑以赤
河縣民張洧滑陽縣王琛河州李錡急義好施詔復之終
身仍著于令命宣微使移剌敏戶部主事亦嘗賞理哥相
視此遷營地經畫長父之計三月壬申初定限錢禁庚辰
初定日月風雨雷師常祀戊子置弘文院譯寫經書凡四

月壬辰朔幸北苑庚子詔各路所舉德行才能之士涿州
時璐雲中劉摯鄭州李升恩州傅璐濟南趙摯興中田卲
方六人並特賜同進士出身以文商為國子教授興幸景
仕郎己酉詔自今筵憤床褥之飾毋以金玉壬子特賜翰
林待制溫迪罕迪翰林學士承旨中奉大夫乙卯景明
宮董師中賞守謙路鐸先後兩上封事切諫不報五月
庚午次烏十撒八戊子桓撫二州旱遣使禱于繪山六月
壬辰如水井己亥出獵敦胡土白山醉酒再拜曹王永升
以下進酒丙戌詔西北路未如杏沙秋山是月
宋前至春祖七月戊辰獵于谿赤火一發貫雙鹿是日傳
鹿二百二十二賜蒼從官有差辛巳次魯溫合失不是日
上親射獲黃羊四百七十一乙酉次氷井丙戌以天壽節
宮壬子何決陽武故堤灌封立而東丁巳賜從幸山後親
軍銀絹有差九月戊午朔天壽節宋高麗夏遣使來賀壬
戊命增定捕盜官被殺賻錢及官賞格甲子都水監官王
汝嘉等坐河決各削官兩階杖七十罷之乙丑上御膚思
殿諸路提刑使入見戊辰初令民買樸隨處金銀銅冶命

逆伏誅壬子尚書省奏外提刑司所察廉官南皮縣令史
外郎何格賑河決被災人戶庚戌張汝弼妻高陀幹以謀
國子祭酒劉璣亦率六學諸生上表陳請不允遺戶部員
號不允宋遣使獻遺留物壬寅右丞相清臣等表請上尊
夏會兵臨潢冬十月庚寅右丞相夾谷清臣復請上尊
等處選軍三萬俟來春調發仍命諸路并北阻難以六年
王伯溫等八人官有差甲申命上京等九路并北諸袜及糺
勅尚書省集百官議備邊事壬午特推恩東宮舊人司經
來告哀戊寅以知大興府事尼厖古鑑等為宋國弔祭使
參知政事馬琪往視河決仍許便宜從事壬申宋主遣使

蕭以下十有二人而大興主簿蒙括蠻都亦在選中上知
其人曰蠻都浣浮人也外之可平與其任浣浮熟若用溥
厚況蠻都常才才智過人猶不當用恐敗風俗況常才耶
其再尋之閏月戊午朔主遣使來報即位甲子親王百
官各奉表請上尊號不允丙寅以代國公歡都等五人配
享世祖廟廷甲戌以河東南北提刑使王啟等為賀宋主
即位使乙亥于近郊戊寅上問輔臣孔子廟諸處何如
平章政事守貞曰諸縣見議建立上因曰僧徒修飾宇像
甚嚴道流次之惟儒者於孔子廟最為滅裂守貞曰儒何
不能長居學校非若僧道父處寺觀上曰僧道以佛老營

都城所五百人癸未勅尚書省自令獻靈芝嘉禾者賞
被黃河水災今年秋稅辛巳勅減修內司備營造軍千人
參知政事以戶部郎中李敬義為賜高麗生日使丁卯免
辛酉平章政事完顏守貞罷以知大興府事尼厖古鑑為
宣徽使徒剌敏等為賀宋正旦使癸丑太白晝見十二月
國生日使十一月癸巳詔罷祭刑鎮所護圍場庚子以右
工部侍郎行戶工部事修沿河防以引進使完顏襄為
戌以翰林待制奧屯忠孝權戶部侍郎太府少監完顏襄為夏
參知政事馬琪自行省田具奏河防利害語載琪傳中丙
利故務在莊嚴閣後起人施利自多所以為觀美也庚辰

六年春正月丁亥朔受宋高麗夏使朝賀庚寅太白晝見
辛卯勅有司給天水郡公家屬田宅壬辰如春水庚戌罷
陝西括地辛亥諭脣持國河上役夫聚居恐生疾疫可廬
醫護視之乙卯次柳林二月丁巳朔勅有司行宮側及獵
所有農者勿禁乙未姑祭高祺庚午至自春水丁丑京師
地震大兩雹書晦震應天門右鴟尾癸未宋遺使來報謝
三月丙戌朔日有食之甲午以翰林直學士辛孝魯子元
蕭右司諫監察御史田仲禮為左拾遺翰林修撰僕散訛
可兼右拾遺諭之曰國家設置諫官非取虛名蓋責實效
庶幾有所裨益卿等皆朝廷選置之諫職如國家利害

官吏邪正極言無隱近路鐸左遷本以他罪卿等勿以被
青遂畏縮不言其悉心戮力毋得緘默丙申如萬寧宮戊
戌以北邊糧運括群牧所三招討司猛安謀克隨亂及送
剌唐古部諸抹西京太原官民驅五千充之惟民以驅載
爲業者勿括以銀五十萬兩錢二十三萬六千九百貫以
備支給銀五萬四雜綵金盂二千八
兩綵五萬四雜綵千端衣四百四十六襲以備賞勞庚子
以郡舉才行之士羅介然以下三人特賜進士及第李貞
固以下十五人同進士出身夏四月癸亥勅有司以增修
曲阜宣聖廟工畢賜衍聖公以下三獻法服及登歌樂一
部仍遣太常舊工往教孔氏子弟以備祭禮甲子以尚書
左丞烏孫呑願爲平章政事右丞夾谷衡爲尚書左丞內
子幸玉泉山戊寅以修河防工畢參知政事胥持國進官
二階翰林待制奧屯忠孝以下三十六人各一階復嘉令
王維翰以下五十六人各賜銀幣有差庚辰以尚書右丞
相夾谷清臣爲左丞相監修國史封密國公樞密使襄爲
尚書右丞相封任國公參知政事胥持國爲尚書右丞壬
午賜宰臣手詔以風俗不淳官吏苟且責之五月丙戌命
尚書省陳設九十四所辛卯以出師遣禮部尚書張暐
減萬寧宮
告于廟社乙未判平陽府事鎬王永中以罪賜死并及二

子丁酉詔中外乙巳詔諸路猛安謀克農隙講武本路提
刑司察其惰者罰之庚戌命右丞相夾谷清臣行省于臨
潢府六月丙辰右諫議大夫賈守謙右拾遺僕散訛可坐
鎬王永中事奏對不實削官二階罷之御史中丞孫即康
右補闕蒙括胡剌右拾遺田仲禮各罰金二十斤丙寅以
樞密副使唐括貢爲樞密使以久雨縶庚辰太白經天辛
巳左丞相清臣括貢使來獻捷七月丙申幸曹王永升第甲
辰始定文武官六貫石以上承應人并及蔭者若在籍儒
生章服癸亥至自萬寧宮已巳以溫敦兀英言命禮部令學
宣聖服制八月己未命宛州長官以曲阜新修廟告成于
官講經辛未以吏部尚書吳鼎樞等爲賀宋生日使壬申
行省都事獨吉求中來報捷乙亥勅官中承應人出職後
三年內犯贓罪者元與官連坐不在去官之限著爲令辛
巳未波進馬九月壬午朔天壽節宋高麗夏遣使來賀甲
申冊靜寧山神爲鎮安公忽土白山神爲瑞聖公丙戌知
河間府事移剌仲方爲御史大夫辛卯如秋山以尚書左
司郎中粘割斡特剌胡上爲夏國生日使冬十月丙辰至自秋山
丁巳以歲辛春水秋山五日一進起居表自今可十日一
進乙亥命尚書左丞夾谷衡行省于撫州命選親軍武衛
軍各五百人以從仍給錢五千萬十一月戊子左丞相夾

谷清臣罷石永相襄代領行省事丙申以刑部尚書蒀石

烈貞等為賀宋正旦使壬寅初定猛安謀克鎮邊後效免

者授官格禁射糧軍應後但成隊伍不得持兵器又几可

以傷人者甲辰報敗敵於望雲乙巳以樞密使唐括貢御

史大夫移剌仲方禮部尚書張暐等二十三人充計議官

凡軍事則議之戊申初定縣官增水田陛除制十二月乙

卯詔招撫阿蘭畹為橫賜使戊午禮部尚書張暐等進

戶部員外郎納蘭畹為橫賜宋國使乙亥

大金儀禮丁卯雁奉翰林文字趙秉文上書論效欺乙亥

學齋長張守愚上辛後圜闕軍器是月右永相

灤群牧使移剌觀等為廣吉剌部兵所敗死之丁亥國子

承安元年春正月辛巳湖受宋高麗夏使朝賀甲申大臨

襄率駙馬都尉僕散揆等進軍大臨灤分兵攻取諸營

付史館二月甲子命有司祀高禖如新儀丁卯右永相襄

在永衡至自軍前己巳後命選軍幸都南行宮春水甲戌

至自行宮是月初虎符發兵三月丁酉如萬寧宮不兩

遣官望祭嶽鎮海瀆于北郊癸卯勅尚書省刑獄錐已奏

行其間恐有疑枉其非議以聞人命至重不可不慎也甲

辰遣參知政事尼厖古鑑祈雨于社稷丁未復遣使就祈

于東嶽夏四月辛亥命尚書右丞胥持國祈雨于太廟壬

子遣使審決寬獄京城禁繖蓋戊午初行區種法民十五

以上六十以下有土田者丁種一畝乙丑命御史大夫移

剌仲方祈雨于社稷壬申命祈雨于太廟

甲戌尚書省以趙秉文言請追上孝懿皇太后冊寶然後

行諡冊禮禮官執奏尊皇太后已詔示中外無追冊遣

官望祭嶽鎮海瀆于北郊五月庚辰觀稼于近郊因閱

區田乙酉以父旱從市庚寅詔復市如常壬辰以尚藥局

副使粘割忠為橫賜夏國使乙未參知政事尼厖古鑑麗

庚子雨足六月甲寅上以百姓艱食詔出倉粟十萬石減

價以糴之乙丑平晉縣民利通家糶自成綿段長七尺一

寸五分澗四尺九寸詔賜絹十疋丁卯勅令全長老大師

大德不限年甲長老大師許度弟子三人大德二人戒僧

年四十以上清度一人其大定十五年附籍沙彌年六十

以上並令受飛仍不許度弟子尼道士女冠亦如之御史

大夫移剌仲方罷庚午幸環秀亭觀稼癸酉詔應禁軍器

路凡步弓手擬於射糧軍內選之馬弓手擬於猛安

軍戶餘丁內選之其有為百姓害從本州縣斷遣無猛安

戶於二百里內屯駐軍餘丁內取之依步弓手月給二貫

石七月庚辰御紫宸殿受諸王百官賀賜諸

有司以酒尊置通衢賜民縱飲乙酉勑令後高麗夏使

入見敕奏令新設各國通事具公服與閤門使上殿監聽

命有司收瘞西北路陣亡骸骨八月己酉獵于近郊癸丑

幸玉泉山甲子以郊祀日期詔中外戊辰至自萬寧宮以

憂九月丁丑朔天壽節宋高麗夏遣使來賀辛天長觀辛

已以右丞相襄為左丞相監修國史封常山郡王壬午賜

陝西西路轉運使董師中為御史大夫癸酉左丞衡丁父

襄酒百尊太白晝見癸未各人進酒三千一百糧已左丞

比邊軍吏以吏部尚書張嗣等為賀宋生日使癸已左丞

衡起復丁酉知大興府卞同知郭鏻以擅逮問宰臣各答

四十辛丑西南路招討使僕散揆至自軍乙巳以國子監

承酒論達吉不為夏國生日使冬十月丙午朔詔選親

軍八百人戌撫州庚戌命左丞相襄行省于北京簽書樞

密院事完顏匡行院於撫州丙辰拾享于太廟十一月戊

州軍擊敗之御史大夫董師中北京留守裔並為參知政

事甲午以陝西路統軍使崇道等為賀宋正旦使丁酉朝

子象知政事馬琪罷庚寅特湣郡牧契丹陜鎖德壽反泰

享于太廟戌有事于南郊大赦改元已亥曹王永升率

親王百官賀癸卯命有司祈雪仍遣官祈于東嶽十二月

丙午樞密使唐括貢率百官請上尊號不允已酉遣提點

太醫近侍局使李仁惠勞賜北邊將士授官者萬一千人

授賞實錢二萬人凡用銀二十萬兩絹五萬疋錢三十二

萬貫庚戌以同知登聞檢院阿不罕德剛為高麗國生日

使壬子樞密使唐括貢復率百官請上尊號不允

二年春正月乙亥朔宋高麗夏遣使來賀乙酉勑自今職官犯賦

賦私不得訴于同官丁亥如安州春水丁酉至自春水辛

丑宋主以母后喪遣使告哀二月丁巳勑自今職官犯賦

每削一官殿一年是日太白晝見經天三月已卯親王百官後請上

聖公孔元措世襲襲曲阜令

尊號不允壬午命尚書戶部侍郎溫昉佩金符行六部尚

書於撫州庚寅辛酉閣軍聲卯始定保甇德行才能

格癸已平章政事罷丁酉樞密使唐括貢率百

官請上平章政事烏林荅愿代左丞省襄行省于此

京夏四月甲寅如萬寧宮丙辰命有司祈兩望祭嶽鎮海

瀆子比郊甲子祈兩于社稷尚書省奏比歲比邊調度頻

多請降僧道空名度牒紫褐師德號以助軍儲從之癸酉

親王宣勑始用女直字五月甲戌朔諭宰臣曰比以軍須

隨路賦調司縣不度緩急促期徵欽使民貧及數倍奮克

又秉之以侵暴其令提刑司究察之丙子集官吏于尚書

省詔諭之曰今紀網不立官吏施慢遷延苟簡習以成弊
職官多以苛善求名計得自安國家何賴焉至於御情賣
法省部令史九甚尚書省其戒諭之丁丑北京行省參知
政事喬秩駐臨潢府庚辰升撫州為鎮寧軍以兩報祭
于社稷甲申望祭撤鎮海瀆于北郊丁亥左丞相襄詣臨
巳命禮部尚書張暐報祀高禖丙午兩電戊申以澄州刺
潢府巳丑皇子生庚寅詔中外降死罪釋徒以下六月乙
史王遵古為翰林直學士仍物無與聞或撰述也庚戌
霧雨免入直以遵古年老且嘗侍講讀也入直則奏聞或
殿工作甲寅置全州盤安軍節度使治安豐縣乙卯封皇

子為壽王閏月甲午出西橫門觀稼秋七月壬寅朔辛天
長觀建普天大醮禁屠宰七日無奏刑百司權停決罰巳
尚書省問攻守之計應中外臣僚不以職位高下或有方
言利害勿用浮辭辛巳邊事未寧詔集六品以上官於
壽節御紫宸殿受朝八月庚辰物計議官所進奏帖可直
未命西上閤門使劉頎賜參知政事喬宴于行省戊辰天
略村武或是於調度各舉三五人以備選用無有顧望示
盡眄懷期五日封章以進議者凡八十四人言攻者五守
者四十六且攻且守者三十三召對睿思殿論難久之癸
未至自萬寧官丙戌以左丞相襄為左副元帥參知政事

董師中尚書左丞左宣徽使皆尚書右丞戶部尚書楊伯
通參知政事尚書左丞胥持國右丞罷右丞致仕庚寅
參知政事喬罷樞密使唐括貢致仕壬辰以左副元帥襄
為樞密使九月辛丑朔天壽節宋高麗夏遣
保安蘭州權場不足則簽補之乙巳以夏使朝辭詔答許復
路招募漢軍丁未以知歸德府事完顏愈為賀宋生日
使癸丑以上京留守粘訛特剌為平章政事辛酉以樞
密使蕉平章政事行省于北京乙丑始置軍器監掌治戎器班少
參知政事行省于北京乙丑始置軍器監掌治戎器班少
府監下設甲坊利器二署隸為丁卯分遣官於東西北路
河北等路中都二節鎮買牛五萬頭冬十月庚午朔初設
講議所官十貟共議錢穀以中都路轉運使孫鐸戶部侍
郎高汝礪等為之庚辰尚書省奏高麗國牒報其王以老
疾令母弟晫權國事壬午尚書省行推挽丁亥皇子壽王
兢壬辰詔獎諭西南路招討使僕散揆等有功將士甲午
大雪以米千石賜普濟院今為粥以食貧民丙申以禮部
貟外郎蒙括仁本為夏國生日使十一月甲辰冬至有事
于南郊乙巳以薪貴敕圍場地內無禁樵採壬子諭尚書
省猛安謀克飢不隸提刑司宜令監察御史察其藏否庚

申此京留守裔以行省失職杖一百除名右諫議大夫納
蘭防杖九十削官二階罷之甲子諭宰臣曰朕居九重民
間難以徧知宰相不見賓客何以得知民間利害十二月
己巳朔勃御史臺糾察詔使趨走有實跡者己卯始鑄承
安寶貨員癸未遣戶部侍郎上官瑜體究西京逃亡勸率民
邊軍民耕種戶部郎中李敬義規措臨潢等路農務乙酉
諭宰臣今後水潦旱蝗盜賊竊發命提刑司預為規畫戊
子諭西南路將士庚寅豫王永成進馬八十疋賜詔奬諭
稱皇叔豫王而不名

本紀第十

勅傳脩官在國錄軍國重事□尚書右相脫脫
團領　經進事都總裁臣脫脫奉

勅修

章宗三

三年春正月己亥朔日有食之辛丑宋夏遣使來賀癸卯
諭有司凡館接伴弁奉使者毋以語言相勝務存大體奉
使者亦必得其人乃可乙卯詔罷講議所丙辰如城南春
水丁巳俟上京東京兩路提刑司爲一提刑使副兼安撫
使副安撫專掌教習武事毋令改其本俗己未以都南行
宮名建春甲子至自春水乙丑宋主以祖無後遣使告哀

二月己巳朔幸建春宮辛巳諭宰臣曰今內外官有關
有才能可任者雖資歷未及亦具以聞雖親故毋有所避
以武衛軍都指揮使烏林荅天益等爲宋弔祭使甲申至
自建春宮丙戌斜出內附辛卯平章政事粘割斡特剌罷
三月戊戌以禮部尚書張暐爲御史大夫壬寅始權醋甲
寅如萬寧宮丁巳勅隨處盜賊毋以強爲竊以多爲少以
有爲無嘯聚三十人以上奏聞違者杖百丙寅高麗王王
晧以弟暉權國事遣使奉表來告夏四月戊辰朔諭有司
宰相遇雨可循殿廡出入丙申論御史臺曰隨朝大小官
雖有才能率多苟簡朕甚惡之其察舉以聞提刑司所察

廉能汗濫官皆當殿奏餘事可轉以聞以侍御史孫俱爲
宣問高麗王王晧使庚子右宣徽使張汝方以漏泄宮中
議削官兩階五月壬寅射柳擊毬縱百姓觀戊申以客省使
移剌郁爲夏國生日使甲子如萬寧宮甲寅還宮八月
不許乣獵于近郊癸酉獵于香山戊寅如萬寧宮庚辰以護
辛未獵于近郊癸酉獵于香山戊寅如萬寧宮庚辰以護
衛石和尚爲押軍萬戶率親軍八百人武衛軍千六百人
戍西比路癸未如萬寧宮遣使來報謝九月丙申朔天壽節
宋夏遣使來賀以中都路都轉運使孫鐸等爲賀宋生日
使乙巳獵于近郊庚戌參知政事楊伯通再表乞致政不
許戊午木波進馬冬十月庚午獵于近郊癸未行樞密院
言斜出等請開權場於轄里裊從之丁亥定官民存留見
錢之數設回易務更立行鈔法十一月丁酉樞密使兼
平章政事襄至自軍癸卯以爲尚書左丞相監修國史丁
未以太常卿楊庭筠等爲賀宋正旦使戊申詔奬諭樞密
副使夾谷衡以下將士辛亥定罪徒已下釋之賜左丞以
格以邊事定詔中外減死罪徒屬託法定軍前官吏遷賞
下將士金幣有差甲寅冬獵十二月甲子朔獵于酸棗林
大風寒罷獵凍死者五百餘人己巳還都丙戌尚書右丞
齊罷高麗權國事王暉遣使奉表來告

四年春正月癸巳朔宋夏遣使來賀乙巳尚書左丞董師
中致仕葦酉監察御史姬端脩以妄言下吏尚書左丞
襄為司空職如故樞密副使夾谷衡為平章政事封壽國
公前知濟南府軍張萬公起復為平章政事封壽國
伯通為尚書左丞簽樞密院事完顏匡為尚書右丞二月
乙丑如建春宮春水巳巳還宮庚午御宣華門觀迎佛幸
未如建春宮赦姬端脩罪令居家俟命司空襄言西南路
招討使僕散揆治邊有功召赴闕以知興中府事紇石烈
子仁代之壬申詔有司三月一日為始每旬三品至五
品官各一人轉對六品亦以次對臺諫勿與有應奏事與
轉對官相見無面對者上章亦聽乙亥還宮戊寅如建春
宮庚辰上諭點檢司曰自蒲河至長河及細河以東朕常
所經行官為和賈其地令百姓畊之仍免其租稅甲申還
宮乙酉以西南路招討使僕散揆為參知政事起居
太學博士如建春宮戊子還宮三月丁酉同判大睦親府
事宗浩為樞密使封崇國公巳亥如建春宮遣使冊趙愭
為高麗國王戶部尚書孫鐸郎中李仲略國子祭酒趙沆
始轉對香閣丁未勅尚書省官貟必須改除者議之其月日
所轉對者母數改易乙卯尚書省奏減親軍武衛軍額及太學
女直漢兒生貟罷小學官及外路教授詔學校仍攜武學

軍額再議餘報可司空襄右丞匡參知政事換請諸路
提刑獄官從之戊午雨雹夏四月癸亥改提刑司為按察
使司戊辰壬午英王從憲進封瀛王詔同州許州節度
脩以奏事不實追一官侍御史路鐸追兩官俱罷之姬端
脩七十贖壬午王從憲命奏事於泰和殿詔責朗求
直言祭撥潰橋雨巳亥應奉翰林文字陳載言旱下詔責朗求
使罷兼陝西河南副統軍五月壬辰朔以旱下詔責朗
邊民苦于寇掠其二農民困于軍須其三審決寬滯一切
從寬苟雜有罪其四行省官例獲冒賞而沿邊司縣曾
望避正殿減膳審理寬獄戊戌命有
不露及此亦干和氣致旱災之所由也上是之壬寅以兵
部郎中完顏撒里合為夏國生日使戊申宰臣以京畿雨
率百官請御正殿復常膳不從尚書省奏上更定給虎
符制著于令庚戌諸路旱或關執政今惟大興
宛平兩縣不雨得非其守令之過歟司空襄平章政事萬
公歜知政事不雨得非其守令之過歟以罪巳荅之令各還職詔頒
襄以下再請御正殿復常膳不從庚申平章政事夾谷衡
鋼枝式壬子祈雨于太廟乙卯更定軍功賞格戊午司空
襄以下再請御正殿復常膳賜夏國使六月丁卯雨司
空襄以下復表請御正殿復常膳從之甲戌以兩足命有

司報謝于太廟丁丑右補闕楊庭秀言自轉對官外復令

隨朝八品以上外路五品以上及幽使外路有可言者並

許移撥院以聞則時政得失民間利病可周知矣從之己

卯以兩足報祭社稷辛巳遣官報杷撤濟癸未奉職醮和

尚進漆漏水稱影儀圓命有司依式造之丁亥定宮

中親戚非公事傳達語言轉近諸物及書簡出入者罪七

月甲辰更定尚藥儀鸞局學者格辛亥勑宣徽院官天壽

節九致仕宰執惫怠與宴丙辰以久兩令大興府祈晴八

月己獵于近郊壬申獵于香山甲戌以皇嗣未立命有

司祈于太廟丁丑獵于近郊庚辰選宮九月庚寅朔天壽

金史十一　五

節宋高麗夏遣使來賀己亥如蘭州秋山巳未以知東平

府事僕散琦等爲賀宋生日使冬十月丙寅至自秋山壬

午初定百官休假甲申初置審官院乙未勑京府縣設

普濟院每歲十月至明年四月設粥以食貧民丙申平章

政事張萬公表乞致政不許庚戌命有司祈雪十一月甲

寅使十二月巳未除授文字初送審官院辛酉更定考試

三朝重訓以時觀覽從之仍詔增興宗爲四朝癸未更定

隨朝檢知法候若補闕親庭秀請類集太祖太宗世宗

科舉法增設國史院女真漢人同脩史各一人定親軍及

吳楫

承應人退閑邊賞格是月淑妃李氏進封元妃

五年春正月戊子朝宋高麗夏遣使來賀乙未以尚書省

言會試取策論詞賦經義不得過六百人合格者不及其

數則闕之丙申如春水庚子命左右司五日一轉奏事辛

丑諭點檢司車駕所至仍令百姓市易庚戌定猛安謀克

軍前怠慢罷世襲制丁未上與宰臣論曰宰相可

奉翰林文字溫迪罕天興與其兄直學士思齊學士

院定撰制誥文字合無迴避詔不須避仍爲定制癸卯定

進納粟補官之家存留弓箭制丁未上與宰臣論曰

徒單鎰志先定賈鉉如何皆曰知延安府事孫即康可

金史十一　六

平章政事高公亦曰即廉及第先鉉一榜上曰至此安問

榜次特以賈才可用耳尚書省奏右補闕楊庭秀言乞令

尚書省及第左右名官一人送入史尊著編次日曆或一月

或一季封送史院上是其言仍令送著作局潤色付之三

月庚申大睦親府進重脩玉牒平章政事張萬公乞致政

不許壬戌命有司橋兩癸亥兩戶部尚書孫鐸大理卿完

顏撒剌國子司業蒙括仁本召對便殿丙寅命百官冊請上尊號

辰定妻亡服內婚娶聽制親王宰執百官戊

不許庚午以知大興府事卞爲御史大夫丙子尚書省奏

擬同知商州事蒲察西京爲濟南府判官上曰宰相堂可

吳楫

止徇人情要當重惜名爵此人不堪朕常記之止與七品
足矣庚辰以上京留守徒單鎰為平章政事封濟國公辛
已定本國婚聘禮制改山東東路舊皇城猛安名曰合里
哥阿鱗四月丙戌朔定武百官再請上尊號不許丙午尚
書省進律義五月乙卯朔定猛安謀克關歐殺人遇赦免
死罷諸世襲制以兩足遺使報祭社稷丁巳定策論進士及
承應人試弓箭格法初置蒲離衍麾牧
仍舊服者並用女直拜已勅諸路按察司糾察親民

官以大秋箄人者乙亥親王文武百官六學各上表請上
尊號不許庚辰地震詔定進納官有犯決斷法六月乙巳
遺有司祈晴望祭瀆七月乙卯朔以晴遺官望祭瀆鎮
海瀆癸亥定居祖父母喪婚娶離法初置蒲離衍麾牧
辛未平章政事萬公特賜兩月甲戌獵于近郊八月壬
辰妾香山乙未至自香山丁未勅客官院奏事其院官皆
許升殿戊申更定鎮防軍犯徒配役法九月甲寅朔天壽
節末高麗遺使來賀戊午命樞密使宗浩禮部尚書賈鉉
佩金符行省山東等路括地巳未尚書省奏西北路招討
使獨吉思忠言各路邊堡邊牆隍西自埚舌東至胡烈公畿
六百里向以起築愿邊亦無女墻副隍近令修完計工七
十五萬止役戊軍未嘗動民今已畢功上賜詔獎諭修玉

嫘成定皇族收養異姓男為子者徒三年姓同者減二等
立嫡遺法者徒一年癸亥如薊州秋山冬十月庚寅至自
秋山庚子風霾宋遺使來告哀辛丑集百官于尚書省問
間者六旱近則久陰豈政有錯謬而致然歟各以所見對
以禮部郎中劉公慶為高麗生日使丁未獵于近郊以宿
食之乙卯以國史院編修官呂卿雲為左補闕兼應奉翰
林文字審官院以資淺駁奏上諭之曰明昌間卿卿嘗上
書言宮掖事辭甚切直皆他人不能言者蓋亦近郊以宿
臣下言事不令外人知巧是謹密正當顯用卿豈慈之以

直將軍完顏觀音奴為夏國生日使十一月癸丑朔日有
工部尚書烏古論詵等為宋申祭使初定品官過關則下
制巳宋復遺使來告哀辛未以殿前右副點檢紀石烈
忠定為賀宋正旦使十二月癸未朔詔改明年為泰和元
年以河南路統軍使充等為宋申祭使乙未定管軍官受
所部財物輒放離役及令人代役法辛五詔宮籍監戶百姓自
願以女為婚者聽癸卯定造作不如法三年內有摧壞者罪有差
泰和元年正月壬子朔宋高麗夏遺使來賀壬戌宋
遺使獻先帝遺留物巳巳以太府監孫復言方今
在仕者三萬七千餘買而門廕補敘居三之二諸司待闕
動至累年蓋以補廕猥多流品混淆本未相牟至於進納

之人既無勞績又非科第而亦糜廩祿無所分別啟流

之清必澄其源乃更定廳敘而頒行之尚書省奏今按

武輕細民不知畏請用大杖殺詔不許過五分庚午如長春

宮春水辛未上以方春禁殺含胎兔犯者罪之告者如賞之

甲戌初命文武官官職俱至三品者許贈其祖二月壬辰

去造土長茶律丁未至自春水三月乙丑夏寧宮乙亥宋遣使來謝丁丑更

定鎮防千戶謀克敎老入除格辛己勑官司私文字避始

祖以下廟諱小字犯者官賞息例與女直人同仍許養馬為

戶累經簽軍立功者如律夏四月甲辰詔論契丹人

章政事張萬公表乞致仕不許辛卯祈雨于北郊己亥用

浩罷壬戌辛玉泉山戊寅剗尊長有罪甲勿追捕律以直

東上閤門劉頍為橫賜高麗使六月己卯辛香山乙酉平

毀撤木著有禁斷地土者有刑其田多汙萊人戶關乞并

尚書省言申明舊制猛安謀克戶每田四十畝樹桑一畝

坐所臨長吏按察司以時勸督有故慢者量決罰之仍減

牛頭稅三之一勑尚書省舉行風俗奢僭之禁乙巳初許

諸科徵鋪馬黃河夫軍須等錢折納銀一半願納錢鈔者

轍丁未詔有司修蓮花漏七月辛酉禁放良人不得應諸

科舉子孫不在禁限甲子諭刑部官凡上書人言及宰相

者不得申省乙丑更定右選注縣令丞簿已巳初禁廟

諱同音字八月庚辰初命戶絕者田宅以三分之一付其

女及女孫戊子特改授司空襄河間府路筭注海世龍猛

安乙未至自萬寧宮丙申宋遣使來報謝壬寅制猛安謀

克並隸按察司監察御史止按部糾舉有罪則倂坐監臨

之官詔宋高麗夏遣使來賀更定瞻學養士法生員給民佃

壽節人六十畝歲支粟三十石國子生人百八畝歲給以

官田人六十畝歲支粟三十石國子生員懷忠等為賀宋生日

使甲寅如秋山丙子至自秋山冬十月乙酉拾享于太廟

戊子平章政事張萬公乞致仕不許壬辰御史臺奏在制

按察司官比任終遺官考覈然後尚書省命官覆察之今

監察御史添設員多宜分路巡行每路女直漢人各一人

同性從之仍勑分四路丙申御史大夫卜乞致仕不許戊

戌以武衛軍都指揮使司判官納合鈞為高麗生日使壬

寅勑有司購遺書者官為謄寫其價以廣搜訪藏書之家有珍惜

不願送官者官給紙墨為謄寫復還之仍量給其直之半甲辰

以刑部員外郎宪韻綱為夏國生日使十一月庚戌司空

襄以下文武百官復請上尊號不許辛亥勑尚書省九役

狼突民之寧勿輕行之丁巳諭工部曰比聞懷州有盜結

寬曰支撥視已嘗撤民令復進柑得無重擾民乎其誠所

司遇有則進無則止庚申以殿前右衛將軍統石烈七斤

等為賀宋正旦使十二月辛巳初改原廟春秋祭祀稱朝

獻司空襄以下復請上尊號詔不允仍斷來章丁酉司空

襄等進新定律令勅條格式五十二卷辛丑詔頒行之壬

寅獵于近郊乙巳初定廟能官升注格

衍慶宮庚申辛芳施觀燈癸酉歸德軍節度副使韓琛以

強市民布帛削一官罷之甲戌如建春宮二月戊戌初置

東宮従〈彝傳四月庚辰辛昇國長公主第閏疾己亥定遷

三品官格復撲買河滄法辛丑諭御史臺諸訴事于臺當

以實上聞不得輒糾察如癸卯如萬寧營命有司祈雨五

月甲辰朔日有食之戊申以嘉和宮辛亥初薦新于太廟

一人甲子蔡王従彝母克等大師卒詔有司定衰禮葬儀

內侍寄祿官乙巳還寬三月甲寅初置宮苑司都同監各

〈金史十一〉 十一 子中

厲足矣壬子更加修治徒貴人力其蕃離不過二三日留朕之所止一涼

壬戌諭有司曰金井捺鉢不過二三日留朕之所止一涼

也甲子更泰和宮曰慶壽長樂川曰雲龍巳巳勅御史臺

京師拜廟及巡幸所過州縣止令灑掃不得以黃土覆道

三年春正月辛未朔宋高麗夏遣使來賀癸酉遣官祈雪

于比嶽丁丑朝獻于衍慶宮巳卯以樞密使宗浩為尚書

法丁卯遣使報謝于長白山冬無雪

不許舉官辛酉遣使報謝于比嶽定人戶物力隨時推收

西還都閏月庚戌司空襄正旦使戊寅庚辰報謝于高禖丁

單公弼等為賀宋正旦使戊寅庚辰獵辰報謝于高禖丁

癸酉以皇子睟日放僧道戒牒三千以武安軍節度使徒

任進表稱謝甲子幸玉虛觀遣使報謝于太清宮十二月

樞密使戊申以更定德運詔中外甲初命外官三品到

十一月甲辰更定德運為土臘用辰巳西京留守宗浩到

謝于太廟及山陵甲申以鳳凰見詔中外丙戌獵癸亥以

皇子生親謝南郊庚午封皇子為葛王冬十月戊獵主

使旦戒之日兩國和好久矣不宜爭細故傷大體癸亥以

辰遣尚輦局副使李仲元為高麗國生日使以箱直將軍

紇石烈毅為夏國生日使瀛王府司馬獨吉溫為橫賜使

使來賀甲寅以拱衛直都指揮使完顏璃等為賀宋生日

聖壽丁酉還宮皇子生九月壬寅朔天壽節宋高麗夏遣

朝獻于衍慶宮八月丙申鳳凰見于磁州武安縣鼓山石

郡以聞七月辛亥有司奏還宮曰請用黃庫使不許乙卯

遣者紲之六月辛卯諭尚書省諸路禾稼及兩多憂令州

〈金史十〉 十二 徐子中

章宗紀

右丞相右丞完顏匡為左丞蒙知政事僕散揆為右丞御
史中丞孫即康刑部尚書賈鉉並為參知政事庚辰為建
春宮二月癸丑還宮甲子定諸職官省親拜墓給假例三
月壬申朝平章政事張萬公致仕官
從人銅牌賚罷賞制庚寅定職官應還三品格刺史以
上及朝資歷在刺史以上身故者每半年一次數奏如
如玉泉山丙申以殿前都點檢司致仕官入宮年高艱于步履者
乙巳禘于太廟勅點檢司致仕官入宮年高艱于步履者
並聽策杖仍令舍人護衛狀之丁巳勅有司祈雨于步虛土
龍法巳未命吏部侍郎李炳國子司業審括本瑩閒撿
侍宴魚藻殿以天氣方肅命兵士甲者發之丙戌以定律
令正上德鳳凰來皇闕建大赦辛卯皇子萬王薨壬辰定
擅增減宮門鎖鑰罪丙申作太極宮六月已亥太白晝見
壬寅詔選聰明方正之士為修起居注又詰點檢司諸親
難得勿強市之癸亥尚書省奏遺官分路覆實御史所察
事五月壬午以重五拜天射柳上三發三中四品以上官
軍所設教授及授業人若干其為教何法通大義者幾人
各具以聞戊申定職官追贈法惟當犯贓罪者不在追贈
之列壬戌遣官行視中都田禾兩澤分數七月壬申朝獻

于衙慶宮乙亥定大臣薨百官奉慰禮庚辰獵于近郊丁
亥上諭宰臣兄弟事朕欲徐思或如巳者若除授事可遂
三五日再奏餘並二十日奏之八月丙辰還宮庚申命編
修官左容允官教賜銀幣九月丙寅還節宋高麗夏
遣使求賀壬申以刑部尚書承暉等為賀宋生日使戊子
盜官公移盜急不即以聚應之者罪有差召右丞相宗浩
還朝冬十月戊戌日將暮亦如之壬子右丞僕散揆至自北邊丙辰
天大赤夜將旦亦如之大風甲辰申酉間
召王香閣慰勞之以尚食局使師孝為高麗生日使庚申
尚書左丞完顏匡等進世宗實錄上降座立受之壬戌以
澗州刺史完顏太平為夏國生日使奉御完顏阿魯帶以
使宋還言宋權臣韓侂胄市馬厲兵將謀我慢上怒以為
生事管之五十出為彰德府判官及淮平隆乃擢為安國
軍節度劇使丁卯諭尚書省士庶陳言肯於所司可以聞自
今可悉令詣闕量與食遣仍給省舍居之其言切直及懇
利害重者並三日內奏聞十一月辛未以簽樞密院事獨
言恩忠等為賀宋正旦使丁丑冬獵以獲兔薦山陵甲午
詔監察等察事可二年一出十二月庚子諭宰臣曰賀正
宋使且至可令監察隨之以為常壬寅還都己酉賜天長

顥潁為太極宮辛亥詔諸觀王公主每歲薦食十月朔應

朝謁與裕二陵忌辰亦如之癸丑詔遣監察御史分按諸

路所遣者女直人即以漢人朝臣偕所遣者漢人即以女

直朝臣偕戊午勅行宮名曰光春其朝殿曰蘭皐寢殿曰

輝寧

本紀第十一

勅修

章宗四

開府儀同三司尚書右丞相□□□監修國史臣□□□□等奉　勅修　脫脫　奉

四年春正月乙丑朔宋高麗夏遣使來賀丁卯諭外方使
人不得佩刀入宮庚午拳像王永成第視疾辛未如先春
宮春水壬申陰霧未冰丁丑行尚書省奏宋賀正使還至
慶都率府遣防禦使張□□護喪山歸孫王永成慶辛卯高麗國
王王晊沒嗣子韺遣使來告哀二月乙未朔還宮丁酉以

章宗

山東河北旱詔祈雨東北二獄巳亥命購豫王永成道文
庚戌始築三皇五帝四王癸丑詔剌史州郡無宣聖廟學
著並增修之三月丁卯日旦無光大風毀宣陽門鴟尾癸
酉命太興府祈雨太極宮詔定前代帝王合致祭
者尚書省奏三皇五帝四王巳行三年一祭之禮若夏太
康殷太甲太戊丁周成王康王宣王漢高祖文景武宣
光武明帝章帝唐高祖文皇一十七君致祭為冝從之乙
判官斜卯劄劾家以上書論列朝臣削官一階罷之夏四月
丙申詔定縣令以下考課法巳亥祈雨于太廟庚子增定

關防嚴細格丙午定衣服制以祈雨壁祀載鎮海濱于比
郊癸丑祈雨于社稷甲寅以久旱下詔責躬求直言避正
殿減膳徹樂省御□馬免單齊州縣徭役及令年夏稅道
使寄繫內理寬獄乙卯宰臣上表待罪詔曰朕德有慙
為高麗國王王韺慰問起復橫賜使康申上閤門使石懇等
張儔等為故高麗國王王晊致奠乙卯宰臣上表待罪詔曰朕德有慙
上天示異卿等各趨乃職思朕懷戊午以西上閤門使
戊萬寧宮端門災五月乙丑祈雨于北郊有司請雩詔三
橫嶽瀆社稷廟不雨乃行之癸酉命政事使軍監尚
書右丞完顏匡罷甲戌兩乙亥百官上表請御正殿復膳

章宗紀

儀乙酉謝兩于宗廟丁亥報祀社稷沛隨朝兒官定省令
史闋決公務詭稱巳重禮退六部大理寺法狀及妻有所
更易者罪辛卯報謝獄頓海瀆六月壬辰朔罷兼官俸給
壬寅復行史目發軫法乙巳始裁中雪川罷惠川高三
州秀巖深微以陽微川咸寧全安利民六縣及北京宮花使諸
群牧提舉居庸紫荊通會三關防十三千戶
諸路書學博士壬子司天臺長行坱翼進天象傳秋七月
丁卯定申報益制戊辰朝獻于衍慶宮庚午幸望京聞
壬申如萬寧宮甲戌罷限鐵法甲申改葬鍋王永中千歲
州八月大理丞如姬端備司直溫敦按帶論奏知大興府事

紇石烈執中坐所言不當各削一官罷職丁酉以尚書左
丞相襄浩為左丞相襄傑被搜為平章政事泰知政
孫即康為尚書右丞御史大夫僕散端勃極烈卻魯虎
獨吉思忠為御書右丞知政事庚子詔完顏綱喬宇宋元吉等
類陳言文字其言涉不恭知政事庚子詔完顏綱省各以類從九
二十卷辛丑以西京留守蕭為御史大夫癸卯以更定閏
門慈侯出職裕先詔以天旱詔求直言至是尚書省奏河
止以本州府文資官提控之丁未以安州軍事判官劉常
論其罪從之仍編諭中外命諸路學校生徒少者罷教授

言諸按察司體訪不實輒加斜勅者從故出入人罪論仍
不得若事涉私曲各從本法辛亥還宮乙卯以知真定府
事先顏昌等為賀宋生日使丁巳辛太極宮施圓場遠地
桑哉民耕捕蕉採減教坊長行五十人渤海教坊長行三
十人文編署女工五十人出宮女百六十人九月庚申朔
田戶自種及租佃法冬十月甲午定私蠲法丙申詔親軍
天壽節宋高麗夏遣使來賀丙寅婑蕭州秋山壬申定也
三十五以下令習孝經論語癸卯至自秋山甲寅以提點
尚衣局完顏衮為夏國生日使十一月丁卯以殿前右副
都點檢烏林荅武教等為賀宋正旦使癸酉木冰九三日丁

〈金史十二〉 三

丑定收補承德人格十二月己丑朔新平等縣好蚧蟲生
巳亥左丞相襄浩等請上尊號不許辛丑勑陝西河南饑
民所鬻男女官為贖之乙卯百官再表乞受尊號不許
五年春正月巳未朔大雪宋高麗夏遣使來賀庚申調行
慶宮乙丑幸太極宮丁卯如光春宮春水壬申朝獻于衍
慶宮乙亥詔有司自泰和三年郡縣三經行幸民嘗供億
者賜今年租稅之半丁丑次霸州調山東河北軍夫政治
漕渠二月巳朔詔按察司近制以鎮靜而知大體為稱
職訏細而閣放大體為不稱由是各路按察以因循為事
莫思舉劾郡縣以貪賕相尚莫能畏戰自今若糾察得實

章宗

〈金史十二〉 四

民無寬裕能使一路鎮靜者為稱職其或煩苛使民不得
仲愿者為曠歷癸巳定鞠勘官受飲箅者罪已亥建
春宮甲寅制盜用及偽造都門契者罪視宮城門減一等
三月庚申運曹癸更定兩稅輸限乙丑宋兵入秦州界
庚午觀王鏵百官請上尊號不許甲戌詔以諱有司進士名有犯
孔子諱者避之仍著為令給米諸寺自十月十五日至
次年正月十五日作廉以食貧民戊寅罷獄空錢辛巳宋
兵入鞏州來連鎮唐州得宋謀者言韓侂冑屯兵鄂岳將
謀北侵四月戊子朔如萬寧宮癸巳命樞密院移文宋人
依誓約撤新兵毋縱入境壬子定隨路轉運司及府官每

徐子中

李撤視庫物法五月甲子以平章政事僕散揆為河南宣
撫使籍諸道兵以備宋癸酉詔定逯東邑社人數戍更
定撥知法勒留格已卯如慶寧宮制司屬丞兄遭父母喪
止給卒罪假為求制甲申如宋入漣水縣六月戊子復漣
水縣丁酉制定本朝婚禮更定嘗米耗入外界法已酉制
依本朝者罰召諸大臣閒備宋之策皆以設備養惡言
鎮防軍逃亡致邊事失錯鴟敗戶口者罪甲寅詔拜禮不
上以南北和好四十餘載民不知兵不忍先發七月戊辰
如錦屏山壬申朝獻于衍慶宮乙亥宣撫使揆奏定姦細
罪賞法丙子定圍場誤射中人罪壬午部諸縣盜賊多所

選注迩尉八月辛卯詔罷宣撫司時宋殿帥郭倪漳州守
將田俊邁誘虹縣民蘇貴等為間河南將臣亦屢縱諜往
往利俊邁之賂及為遊說皆言宋之增戍本虞他盜及閒
行臺之建益畏說京敢去備且兵皆白丁自裹糧糒窺竊鑾
飢政死者十二三由是中外信之宣撫司以宋三省樞密
院及盱胎軍帥來上又峕鎮點邊防鮮宣撫使因請罷司
從之撲又奏罷臨洮德順泰華新置弓箭手閏月乙卯典
衡司西子還宮九月甲朔天壽節宋高麗夏遣使來賀戊子西
比方黑雲閒有赤氣如火色次及西南正南東南方皆赤
有白氣貫其中至中夜赤氣蒲天四更乃散以河南路紐

軍使統石烈子仁等為賀宋生日使戊戌宋兵三百攻比
陽寺粧副巡撿阿里根寺家奴死之甲辰宋人焚黃澗寨
巡撿高顯冬十月康申以刑部貟外郎奎元忠為高麗生日
使丁丑宋人襲比陽唐州軍事判官撒觀死之十一月乙
酉宋人入內鄉攻洛南之圉縣商州司獄官丁酉詔癸巳
擊敗之已丑以太常鄉趙之傑等為賀宋正旦使癸巳山
東閧食賜錢三萬貫以賑之乙未初定武舉格丁酉詔
東陝西帥臣訓練士卒仍以備宋非常仍以銀十五萬兩分給
邊師募民偵伺復遣武衛副都指揮使完顏太平殿前
右衛副將軍蒲察阿里赴邊伺其入伏兵掩之戊戌大雪
免朝參已亥更定宮中局署承應收補格宋員攤攬泉輿
元欲窺關隴皇甫斌益募兵擾淮比所掠即以與之使自
為戰
六年春正月癸未湖宋高麗夏遣使來賀丁亥宋使陳克
俊等朝辭遣御史大夫孟鑄就館諭克俊等曰大定初世
宗皇帝許宋世為姪國朕遵守遺法和好至今尚真爾國
屢有盜賊犯我邊境以此遺大臣宣撫河南軍民及得爾
國有司公移稱已罷黜邊臣抽去兵卒朕方以天下為慮
不介小嫌遂罷宣撫司未幾盜賊甚于前日比來群臣屢
以爾國渝盟為言朕惟和好歲久委曲涵容恐姪宋皇帝

章宗

或未詳知者依前不忽臣不忽有有云朕雖兼受生靈事
亦豈能終已卿等歸國當以朕意具言之汝主辛卯朝事
于衍慶官丙申宋興元守將具職道兵圍抹熱龍保世部將
蒲鮮長安擊走之斬其將辛丑更道保伍法癸卯始以沿
河縣官兼管句澭河事州府府官兼提控丁未如春水庚
戌宋人入撒車谷陝西統軍判官完顏摑剌政為所襲水
韓完顏七斤約宋西和州守將會境上俄伏發為所襲水
波部長趙彥雄等七人死謝摑剌政按察司
僅以身免二月甲戌御史中丞孟鑄言提刑改為按察司
又差官覆察機制而弩輕排便祭知政事賈鉉曰按察司
饒差監察體訪復遣官覆察之誠為繁冗請自今差監察

一《金史十二》七

時即遣官與俱更不覆察從之三月甲午尚書省奏商州
朝家為古論宛州請聘抑寧官與秦右
振肅蒲察五斤官皆從之明昌初五斤常為奉御出使山
東至河間以百姓飢輒移提刑司開倉賑之還具以聞上
初甚悅太傅徒單克寧又以為言乃罷之
禮乞正專擅之罪詔杖之二十克寧又如萬守官甲辰勤尚
上恩之由泰州都軍乃為摭蕭已侍養而子孫遠遊至經歲甚傷
書省祖父母父無人侍養而子孫遠遊至經律再議以聞
風化雖舊有徒二年之罪似洪太輕其者前律再議以聞

章宗

已酉宋人攻靈璧南京按察使行部至縣匿民舍得免四
月丙辰宋人圍壽春舍急子庵同知防禦使賢聖奴
將安騎六百赴之乃退癸亥尚書省奏河南統軍司言統
軍使統石烈子仁等道嚴整開忠周秀驅入襄陽覘敵陰
事還言皇甫斌遣兵四萬戍潁之而散人田元為鄉道
三萬人規取唐以鄧鄧人皆從之
無備乃聚取汝陽翟之張貝張勝為鄉道俱援統領官不敢
副都總管紇石烈歡統之乘亳陳襄邑之兵于歸德以河
南路副統軍徒單鐸統之而自以所部兵駐汴及嶷山東
東西路軍七千付統軍統紇石烈豰中駐大名河北東西路

《金史十二》八

軍萬七千屯河南皆給以馬有虺弱者易其人皆從之甲
子宋人攻天水界乙丑入東柯谷部將劉鎖戰敗之丙寅
詔平章政事僕散揆領行省于汴許以便宜從事升諸道
統軍司為兵馬都統府以山東東西路統軍使紇石烈執
完顏撒剌副之陝西統軍使充海軍節度使副都統使
通速軍節廈使胡沙知洮府事石抹仲溫副之河南皆
聽樑節制如故盡徵諸道籍兵辛未宋人職攻來遠鎮之
蘭家嶺丙子詔內外職官納馬各有數已卯宋人入新息
內鄉又入泗州戊寅入褒信已卯入虹縣庚辰入潁上五

章宗

月壬午宋李英圍壽州田俊邁入蘄縣秦誑攻韓州防禦
使完顏佳敗之又入金城海口殺長山尉執二巡檢以
去甲申太白晝見丙戌以宋畔盟出師告于天地太廟社
稷丁亥觀告于行慶宮戊子平章政事僕散揆盞里副元
師陝西兵馬都統使辛卯以為元帥右監軍知真定府事爲古
論誼為元帥左都監賜唐州刺史吾
古孫兀屯總押鄧州巡檢使賜入級錢二百萬上以宋兵
方熾東北新調之兵未集河南之眾不足支命河北大名
為所誤授嵩州巡檢使賜入級錢二百萬上以宋兵
樂使完顏佳爵一級餘賞賚有差又以非嚴整上藥必
奏陳將觀閱之六品以下則具帖子以進癸巳山東路
災被死罪巳下以樞密副使完顏匡為右副元帥宋田俊
邁攻宿州安國軍節度副使納蘭邦烈等出兵擊之邦烈
中流矢宋郭倬李汝翼以眾繼至遂圍宿州壬寅副巡檢納
烈筆擊敗之像邁退保于蘄甲辰皇甫
城攻唐州刺史吾古孫兀屯拒之行省遣泌陽副巡檢
合掌勝累授巡軍敗之庚戌太白經天六月辛亥朔左丞
僕散端以毋憂冦平章政事揆報斯之捷并送所獲宋將

章宗

田俊邁至闕上降詔褒諭賜統石烈貞納蘭邦烈史抆搭
等爵賞賚有差宋將李爽以兵圍壽州燒壽州刺史徒單義拒守論
月不能下壬子河南統軍官乞住及買哥等以兵來授
義出兵逆戰之爽大敗同知軍州事蒲烈古中流矢死乙卯
初置急遞鋪賞銀賤罪除飛蝗入境雖不慎苗稼亦許起
馬定軍前差發愛賊罪除飛蝗入境母得擅壞仍禁焦捺
法丁己詔彰德府宋韓侂胄祖琦塋母得擅壞仍禁焦捺
司有宋宗族所居各具以闕長官常加提控于漯水辛酉
庚申右都統完顏襄不敗宋曹統制于漯水辛酉平章政
事揆報壽州之捷戌辰部升壽州為防禦免今年租稅
諸科名錢得免罪巳下以徒單義為防禦使贈蒲烈古昭
勇大將軍賜錢三百貫官其子圖剌乞住同知昌武軍
節度使賣野河南路統軍判官都統簽不副統蒲鮮萬
奴各進爵一級賜金幣有差辛未木星晝見至七月戊申
經天乙亥宋兵礮攻東海縣冷完顏下僧復敗之還中伏矢死
末宋兩棠後攻盬川戌將完顏王喜敗之秋七月癸
贈海州刺史以銀五百兩絹百延給其家仍官其一子甲
申朝獻于衍慶宮丁亥勑翰林直學士陳大任妨本職專
修遼史甲午宋統制咸春以舟師攻邳州刺史完顏從正
敗之秦赴水死斬其副夏統制具贓兵五萬入秦州陝西

路都統副使承裕等敗之丙申夏國王李純佑廢姪安
立遣使奉表來告詔蕢賣馬人外境但至界欲賣而為所
捕即論死八月庚戌山東帥來報邳州之捷辛亥术虎星晨
見乙卯以羌酋青宜可為臺州副都總管已未太白晝見
丙寅左丞僕散端起復前職詔設平南諸將軍辛未宋程
松襲取方山原蒲察員破走之壬申大白晝見經天甲戌
至白萬寧宮乙亥敕唐鄧頻蔡佰泗六州免來年租稅三

《金史十二》
十二

分之一九月己卯朔天壽節高麗遣使來賀辛巳元帥右
都監蒲察貞取和尚原臨洮番洮遵寧獻兕粟戰馬以助
軍乙酉將五鼓北方有赤白氣數道起于王良之下行至
北斗開陽橝光之東丙戌辛香山庚寅勅行尚書省有少
略出粮武藝絕倫才幹辦事工巧過人者其招選之甲午
泰知政事賣鉉乞致政不許戊戌尚書左丞僕散端前省
于沭巳亥尚書左司郎中溫迪罕思敬珊李安全為夏國王甲
丑遣尚書右司郎中溫迪罕思敬珊李安全為夏國王甲
辰宋兵賊將馮興楊雄李珪等入泰州陝西都統副使承
裕等擊破之斬楊雄李珪冬十月戊申朔平章政事僕散
揆督諸道兵伐宋庚戌揆以行省兵三萬出頻河南路
統軍使紇石烈子仁以兵三萬出渦口元帥匡以兵二萬
五千出唐鄧左監軍紇石烈執中以山東兵二萬出清口

右監軍充以關中兵一萬出陳倉右都監蒲察員以岐隴
兵一萬出成紀蜀漢路安撫使完顏綱以漢番步騎一萬
出臨潭臨洮路兵馬都總管石抹仲溫以隴右步騎五千
出鹽川隴州防禦使完顏瓛以本部兵五千出來遠甲子
獵于近郊十一月戊寅朔詔定諸州府物力差役式壬午
完顏匡攻下棗陽乙酉詔屯田軍戶與所居民為鄰因者
聽丁亥僕散揆克安豐軍取霍丘縣紇石烈子仁克淮陰
遂圍楚州僕散揆克光化軍及神馬坡壬辰僕散揆次廬江宋
庚寅完顏匡克隨州丙申紇石烈子仁克滁州戊戌
督視江淮兵馬事立宗遣劉佑來乞和紇石烈子仁克定

《金史十二》
十二

遠縣乙未完顏匡取隨州丙申紇石烈子仁克滁州戊戌
詔諸路行用小鈔完顏匡圍德安別以兵徇下安陸應城
雲夢孝感漢川荊山等縣庚子日斜有流星二光芒如炬
幾及一丈起東北沒東南初定茶禁完顏綱圍襄陽破其外城
宋丘宓遣林拱持書乞和辛丑完顏綱攻襄陽破其外城
僕散揆克含山蒲察貞克天水紇石烈子仁克來安全
椒二縣壬寅完顏綱徇下棗川關川等城癸卯丘密復遣
宋顯等以書幣乞和乙巳完顏綱宓呂丙午蒲察貞克
西和州十二月丁未朔完顏綱次宜城僕散揆攻和州史
挖搭中流矢死壬子完顏綱次大潭縣降之蒲察貞克成

州癸丑宋太尉昭信軍節度使四川宣撫副使吳曦納欵
于完顏綱戊午右監軍充攻下大散關巳未紇石烈子仁
克真州立宗復遣陳璧等奉書乞和辛酉右監軍充遣元
顏綱令以兵趣復鳳州城潰入為完顏綱遣京兆錄事張仔
會吳曦于興州之置口曦具言所以歸朝之意仔請以告
身為報盡出以付之仍獻階州乙丑初設都提控急遞鋪
官平章政事金僕散揆班師完顏匡進所掠女子百人乙巳曦以朝命假太倉使馬良
顯齎詔書金印立吳曦為蜀王戊辰蒲察貞以西和天水
等捷來報完顏匡進所掠女子百人巳巳曦遣其界果州圍
等仍詔放還所掠

〈南宗〉

〈金史十二〉

十三

朕來上壬申詔完顏匡遣使來賀完顏匡進攻襄陽戊寅
七年春正月丁丑朔高麗原遣使來賀完顏匡進攻襄陽戊寅
故以紇石烈執中繼下虜掠遣近臣杖其經歷阿里不孫
勅寧臣與材幹官同議南征事辛巳詔御史大夫崇蕭禮部尚
睦親府事徒單懷忠吏部尚書范楫戶部尚書高汝礪同判大
書張行簡知大興府軍溫察等十有四人同對于慶和殿壬
午詔首官及前十四人同對于廣仁殿甲申朝獻于衍慶官乙
酉贈故壽州死御軍亡魏全吉武將蒙城令封其妻鄉君
子煥年至十五收充弟贊石正班句分承應衍賜錢百萬初李

爽圍壽州刺史義募人往所敢營全在選中而為敵所執
敵令罵義則一陽許及至城下反罵敵遂殺之至死罵
不絕鏊故有是恩戊子巳完顏綱赴關內行省于南京以
下綠而病丙申以左丞相崇浩兼都元帥行省于南京以
代拽巳女有司委更定本禁辛丑完顏匡取穀城二月丙
辰赦鳳戍西和階山五州巳巳詔追復中丞張巖復宮乞
知樞密院張巖遣方信孺以書諸軍癸亥如建春宮吳曦
和巳未獵于近郊完顏克荊門軍癸酉遷還宮戊
遣使奉三表來謝封爵陳誓言賀全蜀內附丙寅遠還宮戊
辰平章政事兼左副元帥僕散揆薨于軍癸酉遣同知府

〈章宗〉

〈金史十二〉

十四

事术虎高琪等冊吳曦為蜀國王判平陽府事衛王永濟
改武定軍節度使兼奉聖州管內觀察使是月蜀國王毛吳
曦為宋臣安丙所殺三月戊子辛太極宮府庚寅是
復攻破階州癸巳復攻破西和州乙未宣諭軍還庚子以完
西軍士壬辰初定蟲蝻生發地主及隣主首不申之罪宋
至鳳翔詔徹五州之兵分保要害綱弘前軍還庚子以完
顏匡為左副元帥壬寅如萬寧宮甲辰辛西宋人攻破散
子遣宮籍副監楊序為橫賜高麗王使癸丑宋人攻破散
關摯州鈐轄元顏阿失死亡丙辰以紇石烈子仁為右副
元帥戊辰詔元帥府分遣諸將遊奕淮南諸州癸酉復下

散關五月己卯幸東園射栁己丑幸玉泉山丙申宋知樞

密院事張巖復遣次信孺以書至都元帥府增歲幣乞和

四川安撫使安丙遣西和州安撫使李孝義率步騎三萬

攻秦州圍皂角堡术虎高琪以兵赴之七戰而解其圍是

月放宮女二十八人六月乙巳朔詔朝官六品外官五品以

上叉親王藥通錢穀官一人不舉者副舉不當者論如律

己酉以山東盜制同黨能自殺補出首官實法戊午烏古

論誼為元帥左監軍完顏撒剌為元帥左都監乙丑遣使

捕蝗于衍慶宮壬午詔諸民間交易典質

一貫以上並用交鈔毋用錢乙酉勅尚書省令初受監

章宗 【金史卷十二 十五】 賀宋戚

察者令進利害帖子以待召見甲午左副元帥匡至自許

州乙未詔覈西夏人口盡贖放還敢有藏匿者以違制論

八月戊申宋張巖後遣次信孺齎其主誓書榮來乞和庚

戌割汝州襄城縣于自萬寧官九月甲戌朔

天壽節高麗羌遷使來賀左丞相兼都元帥崇浩薨壬軍

甲申定西北京遼東鹽司判官諸場句增鈔升降格以

尚書左丞散端為平章政事兼左副元帥

匡為平章政事封定國公丙戌獵于近郊完顏

戊辰勅女直人不得改汝為漢姓及學南人裝束冬十月甲辰

寅勅宮戊戌更定受制忘誤及誤寫制書等事重加罪壬

詔應襲爵之家旁正廳足其正廳者未出官而云

人辛亥以武庫令术木法心為高麗生日使丙辰獵于近

郊己巳詔定隨軍遷賞格辛未陜西宣撫使徒單鎰分遣

副統把回海攻下蘇嶺關是月定南征將士功賞格十一

月癸酉詔新定學令內削去薛居正五代史止用歐陽倩

所撰是日都統剌技鶡嶺關新道口副統回海取小湖

關教倉進至營口鎭遂取其城丙子宋韓侂冑遣左司郎

中王柟以書來乞和請稱伯復增歲幣犒軍錢誅韓侂冑

函首以獻丙戌上聞陜州防禦使統石烈字孫禁民耀命

尚書省罪之壬辰宋參知政事錢象祖以誅韓侂冑書

章宗 【金史十三 十六】 賀宋戚

行省甲午獵于近郊戊戌參知政事賈鉉罷詔完顏匡撒

宋函侂冑首以贖淮南故地十二月壬寅朔遼史成丙午

以符寶郎為夏國生日使戊午詔策論進士

免試弓箭擊毬庚申以尚書右丞孫即康鐸為左丞系知政

事獨吉思忠為右丞中都路都轉運使來賀卡申朝謁行慶

宮癸酉收羅大鈔行小鈔以元帥左都監完顏撒剌為恭

八年春正月辛未朔高麗夏遣使來賀卡申朝謁

知政事乙亥宋安丙遣兵襲鶡嶺關副統把回海取

刺擊走之斬其將景統領兩子左司郎中劉昂通州刺史

史蘭監察御史王宇吏部主事曹元吏部員外郎徒單求

22-144

【金史十二】 章宗 十七 剳八

康太尹使馬良顯順州刺史唐括直思白坐與蒲陰令大
中私議朝政皆杖之癸未如水丙戌如光春宮二月乙
巳宋泰知政事錢慕相遣王栯來以書上行省後請川陝
關臨甲寅如建春宮錢慕相遣諭有司曰方農作時雖在禁地
亦令耕種巳巳還宮壬辰宰臣上表謝罪甲午黃外赤戌申梯
宋和諭尚書省壬辰宰臣上表謝罪甲午内黃外赤戌申與
未上親臨除夏四月癸卯日暈三重皆内黃外赤戌申東
于太廟庚戌如萬寧宮以此邊無事勑尚書省命東
比路招討司還治泰州甲寅以其副招討備邊
詔論有司以苗稼方興宜速遣官分道巡行農事以備蟲
蝻詔更定猛安謀克承襲程試格宋錢象相復薨王栯以
書上行省庚申詔諸路按察司歲賜公用錢閏月辛未論
尚書省曰翰林侍講學士蒲察畏也言使宋官當選人其
言其嘗後通謝使雖未到闕其報聘人當先議擇此乃更
始九有禮數皆狂奉使令既行之遂為例側不可不慎也
之律計偹以受所監臨財物論甲申定承應人臣邊者準私役
格甲午雨電定保甲軍殺獲南軍官賞乙未宋獻韓詫甲
戌制諸州府司縣造作不得役諸色人匠
等首元帥府五月丁未御應天門偹黃麾立仗親王文
武合班起居中路兵馬提控平南撫軍上將軍紇石烈貞

【金史十二】 章宗 十八 剳八

以宋賊臣蘇師旦首獻并奉元帥府靈布以聞繼
其首并畫像于市以露布頒中外丙辰平章政事匡至自
軍巳未更元帥府為樞密院癸亥詔移天壽節於十月十
五日丁卯遣使分路捕蝗六月癸酉宋通謝使朝議大夫
試禮部尚書許奕觀察使右武衛上將軍兵衛平詔中外
其主書入見甲戌詔謝于行慶宮癸未以許宋平詔中五
免河南山東陝西六路今年夏稅河東河北大名等五
路半之丁亥以元帥左都臨焉為古論誼為御史大夫于
飛蝗入京畿乙未定服餙明金獎金制丁酉以副都點撥
完顏侃為宋諭成使禮部侍郎喬宇副之秋七月戊戌朔
太白晝見庚子詔更定蝗蟲生發坐罪法乙巳朝獻于行
慶宮詔頒捕蝗圖于中外戊申宋使朝辭致答通謝書及
誓書于宋主八月壬申更定遼東行使鈔法癸酉如建春
宮巳丑以戶部尚書高汝礪等為宋生日使庚寅如秋山
九月甲子遣吏部尚書賈守謙等一十三人與各路按察
慶宮推排民戶物力乙丑至自秋山冬十月辛未以吏部
郎中郭郭為高麗生日使辛巳宋高麗夏遣使來賀夏國
有兵道使來告癸未更定安泊強竊盜罪格辛卯以軍民
共譽為廉能官條附著最法十一月丁酉朔詔諸路按察
使並兼轉運使初設三司使掌判鹽鐵度支勸農事以樞

密使統石烈子仁兼三司使癸卯詔戒諭尚書省曰國家
之治在於紀綱紀綱所先賞罰必信令必行上自省部之重
下逮司縣之間律度弗循私懷自便遷延曠歲苟且成風
習此為恆從何致理朝廷度者百官之本京師者諸夏之儀
其勗自令各懲已往従遵繩奉法竭力趨功無枉挽以循情
無依違而避勢壹歸于正用範乃民是日御臨武殿試護
衞丁未勑諭漢泰州路兵馬都總管承裔等修邊備乙
卯上不豫丙辰崩于福安殿年四十一大安元年春正月
諡曰憲天光運仁文義武神聖英孝皇帝廟號章宗二月
甲申葬道陵

章宗

劉川

贊曰章宗在位二十年承世宗治平日久宇內小康乃正
禮樂修刑法定官制與章文物粲然成一代治規又數問
群臣漢宣綜核名實唐考課之法蓋欲跨遼宋而比跡
於漢唐亦可謂有志於治者矣然媲寵擅朝家嗣未立疏
忌宗室而傳授非人向之所謂維持鞏固於久遠者徒為
文具而不得為後世子孫一日之用金源氏從此衰矣昔
揚雄氏有云秦之有司負秦之法度秦之法度負聖人之
法度蓋有以夫

本紀第十二

衛紹王

勅修

智儁前在翰林署撰章宗實錄前書宏相協修　國子　鈙進書魯簽威監　脫脫　奉

衛紹王諱永濟小字興勝更諱允濟時避顯宗諱
改允為允濟世宗第七子母曰元妃李氏衛王長身美髯鬚
天資儁約不好華飾大定十一年封薛王是歲進封滕王
十七年授世襲猛安二十五年加開府儀同三司二十六
年為秘書監明年轉刑部尚書又明年改殿前都點檢二
十九年世宗崩章宗即位進封潞王起復判安武軍節度
使五月至冀州以到任表謝賜詔優答明昌二年進封韓
王四年改判興平軍五年改心南軍承安二年改封衛王
三年改昭義軍泰和元年改判彰德府事五年改判平陽
府初章宗誅鄭王永蹈趙王永中父顏悔之七年下詔追
復篤封仍賜諡而永蹈無後乃以衛王子按陳為鄭王後
賜衛王詔曰朕念鄭王自棄天常以干國憲葺廢曠忽
復舊韻改葬稽考古禮以卿之子按陳為鄭王後謹
諸不祀矍歲既久深用惻然親親之情有懷難置已詔追
其祭祀卿其悉之已而改武定軍節度使八年十一月自
武定軍入朝是時章宗已感歉疾衛王且辭行而章宗意

留之章宗初年雅愛諸王置王傅府尉官以傅導德義及
求中永蹈之誅由是疏忌宗室遂以王傅府尉檢制王家
苟問嚴密門戶出入皆有籍而衛王乃求永蹈母弟柔弱鮮
智能故章宗愛之既無繼嗣而諸叔兄弟多在章宗皆不
肯立惟欲立衛王故於辭行留之無何章宗大漸元妃李
氏黃門李新喜平章政事完顏匡定策章宗崩匡等傳遺
詔立衛王衛王固讓乃承詔舉哀即皇帝位于樞前明日
羣臣朝見于大安殿路府州縣為大行皇帝服七日
大安元年正月辛丑飛星如火起天市垣有尾跡若赤龍
壬戌改元大赦立元妃徒單氏為皇后二月乙丑朔太白
見經天壬辰章宗內人范氏稱其遺腹以詔內外初章
宗遺詔內人有娠者兩人生男則立為儲貳至是平章政
事僕散端等奏承御賈氏當以十一月免乳今則巳出三
月范氏產期合在正月有醫稱胎氣有損用藥調治脉息雖
和胎形巳兆范氏願削髮為尼封皇子六人為王三月甲
辰道陵禮成大赦詔曰自今於朕名不連續及昶諒等字
不須別改以平章政事完顏匡為尚書令
宗元妃李氏及承御賈氏以平章政事完顏匡為右丞相四月庚辰殺章
五月高麗賀即位試宏詞科七月章海王莊臨莫曹國公
壬八月萬秋節宋遺使來賀九月如大房山詔冀慶陵裕

陵道陵百官表請建儲不允十月歲星犯左執法已卯詔
戒勵風俗十一月平陽地震有聲如雷自西北來十二月
詔平陽地震人戶三人死者免租稅一年二人及傷者免
一年貧民死者給葬錢五千傷者三千尚書令申王完顏
匡羲右丞相僕散端為左丞相進封兄越王永功為譙王
郎耽端羲為參知政事四月校大金儀禮比方有黑氣如
御史大夫張行簡為太保
二年正月庚戌朔日中有流星出大如盆其色碧而西行
漸如車輪尾長數丈沒于濁中至地復起光散如火二月
客星入紫微垣光散為赤龍地大獲有聲如雷以禮部侍

後者曲赦西京太原兩路雜犯死罪減一等徒以下免兩
月詔儒臣編續資治通鑑六月大旱下詔罪已振貧民關
大道東西豆天徐邳州河清五百餘里以告宗廟社稷五
寅地震七月地震八月地震乙丑立子胙王從恪為皇太
震乙未詔求直言招討猛獲撫流亡庚子遣使慰撫宣德行
于萬秋節宋道使來賀獵于近郊夏人侵葭州九月地大
大道士丙午京師戒嚴上口出巡撫百官請視朝不允辛
麥宣德行省罷癸丑詔撫諭中都西京清滄被兵民戶十
一月獵于近郊中都大悲閣東渠縣內火自出逾旬乃滅閣
南剎竿下石鐏中火自出人近之即滅俄後出如是者後

旬日中都火燃民居十二月辛酉朔日有食之是歲大饑
禁百姓不得傳說邊事
三年正月乙酉朔宋高麗夏遣使來賀熒惑入氐中二月
熒惑犯房宿有大風從北來發屋折木通玄門折東
華門重關折閏月熒惑犯鍵閉星三月大悲閣災延及民
居有黑氣起北方廣長若大堤內有三白氣貫之如龍虎
狀括民間馬令職官出馬有差四月我

大元
太祖法天啟運聖武皇帝來征遣西北路招討使粘合合
打乞和平章政事獨吉千家奴參知政事胡沙行省事備

邊西京留守統石烈胡沙虎行樞密院事參知政事奧屯
忠孝為尚書右丞戶部尚書梁瑾為參知政事六月壬寅
更定軍前賞罰格八月詔獎諭行省官慰撫軍士千家奴
胡沙自撫州退軍駐于宣平河南大名路軍逃歸下詔招
撫之九月千家奴胡沙敗績于會河堡居庸關失守禁男
予不得輒出中都城門
大元前軍至中都戒嚴參知政事梁瑾鎮撫京城十
月每夜初更正東西北天明如月初出經月乃滅熒惑犯
壘壁陣上京留守徒單鎰遣同知烏古孫兀屯通玄門外上巡撫諸軍罷
衛中都泰州刺史术虎高琪屯通玄門外上巡撫諸軍罷

宣德行省十一月殺河南陳言人郝贊以上京留守徙單
鎰為右丞相簽省在城軍紐石烈胡沙虎棄西京走遼
京師即以為右副元帥權尚書左丞是時德興府弘州昌
平懷來縉山豐潤密雲撫寧集寧東過平灤南至清滄由
臨潢過遼河西南至忻代皆歸
乃大悔右副元帥胡沙虎請兵二萬屯宣德詔與三千人
不虞上不悅曰無故邀大臣動搖人心未幾東京不守上
大元已定三州上悔之至是鎰復請置行省事于東京備
責鎰曰是自覺境土也及
大元劫徒單鎰請徙桓昌撫百姓入內地上信梁璫議以

十二月簽陝西兩路漢軍五千人赴中都太保張行簡左
虎請退軍屯南口詔數其罪免之三月大旱遣使冊李遵
崇慶元年正月朝政元赦宋夏遣使來賀右副元帥胡沙
丞相僕散端者萊申議軍事左丞相僕散端罷
奴除名胡沙責授平路兵馬總管萬戶仳顯屯忒古比口
屯媧川平章政事千家奴參知政事胡沙坐覆全軍千家
項為夏國王以御史大夫福興為參知政事參知政事孟
鑄為御史大夫人犯蔥州延安路兵馬總管完顏奴婢
鄉之五月簽陝西勇敢軍二萬人射糧軍一萬人赴中都
括陝西馬武安軍節度使致仕賈鎰起後參知政事參知

政事福興為尚書左丞詔賣空名勑牒河東陝西大饑斗
米錢數千流莩野以南京留守僕散端為河南陝西宣
撫使提控軍馬七月有風自東來吹昴一段高數十丈飛
動如龍形墜於拱辰門八月萬秋節以兵事不設宴七月
曲赦西京遼東北京十一月振河東南路陝西東
路山東西路衛州旱災十二月詔撫諭遼東大名
至寧元年正月振河東陝西饑二月詔撫諭遼東大名
府事烏古論誼謀不軌三月太陰太白與日並見相
去尺餘五月改元詔咸平路契丹部人之嘯聚者起胡
沙虎復為右副元帥領武衛軍三千人赴通玄門外陝西

大旱六月夏人犯保安州殺刺史犯慶陽府殺同知府事
以戶部尚書胥鼎刑部尚書王維為參知政事八月尚書
左丞完顏奴將兵備邊詔軍官軍士賜賚有差大赦壽
海治中福海別將兵屯城北辛卯胡沙虎矯詔以誅反者
招福海執而殺之奪其兵壬辰自通玄門入殺大興府
徒單南平刑部侍郎徒單沒撚於廣陽門西福海男符寶
鄧陽都統石古乃與衆拒戰死之胡沙虎叩東華門遣人
呼守直親軍百戶冬兒五十戶蒲察六斤不應許以世襲
猛安三品官職亦不應都檢徒單渭河絕而出護衛斜
烈楷鑌啓門胡沙虎以兵入宮弒逐衛士代以其黨自稱

監國都元帥癸巳逼上出官以素車載至故邸以武衛軍
二百人鋼守之尚宮左夫人鄭氏為之職掌凡國閫端
居軍所侍變胡沙虎遣黃門入收重璽上璽天子所用胡
沙虎人臣取當為黃門曰今天時大變鄭曰璽天子所用胡
兄璽平御侍當當自脫計鄭屬學驚馬曰若重璽上猶且不俟
控宿直將軍徒與金壽求突軍節度使及其餘黨凡數十
人皆遷官遂使宣者李恩中害上於邸諒華御和尚使作
必不與遂瞑目不語黃門出胡沙虎命之寶偽作
其黨覬奴飛諭古諭李剌順天軍節度使提
九月甲辰宣宗即位丁未詔即睞真伏哭靈戒敕必禮改
尚書武都拾遺田廚芳等三十人請降為王俟太子太保
太子少傅奧屯忠孝侍讀學士蒲察思忠請從廢熙戶部
郭胡沙虎諛聚驚為廣人詔曰官議于朝堂議者二百餘人
張行節請用漢昌邑王晉海西公故事議宣宗不得已乃降
等十人請降復王封胡沙虎固執前議宣宗不得已乃降元
封東海郡侯昭雪道陵元妃李承御賈氏十月辛亥元
帥右監軍木厂高琪赦胡沙虎子其弟胡沙虎者紇石烈
執中也宣宗乃下詔削其官爵贈石古乃順州刺史鄯陽

順天軍節度使凡從二人拒戰者千戶賞錢五百貫謀克
三百貫蒲輦散軍二百貫各還官兩階戰沒者贈賞付其
家兒加龍虎衛上將軍再還宿直將軍蒲察六斤加定
遠大將軍武衛軍鈐轄石古乃子尚幼給俸八貫石勣有
司俟其年十五以聞貞祐四年詔追復衛王諡曰紹
贊曰衛紹王政亂於內兵敗於外其滅亡已有徵笑身弒
國廢記注立失南遷後不復紀載
皇冬兒加龍虎衛上將軍有志論箸求大安崇
慶軍不可得采摭當時詔令故金部令史實祥年八十九
耳目聰明能記憶舊事從之得二十餘條司天提點張正
贊曰實祥記注立失南遷後不復紀載
本朝中統三年翰林學士承旨王鶚有志論箸求大安崇
之寫災異十六條張承旨家手木戕攜事五條金禮部尚
書楊雲翼曰錄四十條陳老曰錄三十條藏在史館當件
雖多重複者三之二惟所載女妃完顏匡定策獨吉千家
奴兵敗紇石烈執中作難及日食星變地震瓜細不相肯
簽今校其重出刪其繁雜章宗實錄詳其削事宣宗實錄
詳其後事又於金掌奏目女官大明居士王氏所紀得资
明夫人楊墜一事附者于穡亦可以存其梗槩云爾

本紀第十四　金史十四

開府儀同三司上柱國錄軍國重事監修國史兼都總裁經筵都總管脫脫奉　勅修

勅修

宣宗上

宣宗繼天興統述道勤仁英武聖孝皇帝諱珣本名吾睹
補顯宗長子母曰昭華劉氏大定三年癸未歲生世宗養
于宮中十八年封溫國公加特進二十六年賜名從嘉八
九年進封邢王加開府儀同三司累判兵吏部又判大理
彰德等軍承安元年封翼王泰和五年改賜名珣二十

〔本記　金史十四　一　宣宗刊〕

年進封邢王又討昇王所至著祥異至寧九年八月衛紹
王被弒徒單鎰等迎于彰德府既至京親王百官上表勸
進甲辰即皇帝位於大安殿以統石烈胡沙虎為太師尚
書令蕭都元帥封澤王九月乙巳朔諭尚書省事有規畫
胡沙虎丁未諭宰臣曰朕即六位罷臣亢有所見直言
勿隱臨算于衡給紹王有司奏舊禮當設視朝哭上命撤坐
者皆規畫悉依世宗所行行之丙午以駙馬雄名各賜
伏乞盡衰勅有司以禮改葬戊申勅仁政殿視朝嘗哭上命撤坐
麾坐胡沙虎不辭辛亥封皇子守純為濮王
皇女溫國公主壻王求升霓上親臨奠
大元遣乙里只來壬子改元貞祐大赦恩賚中外臣民有

差丙辰左諫議大夫張行信上章言崇飾儉廉聽納明賞
罰三事尚書右丞相徒單鎰進左丞相封廣平郡王庚申
澤王胡沙虎等議嚴故衛王為庶人上曰朕徐思之以諭
御等壬戌授胡沙虎中都路和魯忽土世襲猛安丙寅詔
諭六品以下官事有可言者言之無隱閏月戊辰朔拜日
于仁政殿自是每月吉為常授尚書左丞相徒單鎰中都
路迷魯猛安庚午上僕膺皇妣為皇太后此是皇太后所
日皇妣皇子至自彰德府遣使使宋已卯左諫議大夫張
更名二字自今不須迴避辛未詔追尊皇妣為皇太后張
行信上疏請立皇太子甲申立子守忠為皇太子丙戌詔

〔本記　金史十四　二　戊申刊〕

降故衛王為東海郡侯甲午減定監察御史為十二貟冬
十月乙酉朔京師戒嚴辛丑
大元乙里只來乙巳詔應還加官賞諸色人與本朝人一
體庚戌勅有司其第持其首詣闕待罪敕之仍授左副元
帥右監軍术虎高琪戰于城北凡兩敗績而歸就以兵救
胡沙虎于其第术虎高琪持其首末也等補外張行信上封事言
子殿前都點檢及鄱陽石古乃之寬
正刑賞擇將帥及都城鎮撫彈歷官置招賢所癸亥敕宮
大元兵下涿州設京城鎮撫彈歷官置招賢所癸亥放宮
女百三十八十一月戊辰夏人攻會州徒單醜兒出兵擊

走之庚午將乞和于

大九詔百官議于尚書省以橫海軍節度使承暉爲尚

右丞耿端義爲參知政事癸未詔贈死事裴滿福興及都

陽石古乃官

大九兵徇觀州刺史高守約死之又徇河間府滄州乙未

士仍止銀以賜之平章政事徒單公弼進尚書右丞尚

定之失告身文漵裕十二月丁酉朔上御應天門詔謝軍

軍使石抹仲溫彊卻之癸未有司奏請權止今年備享朝

獻原廟皮皇太后冊禮從之乙酉徵處士王渥不至

書右丞承暉進都九帥兼率章政事左副九帥术虎高琪

進平章政事兼前職

大九兵徇益都府命有司復議本朝德運乙未

大九兵徇懷州沁南軍節度使宋扆死之二月丙申朔壬

子

大九兵徇彰德府知府事黃摑九住死之宋人攻泰州統

二年春正月丁卯朔以邊事未息詔兄朝賀辛未

純爲殿前都點檢兼侍衛親軍都指揮使權都元帥府事

庚寅奉衛紹王公主歸于

大元

太祖皇帝是爲公主皇后辛卯詔許諸人納粟買官京師

戒嚴壬辰

大元兵下嵐州鎮西軍節度使烏古論仲溫死之夏四月

乙未朔以知大興府事胥鼎爲尚書右丞戊戌奉遷昭聖

皇后柩于新寺特山東河北諸失守惟真定沃大名

東平徐邳海數城僅存而已河東州縣亦多殘燬兵退命

僕散安貞等爲諸路宣撫使安集遺敎至是以

大九和議大赦國內癸卯權曆昭聖皇后于新寺甲辰

詔有司具陣亡人子孫以備錄用丁未以都元帥承暉爲

平章政事庚戌左丞相監修國史廣平郡王徒單鎰薨乙

卯尚書省奏延辛南京詔從之己未葬衛紹王五月癸酉

承暉加金紫光禄大夫封定國公尚書左丞抹撚盡忠加

崇進封申國公甲戌霍王從彝薨乙亥輟朝上決意南還

詔告國內太學生趙昉等上章極論利害以大計巳定不

能中止皆慰諭而遣之詔原春詔寅將發雨不累行

以南京留守僕散端等嘗請臨幸及行先詔諭之辛巳節

遷衛紹鎬屬王家爲于鄭州壬午車駕發中都是日兩至

甲甲止丙戌次定與榮有司龜從踐蹂民田丁亥次安虞
州九帥右監軍完顏弼以兵迎見癸巳次中山府勑庵從
軍所縠禾稼討直酬之六月甲午朔以搜衆轉運使高波
膕爲參知政事癸丑次內丘縣
大亢乙里只來戊午次彰德府曲赦其境內庚申次鉅橋
鎮是日南京行宮寶鎮閻炎壬戌次軍村黃龍見西北秋
七月車駕至南京詔立九妃溫敦氏爲皇后八月甲午以
立后百官上表稱頌經略司應奉翰林文字完顏素蘭
上書言事九月壬戌朔日有食之皇孫生癸亥山東路報
過命移文賣之甲寅庚子皇太子至自中都丁未夏人入
萊州之捷辛來立監察御史陞黜格庚辰詔訓練軍士丁
亥諭宣微院正旦生展不須遣物太白晝見于軫戊子禁
軍官圍獵冬十月甲午詔遺宣市木波西羌馬陝西軍戶
戰死者給糧贍其家丁酉
大亢兵徇順州勤辰使王暉死之壬寅左副九帥兼尚書
左丞抹撚盡忠進平章政事以御史中丞李术魯德裕爲
秦知政事兼簽樞密院事曲赦中都路乙卯遣參知政事
李术魯德秜行尚書省事于大名府丙辰
大亢兵收成州諭大名行省尉損用廖德州防禦使完顏
齜奴伏誅十一月丁卯以御史大夫僕散端爲尚書左丞

相曲赦山東路卒未詔賜衛紹王家屬既禁詔有司答夏
國牒丙子許諸色人試武舉蘭州譯人程僧叛西結夏
人爲援辛巳賞感犯房宿鈎鈐星癸未曲赦遼東路勒罷
宣撫司軱撥官十二月戊戌遣眞定行九帥府事求錫等
援中都頒勸農記丁未以和議旣定聽民南渡乙卯登州
剌史耿格伏誅流其妻等
大亢兵徇懿州節廢使高閭山死之
三年春正月辛酉朔宋遣使來賀壬戌遣內侍諭求錫防
邊毋以和議爲辭癸亥曲宴群臣宋使定文武五品以上
侍坐員遂爲常制乙丑詔宣撫阿海總管合住討賊劉二
祖張汝楫戌辰尚書省言內外軍人入粟補官者多行伍
漫廬請僊侯平定應監差者與三酬門戶有職事者陞一等
其子弟應蔭者罷之上可其奏乙亥夏人犯環州北京軍
亂殺宣撫使與屯襄丁丑右副元帥蒲察七斤以其軍隆
於
大亢辛巳皇太子疾輙朝乙酉皇太子薨二月辛卯環州
剌史烏古論延壽又斜卅毛良虎等敗夏人于川境詔進
官有差
大亢乙里只來壬辰上臨奠皇太子殯所有司奏辰日不
哭上曰父子至親何可拘忌命御史中丞李英九帥左都

監烏古論慶壽領兵護饢中都付以空名宣勅許視功遷
叙逗撓者治以軍律乙未改寧遠州靖威州丁酉詔諸色
人還官並視女直人有司安生分別以違制論從戶部卽
中興屯阿虎嶺請也辛丑勑宰臣饋乙里尺酒餕壬寅頒獎
諭官吏軍民詔赦招撫北京作亂者丙午尚書省以南
還後吏軍秋冬置選南京選提控僕散揆佐柳口巡撫使以
誅乩賊張暉劉永昌等功進官有差甘膌丁未山
東宣撫使僕散安貞遣提控僕散戩有家等破賊楊安兒步
俟選於南京從之武清縣令顏完顏丁未山
驍三萬藏其衆降爲頭目三百餘人費從民三萬餘戶戊

申減沿邊州府官資考有差壬子立保城無廈及捕獲數
版遷賞格乙卯勑奏急事不拘假日丁巳初出赤如血
鈇沒復然戊午大風隆德殿鴟尾壞三月壬戌詔河北州
縣官文武五品以上辟舉不聽以它事差占仍勒終任
有勞績者但升選領之職應降罰者亦止本處居時河
北戒嚴吏治多苟且以求代易故著是令癸亥詔百官各
陳防邊利害封章以聞丙寅勑河東河北大名長貳官各
一員以警責其械援降人自拔歸國者遷職
仍列其姓名以招諭來者沿河州縣官罷軟不勝職任者
練隨處義兵鄉境有警責其械援降人自拔歸國者遷職
汰去令五品已上官公舉仍許金季到部人內先擇能者

量緩急易之丁卯安武軍節度使張行信上書言急務四
事庚午蕭遵東宣撫使蒲鮮萬奴選精銳止濱州廣寧以
俟進止壬申長春節宋道使來賀戊寅諭尚書省歲旱諸
池諸勸農事李華言河北州縣官更多求河南差占以避
始雨勸農事李華言河北州縣官更多求河南差占以避
難宜發九任戊兵者不可離則別注以性庚辰御史臺
言在京軍官及委差官弱粮券例悉同征行不必給時從之
密院委差有傔人吏爲軍有司議賞軍功毋有所洇挌丢
粟補官者毋括其戶爲軍有司議賞軍功毋有所洇挌丢
午山東宣撫司報大決堤之捺夾谷石里哥及沒烈擒賊
直私逃華州結同知防禦使馮朝河州防禦判官郝遵甫
平涼府同知仕揚庭秀水洛縣主薄微等團集州民
號忠義屈馮都統府相挺爲亂殺其防禦判官完顏八斤
及城中紫直人以書約都統揚珪爲府兵所得珪謹之請
自效誘友直等執之虜所招千餘人納伏院諸城下時京
師道路隔絕安撫司以便宜族友宜等至是以狀聞乃贈
八斤及被害官軍十餘人各一官賻錢三百貫夏四月癸
巳河東宣撫使 胥鼎言利害十三事長勝軍都統揚珪伏

誅兩申河南路蝗遣官分捕上諭宰臣曰朕在潛邸聞捕
蝗者止及道傍使者不見廄即不加意當以此意戒之權
參知政事德升言舊制夏至後免朝四日一奏事上曰此
在平時可耳方今多故勿謂朕勞逸云當免但使國事無
廢則善矣已亥敕山東路癸卯事曲赦蒲察七斤轉
已罷都南行尚書七斤者以其官之丙午以調度不給比
之黨豪能殺獲七斤減三之一其餘除開封府南京轉
隨朝六品以下官及承應人罷其從已人力輸備錢經兵
州府其吏減半司縣吏被差不出本境者也罷給
運司外例減三之一有祿官吏被差不出本境者也罷給
莇出境者以其半給之修内司軍夫亦減其半丁未故星
太子詹藁賜諡曰莊獻戊申攉葬迎朔門外詔自今策論
詞賦進士第一甲第一人特遷奉直大夫第二人以下經
義第一人並儒林郎第二甲以下徵事郎同進士從仕郎
經童將仕郎壬子洊國公從厚尅詔遣使同山西宣撫司
選其民勇健者為軍諭有司勿拒河北避兵之民所至加
存鄴用山東西路宣撫副使完顏弼言招大洓堙渠賊孫
邦佐張汝揖以五品職下詔瀰洗其罪乙卯詔招捒賊孫
差遣官少壯者充軍老幼者令就食於邢洺等州欲趣河南
流民少壯者充軍老幼若令就食於邢洺等州欲趣河南

者聽上議遣親軍六千餘及所募二千七百人援中都宰
臣以為行宮單弱親軍不可遽遣止五月庚申招撫山西
軍民仍降詔諭之是日中都破尚書右丞相兼都元帥定
國公承暉死之戸部尚書右丞相兼都元帥定
於難壬戌死之戸部宣敕紫衣師德號度牒以補軍儲辛未
立皇孫鏵為皇太孫癸酉劉炳上書言十事辛已上諭宰
臣多事之秋陳言慮者恐卿等不暇朕於宮中置局
命方正宜數員擇可取者付出施行何如宰臣請如聖諭
詔削納馬補官恩例戊子謀伐西夏遣大臣鎮撫京兆秋
七月戊午朔
大元兵收濟源縣已未徵弓箭于內外品官三品以上三
副四五品二副餘以等級徵之庚申置陳潁漕運提舉
官以戸部勾當官往來督察有星如太白色青白有尾出
紫微垣北極傍入貫索中上閣河北議察官有要求民財
始聽民渡河者避兵民或餓死自溺特命御史臺體訪
之又禁隨朝職官微民碾磑以自營利詔河間孤城移其
軍民就粟清州括民間驢付諸軍與馬參用辛酉議括官
田及牧馬地以贍河北軍戶之徙河南者已為民佃者侯
樓畢日付之群臣迭言其不便遂寢癸亥詔河北郡縣軍
須並減河南之半定尚書所造諸符樞密院虎宣撫司魚

統軍司虎丙寅道參知政事高波礪性河南便宣措置粮
備制品官納號前之令丁憂致仕者免甲戌借平陽民租
一年詔職官更兵亡失告身見任者保識即重給之妄冒
者從詐僞法丙子尚書省奏給皇太孫歲賜上不從曰
橫檻兒安所用之詔致仕官俸給比南征時減其半丁丑
肅宗神主至自中都奉安于明俊殿戊寅月入畢宿中戌
夜犯畢大星已卯明德皇后神主至自中都裁積官中歲
給有差甲申詔尚書省行六部太多其令各路運司蕪之
改交鈔名貞祐寶券入月戊子朔以陝西統軍使完顏之
打簽樞密院事已丑制寧府庶事樞密院官須與經歷官
裁決經歷議是而院官不從許直以聞癸已詔遣官體究
京西路新選軍戶丙申諭尚書省職官犯罪大者即施行
之小者籍之事定始論其罪諭樞密院撒合輦所籍軍有
具戒僧人可罷道之已亥詔武舉官非見任及已從軍者
隨贏調赴京師別為一軍以備用被薦舉之宰臣持不可
之庚子上應平陽城大兵食不足讓棄之宰者量才任
前冀州教授粘割忠鄰集義兵出方略遇土冠氏後摭州
復立州治積芻粮招徠民戶至五萬置山東西路總管府
于歸德府及徐處二州升正五品職以太常卿
侯摯為參知政事行中書省于河北東西兩路太祖御容

至自西京奉安于啟慶官甲辰置行樞密院于徐州歸德
府詔諸職官不拘何從出身其才可大用者尚書省具以
聞丙午山東西路宣撫使完顏弼弼表遣撫使完顏
張汝楫將謀復叛密遣人招同知益都府事孫邦佐邦佐
斬其人馳報弼弼殺汝楫及其黨將餘承制升邦佐德州
防禦使餘功者賞有差上嘉弼功加榮進封邦國公詔
艇諭之丁未詔近臣舉良將加孫邦佐昭毅大將軍泰定
軍節度使仍官其子戊申東平益都太原潞州置元帥府
大赦已酉監察御史許古獻怵復中都之策紅襖賊掠成
武宣撫副使顏盞天澤討走之斬首數百級進天澤一官
將校有功者命就遷賞命侯摯招邢州賊程邦傑以官不
從則誘其黨圖之減戶部斡辦官四員及委差官有差壬
子置行省于陝西乙卯增汾河關雜之法十取其八以抑
販粟之弊仍嚴禁私渡增步軍萬人戌京以西四萬人戌
京以東選陝西騎兵二千增京畿之衛諭陝西堅守延安
臨洮環慶蘭會保安綏德平涼德順鎮戎涇原鄜坊鄰寧
乾耀等慮要害分渭南州郡步兵屯平涼守涇渭諸津丙
州副使治同州之澄城以統之更以步騎守汧渭令宣撫治邠
辰九帥左監軍蕭知貞定府軍求錫坐授中都失律制官
翰林之八十九月丁巳朔戶部侍郎與屯阿虎言國家多

故職官姓往不仕乞限以兩季遷者勿復任用上嫌其太
重命遷限者止奪三官降職三等仍求不升注辛酉除名
求錫特遷信武將軍息州刺史甲子諭宰臣汾淮塘路以
南地鄘授民業全為蒙數據薺者其令有司察之丙寅樞
密院言陝西河東世襲蒲部巡檢昨與世襲猛安謀克例
罷其俸今宣撫司覆實以聞從之丁
卯以秋稼未穫功未推賞者令宣撫司議隱士王淵太中大夫右
諫議大夫充遼事宣撫司參謀官戊辰遙授武寧軍節度
副使徒單吾典告平章政事抹撚盡忠逆謀詔授有司鞫之

設潼關提控總領軍馬等官辛未置河北東路行總管府
於原武陽武封立陳留延津諸縣以治所從軍戶
命司屬令和尚等讓治聲國公被春第上謂宰臣曰按春
所為不慎或至犯法舍之則理所不容治之則失親親之
道但當設官以防之耳按春尋以不法謫博州防禦使默
衛紹王母李氏光獻皇后尊諡神主在太廟畫像在衍慶
宮並遷出之陳州鎮防軍段仲連壬申以蘇門縣為輝州
右丞汝礪詣陳州御容于督慶宮行獻享禮始用榮賜東求
朝謁世祖太祖御容于督慶宮行獻享禮始用榮賜東求
昌姓為溫敦氏包世顯疙疸為烏古論氏觀今孫為和

速嘉氏何定為必蘭氏馬福德馬拍壽為夾谷氏各選一
官甲戌朝謁太宗熙宗睿宗御容行獻享禮詔開滑濬濟
曹勝諸州置連珠寨如衛州乙亥詔河北山東等路及平
涼慶陽臨洮府溵邠秦華德順諸州經兵四品以下職事
官並以二十月為滿募隨處主帥及官軍隨職遷授餘州
率衆復取中都者封王遷一品階授二品職能戰無能著
誘降人取附都州縣者本路長官散官隨職遷授邦敝等
縣遞減二等紅襖賊周元兒陷諸祁州東庵安平無極等
縣真定帥府以計破之斬元兒及殺其黨五百餘人丁丑
詔口縣官能募民進粮五千石以上減一資考萬石以上

遷一官減二資考二萬石以上遷一官升一等注見關諸
色人以功賜國姓者能以千人敗敵三千人以上賜及總麻以
上親二千人以上賜上第五將城萬戶楊再興擊走夏人
庚辰陝西宣撫司來上第五將城萬戶楊再興擊走夏人
之捷壬午以空名宣勑付陝西宣撫司凡夏人入冠有能
臨陣立功者五品以下血聽遷授乙酉置大名府行總管
府千柘城縣以治所從軍戶冬十月丙戌朔翰林待讀寧
士權參知政事烏古論德升出為集義軍節度使兼亳州
管內觀察使丁亥尚書右丞汝礪言河北軍戶之徙河南
者宜以係官閒田及牧馬草地之可耕者賜之使自耕以

食而罷其月粮上從其請命右司諫馮開隨撰桜視人給
三十畝夏人入保安都統完顏國家破之攻延安戍將
又敗之是日捷至戊子以御史中丞徒單思忠為參知政
事已丑平章抹撚盡忠下獄既夕監察御史許古言盡忠
遠繫有司此必重罪而莫知其由甚駭衆聽乞遣公正重
臣鞫之如得其實明示罪目以厭中外之心書上不報庚
寅詔求廣平郡王承暉
辰行樞密院于徐州戊戌遼東宣撫司報敗留哥之捷甲
貞詔求廣平郡王承暉之後得其猶子歷亭縣丞永懷以
為器物直長丙午夏人陷臨洮陝西宣撫副使完顏胡失

剌被執庚戌詔尚書左丞相僕散端兼都元帥行尚書省
于陝西辛亥蒙古綱奏昨被旨權山東路宣撫副使僕散安
平行至徐比兵已偏徐不可往詔樞密副使僕散安
權於沿河任使之壬子以同華舊屯陝西兵及河南所
移步騎舊隸陝西宣撫司者改隸陝西行省甲戌移
襲封衍聖公孔元措為太常博士上初用元措於朝或言
宣聖墳廟在曲阜宜遣之奉祀既而上念元措聖人之後
貞權於沿河任使之壬子以同華舊屯陝西兵及河南所
山東寇盜縱橫恐羅其害是使之奉祀而反絕之也故有
是命遼東賊蒲鮮萬奴僭號改元天泰十一月丙辰河
北行尚書省侯摯入見詔河北西路宣撫副使田琢自滄

剌塔不也以軍萬人破夏人數萬於熟羊寨丙子詔市民

間軺車羸疾牝馬置群牧中以圖滋息知臨洮府陀滿胡
土門破夏人八萬於城下丁丑監察御史陳規劾參知政
事侯摯上不允所言而愧答之庚辰上謂辛臣曰朕恐括
地擾民罷其令矣官荒牧馬地軍戶願耕者聽己為民承
種者勿彼舊例點檢在右將軍近侍局官護衛承應人秋
滿皆賜帛雖所司為之製造然不免賦取於民近亦罷
之止給實券至於朕所服御亦以官絹付太府監職之目
今勿復及民也

大兒兵徇彰德府知府陀滿斜烈死之十二月乙酉朔徙
朔州民分屯嵐石隰吉絳解等州戊子以軍事免樞密院

官朝拜已丑侯輩復行尚書省于河北庚寅太白晝見壬
辰詔免九日朝賀乙未敕贈昭懷皇后三代官太康縣
人劉全時溫東平府民李寧謀反伏誅戊戌陝西行元帥
府乞益兵以田琢之眾隸之仍獎諭以詔壬寅詔林州刺
史崔宏與都提控從坦同經理邊事諸將功賞次第便宜
行之乙已
宋遣使來賀不宜報朝命興樂服色如常儀詔臨洮路兵
勞民諭宣徽院免九日親王公主進酒甲寅禮官奏正旦
大九兵徇大名府癸丑皇太孫薨以殤無祭享之制戒勿
馬都總管陀滿胡土門進官三階再任

本紀 金史卷 七 葉壽

四年春正月癸亥監察御史田遹秀條陳玉事丙寅紅襖
賊犯泰安德博等州山東西路行九帥府敗之丁卯諭御
史臺曰今旦視朝百官既拜之後始聞開封府報衛事四
方多故之秋馳慢如此可乎中丞福與孫素謹于官事者
當一詰之已尚書右丞高汝礪進左丞庚午
大九兵收曹州辛未參知政事侯摯進尚書右丞壬申太
原九帥左監軍烏古論德升招其民降地者得四千三百
餘人癸面詔賜故皇太孫諡曰沖懷吏定捕獲偽造寶鈔
者官賞乙亥以殿前都點擲皇子遂王守禮為樞密使樞
密使濮王守純為平章政事已卯遂王守禮為皇太子

庚辰詔免逃戶租壬午青省請遣官勸農至秋成考其績
以甄賞宰臣言民特農以生初不待勸但寬其力勿奪其
時而已遣官不過督州縣計頃畝嚴期會而吏卒因為
姦利是乃妨農何名為勸上是其言不遣二月甲申朔日
有食之上不視朝詔皇太子控制樞密院事
大九兵圍太原乙酉以信武將軍宣撫副使求錫簽樞密
院事權尚書右丞皇太子既總樞務詔有司議典禮以金
鑄撫軍之寶授太子啟稟之際用之平章政事丁亥以高琪表乞
致仕不允名樞密院官間所以備禦之策丁亥以河東南
路宣撫使胥鼎為樞密副使權尚書左丞行省于平陽鼎

本紀 金史卷 十八 匡男

方抗表求退詔勉諭就職因有是命行省左丞相僕散端
先亦告老遣太醫往鎮護視其疾戊子宰臣以皇太子既
立服御儀物悉與已受冊同今邊嘉未寧請少緩冊寶之
禮從之戊戌親王公主長春節入賀致禮已亥
大九兵攻下霍山諸隘甲辰命參知政事李革為修奉太
廟使禮部尚書張行信提控修奉社稷權祔蕭宗神主于
世祖室奉始祖以下神主于隨室祭器以尢代銅獻官以
公服行事供張等物並從簡約庚戌詔凡廟節之臣籍其
數立廟致祭壬子任國公瑀薨報朝是月同知觀州軍州
事張開復河間府滄獻等州弁屬縣十有三表請敕旁郡

金史本紀

命從之臣又請以宣徽司空名宣勑二百道付之從權當
補仍以粮繼其軍食詔樞密措置三月乙卯以將修太廟
遣李蕡奏告祖宗神主于明俊殿丁巳曲赦中都河北等
路議軍戶給地事乙丑延州刺史溫撒可喜上疏言粟太
趙福復恩州丙子曲赦鑾東路己卯趣士王渣以右諫議
大夫後遷中華大夫翰林學士仍賜秦路官軍破妖賊趙用
子宣選正人爲師保丙寅長春御來賀己巳以將
捷至夏四月己丑陝西行省報來泰州官軍破妖賊趙用
劉高二之捷遣官鞫單州防禦使宋道使懷散悼之罪罷其城單
州之役癸巳張開奏復清州等十有一城詔遷官兩階賞
將士有差甲午改賜皇太子名守緒詔諭陝西路軍民丙
申河北行省候譽言北商賊粟渡河官遮輯其什八商遂
不行民饑益甚請罷其令從之河南陝西蝗丁酉太白晝
見于奎已亥莫人范俄族都管汪三卽率其蕃戶來歸以
千羊進官詔納之優給其真辛丑侯譽言紅襖賊掠臨沂費
已隙勝死單諸州繁蕪新蔡等十餘縣時道路不通宰臣
縣之境官軍敗之樞益其黨訊之知其渠賊郡定偹臨署官
請謝摯爲備仍詔樞密院招捕繫息行元帥府兵掩木陛
關斬首千級甲辰有司言扶風鄜縣有蟲傷麥五月癸丑

九

金本紀

朔禮官言太廟既成行都禮雖成約惟以親行祔享爲敬
請權不用鹵簿儀仗及宮縣樂舞從之山東行省上沂州
之捷甲寅鳳翔及華汝等州蝗辛酉以尚書右丞侯墊行
省事于東平己已來遂鎮獲夏諜者陳岊等知夏人將圖
河橋九帥右都監完顏賽不遣兵攻之仆猷甚多戊寅京
月行祔享禮應時雨有如詔改用十月夏人修來无城界
臨洮鞏州關長安等西行省嚴爲之備丙子詔有司七
兆同華鄧汝亳宿泗等州蝗六月戊子詔几進奏帖以七
申尚書省樞密院關應密大事秘發視著紀誤著減二等
制書應密著如之壬辰遂西僞瀛王張致遺完顏南合張
頑僭上表來歸詔授致進行北京路九帥府事燕本路
宣撫使南合同知北京兵馬總管府頑僧同知廣寧府丙
申木星晝見于奎百有一日乃伏癸卯詔有司祈雨丁未
河南大蝗傷稼遣官分道捕之罷河北諸路宣撫司更置
經畧司壬子以早詔參知政事李革審決京師冤徽秋七
月癸丑朔昭義軍節度使必蘭阿魯帶復威州及獲鹿縣
飛蝗過京師甲寅山東行省樞密郡定等至京師伏誅乙
卯以早辛酉監察御史陳規上章條陳八事閏月壬午朔日
有差辛卯復深州癸巳翰林學士完顏守遂進中興事
有食之

二十

金本紀

跡甲午命掌軍官舉奇才絕力之人提控都統等官互
舉其屬頒舉官賞罰格許功過相除品官及革澤人有才
武者舉為升降亦如之庚子詔河南陝西鎮防軍應赴
納粟補官者當役如蔭侯事定乃聽赴銓八月甲寅太子
少保兼禮部尚書張行信實奏元帥左監軍烏古論慶
壽道軍敗之壬戌賜張行信實券二萬貫重帶十端旌其
議禮之當乙亥詔諭中都民命大名招撫使募人持詔以
之三原縣僧廣惠進僧道納粟多寡與都副咸儀及監寺
等格從其言屬舉官賞罰

往丙子

大元兵攻延安己卯夏人入結耶常川官軍擊走之九月
辛巳朔
大元兵攻防州以簽樞密院事永錫為御史大夫領兵赴
陝西便宜從事壬辰
大元兵攻代州經略使奧屯醜和尚戰沒以中尉衛充顏
奴婢等充賀宋生日使冬十月巳未親王百官奉迎祖宗
神主于太廟招射生獵戶練習武藝知山徑著分屯陝院
命九帥左監軍必蘭阿魯帶守潼關進授知歸德府
栗地命九帥左監軍必蘭阿魯帶守潼關進授知歸德府
事完顏仲九軍盧氏
大元兵攻潼關西安軍節度使泥庮古蒲會虎戰沒辛酉

上親行祔享禮甲子祔享禮成赦乙丑詔諭河南官吏軍
民以賞幣募立功之士命參知政事徒單思忠提控鎮撫
京師移剌周剌河不屯關陝丙寅詔京師具防城器械多
鑿坑穿築垣墻於隙地徙衛紹及鎬厲王家屬于京師丁
卯以奉安社稷遣官預告戊辰命張行信攝太尉奉安社
稷禮樂咸網其數詔吏禮兵工四部尚書董防城之役
大元兵徇汝州已巳泌河唯存通報小舟餘皆焚之庚午
詔宿糧州縣屯兵其民為兵者就署隊長以自防遏河
南行省骨肺遣誣潞州九帥左監軍必蘭阿魯帶以軍一萬
孟州經略使徒單百家以軍五千由便道濟河趣關陝旬

將平陽精兵援京師命樞府督軍領招賢
所事命內外官採訪有才識勇略能區畫防城者具以聞
得實超任仍賞舉主內負長才不為人所知者聽赴招賢
所自陳壬申以龍虎衛上將軍裝滿羊哥知歸德府事行
樞密院事終酉詔罷道有司所拘民間輸稅車牛以運軍
士衣糧著甲戌謫附京民讙徙其芻糧入城官儲件運之
丙子行樞密院知河南府事完顏合打以徵兵失應坐誅
戶部郎中魏祈斯以沒王事官其子已卯議榮京師廉毅近
侍以實蘇方行恐滯其用不果吏部令史韓希祖陳言曹
以戰功致身者盡拘京師備用從之十一月庚辰朔增定

守衞官及軍人遷賞格辛巳詔止附京農民自撤其廬金

壬午河東行省奏新入授京師用其言以知平陽府王質

權元帥左監軍同知完顏僧家奴權右監軍代鎮河東拜

新爲尚書左丞兼樞密副使知歸德府完顏賽不

所佩虎符丙戌前臨潢府推官權元帥右監軍完顏合達

不來獻其提控石盞合喜楊幹烈等大敗夏人于定西之

捷命行省視其功賞之

大元兵至沘池右副元帥蒲察阿里不孫軍潰而逃失其

公帑縑絹付有司償所拓民服以衣軍者是夕月當木星

木在奎月在壁巳丑定致防城器具法辛卯詔立功五品

以上皆奎月以下官賜饌近侍局癸巳上諭皇

太子京城提控儀從及諸司局射粮兵卒嘗選充軍者戊

午赦免諸職官儀從以文資充者盡知兵其速易之甲

戌敕諸州縣籍籍軍民以備土冦華州元帥府復潼關庚

子罷在京防城民軍道御史陳規等充河南宣差安撫捕

盜官河南路統軍使統石烈掃合以發兵後期坐誅甲辰

以尚書工部侍郎知哥尚等充賀宋正旦使兩午河南行樞

密院他坦言其族人道哥願赫行伍以自效上嘉其忠許

之內族人立進所獲馬馳上曰此軍士所得即以予之可

也朕安用哉因徧諭諸道將帥後勿復如是十二月辛亥

平章政事术虎高琪加崇進尚書右丞相參知政事李革

罷癸亥

大元兵攻平陽丙寅皇太子議伐西夏

大元兵徇大名府壬申

大元兵進自代州神仙橫城及平定承天鎮諸隘攻太原

府宣撫使烏古論禮遣人間道齎蠟書至京師告急詔啓

潞州元帥府平陽河中絳孟宣撫司兵援之乙亥高琪請

修南京襄城上曰民力已困此役一興病滋甚吳城雖完

固朕亦何能獨安此乎

本紀第十四

宣宗中

勅修

開府儀同三司兼國史院監修國史……尚書右丞相……都領……經筵……克奉

興定元年春正月己卯朔宋遣使來賀癸未宋使朝辭上
謂宰臣曰聞息州南境有盜此乃彼界飢民汕淮為盜耳
宋人何故攻我高琪請代之以廣疆土上曰朕意不然但
能守祖宗所付足矣安事外討乙未詔中都西京北京等
路東諭進士及武舉人權試于南京東平渡連上京等四
路丙申東平行省言調兵以來吏卒因勞進爵多至五品
例優封及民年七十並該軍恩若人住自陳公私俱實
請令本路為製誥勅類赴朝廷以求印署使受命者量翰
諸物而給之人力不勞兵食少廢從之皇子平章政事濮
王守純授世襲東平府路三屯猛安尚書左丞胥鼎進平
章政事封莘國公癸卯議減庶官冗員乙巳
大元兵攻觀州二月戊申朔初用貞祐通寶凡一貫當貞
祐寶券千貫己酉命樞密院汰罷軍士諭尚書省用官
馬給驛傳以紓民力庚戌皇后生辰詔百官免賀仍諭旨
曰時方多難將來長春節亦免賀禮辛亥以崇進元帥右
都監完顏賽不簽樞密院事癸丑罷招賢所乙卯皇孫生

宣微請稱賀詔無用樂巳未
大元兵徇忻代時定州縣官雖積階至三品坐乏軍儲者
聽行部決遣壬戌尚書省以軍儲不繼請罷州府學生廩
給上曰自古文武並用向在中都設養士猶未嘗廢況
今日乎其令仍舊給之丙子議
勅平陽刑名當面議之勿聽轉奏以絳陽軍節度使李童
知平陽府兼河東南路兵馬都總管權參知政事行尚書
省事閒見蝗遺官分道督捕仍戒其勿以奇暴擾民
乙酉上宮中見蝗遺官分道督捕仍戒其勿以奇暴擾民
庚寅長春節宋遣使來賀辛卯詔罷平陽河中元帥乙未
先徵山東兵接應苗道潤共復中都而石海擄真定叛廉
為所梗乃集粘割貞郭文振武仙所部精銳與東平軍為
挌角之勢圖之巳亥
大元兵攻新城庚子攻霸州甲辰威州刺史武仙率兵斬
石海及其黨二百餘人降萬仲趙林張立等軍盡援海僧
擬之物尋進仙權知真定府事夏四月丁未朔以宋歲幣
不至命萬戶宋子玉率所部叛斬關而出經略使從坦等追
略司慶壽完顏賽不等經略南邊戊申孟州行省討之南陽五
敗之庚戌花帽軍作亂于滕州詔山東行省討之遇之方
丞山盜發教至千餘人節慶副使移剌羊哥出討遇之方

城招之不從乃進擊之殺其黨殆盡癸丑以安化軍節度
使完顏寫權元帥府左都監行元帥府事督經略使苗道潤與
進復都城且令和輯河開招撫使移剌鐵哥等與
道潤不協互言其有異志故命重臣臨鎮之戊午單州雨賊
電陽稼詔遣官勸諭震民政蔣秋田官給其種平定州賊
閻德用之當間顯殺德用以其殺降已未以權參知政事
遼東路速運路宣撫使蒲察五斤權尚書省首元帥
行尚書省元帥府于上京庚申本幸華請罷義軍總領使副
府干婆速路以權還東路宣撫使蒲察五斤權參知政事
以界州縣尚書省省以秋防在通改法非便姑如舊制州縣

各司察之甲子元帥完顏寨不破宋兵于信防使來奏捷
乙丑濟南泰安滕克等州賊並起候藝道棟州防禦使完
顏霆討平之降其壯士二萬人老幼五萬人完顏寨不復
奏敗宋軍于隴山等處仟戟甚殺戊辰太白晝見于井辛
未權孟州經略使從坦追賊宋子王至輝州境上其黨邢
福殺子王以毅來歸壬申以萬奴叛逆事殊詔誅姦東諸
將完顏寨不軍渡淮破光州兩關穫軍實分給將士五月
戊寅陝西行省破夏人于大比岔是日捷至丁亥民苑彼
濟上書陳利害上以示宰臣曰甲賊小人猶能盡言如此
有可采者即行之己丑賊宋子王餘黨家屬悉放歸農尚

書右丞蒲察移剌都葉官擅赴京師降知河南府事行樞
密院兼行六部事壬辰延州原武縣兩電傷稼詔官償民
種政時癸巳宋人攻潁州焚掠而去戊戌行樞密院共敗
宋人於泥河灣又敗之樊城縣山東行帥府事蒙古綱擅
城轉運使李秉鈞法當決秉鈞返官綱應論贖兩釋之
宋人取連水縣癸卯蘭州水軍千戶李平等苦提控蒲察
燕京貪暴殺之構夏人以叛殺其徒張展俱行展以計盡
穫之陝西行省便宜遷康府四階捜同知蘭州事賞士卒
有差以其事上聞甲辰
大元兵下洮城縣軍官任樞死之丙午定河比求仕官渡

河之法曾經總兵者白樞密院餘驗摅聽渡行樞密院事
烏古論慶壽南伐還表不以實詔鞫之六月己酉苗道潤
表歸國人李琛復以眾叛琛亦表道潤異謀詔山東行省
察之修蓬關遣中使持詔及暑勞夫匠權參知政事張
行信進參知政事庚戌詔捕治棧東受官家屬得按
察使高樓妻子皆戮之壬子制邮坊丹州四品以下州縣
官祝環慶例以二十月終更甲寅招撫使惟宏言彰德府
守臣擅徙民山紫避兵上曰難保之城守之何益徒傷吾
民耳勿治乙卯顯宗忌日謁真于啟慶宮丙辰詔樞密院
遣經歷官分論行院嚴兵利器以守衝要仍禁飲宴達以

軍律論宋人合土冦攻東海境戊午以宋遣兵數犯境及
歲幣不至詔諭泌邊畢宋已未詔凡上書人其言已采用
者上其姓名辛酉以進士朱蓋草澤人李維徵論議可取
詔給八貫石俸乙丑設潼關使副及三門集津提舉官尚
書左丞相兼都元帥僕散端罷輒朝置南京流泉孫遼東
行省遣使來上正月中敗契丹之捷秋七月丙子朔日有
食之辛巳宋人圍泗州壬午圍靈壁縣未陝州振威軍
萬戶馬寅宋人擒其刺史李簒攻城叛遺招之乃降巳而後
謀變州吏擒載之夷其族甲申詔諭遼東諸路乙酉宋人
襲破東海縣丙申置提舉合場便副癸卯太社壇產嘉禾
集賢院知院事同知院事薛官宋人及土冦攻海州經略
使擊破其衆甲羊狼寨帥府鎮兵擊走之八月
戊申陝西行省報夏人圍水波賊犯逃州敗績遁去水星晝見于
昴六十有七日乃伏巳酉海州經略司表官軍敗與宋人戰
石秋南戰連水縣戰中土橋宋兵敗績壬子削御史大夫
水鍋官爵有司論失律當斬之以近族特賞其死癸丑宋
人改確山縣為宜軍所敗詔諭國內軍士使知宋人諭盟
之故仍命大匡議其事乙卯集賢院諸議官朱蓋上書陳
禦敵三策壬戌海州經略使阿不罕奴失剌敗宋人于其

境提控李元與宋人戰屢捷多所俘獲徙欄通渡經略司
於黃陵堽為宋人犯境捕逃軍賞格及居得人罪丙寅
左司諫僕散毅夫乞更開封府號賜黃名以尉氏縣為剌
郡雎州為防禦使與鄭延三州左右前後輔京師上曰山
陵在中都朕嘗樂父居此乎遂止癸酉太祖忌日謁黃子
啟慶宮甲戌元帥右都監承暉記僧等合
龍虎都管尼厖古以兵捧覩武蘭餘族諸蕃帳慶破之
斬戳士卒禽其首領俘獲人畜甚多是日捷至九月丁丑
更定監察御史失察法以元帥左監軍必蘭阿魯帶權參
知政事行省于益都戊寅夏人犯綏德之克戎寨都統羅
諛其進別以銳師邀擊之虜其將沈俊壬午以改元興定
赦國內甲申罷規運所設行六部辛卯
大元兵徇隰州及汾西縣癸巳攻沁州遼東行省完顏阿
里不孫為叛人伯德胡王所殺月犯東井西扇北第二星
乙未
大元兵攻太原鞭箕掌箠丁酉薄太原城攻交城清源癸
卯立汾河冰牆鹿角冬十月丁未以霖雨詔寬農民稅
之限庚戌以將有事于宋詔帥臣整厲師徒辛亥遺官括
市民馬紅賞格以示勸甲寅命高汝礪張行簡同修章宗

實錄息州帥府獻破宋人于中渡之捷亡卯
大元兵徇中山府及新樂縣丙辰丹州進喜未異獻同類
辛酉制定州府司縣官失覺教細罪壬戌右司諫兼侍御
史許古上疏請先遣使與宋議和乙丑
大元兵下磁州府丙寅定職官不求仕及規避不赴任命許
汝礪上疏言和議先發於我恐自示弱非便戊辰上命許
古草通宋議和牒既進以示宰臣辛未臣以其言有祈哀之
意徒示微弱無足取者議遂殘辛未罷流泉務
大元兵收鄒平長山及淄州壬申改卿國號為管避上嫌
名高汝礪表致仕不允壬午從剌賈奴言五朶山賊

魚張二等若悉誅之屢部免罪恐乖恩信且其親屬倫落
宋境近在均州或相搆亂乞俾其死徙之歸德雎陳鈞許
閑為便詔許之癸未月量未火二星木在胃火在昴丙戌
太白晝見遣翰林侍講學士楊雲翼榮之
大元兵收山東濟博三州巳丑下淄州庚寅下沂州甲
午河西掃納籤納等族千餘戶來歸丁酉部唐鄧蔡州行
元帥府擧兵代宋戌戌
大元兵攻太原府庚子上調宰臣曰朕閱百姓流亡通賦
甘配見戶人何以堪又添徵軍須錢太多亡者詎肯俊榮
其并議除之宰臣請命行部官闕實礪賞已代納者給以

恩例或除他役或減本戶雜征四之一上曰朕於此事未
嘗去懷其丞行之十二月甲辰朔
大元兵攻潞州都統馬甫死之戊申即墨移風岩於大舶
中得日本國太宰府民七十二人因羅遇風飄至中國有
司覆驗無他詔給以粮俾還本國庚戌元帥左監軍蒲察
五斤進右副元帥權參知政事充遼東行省是日
大元兵平益都府陝西行省胥鼎諫伐宋不報甲寅
海州經略使報提控韓璧敗宋師之捷乙
大元兵復攻沂州官民棄城遁辛酉下密州節度使完顏
寓死之壬戌候摯兼三司使庚午免逃戶復業者差賦

二年春正月乙亥詔議賑恤辛巳勃南征將帥所至毋縱
殺掠壬午宋人攻淮比唐州元帥府擊敗之獲統領李雄
韓陳臯以歸癸未近侍局副使訛可遣使報南師之捷乙
酉陝西行省獲歸國人言
大元兵圍夏王城李遵頊命其子居守而出走西涼詔諭
諸帥府明斥候嚴守備戊子唐鄧元帥完顏賽不報連破
宋人之捷宋人攻泗州又戰却之二月癸卯宋人侵青口
行樞密院遣兵敗之甲辰免中京高汝等州浦租論蒼鼎
克宋散關可保則保不可保則焚毀而還奴婢掠主法
丙午訛可敗宋人于防山統石烈桓端亦遣使來上光州

信陽之捷庚戌海州經略敗宋兵于朐山表請縉其軍備
督東平帥府發兵護送資糧以應之許州長社縣何畢等
謀反伏誅辛亥張行信出為彰化軍節度使兼涇州管內
觀察使壬子御史以比兵退請汰各處行樞密院元帥府
冗官尚書以為非便上從尚書言仍舊制完顏賽不報奏
陽之捷癸丑完顏阿鄰報皂郊堡之捷丁巳壽州行樞密
院破宋人高柳橋水岸夷其岸而還壬戌詔可遣兵救宋

柵碁盤嶺又破其衆於裝家莊寨山嶺龍門關等處得粟
二千餘石乙丑諭樞密曰中京諸州軍人顧畊也田
比括地授之聞徐宿軍獨不願受意謂于田必絕其廩給
也朕肯爾耶其以朕意曉之丙寅諭尚書省曰聞中都納
粟官多為吏部繳駁殊不思方闕之時利害為如何又立
功戰陣人必責保官若輩皆義軍曰豈識職官苟文牒
可信即當與之至若在都持規運薪炭入城者朕嘗植恩
授以官此豈容僞而聞亦為所沮格其悉諭之勿復若是
紇石烈牙吾塔破宋人于盱眙軍上得獲之數已以俟
擊行省河北兼行三司安撫司事三月庚辰尚書省集文資
官雜議進士之選詔依泰和例行之癸未訖可敗宋人于
光化軍甲申長春節戊子諭宰臣曰薦制廷試進士十月晴
後出官近欲復舊恐能文而思遲者不得盡其才其令日

没乃出以御史中丞把胡曹為參知政事陝西行六部尚
書楊貞前五官累科一百七十解職詔可表言官官軍自
柏入宋境所向多克擄癸巳宋人爭皂郊堡擊官軍軍潰
主將完顏阿鄰戰没丙申更定京城捕告強盜官賞怖辛
丑上京行省蒲察五斤表左監軍哥不霭亦姑牢籠使之
使紇石烈按敦將叛而殺之事下尚書省宰臣以為按敦
之死石烈議哥不霭不罪亦姑牢籠阿里不孫償糧高麗不
應輒以兵掠其境上命五斤遣人以詔往諭高麗使知興
兵非上國意乙巳詔河南路行總管府節鎮以上官克宣

差捕盜使以防禦刺史以上長貳官及世襲猛安之才武
者為之副又命濮王府尉完顏毛良虎為宣差提控以巡
督之是日曲赦遼東等路以戶部尚書夾谷必蘭為翰林
皂郊堡庚戌御史劾奏集賢院諮議官李維藩本中山府
寧士承旨趙孝選家妓乞正其事上曰國家用人異擇貴
拯縣進士趙孝選家妓乞正其事上曰國家用人異擇貴
賤命以官銀五十兩贖效為良任使仍舊士子遣侍御史
完顏素蘭近侍局副使訛可同赴遼東察訪叛賊萬奴事
體行省素蘭請宣諭高麗復開互市從之乙卯特賜武舉溫迪罕

本紀十五　金史第十五　黄嵬　十二

鐵住以下一百四十人及第丁巳陝西行省兵破宋難公
山取和州成州至河池縣黑谷關守者皆遁前後獲糧九
萬斛餘數千萬軍實不可勝計戊午紅襖賊犯徐邳行省
密院兵大破之己未阿里不孫自潼關之敗失其所在變
姓名匿居柘城爲御史覺察繫其家屬將窮治之乃遁子
僞將校數十人士卒七百人悉復其業五月辛未湖鳳翔
上書諸吏待罪臺臣力請誅之以懲不忠上卒赦其罪諭
以自效戊戌遣重臣審理京師冤獄丁卯河南諸郡螻蝗
洮路報敗宋人之捷東平行省敗紅襖賊拔膠西縣渠賊
李全來援併破之戊辰河北行省敗黑旗賊進至密州降
之追奔四十里丙子憂人自護州入見賜告捕河南諸路
殺之馬吉峰是日捷至詔道官督捕河南諸路螻蝗立遣兵
論詞賦經義進士及武舉人入見賜告命章服萊州民曲
東招撫司遣提控王庭玉招撫副使黃摑阿魯答等討平
元帥完顏間山破宋人步落堝香爐堡諸屯甲戌招撫副
使黃摑阿魯苫苫破李全于莒州及日照縣之南三道夾
賞殺節度經略使內族轉奴自稱元帥構宋人據城叛山
之斬僞統制白珍及牙校數十人生擒貴及僞節慶使呂
忠等十餘人誅之乃命庭玉保蒹朱琛保密阿魯答保寧
海以安輯其民丙戌陝西行省言四月中鞏州行元帥承

本紀十五　金史卷十五　黄嵬　十二

蕃遣提控烏古論長壽納蘭記僧分道伐宋長壽出盬川
鎮記僧出鐵城堡皆克捷而還辛卯壽州行樞密院南城
軍攻辛城鎮一軍趣史河興宋人戰勝之壬辰河北行省
復葺縣乙未第鳳翔秦鞏三道南征將士功各遷其官丙
中增隨朝官及諸承應人俵戊戌陝西行省連報承裔等
入宋境之捷巳亥
大元兵徇錦州元帥劉仲亨死之庚子陝州羣狼傷百餘
人立賞募人捕殺六月甲辰樞密院言世師道表稱
大元集兵應州飛狐將分道南下觀其意不在河北而在
陝西河東各路義士土兵蕃漢弓箭手宜於農隙教閱以
備緩急東平單州衝要豫從其農民糧高疊可守之城修
近城水砦因以爲固潼谷遠連商號宜令兩帥府選官按
視陝塞又言賈魯等剌殺萬道澗乞治一方之瑪等專殺之罪餘
州郡各以正職授頭目使分治一方諭諸頭目各制一方利
害至重更審處之石州賊馮天羽衆數千擾臨泉縣爲亂
亞牧集之瑪等是非未明姑置勿問
師府命將討捕之石烈公順赴以兵天羽等數十人迎降公順殺之餘賊走
石烈公順赴以兵天羽攻之不下詔國史院編修官馬季
保積辇山遣將王九思往招之比至九思先破柵殺賊二千人餘
良持告勅金幣往招之比至九思先破柵殺賊二千人餘

復走陷巳而其黨安國用等詣李良降者五千餘人就署國用同知孟州防禦使事以次遷擢有差分其眾于絳霍閏丁未以參知政事把胡魯權左副元帥與平章政事脅鼎協力防秋已酉茍道潤所部軍請隸潞州元帥府詔河北行省審慶之壬子紅襖賊犯沂州官軍敗之追至白里港都提控紇信沒於陣有司議贈郵丙辰遣監察御史粘割校失往河中綷解郡同守七官商慶可保城池丁巳上以旱謝宰臣治京獄寛因及京城小民中納石炭既給其價御史劾以過請官錢並繫之獄有論至極刑者欲慈從寛宥伺如高琪對不然遂止壬戌御史言戶部員外

罪正之癸亥道高汝礪徒單思忠禱兩秋七月庚午朔日有食之辛未詔賞南伐將士有差夏人犯龍谷提控夾谷郎城伯界供億息州偶遇官軍戰勝亦嘗遷一官乞論其罪上曰軍前如此者何止伯昇今遷見罪餘皆不安且詰所從來勢遲及帥府多故之秋嘗為一官遷志大計但令端及其副趙防擊走之甲戌以旱災詔中外已卯遣官望祭岳瀆海濱于北郊享太廟祭太社太稷九宮貴神于東郊以禱兩遣太子太保阿不罕德剛禮部尚書楊雲翼分道審理寃獄癸未大雨太子親王百官表請御正殿復常膳庚寅擇明幹官提控銓選無違失者與外擢令譯史

不任事者驗巳歷俸月放滿別選能者甲午夏人復犯龕谷夾谷瑞大破之用點檢承玄言遣官詣諸道選寄居守闕丁憂官及親軍入仕才堪總兵者得一百六人付樞密任使八月庚子朔江北行省以茍道潤軍隸涿州刺史李瘸驢副以張甫張柔申勃親軍百戶以下授職待闕者給本俸仍充役候當赴任遣之已酉詔河北行省完顏霆進軍援山東招撫使田琢自全將士立功聽賞以聞大元遣木華里等帥步騎數萬自太和嶺徇河東乙卯大元兵收代州辛酉棣州提控紇石烈醜漢討賊張聚夫破其眾復濱棣二州蒇人李宜伏誅復禁比歸民渡河戊辰

大元兵收隰州九月乙亥下太原府元帥左監軍兼知樞府軍為古論德州死之丙戌諭皇太子曰軍務之速動闗機會忿從中覆則或稽緩自今有當巠行者先行後聞以戶部尚書納合蒲刺都為元帥右監軍行元帥府事于潞州戊子置蔡關等慶九守禦使命完顏蒲察等分戍諸議遷海州侯擊言不便止大元兵徇汾州鄜州節度使兀顏訛出虎死之庚寅李全破密州執招撫副使黃摑阿魯荅同知節度使夾谷寺家奴辛卯

大元兵下孝義縣乙未設隨處行六部官以京府節鎮長
官充尚書次侍郎即中貟外即防剌長官侍郎次即中貟
外即主事勾當官聽所屬往使州府官並充勸農事防剌
長官及京府節鎮同知以下充副使丙申李全破壽光縣
冬十月甲辰讓山東路轉運副使兼同知沂州防禦使程戩及
者皆奏讓其出入已未李全擾安丘提控王政屯昌樂侯王
邳州副提控王汝霖等通宋人為變伏誅宋人攻漣水縣
平定州刺史范鐸以葉城伏誅詔諸郡錄囚官凡坐軍期
知府事權參知政事行尚書省李華及從坦死之甲寅權
大元兵徇絳潞壬子攻平陽提控郭用死之癸丑下平陽
提控劉璟敗之丁巳、
大元兵攻澤州戊午尚書省言獲姦細叛士卒多僧道詔
沿邊諸州惟本處受度聽依舊居止來自河北山東遣入
內郡讖其出入已未李全擾安丘提控王政屯昌樂侯王
庭玉共同進討宣差太府少監伯德玩擅率政兵攻全為
全所敗提控王顯死焉田琢上言乞正玩罪癸亥月犯軒
轅左角之少民星甲子詔河東北路忻代寧化東勝諸州
並受嵐州帥府節制十一月庚午大赦庚辰御醫門召
致政舊臣賜食訪以時政得失辛巳以行元帥府紇石烈
桓端權簽樞密院事行院于徐州權右都監訛可行元帥

府事于息州甲申河東南路隰吉等州聽絳州元帥府節
制
大元兵收潞州元帥右監軍納合蒲剌都僉議官修起居
注王良臣死之戊子龐谷提控夾谷瑞敗夏人于賀孤堡
河北行省報海州之捷壬辰定經兵州縣職官子孫非本
府尚書省元帥府控制河東南北路便宜從事升絳州為
晉安府總管河東南路兵降平陽為散府辛丑簽樞密院
以御史中丞完顏伯嘉權參知政事元帥左監軍行河中
賈理簽及過期不蔟等格丙申
大元兵下太原之韓村岩定京師失火法十二月已亥朔
事蒲察移剌都伏誅壬寅前山東西路轉運使致仕移剌
福僧上章言時事癸卯詔大理卿溫迪罕達權同簽樞密
院事行院于許州甲辰以誅移剌都詔中外乙巳命徙單
思忠祈雪已而大雪甲寅以開封府治中呂子羽等使宋
講和紅襖賊攻彭城之胡材寨徐州兵討敗之乙卯以權
部侍郎古里甲復河東丁巳籍潁河掃兵癸亥尚書
嵐州元帥古里甲抹撚胡魯剌為汾陽軍節度使權元
省言樞密掌天下兵皇太子無軍而諸道又設行院其有
功及失律者須白院啟東宮至於奏可然後誅賞有司但
奉行而已自今軍中號令關賞罰者皆明注詔貟教令母

容軍司售其姦欺上從之以樞密副使尉馬都尉僕散安
貞為左副元帥權參知政事行尚書省元帥府事伐宋甲
子上諭旨有司京師乏食死於祁寒朕甚憫之給以後苑
竹木令居燠所

三年·春正月庚午子羽至淮宋人不納而還詔伐宋丙
子稅民種地畝議行均輸戊寅勑和市邊城軍需無至配
民定鎮戍征行軍官減資歷月目格壬午大雪上聞東掖
有撤之聲聞左右知為丁夫葺器物庫廡舍上惻然諭主
者曰雪寒役人不休可乎姑止之丙戌紇石烈牙吾塔上
漳州香山村之捷丁亥諭宣徽皇后生日免百官賀壬辰
以

大元兵已定太原河北事勢非復向日集百官議備禦長
父之計伐宋捷至上謂侍臣曰此事當得已哉近日遣使
欲講和彼既不從安得不用兵也單于民戶月輸軍
需錢甲午有司請立價以買南征軍士所獲馬上恐失衆
心因至敗事不聽出于勑尚書省自今六部稟議常事但
可再送不得趣名辨正餘應入法寺定斷而再送猶未當
者其奴不得諸省犯者論違制以下皆不得召部寺官部
寺有官亦不得請省犯者論違制丁酉鄧州元帥府提控妻
室有罪減死削爵二月庚子上與太子謀南征帥不得其

人歎曰天下之廣緩急無可使者朕安得不憂紇石烈牙
吾塔敗宋人于滁甲辰胥鼎言軍中誅賞近制須聞朝廷
賞甬中出示恩有歸可部分失律主將不得即治其罪不
可詔尚書樞密雜議宰臣請城守野戰將校有罪從七品
以下許決罰餘悉奏聞上曰七品以下財令治之將
權太輕或至誤事自今四品以下聽決乙巳攻宋光山縣
伴其統制蔡從定等光州以兵來援復敗之丙午上謂宰
臣江淮之人號稱慓悍選官實攻蔓菁幗其搔困慈脅之
使降無一肯從者我家河朔州郡一過此豐往往出降此
何理也丁未勑凡立功將士有居後者特起復還授戊申

拔宋小江寨殺其統制王大蓮巳百取宋武休關庚戌元
帥右都監承足以綏德保安之境各獲夏人統軍司文移
來上其辭雖涉不遜而皆有保境息民之言詔尚書省議
之宰臣言雖涉不遜乃耗夏人數犯疆場此文正緩
我耳宜嚴備禦以破姦計上然其言又曰項近待還自陝
西謂曰撒巳得鳳州如得武休關將遠取蜀網乞致事傻
假令得之亦何可守此舉蓋為宋人渝盟初豈貪其土地
耶朕重惜生靈惟和議早成為佳耳高汝礪乞致事傻詔
不允甲寅詔陝西行省從七品以下官許注擬有罪許決
罰丁憂得闕隨宜任使軍官徒以上罪及軍事怠慢者巡

按御史治之已未行行省安員入宋境破梁縣莘軍檎統制
牢中之右副元帥完顏賽不左都監牙吾塔白石關平山
峕之捷俱至三月丁卯朔陝西兵破宋虎頭關取興元洋
州擭至上大悅庚午破宋人于七口倉甲戌高麗先請朝
貢因遣達波示羈縻勿絕其好戊寅蔡州行元帥府右都監
朝賀提控臭此吾里不敗宋人于上津縣軍還至濠州宋
完顏合達波宋人于海林關擒統制張時巳卯長春節覺
命行省姑示羈縻之使遠表言道路不過侯平定後議通歡
人來拒牙吾塔擊走之乙酉河南路節鎮以上立軍靐麻
設使副各一貟防刺郡設都監同監各一員完顏合達敗
宋人于馬嶺堡丙戌行省安貞破宋人于石堌山巳丑追
賜皇后父太尉汴國公彥昌難溫救宋庚寅攻宋麻城縣拔
之獲其令張倜等辛卯行省安員敗宋兵于塗山壬辰賽
不敗宋兵于老口鎮又敗宋人于石鷂崖甲午錮用罪厥
原等路州縣關正梭官令民推其所愛為長從行省置夏
職任及運解鹽入陝西以澗調度命胥鼎兼領其事閏三
月丙申朔申明屠宰牛罪律以雄霸以東付權中都經略
李福驄易州以西付權中都西路經略靖安民汨之遷授
金安軍節度使完顏和尚故行軍副提控夾古吾典皆除

名庚子皇子平章政事濮王守純進封英王壬寅叛賊王
公喜攜宋人取沂州甲辰以沂國公主薨朝廷兩午給空
名宣勑及金銀符付嵐州帥方里甲許便宜遷注以招捕
從丁未諭樞密院議安東平河申諸郡備兵之策庚戌
行省左副元帥僕散安貞至自軍前入見于仁安殿辛亥
少府少監粘割按失言利害七事甲寅以南伐師還罷南
濠州郡籍民為兵者戊午裒人破鐁州之通泰皆剌史統
石烈王家奴戰沒壬戌治書侍御史蒲魯虎上書請選太
子師傅甲子胥鼎等各遷官賞南伐之功夏四月丙寅朔
裕宿等州置元帥府選陝西步騎精銳六千人實京兆戌
底選精銳六萬分屯平涼邠乾耀等州庚午以秦州防
禦使女奚烈古里間行元帥府事于平涼罷葆蕘民運解鹽察
京師襄城命侯摯蕙高琪役高琪始有釁如雷地大震甲申詔河
侍四人巡視築城丁夫時其飲食聽其更休幣吏慘酷悲
蔡止之癸未陝西行省上尒
北州縣官止令土著推其所愛蒍充朝廷巳授者別議任
使乙酉夏人擾通秦寨提控納合買住擊敗之巳丑林州
都統霍成以疑貳誣殺降人論罪當死元帥惟良不欲以
稅敵人誅邊將請寬其罰仍請立護送降民賞格以杜後

患上為之赦成而命有司班賞格焉護送十人以上至者
遷一官不及者海名賞銀二百絡五十人以上兩官百人
以上兩官雜班任使庚寅以時暑詔朝臣四日一奏事高
汝礪請備防秋之帳宜及年豐於河南州驗直立式慕
民入粟上與護定其法而行之同提舉榷貨司王三錫請
榷油歲可入銀數萬兩高琪合達出兵安塞堡以為不便遂止辛卯
夏人犯通秦岩元帥完顏合達遂薄城俄陷其西南偶會
隆州夏人逆戰官軍擊之眾潰進薄城以為不便宜招撫使五
日暮還壬辰以同知平陽府事胡天作充便宜招撫使五
月乙未朔鳳翔元帥遺兵敗宋人于黃牛等堡壬子太

白晝見于參六月甲子朔時暑給修城夫病者藥餌遣諭
元帥合達曰以卿幹局故有唐鄧之委或有侵軼戰退不
宜遠追第固吾圉以驍騎上將軍河南路統軍使石盞女
魯歡為元帥右都監行平涼元帥府事詔赴遼東等厲行
亡罪並同征行軍人例詔御史中丞完顏伯嘉行樞密院
省金銀符及空名宣勑聽便宜置壬申制汴河戍兵逃
于許州甲戌定防秋將校擊軼飲燕之罰李全延日照博
興絲石烈萬奴敗之寇即黑完顏僧壽又敗之復萊州戍
寅詔陝西蕃軍如河南例曲赦河東南北路丁亥命防禦
使徒單福定等帥所部蕃軍與沂州民老幼盡徙于郇戍

子遼州總領提控狗狗兒帥師復太原府平涼等處地
震詔右司諫郭著撫諭其軍民秋七月丁酉籍邠海等州
義軍又脅從歸國而先軍者人給地三十畝有力者五十
畝仍蠲差稅日支糧二斗號決勝軍戊戌上進樞密臣僚
諭之曰襄城久未畢功尚書欲增調民朕慮妨農況猴備
不繼將若之何盡改圖之樞臣言是役之興實為大計今
功已過半偶值霖潦成功差遲尚書議增丁夫勢必驗口
不令妨業比及防秋當告成矣上曰卿等善為計畫無貽
朕憂庚子以地震曲赦陝西路甲辰置東西南三路行三
司乙卯曲赦山東西路丁巳遣徒單忠以地震祭地祇

于上清宮八月丙寅補闕許古等削官解職丁卯木星犯
與鬼東南星戊辰遣禮部尚書楊雲翼祭社稷翰林侍讀
學士趙秉文祭后土于河中府西京行三司李復亨言波
鄧治鐵河南北食鹽之利木星晝見于柳百有九日乃滅
壬申上勑臺臣朕分尚書事或至數日不奉行及再問
則巧飾次第以對大臣容有遺忘至于右司玩弛臺臣嘗斜
今後復爾併罪卿等乃定御史上下半月勾檢省中制勑
文字
大元共下武州軍事判官郭秀死之丁丑縗在京差徭中
山治中王善殺權知府事李仲等以叛

大元兵下合河縣縣令喬天翼等死之乙酉命樞密遣官
簡領州諸軍之武健者養之彰德邢沔衛潜懷孟等城彊
者罷遣戍子勑使擊諭三司行部官勸民種麥無種粒者
貸之九月甲午詔單州經略使完顏仲屯宿州與右都監
紇石烈德同行帥府事丙申唐州從宜夾谷天成敗宋人
于桐栢丁酉尚書省請申命使擊廬營積斯上不許曰徵
欽已多今更規畫不過復取於民耳防秋稍緩當量減戍
兵用庚辛何至是耶甲辰

大元兵徇東勝州節度使伯德宻哥死之庚戌命行省脅
鼎領兵赴河中壬子真定招撫使武仙請給金銀符賞有

本紀　金史第十五　廿三　黃䕡

功從之汃河造戰艦付行院帥府令十月癸亥朔定保舉
縣令能否升融舉主制乙丑用蒙古綱言招集義軍各置
都統副統等官如貞祐三年制平涼府先以地震被命雕
並行元帥府事謀復太原壬申定賦吏計罪以銀為則癸
表籍貫丁卯以完顏開權元帥左都監郭文振權右都監
祭方行事慶雲見以圖來上遣官覆驗得實是日百官奉
酉以慶雲遣官告太廟甲戌以慶雲詔國內已卯
大元兵次單州境詔諸路民應遷避兵而不欲者亟遣人
以利害曉之癸未襄城畢工百官稱賀皇宰臣便殿遷右
丞擊官一階賜右丞相琪左丞汝礪參知政事思忠金鼎

各一重幣三是役上廬摶民募人能致蹇五十萬者邊一
官百萬仍升一等平陽判官完顏阿剌左廂譏察權定和
發宋蔡京故居得二百萬有奇准格還賞甲申宰臣請以
襄城之功建碑會朝門從之丁亥

大元兵屯綿上壬辰命有司葺開舍給薪米以濟貧民期
明年二月罷俊時平則瞻之以為常十一月癸巳朔前歲
州倉使張祐自夏國來歸以樞密副使僉散安員同簽院
事訛可行院事于河北乙未少官驢借朝士之無馬者乘
之仍給芻豆已亥

本紀　金史第十五　齿　黃䕡

大元兵徇彰德府辛丑詔朝官七品外路六品以上官二
歲舉縣令一人戶部令史蘇虜催租封丘期限迫促民有
生劉禾翰租者上間之遣更按問狡唐五十縣令高希隆
減二等尚書以希隆罰輕上曰使臣至外路自非至剛者
孰能不從其依前詔甲寅徐州總領合六哥大破紅襖
賊于狄山禮部郎中抹撚胡睹剌上疏言時事丁巳右丞
相高琪下獄泰安軍副使張天翼為賊張林所執以歸宋
繫之萊州至是逃歸撻雅州剌史超兩官進職一等戊午
大元兵平晉安府行元帥府事工部尚書粘割貞死之十
二月誅高琪

本紀第十五終

開封儀同三司上輕車都尉鉅鹿郡開國侯　國朝　經筵都總裁臣　脫脫　奉

勅修

宣宗下

四年春正月壬辰朔詔免朝丙申金安軍節度使行元帥
府事古里甲石倫除名丁酉

大元兵下好義堡霍州刺史移剌阿里合等死之詔贈官
有差庚戌宋步騎十餘萬圍鄧州鄧州聞援軍至夜焚營去招
撫副使術虎移剌答追及之奪其俘選壬子晝晦有頃大
雷電雨以風癸丑戶部侍郎張師魯上書請遣騎兵數千

《金史卷十六》　一　橫海

及春淮蜀並進以撓宋丙辰以武仙遷領中京留守進官
一階三月辛丑議遷雎州治書侍御史蒲詧虎奉詔相視
京東城池遷言勿遷乃止癸卯長春節詔免朝乙巳林
州元帥府惟良擒叛人單仲李俊誅之降其黨盧廣已酉以
吏部尚書李復亨參知政事本復亨蕭修國史平章政事陝
孟帥府事辛亥進平章政事高汝礪為尚書右丞相監修
國史封壽國公參知政事南京兵馬使術甲賽也行懷
西行尚書省省胥鼎進封溫國公致仕壬子紅襖賊于忙兒
襲掠海州經略使完顏陳兒以兵擊敗忙兒復取之甲寅
木星犯兒宿積尸氣夏四月庚申朔詔御史中丞完顏伯

嘉提控防城裹癸亥安武軍節度使紫戊戌破紅襖賊于秦
強祁州經略使段增順破叛賊甄全于唐縣夏人犯邊元
帥石盞合喜破之乙丑以彰德衛輝渭濱諸州隸河南路
轉運司以河南路轉運司為都轉運視中都增置官東戊
辰棣于太廟

大元遣趙瑞以兵攻孟州提控曾德王安復大名府以參
知政事把胡魯權尚書右丞左副元帥元帥于京兆庚辰
為右監軍府知政事同行尚書省元帥府于京兆庚辰
東平元帥府總領提控蒲察山兒破紅襖賊于聊城壬午
命六部檢法以法狀親白部官聽其面議大理寺如之五

《金史十六》　二

月壬辰定一品至三品立功遷賞格癸巳紅襖賊冠樂陵
監山橫海節度使王福連擊敗之張聚來冠又敗之甲午
上擊靮于臨武賊丙申以時暑免賞朝四日一奏事丁酉
諭工部署月傳之一復癸卯

大元兵徇兗州泰定軍節度使元顏畏可死之六月丙寅
遣人招張柔丁卯詔減監察御史四員戊辰山東民僑居
者募壯士五百人益東莒公燕寧軍月犯土星已太白
晝見壬張百八十有四日乃伏甲戌制諸倉場庫院處護
軍受提舉倉場司及監支納官彈壓京識不兩粛敕有司閱

獄雜犯死罪以下皆釋之丁丑
大元遣楊佐在攻下大名又攻開州及東明長垣等縣已卯
祈雨庚辰宋人方子忻來歸有司處之鄭州上曰吾民奔
宋者復刺安食之彼來歸者不善視之或復逃歸漏泄機事
命增子忻廩給有司優遇之元帥右監軍權參知政事承
宋人及紅襖賊犯河朔諸郡皆降
立上封事秋七月辛卯宋人及紅襖賊犯河朔諸郡皆承
命復亨為宣慰使御史中丞完顏伯嘉副之徇行郡縣勸
李復亨為宣慰使御史中丞完顏伯嘉副之徇行郡縣勸
獨浯州經略使王福固守會益勸賊張林來攻福乃叛降
林帥府請討之是日兩癸丑林州行元帥府遣總領嚴祿
等討紅襖賊于彰德府生擒偽安撫使王九詔參知政事錄
寶遣人招嚴賞于青崖紫獲其歟以聞李全犯東平高府監
大元八月戊午朔嚴賞成江王賚犒濟南山東招撫高居
渡以烏古論仲端等使
軍王庭玉敗之擒其偽安化軍節度使張林庚申高陽公
張甫請增兵守冀州上諭樞密渡淮爲宋軍者凡
十村可追家主者懲一二以誠其餘庚午勑掌兵官不聽
縈縣令夏人陷會州刺史烏古論世顯降甲戌陝西行省
報龍谷敗夏人之捷乙亥上諭宰臣河南水菑厚鄧九甚
其被蔺州縣已除其租餘順成之方止責正供和羅雜徵
並免仍自今歲九月始傳周歲桑皮故紙折輸流民佃荒

田者如上優免丙子陝西行省與夏人議和戊寅定選補
親軍法已卯罷薩州招撫司壬午陝西路行省承報定
西州之捷丙戌以隨路諸軍戶徒河南京東西南路各設
檢察使副恒山公武仙降
大元九月戊子詔遣官于河南陝西選親軍辛卯進章宗
實錄戊戌
大元木華里屯軍真定置總領元帥府于歸德以壽州陳
留兩鎮兵屬之庚子夏人入定西州壬寅宋人屯皂郊堡
行軍提控完顏益都擊敗之
大元遣塔忽等來癸卯夏人來侵甲辰滕州招捕提控夏
義男計紅襖賊敗之乙巳詔參知政事李復亨提控糧
事己酉夏人陷西寧州尚書省奏首都僕散奴失不坐誅駙
烏都尉徒單壽春奪官一階狀六十癸丑更定安泊逃亡
出征軍人罪及捕獲賞賂甲寅宋人出泰州及夏人來侵
丙辰豐州行元帥府事右益各喜報定西州之捷冬十月
壬戌
大元遣蒙古塔忽訐里刺等來已卯陝西東路行省報綏
德州之捷泗州元帥府言紅襖賊一月四入冠掠人畜而
去庚辰上擊鞫于臨武殿辛已授紅襖賊時青滕陽公本
應兵馬總領元帥兼宣撫癸未京西山寨各設守禦使副

今本路帥府總之謂陝西行省圖復會州上擊鞠子臨武
殿十一月丁亥朔兔王永玓朔望朝易水公靖安民
為其下所殺戊子黃陵堈經略使為右論石虎等以戰陣
失律第誅壬辰木星晝見于翼積六十有七日伏夜又犯
靈臺第一星甲午河南水道官勸課更浮山縣名忠孝戊
戊詔復傳紹王王翰仍加開府儀同三司壬寅山東東路
軍戶徙許州命行東平總管府治之判官一人分司臨潁
乙巳詔柴茂權元帥左都監畫仁貴爲右都監同行元帥
府于眞定是月

大元本華重國王以兵圍東平十二月甲戌祈雪禮部即

本紀

金史卷十六　　五　　蔡壽

中權左司諫抹撚胡魯刺上封事戊寅詔軍官許月擊鞠
者三次以習武事庚辰臘筆于太廟乙酉鎮南軍節度使
溫迪罕思敬上書言歛幣稅賦二事
五年春正月丙戌渝兔朝丁亥世宗忌日謁莫于慶慶宮
戊子括南京諸州通戶籍耕官田給軍戶壬辰議禦西夏
又征南事諭皇太子以東平禦敬方略甲午諭樞寄院南
伐蠹重當詳議其便撰故衛王事跡如海陵庶人例丁酉
大元兵攻天井關戊宋人襲泗州西城提控王祿死之
辛丑太白晝見于牛十二百三十有二日伏乙巳詔諸道兵
蘘蔡州己酉伐宋庚戌山東行省報東平之捷二月丙辰

朔置招撫司于單州曲赦東平府庚申下詔伐宋以內族
惟鵰補同簽樞密院事行院于中京幹勒合打權元帥府
右都監行元帥府于蔡息納合降福權簽樞密院事行院
于宿州宇术魯達阿權元帥右都監完顏訛論副右都監
行元帥府于唐鄧戊辰罷元帥府復置招撫司與
孟州經略司並受中京行樞密院節制辛未僕散安貞以
兵出息州破宋人于淨居山寺援黃土關癸酉破宋兵
赦河南路兩子禁京城兵器元帥府統石烈牙吾塔破宋兵
復泗州進逼濠州至渦口乏粮而還西城癸未以旱災詔
中外三月丙戌渝上御仁安殿祈雨仍望祭于北郊庚寅

宋人圍唐鄧行元帥府軍完顏訛論力戰却之前鄧州千
戶宇术魯毛良虎自拔歸國訛論便宜遷其官三階授同
知唐州事乞正授以示信從之乙未罷河南路行三司丙
申參知政事徒單思忠書右丞兼修國史以太子詹
事僕散殺夫為參知政事諭宰臣曰今春御事職多不留
心采訪外事聞章宗時近侍人秩滿以所采事定升降令
亦宜預為放歛之法以激勸之戊戌長春節免朝已亥夏
因數人實趙見之招入據來羌城宇术魯合住以重賞誘
骨從人為內應督兵急攻城拔之省試經義進士考官於
常額外多效喬松等十餘人有司奏請駭放上巳九壽後

本紀

金史卷十六　　六　　徐子中

遺諭松等曰汝等中選而復默不能無動于心方今久旱

恐傷和氣令特恩放汝矣庚子賜林州行元帥府經歷官

庚琚進士及第琚以武階气赴延試故有是命丙午以旱

築壇祀雷兩師壬子四月己未山東行省蒙古綱言東

莒公燕寧戰敗而死寧所居天勝皆據隆寧亡衆無所歸

變在朝夕權署其提控孫夬佐為招撫使黃摑九也為總

領以撫其衆遣使請命物有司議之辛酉祔兩于太廟丙

寅僕散安貞破宋黃歂等州壬申俘宋宗室男女七十餘

口獻于京師癸酉詔親軍中武舉第而授職需次者仍執

舊復慮禀給猶常闕至發遣辛巳監察御史劉從益以彈劾

金史十六 七 徐子中

失當薦官一階罷之部定進士中下甲及監官散階至明

廉者舉充縣令法五月甲申朔日有食之戊戌宋人據楚

丘官軍復之庚子納蘭記僧伏誅告人趙銳升職四等壬

寅陝西元帥顏盞不遣使來獻晉安平陽之捷方議其

賞御史烏古論胡魯劾其縱糧士鹵掠不副主上除亂狀

民之意乞正其罪上以賞不有功詔勿問賞議亦震癸卯

唐州守將訛論為元帥賽不猶子與宋人戰唐州境上為

宋人所敗死者七百餘人匿之而以捷聞御史納蘭發其

事上以賽不故亦不之罪而以是意諭之乃稱納蘭敢言

錄其功付有司秩滿者最癸丑東平內徙命蒙古綱行省

于邳州王庭玉行帥府于黃陵堈六月甲寅朔尚書省奏

駙馬都尉安貞及狀上閱奏廑其不實謂平章政事英王

守純曰國家一大臣必合天下後世公議開各守疆土同

乙丑遣使諭晉陽公郭文振上黨公完顏開各守疆土同

心濟難母以細故啓釁端耶代寅僕散安貞坐謀反

并其三子皆伏誅己卯越王永功薨庚辰輙朝壬午上親

奠于殯所秋七月己亥義男軍叛據碭山縣夜襲永城縣

徐州清口等處兵衣粮乏命蒙古綱併力討捕辛亥單州詔增給

副總領高珣敗之命蒙古綱招併力討捕辛亥單州招撫劉

瓊乞移河南粮濟其軍詔給之八月壬子朔罷黃陵堈招

金史十六 八 黃室

撫司上諭尚書省碭山叛軍家屬囚歸德旬餘不給糧恐

傷其生宰令渡之毋致斃死癸亥林懷師府邀擊紅襖

者日益多速令渡之甲子詔兩征潰軍歸而能力戰者依

賊于伏恩村敗之乙丑宋人掠沈丘殺縣令甲戌命有司

出界立功格賞之乙丑宋人掠沈丘殺縣令甲戌命有司

除通戶頭租母徵見戶九月甲申以京東歲饑多盜遣御

史大夫紇石烈胡失門為宣慰使往撫安之更定監察御

史違犯的決法丁亥詔州府及軍官捕盜慢職四品以下

宣慰使決之三品以上奏裁戊子增授隰州招撫使軒成

官改受西省節制乙巳崇進駙馬都尉定國公徒單公弼

熒惑歲星犯左執法右丞相高汝礪表乞致仕詔溫留
之冬十月癸丑進汝礪官榮祿大夫命僕散毅夫行尚書
省于京東督諸軍錫粮乙卯太醫侯濟張子英治星孫疾
用藥瞑眩皇孫不能任遂不療罪當死上曰濟等所化誠
宜死然在諸叔及弟兄之子便應准法行之以朕孫故殺
人所不忍也命杖七十除名尚書省言司縣官貪暴不法
部民逃亡既有決罰他縣停歷亦宜定罪隨處土民父困
搖侵客戶販鬻有獲厚利官無所歛亦宜稍及客戶以寬
土民行院帥府幕職雖無部眾亦嘗贊畫戎功而推賞止
進官一階宜聽主將保奏第功行賞上皆從其請戊午遣
親軍討河南群盜辛酉
大元兵攻綏德州壬戌夏人復侵寵谷甲子勅監察所彈
事同列不可預聞著為令丁卯夏人犯定西積石之境戊
寅分京畿戍辛萬二千河中民兵八千以許州元帥紇石
烈鶴壽將之屯潼關西十一月癸未陝西東路行省報安
塞堡敗夏人之捷甲申諭太府減損食品庚寅募民興南
陽水田壬辰太子親王百官表賀安塞堡之捷却之乙未
夏人攻寵谷宋人攻斷縣紅襖賊掠宿州辛丑詔蠲徐卯
宿泗等州通租官民有能墾關開田除來年科徵歸德亳
壽潁傳闖通戶租外仍蠲三之一逋戶田廬有司募民承

業禁其殺損以俟來復食蒲城縣民李文秀等謀反伏誅壬
寅宋人焚潁州軹防禦判官而去是日相國寺火
大元兵攻延安十二月辛亥朔以
大元兵下潼關京兆詔省院議之壬子罷辟舉縣令法丁
巳禮部侍即烏古孫仲端林待制安庭珍使北還各遷
一階庚申罷河南義軍丁卯詔罷新簽民軍減省樞密院
兵官及京城戍兵仍諭帥府毋擅增設補簽格及詐寵
行總管府及招討統軍檢察等司定宋人來歸賞格及
誘征防軍人逃亡罪癸酉元帥合達買住及其將士以
延安功特賞寶之仍下詔獎諭閏月辛巳朔
大元兵徇鄜州保大軍節度使完顏保六斤權元帥左都監
紇石烈鶴壽右都監蒲察婁室遂授金安軍節度使女奚
烈資祿皆死之乙酉提控术甲咬住破沈丘賊于陳蕪丙
戌頒詔撫諭河南土冠戊子笑惑犯軒轅巳丑孫瑪及捕
盜官吾古出招降泰和縣賊二千人詔斬其首惡餘皆釋
之同知保靜軍節度使郭澍以徵粮失期誣殺平民坐誅
辛卯官軍復葭州癸巳通遠軍節度使李术魯合住削官
甲午月犯熒惑丙申紅襖賊夜入蒙城縣縣官失其符印
軍民死者甚眾賊大掠而去戊戌鎮星晝見于軫巳亥發
兵捕京東盜太白晝見于室壬寅發上林署粟賑貧民陳

亳等州鹿邑城父諸縣盜蜂起趣樞府遣官討之捕盜軍

所過殘民遣御史一人披視軍所獲牛有司以官錢收贖

戊申詔定招捕土冠官賞格巳酉更造興定寶泉每一貫

當通寶四百貫

元光元年春正月庚戌朔辛亥世宗忌辰詔免朝壬子遣官瘞種京東

慶官元帥惟弼破紅襖城于張賽店壬子遣官瘞種京東

西南三路水田甲寅禁非邊關急遽事無馳傳即濫秉者

州縣徑自省部四方館從御史臺外路從分按御史治之

詔陝西西路行省徙京兆者兵退還治平涼防州刺史把

移失剌以棄城伏誅鄜州防禦使裴滿羊哥同知防禦使

古里甲石倫除名平西節慶使把古咬住奪官一階丁卯

詔撫諭京東百姓壬午詔從中京唐鄧商虢等州屯

軍及諸軍家屬赴京兆同華就粮也二月乙酉陝西西路

行省請以厚賞募河西諸蕃部族寺僧圖復大通城與襄

省樞密院議書之癸巳上諭宰臣宋人以重兵攻平與襄信

我師力戰却之又偵知其事狀之詳若俟帥府上功推賞

宜急於勸獎之道其遣清望官寶空名宣敕數會實給之乙

未詔諭河南陝西

大元兵屯陝州壬寅權定行省樞府元帥輟枚左右司

經歷司官罪法甲辰上念鄜延被兵又延安受圍督發民

粟給軍詔除延安鄜坊丹𨜞綏德稅租仍令有司償其粟

直不足者許補官戊申恒州軍變萬戶呼延壽等千餘人

殺掠城中焚廬舍而去巳酉遣元帥全行院事副

府事節制三路軍馬代宋同簽樞密院事時全行院

監主自盜論死上顧惜之體降授陳州防禦使癸酉提控

之三月辛酉宋人掠碼山縣之劉村丙寅歲皇犯太微左

執法戊辰樞密院委姜官天安上書言利害壬申尚書

右丞徒單思忠以病馬輸官留取高價御史劾之有司以

李師林敗夏人于求末嶺郭文振表近得俘者言南北合

兵二將攻河南陝西詔樞密備禦夏四月辛巳以金吾衞上

將軍勸農使訛可簽樞密院事置大司農司設大司農卿

少卿丞京東西南三路置行司並兼採訪事壬午

大元兵攻陵川縣丁酉林懷路行元帥府事惟良削官西

階罷之更定辟舉縣令之法而復行之戊戌籍丁憂待闕

追贈等官備防秋丁未行樞密院報淮南之捷五月戊申

朔

大元兵屯隰吉冀等州壬戌訛可時金軍大敗甲子訛可

以敗績當死上面數而責之勉其後效命腹官兩階丁卯

召致政晉鼎等赴省議利害壬申時全伏誅六月戊寅朔

造舟運陝西粮由大慶關渡抵湖城癸未大赦陳州防禦

使呂子羽坐之軍興自盡制諸監管及八品以下職事丁
憂待闕任蒲遼授者試補侍衛親軍命各路司腹司設捕
盜方略丁酉紅襖賊掠柳子鎮驅百姓及驛馬而去提控
張瑀追擊奪所掠還偽監軍王二據黎陽縣提控王泉討
之復其城秋七月庚戌

大元將按察兒以其眾屯晉安冀州之境丙辰上黨公完
顏開復澤州己未歸德行樞密院王庭玉報曹州破紅襖
賊之捷庚申定監當官選法河北群盜把封立開封界令
樞密院劾捕甲子京東總帥石烈牙吾塔請自今行院
師府幕職有過得自決之不允戊辰紅襖賊襲徐州之十
八里岊又龍興古城桃園官軍破之乙亥太白晝見經天輿
日爭光八月丁丑定西征將士官賞有差己卯彗星見西
方甲申增定藏匿逃亡親軍罪及吿捕賞格積石州番族
叛附于夏肇州提控尼厖古三郎討之獲羊千口進尚膳
詔卻之以彗星見改元大赦諭旨宰臣曰敕書已頒時刻
之間人心所係在令命者速往計期而至以大司農寺
胡魯為參知政事翌己河間公移剌衆家奴高陽公張甫把
兵復河間府是日報捷者始達上以道途梗塞報者艱寡
命厚賞之夏人入德順壬寅祈雨九月丙午朔以左右警
巡使兼彈壓謝陝西行省備邊壬子牙吾塔請以兵由壽

州渡淮橋宋人巢穴不從乙卯議經略淮南已巳宋人掠
遂平縣之　石岩店復侵南陽唐州提控夾谷九住敗之冬
十月丁丑夏人掠德順之　神林堡壬午宋張惠攻零子鎮
為幹魯及所敗虜其禪帥二人河中府萬戶孫仲威執其
大元兵下榮州之　胡壁堡又臨晉庚子詔所司巡護避兵
民資產甲辰以京兆官民避兵南山者多至百萬詔遣兼同
安撫使阿不罕胡魯剌撼城陝西行省遣將討平之癸
未復曹州甲申上獵于近郊詔免百戶官送迎且勿令治道
必勞百姓庚寅徙德順招撫使先軍於衛州乙未
知府事完顏璹等安撫其眾十一月丁未

大元兵徇同州定國軍節度使李復亨同知定國軍節度
使訛可皆自盡甲寅京東總帥牙吾塔報臨淮破宋兵之
捷戊辰
大元蒙古蒲花攻鳳翔府十二月乙亥朔上諭皇太子曰
吾嘗夜思天下事必宵燭以記明而即行汝亦當然以河
中治中疾小叔權元帥元帥右都監便令行事乙酉遷同
知平陽府事史詠龍虎衛上將軍賜號守節忠臣權平
陽公府事丁亥曹州總管青宜可卒特命其子角襲職詔
諭近侍局官曰奉御奉職皆少年不知朕憶襄時置說
書人曰為講論自古君臣父子之教使知所以事上者其

復置已丑蘭州提控唐括防敗夏人于質孤堡

大元以大軍攻鳳翔

二年春正月甲辰朔詔免朝賀乙巳世宗忌日謁奠于啓

慶宮右丞相汝礪乞致政上面諭使留

大元兵下河中府權元帥右都監侯小叔復之壬子壽州

防禦使完顏乃剌奪官四階甲寅上諭宰臣曰向有人言

便宜事卿等屢奏乞作中旨行之帝王從諫足矣豈可掠

人之美以為已出哉戊午四方館使李病驢以罪罷宰臣

請以散地羈縻原之上曰此輩豪猾正須誠待若以術制適

自疑但不畀軍政外補何害授病驢恒州刺史又謂譖南

罪恩何有丁憂官得起復者是數人以不孝也何為著此

令哉丁卯

大元兵復下河中府二月甲戌朔皇后生辰詔免賀禮己

卯丞相汝礪朝會免拜設榻賜久立賜休壬午詔軍官

犯罪舊制更不任用今多故之秋人才難得朕欲除大罪

外徒刑追配有武藝膂實者量才復用其令尚書省議

以聞丁亥大赦已亥鳳翔圍解石盡合喜加金紫光禄大

夫并左監軍特授大名府海谷忽申猛安完顏仲元加光

禄大夫并右監軍特授河北東路洮委少剌完顏和各賜金

幣帶有差三月甲辰朔宋人襲汝陽壬子誡諭平章英王

守純崇飲癸丑以河中府推官籍阿外權元帥右都監代

領侯小叔軍甲寅上謂宰臣人有才堪任事其心不正者

終不足貴丞相汝礪對曰其心不正而濟之以才所謂虎

而翼者也雖古聖人亦未易知上以然丙辰春節免

朝以戸部尚書石盞畏忻為參知政事行尚書省于河中府辛酉禁

顏伯嘉詔以鳳翔戰功及頒賞等級備諸郡甲子以完

罪非死罪除名遇赦幸免有才幹者中外並用夏四月癸

酉朔復霍州汾西縣詔給空名宣敕選賞將士之有功者

丙子誤京兆南山安撫司丁丑故鳳翔萬戶完顏醜和以

死節贈懷遠大將軍授刺史職其父惢除以功例賞外遠

兩官升職二等已卯遣官閱河南帥府見兵籍閱官豪右

親丁及遼東河北客戸為軍庚子募西山獵戸為軍五月

癸卯朔始造元光重寶丙午復河中府及榮州遣人持檄

招前恒山公武仙屯卯權平陽公史諫復霍州及洪洞縣

丁巳始造元光珍貨同銀行戊午以撤招東平嚴實己

未茶知政事毅夫言魯從人踰忠孝軍而置泛淮者所為

多不法請且聽命況此輩中不然雖左右亦難防閑正在

術遠方猶且聽命此人心無常顧馭之何如耳馭之有

廓開大度而已若是而不能致太平者命也庚申簽河南

路寄居官民充軍辛酉徙晉陽公郭文振兵于孟州甲子
徙權平陽公陝兵于解州河中府六月乙亥京東總帥
報淮南之捷丁亥罷行省所置藍察御史兼彈壓之職戊
子議遣人招至全厥實張林甲午詔罷河中行省置元帥
府辛丑遙授靜難軍節度使顏盞蝦蟆等以保鳳翔功進
官秋七月壬寅朔夏人犯積石州羌界寺族多陷浸惟柰
逼寺僧看通昭通斯沒及答那寺僧奔鞠等拒而不從詔
賞諸僧鈴轄正將繁官而給以廩祿乙巳遣兵守衛解州
鹽池庚戌以空名宣勅遷賞諸部降人壬子除市易用銀
及銀與寶泉私相易之禁癸丑勅諸御史曰瑣細事非人

本紀 金史十六 十七 葉壽

主所宜諮然凡涉姦弊靡不有關國政者此聞朝官及承
應人月給俸粮多雜糅土有司所收烏有是物哉至于
出納斗斛亦小大不一此皆理所不容者而臺官初不聞
軍事須朕言之安用汝耶也乙卯丹蒲丁巳陰坡族
之骨鞠門等叛歸夏元帥夾谷瑞發兵討之以撓聞御史
中丞師安石言制敵二事戊午宰臣方對次有司奏前奉
御溫敦太平卒上大駭曰朕屢欲授太平一職每以事阻
令僅毀之未數日而亡豈非天耶因謂宰臣曰海陵時有
護衛二人私語一曰富貴在天一曰由君所賜海陵竊聞
之詔授言由君所賜者以五品職意謂誠由己也而其人

以疾竟不及授章宗秋
閏平章張萬公亮歟曰朕痌將
拜萬公丞相而遽不起命也乙丑詔籍陝西路僑居官民
為軍八月辛未胡郡州從宣略經使納合六哥等率年都統 綱
金山頹俊以沂州百餘人最入省署殺行尚書省官 綱
擾州友壬申詔賞京兆路官軍保全南山諸谷之功以所
納合六哥拒命即命牙吾塔合行院兵討滅之乙亥火星
入鬼宿中掩積尸氣乙酉詔能捕獲反賊六哥者除見定
五千人以上三階仍共職一等能以力戰護之者又增一
全人數多募為軍第十人以上官一階三千人以上兩階

本紀 金史十六 十八 葉壽

官外仍與世襲謀克丙戌遣官分行蔡息陳蔡慶節裕諸
州洎司農司州縣吏同議凡民丁相聚立砦避兵與各巡
檢軍相依者五十戶以上置砦長一貟百戶增副一貟仍
有食之宋人入壽州女奚烈蒲力戰卻之壬寅樞密院
先邊一官能安民弭盜勸農者論功注授九月庚子朔
奏提控术甲判只罕破宋人之功甲辰宋人攻南陽陽丙午
牙吾塔報能桃園淮陽之援并以納合六哥結構李全之狀
來告戊申降人孫邦佐貟李全軍中歸遙授知東平府兼
山東西路兵馬都總管寶興宋人力戰于胡陂而卻之
提控术虎春兒為所殺癸丑納合六哥所署偽都統烏古

論賽漢夾谷留住等來歸巳未贈本虎春兒銀青榮祿大
夫丙寅扎也胡魯等被廉御史中丞師安
石等劾英王守純不實付有司鞫治尋詔免罪而猶責論
之冬十月癸酉徙晉陽公郭文振等兵千衛州乙亥制行
樞密院及元帥府廔陳之月分番巡徼校獵月不過三次
丁丑上獵于近郊巳卯拾于太廟壬午火星犯靈臺乙酉
上獵于近郊辛卯詔石壕店汋池求寧縣各屯兵千人壬
辰滕州人時明誅反伏誅戊戌唐鄧元帥報淮南之捷
十一月巳亥紅襖賊偽監軍徐福等來降詔進平邳州之捷函級叛人
一階賜金幣有差辛丑總帥牙再塔報邳州之捷
六哥首以獻開封縣境有虎噬人詔親軍百人射殺之賞
射獲者銀二十兩而以內府藥賜傷者丙午邳州紅襖賊
三千來降初擬置諸陳許之間上以為巷輩難保降家屬尚
在河朔餘衆之所得者難而徙之還果忠於我雖厲河朔豈
苦命使撫諭加以官賞而遺之遷界害者銀亦復安忍不
開之請諭開及郭文振史詠王遇張盧芝等各與所鄰
帥府相視可耕土田及瀕河北岸之地分界而種之以給
貧我耶且餘衆感恩順者矢戊午以上黨公完顏
軍餉辛酉蠻州行元帥府報會州破夏人之捷十二月巳
巳朔徙泗淮巡檢邊寅于內地癸酉以空名宣命金銀符

給完顏頗開賞功辛巳詔延安土人充司縣官義軍使者選
人代之量免其民差稅邳州民丁延戰陣者各贈官一階
歸德徐邳宿泗求亳潁壽等州復業及新地民免差稅二
年見戶一年嘗供給邳州者復免戊子皇太子率百官及王
縣免三之一丁亥上不豫免朝庚寅上崩于寧德殿
妃公主入問起居巳丑夜皇后及貴妃龐氏閣麗
氏年老侍側上知其可託詔之曰速召皇太子後事
壽六十有一上疾大漸冀夜近臣皆出惟前朝資明
妃入問起居庚上崩于寧德殿
言絕而崩夫人秘之是夜皇后及貴妃龐氏閣麗
氏陰狹機蓋常以其子守純年長不得立心軼軼夫人怒
其為變即紿之曰上方更衣后妃可以休他室伺其入遂
鑰之急乎大臣傳遺詔立皇太子始啓戶出后妃發喪皇
太子方入宮英王守純巳先入皇太子知之分遣樞密院
官及東宮親衛軍官移剌蒲阿集軍三萬餘于東華門街
部署既定命護衛四人監守於近侍局乃即皇帝位於
樞前壬辰宣遺詔是日詔救中外明年正月戊戌朔改元
正大諡大行曰繼天興統述道勤仁英武聖孝皇帝廟號
宣宗三月庚申葬德陵

贊曰宣宗當金源末運雖之撥亂反正之材而有勵精圖
治之志迹其勤政愛民中興之業蓋可期也然而卒無成

功者何哉良由性本猜忌崇信獎御獎用吏胥苛刻成風
舉措失當故也軷中元惡此豈可相者乎顧乃懷其援立
之秋自除廉恥之分悖禮甚矣高琪之誅軷中雖云除惡
律以春秋之法豈逃趙鞅晉陽之責既不能罪而遂相之
失之又失者也遷汴之後北顧有道之朝日益隆盛智識
之士軷不先知方且狃於餘威牽制群議南開宋釁西搆
夏侮兵力既分功不補患曾未數年昔也日闢國百里今
也日蹙國百里其能濟乎冊遷遂至失國豈不重可歎哉

本紀第十六卷

開府儀同三司上柱國錄軍國重事中書右丞相監修國史臣　脫脫　奉勑修

勑修

哀宗上

哀宗諱守緒初諱守禮又諱寧甲速宣宗第三子母曰明
惠皇后王氏賜姓溫敦氏仁聖皇后之女兄也承安三年
八月二十三日生於翼邸仁聖無子養為己子泰和中授
金紫光祿大夫宣宗登極進封遂王授秘書監改樞密使
貞祐初莊獻太子守忠薨立皇孫鏗為皇太孫尋又薨四
年正月己卯立守禮為皇太子仍控制樞密院事詔略曰
子以母貴遂王守禮地鄰家嫡慶集元妃立為皇太子其
典禮有司條具以聞四月甲午用太子少保張行信言更
賜名守緒元光二年十二月庚寅宣宗崩辛卯奉遺詔即
皇帝位于柩前壬辰詔大赦略曰朕述先帝之遺意有便
於時欲行而未及者悉奉而行之國家制度有司
徃以情破法使人間遭刑憲令後有本條而不違者以故
入人罪罪之草澤士庶許令直言軍國利害雖涉譏諷無
可采取者並不坐罪
正大元年春正月戊戌朔詔改元正大庚子上居盧百官
始奏事秘書監權吏部侍郎蒲察合住吱恒州刺史左司

員外郎泥庬古華山同知橫州軍州事遂二奸臣大夫士
相賀邠州節度使移剌术納阿卜貢白兔詔曰得賢臣輔
佐年穀豐登此上瑞也馬事此為令有司給道里費縱之
本土禮部尚書其徧諭四方使知朕意已巳詔朝臣議脩河
中府禮部尚書趙秉文平章政事荊王守純罷判汝州防禦使
敵未堪力役遂止戊午上始視朝大司農楊雲翼等言陝西民方疲
親府雜知政事僕散五厅罷充大行山陵使尊皇后溫敦教
李蹊為太常卿權參知政事平章政事荊王守純罷判睦
氏元妃溫敦氏皆為皇太后號其宮一曰仁聖一曰慈聖
百官入賀于隆德殿是日大風飄端門瓦赤盞合喜權樞
密副使有男子服麻衣望承天門且哭且哭詰之則曰吾
咲咲將相無人吾哭金國將亡群臣請寘重典上持不
可曰近詔草澤諸人直言雖涉譏訕不坐法司唯以君門
非咲咲之所重杖而遣之南陽民布陳謀反伏誅三月癸
法礪薨癸丑葬宣宗于德陵甲寅起復邠州節度使致仕
張行信為尚書左丞以延安帥臣完顏合達戰禦有功授
感犯左執法戊申奉安宣宗御容于奉嚴寺辛亥丞相高
金虎符權參知政事完顏訛可右執法河東兩路
夏四月癸酉宣宗祔廟大赦中外燓惑犯上大寒京兆右
戊平章政事把胡魯薨癸卯樞密副使完顏賽不為平章

政事權衆知政事石盞尉忻為尚書右丞太常卿李蹊為
翰林承旨仍權衆政甲辰賜䇿論進士李木論長河以下
十餘人及䇿經義進士張介以下五人及第代宰執請擊輔上以心後不
許辛卯立妃徒單氏為皇后遣刑部登聞撿歛院毋鎖闕
防護聽有寃者陳許六月甲戌宰執請擊輔上以心後不
至先州榜諭宋界軍民更不南代秋七月巳亥詔諭百官
各勤乃職癸卯補修大樂九月樞密遣使來修好十二月乙巳
路獲馬千疋冬十月戊午夏國遣使宣宗小祥燒飯于德
檀州刺史蕭察合住有罪伏誅甲寅宣宗小祥燒飯于德

陵改定辟舉條法以六事課縣令以六事課京東西南陝西設大
司農司兼採訪公事京師大司農總之左丞張行信言先
帝詔國內刑不上大夫治以廉恥丞相高琪所定職官犯
罪的決百餘條乞改依舊制上欲彰先帝之過略施行之
二年春正月甲申有黃黑之祲夏四月辛卯朔恒山公武
仙自真定府來奔起復平章政事致仕華國公薨鼎為平
章政事行省大事千衛州進封英國公甲午以京畿旱遣使
應因鈞許州大兩電丁酉鄭州雨傷麥五月丁丑以旱
甚責巳避正殿減常膳赦罪蘇椿自大名來奔詔置橋許
州秋七月都水蒲察毛花輦殺人免死除名八月輦州元

帥田瑞及行省軍圍之其母第十哥殺瑞出降赦其罪以
為涇州節度使世襲猛安九月夏國和議定以兄事金各
用本國年號遣使來聘弟冬十月以夏國修好
詔中外新軍政改總領為都尉巳酉誅田瑞詔中外癸
友道禮部尚書與敢良弱大理卿裴蒲歛南侍御史烏古
孫弘教為夏國報成使國書禪兄乙亥面諭臺諫完顏素
蘭陳規曰宋人輕犯邊我以輕騎襲之蕞其懲創通好
以息吾民耳夏人從來臣屬我朝今拶帝以和我尚不
為擊果得和好以安吾民尚欲用兵乎卿等宜悉朕意移
剌蒲阿及宋人戰于先州獲馬鞬千殺人千餘而還內族
斬之詔有司為死節士十有三人立褒忠廟禁宿泗青口
怒邊官兵毋復擅殺過淮紅衲軍詔趙東文揚雲翼作
王家奴故殺鮮于主簿權貴多救之者上曰英王朕兄敢
妄建一人乎朕為人主敢以無罪害一人乎國家衰弱之
除生靈有幾何而族子特勢殺一主簿吾民無主矣特命

鏡馬年錄
三年春正月丁巳朔夏國遣使來賀三月陝西旱平章政
事奏鼎復請致仕不許詔尚書省議省減用度夏四月辛
卯親享于太廟郕國夫人車經御路過廟前駭者乘馬二
婢坐車中俱不下詔繫獄秋之辛丑以旱道官禱于濟瀆

癸卯祈于太廟禁屠宰河南大雨雹已酉遣使應囚遣使
捕蝗五月已未大雨末兵掠壽州境癸亥永州桃園軍失
利死者四百人乙丑大雨壬申詔諭隩州趙甫等能以土
地來歸當任使之六月辛卯京東大雨雹蝗盡死壬子詔
諭高麗及遼東行省葛不靄討反賊萬家奴脅從者秋
等為益政院說書官二人直備顧問冬十月丁酉夏使
沃及晉安辛卯詔設益政院于內廷以禮部尚書楊雲翼
七月庚午平章政事英國公弈鼎薨八月移剌蒲阿復曲

義軍夏全自楚州來歸楚州王義深張惠范成進以城降
來報哀十一月庚申議與宋修好戊辰又議之已宋忠
封四人為郡王辛未改楚州為平淮府以夏全等來降敕
大元兵征西夏平中興府召陝西行省及陝州總帥完顏
諸路從宋及淮蔡官吏軍民并其家屬甲戌遣使夏國賀
正旦丙子夏以兵事方棘來報各停使聘
訛可靈寶總帥紇石烈牙吾塔赴汴議兵事詔諭陝西省
省軍事三品以下官聽以切過賞罰之銀二十五萬兩
從其給賞遣中大夫完顏履信為弁祭夏國使
四年春正月辛亥朔壬戌增築中京城浚汴城外濠二月
蒲阿牙吾塔復平陽軌知府李七斤獲馬八千三月犒勞
效官充軍有怨言不果用以銀贖平陽虜獲男女分賜官

軍者聽自便
大元兵平德順府節度使愛申攝府判馬宥龍死之
大元兵復下平陽已巳徵夏稅二倍夏五月丁丑議乞和
千
大元兵平臨洮府總管陀胡土門死之陝西行省進三
大元
大元兵自將出戰中策㢲陝州下策㢲秦保潼關不從六
月戊申朔遣前御史大夫完顏合周為議和使丙辰地震
太白入井詞賦經義盧亞以下進士第秋七月
大元兵自鳳翔徇京關中大震工部尚書師安石為尚

書右丞壬辰以中丞烏古孫卜吉祭酒裴滿阿虎帶兼司
農卿簽民軍勸率富民入保城聚兼贄秋稅令百姓知避
遷之計丁酉赦陝西東兩路賜民今年租八月庚戌詔
有司罷遣防備丁壯修城民夫軍須養發應不急者權停
巳巳萬年節同知集賢院史公奕進之定遺訓待制品造
進尚書遺安略是日大風落左披門鴟尾壞丹鳳門扉隕霜
禾盡損李全自益都復入楚州據之遣總帥完顏訛可元
帥慶山奴守肝胎與全戰于龜山敗績冬十月辛酉右拾
遺盡李大節右司諫陳規劾同判睦親府事撒合輦姦賊不
報壬戌外臺監察御史諫獵上怒以邀名賣直責之詔贈

德順府死事愛申馬肩龍等官以淮南王爵招李全十一
月乙未未時日上有二白虹貫之丁酉獵于近郊十二月
直授李踐祭知政事
大元兵下商州壬子遣使安撫陝西以牛千頭賜貧民
五年春正月丁丑親祭三廟庚辰遣知開封府事完顏麻
斤出如
大元弟慰丙戌議擊盱眙辛卯以龜山之敗降元帥慶山
奴為宗國軍節度使二月乙巳朔大寒雷雨雪木之華者
盡死癸丑詔有司以臨洮總管臨潼胡土門塑像入廟忠
廟書死節子孫干御屏量村官使之三月甲戌朔群臣請

本紀　金史十七　七　吳楄

依祖宗故事樞密院聽尚書省節制不從乙酉監察御史
烏古論不醫劾近侍張文壽張仁壽李麟之受饋遺曲
赦其罪而出之夏四月甲辰朔以御史言三姦不巳凡四
日不視朝八日議放選西夏人口丙寅右丞師安石薨親
衛軍王咬兒酗酒殺其孫大理寺當以徒刑特命斬之五
月癸巳定國軍節度使慶山奴以受略奪一官六月壬戌
以旱赦雜犯死罪巳下秋七月戊子同判睦親府事撥合
上清宮甲子衆知政事白撤為尚書右丞太常卿顏蓋世
肇出為中京留守行樞密院事八月乙卯以旱遣使禱于
當權衆知政事增築歸德行樞密院擬工役數百萬詔遣

權樞密院判官白華喻以農夫勞苦減其工三之二以節
制不一併衛州帥府於恒山公府命白華往經畫之九月
庚寅雨足始種冬麥十一月辛巳進宣宗實錄除名壬子
完顏訥申改侍講學士充國信使以陝西大寒賜軍士紫
炭銀有差京兆鳳翔府司竹監退竹令分給之

本紀　金史十七　八　吳昌

六年春二月丙辰樞密院判官移剌蒲阿權樞密副使耀
州刺史李與有戰功詔賜王兔鶻帶金器以丞相完顏移剌
不行尚書省事于關中召平章政事完顏合達還朝移剌
蒲阿率忠孝軍總領完顏陳和尚忠孝軍一千騎駐邠州
遣白華馳喻蒲阿以用兵之意詔樞密更給忠孝軍馬足
以漸調發都尉司步卒及忠孝馬軍備
軍平涼府判官世龍謀克晃夏五月隴州防禦使后林冬兒
軍頰三月乙亥忠孝軍總領陳和尚有戰功授定遠大將
進黃鸚鵡詔曰外方獻珍禽異獸違物性損人力令勿復
進秋七月罷陝西行省軍中浮費八月移剌蒲阿再復澤
潞九月洮河闌會元帥顏蓋蝦蟆進西馬二疋詔曰卿武
藝超絕此馬可充戰用朕乘此豈能盡其力既入進即尚
廄物也今以賜卿其悉朕意冬十月移剌蒲阿東還令陳
和尚率陝西歸順馬軍屯鈞許

大元兵駐慶陽界詔陝西行省遣使奉羊酒幣帛乞緩師

請和十一月遣使釣許選試陝西歸順人得軍二千以藝

優者充忠孝軍次充合里合軍十二月詔副樞密阿總帥

紇石烈牙吾塔權簽樞密院事頒詔可救慶陽罷附京

獵地百里聽民耕稼

七年春正月副樞密阿總帥牙吾塔權簽院事詔可解慶

陽之圍以訛可屯邠州蒲阿牙吾塔還京兆夏五月詔

清口宋敗軍三千人頗留者五百人以屯許州餘悉縱遣

之賜經義詞賦李瑊以下進士第秋七月以平章政事合

達權樞密副使八月賜陝西死事之孤瑾引尽絹仍量材

任使

大元兵圍武仙于舊衛州冬十月平章合達副樞密阿引

兵救衛州衛州圍解上登承天門犒軍合達蒲阿並世欵謀

克後刺蒲阿權參知政事同合達行省事于閿鄉以備潼關

八年春正月

大元兵圍鳳翔府遣樞密院判官白華右司即中夾谷八

里門諭閿鄉行省進兵合達蒲阿以未見機會不行復遣

白華諭合達蒲阿將兵出關以解鳳翔之圍又不行夏四

月丁巳朝敕全免京西路軍需錢一年阜災州縣羞稅從

實減貸

大元兵平鳳翔府兩行省棄京兆還居民於河南留慶山

奴守之五月李全妻楊妙真以全階没于宋構浮梁楚州

北欲復宋雠遣合達蒲阿屯挑源界激河口以備侵軼宋

八里莊人拒其主將納合達蒲阿詔改八里莊為鎮淮府

秋七月宋將焚澤梁九月丙申慈聖宮皇太后溫敦氏崩

大元攻河中府合達蒲阿遣亢帥王敢率兵萬人救之

議引兵趨河中府懼不敢行還陝州出師至冷水谷而歸

大元兵駐河中府慶山奴棄京兆還召合達蒲阿赴汴

遺詔園陵制度務從儉約

冬十月右丞相賽不致仕十一月丁未

大元進兵峣峯關由金州而東省院議以逸待勞未可與

戰上諭之曰南渡二十年所在之民破田宅鬻妻子蝎肝

腦以養軍今兵至不能逆戰止以自護京城縱妻子何以為

國天下其謂我何朕思之熟矣存亡有天命惟不負吾

民可也乃詔諸將屯軍褒鄧十二月巳未葬明惠皇后河

中府破權簽樞密院事草火訛可苑之元帥扳子訛可擬

敗卒三千走閿鄉詔救將佐以下杖訛可二百以死合達

蒲阿率諸軍入鄧州楊沃衍陳和尚武仙皆引兵來會出

屯順陽戊辰

大元兵渡漢江而北丙子畢渡合達蒲阿將兵禦于禹山

大元兵分道趨汴京京師戒嚴是夜二鼓合荅蒲阿引軍

還鄧州

大元兵蹴其後盡獲其輜重

天興元年元開興四月又改元天興　春正月壬午朔日有

兩珥

大元兵道唐州元帥完顏兩婁室與戰襄城之汝墳敗績

京城癸未置尚書省樞密院于官中以便召問起前元帥

古里甲石倫權昌武銀慶使行元帥府事合達蒲阿引

兩婁室走汴京遺完顏麻斤出等部民丁萬人決河水衝

軍家屬五十萬口入京丙戌

三萬㳂河渡權近侍局使徒單長樂監其軍起近京諸色

軍自鄧州赴汴京乙酉以點撿夾谷撒合為總帥將步騎

本紀　金史十七　十二　吳楊

大元兵既定河中由河清縣白坡渡河丁亥長樂引

兵至封立而還戊子左司郎中斜卯愛實上書請斬長樂

撒合以廓軍政不從都尉烏林荅胡土一軍自潼關入援

至偃師聞

大元兵渡河遂走登封少室山壬辰衛州節慶使完顏斜

捻阿不棄城走汴甲午修京城樓櫓及守禦備

大元兵薄鄭州與白坡兵合屯軍元帥馬伯堅以城降防

禦使烏林荅咬住死之乙未

大元兵游騎至汴城丁酉大雪

大元兵及兩省軍戰鈞州之三峰山兩省軍大潰合達陳

和尚楊沃行走鈞州城破皆死之樞密副使蒲阿就執尋

亦死武仙走密縣自是兵不復振巳亥徐州行省完顏慶

山奴引兵入援義軍校侯進杜正張興率所部比降慶

山奴入睢州庚子御端門肆赦改元開興辛丑潼關守將

李辛以關降

大元壬寅扶溝民錢大亨李鈞叛殺縣令王浩及其簿尉

庚戌許州軍竪授元帥古里甲石倫粘合全周蘇椿等以

本紀　金史十七　十二　吳楊

城降

大元二月壬子朔慶山奴謀走歸德至陽驛店遇

大元兵徐帥完顏兀里力戰而死慶山奴被擒使招京城

不從睢州刺史張文壽葉城從慶山奴皆死之戊午次鳳氏關陝行

大元兵徇臨渙攝縣令張若愚死之甲寅

省總帥兩軍及秦藍帥府軍襄潼關而東與之遇天又大

雪未戰而潰行省徒單兀典總帥納合合閣敗死完顏重

喜降斬于馬前都尉鄭僴殺都尉苗英亦降秦藍總帥府

經歷商衡死之

大元兵下睢州庚申翰林待制馮延登使北來歸乙丑

大元兵攻歸德庚午起復右丞相致仕賽不為左丞相括
京師民軍二十萬分隸諸帥人月給粟一后有五斗三月
丁亥
大元軍平中京留守撒合輦技水死甲午命平章政事白
大元遣使自鄭州來諭降使合喜宿大佛寺以備緩急
降使者立出受之以付有司書索翰林學
大元遣宰相睨進上起出國書以授譯史譯史
士趙東文衍聖公孔元措等二十七家及歸順人家眷蒲
以妻子繡女弓匠鷹人又數十人庚子封荊王子訛可為
阿妻子繡女弓匠鷹人又數十人庚子封荊王子訛可為
曹王議以為燕齊國公璹以曹王訛請代行上慰遣之不

金史十七
十三
列八

政事分軍防守四城
阿虎帶太府監國世榮為講和使戶部侍郎楊惜權蒙知
聽其代壬寅尚書左丞李蹊送曹王出質諫議大夫裴滿
大元兵攻汴城上出承天門撫西面將士千戶劉壽語不
遂詔釋勿問癸卯上復出撫東面將上親傳戰傷者藥于
南薰門下仍賜酒出內府金帛器皿以賞戰士乙巳鳳
翔府砲軍萬戶王阿驢橐羹來歸巳酉造革車三千兩癸
而不用置局養無家停民夏四月癸丑兵士李新有功權
四方館使元帥劉益叱其午戰死丁巳遣戶部侍郎楊仁
奉金帛詣

大元兵乞和戊午又以珍異往謝許和癸亥明惠皇后陵
被發失柩所在道中官往視之至是始得以兵護宮女十
人出迎朔門奉柩至城下設御幄安置是夜復葬之戰鄭
個妻子甲子御端門肆赦改元天興元年官民能完復
州郡者初賞有差出金帛酒炙犒軍士減御膳罷冗員
放宮女上書不得稱聖旨為制肯釋鎬目王衛紹王
二族蔡鍋聽自便乙丑百官放宮女聽以衣裝目隨金珠留
尚書省兼樞密院事丁卯放宮女隨步軍始出封丘門采薪蔬巳巳建威都
犒士卒汴京解嚴步軍始出封丘門采薪蔬巳巳建威都

金史七
十四
列八

尉完顏元論同
大元使沒忒入城庚午見便臣於隆德殿放宮女如前辛
未開鄭門聽百姓男子出入甲戌御承天門大饗將士閏
有聲屈原者乃還宮乙亥有詔止奏事許州進櫻桃五月辛
巳遷民告出城者以萬數賽不白撤兵不聽乙酉拜天於大慶殿
王子思烈行尚書省四面軍李辛不奉詔丁亥鑿浦川濟
詔白撒致仕尚書四面軍李辛不奉詔丁亥鑿浦川濟
梁尋罷之馮延登以奉使有勞授禮部侍郎戊子裕州鎮
防軍將領賀都喜率西軍二千人入援放遣民出京辛卯
大寒如冬密國公璹薨汴京大疫凡五十日諸門出死者
九十餘萬人貧不能葬者不在是數癸巳楊春入攝蔡州

觀察判官劉均死之辛丑上御香閣面責宰相乙巳將相
受保城爵賞六月庚戌朔詔百官舉大將舉劉益不能
用癸丑白撒飛虎軍二百人奪封丘門出奔甲寅以出師錮門
蔡乙卯白撒開渠於私第奪東丙辰關官馬擇瘠者殺以食
丁巳封仙攝徐州徒單益都走宿州推張興行省事庚申
塞京城四門以便守樂壬戌國用安入徐州撒完顏陳和尚
仙為元帥以主州事己巳詔贈樂悔中即將完顏和尚
鎮南軍節度使立夜忠廟碑權參知政事楊惲罷辛未復
領汴城以疫後圍戶僧道喜師粥棺者擅厚利命有司倍
修汴城以助其用甲戌宿州鎮防千戶高臘哥李宣殺節度
征之以助其用甲戌
使統石烈阿虎父子請行省徒單益都主帥事益都不從
遣其將吏西走至殺熟遇
大元軍死之乙亥左丞李蹊送曹王與其子全俱還丁丑
恒山公武仙殺士人李汾七月庚辰朔兵刃有火辛巳軍
士禍登聞皷乞將劉益癸未尚書右丞顏盞世魯罷吏部
尚書完顏奴申為蔡知政事甲申飛虎軍士申福蔡元擅
穀比使唐慶等三十餘人于館詔責其罪遂絕乙酉
都人揚言欲殺白撒密遣衛士護其家丙戌軍士毀白
撒別墅科捻阿不喜殺市人之過壬門者以靖亂丁亥拜
天于承天門下出内府及兩宮物賜軍士戊于下令招軍

辛卯簽民為兵鞏昌民百二十人赴援乙未宿州帥粮僧
奴辦國安用降遣近侍直長困世英等持詔封安用為克
王行京東等路尚書省事賜姓完顏改名安新軍用有禍
登聞皷者杖殺之乙巳金未火太陰會于軫翼丙午癸知
政事完顏思烈恒山公武仙聲昌總帥完顏忽斜虎藥諸
將兵自汝州入援以合喜為樞密使將兵一萬餘之命左
丞李蹊勸諭出師乃行八月己酉朔合喜屯杏花營又益
兵五千人始進屯中牟故城庚戌發丁壯五千人運粮餉
合喜軍章亥完顏思烈遇
大元兵于京水遂潰武仙退保留山思烈走御寨中京元
帥左監軍任守貞死之合喜翰軍事至鄭門聚兵乃入
甲寅免合喜為庶人籍其家以賜軍士降監軍長樂為符
寶郎壬巳釋奠孔子戊午括民間粟已未籍徒單兀典完
顏重喜納合合闔家封令觀瑠上言鞏昌帥完顏
仲德沉毅有遠謀臣請奉命往召不報戊辰免府試起復
前大司農侯摯為平章政事進封蕭國公行京東路尚書
省事己巳聽無軍家口戌京甲戌金末交已亥賣官及許
沐壬申進士第兩子詔罷括粟復以進獻取之丁丑京城民揚
買進士第兩子詔罷括粟復以進獻取之丁丑京城民揚
興入貲授延州刺史戊寅劉仲溫入貲授許州刺史

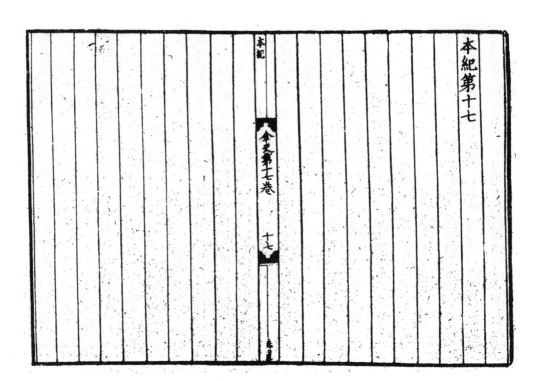

開府儀同三司在國史院監修國史金紫光祿大夫平章政事兼都總裁臣　　脫脫　奉
國領　經筵事都總裁臣

勑修

哀宗下

金史卷十八

襄宗紀下

一

九月戊寅朔詔減親衛軍已丑軍士殺鄭門守者出奔壬
辰起上黨公張開及臨淄郡王王義深廣平郡王范成進
為元帥以前御史大夫完顏合周權參知政事乙未以勝
召民責放下年軍需錢上戶田祖如之辛丑夜大雷工部
尚書蒲乃速震死閏月戊申朝遣使以鐵券一虎符六大
信牌十織金龍文御衣一越王玉魚帶一弓矢二賜充王

列川

用宴其父母妻皆贈封之又以世襲宣命十郡王宣命十
王兔鶻帶十付用安其同盟可賜者即賜之辛亥道張開
溫撒辛劉益高顧率步軍護陳留通許糧道罷貧民進獻
糧戊午招鄉導已未有箭射入宮中書姦臣姓名兩日而
再得之辛酉再括京城粟以御史大夫合周點檢徒單百
家等主之丙寅括粟使者兵馬都總領完顏九住以粟有
蓮押枕殺孝婦于省門十月以前司農卿李煥飛語詔左
丞李蹊戶部侍郎楊慥繫獄將以軍儲失計坐罪俄蹊慥
並除名而止籍煖家貲遂權戶部尚書尋赦殘欠糧其
應以糧事贛累者皆釋之詔徵諸道軍期以十二月一日入

襄宗紀下

二

授十一月丁未朔賜貧民粥平章政事侯摯致仕左司郎
中斜卯愛實以言事忤旨待送有司尋釋之己酉衛州軍
校白晝取豐備倉米壬子京城人相食樊門宋門
放士民出就食壬戌召諸將相入議事充丑詔曹門安平門兵
徐州元帥王德全閉城不納會劉安國與宿帥衆僧奴引
兵入援至臨潢用安使人刼殺之攻徐州父不能下退保
連水制使因世英以用安不赴援還至宿州西遇
大元兵死之內寅河解元帥權興寶軍節廢使趙偉襲擄
陝州以叛殺之阿不罕奴十剌以下凡二十一人誣阿
不罕奴十剌等反狀以聞上知其冤不能直其事就授偉

列八

元帥左監軍兼西安軍節廢使行總帥府事偉尋亦歸北
十二月丙子朔以事勢危急遣近侍即白華問計甲申詔
紀季以鄭入齊之義遂以為右郎中甲申詔議親出乙
酉再議於大慶殿上欲以官奴高顧劉益為元帥
日除拜虒從及留守京城官以右丞相摳家使兼左副元
帥賽不平章政事權摳密使兼右副元帥
兼摳密副使權參知政事訛出兵部尚書權摳密使從李
蹊元帥左監軍行總帥府事徒單百家等率諸軍虒從參
知政事兼摳密院副使完顏奴申摳密副使兼知開封府
權參知政事習捏阿不襄城四面都總領戶部尚書完顏

迸顱外城東面元帥把撒合南面元帥術甲咬住西面元
帥崔立北面元帥李末魯實奴等既定以京城
付之擢魏璠爲翰林修撰如鄧州招武仙入援上御
端門發府庫及兩府器皿宮人衣物賜將士戊戌官奴阿
里合謀立荊王不果朝廷知其謀置不問庚子上發官奴
裹太后皇后諸妃別大慟行次公主苑太后遣中官持來
肉編犒軍士諸妃女以不預進餞者皆潸泣是日

金史卷十八　三　劉八

豐爲元帥完顏忠斜兒至自金昌爲上言京西三百里之
稷宗廟在此汝等壯士也毋以不預進餞之數便謂無功
若保守無虞將來功賞顏萱在戰士下聞者皆潸泣
開無井竈不可性東行之讒達決以爲尚書右丞從行遂
次陳留壬寅次把縣發卯次黃城丞相完顏賽不之子按
春有罪伏誅甲辰次黃陵岡乙巳諸將請幸河朔從之
二年正月丙午朔溮河北風大作後軍不克濟丁未
大元兵追擊于南岸元帥完顏趄兒賀都書死于河北
斬兀論出二弟以殉故河朔招集兵糧議取衞州元帥蒲
附完顏元論出降已酉上哭蔡戰死士于河北岸皆贈官
察官奴將忠孝軍千人爲前鋒至蒲城東上次漚麻岡平章政事
住領軍萬人爲前鋒至蒲城東上次漚麻岡平章政事不
白撒元帥和速嘉兀底不繼至辛亥白撒引兵攻衞州不

兀乙卯聞
大元兵自河南渡河至衞之西南遂退師丁巳戰于白公
廟白撒敗續棄東道元帥劉益上黨公張開亦遁道並爲
民家所殺益部曲王全降戊午進次蒲城復還魏樓村
李辛自汴京出奔伏誅已未上以白撒謀夜棄六軍渡河
興副元帥合里合六七人走歸德庚申諸軍始知上巳往
遂潰司農大卿蒲察世達元帥完顏忽土出歸德西
門奉迎上入歸德赦在府囚軍民普軍一官賜進士終場
王輔以下十六人出身遣奉御术甲塔失不後弟進入四

金史卷十八　四　劉八

喜住汴京奉迎兩宮白撒還自蒲城聚兵于大橋不敢入
壬戌遣使召白撒至數其罪下之獄仍籍其家財以賜將
士曰汝董宜竭忠力毋如斯人誤國人子金一兩七日白
撒及其子忽土斟皆死獄中右丞相賽不致仕右丞完顏
忽斜尼再請率兵此渡女魯權不可
遣斜尼行省事于徐州官奴再請率兵此渡女魯權不可
陳蔡取糧以元帥李琦王璧謢之戊辰安平都尉張俊民如
面元帥崔立與其黨韓鐸樂安國等爲亂殺參知政
事完顏奴申樞密副使完顏斜捻阿不勒兵入見太后傳
令召衞王子從恪爲梁王監國即自爲太師軍馬都元帥
尚書令尋自稱左丞相都元帥尚書令鄭王弟倚平章政

裏侃殿前都點檢其黨李木魯長河御史中丞韓鐸副元
帥兼知開封府顏與安國張軍奴完顏合荅並元帥
師蕭左右司郎中賈良兵部郎中兼右司都事又署工部
尚書溫迪罕二十吏部劉仲周並為參知政事宣徽
使與屯軍卿為尚書左丞戶部
右司員外郎都轉運知事王天祺懷州同知康瓘並為左
右司貟外郎都轉運知事李高冀兼官去不著名不
左司都事關封判官李禹冀廉官鄭天驥御史
起是日右副點檢溫溫為尚書右丞
大夫裴滿阿虎帶鍊議大夫左右司郎中烏孫奴申左

大元軍前癸酉
副點檢完顏阿散華御忙哥講議蒲察琦並死之遂送獄
大元特碑不解進兵汴京甲戌立關隨為官屬軍民子女
於省署及禁民間嫁娶括京城財兩官值變不果行答失
不以其父咬住四喜以其妻養門而出庚午至歸德上怒
二人皆斬於市乙亥遣右宣徽提點近侍局事移剌粘古
如徐州相地形察倉庫盧晉自華如鄧州召兵二月丙子
朔魚山張獄殺元帥完顏忽土行省怨斜虎自率兵討之
會從宜嚴祿誅職乃還括城中糧知歸德府事石盞女魯
懽為樞密副使攝參知政事留元帥官奴忠孝軍四百五

十人都尉馬用軍二百八十餘人餧餘軍赴宿徐陳三州
就糧三月乙丑石盞女魯懽乞嘉散衛兵出城就食官奴
秋與國用安謀邀上幸海州不從蔡帥烏古論鏑以糧四
百餘斛至歸德表請臨幸之遣學士烏古論蒲鮮以幸蔡
之意諭其州人戊辰官奴以忠孝為亂攻殺馬用遂殺
尚書左丞李蹊參知政事石盞女魯懽點檢徒單民望官奴
官右丞已下三百餘人上赦官奴暴女魯懽罪狀以官奴
為樞密副使權參知政事左右司郎中張天綱為戶部侍
郎權參知政事辛卯官奴真授參知政事兼左副元帥官
奴以上居照碧堂蔡近諸臣無一人敢奏對者上曰悲泣
言曰自古無不亡之國不死之主但恨朕不知用人致為
此奴所囚遂與內局令宋珪等謀誅官奴夏四月壬午
徐州行省完顏忽斜虎執王德全并其子誅之及其黨王
琳揚瓊斜如延壽召經歷商瓃用之魚山從宜嚴祿叛歸
連水康寅陳州都尉李順兒殺行省粘葛奴申及招撫使
劉天起送歎于崔立張俊民李琦奔汴京王璧還歸德
己崔立以梁王從恪荊王守純及諸宗室男女五百餘人
至青城皆及於難甲午兩宮比遷甲辰鄧州節度使移剌
瑗以其城叛與白華俱七入宋六月己卯官奴及其黨阿
里合白進皆伏誅上御雙門赦忠孝軍以安反側遂決策

遷蔡詔蔡息陳潁各以兵來迫中京留守權參政烏林荅
胡土棄城奔蔡壬午中京破留守兼便宜總帥伸宛之
戊子召徐州行省完顏忽斜虎赴行在所以抹撚兀典代之
行省事召郭恩為總帥兼節度使辛夘上躁德留元帥王
塵中之壬辰次亳州癸巳以亳州節度使張天綱董之朝
使王賓徼民丁運鐵甲糗糧留攉參政張天綱口寨以叛道近侍
有功將士臨淄郡王王義深採靈壁望口寨以叛道近侍
直長女奚烈完出將徐宿兵討之義深敗走運水入宋丙
中亳州鎮防軍攉復哥執守臣王賓等張天綱以便宜授
復哥節度使罷遷鐵甲糗糧攉州人乃安巳交上入蔡州詔

尚書省為書召武仙會兵入授徐州行省抹撚兀典趙蔡
州起復右丞相致仕寅不代行省事七月癸夘朔曲赦蔡
州管內雜犯死罪以下官吏軍民普置兩官經應辨者吏
遷一官馳門禁通衆皆乗人便之乙巳以烏古論鎬為御
史大夫總帥如故張天綱為御史中丞仍權參政完顏藥
師為鎮南軍節度使兼息州刺史權元師右都監行帥府事
中烏古論蒲鮮兼息州刺史權元帥右觀察使戊申左右司郎
師元帥權總帥妻室簽樞密院事乙酉選室女備中使
行元帥權總帥妻室簽樞密院事乙酉選室女備中使
令巳得數人以右忽剎虎諫留識文義者一人聽自
便乙卯道親璠徽武仙兵丁巳諫衛蒲鮮石魯員祖宗御

容至自洮物有司奉安于乾元寺前御史大夫蒲察世達
西面元帥把撒合自洮來歸辛酉武仙翊將士謀取宋金
州至洮水衆潰行六部尚書盧芝侍郎石珌誅歸蔡州仙
追芝不及遂殺珌丁夘定括馬罪以
簽樞密院事權參政抹撚兀典領其事遣便宜分諸道選
兵會于蔡巳已以蒲察元帥粘哥完慶權吏部侍郎權知改事行省尚書
八月癸酉朔以蒲察元帥粘哥完慶權吏部侍郎權知改事
於陝西諭以蠟書期九月中微兵與上會于饒鳳闕欲出
宋不意以取興元甲戌

大元使王檝諭宋還宋以軍讓其行青山招撫盧進得還
宋不意以取興元甲戌
更言以聞上為之懼丁丑上閱兵于見山亭癸未元帥趙
瑞復立壽州於蒙城詔遷賞有亳州縣官皆令真授乙酉
大元召宋兵攻唐州元帥右監軍烏古論黑漢死于戰主
帥蒲察其為部曲兵所食城破宋人求食人者盡殺之餘
無所犯宋人駐兵息州南丙戌詔權參政抹撚兀典簽樞
安院事妻室行省院于息州丁亥烏古論鎬權參知政事
兀林荅胡土為殿前都點檢庚寅初說四隅機察官壬辰
息州行省抹撚兀典以兵襲宋人于中渡店斬獲甚來
未蒿年蔡州郡以表來賀二十餘所辛丑設四隅和糴官了
及惠民司以太醫貧數人更直病人官給以藥仍擇年老進

士二人為醫藥官九月癸卯朔假蔡州都軍致仕內族阿
虎帶同僉大睦親府事使宋人借粮入辭上諭之曰宋人
負朕深矣朕自即位以來戒飭邊將無犯南界邊有自請
征討者未嘗不切責之向得宋一州隨即付與近淮陰來
歸彼多以金幣為顗朕若受財是貨之也付之全城秋毫
無犯我壽州清口臨陣生擒數千人恐以資糧遺之今棄我疲敝
攝我清口臨陣生擒數千人恐以資糧遺之今棄我疲敝
攝我鄧州又攻我唐州彼為讒亦涑矣
大元滅國四十以及西夏夏亡及於我我亦少及於宋屠
亡齒寒自然之理若我連和所以為我者亦為彼也卿
其以此曉之至宋宋不許戊申魯山元帥元志率兵人授
賜以大信牌朴為總帥庚戌以重九拜天于節度使屬群
臣陪從或以禮上面諭之曰國家自開創涵養汝等百有餘
年汝等或以先世立功或以勞效起身被堅執銳積有年
立功報國之秋縱死王事不失為忠孝之鬼性者汝等立
功常慮不為朝廷所知今日臨敵親見之矢汝等勉之
因賜厄酒酒未竟邊騎馳奏敵兵數百突至城下將士踊
躍咸請一戰上許之是日分軍防守四面及子城以總帥
字木魯婁室守東面內族承麟副之參知政事烏古論鎬
守南面總帥元志副之殿前都點檢元林答胡土守西面

忠孝軍元帥蔡八兒副之忠孝軍元帥權殿前右副點檢
王山兒守比面元帥統石烈柏壽副之遷授西安軍節度
使兼殿前右衛將軍行元帥府事女奚烈完出守東南元
帥左都監夾谷當哥副之殿前右衛將軍權左副都點檢
內族斜烈守子城都尉王愛實副之辛亥
大元兵築長墨圍蔡城己未括蔡城粟辛酉禁公私釀酒
十月戊辰更造天興寶會交鈔以救行省賽不廏之甲申
癸未徐州守臣郭恩殺逐官吏以城叛行省賽不廏之甲申
給飢民船聽採城壕菱芡茭草以食戊子徵諸道兵辛卯
上闕射于子城中者當麥有差丙申殿前左副都點檢溫
敦昌孫戰歿戊戌賜義軍戰歿被創者麥十一月辛丑朔
以右副都點檢阿勒根據失剌為宣差鎮撫都彈歷別設
彈歷四負副之四隅機紫亦隸為宋遣其將江海孟珙帥
兵萬人獻糧三十萬石助
大元兵攻蔡十二月甲戌盡籍民丁防守括婦人壯捷著
假男子衣冠運大石上親地撫軍丁丑
大元兵決練江宿州副總帥高剌哥戰歿辛巳以總帥宇
大元兵破外城宿州副總帥高剌哥戰歿辛巳以總帥宇
术魯婁室殿前都點檢元林答胡土皆權家政都尉完顏
承麟為東面元帥權總帥己丑

大元兵塘西城上謂侍臣曰我為金緒十年太子十年人
主十年自知無大過惡死無所恨矣所恨者祖宗傳祚百年
至我而絕與自古荒淫暴亂之君等為亡國獨此為介介
耳又曰古無不亡之國亡國之君性徃為人囚繫或為得
獻或厚於階庭閉之空谷朕必不至於此卿等觀之朕志
決矣都尉王愛實戰歿砲軍總帥王銳殺元帥夾谷當可
軍三十人降
大元庚寅以御用器賞戰士甲午上微服率兵夜出東
城諜適又柵不果戰而還乙未殺尚廄馬五十疋官馬一
百五十疋犒將士

三年正月壬寅冊柴潭神為護國靈應王甲辰以近侍分
中四城戊申夜上集百官傳位于東面元帥承麟承麟固
讓詔曰朕所以付卿者豈得已哉以肌體肥重不便鞍馬
馳突卿平日趨捷有將畧萬一得免炸紹不絕此朕志也
已酉承麟即皇帝位百官稱賀禮畢承出捍敵而南面已
立宋幟俄項四面呼聲震天地兩面守者葉門大軍入奧
城中軍巷戰城中軍不能禦帝自縊于幽蘭軒未畢城潰諸
子城聞帝崩肁群臣入哭諡曰哀宗哭黄未畢城潰諸
近擧火焚之奉御絳山收哀宗骨痤之汝水上末帝為亂
兵所害金亡

贊曰金之初興天下莫彊為太祖太宗威制中國大槩欲
效遼初故事立楚立齊委而去之宋人不競遂失故物熙
宗海陵澌以虐政中原觖望金軍幾去天厭南北之兵挺
生世宗以仁易暴休息斯民是故金祚百有餘年而由大定
之政有以固結人心乃克爾也章宗志存潤色而枇政日
多誅束無藝民力浸竭明昌承安盛極衰始至於宣紹紀
綱大壞亡徵已見宣宗南度葉厥本根外扞餘威連兵宋
夏內致困憊自速土崩哀宗之世無足為者
皇元功德日盛天人屬心日出爝息理勢必然區區生聚
圖存於亡力盡乃斃可哀也夾雖然在禮國君死社稷哀

宗無愧為

本紀第十八

開將傳國三司在圖案書善著善孫撰　國領經二郭職整　脫脫　奉

勑修

世紀補

金史卷十九

本紀（一）

子中

景宣皇帝諱宗峻本諱繩果太祖第二子母曰聖穆皇后

唐括氏太祖元妃宗峻在諸子中最嫡天輔五年勿管勃

極烈果都統諸軍取中京帝別領合扎猛安受金牌既克

中京遂與杲俱襲遼主于鴛鴦濼遂主走陰山耶守忠救

西京帝與宗翰等擊走之西京城南有浮圖敵先據之下

射士卒多傷帝曰先取是則西京可下既而攻浮圖克之

遂下西京太祖崩帝與兄宗幹率宗室畧臣立太宗天會

二年覺嬰宗即位追上尊諡曰景宣皇帝廟號徽宗改葬

興陵海陵葬立降熙宗為豐王世宗復尊

熙宗廟諡尊帝為景宣皇帝子合剌常勝查剌合剌是為

熙宗

庸宗立德顯仁啓聖廣運文武簡肅皇帝諱宗堯初諱宗

輔本諱訛里朶大定上尊諡追上今諱熙偉尊嚴人望而

畏之性寬恕好施惠尚誠實太祖征伐四方諸子皆總戎

旅帝常在帷幄天輔六年大祖親征太宗居守黃龍府安

福哥誘新降之民以叛帝與烏古廼討平之南路軍帥鵬

本紀

金史卷十九（二）

子中

實杲以賊敗帝往閱實之咸稱平允天會五年宋望蔑帝

為右副元帥宗望駐兵燕京十一月分遣諸將伐宋帝欽自河

閭徇地淄青宗馬括兵二十萬至樂安帝率師擊破之閭

宋主在揚州時東作方興與閭大軍夾河屯田而還軍山西

二月後剌古破宋臺宗儁宋忠軍五萬于大明日冊破

之獲宗儁忠而還冀州人殺夜出兵襲熙里營熙里擊敗

之宋主奉表請和密書以誘契丹漢人詔伐宋帝駿自河

比降滑州取開德府攻大名府平河北迤取東平及徐州盡

河東諸將議不決或欲先定河北平初伐宋帝冊自河北

用其策而宗翰來會于濮既平河北迤取東平陝西太宗兩

來請存社稷語在宗翰傳中既而宗弼追宋主宋主渡江

入于杭州復逃入海宗弼乃還於是豐室所下陝西城邑

軸叛宗翰等曰前討宋故分西師合于東軍而陝西五路

遂以濟南降使援郎速等襲宋主于揚州而宋主聞之比

得宋人江淮運致金幣在徐州官庫者分給諸軍而劉豫

兵力雄勁當併力攻取今捷懶撫定江北宗弼以精兵二

萬先往洛陽以八月往陝西或使宗弼遂將以行或宗輔

宗翰希尹中以一人往上曰費室往者所尚輔辦今專征

陝右豈倦于兵而自愛邪卿等其戮力為由是詔帝往是

時宋張浚兵取陝西帝至洛水治兵張浚騎兵六萬步卒
十二萬壁富平豐壐爲左翼宗弼爲右翼兩軍
並進自日中至于昏兼几六合戰破之耀州鳳翔府皆來
降遂下涇渭二州敗宋經略使劉錡軍于尨阜知原州降撒
英唱破德順軍靜逮寨宋涇原路統制張中孚知鎮戎軍
李彥琦以城降宋泰鳳路都統制兵玠軍于隴州境上招
討都監馬五擊走之降一縣而還帝進兵降甘泉等三堡
取保川城破宋熙河路副總管軍三萬搜兵千餘投安西
等二寨熙州降分遣左翼都統阿盧補宗弼招
撒城邑之未下者遂得蘭州樂西寧蘭廓積石等州定

金史卷十九　三　修子中

遠和政甘峪寧洮安雝等城寨及須保蓄蕃管部四十餘
於是涇原熙河兩路皆平撒离喝降慶陽府慕洧以琿州
降既定陝西五路乃選騎兵六千使撒离喝列屯衝要於
是班師與宗輔俱朝京師立熙宗爲諳版勃極烈帝爲左
副元帥十三年行次媯國王正隆二年追贈太師上柱國
襄穆皇統六年即位進其國王
謚襄穆皇統六年即位追上尊謚立德顯仁啓聖廣運文武
改封許王世宗即位追上尊謚立德顯仁啓聖廣運文武
簡肅皇帝廟號睿宗二年改葬于大房山號景陵
顯宗體道弘仁英文孝德光孝皇帝諱允恭本諱胡土瓦
世宗第二子母曰明德皇后烏林荅氏皇統六年丙寅歲

生體貌雄偉孝友謹厚大定元年十一月世宗即位于東
京乙酉封楚王置官屬十二月從至中都二年四月己卯
賜名允迪五月壬寅立爲皇太子世宗謂之曰在禮貴嫡
所以立卿非有名也命不須侍食帝以禮勿以儲貳生驕慢日諸儒
臣講解於承華殿燕閒觀書夜忘倦襄日報以疑字付
儒臣校讎我於承華發皇族世宗賜以疑字付
降稱臣十一月庚子生辰百官賀千承華敕世宗賜以
衣民馬賜宴于仁政殿歲以爲常十二月辛卯來曰東宮或歲內

金史十九　四　子中

親王及一品皇族皆北面拜伏臣但舉揖狀望天慈聽臣
答拜燕悼親親女愛之道世宗從之以爲定制世宗聞儒
者鄭贇松先爲同知博州防禦事致仕起左諭德詔
免朝參輔太子賣書松以友諭自處帝嘗顧松使取服
儒臣交讓松以友諭自處松以友諭自處益加禮
厮帝命帝略容稱善自是益加禮
禮故事天子乘大駕鹵簿天子乘玉路皇太子乘金路六年
禮故事自西京還都禮官不弥皇太子自有國輅金路乃
世宗行自西京還都禮官在在天子之前上疑其非禮詳閱
舊典禮官始覺其誤於是禮部郎中李邦直貝外郎李山
請太子就乘大駕鹵簿行在天子之前上疑其非禮詳閱

削一階太常少卿武之才太常丞張子羽博士張榘削兩階頒之禮官議受冊謁謝太廟服常朝服乘馬世宗曰此與外官禮上後謁諸神廟無興海陵一時率意行之何足為法大冊與三歲袷享當用古禮爲是孔子曰禮與其奢也寧儉不當輕易如此又曰右丞蘇保衡雖已削奪猶不懼參政石琚通經史而不言前日禮官之奢猶不懼朕其具前代典禮以聞朕將擇而處之久之將授太子冊宗故事常朝服乘馬皇太子乃用備禮前後不稱甚無謂也謂右丞相良弼左丞守道曰此卿等不用心所致良弼等謝曰臣愚慮不及此上後曰此文臣因循故也是年十月甲申裕享于太廟行亞獻禮七年帝有疾詔左丞守道侍湯藥徙居瓊林苑芳殿調治八年正月甲戌改賜名薨弱山後高涼就涼地非臣子所安願罷行世宗曰汝體允蔡庚戌受皇太子冊寶帝上表謝九年五月世宗命避暑于章漱隋王惟功從行其意從行者特給道路費帝奏拜帝春拜是月乙酉至自章漱百官迎謁于都城之北如前八月乙酉至自章漱百官迎謁于都城之北百官問起居六月丙戌入見世宗曰吾兒相別經夏極甚思憶也九月詔里

太子供膳勿月支歲給五千萬十年八月帝在承華殿經筵太子太保壽王爽政日殿下頗未熟本朝語何不屏去左右漢官皆用女直人帝曰諭德贊善及侍從官豈敢輒去爽乃揖而退帝曰官官四員謂之諭德贊善義可見矣苦使者曰錢最苦官錢滿有露積者而民間無錢以此之帝曰貯之空室雖多奚爲謂戶部尚書張仲愈曰天子富藏天下何必獨在府庫也因奏納詔有司議行之銅錢在野乞流轉使公私俱利世宗嘉納詔有司議行之十一月丁亥有事於圜丘帝行亞獻禮十二年五月世宗聞德州防禦使胡剌謀叛因曰朕於觀親之道未嘗不篤而輒敢如此帝徐奏曰叔胡剌性荒縱聽娛樂而無子嗣忽如此狂妄更闢實之十月已未袷享于太廟帝攝行祀事十三年十月承詔與趙王惟中曹王惟功獵于保州定州十一月甲午選京師十四年四月乙亥世宗御垂拱殿帝及諸王侍側世宗論及兄弟妻子之際世宗曰婦言是聽而兄弟相遠甚哉邦臣等惠昧顧相勸而修之因引常棣于兄弟以御于家邦之義見以誡兄弟為十五年華萼相承春令急難之義爲文見意以誡兄弟為十五年世宗詔五品職事官謝見皇太子十七年五月甲辰侍宴

于常武殿典食令涅合進粥帝將食有蜘蛛在粥盌中湜
合恐懼失措帝從容曰蜘蛛吐絲乘空忽隨此中爾豈汝
罪哉十月己卯禘祫享于太廟攝行祀事十九年四月戊申
有事于太廟禰行祀事丁巳管事烏林荅愿入謝帝命取
蝶頭腰帶官屬請曰此見宰相師傅之禮也帝曰愿事陛
下久以此加敬耳皆曰非臣等所及十一月改葬明德皇
后于坤厚陵帝徒行輓靈車遇大風雪左右進雨具上却
之比至頓所衣盡霑濕觀者無不下淚海陵雖祭黷為庶
人宗幹尚稱明肅皇帝議者以為未盡帝具表奏論世宗
嘉納之於是宗幹削去帝號降封遼王二十四年世宗將
幸上京詔帝守國作守國之寶以授之其遣使祭享五品
以上官及事利害重者遣使馳奏六品以下官其餘常事
並聽裁決每三日一次於集賢殿受尚書省啓事京朝官
遇朝望具朝服問候車駕往路每二十日一遣使問起居
已達上京每三十日一問起居世宗曰今巡幸或能留一
二年以汝守國譬之農家種田商人營利但能不墜父業
即為克家子也帝對曰臣在東宮二十餘年過失甚多陛
下以明德皇后之故未嘗見責臣誠愚昧不克負荷乞備
參政輔汝彼皆國家舊人可與商議且政事無難但用心

公正無納諛邪一月之後政事自熟帝流涕堅辭左右為
之感動三月世宗如上京帝守國留中都初帝在東宮或
攝中侍步于芳苑苑中侍出入禁中未嘗限此月五月世
國容為得意帝知之謂中國汝等有召命然後得入五月
宗至上京翌日祀慶元廟省曰朕以前月八日到遼陽此月二日達
上京翌日祀慶元廟省曰朕方觀民古之制也汝守國宜慎幸
晝方熾益當自愛無貽朕憂帝謂徒單克寧曰車駕巡幸
以國書見屬刑名最重人之死生繫焉凡有可議當盡
公比主上還都勿有廢事自是凡啓票刑名帝自披閱召
都事委曲折正務臻志倦或賜之食近侍報瑤池位蓮開
當設宴帝曰聖上東巡命我守國何敢宴遊廢事操致數
花足矣七月遣子金源郡王麻達葛奉表問起居請世宗
還都十一月壬寅帝冬獵辛亥還都二十五年正月乙酉
免舉臣賀禮帝自守國深懷謙抑宮臣不庭拜啓事時不
侍立免朔望禮京朝朔望日當具公服問候並傳免至是
羣臣當賀亦不肯受甲寅帝如春水二月庚申還都丁卯
遣子金源郡王麻達葛奉表賀萬春節四月父不雨帝親
禱即日霑足六月甲寅帝不豫庚申崩于承華殿世宗自
上京還次天平山好水川計聞為位臨奠于行宮之南大

慟者久之親五百官皇族命婦及侍衛皆會哭世宗號泣
還宮比至中都為位莫哭者凡七馬世宗以幽王永成為
中都留守來護喪遣胐王遺左宣徽使唐括鼎興御院通進阿里剌
來保護金源郡王遺左宣徽使唐括鼎興御院通進阿里剌
氏及諸皇孫緦服並如漢制帝在儲位父恩德在人者深
每日三時哭臨侍衛軍士皆爭入睆伏哭于承華殿下聲
殺如雷中百姓市門巷端為位慟哭巳酉世宗至自上
宣孝太子九月庚寅殯于南圍熙春殿
京未入國門先至熙春殿致莫慟哭之比葬親臨者六
帝事世宗凡巡幸西京涿鹿及上陵祭廟謁衍慶宮田獵

觀稼拜天射柳未嘗去左右有事于圍立及親事于太
廟則行亞獻禮不親祀則攝行祀事國有大慶則率百官
上表賀正旦萬春節則總班上壽冬十月庚戌朔牽相以
下朝見于慶和殿充顏守道上壽世宗追悼懷憶者
父之十一月甲申靈駕發引世宗路祭于都城之西庚寅
葬于大房山世宗欲加帝號以聞舉臣翰林撰趙可對
曰唐高宗追謚太子弘為孝敬皇帝在丞張汝弼曰此蓋
出于武后遂止乃建廟于衍慶宮後祭用三獻樂用登歌
二十六年立子璟為皇太孫二十九年世宗崩太孫即位
是為章宗五月甲午追謚體道弘仁英文睿德光孝皇帝

廟號顯宗丁酉祔于太廟陵曰裕陵帝天性仁厚不思刑
殺梁檀兒盜金銀華瓘其母老李福興盜段四值坤厚陵
禮成家令本把盜銀器值萬春節皆委曲全活之亡失物
者責其償而不加罪聞四方饑饉輒先奏加賬賜因坤厚陵
出獵所過閭閻民間疾苦最養寧宮發引趙王惟中以其母輟
于坤厚陵諸如皆祔自瑩寧宮發引趙王惟中以其母輟
言欲奏其事帝止嘗作重光座銘及刻左右銘于小玉
車先發令張黃蓋前行帝呼執蓋者不應少府監張僅
陵先獵射一麂獲之即命罷獵曰足奉祀事焉用多殺好
碑并刻其碑陰皆深有理致最善射而不輒物喜事拜

生蓋其天性云

贊曰遼王某取中京宗翰皆從景宣別頒合札猛安
合札猛安者太祖之猛安也宗翰請立熙宗宗翰不敢違
太宗不能拒其義正其理直矣熙宗宗翰好施惠
熙宗不終海陵傾覽自時厥後得大位者皆其子孫有以
夫顯宗孝友悌睦在東宮二十五年不聞有過承意開導
四方陰安其賜天不假之年惜哉

本紀第十九

金史二十

勅修

天文 五星隕及星變 月

自伏羲仰觀俯察黃帝迎日推策重黎序天地堯曆象日
月星辰舜齊七政周武王訪箕子陳洪範恊五紀而觀天
之道備矣易曰天垂象見吉凶聖人象之故孔子因魯史
作春秋於日星風雨霜雹晝晦星變皆書蓋陰陽之變而不常所以明
天道驗人事也秦漢而下治日惠少陰陽愆違天象錯迕
無代無之金百有十九年而日食四十二星辰風雨霜雹
猶日食者十有一日珥虹貫者四五然終金之世慶雲環
日者三皆見於世宗之世羲和之後漢有司馬唐有袞李
皆世掌天官故其說詳且六合為一推坤為一不見異同
雷霆之變不知其幾金九主莫賢於世宗二十九年之間
金宋角立兩國置曆法有差殊而日官之選亦有精粗之
詔作金史於志天文各因其舊特以春秋為準云
興今辛
日薄食煇珥雲氣 太祖天輔三年夏四月丙子朔日食
四年冬十月戊辰朔日食 六年春二月庚寅朔日食
七年秋八月辛巳朔日食

太宗天會七年三月巳卯朔日中有黑子九月丙午朔日
食 十三年正月丙午朔日食
熙宗天會十四年十一月丙寅日中有黑子斜角交行
天眷三年七月癸卯朔日食
皇統三年十二月癸未朔日食 四年六月辛巳朔日食
五年六月乙亥朔日食 八年四月戊子朔日食 九年
三月癸未朔日食
海陵庶人天德二年正月甲辰日有暈珥白虹貫之十一
月丙戌白虹貫之十二月乙卯慶雲見狀如翥鳳五彩
三年正月丁酉白虹貫日 貞元二年五月癸丑朔

三年四月丁丑朔氏箕四塞日無光凡十有七日乃霽五
月丁未朔日食
正隆三年三月辛酉朔司天奏日食候之不見海陵勅自
今日食皆面奏不須頒告中外 五年八月丙辰朔日食有暈珥
庚午日中有黑子狀如人 六年二月甲辰朔日有暈珥
戴背十月丙午慶雲見
世宗大定二年正月戊辰朔日食代鼓用幣命壽王京代
拜行禮為制凡遇日月蝕食禁酒樂屠宰一日 三年六
月庚申朔日食上不視朝命官代拜有司不治務過時乃
罷僕為常 四年六月甲寅朔日食 七年四月戊辰朔

日食上避正殿減膳伐鼓應天門内百官各於本司庭立
明復乃止閏七月巳卯午刻慶雲環日八月辛亥年刻慶
雲環日　九年八月甲申朔有司奏日當食以雨不見為
近奉安太社乃伐鼓于社用幣于應天門内　十三年五
月壬辰朔日食　十四年十一月甲申朔日食　十六年
八年八月甲子朔日食　二十九年正月乙卯巳初日有
暈左右有珥上有背氣兩重其色青赤而厚復有白虹貫
之旦天其東有戰氣長四尺餘五刻而散丁巳巳初日有
三月丙午朔日食　十七年九月丁酉朔日食　二十三
年十月巳未慶雲見於日側十一月壬戌朔日食　二十

珥抱而復背背而復抱凡二三次乙丑日暈兩珥有負氣
冠巳而俱散二月辛酉朔日食甲辰刻日上有背暈兩
承氣而白虹亘天左右有戰氣
章宗明昌三年十二月丙辰北方微有赤氣　四年九月
癸未日上有抱氣二戴氣一俱相連左右有珥其色鮮明
六年三月兩戌朔日食
承安三年正月巳亥朔日食陰雲不見　五年十一月癸
丑日食宋史作六月乙酉朔
泰和二年五月甲辰朔日食　三年十月戊戌日將沒色

赤如赭甲辰申酉間天色赤夜將旦復然　四年三月丁
卯日昏無光　五年九月戊子戌時西北方黑雲間有赤
氣如火次及西南正南方東南方皆赤中有白氣青微乍
乍見既而為雨隨作二更初黑雲間赤氣復起於西
北方及正西正東東北往來遊曳内有白氣數道時復出
涅其赤氣又滿中天約四更皆散　六年正月北京申龍
山縣西見有雲結成車牛行帳之狀或如前後攜擠之勢
晡時乃散二月壬子朔日食乙酉七月巳申刻日上有背氣
一内赤外青須史散九月乙酉夜將曙北方有赤白氣數
道應王良下徐行至北開陽搖光之東而散　八年四

月癸卯巳刻日暈二重内黃外赤移時而散
衛紹王大安元年四月壬申北方有黑氣如大道東西竟
天至五更十二月辛酉朔日食　三年三月辛酉辰刻
北方有黑氣如堤内有白氣三衝紫微而不貫十
北西北每至初更如月將出之狀明至夜半而滅經月乃
宣宗貞祐元年十月丙午夜有白氣三衝紫微而不貫十
二月丙申白氣東西竟天移時散　二年九月壬戌朔日
食大星皆見　三年正月壬戌日有左右珥上有冠氣移
刻散二月丁巳日初出赤如血將沒復然六月戊申夜有

黑氣廣如大路自東南至于西北其長竟天　四年二月

甲申朔日食閏七月壬午朔日食

興定元年七月丙午朔日食　二年七月庚午朔日食

三年七月庚申五色雲見十月乙丑平涼府慶雲見遺官

驗實以告太廟詔圖中　五年正月山東行省蒙古綱奏

慶雲見命圖以進四月丙子日正午有黃暈四匝其色鮮

未應盧危東西不見首尾移時沒十二月己巳比方有白

明五月甲申朔日食六月戊寅日將出有氣如大道經丑

氣廣三尺餘比東西亙天

元光元年十一月丁未東北有赤雲如火　二年五月辛

志二　金史卷二十　五

未日暈不匝而背氣九月庚子朔日食

哀宗正大二年二月甲寅有黃黑祲　三年三月庚午省

前有氣微黃自東北亙西南其狀如虹中有白物十餘往

來熒翔又有光恍見如二星移時方滅　四年十一月乙

未日上有虹背而向外者二約長丈餘兩旁有白虹貫

之是年六月丙辰有白氣經天或云太白入井　五年十

二月庚子朔日食　八年三月庚戌酉正日忽白而失色

作明乍暗左右有氣似日而無光與日相凌而日光四出

攝盪至沒

天興元年正月壬午朔日有兩珥　三年正月己酉日大

赤無光京索之間雨血十餘里是日蔡城陷金亡

月五星凌犯及星變　太宗天會七年十一月甲寅天旗

明河鼓直　十年閏四月丙申熒惑入氐八月辛交彗星

出於文昌　十一年五月乙丑忽失行而南頃之復故

七月己巳昏有大星隕于東南如散火十二月丙戌月食

昴

熙宗天會十三年十一月乙酉月食命有司用幣以救著

為令　十四年正月丁酉太白晝見凡四十餘日伏壬辰

熒惑入月三月丁酉夜中星搖九月癸未有星大如每起

西南流于正西十一月己巳狼星搖　十五年正月戊辰

志二　金史卷二十　六

歲星犯積尸氣

天眷二年三月辛巳朔歲星留逆在太微五月戊子太白

晝見八月丁丑太白晝見九月辛巳犯軒轅左星乙巳犯

左執法十一月戊寅入氐　三年七月壬戌月犯畢十二

月壬午月掩東井東轅南第一星

皇統元年二月甲戌月掩畢大星　二年十一月己酉月

犯軒轅大星甲寅月犯氐　三年正月己丑熒惑

逆犯軒轅次北一星二月乙丑月犯畢大星閏四月癸巳

月掩軒轅左角星八月丙申老人星見九月丁丑月犯軒

轅大星　四年八月癸未熒惑入輿鬼　五年四月丙申

彗星見於西北長丈餘至五月壬戌始滅甲辰熒惑犯左

執法

六年九月戊寅熒惑犯西垣上將巳丑月犯軒轅

第二星七年正月辛未彗星出東方長丈餘凡十五日滅

丁亥太白經天七月巳巳太白經天庚辰熒惑犯房第二

星十一月壬戌歲星逆犯井東扇第二星　八年閏八月

丙子熒惑入太微垣十月甲申太白晝見十一月壬辰經

天十二月丙寅太白晝見　九年二月癸亥月掩熒惑犯南斗

二星七月甲辰太白辰星歲星合于張丁未熒惑犯軒轅第

第四星八月壬子又歷南斗第三星

海陵天德元年十二月甲子土犯東井東星　二年正月

乙酉月犯昴壬辰犯未乙未犯角二月丙寅犯心大星九

月乙亥太白晝見至明年正月辛卯後不見丁酉月犯軒

轅左角十月乙丑犯太微上將十二月癸丑犯昴

二月丙辰月食十月丁亥月犯軒轅左角　四年正月癸

卯太白經天二月乙亥月掩鬼犯井東第二星　三年

天丁巳又經天六月巳巳太白犯井東第二星八月辛未

太白犯軒轅大星十一月甲辰熒惑犯鉤鈐丙午月犯井

北第一星十二月乙卯朔太白經天丙子月食閏月巳亥

太白經天

貞元二年正月辛丑月犯井東第一星四月戊寅有星如

彗自氐入於天市其先燭地十二月乙卯太白經天庚午

月食閏月乙酉太白經天二年正月庚申太白是夜

犯建星十一月戊午掩井鉞星

月掩昴二月辛丑犯心前星三月辛巳食七月癸丑太白

晝見卅有三日伏八月戊戌熒惑入井凡十一而

出十一月甲子月食　三年八月巳酉月犯牛九月辛亥

正隆二年正月庚辰太白晝見凡六十七日伏　三年正

月丁亥有流星如杯長二丈餘其光燭地出太微沒於翼

河之北二月巳卯熒惑入鬼辛巳月食甲午月掩歲星六

月丁酉犯氐九月巳未太白經天至明年正月二十一

不見十二月戊申月入氐　四年九月壬寅月掩軒轅右

角十一月壬辰入畢犯大星十二月辛亥月見凡七日

五年正月海陵間司天提點馬貴中曰熒惑順入太微至屏星

道如何貴中對曰去年十月甲戌熒惑常以十月入太微受制出伺無道

之國又去年十二月太白晝見經天占為兵喪為不臣為

留退西出占晝熒惑順以十月入太微受制出伺無道

更主又主有兵兵罷無兵起甲午月食二月丁卯太白

晝見四月甲戌復見凡百六十有九日乃伏　六年七月

乙酉月食九月丙申太白晝見先是海陵間司天馬貴中

日近日天道何如貴中曰前年八月二十九日太白入太

微右掖門九月二日至端門九日至左掖門出並歷左右

執法太微為天子南宮太白兵將之象其占兵入天子之

廷海陵曰今將征伐而兵將出入太微正其事也貴中又

言當端門而出其占為受制歷左右太微正

出使者或為兵或為賊海陵曰兵興之際小賊固不能無

也是歲海陵南伐遇弒

世宗大定元年十月丙午熒惑入太微垣在上將東丁巳

月犯井西扇比第二星 二年正月癸巳太白晝見閏二

月戊寅月掩軒轅大星三月戊申犯太微東藩南第一星

八月乙酉犯井西扇比第二星九月庚戌犯畢距星十月

戊辰有大星如太白起室壁間没於羽林軍尾跡長丈餘

三年正月庚子太白晝見凡百有十日乃伏五月辛丑月

入氐七月庚戌太白晝見百二十有七日乃伏八月丁未

月犯井距星丙寅太白晝見經天十月庚辰月犯太微垣

西上將十一月庚寅太白晝見經天歲星入氐凡二十

己丑熒惑出氐二月壬午歲星退入氐凡二十九日九月

四日伏壬子月入氐 四年正月戊子熒惑歲星同居氐

丙午月犯軒轅大星比次星十一月丙申月食既十二月

辛卯太白晝見天癸卯月掩房比第一星 五年正月

癸亥月掩軒轅大星比次星八月丁酉犯井東扇第一星

十一月癸丑熒惑入氐凡二十一日 六年二月丙申月

犯南斗東南第二星三月巳未入氐四月辛丑太白晝見

八十有八日乃伏六月太白晝見辛巳月壬子戊

晝見百有三日乃伏丙辰經天十月壬辰復晝見經天十

一月辛亥金入氐凡七日庚申太白晝見經天十二月戊

歲星晝見二日 八年正月癸未月掩心大星三月庚午

入氐凡四日十一月壬申太白晝見百五十有六日乃伏

掩軒轅大星比一星 巳丑太白晝見經天九十有

子復見經天癸巳月掩心大星七月十月乙巳火

五月丁卯歲星晝見八月甲午太白犯軒轅大星十月庚

熒惑在參畢間

子月掩熒惑十一月庚午犯昴 九年正月戊寅月掩心

後星四月庚子掩心前星八月癸卯犯十二月丙戌犯

上丁酉太白晝見十有六日伏 十年正月丙寅月掩軒

轅大星七月庚子犯五車東南星八月戊申朔末星月掩熒

星八月癸卯犯太白晝見 十一年二月壬戌熒惑犯井東扇比第

惑在參畢間 十二年五月辛巳月犯心後星

星八月癸卯犯心大星辛亥熒惑掩井東扇比第二星丁亥

太白歲星晝見在日前九十有八日伏十月巳酉熒惑掩昴西

比星歲星晝見在日後四十有七日伏 十三年閏正月

辛酉太白晝見四十有九日伏二月巳丑熒惑犯鬼西比

星三月癸巳朔入鬼次日犯積尸氣六月辛未月犯心前

星十月乙丑太白歲星晝見於日後五十有三日伏　十四年

三月辛丑太白歲星晝見三十有八日伏丙辰二星經天凡

二日六月己未乃伏庚辰太白晝見三十有九日八月己卯晝見又

百三十二日甲子太白晝見八十有六日乙亥十月丙寅歲星晝

見六日十一月甲子太白犯軒轅大

丑月掩井宿西扇比第一星　十六年三月庚申月食五月乙

犯角宿距星甲子掩畢宿距星八月丙子太白犯軒轅大

星九月丁巳月食十月丁丑熒惑入太微十一月甲寅月

甲寅太白歲星晝見五十有四日伏庚午月掩太微西

左執法　十七年春正月丙寅熒惑犯太微西藩上相九

梅畢距星戊辰熒惑犯太微上將十二月甲午鎮星掩井西扇

星九月己丑熒惑犯左執法十二月甲午鎮星掩井西

十有四日　十八年七月庚辰土星犯井東扇比第二

月庚戌歲星熒惑太白聚於尾十二月巳丑太

左執法　十九年正月甲戌月食既三月甲戌

熒惑犯氐距星四月丁巳歲星晝見七日七月丙子太

白晝見四十有五日伏八月癸卯犯軒轅御女辛亥熒惑

梅南斗杓第二星九月壬申月掩畢大星十一月辛未熒

惑掩歲星十二月丁亥月犯歲星　二十年二月巳丑月

梅畢大星三月丙辰梅畢西第二星　二十一年二月戊

子月犯鎮星戊戌太白晝見三月甲戌太白晝見四月壬

申熒惑犯鎮星戊戌太白晝見三月甲戌太白晝見于華

蓋凡百五十有六日乙亥朔熒惑順入斗魁中五

日史闕　二十二年五月甲申太白晝見六十有四日伏

太白入氐二十二年五月甲申太白晝見二日八月戊辰太白晝見百二十有四

八日其經天者六十有四日二十三年五月巳卯月食九

月戊戌子歲星晝見五十有五日伏十月壬戌太白與月相犯九

月戊戌歲星犯軒轅太星甲辰晝見凡五十二日乙丑十月壬

朔太白晝見百四十有五日乃伏甲申月掩太白九月庚

十有九日乃伏十一月庚申歲星晝見三十有三日伏閏

十一月庚申熒惑晝見三十有三日伏閏

太白辰星同度二十五年三月乙酉太白與月相犯九

月丁亥月在斗魁中犯西第五星十一月庚辰熒惑歲星晝

見在日後凡七十有四日壬午太白晝見在日後百有一

日乃伏十二月巳未月犯鎮星犯太微東藩上相壬辰

十六年三月丙戌熒惑犯鬼西南星七月丙申月掩心前星

月食四月丁丑熒惑犯鬼西南星七月丙申月掩心前星

八月乙亥朔日月五星會于軫十二月乙未月掩心前大
星又犯於後星　二十七年五月壬子月犯心太星六月
庚辰太白晝見百七十有三月伏癸巳月掩昴七月丙
午犯斗旁南第一星是日太白晝見經天十月巳未歲星留於
氐十二月丁丑月掩昴　二十八年正月丙申鎮星入氐庚子太白
旁申子守旁比第一星十一月丙申鎮星入氐庚子太白
晝見在日前四十有九日巳未月伏十二月壬申月掩昴
九年正月丁酉土星留氐甲三十有七日逆行後七十九
日出氐五月庚寅朔大白晝見在日後六月丙辰月犯太
白月比星南同在柳宿十一[月]巳未熒惑守軒轅至戊辰

退行其色稍怒十二月辛巳月食既
章宗明昌元年二月丁亥太白晝見六月丁酉月食既十
二星見在月前十三日方伏而順行老宿在羽林軍上壘
二月乙未月食　二年六月壬辰月食十一月乙丑金未
三月戊戌熒惑順行犯太微西藩上將四月丁巳月食巳
壁陣下光芒明大十二月戊子水金相犯有光芒　三年
未熒惑犯右執法色怒而稍赤　四年正月丙子月有暈
白虹貫其中八月巳亥初三刻歲星見在未正二刻太白
見俱在午位其夜歲星留胃十三度守天原九月戊申月
食　五年十月癸卯月食十一月癸丑太白晝見在日前

三十有三日伏　六年正月庚寅太白晝見在日前百有
二日乃伏六月庚辰復晝見在日後百六十七日唯是日
經天
承安元年四月司天奏河津星象事上諭宰相曰天道不
測當預防之八月壬戌月食九月壬午太白晝見在日前
百有七日乃伏　二年二月丁巳太白晝見在日後百九
十有五日乃伏巳未經天是夜月食既　三年正月甲寅
月食七月庚戌月食　五年五月庚午月食六月庚戌月
掩太白
泰和元年十一月辛酉月食　二年五月巳未月食　三

乃伏　四年九月乙亥月食
年三月癸未月食六月戊戌太白晝見在日後百有十日
巳巳月食　六年五月甲申太白晝見在日後七十有六
八月癸卯月暈圍太白熒惑二星辛亥歲星見至夜五
更與東井距星相去七寸內癸丑夜半有流星如太白其
色赤起於婁宿巳未卯正初刻太白晝見在日前其夜五
更熒惑與與鬼積尸氣相犯在輿鬼積尸氣中壬申太
白晝見在日後其夜五更初熒惑在興鬼積尸氣中壬申
太白晝見經天在日後十月丙午歲星犯東井距星十一

月壬午太白入氐　七年正月丙戌初更月有暈圍繞鎮

二星在參畢間辛卯月食三月癸丑月捲軒轅大星七月

戊子月食九月己卯初更月在南斗魁中旦歲星在輿

申　八年正月丙戌月食七月戊戌朔太白晝見在日後

八月壬戌太白歲星光芒相及同在張一度十一月庚子

凍剝有流星如太白者二光芒如炬軹一丈起東北浸東

衛紹王大安元年正月辛丑月有飛星如火起天市垣尾跡

如赤龍之狀移剝散二月乙丑朔太白晝見經天六月丁

丑月食辛月乙丑月食熒惑丙寅歲星犯左執法　二年

正月庚戌朔日中有流星出大如盆其色碧西行漸如車

輪尾長數丈沒于濁中至地復起光散如火移剝減二月

客星入紫微中其光散如赤龍之狀　三年正月乙酉熒

惑入氐中凡十有一日乃出二月熒惑犯房閏月犯鍵閉

星十月癸巳犯壘壁陣

崇慶元年春三月乙日正午日月太白皆相去咫尺

宣宗貞祐元年十一月丙子熒惑入壘壁陣　二年二月

庚戌月食八月丁未月食九月丁亥太白晝見於軫十一

月庚辰鎮星犯太微東垣上相辛巳熒惑犯房鉤鈐　三

年七月庚申有流星如太白其色青白有尾出紫微垣北

禪之勞又貫索中巳卯月入畢至戊夜犯畢大星八月辛

丑月食既十二月庚寅太白晝見於亢八十有五日伏

四年正月乙卯夜中天有流星大如斗色赤長丈餘墜於

西南其聲如雷二月己亥月食四月丁酉太白晝見於奎百有一日

乃伏閏七月乙未月食五月丑犯畢右股犯畢大星

興定元年正月乙酉月犯畢左股二月戊辰太白

歲在奎月在壁巳丑犯畢大星十二月戊午復犯畢大星

晝見於井百六十有一日乃伏八月戊申歲星晝見於胃

百十有六日乃伏六月丙申歲星晝見於奎百有一日

大十有七日伏九月癸巳月犯東井西扇第二星十月癸

丑夜有流星大如杯尾長丈餘自軒轅起貫太微沒於角

宿之上十一月癸未月暈歲星　惑二星未在胃火在昴

餉　八月壬戌太白晝見十二月戊午月食　二年六月乙卯月食

丙戌太白晝見十二月戊午月食　二年六月乙卯月食

尾中一云自東北至西北而墜其先如塔狀先有聲如風

後老雷者三燃紙皆盡十月庚申月犯軒轅左角之少民

星十一月壬子月食既　三年五月庚戌月食既壬子七月

白晝見於參三十有六日經天又百八十四日乃伏七月

初昏有星自西南來其光燭地狀如月而稍不圓色

青白有小星千百環之若迸火然墜於東北少頃有聲如

鼓八月丁卯歲星犯與嵬東南星巳巳歲星晝見於柳百
有九日乃伏十一月乙巳月食癸丑二次月尋復貫
之四年正月庚子月犯東井三月甲寅歲星犯嵬積尸
氣五月甲辰月食六月戊辰犯鎮星巳巳太白晝見於張
百八十有四日乃伏十一月壬辰歲星晝見于翼六十有
於牛二百三十有二日乃伏司天夾谷德玉等奏以為臣
七日夜又犯靈臺北第一星　五年正月辛丑太白晝見
有災吾襄之可乎九月庚戌歲星犯左執法閏十二月戊
子熒惑犯軒轅甲午月犯熒惑戊戌鎮星晝見于軫巳亥
強之象讀致祭以禳之宣宗曰斗牛吳分蓋宋境也他國

《金史卷二十》

太白晝見於室　六年正月辛酉月犯熒惑壬戌犯軒轅
三月壬子月食太白四月癸亥歲星犯太微左
執法七月乙亥太白經天與日爭光八月巳卯彗星出於
亢宿右攝提周鼎之間指大角太史奏除舊布新之象宜
改元修政以消天變於是改是年為元光元年九月丁未
元光二年八月乙亥熒惑入與嵬掩積尸氣十月壬午犯
滅壬申月食歲星
靈臺十一月又犯心大星
哀宗正大元年正月丙午月犯昴三月癸丑犯熒惑是月
熒惑逆行犯左執法四月癸酉熒惑犯右執法乙未太白

辰星相犯　三年十一月丙辰月掩熒惑丁巳熒惑犯歲
星庚申犯壘壁陣癸酉五星並見於西南十二月癸亥入
月　四年正月壬戌熒惑犯太白六月丙辰太白入井七
月丁亥癸熒惑犯太白　五年五月乙酉月掩心
大星　七年十月巳巳月至五更後有大連環貫之絡
此斗內有戰氣十二月庚寅有星出天津下大如鎮星而
色不明初犯螢道二日見於東北在織女南入天市
垣戊申方出癸丑歷房北後東南行入積薪凡二十五日
而滅

《金史卷二十》

天興元年七月乙巳太白歲星熒惑太陰俱會於軫翼司
天武亢極言天變上惟歎息竟亦不之罪也八月甲戌太
白歲星交閏九月巳酉彗星見東方色白長丈餘掃螢曲如
象牙出角軫雨行至十二月長二丈十六日燭不見二
十七日五更復出東南約長四丈餘至十月一日始滅凡
四十有八日司天奏其咎在北哀宗曰我亦北人今日之
事我當滅也何乃不先不後通丁此乎

志第一

朝列大夫司空國子監丞同修國史兼翰林...歐陽...脱脱　奉

勑撰

曆上　步氣朔　步卦候　步日躔　步晷漏

昔者聖人因天道以授人時曆著百工以興庶政故推之法
其來尚矣自漢太初迄于前宋泊曆者數十家大
熙寧百年或數十年率一易焉蓋日月五星盈縮進退與
夫天運至不齊也人方製器以求之以俾其齊積寒至多
不能無差故爾金有天下百餘年曆惟一易天會五年司
天楊級始造大明曆十五年春正月朔始頒行之其法以
三億八千三百七十六萬八千六百五十七為曆元五千
二百三十為日法然其所本不能詳究或曰因宋紀元曆
而增損之也正隆戊寅三月辛酉朔司天言日當食而不
食大定癸巳五月壬辰朔日食甲午十一月甲申朔日食
加時皆先天丁酉九月丁酉朔食乃後天由是占候漸差
乃命司天監趙知微重修大明曆十一年曆成時翰林應
奉耶律履亦造乙未曆二十一年十一月望太陰虧食逮
命尚書省委禮部員外即任忠傑與司天曆官驗所食時
刻分秒比校知微曆又見行曆之親疎以知微曆為親遂
用之明昌初司天又改進親曆禮部即中張行簡言請俟

他日月食覆校無差然後用之事遂寢是以終金之世惟
用知微曆焉
朝初亦用之後始改授時曆焉今其書存千太史來而錄
之以為曆志

步氣朔第一

演紀上元甲子距今大定庚子八千八百六十三萬九
千六百五十六年

日法五千二百三十

歲實一百九十一萬二千二百二十四分

通餘二萬七千四百二十四分

朔實一十五萬四千四百四十五分

通閏五萬六千八百八十四分

歲策三百六十五日餘一千二百七十四分

朔策二十九日餘二千七百七十五分

氣策一十五日餘一千一百四十二分六十秒

望策一十四日餘四千一百一十二分六十秒

象策七日餘二千四十五秒

沒限四千八十七分三十秒

朔虛分二千四百五十五分

旬周三十一萬三千八百分

秒母九十

求天正冬至

置上元甲子以來積年歲實乘之為通積分滿旬周去之
不盡以日法約之為日不盈為餘命甲子算外即所求天
正冬至日大小餘

求次氣

置天正冬至大小餘以氣策累加之秒盈秒母從分分滿
日法從日即得次氣日及餘秒

求天正經朔

以朔實去通積分不盡為閏餘以減通積為朔積分滿旬
周去之不盡如法而一為日不盈為餘即所求天正經
朔大小餘也

求弦望及次朔

置天正經朔大小餘以象策累加之即各得弦望及次朔
經日及餘秒也

求沒日

置有沒之恒氣小餘如沒限已上為有沒之氣以秒母乘
之內其秒用減四十七萬七千五百五十六餘滿六千八
百五十六而一所得併恒氣大餘命為沒日

《金史二十一》　三　黃子旻

求滅日

置有滅之朔小餘（經朔小餘滿朔虛分者）六因之如四百九十一而
一所得併經朔大餘命為滅日

步卦候第二

候策五　餘三百八十　秒八十

卦策六　餘四百五十七　秒六

貞策三　餘二百二十八　秒四十八

秒母九十

辰法二千六百一十

半辰法一千三百七半

刻法三百一十三　秒八十

辰刻八　一百四分　秒六十

半辰刻四　五十二分　秒三十

秒母一百

來七十二候

來六十四卦

置中氣大小餘命之為初候以候策累加之即次候及末候也

置中氣大小餘命之為公卦以卦策累加之得辟卦又加
之得節氣之初為候外卦又以貞
策加之得大夫卦又以卦策加之為卿卦

《金史二十一》　四　志進

求土王用事

以貞策減四季中氣大小餘即土王用事日也

求發斂

置小餘以六因之如辰法而一為辰如不盡以刻法除之為刻命子正算外即得加時所在辰刻及分如加半辰法波之即命子刻初

二十四氣卦候

氣月節卦	初候	次候	末候
冬至十一月中 坎初六	蚯蚓結	麋角解	水泉動
小寒十二月節 坎九二	雁北鄉	鵲始巢	雉始雊
大寒十二月中 坎六三	雞乳	征鳥厲疾	水澤腹堅
立春正月節	東風解凍	蟄蟲始振	魚陟負冰
雨水正月中	獺祭魚	鴻鴈來	草木萌動
驚蟄二月節	桃始華	倉庚鳴	鷹化為鳩
春分二月中	玄鳥至	雷乃發聲	始電
清明三月節	桐始華	田鼠化為鴽	虹始見
穀雨三月中	萍始生	鳴鳩拂其羽	戴勝降于桑
立夏四月節	螻蟈鳴	蚯蚓出	王瓜生
小滿四月中	苦菜秀	靡草死	小暑至
芒種五月節	螳螂生	鵙始鳴	反舌無聲
夏至五月中	鹿角解	蜩始鳴	半夏生

中卦 姤

步日躔第三

周天分一百九十一萬二百九十三分五百三十秒秒母一萬

歲差六十九 五百三十

周天度三百六十五度二十五分六十八秒

象限九十一 三十分九秒

二十四氣日積度及盈縮

恒氣	日積度秒分	損益率	盈縮積
冬至	空	初末率	盈縮積
小寒			

大寒　立春　雨水　驚蟄　春分　清明　穀雨　立夏　小滿　芒種　夏至　小暑　大暑　立秋　處暑　白露　秋分　寒露　霜降　立冬

盈縮　損益　積（此表各節氣之數值，以豎排細字記載，難以精確辨識）

吳楫

二十四氣中積及朒朓

小雪　大雪　恆氣　冬至　小寒　大寒　立春　雨水　驚蟄　春分　清明　穀雨　小滿　立夏　夏至　芒種　小暑　大暑　立秋

中積　損益率　日差　朒朓　朒朓積

吳楫

右側表

節氣	損益	朓朒
處暑	益八十三	二十三 初七十一 末空六十三
白露	益六十九	二十二
秋分	損空	二十二
寒露	損六十九	二十三
霜降	損八十三	二十二
立冬	損八十三	二十一
小雪	損空	一十九 朓一百
大雪	損空	一十九 朓一百

各置其氣損益率 求每日盈縮朓朒

求盈縮朓朒用其損益 朓朒胸朒朓朒之損益

六因如象限而

一為氣中率與後氣中率相減為合差半合差六因加減其氣

中率為初末汎率 至後減初加末 分後加初減末 又置合差六因如象限而一為日差半之加減初末汎率為初末定率加末分至後分後減初

而一為日差半之加減初末汎率為初末定率加末分減初末分

加初以日差累減初末加減其氣初末定率為每日盈縮朓朒分至後分前

各以每日損益分加減其下盈縮朓朒為每日盈縮朓朒積

朒為合差者皆用前氣合差胸為合差者一氣無後相減

置天正餘以日法除為日不滿為餘如氣已下以減氣策為入大雪氣策已上去之餘亦減氣策為入小雪氣策即得

求經朔弦望入氣

天正經朔入氣日及餘也以象策累加之滿氣策去之即

左側表

得弦望及次氣日及餘因加後朔入氣日及餘也

求每日損益盈縮朓朒

以日差益盈減縮加減其氣初損益率為每日損益率朒

求經朔弦望入氣朓朒定數

各以所入恒氣小餘以乘其日損益率如日法而以所得損益其氣盈縮朓朒積加減其氣初損益率為每日盈縮朓朒積

求經朔弦望入氣朓朒定數

各以所入恒氣小餘以乘其下朓朒積為定數

下段 赤道宿度

| 金史二十一 十 奇廬 |

赤道宿度

斗 二十五度少
牛 七度少
女 十一度少
虛 九度少 秒六十八
危 十五度半
室 十七度
壁 八度太
右北方七宿九十四度 秒六十八

奎 十六度半
婁 十二度
胃 十五度
昴 十一度少
畢 十六度少
觜 半度
參 十度半
右西方七宿八十三度

井 三十三度少
鬼 二度半
柳 十三度太
星 六度太
張 十七度少
翼 十八度太
軫 十七度
右南方七宿一百九度少

角 十二度
亢 九度少
氐 十六度
房 五度太
心 六度少
尾 十九度少
箕 十度半
右東方七宿七十九度

置週積分以週天分去之餘日法而一為度不滿宿即所求為年天正冬至加時赤道宿度及秒

分秒為母命起赤道虛宿七度外去之至不滿宿即所求為年天正冬至加時赤道宿度及秒 <small>以百</small>

求春分夏至秋分赤道日度

置天正冬至加時赤道日度累加象限滿赤道宿次去之即各得春分夏至秋分時日在宿及分秒

求四正赤道積度

置四正赤道宿度累加四正赤道日度及分秒後以赤道宿全度以四正赤道日度及分減之餘為距

求赤道宿積度入初末限

視四正後赤道宿積度及分在四十五度六十五分秒五十四半已下為入初限已上者用減象限餘為入末限

〔金史二十一〕 士 赤道　三百四十四　曆志二

求二十八宿黃道度

以四正後赤道宿入初末限度及分減一百一度餘以初末限度及分乘之進位滿百為分分滿百為度至後以減分後以加赤道積度為其宿黃道積度以前宿黃道積 <small>其四正之宿先加之象限然依前宿減之</small>

減之 <small>其分就近約為太半少</small> 為其宿黃道度及分

黃道宿度

| 斗二十三度 | 牛七度 | 女十一度 | 虛 <small>九度少 秒六十八</small> |

危十六度　室十七度少　壁九度半

右北方七宿九十四度 <small>六十八秒</small>

奎十七度太　婁十二度太　胃十四度半　昴十一度　畢十六度半

右西方七宿九十四度

觜半度　參九度太

井三十度半　鬼二度半　柳十三度少　星六度太　張十七度太

右南方七宿一百九度少 <small>二百八十七</small>

翼二十度　軫十八度少

〔金史二十一〕 十二　志匯

角十三度太　亢九度半　氐十六度少　房五度太　心六度　尾十八度少　箕九度半

右東方七宿七十八度少 <small>三百六十五二十六六八</small>

前黃道宿度依今曆歲差所在筭定如上考往古下驗將來當攟歲差每移一度依術推顙當時宿度然可步曜知其所在

求天正冬至加時黃道日度

以冬至加時赤道日度及分秒減一百一度餘以冬至赤道日度及分秒乘之進位滿百為分分滿百為度黃赤道差用減冬至加時赤道日度及分即所求年天正冬至加時黃道日度及分秒

求二十四氣加時黃道日度

置所求年冬至日躔黃赤道差以次年黃赤道差減之餘
以所求氣數乘之二十四而一所得以加其氣中積及約
分 又以其氣初日盈加縮減之用加冬至加時
黃道日度依宿次去之即各得其氣加時黃道日度 （如其年冬至加時赤道加宿度全度然求黃赤道差餘依術算）
及分秒

求二十四氣每日晨前夜半黃道日度及分秒

副置其氣小餘以其氣初日損益率 （盈縮之萬約之）
為分應益者盈加縮減應損者盈減縮加其副日法除之
為度不滿退除為分秒以減其氣加時黃道日度以減其氣加時黃道日度即各得
其氣初日晨前夜半黃道日度每日加一度以百約每日
損益率 （盈縮）應益者盈加縮減應損者盈減縮加每
日晨前夜半黃道日度

求每日午中黃道日度

置一萬分以所入氣日盈縮損益率 （盈縮）應益者盈加縮減應
損者盈減縮加皆加減損益率餘半之滿百為分不滿為
秒以加其日晨前夜半黃道日度即其日午中日躔黃道

求每日午中黃道積度

宿度及分秒

以二至加時黃道日度距至所求日午中黃道日度為入

二至後黃道積度分秒

求每日午中黃道入初末限

視二至後黃道積度在四十三度一十二分秒八十七已
下為初限已上用減象限餘為入末限其積度滿象限去
之為二分後黃道積度在四十八度一十八分秒二十二
已下為初限已上用減象限餘為入末限

求每日午中赤道日度

以所求每日午中黃道積度入至後初限分後末限度及
秒進三位加二十萬二千五百五十少開平方除之所得減去
四百四十九半餘在初限者直以二至赤道日度加而命
之餘直以二分赤道日度加而命之即每日午中赤道日度

之在末限者以減象限餘以二分赤道日度加而命之
每日午中赤道日度以所求日午中黃道積度入至後末
限分後初限度及分秒進三位用減三十萬三千五十
開平方除之所得以減五百五十半其在初限者以減象
限分後初限度及分秒進三位用減三十萬三千五十
之餘直以二分赤道日度加而命之即每日午中赤道日度
餘以二至赤道日度加而命之即每日午中赤道日度

太陽黃道十二次入宮宿度

雨水	危十三度三十九分五十九秒外入豕分陬訾之次辰在亥
春分	奎二度三十五分八十五秒外入奢分降婁之次辰在戌
穀雨	胃二度二十四分三十三秒外入趙分大梁之次辰在酉

小滿　畢七度九十六分六秒外入晉分實沈之次辰在申

夏至　井九度四十七分十秒外入蔡分鶉首之次辰在未

大暑　柳四度九十五分二十六秒外入周分鶉火之次辰在午

處暑　張十五度五十六分三十五秒外入楚分鶉尾之次辰在巳

秋分　軫十度四十四分五秒外入鄭分壽星之次辰在辰

霜降　氐二度七十七分七十七秒外入宋分大火之次辰在卯

小雪　尾三度九十七分九十二秒外入燕分析木之次辰在寅

冬至　斗十四度三十六分六十二秒外入吳越分星紀之次辰在丑

大寒　女三度九十分九十秒外入齊分玄枵之次辰在子

求入宮時刻

各置入宮宿度及分秒以其日晨前夜半日度減之（日度減之為一度相近　之間者餘以日法乘其分其秒從於下亦通乘之為實以　求之）其日太陽行分為法實如法而一所得依發斂加時求之即得其日太陽入宮時刻及分秒

步晷漏第四

中限一百八十二日六十二分一十八秒

冬至初限夏至末限六十二日二十分

夏至初限冬至末限一百二十日四十二分

冬至地中晷影常數一丈二尺八寸三分

夏至地中晷影常數一尺五寸六分

周法一十四百二十八

內外法一萬八百九十六

半法二千六百一十五

日法四分之一三千三百九十七百二十二半

昏明分一百三十分之一一千三百七十五半

昏明刻二刻一百一十五十六分九十五秒

刻法三百一十三分八十秒

秒母一百

求午中入氣中積

置所求日大餘及分并半法以所入之氣大小餘減之為其日午中入氣以加其氣中積為其日午中中積（小餘以日法除為約分）

求二至後午中入初末限

置午中中積及分如中限已下為冬至後已上去中限為夏至後其二至後如在初限已下為初限已上覆減中限餘為入末限也

求中晷影定數

視冬至後初限夏至後末限百通日內分自相乘副置之以一千四百五十除之所得加五萬三百八十折半置之併之除其副為分分滿十為寸寸滿十為尺用減冬至地

中晷影當數為所求影定數視夏至後初限冬至後末
限百通日內分自相乘為上位下置入限分以二百五十
乘百約之加一十九萬八千七十五為法夏至前後半限
限列於上位下位置半限已上者減去半限
減後相乘以七千七百除之所得以加其法
為分分滿十為寸寸滿十為尺用加夏至地中晷影常數
反除上位
為所求晷影定數

求四方所在晷影

各於其處測冬夏二至晷影乃相減之餘為其處二至晷
差亦以地中二至晷差相減為地中二至晷差其所求日
在冬至後初限夏至後末限者如在半限已下倍之半限
已上覆減半限餘亦倍之併入限日三因折半以日為分
以所求日地中晷影定數減之餘以減其處二至晷數
為實實如法而一所得以減其處冬至晷數即得其處其
日晷影定數如在夏至後至末限者如在
半限已下倍之半限已上覆減半限餘亦倍之併入限日
三因四除以日為分十以加地中二至晷差為法置地中
所求日地中夏至晷影常數減之餘以加其處夏
至晷數即得其處晷差乘之為實實如法而一所得以加
其處二至晷數乘之為實其日晷影定數

恆氣	增損差 加減差		陟降率 初末率		日出分

二十四氣陟降及日出分

秋分	寒露	霜降	立冬	小雪	大雪	冬至
損初二	損初三	損初三	損初五	損末八	損初六	降二十四
末六加十	末六加十	加十	加十	加十	加十	

求二分前後陟降率

春分前三日太陽入赤道內秋分後三日太陽出赤道外
故其陟降與他日不倫今各別立數而用之

驚蟄十二日陟四六四七此為末率於此畢其減差亦止於此

秋分初日降四六四八一日降四三四九二日降四五七
三日降四六六八此為初率如用之其加差亦始於此

秋分四十六日降四六一四四日降四三九十五日降四一

求每日日出入晨昏半晝分

各以陟降初率陟降加其氣初日日出分為一日下日
出分以增損差仍加減增損陟降率馴積而加減之即為
每日日出分覆減日法餘為日入分以出分減日入分為
半之為半晝分以昏明分減日出分為晨分加日入分為
昏分

求日出入辰刻

置日出入分以六因之滿辰法除
之為刻數不滿為分命子正算外即得所求
不盡刻法除

覆減百刻餘為夜刻

求晝夜刻
置日出入分十二乘之刻法而一為刻不滿為分命其辰

求晨分
置晨分四因退位為更率二因更率退位為點率

求更點率
法而一為辰數不盡滿刻法除之為刻不滿為分命其
辰

置更率以所求更數因之又六因內加昏明分滿辰
法而一為點數不盡滿點刻法除之為刻不滿為分命其

辰刻算外即得所求

求四方所在求

各於所在下水漏以定其晷至冬夏或至夜刻乃與五十
刻相減餘為至差刻置所求日黃道去赤道內外度及分
以至差刻乘之退一位加二百三十九而一為刻不盡以
刻法乘之退除為分內減外加五十刻即所求日夜刻以

減百刻餘為晝刻其日出入辰刻及更點並依術求之

求黃道內外度
置日出分如日法四分之一巳上去之餘為內分置內外分千乘之如內外
四之一巳下覆減之餘為外分置內外分千乘之如內外

法而一為度不滿退除為分即為黃道去赤道內外度內
減外加象限即得黃道去極度

求距中度及更差度

置半法以晨分減之餘為距中分百乘之如周法而一為
距中度用減一百八十三度一十二分八十四秒餘四因
退位為每更差度

求昏明五更中星

置距中度以其日午中赤道日度加而命之即昏中星所
格宿次因為初更中星以更差度累加之命赤道宿次去
之即得逐更及明中星

開府儀同三司上柱國錄軍國重事中書右丞相監修國史領集賢殿大學士……脫脫奉　勑修

曆下　步月離　步五星　步交會　暉象

步月離第五

金史二十二

轉中分一十四萬四千一百　　秒六十六○轉終日

二十七日餘二千九百一十六秒六十六○朔差日一

十三日餘四千六百五十五秒三千四十○朔中日一

五十一日餘四千九百三十四○象策七日餘二

千一百二十二秒半○秒母一萬○上弦九十一度

三十一分四十二秒○望二百八十二度六十二分

八十四秒○下弦二百七十三度九十四分二十六

秒○月平行度十三度三十六分八十七秒半○分

秒母一百○七日初數四千六百四十八末數一百

八十二○十四日初數三千四百六十五末數一百

六十五○二十一日初數三千四百八十三末數

千七百四十七○二十八日初數二千九百一末數

二千三百二十九

求經朔弦望入轉

置天正朔積分以轉終分及秒去之不盡以日法而一為

日不滿為餘秒即天正十一月經朔入轉日及餘秒以象

策累加之去命如前即得弦望經日加時入轉日及餘秒

徑求次朔入轉加次朔差

轉定分及積度朓朒率

志第三

日	轉定分	疾遲度	益損率	朓朒積
一日	孟真共八	疾初	益真真三	朓初
二日	孟真共七	疾真度至	益真六九	朓五百五十三
三日	孟真空三	疾真度至	益真真三	朓九百真十三
四日	壬真真三	疾真度四十一	益真真三五	朓真真真十五
五日	壬真真九	疾真度九	益真真真五	朓真真真十五
六日	壬真真三	疾真度三	益真真一	朓真真真十八
七日	分真空三	疾真度三六	損真真三	朓真真真三
八日	壬真真三	九真度八	損真真三	朓真真真三
九日	壬真真三	疾真度九	損真真三	朓真真真三
十日	壬真真八	疾真度至	損真真三	朓真真真三
十一日	壬真真三	疾真度三	損真真三	朓真真真三
十二日	壬真真三	疾真度三	初益真真三	朓真真真三
十三日	壬真真三	疾真度三	益真真三	朓真真真三
十四日	壬真真四	遲真空三	益真真五	朓真真真三
十五日	壬真真	遲真度至	益真真三	朓真真真三
十六日	壬真真	遲真度至	益真真三	朓真真真三
十七日	壬真真九	遲真度三	益真真三	朓真真真三

日		遲疾	損益	朓朒
十七日		遲度	損益	朓朒
十八日		遲度	損益	朓朒
十九日		遲度	損益	朓朒
二十日		遲度	損益	朓朒
二十一		遲度	損益	朓朒
二十二		遲度	損益	朓朒
二十三		遲度	損益	朓朒
二十四		遲度	益	朓朒

求朔弦望入轉朓朒定數

置入轉小餘以其日筭外損益率乘之如日法而一所得
以損益朓朒積為定數其四七日下餘如初率
乘之初數而一以損益積為定數如初數已上者
減之餘乘末率末數而一用減初率餘加朓朒為定數其
十四日下餘如初數已上者初數減之餘乘末率末數而
一便為朓朒定數

求朔望定日

置經朔弦望小餘朓朒減朓朒加入氣入轉朓朒定數滿與不
足進退大餘命甲子筭外各得定朔弦望日辰及餘定朔
前干名與後干名同者其月大不同月小月內無中
氣者為閏視定朔小餘在日法四分之三已上者
進一日春分後定朔日出分與春分日出分相減之餘三
約之用減四分之三定朔小餘及此數已上者亦進一日
或有交虧初在日入前者不進之
定弦望小餘在日出分已下者退之如十七日望或有交虧又視
日出前者小餘雖在日出分已後亦退之退一日望或有交虧
定朔小餘在四分之三已下之數定望定之數
在日出分已上之數朔少望多者望不退而朔猶
進之望少朔多者朔不進而望猶退之

求定朔弦望入氣

置定朔弦望大小餘與經朔弦望大小餘相減之餘以加
減經朔弦望入氣日即為定朔弦望入氣

求定朔弦望加時日度

置定朔弦望約餘以所入氣日損益率乘盈縮
以加其氣中積即為定朔弦望中積

求定朔弦望約餘以所入氣日損益率乘盈縮
損益其下盈縮積乃盈加縮減定朔弦望中積又以至後至冬至

加時日躔黃道宿度依宿次去之即得定朔弦望加時日
所在度及分秒又置定朔弦望約餘副置之以乘其日盈
縮之損益率萬約之應益者盈加縮減應損者盈減縮加
得其日加時分分滿百為度命之各

求定朔弦望加時月度

凡合朔加時日月同度其定朔加時黃道日度即為定朔
加時黃道月度弦望各以弦望度加定弦望加時黃道月
度後宿次去之即得定朔弦望加時黃道月度及分秒

求夜半午中入轉

置經朔入轉以經朔小餘減之為經朔夜半入轉又經朔
小餘與半法相減之餘以加減經朔加時入轉
為經朔午中入轉若定朔大餘有進退者亦加減轉
日滿終日及餘秒去命如
前各得每日夜半午中入轉
入否則因經為定每日累加

求加時及夜半月度

置其日入轉算外轉定分以定朔弦望小餘乘之如日法
而一為加時轉分以減定朔弦望加時月度為夜半
月度以所得轉定分累加之即得每日夜半月度

求晨昏月度

置其日晨分乘其日算外轉定分日法而一為晨轉分用
減轉定分餘為昏轉分又以朔弦望定小餘乘轉定分為
法而一為加時分以減晨昏轉分為前不足覆減之為後
乃前加後減加時月度即晨昏月度所在宿度及分秒

求朔弦望晨昏定程

各以其朔望晨昏定月減上弦昏定晨月餘為朔後昏定
弦昏定月減望昏定月餘為望後昏定程以望晨定月
減下弦晨定月餘為上弦後晨定程以下弦晨定月減朔
晨月餘為下弦後晨定程

求每日轉定度

累計每程相距日下轉積度與晨昏定程相距餘以相距
日數除之為日差以加減每日轉定分為轉
定度因朔弦望晨昏月累加之滿宿次去之為每日
晨昏月度及分秒

求平交日辰

其度數雖繁亦難削去具其術如後
古曆有九道月

置交終日及餘秒其以月經朔加時入交汎日及餘秒減
之為平交入交其月經朔加時後日算外即平交日及餘秒加其經
朔大小餘其大餘命甲子算外即平交日辰及餘秒

求次平交日辰
以交終日及餘秒加之大餘滿紀法去之命如前即次平交日辰及餘秒

求平交入轉朓朒定數
置平交小餘加其日夜半入轉餘以乘其日朓益率為定數

求正交日辰
置平交小餘加其日算入轉朓朒定數朓減朒加之滿與不
足進退日辰即正交日辰及餘秒興定朔日辰相距即所
在月日

求經朔加時中積
各以其月經朔加時入氣及餘秒以日
命為度其餘以日法退除為分秒即其經朔加時中積
分秒

求正交加時黃道月度
置平交入經朔加時後日算及餘秒以日法通日內餘進
二位如三萬九千一百二十一分為度不滿退除為分秒
以加其月經朔加時中積然以冬至加時黃道宿度及分秒加而
命之即得其月正交加時月離黃道宿度及分秒如求次

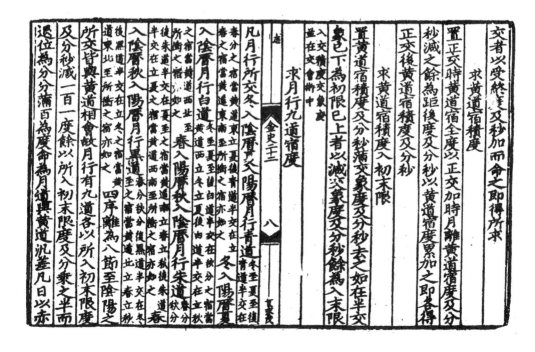

交者以受終度及秒加而命之即得所求

求黃道宿積度
置正交時黃道宿全度以正交加時月離黃道宿度及分
秒減之餘為距後度及分秒以黃道宿度累加之即各得
正交後黃道宿積度及分秒

求黃道宿積度入初末限
置黃道宿積度及分秒滿交象度及分秒去之如在半交
象已下為初限已上者以減交象度及分秒餘為入末限
入交積度及象起

求月行九道宿度
凡月行所交冬入陰曆夏入陽曆月行青道冬至夏至後
春之宿當黃道東立夏之宿當黃道南至所衝之宿亦如之
入陰曆月行自道冬至後其青道半交在立春之宿當黃道東南至所衝之宿亦如之
冬入陽曆夏入陰曆月行朱道夏至冬至後
之宿當黃道西其朱道半交在立夏之宿當黃道西南至所衝之宿亦如之
春入陽曆秋入陰曆月行白道春分秋分後
立春秋立冬後其白道半交在立秋之宿當黃道西北至所衝之宿亦如之
秋入陽曆春入陰曆月行黑道秋分春分後
立秋後其黑道半交在立冬之宿當黃道北至所衝之宿亦如之
四序離為八節至陰陽之
所交皆與黃道相會故月行有九道各以所入初末限度
及分秒減一百一度餘以所入初末限度及分乘之半而
退位為分分滿百為度命為月道與黃道汎差凡日以赤

（上半葉）

道內為陰月外為陽月以黃道內為同名故月行正交
入夏至後宿度內為陽故月行與黃道宿度內為異名其在
同名者置月行與黃道宿度
正交前以差減正交後半交前以差加九因八約之為定差半交後
差如象限而一所得為月行與赤道定差前加者為減
者為加其在異名者置月行與黃道沉差半交前以差加正交後半交前以差加
數乘定差如象限而一所得為月行與赤道定差以正交度距春分度
為減者為加各加減黃道宿積度為九道宿積度以

求正交加時月離九道宿度

宿度為正

四時日躔在

求正交加時黃道日度及分

以正交加時黃道日度及分減一百一度餘以正交度及
分乘之半而退位為分分滿百為度命為月道與黃道沉
差其在同名者置月行與黃道沉差九因八約之為定差
以加仍以正交度距秋分度數乘定差如象限而一所得
差以減仍以正交度距春分度數乘其在異名者置月行與黃道沉
差七因八約之為定差以減仍以正交度距春分度數乘

（下半葉）

覺差如象限而一所得為月道與赤道定差以加置正交
加時黃道月度及分以二差加減之即為正交加時月離
九道宿度及分

求定朔弦望加時日躔黃道宿次

置定朔弦望加時月行潛在日下
與太陽同度其為加時月躔黃道宿次凡合朔加時各以弦望加時月行潛在日下
各以定朔弦望加時黃道宿度及分秒如前各
得定朔弦望加時正交後黃道積度如前求

求定朔弦望加時月離九道宿度

其所當強望加時月躔黃道宿度及分秒加
道月離宿度及分秒其合朔加時非正交則月在黃道
後黃道積度為定朔弦望閏加時正交後黃道積度如前求
九道積度以前宿九道積度減之餘為定朔弦望加時九
道月離宿度及分秒

步交會第六

交終分　一十四萬二千三百一十九秒九千三百六十八○

交終日　二十七日餘二千一百九十分秒九千六百八十四○

交中日　十三餘三千一百一十六百六十九○

交朔日　二餘一千六百六十五秒六千六百三十二○

交望　十四餘四十二秒五千○

秒母一萬○交終　二百六十三度七十九分三十六

秒○交中一百八十一度八十九分六十八秒○交

象九十度九十四度八十七秒○日蝕象四十五度

四十七分四十二秒○日蝕既前限二十四百定法

二百四十八○日蝕既後限三十一百定法三百二

十○月蝕限五千一百○月蝕既一千七百定法三

百四十○分秒母一百

求朔望入交

置天正朔積分以交終分去之不盡如法而一為日不

滿為餘即天正十一月經朔加時入交汎日及餘秒交朔

朔望入交汎日及餘秒

求定朔每日夜半入交

各置入交汎日及餘秒減去經朔望小餘即為定朔望夜

半入交汎日及餘秒若定朔望有進退者亦進退交日否

則因經為定大月加二日小月加一日餘皆加四千一百

二十秒六百三十二即次朔夜半入交汎日及餘秒

日及餘秒去之即每日夜半入交汎日及餘秒

求交朔望加時入交

置經朔望加時入交汎日及餘秒以入氣入轉朓朒定數

朓減朒加之即定朔望加時入交汎日及餘秒

求定朔望加時入交積度及陰陽曆

置定朔望加時入交汎日以日法通之內餘進二位如三

萬九千一百二十一而一為度不滿退除為分秒即定朔

望加時月行入交積度以定朔望加時入交汎日及餘秒

疾加之即月行入交積度如交中度巳下入陽曆積度

巳上去之餘為入陰曆積度

求月去黃道度

視月入陰陽曆積度及分如交象度巳下為少象巳上覆減

交中餘為老象置所入老少象度於上列交象度於下相

分餘又與交中度相減相乘入因之以百一十除為分分

滿百為度即得月去黃道度

求朔望加時入交常日及定日

置朔望入交汎日以入氣朓朒定數朓減朒加之為入交

常日

又置入轉朓朒定數進一位一百二十七而一所得朓減

朒加之常日為入交定日及定日

求入交陰陽曆交前後分

視入交定日如交中巳下為陽曆巳上去之為陰曆如一

日上下以日法通之為交後分十三日上下覆減交中為交〔日上下以日為分〕

減食甚中積即為食甚日行積度及分

求日月蝕甚定餘

置朔望入氣入轉朓朒定數同名相從異名相消以一千三百三十七乘之定朔望加時入轉算外轉定分除之所得以朓減朒加經朔望小餘為汎餘

日蝕視汎餘如半法已下為中前分半法已上去半法為中後分置中前後分與半法相減相乘倍之萬約為日特差中前以時差加汎餘中後以時差減汎餘為定餘覆減半法餘為午前分中後以時差加汎餘為定餘減去半法為午後分

月食視汎餘在日入後夜半前者如日法四分之三巳下減去半法為酉前分四分之三巳上覆減日法餘為酉後分又視汎餘在夜半後日出前者如日法四分之一巳下為卯前分自相乘四分之一巳上覆減半法餘為卯酉各前後分自相乘四因退位萬約為分以加汎餘為定餘各置定餘以發斂加時法求之即得日月所蝕之辰刻

求日月食甚日行積度

置定朔望食甚大小餘與經朔望大小餘相減之餘以加減經朔望入氣日小餘經朔望日小餘少加多減即為食甚入氣日小餘以所入氣日積氣中積為食甚中積又置食甚入氣小餘以所入氣日積

益率損益之乘之日法而一以損益其日盈縮積盈加縮減食甚中積即為食甚日行積度及分

求氣差

置食甚日行積度及分滿中限去之餘在象限巳下為初限巳上覆減中限皆自相乘用減一千七百四十四餘為氣差恒數以十八而一所得用減一千七百四十四餘為氣差恒數以午前後分乘之半晝分除之所得以減恒數為定數不及減者覆減恒數應加者加之春分前秋分後陽曆減陰曆加秋分後陽曆加陰曆減春分前秋分後各二日二千〔陰曆減〕

求刻差

置日食甚日行積度及分滿中限去之餘與中限相減相乘進二位如四百七十八而一所得為刻差恒數以午前後分乘之日法四分之一除之所得為定數上看在恒數巳下以所得之數減之其加減依前春分前秋分後陽曆加陰夏至後午前陽曆減陰曆加冬至後午前陽曆減陰加

求日食陽曆定分

氣刻二差定數同名相從異名相消為交前後定分交前後分為去交前後定分視其前後定分如在陽曆即不食如在陰曆即有食之如交前陰曆不及減反減之減進為交後陽曆交後陰曆不及減反減之為交前陽曆即食為交後陽曆交後陰曆不及減反減之為交前陽曆即

曆不食亦入交前陽曆不及減反減之為交後陰曆交後陽
曆不及減反減之為交前陽曆即日有食之

求日食分
視去交前後定分如二千四百巳下覆減五千五百
十八除為大分二千四百巳上覆減五千五百〔不足減為〕
既後分以三百二十除為大分不盡退除為秒即得日食
之分秒

求月食分〔不用氣盡者一千七百八十巳下覆減〕
視去交前後分如盡者一千七百八十巳下覆減
五千一百巳下者不足減餘以三百四十除為大分不盡退除為
秒即為月食之分秒也去交分在既限巳上覆減既限亦
以三百四十除為既內之大分

求日食定用分
置日食之大分與三十分相減相乘又以二千四百五十
乘之如定朔入轉算外轉定分而一所得為定用分定餘
為初虧分加定餘為復圓分各以發斂加時法求之即得
日食三限辰刻

求月食定用分
置月食之大分與三十五分相減相乘又以二千一百乘
之如定朔入轉算外轉定分而一所得為定用分加減定

本篇三　〔金史卷二十二〕　十五　相具

餘為初虧復圓分各如發斂加時法求之即得月食三限
辰刻
月食既者以既內大分與十五相減相乘又以四百二十
乘之如定朔入轉算外轉定分而一所得為既內分用減
定用分為既外分置月食定餘減定用分為初虧因加既
外分為食既又加既內分為食甚〔即定餘也〕再加既內分為
生光復加既外分為復圓各以發斂加時法求之即得月
食五限辰刻

求月食入更點
置食甚所入日晨分倍之五約為更法又五約更法為點
乃置月食初末諸分昏分巳上減昏分晨分巳下加晨分
如不滿更法為初更不滿點法為一點依法以次求之即
各得更點之數

求日食所起
食在陽曆初起西北甚於正北復於東北食八分巳上
食在陰曆初起西南甚於正南復於東南食在既後初起
正東〔以儀正午正東地而論之〕
西北甚於正北復於東北其食八分巳上皆起正西復於

求月食所起
月在陽曆初起東北甚於正北復於西北食八分巳上皆起正東復於
東南甚於正南復於西南其食八分巳上皆起正東復於

志第三　〔金史卷二十二〕　十六　志圖

求日月出入帶食所見分數

各以食甚小餘與日出入分相減餘為帶食差以乘所食
之分滿定用分而一所得如既外分而一不及減者為
帶食既者以既內分減帶食差餘在晝為
出入退為已退食甚在
帶食既以減所食分即日月出入帶食所見之分在晨
為漸進昏為漸退

求日月食甚宿次

置日月食甚日行積度半周天（望即更加）以天正冬至加時黃道
日度加而命之依黃道宿次去之即各得日月食甚宿次
及分

步五星第七

木星周率二百八萬六千一百四十二五十四秒○曆率
二千二百六十五萬五百七十○曆慶法六萬二千
一十四○周日三百九十八日八十八分○曆慶三百
六十五度二十四分八十二秒○曆策一十五度二十一分
度六十二分四十一秒○曆策一十五度二十一分
八十七秒○伏見一十三度

段目	段日	段度	初行率
	平度	限度	初行率
合伏	天日六十六分	三度六十三 二度九十三	六度十一 四度六十四
晨順疾	二十八日	六度十一	四度六十四 三十二

段目	段日	段度	損益率
晨次疾	二十八日	五度五十一	四度九十 二十二
晨順遲	二十八日	四度三十一	二度六十八 二十六
晨末遲	二十八日	三度六十	一度十六
晨留	二十三日	一度	空
晨退	四十六日	四度六十八 八十三	四度六十六 八十三
夕退		四度六十八	四度六十六 八十三
夕留	二十三日	一度	空
夕次遲	二十八日	三度六十	一度十六
夕末遲	二十八日	四度三十一	二度六十八 二十六
夕順遲	二十八日	五度五十一	四度九十 二十二
夕次疾	二十八日	六度十一	四度六十四 三十二
夕順疾	天日六十六分	三度六十三	二度九十三
夕伏			

策數	損益率 盈積度	損益率 縮積度
一	益一百八十九 初	益一百八十九 初
二	益一百五十二 二度一十九	益一百四十二 一度九十
三	益一百十三 三度六十一	益一百十三 三度七十九
四	益八十三 四度七十四	益八十三 四度九十二
五	益五十一 五度五十七	益五十一 五度七十五
六	益二十四 五度七十	損二十四 五度九十九
七	損五十四 五度六十九	損十四 五度九十九

火星

火星周率四百七十萬九千四十一秒九十七○曆率三百
五十九萬二千七百五十八秒三十二○曆度法九
千八百三十六半○周日七百七十九日九十三分
一十六秒○曆中一百八十二度六十二分三十八秒七十六
秒○曆中一百八十二度三百六十五度二十四分七十六
第二十五度二十一分八十六秒○伏見一十九度

段目	段日	平度	限度	初行率
合伏	六十九日	六十九度	平度	限度
晨疾	六十八日	五十八度	四十六度	
晨次疾	五十八日	四十四度	四十四度	
晨中疾	五十七日	三十七度	三十六度	
晨末疾	五十日	三十一度	五十二度	
晨順遲	二十日	十六度	六十一度	
晨末遲	三十日	三度	六十度	
晨留	二十日			
晨退	二十日			
晨闰	千百			五十度 三十七

右火星列：
八　損六十三　五度六十三
九　損六十三　五度六十三　五度
十　損直平　四度二十
十一　損直先　三度一　四度二十
十二　損直先　一度先　一度

晨退	二十一分五十二	八度	三度四十五
夕退	二十四分六十三	八度六十五	三度五
夕留	二十日		四十一
夕末遲	三十日	五度	五十五 五度
夕順遲	二十三日	十六度九	六十一 六十三
夕末疾	五十日	三十一度六	六十二 五十四
夕中疾	五十七日	三十七度	六十三 四十一
夕次疾	五十八日	四十四度	六十六 二十七
夕疾	六十八日	五十四度	
夕伏	六十九日	六十九度	四十一 五十七

金星卷三十二　二十

策數	損益率 縮積度		
一	益七十一　初		
二	益七十一　七十一度		
三	益七十一　一百四十二度		
四	益六十六　二百十三度		
五	損七十一　二百七十九度		
六	損七十一　三百五十度		
七	損七十一　三百六十五度		
八	損七十一		
九	損七十一		

志第三　金史卷二十二

土星

土星周率一百九十七萬七千四百一十二秒四十六
曆率五千六百三十九萬三千四百二十二秒四十八
歷中一百八十二度六十二分八十三秒○伏見一十七度
日九分三秒○曆度三百六十五度二十五分七十八
秒○周日三百七十八度○歷策一十五度二十一分九十秒
法一十五萬三千九百二十八

段目	段日	平度	限度	初行率
合伏	十八日	二度六十一	二度五十六	一度二
晨疾	二十七日	三度六十三	三度六十	一度
晨順疾	二十七日五十	二度六十九	二度六十五	空度九十二
晨次疾	二十六日五十四	一度六十三	一度六十五	空度六十五
晨遲	二十三日	一度	一度	空度六十三
晨留	三十八日		八	
晨退	五十二日	二度八十二	二度六十九	九
夕退	五十二日六十	三度六十四	三度六十六	
夕留	三十八日		八	
夕遲	二十三日	一度	一度	空度六十五
夕次疾	二十七日	二度四十八	空度四十八	一度六十五
夕順疾	二十七日	二度六十四	六四	一度
夕次疾	二十七日	二度六十四	二度	一度六十五
十				八

金星

金星周率三百五萬三千八百四十四秒二十三○歷率法五十二
九十一萬二千四百一十秒一十一○歷度法五十二
百三十○周日五百八十三日九十分七秒○歷度三百六
十五度二十四分六十八秒○歷中一百八十二度

策數	損益率 盈積度		損益率 縮積度	
初	益一百二十三 初		損益率 縮積度	
一	益一百二十三	一度三十		
二	益一百一十九	二度五十三	損一百四十九	三度六十二
三	益一百一十六	三度六十八	損一百二十	三度一十二
四	益一百一十二	四度五十	損一百	二度四十
五	益一百二	五度一十六	損五十八	一度四十
六	益九十三	六度一十	損六十三	一度一十二
七	損七十三	八度二十	損七十三	六度二十八
八	損九十二	七度六十五	損九十二	五度
九	損一百	六度	損一百	四度四十
十	損一百一十八	五度二十五	損一百一十八	四度
士	損二百六十七	二度	損二百六十三	二度
土	損二百七十三	二度	損二百四十九	二度
合伏	九十一萬二千四百一十秒一十一			
合日	二百九十一○周日五百八十三日九十分七秒○歷度法五十二			
夕順疾	十五度二十四分六十八秒○歷中一百八十二度			

金史卷二十二

段目	段日	平度	限度	初行率
合伏	三十二日七五	四十九度七十	初行率	
夕順疾	三十二日七五	四十九度七十		一百
夕次疾	二十六日	六十二度		一百
夕中疾	二十一日	五十九度		一百
夕末疾	二十一日	五十一度		一百
夕順遲	二十一日	五十一度		一百
夕末遲	二十日	四十一度		一百
夕退遲	十七日	二十度		一百
夕退伏	十日	六度		
合退伏	十日	六度		交
夕退	十七日	二度		全
夕留	三日			交
晨留	三日			交
晨退	九日七	三度		
晨退遲	十七日	一度		交
晨末遲	二十日	四十度		究
晨順遲	二十九日	五十二度		一百
晨末疾	三十一日	六十度		一百
晨中疾	三十二日七五	五十三度		一百五

段目	段日	平度	限度	初行率
晨次疾				
晨順疾				
晨伏				

金史卷二十二

策數	損益率	盈積度　縮積度
一	益五十二	初
二	益五十二半	空度
三	益四十七半	一度
四	益四十二半	一度
五	益三十二半	一度
六	益七	一度
七	損七	二度
八	損三十二半	一度
九	損四十二半	一度
十	損四十七半	一度
十一	損五十二半	空度
十二	損五十二	空度

水星周率六十萬六千三百一十一秒八十四○曆率一百九十
十一萬二百四十二秒三十五○曆度法五千二百
三十○周日一百一十五日八十七分六十秒○合
日五十七日九十三分八十秒○曆度三百六十五

度二十四分七十一秒○曆中二百八十二度六十六秒○晨伏夕見一十四度○曆策一十五度○夕伏晨見二十一分八十○二分三十五秒半○二十五秒半

段目	段日	平度	限度	初行率
合退伏	二日	一度四十九	一度四十九	一百八十三
夕退伏	二日	二度四十九	二度四十九	二百十五
夕留	二日	空度	空度	一百
夕順遲	十三日	十二度九十六	十二度三十五	一百二十五
夕順疾	十三日	二十三度九十五	二十二度七十五	二百十五
合伏	二十二日	二十九度九十五	二十八度七十六	二百十五
晨順疾	十三日	二十三度九十五	二十二度七十五	二百十五
晨順遲	十三日	十二度九十六	十二度三十五	一百二十五
晨留	二日	空度	空度	一百
晨伏	二日	二度四十九	二度四十九	二百十五
合退伏	二日	一度四十九	一度四十九	一百八十三

策數	損益率	盈積度	縮積度
一	益五十七	初	初
二	益五十三	空度五十七	空度五十七
三	益四十五	一度十	一度十
四	益三十五	一度五十五	一度五十五
五	益二十一	一度九十	一度九十
六	益八	二度十二	二度十二
七	損八	二度二十	二度二十
八	損二十一	二度二十	二度二十
九	損三十五	二度十五	二度十五
十	損四十五	二度十	二度十
十一	損五十三	一度五十五	一度五十五
十二	損五十七	空度五十七	空度五十七

求五星天正冬至後平合及諸段中積中星

置通積分各以其星周率去之不盡為分秒即其星平合及諸段中積餘為後合分如日法而一不滿退除為秒即其星天正冬至後平合中星命為日日中積中星以段日累加中積即為諸段中積以平度累加中積經退減之即為諸段中星

求五星平合及諸段入曆

置前通積分各加其星後合分以曆率去之不盡各以其星曆度法除為度不滿退為分秒即為其星平合入曆度及分秒以諸段限度累加之即得諸段入曆

求五星平合及諸段盈縮差

各置其星其段入曆度及分秒如在曆中已下為在盈已上減去曆中餘為在縮以其星曆策除之為策數不盡為

入策度及分命策筭外以其策數下損益率乘之如曆

策而一為分以損益其下盈縮積度即為其星其段盈縮

定差

　求五星平合及諸段定積

各置其星其段中積以其盈縮定差盈加縮減之即其段

定積日及分以加天正冬至大餘及約分滿紀法六十去

之不盡即為定日及加時分秒不滿命甲子筭外即得日

辰

　求五星及諸段所在日月

各置其段定積日及分以加天正閏日及約分滿朔策及約

分除之為月數不盡為入月日數及分其段入月經朔日數及約

正十一月筭外即得其段入月經朔日數及分其段入月經朔日辰相

距為所在定朔月日

　求五星諸段加時定星

各置其段定積日以加天正冬至加時黃道日度依宿命

之即其星其段加時所在宿度及分秒

為五星諸段定星以加天正冬至加時黃道日度依宿命（金星倍之水星三即）

　求五星諸段初行率

各以其段初行率乘其段定星即為其段初日晨前夜半定星

減退加其日加時定星即為其段初日晨前夜半定星所（乃順）

在宿度

　求諸段日率度率

各以其段日辰距後段日辰為日率以其段

後段夜半宿次相減餘為度率

　求諸段平行分

各置其段度率及分秒以其段日率除之即其段平行度

及分秒

　求諸段總差日差

以本段前後平行分相減餘為其段汎差（疾行分）

行分為初末日行分

　求前後伏遲退段增減差

前伏者置後段初日行分

伏者置前段末日行分以其日差加其日差之半為初日行分以減

差減之為末日行分後遲者置前段末日行分倍其日

日差減之為末日行分以遲段平行分減之餘為增減差

之即其段（近留之遲段）（近退段）

各以其段初行率乘

木火土三星退行者六因平行分退一位為增減差

金星前後伏退三因平行分半而退位為增減差前退者

置後段初日行分以其日差減之為末日行分以後退者置

前段末日行分以其日差減之為初日行分以本段平行

分減餘為增減之差

水星半平行分為增減差皆以增減差加減平行分為初

末日行分前少後多減初加末又倍增減差為總差以日

率減一除之為日差

求每日晨前夜半星行宿次

各置其段初日行分以日差累損益之後少則損之俊多則益之為每

日行度及分秒乃順加退減之滿宿次去之即得每日晨

前夜半星行宿次

視前段末日後段初日行分相較之數若一日之差懸絕倍或總差之秒不倫然後當以其日差累損益之使其有倫而甲注之若有不倫而甲注之若亦甲注之

求五星平合及見伏入氣

置定積以氣策及約分除之為氣數不滿為入氣日及分

秒命天正冬至算外即所求平合及伏見入氣日及分

求五星平合及見伏行差

各以其段初日星行分與其太陽行分相減餘為行差若

金在退行水在退合者相併為行差如水星久伏晨見者

直以太陽行分為行差

求五星定合見伏汎積

木火土三星各以平合晨疾夕伏定積便為定合定

伏汎積金水二星盈縮差倍之水星再之為

伏汎積金水二星置其段盈縮差各以行差除之為

日不滿退除為分秒若在平合夕見晨伏者盈減縮加如

在退合夕伏晨見者盈加縮減皆以加減定積為定合

見定伏汎積

求五星定合定積

木火土三星以平合行差除其日太陽盈縮差為距合

差日以太陽盈縮差減之為距合差度在盈曆以差日

差度減之在縮加之其星定合汎積為定合定

求五星定合見伏定星

星金水二星以平合退合各以平合退合以差除其日太陽

盈縮差為距合差日順加退減太陽盈縮差為距合

差度減之在縮加之其星定合汎積為定合定

順在盈曆以差日加之差度減之在縮減之皆以

減之差度加之在縮以差日加之差度減其

星定合及再定合汎積為定合再定合定星以冬至

大餘及約分加定積滿紀法去之命即得定合所在

加時黃道日度加定星滿宿次去之即得定合所在宿次

共順退所在盈縮大陽盈縮也

求木火土三星定見伏定積日

各置其星定見伏汎積晨加夕減象限日及分秒 半中限象限

【上欄】

如中限巳下自相乘巳上覆減歲周日及分秒餘亦自相乘滿七千五而一所得以星伏見度乘之十五除之為差其段行差而一為日不滿退除為分秒見加伏減沈積加命如前即得日辰也

求金水二星定見伏定日積

各以伏見日行差除其日太陽盈縮差為日若晨伏夕見日在盈曆加之在縮減之如夕伏晨見日在盈曆減之在縮加之加減其星沈積為常積視常積如中限巳下為冬至後加之加減如象限巳下為冬至後巳上去之餘為夏至後如中限巳下自相乘巳上覆減中限亦自相乘各如法而一為分（冬至後晨／夏至後夕）

以一十八為法（冬至後晨／夏至後晨）以七十五為法差滿行差而一為日不滿退除為分秒加減常積為定積（冬至後晨見夕伏晨見夕伏之更）加命如前即得至後晨見夕伏減之夕見晨伏加之也定見伏日辰其水星夕疾在大暑氣初日至立冬氣九日三十五分巳下者不見晨留在大寒氣初日至立夏氣九日三十五分巳下者春不晨見秋不夕見者亦舊有之矣

渾象

古之言天者有三家一曰蓋天二曰宣夜三曰渾天漢靈帝時蔡邕於朔方上書言宣夜之學絕無師法周髀術數具存考驗天狀多所違失惟渾天為近最得其情近世太

【下欄】

史候臺銅儀是也立八尺體圓而具天地之形以正黃道赤道之表裏以行日月之度駸步五緯之運逮察氣候之推邊精微深妙百代所不可廢著也然傳歷久遠製造者象測候占察互有得失張衡之制謂之靈憲史失其傳魏晉以來官有其器而無本書故前志亦闕其中常侍王蕃云渾天儀者羲和之舊器謂之機衡積代相傳沿革不一宋太平興國中蜀人張思訓首創其式造之禁中踰年而成詔置文明殿東鼓樓下題曰太平渾儀自思訓死機衡斷壞無復知其法制者景德中曆官韓顯符依做時孔挺晁崇之法失之簡略景祐中冬官正舒易簡乃用唐梁令瓚僧一行之法頗為詳備亦失之於密而難為用元

祐時尚書右丞蘇頌與邢文館校理沈括奉勑詳定渾儀法要遂奏舉吏部勾當官韓公廉通九章勾股法常以推考天度與張衡王蕃僧一行梁令瓚之制大綱可以尋究若樔箄術考篆象器亦能成就請置局差官製造詔如所言泰州原武主簿王沇之太史局周日嚴于太古張仲宣廬將造儀制度既成詔置渾天儀張公廉將造儀時先撰九章勾股驗測渾天書一卷貯之禁中今失其傳故世無知者舊制渾儀領天矩地機隱於內上布經緯次具日月五星行度以察其寒暑進退

如張衡渾天開元水運銅渾儀者是也又而不合乖於施
用公廉之制則為輪三重一曰六合儀縱置地渾中即天
經環也與地渾相結其體不動二曰三辰儀置六合儀內
三曰四游儀置三辰儀內植四龍柱於地渾之下又置龍
雲於六合儀下四辰柱下設十字水趺鑿溝道通水以平
高下別設天常單環於六合儀地渾之上以正南極入地
之度南屬六合儀地渾之下以正南極入地之度此渾儀
四象環附三辰儀內東西相交隨天運轉以驗列舍之行又為
縱置于四游儀內北屬六合儀地渾之上以正北極出地
之度南屬六合儀地渾之下以正南極入地之度此渾儀
皆置三辰儀內東西相結於天運黃道赤道二單環
之大形也直距內夾置望筒一千筒之半設開軸附直距
上使運轉低昂簡常指日日體常在筒簽中天西行一周
日東移一度仍以窺測四方星度皆斟酌李淳風梁令瓚
顯符舒易簡之制也三辰儀上設天運環以水運之水運
之法始於漢張衡成于唐梁令瓚及僧一行復于太平與
國中張思訓公廉今又變正其制設天運環下以天柱關
軸之類上動渾儀此新制也舊制渾象張衡所謂置密室
中者推步七曜之運以度曆象皆明之候校二十四氣考
晝夜刻漏無出於渾象隋志稱梁秘府中有宋元嘉中所
造者以木為之其圓如丸編體布二十八宿三家星色黃

赤道天河等別為橫規繞於外上下半之以象地也開元
中詔僧一行與梁令瓚更造銅渾象為圓天之象上具列
宿周天度數注水激輪令其自轉一日一夜天西轉一周又
別置日月五星循絡在天外令得運行每天西轉一匝
日正東行一度月行一十三度有奇凡二十九轉而日月
會三百六十五月行一匝而日行一匝仍置木櫃以為地
半在地上半在地下設二木偶人於地平之前置鐘鼓
使木人自然撞擊以表辰刻命之曰水運渾天俯視圖既
成命置之武成殿宋太史局舊無渾象太平興國中張思
訓進開元之法而上以善為紫宮旁為周天度而東西轉
之出新意也公廉乃增損隋志制之上列二十八宿周天
度數及紫徵垣中外官星以游鏡七政之運轉納於交合
儀天經地渾之內同以木載之其中貫以樞軸南北出
渾象外南長北短地渾在木櫃面橫置之以象天其樞軸與
地渾相結縱置之半在地上半隱地下以象天其樞軸北
貫天經上杠中末與杠平出櫃外三十五度稍弱以象北
極出地南亦貫天經出下杠外入櫃內三十五度少弱以
象南極入地就赤道為牙距四百七十八牙以衡天輪函
機輪地轂正東西運轉昏明中星既應其度分至節氣亦
驗應而不差王蕃云渾象之法地當在天內其勢不便故

反觀其形地為外郭於已解者無異說狀珠體而合于理
可謂奇巧者也今地渾亦在渾象外蓋出于王蕃制也其
下則思訓舊制有樞輪開軸激水運動以直神搖鈴扣鍾
擊鼓置時刻十二神司辰像於輪上時初正至則執牌循
環而出報隨刻數以定晝夜長短至冬水凝運轉遲澀則
以水銀代之今公廨所製共置一臺臺中有二隔渾儀置
其上渾象置其中激水運轉樞機輪軸隱于下內設晝夜
時刻機輪五重第一重曰天輪以撥渾象赤道牙距第二
重曰撥牙輪上安牙距隨天柱中輪轉動以運上下四輪

擊鼓搖鈴第四重曰時初正司辰輪上安時初十二司
辰時正十二司第五重曰報刻司辰輪上安百刻司辰
已上五輪並貫於一軸上以天束東之下以鐵杵曰承之
前以木閣五層蔽之稍增異其舊制矣五輪之此又側設
樞輪其輪以七十二輻為三十六洪東以三輥夾持受水
三十六壺轂中橫貫鐵樞軸一南北出軸為地轂運撥地
輪天柱中輪動機輪動渾象上動渾天儀又樞輪左設天
池平水壺平水壺受天池水注入受水壺以激樞輪受水
池落入退水壺由壺下此竅引水入昇水上壺以昇水下
壺
輪運水入昇水上壺上壺內昇水上輪及河車同轉上下

輪運水入天河天河復派入天池每一晝一夜周而復始
此公廨所製渾儀渾象二器而通三用總而名之曰渾天
儀金既取汴皆輦致于燕天輪赤道牙距撥輪懸象鍾鼓
司辰刻報天池水壺等器久皆棄毀惟銅渾儀置之太史
局候臺但自汴至燕相去一千餘里地勢高下不同自舊
中取極星稍差移下四度繞窺之明昌六年秋八月風
兩大作雷電震擊龍起渾儀鼇雲水跌下臺忽中裂而摧
渾儀什落臺下旋命有司營葺之後置臺上貞祐南渡以
渾儀鎔鑄成物不忍毀拆若全體以運則艱於輦載遂委
而去興定中司天臺官以臺中不置渾儀及測侯人數不

足言之於朝宜鑄渾儀象多補生員庶得盡占考之實宣宗
召禮部尚書揚雲翼問之雲翼對曰國家自來銅禁甚嚴
雖罄公私所有恐不能給今調度方殷財用不足實未可
行他日上又言之於是止添測候之人數員鑄儀之議遂
寢初張行簡為禮部尚書提點司天監時嘗製蓮花星丸
二漏以進章宗命置運花漏于禁中星丸漏遇車駕巡幸
則用之貞祐南渡二漏皆遺于汴亡燬毀無所稽其制
矣

開府儀同三司監修國史臣脫脫等奉　勑修

勅修

五行

〔金史第二十三〕一

五行之精氣在天為五緯在地為五材在人為五常及五
事凡言其感應於兩間者歷代皆然其形質在地性情在人休咎
各以其類為感應之徒專以洪範五行為學作史者多采
其說若夏侯五行傳以其事之得失繁之而配之以
五行謂其盡然其溆不免於傅會謂其不然爾時雨若蒙
恒風若之類箕子蓋嘗言之金世未能一天下天文災祥
猶有屋壁之說五行休咎見於國內者不得他諉乃豪其
史氏所書仍前史法作五行志至於五常五事之感應則
不必泥漢儒為例云
初金之興平定諸部屢有禎異故世祖每與敵戰嘗以夢
寐其勝負鳥春兵至蘇速海甸世祖曰予夢昔有異夢
不可親戰若在軍有力戰者當克既而與蕭宗等擊之敵
大敗太祖之生也常有五色雲氣若二千斛囷困原之狀屢
見東方遼司天孔致和曰其下當生異人建非常之事天
以象告非人力所能為也溫都部跋忒畔穆宗遣太祖討

〔金史二十三〕二

之入辭奏曰昨夕見赤祥往必克遂與跋忒戰殺之穆宗
攻阿疎日辰巳間忽暴雨昏瞑雷電環阿疎所居是夕有
巨火聲如雷隆阿疎城中遂攻下之太祖嘗往寧江夢幹
帶之禾場撒頃列而盡覽而大戚即馳還幹帶已寢疾翌
日不起幹塞伐高麗太祖卧而得夢亟起曰今日捷音必
至乃為具於毬場以待之太祖曰此
休徵也言未既書至衆大與之他日軍寧江駐高阜撒
改仰見太祖體如喬松所乘馬如岡阜之大太祖喜曰此
吉兆也即舉酒釂人馬異常撒改因曰所見如此地師次唐括帶幹甲之地諸軍
醉之曰異日成功當識此
初
介而立有光起於人足及戈矛上明日至札只水光復如
收國元年上在寧江州有光正圓自空而墜八月己卯黃
龍見空中丁未上候遼軍還至馹結濼有光復見於矛端
天輔六年三月師攻西京有火如斗墜其城中是月城降
而復版四月辛卯取之
太宗天會二年昌懶移鹿古水森雨害稼且為蝗所食秋
三年七月錦州野蠶成繭九月廣寧府進
嘉禾　四年十月中京進嘉禾　六年冬移懶路飢　九
泰州遼寧縣稼
年七月丙申上御西樓聽政聞咸州所貢白鵲音忽異常

上起視之見東樓外光明中有像巍然高五丈許下有紅
雲承之若世所謂佛者乃帑臟修虔父之而没　十年冬
穡穓蜀愉等路飢
熙宗天會十三年五月甘露降於廬州熊岳縣十五年七
月辛巳有司進四足雀兩戌夜京師地震
天眷元年夏有龍見於熙州野水凡三日初於水面見一
蒼龍良久而没次日見金龍一爪承一嬰兒為龍所戲
略無懼色三日如故又見一人乘白馬紅袍玉帶如少年
官狀馬前有六蟾蜍凡三時乃没郡人競往觀之七月丁
酉按出許河溢壞民廬舍　三年十二月丁丑地震皇統

志四　【金史十三】　三

元年秋蝗十一月己酉稽古殿火　二年二月熙河路飢
三月辛丑大雪秋燕西東二京河北山東汴平州大
熱　三年陝西旱五月丁巳京兆府貢瑞麥七月丙寅太
牛生麟壬辰懷州進嘉禾　七年十一月完顏秉德進三
角牛　九年四月壬申夜大風兩雷電震寢殿鴟尾壞有
火入帝寢燒帷幔上慄微別殿丁丑有龍鬥于利州榆林
河上大風壞民居官舍十六七木瓦人畜皆飄揚十餘里
死傷者數百同知州事石抹里壓死
原進獬豸及瑞麥
雄一本七穎十月甲辰地震　五年閏月戊寅大名府進

海陵天德二年十二月野人採石炭獲異香　貞元二年
五月癸丑南京大內災　三年十二月己丑兩木冰
正隆二年六月壬辰蝗飛入京師秋中都山東河東蝗
四年十一月庚寅霜附木　五年二月辛未河東陝西地
震鎮戎德順等軍大風壞廬舍民多壓死海陵問同天馬
貴中等曰何為地震貴中等曰伏陽遍陰所致又問震而
大風何也對曰土失其性則地以震風為號令人君嚴急
則有烈風及物之災　六年六月壬戌大風壞承天門鴟
尾是歲世宗居貞懿皇后憂在遼陽一日方寢有紅光照
其室及黃龍見於室上又夜有大星流入其邸八月後有

志五　【金史十三】　四

雲氣自西來黃龍見其中人皆見之是時臨潢府間空中
有車馬聲仰視見風雲香靄神鬼兵甲蔽天自北而南仍
有語促行者未幾海陵下詔南征
世宗大定二年閏二月辛卯神龍殿十六位焚延及太和
厚德殿　三年二月丙申中都以南八路蝗　四年三月
庚子夜京師地震七月辛丑大風雷兩揠木臨潢府境禾
黍穀生嵐州進白兔二八月永興進嘉禾異敵同潁中都
南八路蝗飛入京畿十一月辛丑尚書省火是歲有年
五年六月戊子河南府進芝草十三本得於芝田石上薦
之太廟六月甲辰大安殿楹產芝其色如玉丙午京師地

金史第二十三

震有聲自西北來殷殷如雷地生白毛七月戊申又震十
一月癸酉大霧晝晦　七年九月庚辰地震　八年五月
甲子北望淀大風雨雹廣十里長六十里六月河決曹
渡水入曹州　十年正月鄰州進芝草　十一年六月戊
申西南路招討司乣里海水之地兩電三十餘里小者如
雞卵其一最大廣三尺長五餘四五日始消　十二年三
月庚寅雨土四月旱　十三年正月尚書省奏宛平張孝
善有子曰合得大定十二年三月旦以疾死至暮復活云
是本良鄉人王建子喜兒而喜兒前三年巳死建驗以家
事能具道之此蓋假屍還魂撥付王建為子上曰若是則
姦偉小人競生訛偽濟亂人倫止付李善八月丁丑策試
進士於憫忠寺夜半忽聞音樂發起東塔上西達於宮
官完顏蒲捏李宴等以為文運始開得賢之兆　十四年
八月丁巳朔次乣里舌日午白龍見於御帳之東小港中
既而乘雷雲而上尾猶曳地良父址去　十六年三月戊
申雨豆於臨潢之境其形上銳而赤食之味頗苦五月戊
申南京宮殿火是歲中都河址山東陝西河東遼東等十
路旱蝗　十七年七月大雨海沱盧溝水溢河決白溝
二十年四月己亥大學宮門火五月丙寅京師地震十
白毛七月旱秋河決衛州　二十二年五月慶都蝗蟓生

金史二十三

散漫十餘里一夕大風蝗皆不見　二十三年正月辛巳
廣樂園燈山焚延及熙春殿三月乙酉氛埃雨土四月庚
子亦如之五月丁亥兩電地生白毛　二十四年正月辛
卯朔徐州進芝十有八並真定進嘉禾二本異畝同穎
二十六年正月庚辰河南府進芝三本秋河決壞衛州城
二十七年四月壬辰京師地徵震
章宗大定二十九年五月丁未地生白毛六月曹州河溢
明昌元年正月懷州河閹等處進芝草嘉禾二月地生白
毛六月庚子都水進異死夏草七月洪兩傷稼　二年五
十二月密州進白鵲百姓各一河閣府進芝草是冬無雪
月桓撫等州旱秋山東河北旱飢　三年秋綏德好蚘蟲
生旱　四年三月御史中丞董師中奏妘者太白晝見京
師地震址方有赤氣遍明始散天之示象異有以醬悟聖
主也上問所言天象何從得之師中曰前監察御史陳元
升得之於一司天長行止曰司天臺官不奏著長行得言之
語人尤祧朕欲令自今司天有事而不奏著長行有罪其以
何如師中曰善五月霖兩有司祈晴六月河決衛州魏
清滄旨被害是歲河址山東南京陝西諸路大稔邢洛深
冀又河北西路十六謀克之地野蠶成繭十一月壬午木
冰　五年七月丙戌天壽節先陰兩連日至是開霽有龍

或尾於殿前雲閒是月河決陽武故堤灌封丘而東　六
年二月丁丑京師地震大雨雹晝晦大風震應天門右鴟
尾壞　六年八月大雨震雹有龍起於渾儀驚跌臺忽中
裂而擗傾什於臺下
承安元年五月自正月不雨至是月兩六月平晉縣民利
通溪雲自成綿毀長七尺一寸五分閣四尺九寸　二年
自正月至四月不雨六月丙午兩雹　四年三月戊午兩
雹五月旱　五年五月庚辰地震十月庚子天久陰是日
雲色黃而風霾癸卯晨陰霾附木至日入亦如之　泰和
二年八月丙申磁州武安縣鼓山石聖臺有大鳥十集於

金史二十三　七　志第四

臺上其羽五色爛然文多赤黃赭冠雜項尾闊而修狀若
鯉魚尾而長高可踰人九子差小侍傍亦高四五尺禽鳥
萬數形色各異或飛或蹲或步立皆成行列首皆正向
如朝拱然初自東南來旬日如殿雷林木震動牧
者驚怪即驅牛擊物以聽之俄有大鳥如鵰鶚
上之留二日西北去按視其處官皆以為鳳凰也命工圖
數千累日不能去所食皆巨鯉大者丈餘魚骨散地章宗
以其事告宗廟詔中外　三年四月旱十月己亥大
四年正月壬申陰霧蒼木冰三月丁卯大風毀宣陽門端尾

四月旱壬戌萬寧宮端門災十一月丁卯陰木冰凡三日
五年夏旱　八年四月甲午兩雹河南路蝗六月戊子
飛蝗入京畿八月乙酉虎至陽春門外駕出射獲之時
又有童謠云易水流汴水流百年易過又休休兩家都好
住前後總成留至貞祐中舉國還汴
衞紹王大安元年徐沛界黃河清五百餘里載二年以其
事詔中外臨洮人楊珪上書曰河性本濁而今反清是水
失其性也正猶天動地靜使當動者靜動則如之
何其為災異明矣且傳曰黃河清諸侯為天子正當戒懼以銷災變
不在今日又曰黃河清諸侯為天子正當戒懼以銷災變

金史二十三　八　志第

而復謗訕四方臣所未喻寧相以為妖言議誅之虜絕言
路即詔入大興府鎖還本管十一月丙申平陽地震有聲自
西北來戊戌夜又震自此時後震動浮山縣尤劇城解民
居圮者十七八死者凡二三千人　二年二月乙酉地大
震有聲殷殷然六月七月至九月晦其震不一十一月京
師民周修武宅前舊門內火出高二三尺人近之即滅凡十餘
悲聞幡竿下石隙中火出高二三尺焚其板橋又旬日大
日自是都城連夜燔爇二三十處是歲四月山東河北大
旱至六月兩復不止民聞斗米至千餘錢　三年二月乙
亥夜大風從西北來發屋折木吹清東門關折三月戊午

大悲閣災延燒萬餘家火五日不絕山東河北河東諸路
大旱是歲有男子郝貴詣省言上即位之後天變屢見火
焚萬家風折門闌非小異也宜退位讓君德有司聞爾狂
疾乎贊大言曰我止不狂疾但爲社稷計宰相皆非其才每
日省前大呼几半月上怒誅之隱處崇慶元年七月辛未
辰門內是歲河東陝西山東南京諸路旱　二年二月放
進士榜有狂僧公言秋天子求之不知所往是歲河東陝
西大旱京兆斗米至八千錢

至寧元年宣宗彰德故園竹開白花如璧歃絲藤紫雲覆城
上數日俄而入繼大統七月以河東陝西諸處旱遣工部
尚書高汝礪祈兩于嶽瀆至是兩足時斗米有至萬二千
者八月癸巳衛紹王遇弑是日海水不潮寶坻鹽司懼其
鹻課致禱無應九月丙午宣宗即位乃潮初衛王即位政
元大安四年改日崇慶既而又改曰至寧有人謂曰三元
皆將至矣俄而有胡沙虎之變宣宗貞祐元年八月戊子
夜將曙大霧蒼黑跬步無所見至辰巳間始散十二月乙
卯雨木冰時衛州有童謠曰圍圑冬孛半年寒食節沒人
煙明年正月
元兵破衛遂立墟矣二年六月潮白河溢漂古北口鐵裘

關門至老王谷庚申南京寶鎮闐災壬戌上次宜村有黃
龍見於西北冬黃河自陝州界至衛州八柳樹清十餘日
鱗鬣皆見十二月已酉兩木冰　三年二月戊午大風隆
德殿鴟尾壞三月戊辰大風霾四月自去冬不雨至于是
月五月河南大蝗六月京城中夜妄相驚逐狼月餘方息
十月丙申昏西北有霧氣如積土至三更乃散　四年正
月已未旦黑霧四塞已時乃散是春河朔人相食五月河
南陝西大蝗鳳翔扶風岐山鄠縣蘊蟲傷麥七月旱癸丑
飛蝗過京師

興定元年三月宮中有蝗四月單州雹傷稼陳州商水縣
進瑞麥一莖四穗開封府進瑞麥一莖三穗二莖四穗
月乙丑河南大風吹府門署以去延州原武縣雹傷稼七
月癸卯大社壇產嘉禾一莖十五穗秋霖雨十月邠州進
向兔丹州進嘉禾異畝同頴　二年四月河南諸郡蝗五
月燕陝狼害人六月旱慮敬京師屢災道禮部尚書楊雲
翼禜之　三年春吏部火四月癸未陝右黑風晝起有聲
如雷頃之地大飛平涼鎮戎德順尤甚廬舍傾壓死者以
萬計雜畜倍之夏旱十二月壬申雨木冰　四年正月戊
辰二更天鳴有聲壬子晝晦有頃大雷風雨四月丁丑大
風吹河南府署飛百餘步乃紮開文牘飄散不知所

在六月旱七月河南大水唐尤甚十二月癸酉火是歲
華州渭南縣民毀德寶家代樹破其中有赤色太字義裹
胃合有司言與唐大曆中成都瑞木有文天下太平者其
革頗同蓋太平之兆也乞付史館　五年三月以火旱詔
中外仍命有司祈禱十一月壬寅京師相國寺火十二月
丁丑獮附木先是有童謠云青山轉轉山青耽誤蕘少年
人蓋言是時人皆為兵轉閱山谷戰伐不休當至老也
瑞明日御便殿置鈴於項將紙之免驚躍不已忽斃九上
二年正月辛酉日午有鶴千餘翔于殿庭移刻乃去七
元光元年四月京畿旱十月上獵近郊獲白兔群臣以為

時夏有妖怪二年之中白日免入鄭門吏部及官中有孤
彼鬼夜哭千輦路烏鵲夜鳴蔽天十二月宣宗崩
衰宗正大元年四月正月戊午上初視朝尊太后為仁聖皇
太后太元妃為慈聖官皇太后是日大風飄端門瓦當墜
不見日黃飆塞天乙卯萬敷蹂其後心惡之占
者曰后為天下母百姓負寃將誰訴焉遂勅京城設粥與
冰樂以應之人以為壬辰癸巳之兆又有人衣麻衣望承
天門大笑以手相無人後哭者長相宗家國破蕩至此
著笑許大天下將相無人後哭者長相宗家國破蕩至此

也有司以為妖言處之童典上曰近詔華澤之士並許直
言雖涉譏訕亦不治罪況此人言亦有理止不應哭笑耶
下耳乃杖之　二年正月甲申有賣黑之禮四月早京畿
大雨雹　三年春大寒三月乙丑有火自吏部中出大如
斗流行展轉人皆嘩避踰時而滅四月癸亥大風吹左掖
電蝗死　四年六月丙辰地震八月癸亥大風吹左掖門
鷗尾墜丹鳳門扉壞是日丑鳳雛損未嘗蓋　五年春大寒
二月雷而雪木之華者皆敗四月鄭州大雨雹桑柘皆枯
京畿旱八月御座上聞若有言者曰不放捨則何索之不
見　七年十二月新衛州北三里許有影在沙上如舊衛
州城狀寺塔宛然數日乃滅
天興元年正月丁酉大雪三月癸丑又雪戊午又雪是時
釣州陽邑盧氏兵皆大敗五月大寒如冬七月庚辰兵刃
有火閏八月己未有箭射入宮九月辛丑夜大雷工部
尚書蒲乃速震死　二年六月上邊蔡自縊歸德連日暴
兩平地水數尺軍士漂沒及黎姶晴後大旱數月識者以
為不祥初南京未破一二年閭市中有一僧不知所從來
持一布囊貯裹日散與市人無窮所在兒童百四十從之
有一人拾街中破瓦復以石擊碎之人皆以為狂不曉其
理後乃知之其意蓋欲使人早散國家將瓦解矣

志第四

金史卷二十三

十三

後……三司柱國錄軍國重事……書……知樞密修 國史領 經筵事……總成章……

志

地理上　上京路　咸平路　東京路　西京路　中都路　北京路

金史第二十四卷

一

金之壤地封疆，東極吉里迷兀的改諸野人之境，北自蒲與路之北三千餘里，火魯火疃謀克地為邊，右旋入泰州，婆盧火所浚界壤而西，經臨潢金山，跨慶桓撫昌淨州之比，出天山外，包東勝，接西夏，逾黃河，復西歷葭州及米脂寨，出臨洮府會州積石之外，與生羌地相錯，復自積石諸山之南，左折而東，逾洮州越鹽川堡，循渭至大散關比，並山入京兆，給商州，南以唐鄧西南皆四十里，汳淮之中流為界，而與宋為表裏。襲遼制，建五京，置十四總管府，是為十九路。其間散府九，節鎮三十六，防禦郡二十二，刺史郡七十三，軍十有六，縣六百三十二。後復盡升軍為州，或升城堡寨鎮為縣，是以金之京府州凡百七十九，縣加於管五十一，城寨堡關百二十二，鎮四百八十八。雖奧祐興定危亡之所廢置，既歸天元，或有因之者，故凡可考必盡著之，其所不載則闕之。

上京路，即海古之地，金之舊土也。國言金曰按出虎，以按出虎水源於此，故名金源，建國之號，蓋取諸此。國初稱為

內地，天眷元年號上京。海陵奧祐二年遷都于燕，削上京之號，止稱會寧府，稱為國中者，以違制論。大定十三年七月，復為上京。其山有長白、青領、馬紀領、完都魯，水有按出虎水、混同江、來流河、宋尾江、鴨子河。府一，領節鎮四，防禦一，縣六，鎮一。舊有會平州，天會二年築，契丹之周特成也。後廢。其宮室有乾元殿，天會三年建，天眷元年更名皇極殿。天元殿，安天春亭。太祖廟。御容春亭者，太祖所嘗御也。天元殿，安太宗御容。天眷二年作，大定五年，更名德昌殿。原廟曰世德殿。正隆二年，大族邸第及儲慶寺皆毀，乃即其地建宮室城隍。廟社初隆二年，命名宮殿諸門，人族邸第……更名求玄部秋宮……東苑。彥良所居。大定二十一年復修宮廟，諸殿以覆舊址。寺凡十三處，其皇武殿擊毬校射之所也。有云錦……

會寧府。下。初為會寧州，太宗以建都升為府。天眷元年，置上京留守司，以留守帶本府尹兼本路兵馬都總管。後置上京、曲懽等路提刑司。戶三萬一千二百七十。舊貢……

貢泰王魚，大定十二年罷之。又貢猪二萬五千五百……之東至胡里改六百三十里，西至肇州五百……里，北……千六百里，至蒲與路七百……里，至昌懽路一千八百里。一縣三：會寧。同時置。

河

有長白山青嶺馬紀嶺勃淶緑野茹有搜出虎河又
書作阿朮火剌有混同江凍流河有得勝陀國言忽土壏
萬鵬太祖曷蘇館之地也曲江初名鎮東大定七年更今名宜春置有鴨子河

肇州下防禦使舊出河店也天會八年以太祖兵勝遼
師之地也

會寧府海陵時嘗為濟州支郡承安三年復以為太祖
神武隆興之地陞為濟州軍名武興五年置漕運司以
提舉兼州事後廢軍貞祐二年復陞為武興軍節鎮置
招討司以使兼州事戶五十三百七十五 縣一 始興

興俯興州同時置 鴨子河同時置有黑龍江

陸州下利涉軍節度使古扶餘之地遼太祖時有黃龍
見逸名黃龍府天春三年改為濟州以太祖來攻城時
大軍徑涉不假舟楫之祥也置利涉軍天德三年置二
京路都轉運司四年改為濟州路轉運司大定二十九
年嫌與山東路濟州同更今名貞祐初陞為隆安府戶
一萬一百八十 縣一 利涉混同江凍流河

興縣同時置
有混同館

諸路漢民置戶七十三百五十九 縣一 武昌海本渤
信州下彰信軍刺史本渤海懷遠軍遼開泰七年建取
福縣鎮一戶八十

蒲與路國初置萬戶海陵例罷萬戶乃改置節度使承
安三年設節度副使里南至上京六百七十里東南至胡
里改一千四百里北至邊界火

合懶路置總管府貞元元年改總管為尹仍兼本路兵
馬都總管承安三年設兵馬副總管十七年罷之有榎
鹿古水西北至上京一千八百里東南至高麗界五百里

恤品路節度使遼時為率賓府置刺史本率賓故地太
宗天會二年以耶懶路都字董所居地瘠遂遷于此以
海陵例罷萬戶置節度使因名速頻路節度使世宗大
定十一年以耶懶速頻相去千里既居速頻然不可忘

本逸命名親管猛安曰押懶猛安承安三年設節度副
使西北至上京一千五百七十里東北至胡里改一千
二百二十里北至邊界幹可阿憐千戶戶一百西南至合懶一千二百里
千戶〇作耶懶又書 朮甲懶

胡里改路國初置萬戶海陵例罷萬戶乃改置節度
使一百西南至上京六百三十里北至邊界一千五百里

曷蘇館路置節度使天會七年徙治寧州嘗置都統司
明昌四年廢有化成關國言曰昌撒罕酉

烏古迪烈統軍司後升為招討司與蒲與路近

承安三年置節度副使西至上京六百三十里北至邊
界一千五百里

咸平路府一領刺郡一 縣十

咸平府下總管府安東軍節度使本高麗銅山縣地遼

為咸州，國初為咸州路，置都統司。天德二年八月陞為咸平府，後為總管府。置遼東路轉運司、東京咸平路提刑司。戶五萬六千四百四。縣八。

平郭　倚。舊名咸平，大定七年更。有清河、柴河。

銅山　遼同州鎮安軍，漢安平縣也，遼曰東平縣。有東梁河即遼河也，又有細河。

新興　遼銀州富國軍，本渤海富州，遼太祖以銀冶更名。大定二十九年，以與涿州之新城同，更名新興。有范河、柴河。

慶雲　遼祺州祐聖軍，本渤海蒙州紫蒙縣地，遼嘗置縣。熙宗皇統三年降為縣。有遼河。

清安　皇統三年以所倚榷場置。

榮安　遼陽本名金因之。

歸仁州遼本屬。

玉山郡林河之間去百餘里。

韓州，下，刺史。遼置東平軍，本渤海鄭頡府。戶一萬五千。

舊有縣二：臨潢何年置。柳河本縣地遼。四百一十二營。

東京路領節鎮一、刺郡四、縣十七、鎮五。皇統四年東京太宗天會十年改南京路為東南路都統。

名東平，天顯三年陞南京府曰遼陽，十三年更為東京。

遼陽府，中，東京留守司。本渤海遼陽故城，遼完葺之郡。

華曰乾貞。七月建宗顧有孝寧宮，七年建御殿。

京新宮寢殿曰嘉惠，前後正門曰保寧，殿曰嘉惠前。

拘河、拘河名有。

司之時嘗治於此，以鎮高麗。戶四萬六百四。縣四。

後眼置布眼慝白照皮司產白兔師站。二年改為本路都總管府。

鎮一　遼陽忍少剌，俗名太子河、鶴野。鎮一蘇館在。

其宜豐遼舊澍州安廣軍皇統三年廢為縣。有東梁河。石城縣，興定三年九月以縣之雲巖寺為巖。

澄州，南海軍刺史。下。本遼海軍，天德三年改州名。戶一萬一千九百三十五。縣二、鎮一。

臨溟　鎮一　昌。

析木　遼銅州廣利軍附郭析木縣也。有沙河。

瀋州，昭德軍刺史。中。本遼定理府地。遼太宗時置軍曰興遠。後為昭德軍，置御德軍節度明昌四年改為刺史。興通貴。

德澄三州皆隸東京。戶三萬六千八百九十二。縣五。

樂郊　遼太祖俘三河之民建三河縣於此，後改為樂郊。

貴德州，刺史。下。遼貴德州寧遠軍國初廢軍降為刺郡。

興遠後遼章宗降名有遼濱始遼太平軍遼太宗改名。

河堧樓於此。遼興中軍常安縣，遼太祖俘漢民置。遼大定二十九年更名。

范河、清河、雙城。皇統三年降雙城，保安軍章宗更名有。

戶二萬八百九十六。縣二。

貴德　范河倚有。

奉集縣，本渤海舊縣。有渾河。

蓋州，奉國軍節度使。下。本高麗蓋牟城。遼辰州明昌四年罷曷蘇館建辰州遼海軍節度使，六年以與陳同音更名蓋。蓋葛牟城為名。戶一萬八千四百五十六。縣四。

鎮二　湯池　遼鐵州湯池縣。建安遼建安縣。熊岳遼盧州玄德軍，熊岳縣遼屬南。

嚴本大寧鎮，貞祐四年陞泰和四年復陞置。鎮一神鄉。鎮一寧秀。

女直湯
河司

俊州下刺史遼遠軍節度明昌四年降爲刺史　蕭頁
慈筋

來遠州下舊來遠城本遼熟女直地大定二十二年升
爲軍後升爲州

二陸爲金名更定七年更爲永寧化成統和三年降爲
縣來屬貞祐四年興宗置皇　大倚名永定七年……
鹿康

婆速府路國初置統軍司天德二年置總管府貞元元
年與曷懶路總管並爲尹兼本路兵馬都總管　此路皆
猛安户

北京路府四領節鎮七　刺郡三　縣四十二　鎮七

寨一

大定府中京留守司遼中京統和二十五年建爲中
京國初因稱之海陵貞元元年更爲北京置留守司都
轉運司警巡院　珧貔貅阘萊荑梳玳味子

京路有富庶河有心
十七　縣十一　鎮二　大定河七縣舊名京河土
鎮一文松山遼松山縣開泰有陸涼河落馬河宗廢

長興軍河有途
化州來屬承安三年隸……
河神山安澤二年罷以……

泰和四年隸懿州惠州惠和縣……惠和
州北四隸陽罷來屬
有金句烏山名和衆榆州罷來縣屬　金源
有路鴕烏名和衆統三年罷來縣屬　武平　初名新城杰地開

利州下刺史遼統和十六年置　戶二萬一千二百九十
六縣二　鎮一　寨一
阜俗置金固之　龍山故遼

義州下崇義軍節度使遼宜州天德三年更州名戶三
萬二百三十三　縣三　鎮一　弘政河有凌開義遼城北遼海州
安昌神

潭州廣潤軍統和三年廢州縣來屬有榆河
化軍戶皇統三年廢州名熙宗
皇統軍戶廢州名熙宗縣來屬　鎮一同昌遼初隸川州大定

錦州下臨海軍節度使舊隸興中府後來屬戶三萬九
千一百二十三　縣三　永樂西樂縣地之安昌神
水大定二十九年置皇統三年廢爲縣有土河

瑞州下歸德軍節度使本來州天德三年更爲宗州泰
和六年以避睿宗諱謂本唐瑞州地故更今名戶一萬
九千六百五十三　縣三　鎮一
昌六年更今名海陽皇統三年廢州隸瑞州鎮一瑞安來屬遼軍故縣也還明

海濱本軍故今名海陽皇統三年廢州隸海陽縣來屬　鎮一
和六年更爲宗州泰和四年復置刺史皇統三年廢州隸瑞州鎮

廣寧府散下鎮寧軍節度使本遼顯州奉先軍漢望平

縣地天輔七年升爲府因軍名置節度天會八年改軍
名鎮寧天德二年隸咸平後廢軍隸東京泰和元年七
月來屬戶四萬三千一百六十一

寨二　兒窩望平升梁漁塲置二十九年更名有凌河故名有遼景宗乾陵故
北川　大斧山

鎮二　歡城以奉乾陵故名有遼世宗顯陵務閭陽

縣三　天會八年改爲山東縣大定二十九年更名有梁漁塲務閭陽
鎮二　山西大店

懿州下寧昌軍節度使遼省聖宗更軍名慶懿又爲廣順復
更今名金因之先隸咸平府泰和末來屬户四萬二千
三百五十一

縣二　大定六年罷川州以宜民同昌二縣來屬泰和二年復以二縣隸川
民隸興中同昌縣以宜順安　靈山　峰縣地
中同昌縣襄州

興中府散下本唐營州城遼太祖遷漢民以實之曰霸
州彰武軍重熙十一年升爲府更今名金因之户四萬
九百二十七

縣四　鎮三
興中　本唐柳城地遼鎮一　安德州化大定七年更今名有凌河
城縣遼世宗鎮一　安富城嚴河
州保寧軍遼川

去白字國初因之
民慶裕縣皆隸
年慶和四年隸
罷川州及徽川縣來屬　鎮一　咸康廢爲鎮也
寨一國初廢爲寨

建州下保靖軍刺史遼初名軍曰武寧後更金因之户
一萬一千四百三十九　縣一　永霸黎本唐昌

全州下盤安軍節度使承安二年改胡設務爲靖封
縣黑河鋪爲盧川縣撥北京三韓縣列虎等五猛安以
縣爲貞祐二年四月嘗僑置于薊州户九千三百一十

九　縣一　安豐隸承安元年十月改豐州鋪爲安豐縣貞祐二年置全州醫安軍節度
河使治黑河

臨潢府總管府地名西樓遼爲上京國初因稱之天
卷元元年改爲北京天德二年改北京爲臨潢府路天德三年罷貞元
京路都轉運司爲臨潢府路轉運司天德三年罷貞元
元年以大定府爲北京後但置北京臨潢路提刑司大
定後罷路併入大定府路貞祐二年四月嘗僑置于平

州撒里乃遼天平山好水川行宮地也大定二十五年命名有
古思字曾有漢合沙地合沙追暑于此有陷象國言
曰落阿剌不漠合沙追爲沙地合沙追爲即避暑于此有陷象國言

三十七大定後州來屬有黑河鋪有潢河有龍駒河其比
國言滑河升爲金長泰千餘里只列龍駒河比
置元年有撒里乃遼永州永昌軍縣故名慶州來屬

慶州下玄寧軍刺史遼境內有祖州天會八年改爲奉
皇統三年廢境內有遼聖宗興宗道宗慶陵城中有遼太祖祖陵在焉舊置奉
陵軍天會八年更爲奉德軍宗慶陵城中有遼太宗穆宗

懷陵比山有遼聖宗興宗道宗慶陵城中有遼行宮比
他州爲富庶遼時刺此郡者非耶律蕭氏不與遼國寶

上半葉

貨多聚藏於此北至界二十里南至盧川二百二十西

至栖州九百東至臨潢一百六十戶二千七　　縣一有檜

莘安縣天會八年廢　　朔平有檜場
慶民縣皇統三年廢

興州寧朔軍節度使本遼北安州興化縣承安

五年升為興州寧朔軍節度軍名寧朔改利民寨為利民縣

撥梅堅河徒門必罕寧江速馬剌三猛安隸為貞祐二

年四月僑置于宿雲縣戶一萬五千九百七十　　縣二

泰州昌德軍節度使邊時本契丹二十部族牧地海陵

年復置于長春縣以舊泰州為金安縣隸為北至邊四

百里南至懿州八百里東至肇州三百五十里戶三千

五百四　　縣一安　　長春
州招撫

遵堡大定二十一年三月世宗以東北路招討司

十九堡在泰州之境及臨潢舊設二十四堡隸

差不齊遵大理司直蒲察張家奴等往視其奧

置於昊東北自達魯里帶石堡子至鶴五河地分

潢路自鶴五河堡子至撒里乃皆取直列置堡戍

下半葉

譯事稷言敕言東北及臨潢所折置土脊燒絕當令

所徙之民姑迭水草以居分道丁壯營毋開壞諸堡

以備邊上令無水草地官為建屋及臨潢路置戶

皆以放良人成守遵防路二十四堡堡置戶

三十共為七百二十若營建舉官給一歲之食戶

以年饑權寢姑令開墾為備四月遵吏部郎中奏

胡失海經可為屋外自撒里乃以西北九堡舊戍軍

可築二百五十堡日用工三百計一月可畢粮

亦足備可為遵防久計泰州九堡臨潢五堡之地

斥鹵官可為屋外自撒里乃以西四十九堡舊戍軍

舍少可令大鹽瀉官木三萬餘與直東堡近領求

木每家官為構室一樣以奧之

西京路府二　　領節鎮七　刺郡八　縣三十九　鎮九

大定五年建宮室名其殿曰保安其門南曰奉

天東回宣仁西曰阜成大會三年建太祖原廟

大同府中西京留守司晉雲州大同軍節度遼重熙十

三年升為西京府名大同因之皇統元年以燕京路

隸尚書省西京及山後諸部族隸元帥府舊置兵馬都

部署司天德二年改置本路都提刑司

置轉運司及中都西京路後更置留守司

明松脂黃連百藥蒔芥子煎蜜蠟

石綠綠礬鐵廿草枸杞碙王砂地草戶九萬八千四百

四十四　縣七　鎮三　大同

奕望山　渾水桑乾河盛統御真城有倚遼析雲中置

雲中　縣晉舊名宣寧

一城　龍安晉故天城遼析雲中置遼名宣寧縣有天城

涼山懷仁花端雲中置屏山清涼山金龍山早起城日中城有黄砂鎮

一安七

懷仁遼析雲中置貞祐二年五月升為雲州有長城白登本更名有長城白登本更名大定八年更名大定七年更砂玉葉相連川義景明宫沙皆有白登二傑雲皆大定二十年命名曰赤勤查國言曰清塞罷録事司置

觀察使以元管部族直撒軍馬公事並隸西南路招討

尹兼領之大定元年降為天德軍節度使兼豐州管內

皇統九年升為天德總管府置西北路招討司以天德

豐州下天德軍節度使遼嘗更軍名應天尋復金因之

撫州下鎮寧軍節度使遼柔遠明昌四年置宗

明昌三年復置刺史為桓州支郡治柔遠明昌四年置章宗

司侯司承安二年隆為鎮寧軍名鎮寧撥西北路招討

四猛安以隸之戶一萬一千三百八十　縣四

晉城遼宣德城國言曰火㖿孛堇刺河清言柔遠大長公主建為州章宗

年改置刺史比至舊界一里半戶五百七十八　縣一

弘州下刺史遠名軍曰博寧本襄陰村統和中建國初

司木地不毀戶二萬二千六百八十三　縣一　鎮一

富民黑山舊神山鎮一武

置保寧軍後廢軍遠產瓏　戶二萬二千二百...　縣二　鎮二

襄陰大定七年改順聖麗唐中置金因之遼郡　鎮二

二年七月隆

淨州下刺史大定十八年以天山縣升為豐州支郡刺

史兼權機察比至界八十里戶五千九百三十八　縣

一　天山舊為權場大定十年置為倚郭

桓州下威遠軍節度使軍兵隸西北路招討司明昌七

十三

蕃山州晉故縣明昌三年來屬龍門明昌三年初割隸宣德後來屬

年州來屬為崇慶州元初始隸弘州後來屬

合河懷來明昌六年州來屬鎮一安望雲本御莊後更名雲川故名皇統元年置金因之瑪川遼太祖當西

平惡崖更名墨翠嚴鎮一德興元年更名興德遼儒州縣遼清平軍本可汗州懷戎元貞軍名晉慶康定

泰和二年更名德興府晉新州遼奉聖州武定軍節度國初因之大安

元年隆為府置新州遼奉聖州武定軍節度國初因之大安

德興府晉新州遼奉聖州武定軍節度國初因之大安

寧比至界三年百以七十里　縣六大天場安

新城鎮置

二城鎮置豐利傑置有蓋里泊本

又行宫名鷲巢蕭光殿得勝口青名比望淀大定二十年更名威寧軍承安有雙山七里河石井蝦蟇二鎮山昂吉嶺有旺國崖火㖿孛堇刺河清言

十四

金史 二十四

年以提舉兼龍門令
廢寧宇行宮也秦和五

昌州天輔七年降爲建昌縣隸桓州明昌七年以狗濼
復置隸撫州後來屬爲昌縣户二千二百四十一 縣一 寶

山有狗藥國言抹恩尼要其北五百餘里有日月
山山大定二十年更曰抹白山國言溫里塞一山

宣德州下刺史遼改晉武州爲歸化州雄武軍大定七
年更爲宣化州八年復更爲宣德户三萬二千一百四

十七 縣二 宣德 宣平
舊文德勝大定二十九年更名宣平大新鎮置以
此邊用兵嘗駐此地也

縣隸代州後狗把抱三
朔州中順義軍節度使貞祐三年七月當割朔州廣武
户四萬四千八百九十 縣二

馬邑 晉故縣貞祐二年五月陞爲固州有洪濤
鄯陽 嶺故縣有桑乾河大和... 山疊水又 日桑乾河

武州邊下刺史大定前仍置宣威軍户一萬三千八百
五十一 縣一 寧遠 黃河 晉故縣

應州下彰國軍節度使户三萬二千九百七十七 縣
三 金城 晉故縣乾河渾河崞川水黃花城
山陰 大定七年... 本名河陰以興鄯州屬更奥州有黃花嶺桑乾河
渾源 年五月陞爲忠州有黃花嶺桑乾河渾源州 產鹽

蔚州下忠順軍節度使遼嘗更爲武安軍尋復 縣五 靈仙
五萬六千六百七十四 縣五 王城薄家莊代北有桑乾河代

金史 二十四

廣靈 亦作廣陵遼統和三年析靈丘縣置

安 晉縣四年四月陞有桑乾河靈仙安州四年割安州隸晉

靈丘 晉縣貞祐二年正月陞靈丘爲成州四年割爲代州支部定 飛狐

雲內州下開遠軍節度使天會七年徙柔第一第三部
來成鎮戸二萬四千八百六十八 縣二 鎮一

柔服 此夾山在城北六十里貞祐後爲鎮一定後慶爲鎮 雲川 本爲董館後陞爲裕民縣

寧邊州下刺史國初置武興軍有古東勝城户三千
二月陞爲防禦國初置鎮西軍貞祐四年

東勝州下邊刺史國初置鎮西軍貞祐三年隸嵐州四
五百三十一 縣一 鎮一 東勝 鎮一 寧

部族節度使

烏昆神魯部族節度使軍兵事屬西北路招討司明
昌三年罷節度使以招討司兼領

烏古里部族節度使

石壘部族節度使

助魯部族節度使

孛特本部族節度使

計魯部族節度使

唐古部族承安三年改爲部羅火扎石合節度使

迪烈迭剌女古部族承安三年改爲土魯渾扎石合

節慶使

詳穩九處

唪乣詳穩貞祐四年六月改為萬也阿鄰猛安

木典乣詳穩貞祐四年改為抗葛阿隣謀克

骨典乣詳穩貞祐四年改為撒合輦必剌謀克

唐古乣詳穩

耶剌都乣詳穩

移典乣詳穩

蘇木典乣詳穩貞祐近北京

胡都乣詳穩

慶馬乣詳穩

群牧十二處

斡獨椀群牧大定四年改為斡覩只群牧

蒲速斡群牧本斡棚只地大定七年分置

耶魯椀群牧

訛里都群牧

乣斡群牧

歐里本群牧

烏展群牧

特滿群牧

駝鈍都群牧

訛魯都群牧

忒恩都群牧　承安四年斡里置

蒲鮮群牧　承安四年斡里置

中都路遼會同元年為南京開泰元年號燕京海陵貞元
元年定都以燕乃列國之名不當為京師號遂改為中都

府一　領節鎮三刺史郡九　縣四十九

日天德城宮室始制圖日通玄日崇智日彰義此北城也材木營建宮室及大安殿之東北為東宮正北列三

宮城之前高樓曰宣和門有二樓曰三門舊名通天門大定五年更名通天門馳道兩傍植柳廊廡各有廊廡

七年改為承華殿副用碧瓦應天門有二樓東西有百許間閣名通天門大定五年更

慈訓殿貞元元年建元京城北離宮有太寧宮大定十九年建萬寧宮二年有瑤光臺又有瑤光樓

位殿貞和元年建元京城北離宮有魚藻池瑤池殿位於其中大定九年武隆德殿瓊林苑光苑

殿北有壽聖殿又西為壽康宮有玉華殿又有瓊林苑光苑又有瓊華島又有瑤光臺又有瑤林光苑

有後更為壽寧宮又有撒門合正隆門有橫翠殿壽寧又西有瑤光臺又有瓊華島又有華島

三年有宣華門又有撒合正隆門又有宣和門又有撒合正隆門

大興府上晉幽州遼會同元年陞為南京府曰幽都仍

號盧龍軍開泰元年更為永安析津府天會七年析河
北為東西路時屬河北東路貞元元年更今名戶二十
二萬五千五百九十二

藥產滑石半夏蒼朮五味子
白龍骨海藻五味子白蘞牛蒡

津貞元二年更春官鎮一陽宛平倚本晉幽都縣遼開
泰元年更今名舊有玉泉山行宮

今名舊有玉泉山行宮　縣十　鎮一
大興　倚大興府大定

次晉舊名查剌合辭闕國有居庸關武
清安縣遼開泰元年更今名

以香河縣近民附而置以香河縣武清縣承安三
年隸盈州以武清練為尋陞州倚武

漷陰　漷陰本漷陰村置
孫村有直沽寨有潞水闕潞水

昌平　倚本晉幽都縣有居庸關
有料石岡闕闤溝石

武清　縣名查剌合辭闕國

良鄉　岡阜間有賓坻定本新倉鎮大定
十二年置為縣

永清　晉名永清縣舊名會昌天會
三年更

通州下刺史天德三年陞潞縣置以三河隸焉興定二
年五月陞為防禦戶三萬五千九十九　縣二　潞　三河

薊州中刺史遼置上武軍戶六萬九千一百十五
縣五　鎮二　漁陽　遵化　平峪　豐潤　玉田

萬又有清安縣大定二十七年以永清務廢
置未詳何年廢置皆未詳

倚遼清安軍鎮一　石　豐潤　閏泰和
二十七年置王田鎮陸

遵化　遼景州大定二十七年以永
清務省置

平峪　大定二十七年以永清務省置為縣

玉田　定二十年改為

漁陽　三河晉縣
潞水晉縣

易州下刺史遼置高陽軍戶四萬一千五百七十
縣二　鎮一　易　淶水

林有平峪漁陽縣大定二十七年以永
清務廢置王田定二十年改為

易　水有易淶水水

淶水　水有淶水水

涿州中刺史遼為永泰軍戶二十一萬四千九百一
縣五　鎮一　范陽　定興　新城　安肅

范陽　倚晉縣有湖梁河
有巨馬河奉先

十二　范陽　倚晉縣有劉李河梁村置劃
陽河縣有黃村置劃巨馬河奉先

定興　大定六年以易縣近民屬易
水縣近民屬范陽縣黃村置劃巨馬河奉先

安肅　新城　定興水易縣近民屬

順州下刺史遼置歸化軍戶三萬三千四百三十三
縣二　溫陽　密雲

大定二十九年置萬寧縣以奉山陵明
昌二年更今名有房山龍泉河鹽寧宮

溫陽　有螺鳴山瀦水免耳山
舊名懷柔明昌六年更

密雲　遼檀州武威
寧古北口國

平州中興平軍節度使遼為南京以錢帛司為三司
天輔七年以

言司斡嶺言曰留

平州中興平軍節度使遼為南京以錢帛司為三司
天會四年

地與宋遂以平州管內軍帥司治遼陽府
後置轉運司貞祐元年八月罷桃綾貢櫻戶二
十四

復為平州管內軍帥司治遼陽府
天會十年徙軍帥司併隸中都路貞祐二

年四月置東面經略司八月罷轉運司貞祐元
年以轉運司併隸中都路貞祐二

四十八　縣五　鎮一　盧龍
倚撫寧　新安鎮大定

盧龍　倚撫寧新安鎮大定二
十七年置

平州中興平軍節度使　縣三　鎮一
盧龍　遷安　海山

遷安　本漢令支
遼管州郡海故城遼

海山　本漢海陽故城遼為
望都縣有望都縣大定七年更

置廣寧縣因名
二十九年以與廣平府重名故更今名

安喜　本大定七年更今名
二十九年以與廣寧府重名

鎮一　昌黎　遷管州郡故城遼
縣名遼置管州遼為

灤州中刺史本黃落故城遼為永安軍天輔七年因置
節度使戶六萬九千八百六十　縣四　鎮二　義豐
樂亭　馬城

倚石城橋新
大定七年關城大定

義豐　倚石城鎮一　橋　新
縣名斜烈戶馬城

節度使戶六萬九千八百六　縣四　松林斜烈戶
舊名斜烈戶定鎮二　棒馬城

樂亭　鎮一　橋　新
縣名馬城鎮一　棒馬城

馬城

雄州中天會七年定軍節度使賜名易陽郡隸河
北東路貞元二年來屬戶二萬四千四百一十一
縣三　歸信　容城

歸信　倚有易水容城安
肅州奧祐二年割隸安州有南易水大泥淀渾泥村

容城　安肅州泰和八年割隸安州有
南易水大泥淀渾泥村

保定後廢爲縣

霸州下刺史遼益津郡隸河北東路貞元二年來屬戶
四萬一千二百七十六 縣四 益津倚大定二十九

文安 大城 信安國初宋爲信安軍大定七年降
隸爲信安縣郡霸州元光元年四月陞
陞爲鎮安府所治
重高陽公張甫也

保州中順天軍節度使宋舊軍事天會七年置順天軍
節度使隸河北東路貞祐二年來屬海陵賜名清苑郡
戶九萬三千二十一 縣二 清苑倚宋名保大史
陽十六年更有抱陽
山況水滿城大定二十八年以
倚軍河滿城清苑縣塔院村置

安州下刺史宋順安軍治高陽天會七年陞爲安州
河北東路後置高陽軍大定二十八年徙治葛城因陞
萬城爲縣作倚郭泰和四年改渾泥城爲渥城縣來屬
八年秒州治於渥城以萬城爲屬縣戶三萬五百三十

二 縣三 渥城倚泰和四年置萬城大定二十高陽年正月
高陽泰和八年置葛城
改隸莫州四月復雄
有徐河縣滹河

遂州下刺史宋廣信軍天會七年改爲遂州隸河北東
路貞元二年來隸號龍山郡泰和四年廢爲遂城縣隸
保州貞祐二年復置州戶一萬一千一百七十四
一 遂城倚有先春官行官有遂

安肅州下刺史宋安肅軍天會七年陞爲徐州軍如德

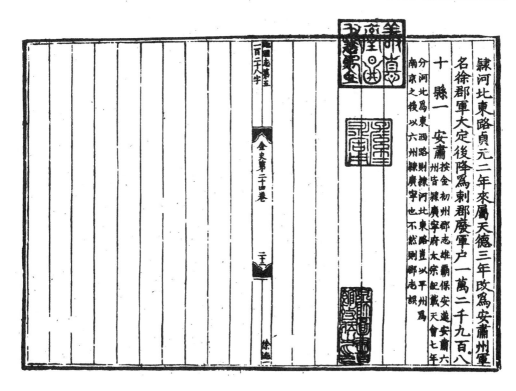

隸河北東路貞元二年來屬天德三年改爲安肅州軍
名徐郡軍大定後降爲刺郡廢軍戶一萬二千九百八
十 縣一 安肅按金初郡志堆霸保安遂安六
州則隸廣寧府太宗紀載天會七
分河北爲東西路則隸廣寧
南京之後以六州隸廣寧也不然則郡志誤

地理中　南京路　河北東路　山東西路　山東東路　河北西路　河北西路

金史二十五

南京路國初曰汴京貞元元年更號南京府三領節鎮三
防禦八刺史郡八縣一百五

承文昇日
日平殿前
昇武龍日
昇平門門天津門　熙寧
日門其門橋廣智宮利門
月華西北御北路南都城安
大北院日門丹外門十
慶又西日鳳其門南迎四
又西殿太凰東北薰秋化
西殿則鳳門三冊橫義門
慶東沙北引院太街豐新
無日堤院西舟鳳門宜城
前蕭左日登橋門而門門
後墻廂昇聞社北北丹
有內日平鼓橋日引門
丹又昇門日正舟待
墀南龍又南北橋漏
東則樓東薰日鳳院
西香日日常南凰其
日嘉嘉東播鼓門北

右局又東日正殿則嚴石其南長生殿
待漏院其北日翠微閣日翠微殿
殿西日昇龍門其東日正嘉門西日
西苑門有橫橋亭也
授位除香亭也

在局右除香亭也又西隆德宮則端門
日苑門有橫橋亭也
京位殿長秋殿北
東曰王隆殿次西
曰隱宣詔院獨秀
右日蔽京殿南亭
東日灤東殿日太平殿

兩繁南士院日瀛州又北日尚食局又
宮禮太又尚藥局又北日尚醞院日北
后又南太院又南日宣徽院日東
位南也本安明俊殿試進士之所門
也本也本明素俊殿試進士之所龍
安素俊殿武衛器署日檢院北直
明殿試器衛司日檢院司東
俊試進士之所門相北直日東
殿進衛司日熙宗檢音院北又
試之所官相北直日南又北日
進士之龍門官相北又監南農儀
士之所官相北直日東徽則音
之龍門官北直日東徽音院又
所相北官北藏日秘書庫日皇
官北日日尚衣庫又其南農儀
相北日東衣庫右其日皇學東

地理志
大百二十一

昇金史二十五

員門昇龍日
德日東宣瑞
昌北北殿樓也
後嘉殿南並宗
宣瑞並宗廟
宗廟也宮三
廟也湯藥司
也宮藥司與
宮三局東徽
三局西日音
日日廟日院
殿將也食又
西軍日徽北
日司日待音日
日與東昇院少
光日將昇華西
安興軍樓日日

北局東燕
日東壽小
東壽小殿
日殿將殿
日東軍更
更日司少
少中與北
鐵巡徽日
日衛音廣
中司局慶
巡東又樓
衛日北北
司南日又
東日北少

開封府上留守司留守帶本府尹兼本路兵馬都總管
天德二年罷行臺尚書省置轉運司提刑司天德二年
置統軍司茶有監紅市朱紅地龍柏香天德四年戶二十
三萬五千八百九十泰和末戶百七十四萬六千二百
一十縣十五鎮十五開封

池有沙臺崇德
汴河黑陽山泉河名
河曹河白浪河
門附蔡有岳泊水沒平寨泉河鎮三
西附蔡有岳水沒平河鎮四陳橋
有崇平咸平地重更有牛首定陶橋以陽武沙
有岳水沒平河中牟河有沙汴水太岳水城升
臺仆河沒汴水太岳水泊城升為通澤萬泰

尉氏正宋長明惠蒲民河令杞名也曲鄢陵有
有赤宋置陳留恩縣惠民倉興定二年七月黄河
四貞祐以尉氏民惠倉樓陟定二年土山亭升
月祐二尉氏置縣宋興定二年七月土山升為
以二置縣宋倉樓陟定二年黄河亭升為洧川

杞正隆河曹洞河後雍丘更縣名杞也扶溝洧有
康正宋置鎮一宋家樓曲扶溝洧水丘渰白勝
舊有倉鎮一中牟河有汴水太丘渰白耶山亭升
倉鎮有赤陳留根河河中牟臺河沙泊馬欄
鎮二朱家樓城圍鄢陵水泊馬欄

睢州下刺史宗拱州保慶軍國初猶稱拱州天德三年
更戶四萬六千三百六十縣三鎮一襄邑汴河正隆二年
後改來屬襄通澤
匡城承鎮一考城丘宋隸南京黄河正隆前元光二年
水鎮一考城丘宋隸黄河

【上欄】

安

墨柘城古株林首止地在焉

水有澳水泡水汲水

歸德府散中宣武軍故宋州宋南京應天府河南郡歸
德軍國初置宣武軍户七萬六千三百八十九　縣六
鎮四

睢陽宋名宋承安五年更名　有鷹鷺池汴水睢水渙水
鎮二　營城洛場又名　有舊高辛鎮楚丘　國初隸曹州有汴水渙水　鎮一　亭會　驛窰陵

大定二十二年徙於汴河堤下邑有黃水　鎮一　虞城

南古城有汴水睢水便河　諸葛穀熟有汴水睢水渙水　興定元年以限河不便改隸歸

單州中刺史宋碭郡貞祐四年二月升為防禦興定五
年二月置招撫司以安集河北遺黎户六萬五千五百
四十五　縣四

單父有山泡溝成武有堂魚臺消溝五

地理志六
五百字

金史二十五

三

陳仁鍚

壽州下刺史宋隸壽春府貞元元年來屬泰和六
溝有硤石山德府有芒碭山古汴渠午溝　縣二　鎮一　館

尖碭山與定元年以限河不便改隸歸　縣二　鎮一　館

月升為防禦户八千六百七十七　縣二　鎮一　下

陝州下防禦宋陝郡保平軍節度嘗置平軍節度使皇統二年降為防禦

蔡州穎水淮河蒙城宋有狼山渦水　鎮一

貞祐二年七月陞為節鎮户四萬一千一十　縣四

鎮七　陝倚有就山峴頭山莫河棗水　鎮一　壤靈寶山有夸父

銅柒澤古函谷鎮二　乾東湖城鳳林棄鼎原　鎮二　三門閼鄉

太華山黃河王渦關太谷關　水潼關　鎮二　張店坡鎮舊又　水曹張鎮恐誤

鄧州武勝軍節度使宋南陽郡嘗置榷場户二萬四千

【下欄】

九百八十九　縣三　鎮六

穰城倚有五壟山澧水朝水覆釜鎮

四順陽新虢南陽梅溪水白水清泠水　鎮一　峽

四穰陽東板橋　鎮一　村内鄉有高

水鎮一　半湖陽年嚴　鎮一　明比陽　鎮一　青葉

唐州中刺史宋淮安郡嘗置榷場户一萬一千三十一　縣四

泌陽水醴水　鎮一　渠桐栢官興定十年始置正　鎮一　陽山比湖中陽山比湖

廢水柘桐栢河鎮　鎮一

裕州本方城縣割汝州葉縣許州舞陽隸焉户八千三百　縣三

割汝州葉縣許州舞陽隸焉户八千三百

方城衡倚有方山堵山　鎮一　青葉本隸汝州泰和八年來屬有方城山石塘　鎮一

四　縣三　鎮

地理志六二字

金史二十五

四

陳仁鍚

河漕　鎮一　墳　舞陽山本馬鞍山舞水汝水油水

二　北吳城　舞陽山本隸許州泰和八年來屬有方城山舞水汝水油水

河南府散中宋西京河南府雒陽郡初置德昌軍興定
元年八月升為中京府曰金昌户五萬五千六百三十

五　縣九　安正隆郡志有壽

平山編舊郡志有太室山箕山室山宣陽城山少室山廣陽河有北邙山正陽谷鎮後廢孟津祐

澠河黃河金水銅驢街御金粟山金谷山　鎮一　洛陽何有北邙山正　鎮一

山澗金水銅驢街　鎮一　清鎮後廢有頴陽谷鎮後廢

三年七月復為縣　鎮一

洛水　鎮一　宜陽女几山屏山洛水鹿蹄山水晶山少水

青龍山軒轅山　新安金水穀水鞏有關陘山長石山龍門山伊洛河半石山景山黃河壞氏

鎮一氏族　宜陽女几山

州三年七月升為縣　鎮一

偃師有北邙山半石山景山黃河洛水九

鄧州武勝軍節度使宋南陽郡嘗置榷場户二萬四千

鎮一
洛

嵩州中刺史舊名順州天德三年更户二萬六千六百
四十九　縣四　鎮四

水甯鎮
伊陽宋隸河南府有三塗山
水甯寄治河南府正隆中隸鍾山有伊水消
鎮一
福昌府宋河南府為縣有三
女几山金門山有
鎮二

汝州上刺史宋臨汝郡陸海軍節度國初為刺郡貞祐
三年八月升為防禦户三萬五千二百五十四　縣四
鎮二

青山熊耳山
天柱山黃河杜陽山熊燒巒後庭
韓城
長水宋
二綱城松陽山洛府
道魯山水溫湯
郟城汝水崑洞河有鎮一
置市

誤隆有重碓磁山姓銅山紫邏十里廣潤正汝州有十里內州縣商賈

龍興鎮一　南汝
有秦郟城鎮一

許州下昌武軍節度使宋潁昌府許昌郡忠武軍户四
萬五千五百八十七　縣五　鎮七

許由
二桷澗郾城五清水
繁城和七年來屬鎮一潁
鎮二紫城襄城
長社倚有潁水漢鎮
長葛有小陘臨潁
有長沙河汝州泰
陀口本隸汝州
新鄭

鈞州中刺史舊陽翟縣僑舊升為潁順軍大定二十二
年升為鈞州仍名潁順二十四年更令名户一萬八千
百一十　縣二　鎮一

陽翟倚有具茨山三
封山荆山潁水宋
陽翟
新鄭隸

亳州上防禦使宋譙郡集慶軍隸揚州貞祐三年升為

鄲州有潩三水鎮一郭
浦溪有溱
浦溪三水鎮一郭

節鎮軍名集慶户六萬五百三十五　縣六　鎮五

福
甯為馬
鎮二蕭倚有渦
水泡水
沙城父
水消水鎮一
永城
鄭
頴州中防禦使宋汝南郡淮康軍泰和八年升為節度
軍曰鎮南置榷場户三萬六千九十三　縣六

陳州下防禦使宋淮甯府淮陽郡鎮安軍户二萬六十

一百四十五　縣五　鎮二

宛丘
宛丘有溱水消河
頊城有
西華陽有宜
頷水河堰百
南頓鎮一
商水譚

二
汝陽
汝陽隸蔡水鎮一
西平
水鄲保陂
確山有確山水溱水
鎮一宗毛平興

息州本新息縣為
息州本新息縣為倚郭劉
軍

真陽襄信新蔡隸息
真陽襄信新蔡隸息支郡户九千六百八十五

縣四　鎮一

新蔡本
新息倚
鎮一移本隸蔡州泰和
真陽八年來屬有淮和
新蔡八年來屬有汝
水汝水塘陂襄信來屬有汝水

鄭州中防禦使宋滎陽郡奉甯軍節度户四萬五千六百
五十七　縣七　鎮三

管城
故市有貞祐四年更名滎陽
鎮二
大䰙
河陰
原武
鎮一

橋
陳汜水中有關虎牢武關舊有許
橋榮澤賈谷二鎮在鄭境有

安永

鎮後汝陰倚有潁水汝水淮
永寧倚有壽州潁水清
椒陂正陽江敁界濠片讚

潁州下防禦宋順昌府汝陰郡嘗置榷場正隆四年罷

榷場戶一萬六千七百一十四　縣四
潁上倚元光二年改
泰和水有　沈丘立有武　鎮一
鎮十一舊有

宿州中防禦宋符離郡保靜軍節度隸揚州國初隸山
東西路大定六年來屬貞祐三年陞為節鎮軍曰保靜

戶五萬五千五十八　縣四　鎮八

符離倚
臨渙有稻山
鎮三澤柳子郾城靈
山汴河雎　湖陰曲溝符離
水阡河濉湖　鎮三離黃囿臨渙

地理志六
四百卒

金史二十五

七
宋

壁宗元年置鎮一回斬水齗水渦鎮一靜
西有渡水渦水

泗州中防禦使宋臨淮郡正隆四年正月罷鳳翔府廬

鄧潁蔡葦洮等州并膠西縣來屬

先隸山東西路大定六年來屬戶八千九百九十二　縣四

鎮六　淮平以舊盱眙縣明昌
六年故更虹淮水廣清渠鎮
二通海臨淮　鎮四安河兵城青睢寧以宿邊縣之古
千仙又有淮濱興定二年四
月以桃圖置元光二年四月廢
城置

邊成

皇統元年十月都元帥宗弼與宋約以淮水中流為
界西自鄧州南四十里西南四十里為界泰和八年

設沿淮巡徼使及胸山縣完潰村荊立巡路置巡徼

河北東路天會七年析河北為東西路各置本路兵馬都

總管府一　節鎮二　防禦一　刺郡五　縣三十

鎮三十五

河間府中總管府正隆間升為次府置瀛州瀛海軍節度使兼
置總管府轉運司後復置總管府河北東大名等路提

刑司產無綿滄鹽蘭席馬商
花香附折子鹼醋乾魚
戶三萬一千六百九十

一縣二　鎮三　河間河君子館鎮三寧
河間倚有溥沱鎮三策城北城蕭等

盩州下刺史宋永寧軍國初因之天會七年陞為寧州
莫州下刺史宋文安郡軍防禦治任丘貞祐二年五月
降為鄭亭縣戶二萬二千九百三十三　縣一　鎮一

七　縣一　鎮一　博野河唐河鎮一倚
博野郡軍天德三年更為蠡州戶二萬九千七口九十

任丘　鎮一豐

獻州下刺史本樂壽縣天會七年升為壽州天德三年
更令名戶五萬六百三十二　縣二
交河石家圍置大定七年以
鎮十槐家寨南大樹貫河北

景城南軍貫河北

徒駭河房淵漢獻王陵望沙渦簜
河夾灘薬

莫州上宋信都郡天會七年仍舊置安武軍節度戶三

金史二十五
四百卅二

八
宋

地理志六

千六百七十 縣五 鎮三 信都

後南宮有胖水

廠有枯瀆水 鎮三唐陽後增

河長蘆河一觀津 鎮一化七公二鎮寧 衡水

深州上刺史宋饒陽郡國初爲刺郡戶五萬六千

鹿津沱河有衡漳 武強漳水武強泉饒陽沱有沙水 河降水有長蘆 武邑漳河降水有胡盧鎮一遠來

清州中宋乾寧郡軍國初因置軍天會七年以守邊置

防禦戶四萬七千八百七十五 縣三 鎮一 會川

本名乾寧貞元元年更名窩籬興濟定本隸滄州大安明

年以清州置河倉 鎮一窩籬興濟定六年來屬靖海四年

子口置以清州窩

金史二十五

九

王清谷刊

滄州上橫海軍節度宋景城郡貞元二年來屬戶十

萬四千四百七十七十四 縣五 鎮十一 清池有浮陽

水徒河徙 鎮五 長蘆新饒安舊 無棣有老烏山河倉

縣河有郭橋俊廢有郭橋俊舊 南皮小置河倉有大

分鹽山浮水 鎮四 利津海豐潤二鎮後增河

水海分山有 河溝一明樂陵會寧河利東中三鎮後廢

景州上刺史宋永靜軍同下州治東光國初陸爲景州

貞元二年來屬大安閒更爲觀州避章諱也戶六萬

五十八百二十八 縣六 鎮四 東光倚清河漳河有

鎮一建阜城祖壁在縣南十二里將陵倚清漳幽盤有

橋溝深脩漳隸冀州市 寧津 鎮三 平會津西保安廣

河北西路天會七年析爲西路府三 鎮二 防禦 刺

郡五 縣六十一

真定府上總管府成德軍宋常山郡鎮州成德軍節度

正隆間依舊次府置本路兵馬都總管府轉運司郡銅

鐵有丹粉場烏剝藥則萄香零陵香產銅

御米鼓天南星皂角木瓜井泉石 戶一十三萬七

千一百三十七 縣九 鎮三 真定倚沱水漳水

鐵有佳山府 行唐山有玉女常山 嘉祐北鎮寧天威舊

駐馬有草山漳水沱武仙 鎮二 行唐有滋水

城海沱水平山藥城倚滋水獲鹿鎮興 元氏山擁河北

西路以經略使武 鎮一 獲鹿有封龍山 靈壽鎮一慈元氏山

威州下刺史宋天會七年以井陘縣升置陘山

後阜平明昌北鎮置靈壽 鎮一 井陘

剌郡戶八千三百一十 縣一 井陘

十

沃州上刺史宋徽宗升爲慶源府趙郡慶源軍治平棘

天會七年改爲趙州天德三年更爲沃州蓋取水火

之義軍曰趙郡軍後廢軍戶三萬八千一百八十五

縣七 鎮一 平棘有泜水 臨城彭山沱水高邑皇山

濟贊皇 寧晉有淡水 鎮一 城柏鄉隆平

邢州上安國軍節度宋信德府鉅鹿郡安國軍節度天

會七年降爲邢州仍置安國軍節度

九十二 縣八 鎮四 邢臺山有石門山磁石 唐山有虎

山泜内丘山泜水漳水渚水 平鄉 鎮一 武

水山泜内丘山泜水渚水 平鄉 鎮一道 任有漆水

一店新沙河有湯水渴水
一圑
永和
鎮一村墓南和渴水有任水
鉅鹿漳河落漠有大陸澤

洺州上防禦廣平郡治永年天會七年以守邊置防禦
使户七萬三千四十
鎮一洺西臨廣平本親縣大定七年更宗城縣九鎮四
鎮一安新雞澤有洺水沙河曲周鎮二平恩白洺水永年洺水漳河新安成安肥鄉
彰德府散下宋相州鄴郡彰德軍節度治安陽天會七
年仍置彰德軍節度明昌三年陞為府以軍為名户七
萬七千二百七十六縣五鎮五
水防鎮三天禧永樂林慮舊林慮縣置元帥府興定三年十月九月

地理志六
五百二 金史二十五
十一

升為節鎮以安陽縣洹山淇山漳水冶村為湯陰水冶村興
輔嵓縣鄴為陸慮山洹山漳水鎮一鄴輔嚴本水冶村
一壁臨漳漳水鎮一鄴輔嚴定三年置
一鶴臨漳漳水鎮一鄴輔嚴本水冶村興
磁州中刺史宋滏陽郡國初置滏陽郡軍户六萬三千
四百十七縣三鎮八滏陽有滏山磁山漳水磁山牛
臺城觀城昭德後武安武安山鎮一邯鄲山漳水牛
殿二祖增德北陽邑城士民
山首頒知惟有邯山鎮
中山府宋府天會七年降為定州博陵郡定武軍節度
使後復為府户八萬三千四百九十縣七鎮二
安喜倚有滹水長星川新樂本刀溝水無極有滹河濱永平貞祐二月
完州為慶都有堯山唐水曲陽曲劃防水山鎮一泉唐唐有孤山滹

水鎮一城軍
祁州中刺史宋蒲陰郡國初置蒲陰郡軍户二萬三千
三百八十二縣三蒲陰鼓城深澤
漳州中防禦宋大邳郡通利軍又改平川軍天會七年
以遶境置防禦使皇統八年嫌與宗儁音同更為通州
天德三年復户二萬九千三百一十九縣二鎮二
衛州下河平軍節度宋汲郡天會七年因宋置防禦使
明昌三年升為河平軍節度治汲縣以滑州為支郡大
定二十六年八月以避河患徙於共城二十八年復昔

地理志六
四百四十七 金史二十五
十三

治貞祐二年七月城宜村三年五月徙治于宜村新城
以胙城為倚郭正大八年以石甃其城户九萬一百一
十二縣四鎮二汲有蒼山新鄉蘇門大定二共城
黎陽柱人山衛有蘇門山鹿臺城鎮二淇門
州泰山百門山天門山鎮一早胙城本白貞
淇鹿山天門山鎮一生獲嘉鎮一寧胙城本名
十三年改為河平避顯宗諱也明昌三年改為胙縣令名
來屬驛州衛州倚郭州興定四年置
置驛縣
滑州下刺史宋靈河郡武成軍本南京屬郡大定六年
割隸大名府户二萬二千五百七十縣二鎮二
白馬鎮二武城內黃定六年來屬大

山東東路為京東東路治益都府二　節鎮二　防禦二

刺郡七　縣五十三　鎮八十三

益都府上總管府鎮海軍國初仍舊置軍置南青州節
度使後升為總管府置轉運司大定八年置山東東西
路統軍司屬石沮玉石沙皮天亮路南星半夏潭濊紫草
戶二十一萬八千七
百一十八　縣七　鎮七　益都　臨朐
穆陵貞祐四年四月升之穆陵置有甘水　鎮一　廣場
有濟水時　有博昌　臨淄　有南郊山牛山　新
高家港　淳化　臨淄　天齊淵康浪臨　樂安
河王家清　鎮二　鎮一　鎮四

濰州中刺史戶三萬九百八十九　縣三　鎮一　北
海源山沇水汶水　鎮一　昌邑　有方山夆山舟水
水朐　底固　昌樂　有霍侯　濰水　昌

縣四　鎮十　渤海　有黃　鎮五　豐
三年十二月以　蒲臺　鎮二　安定霑化　海濱海濱利津　明
永和鎮升置　永豐　永科　合波霑化　本名招安
三年永和　本六年更　利津

濱州中刺史宋軍事戶二十一萬八千五百八十九　縣二

沂州上防禦宋琅邪郡戶二萬四千三十五
三年永豐　　城任向費
永豐永科　長任向費

鎮三　臨沂劇鎮三城利津費　縣二

密州宋為密州高密郡安化軍節度戶一萬二千八十

鎮三　宋為密州高密郡安化軍節度　縣四　鎮七　諸城
二縣四　鎮七　劇有琅邪山濰水盧水濰

二縣四　鎮七　普慶信陽草欄　鎮三

安丘　有安丘山汶濰浯水劉　鎮一　文　高密
張倉源鄒陳村　　　　　　　　　　有礪阜山
　　　　　　　　　　　　　　　　密水膠水膠西
　　　　　　　　　　　　　　　　　　鎮三

海州中刺史戶三萬六百九十一　縣五　鎮四　胸
山　贛揄定七年更　鎮二　臨洪　東海　連水　本淮水軍
陣為縣懷仁太平　金城　　　　　　　　　皇統二年
十四年更今名戶四萬三千二百四十

莒州中刺史本城陽軍大定二十二年升為城陽州二

棣州上防禦宋安樂郡戶八萬二千三百三　縣三

鎮九　歡次　莒　日照　鎮一沂水　鎮二
　　　　　　鎮五　清河歸化達陽信　鈎盤河
　　　　　　多求利脂角陽信　鎮二欽
　　　　　　　　　　　　有黃河
　　　　　　　　　　　　　　　　鎮三

濟南府散上宋齊州濟南郡初置興德軍節度使後置
尹置山東東西路提刑司戶三十萬八千四百六十九

縣七　鎮二十九　歷城　鎮六　盤城中宮老僧口
　　　　　　　　　　　有上洛口王舍人店
商河　有黃河頰河　鎮一　禹城　鎮三祺有黃河馮河
　　　　　　　　　　　　　　　　歸德豐滿陽李家莊
臨邑　鎮三新鎮市安　齊河　鎮三
遙墻白山東陵山　　　　晏城安德延安
脈水楊楮水　　　　　　有黃湯水河
新安仁案黎濟水案　　　　劉宏章立長
濟陽　鎮四　長清　鎮六
孫耿河曲堰舊　劇有黃河芽山黃河清水隔

淄州中刺史宋淄川郡軍戶一十二萬八千六百二十

二縣四　鎮六　淄川　有黌山商山淄水
　　　　　　　鎮三店頻神

【上欄】

店
長山有長白山、巒水、河。鄆平、濟河。鎮三，舊有厓店鎮，後廢。　高

萊州，上，定海軍節度。宋東萊郡、東萊軍節度。戶八萬六千六百七十。
縣五　鎮一：掖（倚。有三山、夜……）萊陽（有七子山、高麗山。鎮一：沽水。）
即墨（即墨山、沽水、膠水、曲裏鹽場。）膠水　招
一衡村，舊有海倉。
一西由、移風三鎮。

四鎮二：蓬萊鹽場（有臣風）、福山。鎮一：川……黃……蹋……僊山……

登州，中，刺史。宋東牟郡。戶五萬五千九百一十三。　縣……　遠

寧海州，上，刺史。本寧海軍、海軍。大定二十二年升為州。戶六……
鎮一：停。樓霞。

山東西路　府一　領節鎮二　防禦二　刺郡五
東平府，上，天平軍節度。宋東平郡。舊鄆州，後以府尹兼總管，置轉運司……

〔地理志六　四百五十七字〕
〔金史二十五〕　十三　林茂

萬一千九百三十三　縣二　鎮二：牟平（有之栗山、清……）
陽　鎮一：泉。文登（劀有文登山、昌陽山。鎮一：溫。）
四十六　縣六　鎮十九：須城（倚。有梁山、汶水、清河、毅……安……東阿……）
陽穀（有紫石山、黃河、津磴……鎮二：定水上、景德。）
壽張（大定七……黃河……鎮一：竹口。）
平陰（有榆山、夷慧山……鎮九：寧……）
本名中都，貞元元年更為汶陽，泰和八年……河阿……鎮五：景德、木仁、關、陽穀、碻磝、津……

和，大定七年隸於舊治竹口鎮……
十九年徙於舊治……
本名中都……

石朔鬐圖留滑口廣里……
橫澄空博家岸……

【下欄】

濟州，中，刺史。宋濟陽郡。舊治鉅野，天德二年徙治任城。
縣分鉅野之民隸嘉祥、鄆城、金鄉三縣。戶四萬四百八十……
馬頰河　濼水
十四　縣四　鎮二：任城（倚。泗水、泗河、新河山。鎮一：橋。）
金鄉（舊有承山、大定六年五月徙治以避河決，有……）
濟　鎮一：昌邑。嘉祥（一邑，舊有合來山。鎮後廢。）
鄆城（大定村以避河決……）

河南路　戶四萬四千六百八十九　縣三　鎮五：彭
徐州，下，武寧軍節度使。宋彭城郡。貞祐三年九月改隸河南路。戶……
城府有九里山、楚……鎮三：呂梁、利國、下唐。又有厥煙……
公有鹽鐵。古汴渠、鎮二：白土、安民、雙溝。豐（有……鎮豐大澤……）

〔地理志六　四百□字〕
〔金史二十五〕　十六　林茂

二萬七千二百三十二　縣三：下邳（有峄陽山、磐石、沂水、泗水。）
水沐水　城府……
邳州，中，刺史。本宋淮陽軍。貞祐三年九月改隸河南路。戶……
瞱水　蘭陵（本承縣，明昌六年更名……祐四年三月徙治土婁村。宿遷……四月廢有……）
泇水　泗水

滕州，上，刺史。本宋滕陽軍。大定二十二年升為滕陽州，二十四年更今名，貞祐三年九月為宛州支郡。戶四萬……
九千　縣三：滕（舊名滕陽，有桃山、抱犢山、郳山、漷水。……）

沛（有微山、泗水、泡水、漷水。鎮一：陶……邬家山、鬼山、泗水、漷水。）
博州，上，防禦。宋博平郡。戶八萬八千四百四十六。縣五……
聊城（倚。有社山、黃河、金沙水。鎮一：陽……）
博平（有漯河。鎮一：博平。）……往平　鎮二：興利。高唐有黃龍澤……

懷博平、回博平……鎮二……
鎮十一　聊城……
博州……

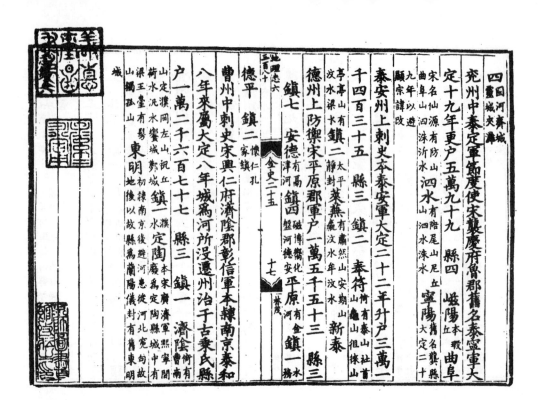

四回河算城夾灘

兗州中泰定軍節度使宋襲慶府魯郡舊名泰寧軍大
定十九年更戶五萬九十九　縣四　嵫陽立本龔縣　曲阜
宋名仙源有防山尼丘　曲阜舊名龔縣
曲阜山泗洙沂水　泗水山　寧陽舊名龔縣
亭亭山　泗水洙水　　大定二十
汶水梁水

泰安州上刺史本泰安軍大定二十二年升戶三萬一
千四百三十五　縣三　奉符倚有泰山社首
太平有亭然山安期山　新泰
有萊蕪汶水牟汶水

德州上防禦宋平原郡軍戶一萬五千五十三　縣三
德州有馬頰　　平原河金鎮一水
鎮七　津河鎮四磁博鎮化　
安德　　　　盤河德安
鎮七　　　　平原河金鎮一鵜
德平　鎮二懷仁孔　濟陰倚有
鎮一水定陶　曹南
城　山定濮岡左山　本宋廣濟軍熙寧間
衡水汶水饗城鄆城　有定陶縣城中有
梁王臺有影　　　廢為定陶縣城中
山綱孤山　東明　　河北宛句故
地俊以故縣為蘭陽儀封有舊東明
戶一萬二千六百七十七　縣三　濟陰曹南
八年來屬大定八年城為河所沒遷州治于古乘氏縣
曹州中刺史宋興仁府濟陰郡彰信軍本隸南京泰和

開府儀同三司上柱國錄軍國重事前中書右丞相臣脫脫等　國史院領　經筵都總裁臣阿魯圖奉　勅撰

金史二十六

志第七
（四百八）

勅修

地理下

大名府路
河北東南路
河東北路
河東南路
京兆府路
鳳翔路
慶原路
臨洮路
鄜延路

大名府路宋北京魏郡府一領刺郡三縣二十鎮二十二

貞祐二年十月置行尚書省

大名府上天雄軍舊為散府先置統軍司天德二年罷以其所轄民戶分隸旁近總管府正隆二年陞為總管府附近十二猛安皆隸焉兼漕河事　產鐵絹梨肉　搜桃煎本耳硝戶

鎮四博寧清水　普通清水有沙河　魏縣冠氏水有沙河

南樂鎮一南館陶御河運鎮一館

夏津潤有屯氏河桑橋　鎮一孫生朝城鎮一韓張清平有

渠金鎮一清平莘鎮一馬橋

堤

恩州中刺史宋清河郡軍事治清河今治歷亭戶九萬

有恆山漕運御河屯氏漕運大定　鎮二安賢大名鎮一魏縣冠氏水有沙河

三十萬八千五百一十一縣十鎮十三　舊有柳林元城鎮二夾固二有牟山水沙河

九千一百一十九縣四鎮六　歷亭渠倚有永濟置河倉鎮四南漳鎮一南館陶御河運

新安樂王果舊　武城渠有沙河鎮一武城清河渠漳渠臨清河

倉鎮一曹仁　安樂王果舊

濮州下刺史宋濮陽郡戶五萬二千九百四十八縣二

鎮三　鄄城倚有漯立金堤鎮二貞元二年為鎮范　鎮

臨濮雷澤皆舊縣范縣

一安定

一濮陽倚有衛陽山鮒鰍山清豐山黃河觀城泉源

一濮陽黃河淇河敎子口本隸南京泰和八年以限河南不便來屬　清豐山廣陽有黃河觀城泉源

開州中刺史宋開德府澶淵郡鎮寧軍節度降為澶州皇統四年復更今名戶三萬三千八百三十六縣四鎮四

河源一武　長坦以限河南不便來屬

河東北路宋河東路天會六年析河為南北路各置兵馬都總管府一領節鎮三刺郡九縣三十九鎮四十堡十寨八

太原府上武勇軍宋太原郡河東軍節度國初依舊為次府復名并州太原郡河東軍總管府置轉運司有造墨

十二縣十一鎮八　陽曲倚有罕山汾水　鎮五陽曲蒙山汾水有龍山廢興定二年割盂

陵井驛　太谷有大谷山蔣水平晉元年貞祐四年七月復置　徐溝本清源縣之徐溝鎮興定元年

祠濟源有清汾水源　鎮一柏文水汾水徐溝大定

興太谷有情升為州聽絳州元帥府節制　交城有少陽山榆次山狐突水　壽陽九月會割

祈太谷中升為州聽絳州元帥府白馬山泉仇山灅沱水

方山壽陽興定四年正月以　張寨置

隸平定州興定四年正月以

煉銀洞瑪瑙石礬產松脂白黃丹玉石

晉州下刺史舊定襄郡軍戶三萬二千三百四十一縣

忻州下刺史舊定襄郡軍戶三萬二千三百四十一縣

二鎮四
秀容山有程候山雲母山
怜水滹沱水
平定州中刺史本宋平定軍大定二年升爲州興定二
年爲防禦十一月復降爲刺郡戶一萬八千二百九十
六縣二鎮三　平定簡有浮山水
正月升爲皋州
樂平山清漳水有
汾州上宋西河郡軍事天會六年置汾陽軍節度使後
又置河東南北路提刑司戶八萬七千一百二十七縣
五鎮二　西河有諭泉山比千水汾水
之靖也戶三萬六千五百二十八縣六鎮四　離石倚
石州上舊昌化軍刺史興定五年復隸晉陽從郭文振
陵州下刺史本晉寧軍貞元元年隸汾州大定二十二
年升爲晉寧州二十四年更今名在黃河西興定二
五月以河東殘破改隸延安府戶八千八百六十四寨
八堡九　神泉寨
清川堡

代州中宋鴈門郡防禦天會六年置鎮武軍節度更員
祐二年四月僑置西面經略司八月罷戶五萬七千六
百九十縣五鎮二　鴈門倚
隩州下本舊火山軍大定二十二年升爲火山州後
更今名興定二年九月改隸嵐州四年以殘破徙治于
黃河灘許父寨戶七千五百九十二縣一鎮一　河曲
寧化州下刺史本寧化軍大定二十二年陞爲州戶六
千一百縣一鎮一　寧化
嵐州下宋樓煩郡軍事天會六年置鎮西節度使戶
一萬七千五百五十七縣三鎮四宜芳　鎮一
岢嵐州下刺史本宋岢嵐軍大定二十二年爲州貞祐
三年九月升爲防禦四年正月升爲節鎮五月復爲防
禦戶五十八百五十一縣一堡一　嵐谷山
河　鎮三
保德州下刺史本宋保德軍大定二十二年升爲州元
堡一　寒光

光元年六月升為防禦戶三千一百九十一縣一 保
德大定十一年置有 大堅津汝谷津

管州下刺史本宋憲州靜樂郡天德三年更興定三
升為防禦戶五千八百八十一縣一 靜樂

河東南路府二節鎮三防禦一刺郡六縣六十八鎮二十
九關六

舊戶一十三萬六千三百三十六縣十鎮一 臨汾 有天

年十二月以殘破降為散府 有書籍產解鹽隰州綠子布龍門椒紫團參甘草
建雄軍節度使天會六年升總管府置轉運司興定二
平陽府上宋平陽郡建雄軍節度本晉州初為次府置

襄陵 汾水 有浮山

鎮一故關 洪洞 汾水有霍山姑射山
趙城 汾水西霍岳鎮有霍山汾西
岳陽 通軍水
浮山 舊名神山大定七年更名曰忠孝
汾西 西山
和

川 冀氏

隰州上刺史宋大寧郡團練舊大寧郡軍刺史天會六
年改為南隰州以與北京隰州重也天德三年去南字
戶二萬五千四百四十五 縣六關四 隰川 倚山石
大寧 河有仙芝水黃河關一和
永和 河有樓山黃河關一
樓仵城隰川之午城鎮置 蒲縣興定五年正月升陸
木山橫大寧河白斤水黃河關一馬門

關 石樓 有石樓山黃河龍泉關二永寧上
永寧關

吉州下宋置團練舊名慈州天德三年改為耿州置文
成郡軍明昌元年更名吉戶一萬三千三百二十四縣
二 吉鄉 有壺口山黃河孟門鄉寧
鄉寧 有黃河鄉寧

河中府散上宋河東郡舊置護國軍節度天德元年升為河中府仍舊護國
軍節度使大定五年置陝西元帥府戶十萬六千五百
三十九縣七鎮四
河東 倚山中條山五老山
榮河 貞祐三年升為節鎮
萬泉
臨晉
河津

絳州上宋置絳郡防禦天會六年置絳陽軍節度使興
定二年十二月升為晉安府總管河東南路兵馬三年
三月置河東南路轉運司戶一十三萬一千五百一十
縣七鎮五關五
正平 汾水劇有定境山鼓水
稷山 汾水
翼城
太平
曲沃
垣曲

解州上刺史宋慶成軍防禦國初置解梁郡軍後廢為

剌郡貞祐三年復升為節鎮軍名寶昌興定四年徙治

平陸縣戶七萬一千二百三十二縣六鎮四
解壇道

咸山中條山 平陸有吳山黃河 鎮一張店
池鹽有黃河 中條山絳陝有中夏 芮城倚有 安邑山鹽絳水聞喜湯山絳水二
山淡水中條山 鎮一曹張 龍泉水有九 池鹽絳水池有

南字天德三年復去南字貞祐四年隸澤州服義軍後
澤州上剌史宋高平郡天會六年以興北京澤州同加

鎮二 東鎮
劉莊

又改隸孟州元光二年升為節鎮軍曰忠昌戶五萬九
千四百一十六縣六鎮二 晉城倚有太行山丹水鎮二
周村巴公鎮有石門山 又置星軺鎮端氏巨峻山 陵川九仙山
陽城二年 白水天井關山丹 高平有鹿臺山沁水有馬鹿山

慶使兼潞南遠沁觀察廢置使戶七萬九千二百三十
二縣八鎮四 上黨倚郭 鎮一 寺底 八義壺關團亭赤壤山紫山
有王屋山濩澤 高平米山丹水沁水木馬鹿山
潞州上宋隆德府上黨郡昭德軍節慶使天會六年節
十一月升為勳州 有盬秀水鎮一 横水潞城
有王屋山濩澤 高平米山丹水沁水木

留山絳水秀山 長子鴨山堯水 鎮一 襄垣潷水漳水
有三嵒山伏牛山 山潞水漳水 鎮一攬亭黎城山故壁
法月以殘破復為縣興定五年九月升為州有業
關開皇貞祐三年七月升崇州以黎城縣隸州有業
山水沙

遼州中剌史宋本樂平郡剌史天會六年以與東京遼
州同加南字天德三年復去南字戶一萬五千八百五

十縣四鎮一關一 遼山青谷水倚有箕山水 平城喬縣也
壽陽芳泉榆社 關一黃澤 鎮一 貞元間襄垣為
廢舊石泉鎮又和勒洇麻池 城貞元二年窊入遼山更今名 鎮一 貞元石和順原有九

沁州中剌山宋威勝軍曰義勝戶一萬八千五十九縣四鎮二
升為節鎮軍曰威勝軍天會六年升為州元光二年
沁州中鍚山郡宋威勝軍天會六年以興臨潢府同

銅鞮有銅鞮山洇水交水石洇上 武鄉武鄉水沁源元
鞮有梯山洇水交水石洇上有羊頭 鎮一 南關沁源光

懷州上宋河內郡宋威勝軍天會六年以與臨潢府同
加南字仍舊置沁南軍節慶使天德三年去南字皇統
三年閏四月置黃河堤都大管勾司大定五年置行
元帥府興定五年置招撫司戶八萬六千七百五十六
縣四鎮六 河內倚山黃河沁水洱水修武德清化倚
武有濁城鎮一承恩山陽泉村為山
二年十一月升為鎮州元光二年十一修武縣重

縣四鎮六
河內倚山黃河沁水
武陟有濁城鎮一承恩山陽泉村為山

孟州上宋濟源郡節慶使天會六年降河陽府為孟州置
防禦守盟津宣宗朝置經略司戶四萬一千六百四十
九縣四鎮二
河陽河清倚嶺山同水黃河 鎮二 鹺羅王屋有王屋山
河陽河清倚嶺水同水黃河沁河 鎮二 沈羅王屋有王屋山
濟源有太行山奧水沁水 溫有黃河
濟源有太行山奧水沁水 溫有黃河

京兆府路宋為永興軍路皇統二年省併陝西六路為四
天壇山折黃河
城山黃河
曰京兆曰慶原曰熙秦曰鄜延府一領節鎮一防禦一

刺郡四縣三十六鎮三十七

京兆府上宋京兆郡永興軍節度使皇統二年置總管府天德二年置陝西路統軍司陝西東路轉運司〔產白麻黃白疾藜茴香細辛〕戶九萬八千一百七十七縣十二鎮十

長安倚有終南山龍首渠有渭水滈水鎮後廢

咸寧倚本萬年後更名泰和年廢尋復四鎮後廢

藍田有藍田山灞水滻水乾祐有渭水鎮一秦渡咸陽鎮二渭城終南

雲陽鎮一

鄠首有渼陂南山牛首渭水鎮一

高陵有涇渭白渠

涇陽有涇水鄭渠

臨潼有驪山渭戲鎮一邑

商州下刺史宋上洛郡軍事貞祐四年升為防禦隸陝州路戶三千九百九十九縣二鎮二有商山熊耳鎮二商洛豐陽皆舊縣貞元二年廢為鎮

洛南有冢嶺山洛水

陝州興定二年正月復來屬元光二年五月改隸河南路又有西市黃川上鎮二青靈後廢三鎮皆為縣

虢州下刺史宋虢郡軍事貞祐二年割為陝州支郡以備潼關戶一萬二千二百縣三鎮五

虢略有鹿蹄山有熊耳山洛水燒關鎮二

朱陽復置有朱陽山洛水鄔水鎮二陵貞元二年廢為鎮一

靖遠王盧氏有朱陽山洛水鄔水時當厭後有地肺山

乾州中刺史宋嘗改為醴州天德三年復戶二萬六千八百五十六縣四鎮三奉天有武功大定二十九年以嫌武功山鎮一薛祿醴

泉山有浪水鎮一甘北武亭縣宗韓更有穀物山武功山

渭鎮一長寧好時有梁山武亭河

同州中宋馮翊郡定國軍節度治馮翊後改安國軍節度使舊貢圓筍蘭山羊戶三萬五千五百六十一縣六

鎮九馮翊倚有洛水渭水鎮二沙苑藍朝邑渭水有黃河鎮四市朝邑新鎮延祥

澄城有梁水洛

水谷白水有五龍山鄜陽鎮二井非山濱有頹河鎮一夏陽

韓城州以部黎陽縣隸以橫鎮二良輔

有土門山洛水有白馬山鎮一華原

漆水沮水同官同官川

門有少華山松山鎮一龍門

有渭水沮水中鎮一橋

耀州上刺史宋華原郡感德軍節度皇統二年降為軍後為刺史宋華原郡感德軍節度治皇統二年降為軍戶五萬二百一十一縣四鎮二華原

三原有頹水鎮一黃堡美原陽山鎮二寺前

華州中宋華陰郡鎮潼軍節度治鄭國初因之後置節度使皇統二年降為防禦使貞祐三年八月升為節鎮軍曰金安以商州降為支郡戶五萬三千八百縣五鎮六華陰有太華山松山有渭水潼關

鄭倚有少華山渭水符禺水有赤水華陰黃河渭水潼關鎮一

渭南有靈臺敷水下邽有渭水鎮二新市華陰蒲城有金粟山洛水鎮二姚刹

城一堡四寨十四鎮十五

鳳翔路宋秦鳳路治秦州府二防禦二刺郡二縣三十三

鳳翔府中宋扶風郡鳳翔軍節度皇統二年升為府軍名天興大定十九年更軍名為鳳翔大定二十七年升

總管府　皆產芎藭獨活燈草無心草　戶六萬二千三百三

縣九　鎮四　麻務有橫水驛店崔水鎮有清五驛後廢

大定十一寶雞有陳倉山渭水散關倉南至巡馬道二十里貞祐四年升為防禦州十

陽平郡山渭水扶興有盩厔渭水汧水　鎮一武城　虢渭水楚渭水　縣一

水浴扶風國　鎮一　岐陽有岐山渭水岐山姜水汧水

德順州上刺史宋德順軍國初隸熙秦路皇統二年升　麟遊有土山

鎮一馬蹟普潤水岐山來麟遊熙土山

為州大定二十七年來屬貞祐四年四月升為防禦十

月升為節鎮軍曰隴安戶三萬五千四百四十九縣六

寨四堡一　城牧龍城同安寨堡後廢

平涼府散中宋渭州隴西郡平涼軍節度舊為軍後置

陝西西路轉運司陝西東西路提刑司大定二十六年

堡一　中安威戎　本城威戎堡城通邊本堡通邊本堡中

舊為縣得治平本治平寨　寨一懷遠

勝寧安得治平平寨　寨一懷遠

來屬戶三萬一千三十三縣五鎮五寨一　平涼倚有

山馬嶺有鳥鼠山　崇信川水赤城　華亭隴山化

屯本名安化川水鎮一　安化川水白巖　寨一瓦亭

平定七年更名　鎮四　巖河耀武白巖　寨一瓦亭

鎮戎州下刺史本鎮戎軍大定二十二年為州二十七

年來屬戶一萬四百四十七縣二堡三寨八　東山東本

寨山　三川　水寨二堡三　彰陽乾開遠寨八　通峽盪羌九羊靈義

寨山　　　水寨二　　　彰陽乾遠寨八　天聖飛泉熙寧靈平

入金史二十六　十二

秦州下宋天水郡雄武軍節度後置秦鳳路國初置節

度皇統二年置防禦使隸熙秦路大定二十七年來屬

元光二年四月升為節鎮軍曰鎮遠後罷貞祐三年復

置戶四萬四千四百四十八縣八城一寨三鎮三　舊有甘泉城後廢西寧成紀倚有龍泉隴城尾亭山

隴城尾亭山　甘谷　西寧　清水縣有宋舊城寨二引門　鎮二

隴州下宋汧陽郡防禦海陵時隸熙秦路大定二十七

年來屬戶一萬六千四百四十二縣三鎮五　汧陽倚

汧水以隴安寨升　鎮二新興　汧源白環水吳嶽山　鎮三吳山定隴西隴安和泰

廓延路即鄜刺郡四縣十六鎮五城二堡四寨十八

關二

延安府下宋延安郡彰武軍節度皇統二年置彰武

軍總管府戶八萬八千九百九十四縣七寨四堡四　廣施

倚有五龍山伏龍山　鎮一樂盤延川有濯筋河延水　寨一永

延長有濯水清水濯水　臨真利山置第六　寨四海

洛水清水　鎮一甘泉水有洛敷政山洛水　寨四海安興置第五副將

有重覆山黃河　堡二正將安定置第二　副將

有渭水　鎮一　安定置第六巖安興置第五副將

有丹陽永驛　招安陽驛

入金史二十六　十二

丹州中刺史宋咸寧郡軍國初因之戶一萬三千七

十八縣一鎮二關一　宜川山黃河庫利山鎮一雲巖有雲巖山孟門

關一烏仁

保安州下刺史宋保安軍大定二十二年升為州戶七

千三百四十縣一寨三鎮二堡二城一　保安大定十

二年以保安軍置　寨三德靖順寧鎮二永和堡一園林

城一金湯

綏德州下刺史唐綏州宋綏德軍大定二十二年升為

州戶一萬二千七百二十縣一寨十城一堡一關一一暖泉義合清遠臨夏白草米

清澗本宋清澗城大定二十二年升第二將寨十脂置第二將懷寧鎮邊綏平

鄜州下宋洛交郡康定軍節度國初因之置保大軍節

慶使戶六萬二千九百三十一縣四鎮四山洛水盤山

坊州中刺史宋中部郡郡軍事戶二萬七千四十六縣二華池水圍

鎮一中部有沮河橋山石堂宜君有沮水鎮一玉華

克戎置城一嗣武堡一開光關一永寧

第四將城一

天會五年元帥府宗翰宗望奉詔伐宋若克宋則割

地以賜夏及宋既克乃分割楚夏疆封自麟府路洛

陽溝距黃河西岸西歷暖泉堡鄜延路米脂谷至累

勝寨環慶路威延寨踰九星原至委布谷口涇原路

威川寨略古蕭關至北谷口秦鳳路通懷堡至古會

州自此距黃河依見流分熙河路盡西邊以限楚夏

之封或指定地名有懸邈者相地勢從便分畫

慶原路舊作陝西西路府一領節鎮二刺郡三縣十八鎮

二十三城二堡四寨二十二邊將營八

慶陽府中宋安化郡慶陽軍節度本慶州軍事團初改

安國軍後置定安軍節度使兼總管皇統二年置總管

府戶四萬六千一百七十一縣三城二堡一寨三鎮七

安化山延慶水彭原有彭池原睦陽川

五金櫃懷安華池白豹安強華遠

樂五交馬景山城二大順寨三堡一荔原

安化倚有馬嶺

環州上刺史宋軍軍國初因之大定間升為刺郡戶九

千五百四縣一堡三寨六鎮三

堡三木瓜歸德興平舊有惠後廢寨六洪德烏倫安邊鎮三

通遠倚有鹹河馬嶺鎮

合道馬嶺木波

寧州中刺史宋彭原郡興寧軍節度國初因之皇統二

年降為軍仍加西字天德二年去西字為刺郡戶三萬

四千七百五十七縣四鎮五　安定本名定安大定九

年更名倚有洛水大定九

襄樂有延川水

陵鎮一交城　定平　鎮二大昌真寧羅川水鎮二山河

山要關

金史二十六　十五

邠州中宋新平郡靖難軍節度使國初因之戶四萬七
千二百九十一縣五鎮三寨一　新平倚尚有涇
山車宜祿有涇水鎮一亭　　　水濟有涇水淳化仲有
箱坂峒内水　常寧三水水羅川水鎮一清泉　口永壽宋禮州鎮一永壽
邠寨鎮後於寨一
割隸涇州寨一舊有永壽

原州上刺史宋平涼軍事戶一萬七千八百縣二鎮三寨五　臨涇倚
俊復軍事戶一萬七千八百縣四寨一鎮二　泉新城寨五安國遠西開遠
朝那水彭陽浦川河　蕭鎮五　綏寧平安清平
陽晉水　　　　　　　鎮三　　　　　　臨涇倚

涇州中彰化軍節度使本治涇州元光二年徙治長武
七年寨一官地長武　良原　靈臺　鎮二邠寨
戶二萬六千二百九十縣四寨一鎮二　涇川縣本保定大定

邊將

第二將營在荔原堡西白豹城南七十五里戶三千
七百十六　次西第四將營戶一千二百三十二
次西第三將營戶二千一百五　次西第八將營
戶一千二百二十二　次西第七將營戶八百五十
次西第九將營戶七百二十七　次西第六將營戶
九百八十九　次西第五將營戶三百六十四
皇統六年以德威城西安州定邊軍等沿邊地賜夏
國從所請也正隆元年命與夏國邊界對立烽堠以
防侵軼

金史二十六　十六

臨洮路皇統二年改熙州為臨洮府置熙秦路總管府大
定二十七年更今名府一領節鎮一防禦一刺郡四縣
一十三鎮六城六堡十二寨九關二
臨洮府中宋舊熙州臨洮郡鎮洮軍節度後更為德順
軍皇統二年置總管府　蘭子大黃產甘草　戶一萬九千七百二
十一縣三鎮一城一堡四　狄道有白石山洮南　慶
城一　景骨當川　堡一通谷　康樂　堡三川臨宋界
積石州下刺史本宋積石軍溪哥城大定二十二年為
州戶五十一百八十五縣一城三堡三　懷羌西至生羌界八
里城三　通臨河夏界來羌臨夏邊

洮州下宋嘗置團練刺史舊軍事臨宋界至西生羌界
八十里戶一萬一千三百三十七堡二　城臨宋界無
蘭州上刺史宋金城郡軍事戶一萬二千三百六十縣
三鎮三城二堡三關一　定遠兼第十將去質孤
寨阿干寨舊城二安遠堡三東關西開臨黃河夏邊　質孤堡一京玉
鎮三原川猪關　關一京玉

鞏州下節度宋通遠軍皇統二年升軍事為通遠軍節
度使戶三萬六千三百一縣五寨四鎮一　隴西宋舊
通渭　定西州以通西安西祿為鎮一臨川舊有斉通

西安 寨四 熱羊嶺宋界 來遠去宋界二十五里舊爲鎮 永寧去宋界三十里南

川舊有平西寧遠二寨及南三分堡

會州上刺史宋前舊名汝遮戶八千九百一十八縣一

舊有會 寨二關一 保川 寨二 平西關一 會寧作會寧
川城 通安關一

河州下防禦宋安鄉郡軍事至都四十七百一十里

統二年升軍置爲防禦貞祐四年十月升爲節鎮軍百

平西戶一萬四千九百四十二縣二城一寨三鎮一

枹罕圍初廢貞元年復置 寧河 城一關一安鄉寨三關
定羌城 南川通會

鎮一積慶

22-279

河渠

黃河　漕渠　盧溝河　潯沱河　漳河

金史第二十七

黃河，金始克宋，兩河悉畀劉豫，豫亡，河遂盡入金境。數十年間，或決或塞，遷徙無定。金人設官置屬以主其事。沿河上下凡二十五埽，六在河南，十九在河北，埽設散巡河官一員。雄武等原武、陽武、延津五埽則兼汴河事，設巡河官一員於河陰以蒞之。懷州、孟津、孟州及城北之四埽則兼沁水事，設黃沁都巡河官一員於懷州以臨之。崇福上下、衛南、淇上四埽屬衛南都巡河官，則居新鄉。武城、白馬、書城、教城四埽屬濬州都巡河官，則居濬州。曹甸、孟華、凌城、東明、西佳等四埽屬曹濟都巡河官，則居曹甸。都巡河官者也，故都巡河官凡六員。後又特設崇福上下埽都巡河官，兼石橋使。凡巡河官皆從都水監廉舉，總統埽兵萬二千餘人，歲用薪百二十一萬三千餘束，草百八十三萬七百餘束，椿杙之木不與此，備河之恒制也。

大定八年六月，河決李固渡，水潰曹州城，分流于單州之境。南統軍使宗室宗敘言，大河所以決溢者，以河道積淤不

金史廿七

能受水故也。今曹、單雖被其患，而兩州本以水利為生，所害農田無幾。今欲河復故道，不惟大費工役，又卒難成功。縱能塞之，他日霖潦，亦將潰決，則山東河患，又非曹、單比。也又沿河數州之地，驟興大役，人心動搖，恐宋人乘間構，為邊患。而蕭亦言新河水六分，舊河水四分，今若塞北決則山東河北皆被其害，不若李固南渡以東薊河合，則二水復合為一，如遇盛漲，南決則害於南京，北決則山東河北皆被其害。此者皆當革其弊，擇所利而行之。二十一年，河決王村，南京，孟、衛州界多被其害。十二年正月，尚書省檢視官言水為河南統軍時嘗言黃河隄埽利害甚合朕意。上諭之曰，卿省以聞，上從之。三月拜宗敘為參知政事，上諭之曰卿昨姓凡有差調，吏互為奸弊，若不早計而迫期徵斂，則民增十倍之費，然其所徵之物，或委積經年至腐朽不可復用，使吾民穀十萬之財，皆為棄物，此害非細。卿既案朝政凡類

金史廿七

東南行，其勢甚大，可自河陰廣武山循河而東至原武、陽武、東明等縣，孟、衛等州，增築隄岸，循河日役夫萬一千，以六十日畢。詔遣太府少監張九思同知南京留守事統石烈邊補闕，小字阿監護工作。十三年三月，以尚書省請修孟津、濬澤、崇福埽堤，以備水患，上乃命雄武以下八埽並以類從。軍十七年秋七月，大雨，河決白溝。十二月，尚書省奏修築

日役夫一萬一千五百以六十日畢工詔以十八年
二月一日發六百里內軍夫并取職官人力之半餘聽發
民夫以尚書工部郎中張大節同知南京留守事高蘇董
役先是祥符縣陳橋鎮之東至陳留潘崗黃河堤道四十
餘里以縣官攝其事南京有司言乞專設埽官十九年九
月乃設京埽巡河官一員二十年河決衛州及延津京東
水因令秋霖潦暴漲遠失故道勢益南行宰臣言河
埽瀰漫至于歸德府檢視官南京副留守石抹輝者言河

衛州埽下接歸德府南北兩岸增築堤以捍湍怒計工一
百七十九萬六千餘日役夫二萬四千餘期以七十日畢

金史二十七　**志第八**　**四面五十**　**三**　**圓十中**

工遂于歸德府刱設巡河官一員埽兵二百人且詔頻役
夫之地與免今年秋賦二十一年十月以河移故道命築
堤以備二十六年八月河決衛州堤壞其城上命戶部侍
郎王寂都水少監王汝嘉馳傳措畫備禦而寂視被災之
民不為拯救乃專集眾以網魚取官物為事民甚怨上
聞而惡之既而河勢泛溢及大名上於是遣戶部尚書劉
璣往行戶部事從宜規畫黜寂為灤州防禦使冬十月上
謂宰臣曰比聞河水泛溢民罹其害者賣產皆空今復道
它日又曰朕聞亡宋河防一步置一人可添設河防軍數
官於被災路分推排何耶右丞張汝霖曰今推排者皆非

被災之處上曰雖然必其鄰道也既鄰道水而居豈無驚擾
還避者乎計其貲產豈有餘哉尚何推排為十一月又謂
宰臣曰河未決衛州時嘗有言者既決之後有司言鄭州河陰
令朕知命詢其故二十七年春正月尚書省言鄭州河陰
縣括唐古出主簿溫敦偎喝以河水入城閉塞救護有功
聖后廟曰靈德善利之廟二月以衛州新鄉縣令張籫永
禱祈河遂安流乞加襃贈上從其請加號曰昭應順濟
橋聖后廟前代河水為患屢橋有應睿加封號曰昭順濟

河防缺壞特不介意若令沿河京府州縣長貳官皆坐於名
皆邊賞有差御史臺言自來沿河京府州縣官視管內

金史二十七　**志第八**　**四四年**　**四**　**圓十中**

衢管勾河防事如任內規措有方能禦大患或守護不謹
以致疎虞臨時聞奏以議賞罰上從之仍命每歲將泛之
時令工部官一員沿河檢視於是以南京府及所屬延津
封丘祥符開封陳留胙城杞縣長垣歸德府及所屬宋城
寧陵虞城河南府及河南孟津河內武陟
同州朝邑衛州汲新鄉獲嘉徐州彭城蕭豐孟州河陽溫
鄭州河陰滎澤原武汜水濬州衛陜州閿鄉湖城靈寶
州濟陰滑州白馬雎州襄邑胙州沛單州單父解州平陸
開州濮陽濟州嘉祥金鄉鄆城四府十六州之長貳皆提
舉河防事四十四縣之令佐皆管勾河防事初衛州為河

水所壞乃命增築蘇門還其州治至二十八年水息居民
稍還皆不樂遷於是遣大理少卿康元弼按視之元弼還
奏舊護州民復業者甚眾且南使驛道館舍所在向以不爲
水備以故被害若但修其堤之薄缺者可以無虞比之遷
治所省數倍不若從其民情修治舊城爲便乃不遷州仍
勑自今河防官司急慢失備者皆重抵以罪二十九年五
月河溢于曹州小堤之北六月上諭旨有司曰比聞五月
二十八日河溢而所報文字如此稽滯水事最急功不可
緩稍緩時頃則難固護矣十二月工部言營築河堤用工
六百八萬餘就用埽兵軍夫外有四百三十餘萬工當用

民夫遠詔命去役所五百里州府差顧於不差夫之地均
徵顧錢驗物力科之每工百五十文外日支官錢五十文
米升半仍命彰化軍節度使內族奭都水少監大齡壽提
控五百人往來彈壓先是河南路提刑司言沿河居民多
困乏逃移蓋以河防差役煩重故也竊惟禦水患者不過
堤埽若土功從實計料新棠椿杙以時徵歛亦復何難今
春築堤都水監初命取土甚近及其興工乃遠數倍今夫
懼不及程貴買土一隊之間多至千貫又許州初科薪
葦十八萬餘束旣而又配四萬四千是皆常歲必用之物
農隙均科則易輸納自今堤埽與工乞令本監以實計慶

量一歲所用物料驗數折稅或令和買於冬月分爲三限
輸納爲便詔尚書省詳議以聞明昌元年春正月尚書省
奏臣等以爲自今凡興工役先量員土遠近增築高甲定
功立限牓諭使人先知無令增加力役并河防所用物色
及次年春工多寡移報轉運司計置於冬三月分限輸納
委都水監每歲於八月以前拘籍舊貯物外實闕之數
納止依省科折他物更爲增價當官支付違者並論如
足則復於所近州縣和買然復應人戶道塗泥淖艱于運
如水勢不常夏秋暴漲危急則用相鄰埽分防備之物不
律仍令所屬提刑司正官一負馳驛監視體究如此則役

作有程而河不失備制可之四年十一月尚書省奏河平
軍節度使王汝嘉等言大河南岸舊有分流河口如可疏
導足泄其勢及長堤以此恐亦有可以歸納排淪之處乞
委官視之㳂北埽以比創起月堤臣等以爲宜從所言
其本監官皆以譜練河防故注以是職當使從汝嘉等同
往相視庶免異議如大河南北必不能開挑歸納其月堤
宜依所料興修上從之十二月勑都水監官提控修築黃
河堤及令大名府差正千戶一負部甲軍二百人彈壓句
當五年春正月尚書省奏都水監丞田櫟同本監官講議
黃河利害皆以狀上言前代每遇古堤南決多經南北清

河分流南清河北下有枯河數道河水流其中者長至七

八分比清河乃濟水故道可容三二分而已今河水趨北

㳙長堤而流者十餘處而堤外率多積水恐難依元料增

修長堤與創築月堤也可於北岸墻村決河入梁山濼故

道依舊作南北兩清河分流然北清河舊堤歲久不完當

今擬先於南岸王村宜村兩處決隄導水使長堤可以固

立年限增築大堤而梁山故道多有屯田軍戶亦宜遷徙

護視宜仍舊如不能疏導即依上開決分為四道竢見水

勢隨宜料理尚書省以櫟等所言與明昌二年劉璋等所

案視利害不同及令陳言人馮德輿與櫟面對亦有不合

者送工部議復言若遷於墻村疏決緣瀕北清河州縣二

十餘處兩岸連亘千有餘里其隄防素不修備恐所屯軍

戶亦卒難徙今歲先於南岸延津縣決堤瀉水其地岸

長自白馬以下定陶以上並宜加功築護庶可以遏將

來之患若定陶以東三埽棄堤則不必修止決舊壞河口

引導積水東南行流堤比張彪白塔兩河間磩水軍戶可

使遷徙及梁山濼故道分屯者亦當預為安置宰臣奏曰

若遽從櫟等所擬恐更張利害非細比召河平軍節度

使王汝嘉同計議先差幹濟官兩員行戶工部覆視之

同則就令計實用工物量州縣遠近以調丁夫其督趣春

工官即充令歲守派及與本監官同議經久之利詔以知

大名府事內族斎商尚書戶部郎中李敬義充行戶工部事

以參知政事胥持國都提控又奏差德州防禦使李獻可

尚書戶部郎中焦旭於山東當水所經就令講究河防及

北清河兩岸舊有堤處別率丁夫修築亦有可用者今以

之計他日上以宋閻士良所述黃河利害一帙付參知政

章政事守貞王汝嘉田櫟專管河防此國家之重事也

朕比問其曾於南岸行視否乃稱未也又問水決能行南

岸平又云不可知且水趨比久矣自去歲便當經畫令下

稱職如是耶可謝旨令佗盡心固護無致失備及講究所

以經久之計稍涉違慢當併治罪三月行省并行戶工部

及都水監官各言河防利害事都水監元擬於南岸王村

宜村兩處開導河勢緣比來水勢去宜村堤稍緩唯王村

岸向上數里臥捲可以開決作一河且無所犯之城市村

落又擬於比岸墻村疏決依舊分作兩清河入梁山故道

比清河兩岸素有小堤不完後當築大隄尚書省謂以黃

河之水勢若於墻村決注則山東州縣膏腴之地及諸塩

場必被淪溺設使修築壞堤而又呑納不盡功役至重虛

困山東之民非徒無益而又害之也況長堤已加固護復

於南岸疏決水勢巳寢決河入梁山濼之議水所經城邑
巳勸率作護城隄矣先所修清河舊隄巳遣罷之監丞田
櫟言定陶以東三埽棄隄不當修止言決舊隄壓河口以導
漸水入堤北張彪白塔兩河之間凡當水衝屯田户須令
遷從臣等所見止當隄前作木岸以備之其間居人未當
遷從至夏秋水勢泛溢權令避之水落則當各復業此亦
户工部之所言也上曰地之相去如此其遠彼中利害安
得悉知惟委知政事持國盡心措畫可也四月以田
上諭旨然知政事持國盡心措畫令田櫟言河防事
畫不勞朕心爾如櫟所言築隄用二十萬工歲後五十日

五年可畢此後之大古所未有況其成否未可知就使可
成恐難行也遷從軍户四千則不為難然其水特決尚不
知所歸償有潰走若何枝梧如今南岸兩處疏決使其水
上諭或可分殺其勢然水之形勢朕不親見難為條畫雖
趙南或可分殺其勢然水之形勢朕不親見難為條畫雖
卿亦然丞相左丞皆不熟此可集百官詳議以行百官咸
謂櫟所言棄長堤無起新隄放河入梁山故道使南北兩
清河分流為省貴息民父之計臣等以為黄河水勢非
常變易無定非人力可以斡酌可以指使入梁山濼於
填巳高而北清河窄狹不能吞伏兼所經州縣農民廬井
非一使大河北入清河山東必被其害櫟又言乞許都水

監符下州府運司專其用度委其任責一切同於軍期仍
委教政提控緣今監官巳經添設又於外監署司多以沿
河州府長官兼領之及令佐管勾河防或急慢巳有同
河決陽武故隄灌封丘而東尚書省都官行部官有
軍期斷罪的決之法凡櫟所言無可用遂寢其議八月以
失固護詔命同知都水監高旭武衛軍指揮使女
巳經戒諭使之常切固護今王汝嘉等殊不加意既見水
勢趨南不預經畫承留守司累報為遷延以至害民即
奏列奕奕家奴同往規措尚書省都水監官前來有犯
是故違制命旨私罪當的決詔汝嘉等各削官兩階杖七十

罷職上謂宰臣曰李愈論河決措畫宜遣大臣往以慰人
心其言良是繼應河北決措畫堤防猶當置行省況今方
橫潰為害而止差小官恐失衆望自國家觀之雖山東之
地重於河南然民皆赤子何彼此之間乃命參知政事馬
琪往仍許便宜從事上曰李愈此行彼能張皇水勢而無
非提刑司統攝若與留守司以便宜率民固護或申聞省
部亦何不可使朕聞之之徒能張皇水勢而無經畫及其巳
決乃與王汝嘉一往視之而還亦未嘗有所施行問王村
河口開導之月則對以四月終其實六月也月日尚不知
提刑司官當如是乎尋命户部員外郎何格賑濟被浸之

口以其河水浸漫堤岸陷潰至十餘里外乃能取土而堤
面窄狹僅可數步人力不可施雖窮力可以暫成終當復
毀而中道於澱地有高低流不得泄且水退新灘亦難開
鑒其孟華等四埽與孟陽堤道沿汴河東岸但可施功者
即惠力修護將於農隙興役及凍畢工則京城不至為害
參知政事馬琪言都水外監貪數冗多每事相倚或復邀
功議論紛紜不一隨廢官事擬罷都水監擢皆諸司人或
員又自首選用都散巡河官止由監官辟舉諸司人或
有老疾避倉庫之繁行賄請託以致多名不稱職擬升都巡
河作從七品於應入縣令廉舉人內選注外散巡河依舊

金史卷二十七　志第八　十一　馬

亦於諸司及丞簿廉舉人內選注並取年六十以下有精
力能幹者到任一年委提刑司體察若不稱職即日罷之
如守禦有方致河水安流從本監及提刑司保申量
與升除九河橋司使副亦擬同此選注繼而提刑司亦以
為言乃從其請閏十月平章政事守貞曰馬琪措畫河防
事未見功役之數加之積歲興功民力將困今持國復病
請別遣有材幹者往議之上曰堤防救護若能成功則財
力固不敢惜第恐財彈力屈成而復毀如重困何宰臣對
曰如盡力固護縱為害亦輕若惕然不顧則為害滋甚上

曰無乃因是致盜賊乎守貞曰宋以河決興役亦嘗致盜
賊然多生於凶歉今時平歲豐少有差役未必至於此且河
防之役理所當然今之當役者猶為可耳至於科徵薪蒭
不問有無督輸迫切則破產業以易之恐民益困使津濟可也然
役夫須近地差取若遠調之民益苦但使津濟可也然
堤及汴堤已填築補修水不能犯汴城自今河勢趨比來
歲春首擬於中道疏決以解南北兩岸之危九計工八百
七十餘萬可於正月終興工畢前期再往河上監視上
以所言付尚書省而治檢覆河堤并守漲官等罪有差他

金史卷二十七　志第八　十二　馬

然恐智力有所不及若別差官相度儻有奇畫亦未可知
日尚書省奏事上語及河防事馬琪奏言臣非敢不盡心
如適與臣策同方來興功亦庶幾稍寬朝廷憂顧上然之
命翰林待制奧屯忠孝權尚書戶部侍郎太府少監溫昉
權尚書工部侍郎行戶工部事修治河防且諭之曰汝二
人皆朕所素識以故委任其副朕意如有錯失亦不汝容
承安元年七月勅自今沿河傍側州府縣官雖部除者皆
勿令員闕泰和二年九月勅自今沿河御史臺官河防利害初不與
卿等事然臺官無所不問應體究者亦體究之五年二月
以崔守真言黃河危急補蓋物料雖云折稅每年不下五

六次或名為和買而未嘗還其直勒委右三部司正耶瀹
御史中丞孟鑄講究以聞瀹等言大名府鄭州等處自承
安二年以來所科斂蒙未給價者計錢二十一萬九千餘
貫遂命以各處見錢差能幹官同各州縣清強官一酬
之續令按察司體究宣宗貞祐三年壬申上遺參知政事
侯摯祭河神於宜村三年四月單州刺史顏盞天澤言守
禦之道當決大河使北流德博觀滄之境今其故堤宛然
猶在工役不勞水就下必無漂没之患而難者若不以犯
滄鹽場損國利為說必以浸没河北良田為解臣嘗聞河
側故老言水勢散漫則淺不可以馬涉深不可以舟濟此

守禦之大計也若曰浸民田則河徙之後淤為沃壤正宜
耕墾收倍于常利虢大河一路兵食不
足而河北山東之民皆尾解矣詔命議之四年三月延州
剌史溫樊可喜言近世河離故道自衛東南而流由徐邳
入海以此河之地為狹臣竊見新鄉縣西河水可決使
東北其南有舊隄水不能溢行五十餘里與清河合則由
濬州大名觀州清州柳口入海此河之故道也皆有舊隄
補其缺鑿足矣如此則山東大名等路皆在河南而河北
諸郡亦得其半退足以為禦備之計進足以壮恢復之基
又言南岸居民既已籍其河夫修築河堰營作戍屋又使

轉輸匄粮賦後繁敷倍於他所夏秋租稅猶所未論乞減
其稍緩者以寬民力事下尚書省宰臣謂河流東南舊矣
一旦決之恐不容衍溢而出分為數河不復可收水
分則淺狹易渡天寒報凍禦備愈難此甚不可詔但令量
減南岸郡縣居民之賦後五年夏四月勅樞密院沿河
要害之地可壘石岸仍置撒星椿陷馬墼以備敵
漕渠金都於燕東去灤水五十里故為帥以節高良河曰
運潭諸郡水以通山東河北之粟厄諸路瀕河之將陵東光清
以貯傍郡之税若恩州之臨清歷亭景州之城則置倉
州之與濟會川獻州及深州之武強是六州諸縣皆置倉

之地也其通漕之水舊黃河行滑州大名恩州景州滄州
會川之境漳水東北為御河則通蘇門獲嘉新鄉衛州濬
州黎陽衛縣彰德磁州洺州之餽衛水則經深州會千室
沱以來獻州清州之餽皆合于信安海壖沂流而至通州
由通州入牐十餘日而後至于京師其它若霸州之巨馬
河雄州之沙河山東之北清河皆其灌輸之路也然自通
州而上地峻而水不留其勢易淺舟膠不行故常從事陸
輓人頗艱之世宗言者請開盧溝金口以通漕運後
粮數年竟無成功事見漕渠其後亦以牐河或通或塞而
但以車輓矣其制春運以冰消行暑雨畢秋運以八月行

冰凝畢其綱將發也乃合衆以所載之粟苴而封之先以
付所卸之地視與所封樣同則受凡綱船以前期三日修
治日裝一綱裝畢以三日卸又三日給行計道里分泝流沿流為限
至所受之倉以三日卸付凡輓漕脚直水運
臨每石百里四十八文米五十文一分二蹩七毫陸運備米四十
文一分三毫錢則每蹩一文七分二蹩八毫陸運備米
每石百里一十二文一分五毫粟五十七文六分八蹩
四毫錢每蹩三文九蹩六毫餘物每百斤行百里平路則
春尰百三十一文五分夏秋百五十七文八分山路則
冬百四十九文夏秋二百一文凡使司院務納課備直春
冬九十文三分夏秋百一十四文諸民戶射賃官船漕運
年尰一分七蹩四蹩五年以上尰一分初世
宗大定四年八月以山東大熟詔移其粟以實京師十月
上出近郊見運河運塞召問其故主者云戶部不為經畫
所致上名戶部侍郎曹望之責曰有河不加濬使百姓陸
運勞甚罪在汝等朕不欲即加罪宜悉力使漕渠通也五
年正月尚書省奏可調夫數萬上日方春不可勞民令宮
籍監戶東宮親王人從及五百里內軍夫濬治二十一年
以八月京城儲積不廣詔沿河恩獻等六州粟百萬餘石

運至通州輦入京師明昌三年四月尚書省奏遼東北京
路米粟素饒宜航海以達山東昨以按視東京近海之地
自大務清口并咸平銅善館皆可置倉貯粟以通漕運者
山東河荒歉即可運以相濟制可承安五年邊河倉州
縣可令折納救二十萬石漕之亦然遂命都水監丞田櫟相視
帶支仍漕麥十萬石各支本色乃命水監丞田櫟相視內
運粮河道泰和元年尚書省以景州漕運司所管六河
歲稅不下六萬餘石其科近官者不下二百里官吏取
賄延阻人不勝苦雖近官監之亦然遂命監察御史一員
性來糺察之五年上至覇州以故漕河淺遊勑尚書省發
剝載為名姦百出於是遂定制凡漕河所經之地州府
經之地州縣官以為無與於己多致淺滯使綱戶以盤淺
官街內皆帶提控漕河事勾當漕河事俾催撥
綱運營護限岸為府三大興大名元城館陶夏津武清
者官對給之民田則多酬其價六年尚書省以凡漕河所
山東河北河東中都北京軍夫六千改鑿之犯屯田戶地
歷亭臨清吳橋將陵東光南皮清池靖海興濟會川交河
樂壽武強安陽湯陰臨漳成安澄陽內黃粱陽衛蘇門獲
嘉新鄉汲潞武清香河漷陰十二月通清河顙設巡河官

一負與天津河同為一司通管漕河腳岸止名天津河迤
河官隸都水監八年六月通州刺史張行信言船自通州
入腳凡十餘日方至京師而官支五日輛腳之費遂增給
之貞祐三年既還于汴以陳穎二州瀕水欲借民船以漕
不便遂依觀州漕運司設提舉官募船戶而籍之命戶部
勾當官往來巡督四年從右丞侯摯言開沁水以便饋運
上又念京師轉輸之勞命出尚厩牛及官車以助其力與
定四年十月諭皇太子曰中京運粮護送官車以漕
有一失柩奇官亦有罪矣其船當用毛花輦所造兩首尾
者仍張幟如渡軍之狀勿令敵知為粮也陝西行省把胡

志第八　　金史三十七　　十七　　陳祐之

嘗言陝西歲運粮以助關東民力浸困若以舟自渭入河
順流而下可以紓民力遂命嚴其偵候如有警則皆維於
南岸時朝廷以邠徐宿泗四軍備京東縣輓運者歲十餘萬
石民甚苦之元光元年遂於歸德府置通濟倉設都監一
負以受東郡之粟定國節度使李復亨言河南駐蹕兵不
可闕粮不厭多比年少有圜之即仰給陝西陝西地腴歲
豈十萬石之助不難但以車運之費先去其半民何以堪
宜造大船二十由大慶關渡入河東抵湖城往還不過數
日萬工不過百人使舟皆容三百五十斛則是百人以數
日運七千斛矣自夏抵秋可漕三千餘萬斛且無稽滯之

惠上從之時又於靈壁縣灉郡鎮設金都監及監支納以
方開長直溝將由萬安湖舟運入汴至泗以貯粟也
盧溝河大定十年議決盧溝以通京師漕運上忻然曰如
此則諸路之物可徑達京師利孰大焉命計之當後千里
內民夫上命免被災之地以百官從人助役已而勅宰臣
曰山東歲飢工役與則妨農作能無怨乎開河本欲利民
而反取怨不可其姑罷之十一年十二月省臣奏復開之
自金口踰導至京城北入壕而東至通州之北入潞水計
工可八十日十二年三月上令人覆按還奏止可五十日
上召宰臣責曰所餘三十日徒妨農費工卿等何為慮

志第八　　金史三十七　　十八　　陳祐之

及此及渠成以地勢高峻水性渾濁峻則奔流漩洄齧岸
善昌朋濁則泥淖淤塞積渾成淺不能勝舟其後上謂宰臣
曰分盧溝為漕渠竟未見功若果能行南路諸貨皆至京
師而價賤矣平章政事駙馬元忠曰請求識河道者按視
其地竟不能行而罷二十五年五月盧溝決於上陽村先
是決顯通寨詔發中都三百里內民夫塞之至是復決朝
廷恐枉費工物遂令且勿治二十七年三月宰臣以孟家
山金口牐下視都城高一百四十餘尺止以射糧軍守之
恐不足恃儻遇暴漲人或為姦其害非細若固塞之則所
灌稻田俱為陸地種植禾麥亦非曠土不然則更立重梁

仍於岸上置埽官廨署及埽兵之室庶幾可以無虞也上
是其言遣使塞之夏四月丙子詔封盧溝水神為安平侯
二十八年五月詔盧溝河使旅往來之津要令建石橋未
行而世宗崩章宗大定二十九年六月後以涉者病河流
湍急詔命造舟既而更命建石橋明昌三年三月成勅命
名曰廣利有司謂車駕之所經行使客商旅之要路請官
建東西廊令人居之上曰何必然民間自應為耳左丞守
貞言但恐為豪右所占況罔利之人多止東岸若官築則
東西兩岸俱稱亦便於觀望也遂從之六月盧溝隄決詔
速遏塞之無令泛溢為害右拾遺路鐸上疏言當從水勢
分流以行不必補修玄同口以下丁村以上舊堤上命宰
臣議之遂命工部尚書胥持國及路鐸同檢視其隄道
太原冀州民夫二萬八千繕完其隄岸十年二月盧溝
漳沱河太定八年六月灤沱犯真定發河北西路及河
間太原冀州民夫五百里民夫以十八年二月灤沱
河勑設巡河官二員十七年灤沱決白馬岡有司以聞詔
遣使固塞發真定五百里內民夫以十八年二月一日興
役命同知真定尹鵬沙虎同知河北西路轉運使徐偉監
護
漳河大定二十年春正月詔有司修護漳河隄所須工物
一切並從官給毋令擾民泰昌二年六月漳河及盧溝隄

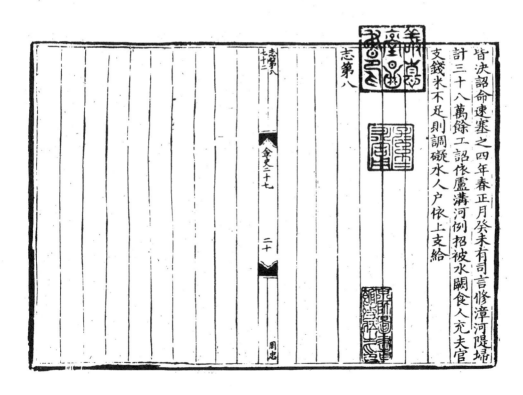

皆決詔命造命速塞之四年春正月癸未有司言修漳河隄埽
計三十八萬餘工詔依盧溝河例招被水闕食人充夫官
支錢米不足則調碾水人戶依上支給

開府儀三司上柱國錄軍國重事中書右丞相監修國史領經筵事都總裁臣脫脫奉
勅修

禮一　郊

金人之入汴也時宋承平日久典章禮樂粲然備具金人
既悉收其圖籍載其車輅法物儀仗而北時方事軍旅未
遑講也既而鈞帝會寧建宗社事草創皇統間熙宗廵幸
析津始乘金輅道儀衛陳鼓吹其觀聽間赫然一新而宗社
朝會之禮亦次第舉行矣繼以海陵狼顧赫然併吞江南
乃命官修汴故宮繕宗廟社稷悉載宋故禮器以還外而

〔金史天　一〕

顯武內而縱欲其獻既失矣敢議禮樂哉世宗既興復收
鄉所遷宋故禮器以旋迊命官鼎校唐宋故典沿革詳
定所以議禮設詳校所以審樂統以宰相通學術者於一
事之宜適一物之節文既上聞而始彙次至明昌初書成
凡四百餘卷炳然有序名曰金纂修雜錄九事物名數支分派引珠
貫其井然又圖吉凶二儀閫簿十三節
以備大蒐小鹵簿九節以備郊廟而命尚書左右司春官
太常寺各掌一本其意至深遠也是時寓內阜安民信
兵曹布列干戈載百年者實此乎基嗚呼禮之為國也信
物小康而維持載百年者實此乎基嗚呼禮之為國也信
矣夫而況關雎麟趾之化其流風遺思被於後世者爲何

如也宣宗南播疆宇日蹙旭日方升而爛火之然蔡流弗
東而餘燼滅矣圖籍散逸既莫可尋而其宰相韓企先等
之所論列禮官張暐與其子行簡所私著者又公缺亦凶其
傳故書之存僅集神祀朝觀會同等儀而爲書若夫凶禮
撥其大蒐其行乎否耶蓋莫得而考也故宣孝之變亦存
則略焉蓋自熙宗海陵紹王之繼載曰鹵簿十三節禮存
以備大蒐其行乎否耶蓋莫得而考也故宣孝之變亦存
亦不復紀憶告朝饋羊雖孔子所不去而史之缺文則亦
慎之作禮志

南北郊金之郊祀本於其俗有拜天之禮其後太宗即位

〔金史天　二〕

乃告祀天地蓋設位而祭也天德以後始有南北郊之制
大定明昌其禮寢備南郊壇在豐宣門外當闕之巳地圓
壇三成成十二陛各按辰位遺墻三匝四面各三門爲宮
東北厨庫在南壇墻之亥地方壇在通玄門
外當闕之亥地方壇曰大明在施仁門外之東南當闕
周四面亦三門朝日壇曰大明在施仁門外之東南當闕
之卯地門壇之制皆同方丘夕月壇曰夜明在彰義門外
之西北當闕酉地掘地汙之爲壇其中常以冬至日合祀
昊天上帝皇地祇於圜丘夏至日祭皇地祇於方丘春分
朝日於東郊秋分夕月於西郊大定十一年始郊命宰臣

議配享之禮左丞石珤奏曰按禮記萬物本乎天人本乎
祖此所以祖配上帝也蓋配之者侑神作主也自外至者
無主不止故推祖考配天尊之也兩漢魏晉以來皆以高宗
一祖至唐高宗始以高祖太宗崇配垂拱初又加以高宗
遂有三祖同配之禮至宋亦嘗以三帝配後禮院上議以
爲對越天地神無二主由是止以太祖配至親郊配臣謂冬至親郊
宜從古禮上曰唐宋以私親不合古不足爲法令止當以
太祖配又謂宰臣曰本國莫大于祀祀莫大于天振古所
制築壇亦宜我國家紬遂宋主据天下之正郊祀莫大于天

〔金史二八〕 三

可不行乃以八月詔曰國莫大于祀祀莫大于天振古所
行舊章咸在仰惟太祖之基命詔我本朝之燕謀奄有萬
邦于今五紀因時制作雖增飾于國容推本奉承猶未逞
予辟祀周或不欽乃於前一日遍見祖宗告以郊祀之事
今年十一月十七日有事于南郊谷爾有司各揚乃職相
報取陽升之至日將親享于圜壇嘉與臣工共圖熙事以
于郊見況天休茲至而年穀屢豐敢不敷繹曠文明昭大

其日備法駕國簿躬詣郊壇行禮〇儀注齋戒用唐制大
祀散齋四日致齋三日中祀散齋二日致齋一日天子親
祀皆前期七日攝太尉誓亞終獻官親王陪祀皇族於宮
省皇族十五以上官雖不至七品者亦助祭受誓又誓百

官於尚書省攝太尉南向司徒北向監察御史在西監禮
博士居東皆相向太常卿光祿卿在司徒後重行北向司
天監光祿丞太廟令丞太官令丞良醞令廩犧
令郊社丞司尊太祝奉禮郎協律郎諸執事官皆重行西
上比向禮直官贊曰誓文授攝太尉乃誓曰維其年歲次其
甲其月其日其甲皇帝有事于南郊各揚其職其或不恭
國有常刑禮直官贊文授攝太尉乃誓曰維其年其日尚
於宮省之儀皆同於是皇帝散齋于別殿前致齋一日尚
舍設御坐於大安殿當中南向設東西房於御坐之側設
御幄於室內施簾於楹下享前三日陳設小次享前一日

〔金史天〕 四

設拜褥及皇帝版位皇帝飲福位及黃道禮褥自王輅下
至升輿所及致齋之日通事舍人引文武五品以上官陪
位如式諸侍衛之官各服其器服並結珮詣閤奉迎上
水二刻侍中版奏外辦皇帝服袞冕乘與出警蹕侍
衛如常儀皇帝即御座東向坐通事又承傳殿上下俱拜
訖西面贊侍位各柢候一刻頃侍中跪奏臣某言請降就齋倦
伏興還侍位皇帝降御座入室摩官皆退就齋宿於
正寢治事如故不豫喪問疾不判署刑殺文字不決罰罪
人不與穢惡事致齋日惟祀事則行餘悉禁已齋而闕者
通攝行事〇陳設前祀五日儀鑾尚舍陳設齋宮有司設

禮志九　金史二十八

應從侍衛次於宮東西又設陪祀親王次宮東稍南西向
比上宗室子孫位於其後又設司徒亞終獻行事執事官
次於壇南外遺門之西東向比上重行異位又設天名房
在壇南外遺門之東西向大禮使次於其後皆西向又設
席南向於東遺門內道比南中遺東門之東壇之巳位
大次於東遺門外西比駐車輅以備風雪祀前三日尚舍設
其器服守衛遺門每門二人於社令帥其屬掃除壇之上
下及遺之內外乃為爨坎
又為瘞坎在中遺內戎位祀前二日太樂令帥其屬設登
歌之樂於壇上稍南比向玉磬在午陛之西金鐘在午陛
之東祝一在鐘前稍比敧一在磬前稍比東西相向歌工
之次各立於縣後敧在前敝竹在後於壇下第一
等上皆重行異位比向又設宮縣樂於遺外門之外八佾
二舞表於樂前又設采莢樂於應天門前祀前一日奉禮
郎升設皇帝版位於壇上辰巳之間比向又設皇帝飲福
位於其左稍却比向又帥禮直官設亞終獻位於卯陛之
西太常卿比上司徒位於卯陛之東道南西向禮部尚書
東比西向比上稍却位於其東次之太常丞光祿丞又
之又設大禮使位於小次之左少却西向又設分獻官司
太常卿光祿卿禮部侍郎位各次之太常丞光祿丞又

禮志九　金史二十八

天監讀冊中書侍郎位於中遺門道比西向郊社令廩犧
令太官令良醞令位於其後皆西向又設郊社丞太祝奉禮郎以
下諸執事官於其後皆西向重行異位又設從祀奉禮郎武舉
官一品至五品位於中遺門外道比西向皆重行立又設
助奠祝史廩犧郎位於東遺門內道南西向皆從祀皇族
於道南西向六品至九品從祀群官又於其南皆西向重
行異位各依其品又設監察御史二員一員在午陛之西
南一員在子陛之西比皆西向又設監禮博士二員一員
在午陛之東南一員在子陛之東比皆西向又設太常令
位於樂縣之間稍東西向協律郎位於樂虡之西東向又
設奉禮郎於壇南稍東西向贊者次之司尊位於酌尊所
俱比向又設牲牓於外遺東門之外西向又設文武舉
西南向牲位太史牲各位於牲後俱西向又陳
設禮部尚書牲牓之東比向又設禮部
尚書位之西稍却比向又設監察御史監禮博士於禮部
丞光祿太官令位於其後監察御史監禮博士於太常
禮饌於饌牓之前案上末後三刻陳饌之時又設禮部尚
書太常卿光祿卿位於案前稍西比上東向又設監祭
丞太官令位於其後西向太常丞光祿
案前稍西比上東向又設異寶嘉瑞位於宮縣西比太府

少監位於寶後諸州歲貢位於宮縣東北戶部郎中位於
其後天子八寶位於宮縣東南符寶郎八員各於寶後伐
國毀寶位於宮縣東南府少監位於其後又設大樂令
位於宮縣之比稍東協律郎二在大樂令南東西相向司
天監未後二刻同郊社令升設昊天上帝地祇神座於
壇上比方南向地祇位在東稍卻席皆以蒲越五方帝日月神州地祇天皇大
帝比極神座於壇上第一等席皆以莞秸内官五十四座五
神五官嶽鎮海瀆二十九座於壇第二等中官一百五十
有八座崐崘山林川澤二十一座於壇上第三等外官一
百六座丘陵墳衍原隰三十座於内壝之内衆星三百六
十座在内壝之外席皆以莞神座版各設於座首又設禮
神玉侯告潔畢權徹去壇上及第一等神位祀日前五刻
重設奉禮郎同司尊及執事者設天地配位各左十有一
邊在左籩在右各於神座前籍以席又設天地位酒尊著
尊各二著尊各二犧尊各二山罍各二山罍各二壺尊著
尊二犧尊二象尊二在天地位酒尊之東俱北向西上皆
有坫加勺冪罍斝斟所又天地位象尊各二壺尊各二山
罍各四在壇下午陛之南比向西上配位壺尊二山罍四

在酉陛之比東向比上皆有坫設而不酌亦左以明水右
以玄酒又設五方帝日月神州地祇天皇大帝比極第一
等皆左八邊右八豆登在邊豆間籩一在登前斝坫第一
一在神座前第二等内官五十四座五神五官嶽鎮海瀆
二十九座每座邊二豆二籩一俎一爵坫一第三等
中官一百五十八座崐崘山林川澤二十一座及内壝内
外官一百六十座丘陵墳衍原隰三十座内壝外每座加勺自第
第三等每位豆二籩二俎一爵坫一又設第三等
等每位太尊二著尊二皆有坫加勺第二等每陛山尊二
第三等每位壺尊二内壝内外每辰概尊二皆加勺自第
二等已下皆用匏爵先洗拭訖置於尊所其尊所皆在神
位之左凡祭器皆籍以席邊豆各加巾蓋又設天地及配
位每位俎二籩一簋一簠一俎四及毛血豆各一并第一等神
位每位俎二於饌幔内又設皇帝洗二於卯陛下道比南
向盥洗在東爵洗在西匜在東巾在西篚南肆實玉爵坫
又設亞終獻洗位在西南肆加巾又設第一等分獻官盥
及第二等分獻官盥洗位各於其後陛道之左罍在洗左
籩在洗右俱内向執罍篚者位於其後太府監少府監祀
前一日未後二刻帥其屬升壇陳玉幣昊天上帝以蒼璧

蒼幣皇地祇以黃琮黃帝以黃幣配位以蒼幣
以青珪赤帝以赤璋大明以青珪璧天皇大帝以白琥黑帝以
玄璜北極以青珪璧天皇大帝以玄琥地祇以玄
色兩珪有邸皆置於匣五帝之幣各從其方色九幣皆陳
於籩設訖侯告潔訖權去祀日重設祀日丑前五刻禮
部設祝冊歲貢於神座之右皆席置於匣太常卿明燈燎戶部郎中
於宮縣立於歲貢之後比向太府監少府監設異寶嘉
此向少府監設伐國毀寶於宮縣東南宿籍以席立於

瑞居前中下次之皆籍以前列玉帛次之禮後

實後比向符寶郎設八寶於宮縣西南各分立於寶南皆
北向司天監太府監少府監郊社令奉禮郎升設昊天上
帝皇地祇配位及壇上第一等神座又設玉幣各於其位
太祝取瓚玉加於幣以禮神之玉各置於神座前乃退
行以右為上形鹽在前魚醢模餬次之第二行韭菹次之
桃乾橑乾棗次之第三行脯乾橑棗鹿脯豆二鹿醢菁菹稷登
三行以在為上芹菹在前筍菹葵菹次之第二行韭菹
豆三行以右為上菁菹魚醢兔醢皆大羹第一等壇上一十位每位皆
籩次之簠黍簋稷登皆大羹第一等壇上一十位每位皆
在前菁菹魚醢兔醢次之第三行脉胎在前醓醢醢食鹿

實邊三行以右為上形鹽在前魚纚次之第二行乾橑在
前桃橑棗次之第三行乾芡在前榛實鹿脯豆
左為上芹菹在前韭菹魚醢次之第二行韭菹魚醢菁菹稷登
次之第三行脉胎在前醓醢醢食鹿醢鹿醢菁菹稷登
大羹第一段內實每豆昊天上帝皇地祇大羹第一段良
次之第二第三等每位遵二鹿脯豆二鹿醢菁菹稷登俎羊
羊一段內實每豆昊天上帝皇地祇大羹一段良
醞齊帥其屬入實每豆昊天上帝皇地祇大羹配位
沉齊著尊次之實以醴齊犧尊次之實以盎齊象尊次之實以
實以醴齊著尊次之實以沉齊犧尊次之實以盎齊象尊次之實以
著尊為上實以沉齊犧尊次之實以醴齊象尊次之實以

盎齊壹尊次之實以醴齊著尊為下實以三酒第
位大尊實以沉齊著尊實以醴齊第二等每
第三等及內壝屋尊實以沉齊內壝外每位遵二鹿脯豆
禮郎帥其屬入實尊罍為下實以三酒第一等每
行人未後二刻郊社令帥其屬掃除壇之上下司天監
以三酒○省牲器祀前一日午後八刻禮直官帥其屬設神位太府監
少府監陳玉幣於籩未後三刻禮直官引廩犧令與諸太
祝祝史以牲就位又禮直官贊者分引廩犧令太常卿
禮郎禮部侍郎太常丞監祭御史監禮博士廩犧令太
光祿卿禮部侍郎太常丞詣內壝東門外省牲位立定乃引禮部尚書
官令太官丞詣內壝東門外省牲位立定乃引禮部尚書

侍郎太常丞及監祭御史監禮博士升自卯階視濯滌執
事者皆舉冪告潔畢降復位禮直官稍前曰告潔畢請
省牲禮部尚書侍郎及太常卿丞稍前省牲訖退復位次
引光祿卿丞巡牲一匝光祿卿退光祿丞各還齋所餘引諸
祝史巡牲一匝首一貟西向躬身曰腯畢俱復位禮直官
稍前曰請省饌乃引禮部尚書以下各就位立定省饌訖
令與諸太祝史以次詣厨省饌授太官令丞各遂齋所餘
卿丞監祭監禮詣厨省鑊視滌濯畢乃還齋所睼後一

刻太官令帥宰人以鸞刀割牲祝史各取毛血實以豆置
於饌幔遂烹牲祝史乃取癅血貯於盤○奠玉幣祀日丑
前五刻亞終獻司徒巳下應行事陪從舉官各服其服就
次司天監復設壇上及第一等神位太府監少府監陳玉
幣太常卿郊社令丞明燭燎光祿卿丞實邊豆簠簋尊罍
侯監祭監禮案視訖徹去巾蓋大樂令帥工人布於縣
之內文舞八佾立於縣前表後武舞八佾各為四佾立於
宮縣左右引舞蠱舞等在前又引登歌樂工由卯陛而升
各就其位歌擊彈者分引分獻官監祭御史監禮博士諸執事及
禮直官贊者分引

太祝祝史齋郎助奠執尊罍舉冪奠官入自中壝東門當
壇南重行西上比向立定奉禮郎以下皆再
拜訖奉禮贊曰各就位贊者退復位禮直官引司
博士按視禮之上下斜察不如儀者退復位監祭御史監禮
徒入就位西向立禮直官引博士博士引亞獻自東壝偏
門入就位西向立又禮直官引終獻祀日未明
皇帝入次卽位於大次外質明詣次前跪奏請中嚴少頃
一刻通事舍人引侍中詣齋殿跪奏請中嚴少頃
頃乃跪奏外辦俟尚輦進輿乃跪奏稱具官臣某請皇帝
降座升輿皇帝至大次乃降輿乃跪奏稱具官臣某請皇帝
又奏外辦訖太常卿乃當次前跪稱具官臣某請皇帝行

事俟侍中升壇詣盥洗位至位乃奏請搢大圭盥手訖奏
行訖俟降神六成樂止太常卿別一貟乃升煙瘞血訖乃
拜訖侍中升壇詣齋盟洗位至位乃奏請搢大圭盥手訖奏
監進大圭太常卿奏請執大圭入自正門皇帝入小次位
西向立太常卿乃與博士分左右立定乃奏有司謹具請
請悅手皇帝悅手訖奏請執大圭乃引至壇上殿中監進
鎮圭乃奏請跪奠鎮圭皇帝跪奠昊天上帝神
座前奏請跪奠鎮圭皇帝執鎮圭詣昊天上帝神
鎮圭乃奏請搢大圭俛伏興侍中進玉
幣乃奏請搢大圭跪奠玉幣訖乃奏請執大圭俛伏興少

退又奏請再拜詣皇地祇及配位皆鎮圭玉幣並如儀配
位唯奏請鎮圭及幣詣玉幣事皇帝還版位乃奏請還
小次釋大圭皇帝入小次之南稍東以俟皇
帝將奠配位之幣迎贊者分引第一等分獻官詣盥洗位
搢笏盥手帨手執之幣各由其陛升唯不由午陛詣神前搢
笏跪奠玉幣奠訖俛伏興再拜各由本陛降
後位初分獻將降以禮直官引諸祝史齋郎應助奠者再
拜祝史各奉毛血之豆入各由其陛升諸太祝迎取於壇
上算詫退立於算所○進熟奠玉幣之豆入各由其陛降還小次樂止

陳牛鼎三羊鼎三豕鼎三魚鼎三各在鑊右太官令丞帥
進饌者詣廚以匕升牛羊豕魚自鑊各實於鼎牛羊豕皆
牛豕皆三十斤羊十五斤魚十五頭實訖冪在前
府臂臑胳正脊各一長脅二短脅二代脅二九十一體
祝史二人以扃對舉一鼎牛鼎在前羊豕次之魚又次之
有司執匕以從各陳於每位饌慢位從祀壇上第一等五
方帝大明夜明天皇大帝神州地祇比極皆於祀壇上
同光祿卿帥祝史齋郎太官令丞同太官令丞實以匕升牛羊豕魚於
俎肩臂臑胳在上端脊脅在下端脊脅在中魚即橫置頭於
算位設去鼎冪光祿卿丞同太官令丞實簠簋實稻簠簋實粱稷俟皇帝還小次樂止
以粉瓷豆實以糝食簠簋實稻簠簋實粱稷

〈金支二十〉
十三

禮直官引司徒出詣饌慢所與薦導豆籩籩簠簋俎齋郎各奉
天地配位之饌司徒帥太官令以序入內壝正門樂作至
壇下俟祝史進徹毛血豆降自午陛詣太官與薦
官令丞與薦導豆籩籩簠俎齋郎華吳天上帝配位之
導豆籩簠俎齋郎華吳天上帝之饌升自午陛太祝迎於
饌升自卯陛之道開於吳天上帝位
之前籩在登前牛俎在豆前羊豕魚次之以
右為上司徒俛伏興奉饌者奉饌訖皆奠一拜司徒
次詣皇地祇奉奠並如上儀配位亦同司徒
位饌著以次降太官令帥第一等神位之
並如前儀俱畢樂止司徒太官令以下皆就位訖司徒與薦
自卯陛立於吳天上帝酌算所以俟太常卿升
伏跪奏請皇帝詣盥洗位俛伏興皇帝出次殿中監進大
圭乃奏請皇帝詣盥洗位至
圭乃奏請搢大圭皇帝至盥洗位
奏請搢大圭受爵皇帝洗爵訖奏請拭爵洗爵皇
訖奏請搢大圭受爵皇帝洗爵訖奏請拭爵洗爵皇
帝拭爵訖奠爵良醞令舉冪侍中跪進大
酌尊所執爵詣吳天上帝神座前侍中進爵乃
帝以爵授侍中皇帝乃詣吳天上帝神座前侍中進爵乃

〈金支二十〉
十四

奏請搢大圭跪執爵三祭酒訖奏請奠爵訖奏請執
大圭俛伏興又奏請少退立俟中書侍郎讀冊文訖乃
諸再拜訖詣皇地祇位及配位並如上儀獻畢皇帝還
乃奏請還小次釋大圭皇帝入小次太常卿立於小次東
南禮直官引博士引皇帝詣皇地祇位搢大圭皇帝入小次
爵授執事者執笏詣昊天上帝神座前初亞獻酌
卯陛詣爵洗位搢笏洗爵拭爵訖以爵授執事者以搢
記詣爵洗位搢笏洗爵訖以爵授執事者執笏盥手帨手
文舞退武舞進樂作亞獻詣昊天上帝神座前初亞獻至盥洗位
事者以爵授之乃執爵搢笏俛伏興少退再
拜次詣皇地祇及配位並如上儀獻畢降復位禮直官引
博士引終獻將升壇禮直官分引第一等分獻官詣
儀初終獻將升壇禮直官分引第一等分獻官詣神位
座前搢笏跪執事者以爵授之乃執爵搢笏各由其陛唯不由午陛諸神位酌尊
揥笏盥手帨手酌酒奠爵訖第一等第二第三等內壇內外衆星位分獻官各詣盥洗
俛伏興少退再拜訖各引還本位初第一等分獻官將升
贊引引第二等第三等內壇內外衆星位分獻官各詣盥洗
位搢笏盥手帨手酌酒奠拜並同上儀祝史齋郎以次助

奠爵訖各還本位諸太祝各進徹邊豆各一少移故徹樂作
卒徹樂止初終獻禮畢降復位太常卿乃當次前俛伏跪
奏請皇帝詣飲福位皇帝出次殿中監進大圭皇帝乃奏請執
爵三祭酒又奏請皇帝詣飲福位皇帝飲福訖以爵授侍中乃奏請
受胙侍中再以爵酒進奠乃奏請詣望燎位司徒導還版位西向立俟
奏具官某言禮畢皇帝還大次出中壝門外奏請釋大
請執大圭俛伏興又奏請受爵飲福皇帝飲福訖奏請
送神樂止乃奏請再拜訖乃導還版位西向立俟
太祝持胙俎進減天地配位前胙肉加於俎皆取前脚第
圭皇帝入大次初終獻禮畢司徒侍中後北向立俟
二節又以黍稷飯共置一籩詣司徒侍中後北向立俟
皇帝至飲福位太常卿奏請皇帝搢大圭執酒訖司徒乃
進胙俎皇帝受胙訖奉禮郎贊曰賜胙贊者唱曰再拜在
位者皆再拜送神樂一成止皇帝既入大次更通
紗袍升輿至齋宮乘金輅通事舍人引門下侍郎當胙前
跪奏稱具官臣某請車駕少駐勑侍臣上馬侍中稱制可乃退傳具
官臣某請車駕進發至侍臣上馬所乃跪奏稱具官臣某請車駕進發勑
稱侍臣上馬畢乃跪奏稱具官臣某請車駕進發勑
升千牛將軍升訖奏稱具官臣某請車駕進發勑
前中後三部鼓吹九十二隊齊作應行禮陪從祀官先詣

應天門奉迎再拜大樂令先詣應天門外准備奏樂如儀

訖擇日稱賀

承安元年將郊禮官言禮神之玉當用眞玉燔玉當用次
玉昔大定十一年天地之玉皆以次玉代之臣等疑其未
盡禮貴有恒不能繼者不敢以獻若燔眞玉常祀用之恐
有時或闕及失禮制若從近代之典及本朝儀禮眞玉大
神次王燔瘞於禮為當近代郊自第二等升天皇大帝比
極於第一等前八位舊各有禮玉燔玉而此二位尚無之
按周禮典瑞云以圭璧祀日月星辰以禮九宮貴神大
火星位猶用周禮之説其天皇大帝比極二位固宜用禮

三百八十七　禮志第九

金史三十八

七

周志

神之玉及燔玉也上命俱用眞玉省臣又奏前時郊天地
配位各用一犢五方帝日月神州天皇大帝比極十位皆
大祀亦當用犢當時止以羊代第二等以下從祀神位則
分割羊承以獻篤意天地之祀尊豆尚多者以備陰陽之
物鼎俎尚少者以人之烹爲無可以稱其德則貴質而已
故天地日月星辰之位皆用一俎前時神位偏用
二俎似爲不倫今第一等神位亦當各用犢一餘位以羊
承分獻及朝享太廟則用犢十二上從之

開府儀同三司上柱國錄軍國重事中書右丞相謙國王領 經筵書都總裁臣脫脫奉

勅修

禮二
　　方立儀　朝日夕月儀
　　　　　　高禖

志四廿　　金史二十九　一　郊祀備

方立儀齋戒祭前三日質明有司設三獻以下行事官位
於尚書省初獻南面監察御史位於西東向監禮博士位
於東西向俱北上司徒亞終獻位於南比向次光祿卿太
常卿次第一等分獻官司天監次第二等分獻官光祿丞
郊社令大樂令廉儀令諸執事官就位立定次禮直官
官太祝官奉禮郎悅律郎諸執事官就位立定次禮直官
引初獻就位初獻讀誓曰今年五月幾日夏至祭皇地祇
於方立所有攝官各揚其職其或不祗國有常刑讀畢禮
直官贊七品以下官先退攝官前期習儀於祠所陳設祭
正寢治事如故齋禁並如郊祀守壇門兵衛與大樂工人
俱清齋一宿行禮官前期二日宿於
司設三獻官以下行事官次於外壇東門之外道南
比向西上隨地之宜又設饌幕於內壇東門之外道比南
向祭前二日所司設兵衛各服其服守衛壇門每門二人
大樂令帥其屬設登歌之樂於壇上如郊祀郊社令帥其
屬掃除壇之上下為瘞坎在內壇外之壬地祭前一日司

天監郊社令各服其服帥其屬升設皇地祇神座於壇上
比方南向席以藁秸又設配位神座於東方西向席以藁秸
越又設神州地祇神座於壇之第一等東南方西向席以藁秸
又設五官地祇神座於壇之第四等階之間各
立陵壇衍原隰三十座於內壇外廉皆以莞又設神位版
各於坐首子陵之西水神玄冥比嶽比鎮比海比瀆於壇
之第二等比山比林比川比澤於內壇內比立陵壇比
比衍原隰比隰於內壇外皆各為一列以東為上勾陵
比木神勾芒東嶽長白山東鎮東海東瀆於壇之第二
衍南原隰南隰於內壇外皆各為一列以南為上午陵之
祇於壇之第二等東山東林東川東澤於內壇內東立東陵東
東隰於內壇外皆各為一列以南為上午陵之東神州地
第二等南山南林南川南澤於壇內南立南陵南衍南
土神后土中嶽中鎮中海中瀆於壇之第二等中山中
於內壇內中立中陵中衍中原隰於內壇外皆各為
瀆於壇之第二為一列以南為上酉陵之南金神蓐收西山西林西川西瀆
立四陵西壇西衍西原隰於內壇外皆各為一列以比

為上其皇地祇及配位神州地祇之坐弁禮神之王設訖俟告祭畢撤祭日早重設其第二等以下神坐設定不收奉禮郎禮直官又設三獻官位於卯陛之東稍北西向司徒位於卯陛之東道南西向太常卿光禄卿次之第一等分獻官司天監位於其東光禄丞郊社令太官令廩犧令位又在其東每等異位重行俱西向比上又設太祝奉禮郎及諸執事位於內壇東門外道南每等異位重行俱西向比上設監察禮博士二位一於壇下午陛之西南一東南一於子陛之東北俱西向奉禮郎位於壇之東南西

向司尊彝位於酌尊所俱北向設望瘞位坎之南北向又向協律郎位於樂簴西北東向大樂令位於樂簴之間西向設牲牓位於內壇東門之外西向太祝史各位於牲後俱西向設省饌位於牲西太常卿光禄卿太官令位於牲比南向西上監察禮位在太常卿之西稍却西上廩犧令位於牲西南比向又陳禮饌於內壇東門之外道比南向設省饌位於禮饌之南太常卿光禄卿太官令位在東西向監祭禮位在西東向俱比上設祝版於神位之右司尊及奉禮郎帥其屬設王幣篚於酌尊所次及邊豆在位正配位各左有十一邊右有十一豆俱為三行登三在

邊豆間鉶三在登前籩一籩一各在鉶前又設尊彝之位皇地祇太尊二著尊二犧尊二象尊二山罍二在壇上東南隅配位著尊二犧尊二象尊二山罍二在正位酒尊之東俱比向西上皆有玷加勺冪為酌尊所又設皇地祇位之東比壺尊二山罍四在壇下午陛之西配位著尊二壺尊二山罍四在西陛之比東向比上皆有玷加冪設而不酌神州地祇位左八邊右八登一在神座前又設第二等諸神每位邊一豆一組一爵坫一內壇之內外諸神位每位邊一豆二登二籩一豆一組一爵坫一陳列皆與上同又設神州地祇太尊

方壺尊二內壇內外每方概尊二皆加勺冪又設正配位著尊二皆有玷第二等諸神每方山尊二內壇之內外諸神俎邊一豆一籩一豆一組一及毛血豆一弁神州地祇坐一各於饌幕內又設二洗於壇下卯陛之東比向盥洗在東爵洗在西並有罍加玷洗二爵洗於壇下西南肆實以巾爵洗之篚實以匏爵加玷洗位各於其方道之左盥洗在洗東右俱內向執爵者各於其後祭日丑前五刻司天監郊社令帥其屬升設皇地祇及配位神坐於壇上設神州祇坐於第一等又設王幣皇地祇王以黃琮神州地

以兩圭有邸皆置於匱正配位幣並
以玄色五神五官嶽鎮海瀆之幣各從其方色神州地祇幣
太祝取瘞玉加於幣以禮神之玉各置於神座前光祿卿
帥其屬入實正配位籩豆籩三行以右為上豆三行以左
為上其實並如郊祀登實以大羹鉶實以和羹又設從祭
第一等神州地祇之饌籩三行以右為上豆三行以左為
上其實並如郊祀登實以稷籩稷實以黍第二
等每位左二籩栗在前鹿脯次之右二豆菁菹在前鹿鷀
次之簋實以稷簠實以黍簠實一羊一豕內壇內外每位左
籩一鹿脯右豆一鹿鷀簠簋黍稷以牢良醞令帥其屬

金史二十九 五

入實酒尊皇地祇太尊為上實以汎齊著尊次之實以醴
齊犧尊次之實以盎齊象尊次之實以醍齊壺尊次之實
以沈齊山罍為下實以清酒配位著尊為上實以汎齊著
尊次之實以醴齊犧尊次之實以盎齊象尊次之實以醍
齊壺尊次之實以沈齊山罍為下實以清酒明水右實以
齊山罍為下實以三酒皆左實明水右實玄酒皆尚醞代
次實從祭第一等神州地祇酒尊太尊為上實以汎齊著
尊次之實以醴齊犧尊次之實以盎齊象尊次之實
以沈齊內壝外壝以概尊實以三酒以上尊皆左以明水右以
玄酒皆尚醞代之太常卿設爐於神座前省牲器祭前一
日午後八刻去壇二百步禁止行者末後二刻郊社令帥

其屬掃除壇之上下司尊與奉禮郎帥執事者以祭器入
設於位就郊社令陳於篚末後三刻廩犧令與諸太祝
祝史以牲就省位禮直官贊者分引太常卿光祿卿殷省監
禮饌祭太官令等詣內壝東門外省牲位其祝史滌溉告潔省
牲饌並同郊祀廩犧令帥諸太祝史以次牽牲詣廚
授太官令次引光祿卿以下詣廚省鼎鑊視滌溉乃還齋
所晡後一刻太官令宰人以鸞刀割牲祝史各取毛血
實以豆置於饌幔遂烹牲又祝史取瘞血貯於盤盂奠於神位
祭日五前五刻獻官以下行事官各服其服有司設神位
版陳玉幣寶邊豆簠簋尊罍侯監祭監禮按視壇之上下

金史二十九 六

乃徹去蓋冪太樂令帥工人及奉禮即贊者先入禮直官
贊者分引分獻官以下監祭監禮諸太祝史齋郎與執
事者入自南壝東門當壝南童行北向西上立定奉禮郎
舉麾入自南壝東門入禮直
引監祭監禮按視壇之上下皆再拜訖以次退復位次
引祭獻官以下皆再拜訖次分引各就就壇陛上下位次
官以下行事官俱入就位行禮直官分引三獻
官進立初獻之左白曰有司謹具請行事退後位協律郎
高舉麾執籩者興工敲柷樂作坤寧之曲八成
便塵麾敲止俟太常卿瘞血訖奉禮郎贊拜在位者皆
再拜又贊諸執事者各就位禮直官引諸執事各就其位

侯太祝跪取玉幣於篚立於尊所諸位太祝亦各取玉幣

立於尊所禮直官引初獻詣盥洗位樂作肅寧之曲至位

北向立樂止搢笏盥手帨手執笏詣壇樂作肅寧之曲九

初獻升降皆作蕭寧之曲升自卯階至壇樂作肅寧之曲

神座前北向立樂止搢笏跪奠玉幣訖執笏俛伏興再拜訖樂

向跪以授初獻受玉幣奠訖執笏俛伏興再拜訖樂

正次諸配位神座前東向立樂作肅寧之曲莫帶如上儀

樂止降自卯陛位皆位樂止初獻將詣皇地祇

引第一等分獻官詣盥洗位搢笏盥手帨手執笏由卯陛

諸神州地祇神座前搢笏跪太祝以玉幣授分獻官分獻

　　　　　　　　　　　　　　▲金史二九

　　　　　　　　　　　　　　　　七

官受玉幣奠訖執笏俛伏興再拜訖退初第一分獻官將

升贊者引第二分獻官詣盥洗位搢笏盥手帨手執笏各由其

陛升唯不由午陛諸於首位神座奠幣如上儀餘以次

吏齋郎助奠訖各引還位初獻莫幣將畢祝史奉毛血豆

各由午陛升諸立於尊所進熟初獻進奠於正配位神座前

祝與祝史俱退立於太祝迎於壇上進奠於正配位神座前

陳牛鼎二羊鼎二豕鼎二於神廚各在鑊右太官帥進饌

者詣廚以七升牛羊豕各於鼎牛羊豕各肩臂臑

肥胳正脊一橫脊一長脇一短脇一代脇一皆二骨一並

幂之祝史以鬲各對舉鼎有司執匕以從陳於饌幔內從

　　　　　　　　　　　　　　　　　　　　朱熹刊

祝之俎實以羊更陳於饌幔內光祿卿實以豋豆籩籩邊

實以粉養豆實以糝食籩實以稻簜所以黍實訖去鼎之

幂實乙加於鼎太官令以匕升牛羊豕載於俎肩臂臑在

上端肥胳在下端脊脅脅在中俟初獻還位樂止禮直官引

司徒出諸饌所同薦邊豆籩簜俎齋郎各奉皇地祇神座

之饌升自卯陛諸執笏俛伏興司徒諸還位樂止禮配位

前搢笏奉邊豆籩簜俎在登前俎右邊前次

之饌莫升諸太祝各迎於神座前並如上儀各降

遵於糗餌之前豆於酡醢之前簜北向跪奠訖執笏俛伏興奠設

於卯陛奉配位之饌東向跪奠莫於神座前並如上儀各降

自卯陛還位太官令又同齋郎奉神州地祇之饌升自卯

　　　　　　　　　　　　　　▲金史二九

　　　　　　　　　　　　　　　　八

陛太祝迎於壇陛之道間奠於神座前左邊前訖樂止太

官令進饌者降自卯陛還位禮直官引初獻官詣盥洗位至

樂作至位北向立樂止搢笏盥手帨手執笏諸爵洗位

位北向立搢笏盥手帨手執笏諸爵洗位

自卯陛至壇上樂止諸皇地祇神座前北

向立搢笏跪執事者以爵授初獻初獻執爵諸壇樂作升

爵授初獻詣初獻搢笏執爵司尊彝良醞令跪酌太尊之

汎齊酌訖初獻執笏諸皇地祇神座前北

向立搢笏跪執事者以爵授初獻諸壇樂作升

位北向立搢笏跪執事者以爵授初獻少退跪樂止舉祝官

直奠爵事者受以興執笏俛伏興少退跪樂止舉祝官

跪對舉祝版讀祝訖俛伏興舉祝奠版

　　　　　　　　　　　　　　　　三獻奠爵皆以興

祝太祝東向跪讀祝訖俛伏興舉祝奠版

於案再拜興次詣配位酌酒所執重者以爵授初獻摺笏
執爵司尊舉冪良醞令跪酌酒之沈齊樂作太簇宮保
穿之曲初獻以爵授執事者執爵詣配位神座前奠酒
摺笏跪執事者以爵授初獻初獻執爵詣配位神座前東向立
爵執笏俛伏興與少退跪樂止讀祝訖就拜興拜興降
自卯陛讀祝舉祝俱從樂作復位樂止次引亞獻詣盥
位比向立摺笏盥手帨手詣爵洗位比向立摺笏詣爵洗
酌者尊之醴齊酌訖以爵授執事者執笏詣皇地祇神座

金史二十九 九 四百九 董

立執事者以爵授亞獻亞獻摺笏執爵詣皇地祇神座
爵拭爵授執笏跪執事者以爵授亞獻亞獻執爵詣盥洗
唯酌犧尊為異樂止降復位次引終獻詣盥洗位盥手帨
手洗爵拭爵以爵授執事者執笏詣神州地祇酌尊所摺笏
位酌象尊之醴齊奠獻並如亞獻之儀禮畢降復位初終
茅苴奠爵執笏俛伏興與少退再拜次詣配位酌獻如上儀
獻將升贄者引第一等分獻官詣盥洗位摺笏盥手帨手
洗爵拭爵以爵授執事者執笏授爵執事者酌以爵授執事者
執事者以爵授執事者進詣神座前摺笏跪執事者以爵授獻
官獻官執爵三祭酒於茅苴奠爵俛伏興與少退跪再拜
託以爵授執事者以爵授獻官執爵三祭酒於茅苴奠爵俛伏興少退再拜訖

還位初第一等分獻官將升贄者分引第二等分獻官以爵授詣
盥洗位摺笏盥手帨手執事者進詣首位神座前奠獻並如上
官酌以授執事者執事者盥手帨手詣首位諸太祝進詣神座
官將拜諸太祝史各奉篚進詣神座南向立樂止初在位
望瘞位樂作太簇宮肅寧之曲卒徹樂止初獻官詣
曰賜胙泉宮再拜樂作一成止送神樂止初獻官詣
邊豆各一少移故奠樂作豐寧之曲卒徹樂止奉禮官贊
地祇以下並以俎載牲體幷取黍稷飯爵酒各由其陛降

金史二十九 十 四百九

壇比詣瘞坎實於坎中又以從祭之位禮幣皆從瘞禮直
官曰可瘞東西六行實土半坎禮直官贊禮畢引初獻出
禮官贊者各引祭官及監祭監禮太祝以下俱復壇南北
向立定奉禮郎贊曰再拜監祭以下皆再拜訖奉禮以下
及工人以次出光祿卿以胙奉進監祭監禮展視其祝版
燔於齋坊
朝日夕月儀齋戒陳設省牲器奠玉幣進熟其郎並如大
祀之儀朝日玉用青璧夕月用白璧幣皆如玉之色牲各
用羊一豕一有司攝三獻司徒行事其親行朝日之金初用
本國禮天會四年正月始朝日于乾元殿而後受賀天眷
二年定朔望朝日儀皇帝服靴袍百官常服有司設燎案

御褥位于所御殿前陛上設百官樽位于殿門外皆向日
宣徽使奏導皇帝至位南向再拜上香又再拜問門皆相
應贊殿門外臣僚陪拜如常儀大定二年以無典故罷十
五年言事者謂今正旦并萬春節宜令有司定拜日之禮
有司援據漢唐春分朝日升煙莫王如圓立之儀又按唐
開元禮南向設大明神位天子北向皆無南向拜日之制
今已奉勅以月朝拜日宜遵古制殿前東向拜詔姑從南
向其日先引臣僚於殿門外立陪位立殿前班露臺左右
皇帝於露臺香案拜如上儀十八年上拜日於仁政殿始
行東向之禮皇帝出殿東向設位宣徽贊拜皇帝再拜上
香祝又再拜臣僚並陪拜依班次起居如常儀

高禖明昌六年章宗未有子尚書省臣奏行高禖之祀乃
藥壇於景風門外東南端當闕之卯辰地與高禖氏女媧氏相
望壇如北郊之制歲以春分日祀青帝伏犧氏女媧氏九
三位壇上南向西上姜嫄簡狄位於壇之第二層東向北
上前一日未三刻布神位省牲器陳御弓矢弓韣於上下
神位之右其齋戒奠王幣進熟皆如大祀儀青帝幣王皆
用青餘皆無王每位牲用羊一豕一有司攝三獻司徒行
事禮畢進胙皆倍於他祀之肉進胙官佩弓矢弓韣以進
命后妃嬪御皆執弓矢東向而射廼命以次飲福專胙

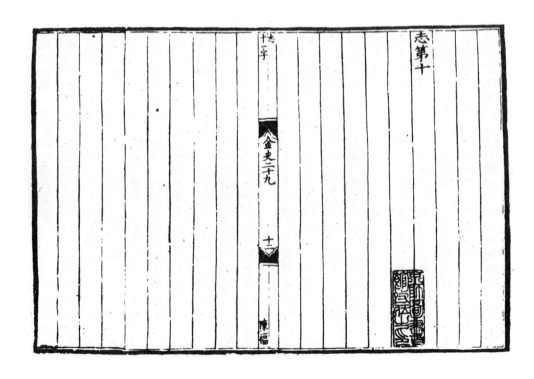

閤門祗候□司正從八品□□□尚書吏部郎中兼右□□脩　國領經筵事都總裁　脫脫奉

勅修

禮三　宗廟　祔祫　時享儀

金初無宗廟天輔七年八月太祖葬上京宮城之西南建寧神殿于陵上以時薦享自是諸京皆立廟惟在京師者則以太廟天會六年以宋二帝見太祖廟者是也或因遼之故廟安置御容亦謂之廟天眷三年熙宗幸燕及受尊號皆親享恭謝是也皇統三年初立太祖八年太廟成則上京之廟也貞元初海陵遷燕乃增廣舊廟奉遷祖宗神

◀金史第三十　一　周壽▶

主于新都三年十一月丁卯奉安于太廟正隆中營建南京宮室復立宗廟南渡因之其廟制史不載傳志雜記或可槩見今附之汴京在宮南馳道之東殿規一屋四室從西三間為一室為始祖廟祔德帝安帝獻祖昭祖景祖桃主五餘皆兩間為一室或曰惟第二第三室兩間餘止一間為一室總注限其此為神室其前為通廊東西二十六楹為間二十有五每間為一室端各虛一間為夾室中二十三間為十一間為一室

七閒世祖祔蕭宗穆宗室祔康宗餘皆無祔每室一門在左牖在右皆南向石室之龕於各室之西壁東向其世祖之龕六南向者五東向者二其二其三俱二龕

向

餘皆二室一龕總十八龕祭日出主於北牖下南向祔祫
則並出主始祖東向群主依昭穆南北相向東西序列室
南東西皆有門內垣之南曰大次東南為神庖廟門翼兩廡各二十
外之南曰冊寶殿也太常官一人李視其封緘謂之黏寶內
垣之南曰大次東南為神庖廟署也神門列戟各二十有五
戶外之通廊殿階二級列陛三前井尊二外作重垣四繚
為舊郎執事之次西南垣外則廟署也
有四楹以木鎗下以板為掌形畫二青龍下垂五色帶
長五尺享前一日則縣戟上祭畢藏之

室次大定十二年議建閔宗別廟禮官按晉惠懷唐中宗

◀金史第三十　二　周壽▶

後唐莊宗升祔故事若依此典武靈皇帝無嗣亦合升祔
然中宗之祔始為虛室終則增至九室惠懷之祔乃遷
豫章潁川二廟莊宗之祔乃桃懿祖一室今太廟之制除
桃廟外為七世十一室如當升祔武靈即須別桃一廟首
子曰有天下者事七世若旁容兄弟上殺祖考則天子有
世別無可桃之廟晉史云廟以容主為限無拘常數東晉
不得事七世者矣伏覩宗廟世次自肅宗上至始祖凡七
與唐皆用此制遂增至十一室康帝承統以兄弟為一室
故不遷遠廟而祔成帝唐以敬文武三宗同為一代於太
廟東間增置兩室定為九代十一室今太廟已滿此數如

用不拘常數之說增至十二室可也然廟制已定復議增
展其事甚重又與膚宗皇帝柘室穆亦恐更改春秋之
義不以親親害尊尊激志云父子不並坐而孫可從王父
若武靈升祔十二室依春秋尊尊之
李膚宗在穆位與太宗昭位相對若更改祐室及昭穆序
居昭位又當禰祔合食依升祔廟序在第十一室累遷栘
非有同所敢輕議宜取聖裁十九年世宗與熙宗為兄弟不
二室自始祖至熙宗二十九年世宗將祔廟有司言太廟十
展太廟為十二室二十九年四月禘祔閔宗遂增
九世於是五月遂桃獻祖昭祖陛祔世宗明德皇后顯宗
于廟貞祐二年宣宗南遷廟社諸祀並委中都自抹撤盡
惠襄城南奔時謂之檀盡厯四年禮官言廟社國之大事
今主上駐蹕燕京列聖神主已遷于此且重修太廟社稷
以奉歲時之祭按中都廟制自始祖至章宗凡十二室而
本廟室止十一若增建恐難卒成況時方多故禮冝從變
今擬櫂祔蕭宗主世祖室始祖以下諸神主于隨室本安
主用粟依屛制皇統九年所定也柘室旁及上下皆石門
東向以木為閣縣以朱室中有褥冀主乾帝主居左覆以

相為後用晉成帝故事止係七世若特非世宗顯宗郎係

黃羅帕后主居右覆以紅羅帕
如立屛狀覆以紅羅三幅繡金斧五十四裹以紅綃覆於
屛上其半無文者垂於其後置北墉下南向前設几筵以
坐神主　五席各長五尺五寸闊二尺五寸筵以席敷純
藻文及雲氣狀亦以紅綃裹之每位二在筵上次簟敷純
蘭為席綠以紅羅純以白繡蔓文及雲氣之狀復以紅綃裏
之每位二纁席畫之緣以紅綃裏
為褥有縕以紅羅繡金色斧緣之又有小虎皮褥同三
每位二在筵席上虎席二大者長一尺以虎皮
以輕篛為之亦曰桃枝席緣以紅綃
上　曲几三足直几二足各長尺五寸以丹漆之帝主前
冬則又添大虎皮褥二於纁上遷小虎皮褥二在大褥之
則用桃枝次席時寒則去桃枝加虎皮褥於纁席上臟
席時暗則用桃枝次席時寒則去桃枝加虎皮褥夏秋享
設曲几后設直几
禘祫大定十一年尚書省奏禘祫為合
五年一禘唐開元中太常議禘祫之禮皆為殷祭祫為合
食祖廟禘謂禘序尊卑申先君遺下之慈成群廟奉親之
辜自異常享有時行之祭不欲數數則黷不欲疎疎則怠
是以王者法諸天道以制祀與祖掌歲時禘祫象閏五歲

再閏天道大成宗廟法之一再為毀祭自周以後並用此禮

自大定九年巳行祫禘嘗議祭當於祫後十八月孟夏

行禮詔以三年冬祫五年夏禘為常禮又言海陵時每歲

止以二月十月遣使兩享三年祫享挫薦禮四時各以孟

月享于太廟季冬又臘享歲凡五享若狄海陵時歲止兩

享祚天子之禮年從典禮歲五享彼之尊日並出神主前

廟序列昭穆應圖功臣配享廟廷各配所事之廟以位次

為序以太子為亞獻親王為終獻或並用親王或以太尉

為亞獻光祿卿為終獻其月則得時享儀闕

朝享儀大定十一年十一月郊祀前一日朝享太廟齋戒

如親郊享前三日太廟令帥其屬掃除廟之內外點檢司

於廟之前約度設兵衛旗幟尚舍於南神門之西設饌幔

十一南向以西為上殿中監帥尚舍陳設大次殿又設小

次於昨階下稍南西向又設皇帝拜褥位殿上版位又設小

又設黃道褥於廟門之內外自玉輅至升輦之所又自大

次至東神門又設七祀位一於殿下橫街之北西街之西

東向配享功臣位於殿之庭中四方各設編

日大樂令設宮縣之樂於庭中四方各設編鐘三編

東方編鐘起北編磬間之西編鐘間之東向西方編磬起

西向南方編磬起北編磬間之

俱比向設特磬大鐘鏄鐘共十二於編縣之內各依展位

樹路鼓路鼓於北縣之內道之左右晉鼓一在其後稍南

建鼓鞞敔應鼓於四隅建鼓在中鞞鼓在左應鼓在右

柏置枳敔於縣內枳一在金鐘北稍西敔一在玉磬北稍

之間設登歌之樂於殿上前楹間金鐘一在東玉磬一在

二一在枳北一在敔北地向琴瑟在前其匏竹者立

於階間重行北向工人各位於縣後前一日太廟令開

室奉禮郎帥其屬設神位於每室內北墉下各設蘺辰一

莞簟一縷席二次席二紫綾厚褥一紫綾蒙褥一曲几一

真几二又設皇帝版位於殿東間門內西向又設飲福位

於東序西向又設亞終獻位於殿下橫街之北稍東西向

助祭親王宗室使相位在亞終獻之後助祭宗室位在橫

街之南西向又設瓚官奉瓚盤官進爵酒官奉爵官等又

其南奉匜嫟巾籠官奉瓚盤官奉爵官等位在之

南助奠讀祝奉罍洗爵洗等官位於其後七祀獻官位在

七祀獻官之南亞終獻司罍洗爵洗奉爵酒官等又在其

南並西向比上大禮使位於西階之西稍南與亞終獻相

對太尉司徒助祭宰相位在大禮使之南侍中執政官又

在其南禮部尚書太常卿太僕卿光祿卿功臣獻官在西

舉冊光祿丞太常博士又在其西功臣助黃罍洗爵洗等
官位於功臣獻官之後又設監祭御史位
東向北上奉禮郎太廟令太官令太祝宮闈令史位於
亞獻終獻奉爵酒官太廟令之南籩豆籩官籩俎籩郎又在
太祝奉禮郎之南太廟丞太官丞丞之西位於令後協律郎位
登歌樂縣之北大司樂於宮縣之北良醞令於酌尊所俱
北向又設助祭文武群官位於橫街之南東西向以南為上設
光祿卿陳牲位於東神門外橫街之東西向大樂令於
廩犧令位於牲西南北向諸太祝位於牲東各當牲後祝
史各陪其後俱西向設禮部尚書省牲位於牲前稍北又
設御史位於禮部尚書之西俱南向禮部帥其屬設祝冊
又設壺尊二太尊二山罍四於殿下階間北向
又勺羃尊加勺羃功臣尊壺尊二於座之左皆加
左每位舉羃一黃彝一犧尊二象尊二著尊二山罍二各
加勺羃羃為酌尊又設瓚祭爵坫於筐置于始祖尊彝所
藁於室戶外之右司尊彝帥其屬設尊彝之位於室戶之
幕坫於內酌尊加勺羃皆藉以席奉禮郎設祭器每位四籩
在前四籩次之次以六鉶次以六鋪籩豆籩為後十有二
邊右十有二豆皆灌而陳之籩以席籩豆加以巾蓋於內

邊一豆一籩一並俎四設於每室饌幔內又設御洗
二於東階之東又設亞終獻盥洗於東南北向
罍在洗東篚在洗西南肆實以巾又設亞終獻爵洗於
洗之西罍在洗東篚在洗西南肆實以巾爵非坫實魚鱐
巾篚各位於其後事日丑前五刻太常卿帥執事者設燭
於神位前及戶外光祿卿帥其屬入實籩豆入實籩之實以
糗餌粉餈乾棗形鹽鹿脯棗乾橑桃菱芡栗以序為次
豆之實芹菹笋菹菁菹韭菹醓食魚醢兔醢豚拍鹿
羸醢醯糝食以序為次又銅實以羹加芼滑登實以大羹
簠實以稻粱簋實以黍稷稷在稻前粱稷在黍前良醞令入
實尊彝罍黃彝實以鬱鬯犧尊象尊著尊實以玄酒外
皆實以酒用香樂酒各加坫勺羃置之尊罍壺尊太尊山罍
內除山罍上尊實以玄酒外皆實以酒加坫羃殿下之尊罍
各設壺尊二於神座之右北向玄酒在西良醞令以法酒
其屬設七杷功臣尊褥於其次每位各設莞席一碧繒褥
一又各設版位於其座前又籩豆籩各二俎一每位次
實尊如常加勺羃置爵於尊下加坫光祿卿實籩左二籩
栗在前鹿脯次之右二菁菹在前鹿醢次之俎實以羊
熟籩籩實以黍稷太廟令又設七杷燎罇次之開瘞坎於西
神門外之北太府監陳彝寶鼎瑞伐國之寶戶部陳諸州

歲貢金為前列玉帛次之餘為後皆於官縣之北東西相
向各藉以席凡祀神之物當時所無者則以時物代之○
省牲器前一日未後廟所禁行人司尊彝奉禮郎及執事
者升自西階以俟少頃諸太祝與廩犧令以牲就禮直
官贊者引禮部尚書光祿卿贊諸太祝廩犧令以牲就位禮直
禮部尚書贊者引降就省牲位立告潔畢
省牲次引禮部尚書侍郎稍前省牲位立告潔畢請
者皆舉冪省滌濯訖退復位次引光祿
卿出班巡牲牲一匹光祿丞西向曰充曰備廩犧令帥諸
太祝巡牲一匹西向躬身曰腯禮直官稍前曰省牲畢請
祝丞出班巡牲

〈金史三十〉

九

周壽

太祝巡牲一匹西向躬身曰腯禮直官稍前曰省牲畢請
就省饌位引禮部尚書以下各就位立定御史省饌具理
禮直官贊者省饌訖俱送齋所光祿卿丞及太祝廩犧令以
次牽牲詣廚授太官令禮直官引禮部尚書詣省鼎鑊
視濯溉訖還齋所晡後一刻太官令帥宰人執鑾刀割牲
祝史各取毛血每座共實一豆遂烹牲
又取肝膋每座共實一豆俱還饌所
有司設大駕鹵簿於應天門外尚輦奉御進玉輅於致齋殿前左右分
南向其日質明侍臣直衛及導駕官於致齋殿前左右分
班立俟通事舍人引侍中俛伏跪奏請中嚴皇帝服通天
冠絳紗袍少頃侍中奏外辦皇帝出齋室即御座舉官起

居記尚輦進輿侍中奏請皇帝升輿與皇帝乘輿侍衛警蹕
如常儀太僕卿先詣玉輅所攝衣而升正立執轡導駕官
前導皇帝至應天門內玉輅所侍中進當輿前奏請皇帝
降輿升輅皇帝升輅太僕卿立授綏導駕官分左右步導
以褭為上門下侍郎進當輅前奏請車駕進發奏訖俛伏
興退復位侍衛儀物止於應天門內車駕動稱警蹕至應
天門下侍郎退傳制稱侍臣上馬侍中奉旨退
稱曰制可門下侍郎奏請勅侍臣上馬贊者承傳勅侍
臣上馬導駕官分在右前導門下侍郎贊者各引享官
駕動稱警蹕不鳴鼓吹將至太廟禮直官贊者各引享官

〈金史三十〉

十

周壽

通事舍人分引從享官宗室子孫於廟門外立班奉迎
駕至廟門廻輅南向侍中於輅前奏稱侍中臣其言請皇
帝降輅步入廟門皇帝降輅導駕官前導皇帝步入廟門
稍東輅步入廟門皇帝降輿與入就大次皇帝入就次簾
輿東大次侍中奏請皇帝降輿入就大次皇帝入就次左
降纖扇侍衛如常儀太常卿太常博士帥其屬入實籩豆
右導駕官詣廟庭班位立俟○晨祼享日丑前五刻諸享
官及助祭官各服其服太廟令良醞令帥其屬入實籩豆
光祿卿太官令進饌者實邊豆簠簋並徹去蓋冪奉禮郎
贊者先入就位贊者引御史太廟令太祝宮闈令祝史輿

執事官等各自東偏門入就位未明二刻禮直官引太常
寺官屬并太祝宮闈令升殿開拓室太祝宮闈令捧
出帝后神主設於座以次逐室神主各設於内欈旅前置
定贊者引御史太祝令宮闈令太祝史與太常宮屬於
當階間重行北向立奉禮郎於殿上贊奉神主訖奉禮曰
再拜贊者承傳此以下皆再拜訖各引尊官通事舍人分引助
祭文武舉官宗室入就位符贊郎奉寶陳於宮縣之北皇
太常卿俛伏跪奏稱太常卿臣某言請皇帝行事俛伏興
帝入大次少頃侍中奏請皇帝服衮冕侍中奏外辦

〈金史三十〉 十一 周壽

簾捲皇帝出次太常卿太常博士前導繖扇侍衛如常儀
大禮使後挺至東神門外殿中監跪進鎮圭太常卿奏請
執圭皇帝執鎮圭繖扇傳於門外近侍者從入協律
郎跪伏舉麾興工鼓祝宮縣昌寧之樂作至阼階下偃麾
憂敔樂止升自阼階登歌樂作左右侍從量人數升至版
位西向立樂止前導官分左右侍立太常卿前奏請再拜
皇帝再拜奉禮曰衆官再拜贊者承傳凡在位者皆再拜
奉禮又贊諸執事者各就位禮直官贊者分引執事者各
就殿上下之位太常卿奏請皇帝諸執事者各
皇帝又贊諸執事者各就位太常卿奏請皇帝詣盥洗位樂作至洗位樂止内侍跪取匜
阼階樂止偏自阼階宮縣樂作至洗位樂止内侍跪取匜

興汲水又内侍跪取盤興與承水太常卿奏請搢鎮圭皇帝
搢鎮圭盥手訖内侍跪取巾於篚興以進悅手訖搢鎮圭
官以瓚跪進皇帝受瓚匜沃水又内侍跪奉槃承
水洗瓚訖内侍跪奉巾以進皇帝拭瓚訖奉瓚匜又
奠巾於篚奉瓚訖内侍跪奉瓚巾以進皇帝拭瓚訖奉瓚
樂作太常卿前導詣祖位前北向立太常卿奏請搢鎮圭前導
澠甒執尊者舉羃侍中酌鬱鬯訖太常卿奏請執鎮圭前導始
皇帝升殿宮縣樂作至阼階下樂止皇帝升自阼階登歌
祖室神位前北向立太常卿跪酌尊所樂止皇帝詣始
向跪以瓚祼地訖以瓚授太常卿跪進太常卿奏請執瓚以
曰祼地皇帝執瓚以鬯祼地訖以瓚授奉禮官太常卿

〈金史三十〉 十二 周壽

奏請執鎮圭俛伏興前導出户外太常卿奏請再拜皇帝
再拜太常卿前導詣次位並如上儀祼畢太常卿奏請還
版位登歌樂作至版位西向立樂止太常卿奏請還小次
前導皇帝行登歌樂作至阼階殿中監跪受鎮圭皇帝入小
至小次太常卿奏請釋鎮圭皇帝入小次宮縣樂作將
次簾降樂止少頃宮縣奏來寧之曲以黄鐘爲宮大吕爲
角大簇爲徵應鐘爲羽作仁豐道洽之舞九成止黄鐘三
奏大吕太簇送神通用來寧之曲初晨祼將
畢祝史各奉毛血又肝膋之豆先於南神門外嘗郎奉爐

狀蕭蒿黍稷各立於肝膋之後皇帝既晨祼畢至樂作六
成皆入自正門升自太階諸太祝於階上各迎毛血肝膋
進薦於神座前祝史立於尊所齋郎奉俎於室戶外之
左其蕭蒿黍稷各置於爐炭下齋郎降自西階諸太祝
詣饌所與薦俎齋郎奉俎籩籠官以西為上禮直官引司
取肝膋於爐還尊所○進熟皇帝升祼太官令帥進饌者
奉陳於南神門外諸饌慢內以西為上禮直官引司徒出
禮直官太官令引史俱進欖毛血之豆降自西階以出饌升
至太階樂止祝迎於階上各設於神位前先薦牛次薦羊次薦豕

【金史三十】　十三　周寺　通用

諸太祝迎於階上各以序入自正門宮縣豐寧之樂作
西階詣始祖位之右進祝冊置在版位之西置於祝
高粱稷攝於脂燎於爐炭訖還尊者引舉冊官升自
樂止盥手洗爵並如展祼之儀盥洗訖太常卿奏請執鎮
作殿中監跪進鎮圭太常卿奏請詣罍洗位簾捲出次宮縣樂
及魚禮直官引司徒以下降自西階復位諸太祝各取蕭
歌樂止宮縣奏大元之樂文舞所登歌樂作至尊所登
作太常卿前導詣始祖位尊彝所登歌樂作至尊彝所登
圭前導升殿宮縣樂作至阼階下樂止升自阼階詣始祖
者舉幂待中跪酌犧尊之泛齊訖太常卿前導入詣始祖

室神位前北向立太常卿奏請攝爵官以爵授
進爵酒官進爵酒西向以爵授爵官進爵三
祭酒三祭酒於茅苴訖以爵授爵官以爵授
奉爵官太常卿奏請執鎮圭與前導出戶外太常卿奏請
前導詣次位行禮並如上儀酌獻訖太常卿奏
登歌樂作至位次西向立定樂止太常卿奏
官舉冊奠訖先詣次位太常卿奏請執鎮圭
少立樂止舉冊奠訖中書侍郎讀祝冊畢祝
請鎮圭殿中監跪受鎮圭入小次簾降樂止文舞退武
樂作降自阼階登歌樂止將至小次太常卿奏

【金史三十】　十四　周寺

舞進宮縣奏肅寧之樂作功成治定之舞舞者立定樂止
○皇帝酌獻訖詣將詣小次禮直官引博士博士引亞獻詣
盥洗位北向立搢圭盥手帨手執圭詣爵洗位北向立搢
圭洗爵拭爵以授執事者執事者以爵授亞獻搢圭盥
所西向立宮縣樂作執事者以爵授亞獻
莫爵執圭俛伏興少退再獻訖博士前導詣始祖神位前搢
圭跪執事者以爵授亞獻執爵祭酒三祭酒於茅苴
圭前導詣爵洗位北向立搢
禮並如上儀禮畢樂止終獻除本服執笏外餘如亞獻
儀七祀功臣獻官行禮畢太常卿跪奏詣飲福位簾捲出

次官縣樂作殿中監進鎮圭太常卿奏請皇帝執鎮圭
前導至阼階下樂止升自阼階登歌樂作將至飲福位樂
止初皇帝既獻訖太祝分神位前三牲肉各取前福酒合
胙加於俎又以邊取黍稷飲共置一邊又酌上尊福酒合
置一尊又禮直官引司徒升自西階東行立於阼省上前
椸開北向皇帝既至飲福位西向立登歌福寧之樂作太
祝酌福酒於爵以奉侍中侍中受爵捧以立太常卿奏請
皇帝再拜訖奏請搢圭跪侍中以爵比向跪以進太常卿
徒受俎訖奏請搢圭跪授侍中以爵直官引司徒退立侍
跪奉進皇帝受以授左右太祝又以胙肉俎跪授司徒司
中再以爵酒進皇帝受爵飲福訖以爵授侍
中受虛爵以興以授太祝太祝以黍稷飯遵授司徒司徒
請皇帝再拜再拜訖奏請執圭俛伏興又奏
樂作俟至位樂止太常卿前導黍豐寧之樂作歌
徹樂止奉禮曰賜胙行事助祭官再拜奉禮者承傳在位
皆再拜訖登歌樂止
自阼階降歌樂止宮縣樂作出門官縣樂止織扇侍如
常儀太常卿奏請釋鎮圭殿中監跪受鎮圭皇帝還大次

通事舍人禮直官贊者各引享官宗室子孫及從享群官
以次出又引導駕官東神門外次前祗候前導如來儀
贊者引御史已下俱復執事位立定奉禮曰班拜皆再拜
贊者引工人舞人以次出大禮使帥諸禮官太廟令太祝
官闔令升納神主如常儀禮畢禮直官引大禮使已下降
自西階至橫街再拜而退其祝冊藏於匱七祀功臣分奠
如祫享之儀
時享有司行事前期太常寺舉申禮部關學士院司天臺
擇日以其日報太常寺前七日受誓戒於尚書省其日質
明禮直官設位版於都堂之下依已定誓戒圖禮直官引
三獻官弁應行事執事官等各就位立定贊搢在位官皆
對搢訖禮直官以誓文奉初獻官初獻官搢笏讀誓文某
月其日孟春薦享太廟各揚其職不恭其事國有常刑讀
訖執笏七品以下官對拜訖乃退散齋四日治
事如故宿於正寢唯不弔喪問疾作樂判署刑殺文字決
罰罪人及預穢惡致齋三日於本司唯享事得行其餘悉
禁一日於享所已齋而闕者通攝行事前三日兵部量設
兵衛列於廟之四門前一日禁斷行人儀鸞司設饌幔十
一所於南神門外西南向又設七祀司命戶二位於橫街
之北道西東向又設群官齋宿次於廟門之東西舍前二

日大樂局設登歌之樂於殿上太廟令帥其屬掃除廟殿
門之內外於室內舖設神位於地墉下當戶南向設几於
筵上又設三獻官拜褥位二一在室內學士院定撰祝文
託計會通進司請御署降付禮部置於祝案祭器局灌漑
祭器與尊彝託鋪設如儀內太尊二山罍二在室戶外之右
象尊二在殿上象尊六在下俱北向西上加羃皆
象尊五雞彝一鳥彝一在室戶外之左爐炭稍前著尊五
犧尊二在室戶外之左爐炭稍前著尊二
禮直官設位版并省牲位如式前一日諸太祝與廩犧令
設而不酌并設獻官盥洗位於禮部設祝披於室戶外
以牲就東神門外司尊彝與禮直官及執事皆入升自西

禮志 【金史三十】 十七 周壽

階以俟禮直官引太常卿贊者引御史自西階升遍親滌
灌執尊者舉羃告潔託引降就省牲位廩犧令少前曰請
省牲退復位太常卿省廩犧令及太祝巡牲告備皆如
郊社儀既畢太祝與廩犧令以次牽牲詣廚授太官贊
者引光祿卿詣廚請省鼎鑊申視滌漑贊考引御史詣廚
省饌具託與太常等各選齊所太官令帥宰人以鸞刀
割牲祝史各取毛血每室共實一豆又取肝膋共實一豆
置饌所遂烹牲光祿卿帥其屬入實祭器良醞令入實尊
彝享日質明百官各服其品服禮直官贊與執羃籩官先引御史博
士太廟令太官令諸太祝史尊彝與執羃籩官等入

自南門當階閒北西上立定奉禮曰再拜贊者承傳皆
再拜託贊者引太祝與宮閒令升自西階詣始祖室開祏
室太祝捧出帝主置於座訖主主在東贊
承傳在位官皆再拜託俱各就執事位大樂令帥工人入
者引太祝與宮閒令贊者分引三獻官與百官俱各就執事位
禮直官贊者引三獻官與百官俱各就位託禮官詣初獻官前稱請
庭橫街上三獻官當中比向西上應行事執事官并百官
依品重行立奉禮曰拜贊者承傳殿東階下西向位
其先拜者引三獻官詣廟殿東階
者引贊不拜者引三獻官詣廟
行事執事官與百官俱各就位託禮官詣初獻官前稱請

【金史三十】 十六 周壽

行事協律郎跪俛伏與樂作禮直官引初獻詣盥洗位比
向立定樂止搢笏盥手帨手執笏詣爵洗位比向立搢笏
洗瓚拭瓚以瓚受執事者執笏升殿樂作至始祖室尊彝
所西向立樂止執事者以瓚奉初獻官搢笏執瓚執
尊者舉羃太官令酌鬱鬯託祼地託搢笏授執事者執笏俛興
始祖室神位前樂作比向立搢笏跪授執事者執笏俛伏興
官初獻官執瓚以瓚授執事者執笏詣
出戶外比向立再拜託樂止每室行禮並如上儀禮直官引
初獻降復位初獻拜升祼祝史各奉毛血肝膋豆及蕭郎
奉爐炭供蕭蒿黍稷籠各於饌幔內以俟初獻晨祼託以次

於脂爐於爐炭還尊所禮直官引初獻詣罍洗位樂作至

以下降自西階樂作復位樂止諸太祝各取蕭蒿柔祼擂

太祝迎引於階上樂止各設於神位前詣禮直官引初獻諸

豕俎次之籩豆簠簋又次之入自正門樂作升自太階諸

羊豕俎每室以序而進立於南神門之外以俟光祿卿

直官引司徒帥薦豆簠簋蕭郎各奉俎籩豆簋

初獻祼畢復位祝史俱進徹毛血之豆降自西階以出禮

師其屬實遵以粉瓷實豆以糝食實簠以梁實簋以稷俟

膰在上端胉胳在下端脊脅在中次升豕如羊各載于一

一代脀一皆二骨以並次升豕如羊各載于一俎肩脊

各一鼎皆設肩幂齊郎對樂入鍬放饌幔前蕭郎抽扃委

于鼎右除幂光祿卿師太官令以匕升羊載于一俎肩脊

厨各在鑊右初獻旣升祼光祿卿師蕭郎詣厨以匕升羊

在與祝史俱降自西階以出諸太祝取肝脊洗於鬱鬯爐

入奠於神座前蕭郎所奉爐炭蒿籃皆置於室戶之

入自正門升自太階諸太祝皆迎毛血肝脊豆於階上俱

令奉神主太祝搢笏納帝主於匱奉入祊室執笏退復位

者承傳曰賜胙再拜在位者皆再拜禮直官曰賜胙官贊

祝徹豆少牢樂作卒徹樂止俱復位禮直官曰賜

終獻詣盥洗及升殿行禮並如亞獻之儀降復位樂止

詣每室行禮並如上儀降階樂作復位樂止禮官次引

酒于茅苴奠爵執笏俛伏興出戶北向再拜詣樂止次

樂作之醴齊詣次詣第二室酌尊所如上儀詣始祖神位前

尊之醴齊詣次詣第二室酌尊所如上儀詣始祖神位前

者以爵授亞獻亞獻搢笏執爵祭酒執笏俛伏興出室

拭爵以授執事官執笏升殿詣始祖酌尊所西向立執事

儀初獻降階樂作復位樂止禮直官次引亞獻詣罍洗位

祝文讀訖執笏詣第二室次詣每室行禮並如上

戶外北向立樂止贊者引太祝詣罍洗位北向立搢笏盥手帨手執笏詣爵洗位北向立搢

如上儀詣始祖神位前樂作復位樂止次詣第二室酌尊所

授初獻初獻執爵三祭酒於茅苴奠爵執笏俛伏興出室

位北向立樂止搢笏盥手帨手執笏詣爵洗位北向立搢

次引宮衛令納后主於匱奉入祐室並如上儀退復位禮
直官贊者引行事執事官各就位奉禮曰再拜贊者承傳
應在位官皆再拜禮直官贊者引百官次出大樂令帥工
人次出太官令帥其屬徹禮饌次引監祭御史詣殿監視
牢徹訖還齋所太廟令闔戶以降太常藏祝版於匱光祿
以胙奉進監祭御史就位展視光祿卿望闕再拜乃退其
七祀覽中霤秋門屬冬行鋪設祭器入實酒饌俟終獻
將升獻覽獻官行禮弁讀祝文弁每歲四孟月臘五享並如
上儀

金史三十 二十一

志第十一

開府儀同三司上柱國錄軍國重事兼修國史……國領……經進奉敕撰臣脫脫奉

敕修

禮志四　奏告儀　皇太子恭謝儀
　　　　　陳設　實王
　　　　　雍儀

奏告儀皇帝即位加元服受尊號納后冊進狩征伐封
祀請謚營修廟寢九國有大事皆告或一室或遍告及原
廟並「獻禮用祝幣皇統以後九皇帝受尊號冊皇后太
子禘祫祔祭奉安奉遷等事皆告郊祀則告配帝之室大
定十四年三月十七日詔更御名命左丞相良弼告天地
宗廟守道告太廟左丞石琚告昭德皇后廟禮部尚書張
景仁告社稷及遣官祭五嶽前期二日太廟令掃除廟
內外設告官以下次所前一日行事官赴祀所清齋
前三刻禮直官引太廟令帥其屬入殿開室戶掃除室
設几於北墉下如時享儀禮直官帥祭官陳祭器皆籍以
席戶之左陳祝版於室之右案上及設香案祭器籍以
席每位各一籩實以麗脯右一豆實以鹿臡鹽尊一罍
於坫加勺冪在殿上室戶之左北向實以酒每位一瓶設
燭於神位前又設盥洗位橫街之南稍東設告官褥位
於殿下東階之南西向餘官在其後稍南又設望燎位於

西神門外之北告日未明禮直官引告官入就位
入當階間北面西上定奉禮贊再拜訖升自西階令太祝
宮闈令各入室出神主設於座如常儀次引告官入就
位禮直官引告官就盥洗位西向搢笏盥手訖詣神位
香執事者以幣授奉禮郎西向授告官告官受幣奠訖
禮直官引告官稍前搢笏有司謹具請行事又贊再拜
笏俛伏興退就戶外位北向立俟讀
位少頃伏興退就戶外位西向行禮如上儀訖降復
立搢笏洗爵告官詣爵洗位西向詣酒尊所西向立執
爵執尊者舉冪酌酒告官以授執事者詣神位前北向搢
官贊曰再拜詣次位行禮如上儀訖詣望燎位執
祝文訖再拜詣次位行禮如上儀訖引告官以下詣望燎位執
禮畢告官取幣帛祝版置於燎禮直官曰可燎半柴禮贊
上尊號前三日遣使奏告天地宗廟社稷於常武殿拜天訖設褥位
昊天上帝居中皇地祇居西少却行一獻禮大定七年正
月十一日上尊號前三日命皇子判大興尹許王告天地
宗廟正妃王文告太廟於自來拜天壇設昊天上帝位當
中南向皇地祇位次西少却並用坐褥位牌及香酒脯臡

等視版三學士院撰告祝文書寫訖進請御署訖以付禮
部教文宣徽院并差控鶴官用案捀覆以黃羅帕隨所差
告官詣祀所前一日告官等就局所致齋一日質明
宣徽院太常寺鋪設具如儀閣門舍人一員太常博士
一員引告官各服其服以次就位禮直官一稍前贊有
司禮具請行事贊者曰拜在位者皆再拜拜訖詣
告官各就位含人博士次引告官詣盥洗爵洗位北向立
搢笏手帨手洗爵拭爵執笏詣酒尊所搢笏執尊奉爵
者舉羃酌酒告官以爵授爵酒官執笏詣望燎位燔祝
皇地祇神位前奠拜每位三上香跪奠酒訖以爵授爵

金史第三十一　**礼志**　三

官執笏伏興舉祝官跪奠讀訖俛伏興告官再拜告
引告官以下降復位再拜訖詣望燎位燔祝版再拜半燎
告官已下皆退

皇帝恭謝儀大定七年正月世宗受尊號禮畢恭謝前三
日太廟令帥其屬灑掃廟庭之內外及陳設讀尚舍於廟南
門之西設饌幔一十一室殿中監帥尚舍設酒於廟南
少卻又設隨室奠拜褥位於神座前大樂令設登歌於殿
皇帝版位於始祖神位前比向又設飲福位於版位西南
上卻又設隨壇下又設皇太子位於阼階東南又設親王位
於其南稍東宗室王使相位於其後又設太尉司徒以下

行事官位於殿西階之西東向每等異位又設文武群官
位於橫階之南東西向又設御洗位於阼階之東班群官
之後洗位於西階下橫階之南又設御洗位於阼階之東班群官
尉洗位於西階下橫階之南又設爵洗位於東班群官之
後又設盥洗爵并奉禮贊者大司樂令等
位又設盥洗爵洗等官并奉禮贊者大司樂協律郎等
質明禮官御史帥太廟宮太祝官宮闈令出神主如時享
儀有司列黃麾仗二千人於應天門外尚輦進金輅於應
並齋宿於所司謝日質明宣徽院奏請皇帝赴齋宿殿文武群官
天門內午後三刻禮官宣徽院奏請皇帝赴齋宿殿即

金史第三十卷　**礼志**　四

蘇殿俛伏跪稱臣某言請中嚴俛伏興凡侍中奏請准此
皇帝服通天冠絳紗袍少頃侍中奏外辦皇帝出齋殿即
御座群官起居訖侍中奏請升輦皇帝升輦以出侍衛警
蹕如常儀導駕官前導至應天門侍中奏請降輦升輅皇
帝升輅門下侍郎奏請車駕進發俛伏興凡門下
侍郎奏請准此車駕動警蹕如常儀至應天門外門下侍
郎奏請車駕少駐勅侍臣上馬侍中前承旨退稱制可
門下侍郎退傳制稱侍臣上馬通事舍人承傳勅侍臣上
馬導駕官分左右前導門下侍郎奏請車駕進發車駕動

稱警蹕不鳴敲吹典贊儀引皇太子常服乘馬至廟中幕
次更服遠遊冠朱明衣執圭通事舍人文武群官並朝服於
廟門外班稍東侍中奉駕至廟門侍中奏請降輦輅導駕官
奉入廟門侍中奏請降輦徹扇侍衛如常
儀至大次侍中奏請皇帝升輦皇帝升輦繖扇侍衛如常
步入廟門稍東侍中奏請降輦輅導駕官
人分引文武群官由南神門東西偏門入廟庭東西相向
立
引太尉詣盥洗位搢笏盥手帨手執笏詣爵洗位北向立
搢笏洗瓚拭瓚以瓚授執事者執笏由西階詣祖
禮直官引太尉以下行事官詣橫街北向再拜訖詣禮直官
尊彝所西向立執事者以瓚奉太尉太尉搢笏執瓚酌鬱

〈金史第三十一〉 五 將牲

戶外比向再拜訖次詣祼室並如上儀禮畢降自西階復
位禮直官引司徒出詣饌所引薦俎郎奉俎升薦豆
籩篚盥奉籩豆籩篚及太官令以序入自正門官縣樂作
至大階樂止諸大祝迎於階上各設於神座前先薦牛次
薦羊次薦豕丞詣禮直官引親王由南神門東偏門入詣褥
皇太子通事舍人引親王由南神東偏門入詣褥位禮直
官引中書侍郎舉冊官等升自西階詣祖室始祖室前東西立
通事舍人引侍中詣大次前奏請中嚴皇帝服袞冕少頃
侍中奏外辦侍中詣廟庭本位立皇帝將出大次禮儀使

興太常卿贊導凡禮儀使與太常卿贊導並博士前引俛
伏跪稱臣奉其贊導皇帝行禮俛伏興前導禮儀使奏請執圭皇帝
執圭官縣樂作奏請詣罍洗位至位樂止內侍跪取匜興
扇近侍官從入殿中監跪進鎮圭禮儀使奏請
沃水又內侍跪取柈承水時寒預備溫水禮儀使奏請
捧饌承水皇帝洗爵訖內侍奉巾以進皇帝拭爵訖內
侍跪奠匜又莫巾於篚奉鎮圭禮儀使奏請執鎮圭
前導皇帝升殿左右侍從量人數升宮縣樂作皇帝至作

〈金史第三十一〉 六 將牲

階下樂止皇帝升自阼階登歌樂作禮儀使奏請詣
版位樂止奏請再拜奉禮郎贊皇太子已下在位群官皆
再拜贊者承傳皆再拜禮儀使前導皇帝詣祖室尊彝所
樂作至尊所樂止奉爵官以爵迎奠執尊者舉羃侍中跪
酌犧尊之泛齊訖禮儀使奏請詣祖神位前褥位登歌樂作
奏請詣始祖神位前褥位奉爵官以爵授奉爵酒官禮儀使奏請執圭皇帝執
奉爵官以爵授奉爵酒官禮儀使奏請執圭興樂
止奉奠酒官以虛爵授奉爵酒官禮儀使奏請詣空室並如上
爵三奠酒訖以爵授奉爵酒官禮儀使奏請執圭興樂
儀禮直官先引司徒升自西階立於飲福位之側酌獻將

畢奉胙酌福酒太祝從司徒立於其側酌獻畢

於其側中禮儀使奏請皇帝詣版位北向立登歌樂作至位侍中亦立

樂止中書侍郎跪讀冊訖舉冊官奠訖禮儀使奏請皇帝

再拜訖禮儀使奏請詣飲福位登歌樂作至位太祝

福酒於爵時實預偪溫酒以奉侍中受爵以立禮

儀使奏請飲福訖以虛爵授侍中禮儀

爵三祭酒禮儀使請搢圭跪受以黍稷遑進皇帝受以授左右司

使奏請受胙訖禮儀使請飲福訖跪以膚餕遑進皇帝受以授左右

徒又跪以胙肉進皇帝受以黍稷飲遑進禮儀使請執圭興再

拜訖樂止禮儀使前導皇帝還版位登歌樂作至位樂止

太子巳下在位群官皆再拜奉禮曰賜胙贊者

太祝各進徹邊豆登歌樂作卒徹樂止奉禮曰賜胙贊皇

成止禮儀使奏禮畢禮儀使前導皇帝降阼階登歌樂

作至階下樂止宮縣作一

官皆再拜禮儀使奏請釋圭殿中監跪受鎭圭至大次釋

衛如常儀禮官御史師其屬納神主藏冊如儀

仗衛於還途如來儀禮官御史師其屬納神主藏冊如儀

少頃通事舍人引侍中奏請降座升輦皇帝

升輦繖扇侍衛如常儀至南神門稍東侍中奏請降輦坐

本所

皇后恭謝儀皇后既受冊前一日齋戒於別殿內命婦應

從入廟者俱齋戒一日其日未明二刻有司陳設儀仗於

殿侍中奏解嚴通事舍人承旨勒群臣各還次將士各還

降輅乘輦以入繖扇侍衛警蹕如常儀皇帝入宮至致齋

宮縣奏采茨之曲入應天門內侍中奏請降輅乘輦皇帝

臣上馬車駕動鼓吹振作至應天門外百官班迎起居

制可門下侍郎退傳制稱侍臣上馬通事舍人承旨勒侍

下侍郎奏請車駕少駐勒侍臣上馬侍中前承旨退稱曰

出廟門皇帝步出廟門至輅侍中奏請升輅皇帝升輅門

后車之左右以次排列外命婦先自太廟後門入內命婦

妃嬪巳下俱詣殿庭起居訖宣徽使奏版奏中嚴少頃又奏

外辦首飾褘衣御肩輿取便路至車所內侍奏請降輿升

車既升車奏請進發出元德東偏門內命婦妃嬪巳

自殿門外上車由左掖門出從至太廟門外儀仗止於門

外回車南向內侍奏請降車升輿后降車升輿就東神門

外辦次下簾內命婦妃嬪巳下降車入就陪列位內侍引

外命婦詣幄次命婦妃嬪巳下降車入就陪列位少頃宣徽

詣幄次贊行朝謁之禮訖簾卷宣徽使前導詣殿庭階下西

向褥位立宣徽使贊再拜內外命婦皆再拜宣徽使前導

升東階詣祖皇帝神位香案前褥位宣徽使奏請三上
香又奏再拜訖宣徽使前導次詣獻祖已下十室並如
上儀宣徽使奏禮畢導駕歸幄次宣徽使奏請解嚴內外
婦遠幕次少頃轉伏如來儀外命婦退內侍奏請御
命婦從入冊禮畢百官上表稱賀并以箋賀中宮
皇太子恭謝儀其日質明皇宮應從官各服朝服所司陳
南簿金輅於左掖門外皇太子服遠游冠朱明衣升輿以
出至金輅所降輿升輅於左庶子已下夾侍三師三少乘馬

導從餘官亦皆乘馬以從東行由太廟西階轉至廟不鳴
銑吹至廟西偏門外降輅步進由東偏門入幄次改服衮
冕出次執圭自南神東偏門入宮官升太常寺官皆從皇
太子入詣殿庭東階之東西向立典儀贊再拜訖升自西
階詣祖神位前北向再拜訖以次詣逐室行禮並如上
儀訖降自西階復西向位俟典儀稱禮畢出東神北偏門
詔別廟如上儀訖歸幄次改服遠游冠朱明衣出次步至
廟門外升輅過廟門鳴鏡而行至左掖門外降輅升輿以
入將士各還本所後一日於東宮受群官賀如元正受賀
之儀

薦新　天德二年命有司議薦新禮依典禮合用時物令太
常卿行禮正月豝明昌間用牛魚無則鯉代二月
韭此外以豝四月薦冰五月荀蒲羞以含桃六月巖內小
麥仁七月嘗鷄以黍八月羞以瓜九
月嘗粟薦稷羞以棗以熟十月嘗麻與稻羞以兔以栗十一
羞以鷹十二月羞以魚從之大定三年有司言每歲薦物附於
五享若復薦新似涉繁數擬過時享之月以所薦物附於
薦豆薦之以合古者祭不欲數之義制可

功臣配享　明昌五年閏十月丙寅以儀同三司代國公
都銀青光祿大夫沿詞特進勛者開府儀同三司國公
電東向配太祖位以粘哥宗翰斡里不宗望闔母妻室銀
司擬上配享功臣部以撒改辭不失斜也果斡會阿思魁

同三司拔達配享世祖廟庭天德二年二月太廟祫享有
術可西向配太宗位大定三年十月詔享又以斜也斡
撒改習失阿思魁酌享太祖太宗望闔母宗翰妻室銀木哥
配享太宗其後次序屢有更易八年上命圖畫功臣於太
祖廟有司第祖宗佐命之臣勳績之大小官資之崇卑以
次上聞乃定左廡開府金源郡王撒改皇伯太師右副元
帥宋王宗望開府金源郡王斡魯皇伯太師梁王宗弼開
府金源郡王婁室皇叔祖元帥左都監督王闔母開府隋

金史第三十一 禮志 十一

國公阿離合懣儀同三司兗國公劉彥宗右丞相齊國簡
懿公韓企先特進宗人辭不失右廡太師秦王宗翰皇叔
祖遼王㪍開府金源郡王習失開府金源郡王宗尹
太傅楚王宗雄開府前燕京留守金源郡王完顏銀术哥
開府金源郡王完顏忠金源郡王完顏撒離喝特進宗人
幹魯古右丞相金源郡王紀石烈志寧十六年左廡遷湼
王宗弼於幹魯上以次増皇伯太師遼王斜也撒家奴於阿離
合懣下二十二年黙辭不失而次蒲家奴於阿離
宗望其下以次列至明昌四年次序始定東廡皇叔祖遼
智望也呆皇伯太師遼忠烈王宗幹魯皇伯太師

右副元帥宋桓蕭王訛魯補宗望開府儀同三司金源郡
毅武王習失開府儀同三司金源郡貞憲王完顏谷神希
尹太傅楚王宗雄敏王謀良虎宗雄開府儀同三司燕京留守
金源郡完顏襄武王完顏术可開府儀同三司金源郡明毅
王完顏忠阿思魁金源郡莊襄王呆撒離喝特進宗人幹
里古莊翼特進完顏辭不失威敬太師尚書令淄忠烈王
徒單克寧太師尚書令南陽郡文康王張浩西廡開府儀
同三司金源郡忠毅王撒攺太師秦桓忠王粘罕宗翰皇
伯太師梁忠烈王幹出宗弼開府儀同三司金源郡剛烈
王幹魯開府儀同三司金源郡莊義王完顏襄宣皇叔祖

金史第三十一 禮志 十二

寶玉凡天子大祀則陳八寶及勝國寶於庭所以示守也

平章政事徒單合喜參知政事每一朝為一列著為
公僕散忠義儀同三司左丞相崇國公庾摅安禮開府儀
金源郡武定王紀石烈志寧開府儀同三司左丞相沂國
太保尚書令廣平郡英敏公劉彥宗右丞相石琚開府儀
同三司兗國公英敏公劉彥宗右丞相襄國簡懿公韓企先
阿離合懣開府儀同三司豫國簡懿公竇國剛懿公
元帥左都監魯莊明王闍母開府儀同三司隋國剛愍公

寶玉凡天子大祀則陳八寶及勝國寶於庭所以示守也
金克遼宋所得寶玉及本朝所製今并戴焉獲於遼者王
寶四金寶二王寶通天萬歲之璽一受天明命惟德乃昌
之寶一三寸嗣聖寶一御封不辨印文寶一金寶御前之
寶一書詔之寶二寶金初用之獲於宋者王寶十五金
寶七印一金塗銀寶五玉寶受命寶一咸陽所得三寸六
分文曰受命于天既壽永昌相傳為秦璽百王嗣傳蟜紐
國寶一螭紐二玉並碧色鎮國寶一文曰承天休延萬億
永無極又受命寶一支曰受命于天既壽永昌天子之寶
一天子信寶一天子行寶一皇帝之寶一皇帝信寶一皇
帝行寶一皇帝恭膺天命之寶二皆四寸八分蟜紐御畫

之寶二一龍紐一螭紐宣和御筆之寶一螭紐

天下同文之寶一螭紐金寶并印

寶一皇后之寶一龍紐御前之寶二宣和殿

金塗銀寶皇帝欽崇國祀之寶一龜紐皇太子妃印一龜紐

之寶一御前錫賜之寶一書詔之寶一天下合同之寶一御前

初就用遼寶皇統五年始鑄金御前之寶一書詔之寶一外有宋內府圖書

和御筆一保水晶玄圭一封字一白玉圭一十九○本朝所製圖書

一二面並馬瑞政玄圭一封四共二十五面並玉封字一御前

秘一宣和殿制一宣和大寶一宣和書寶二宣和書畫印一大觀

中秘一元瑞一大觀御覽之瑞一大觀一珍一

河洛一元瑞一御書一天子萬壽御書三御書一

印三十八一王寶一天子萬壽一御書一龜紐

大定十八年得美玉詔作大金受命萬世之寶其制徑四

寸八分厚寸四分盤龍紐高厚各四寸六分二十三年又

鑄宣命之寶其徑四寸二厘厚一寸四分紐高一寸九分

字深二分勑有司議所當用表令所収八寶及皇統五年

造御前之寶奉勑再議今所鑄金寶宜以進呈為始一品及王

世之寶夏國封并頒詔則用之大定十八年造大金受命萬

高麗賜三國禮物織封用之明昌間更以銀又有太

公妃用玉寶二品以下用金宣命之寶又有皇太子及守國寶皆用金

銅歲賜

后皇太后皇后皇太妃寶又有皇太子及守國寶皆用金

大定二十四年皇太子寶金鑄龜紐有司定其文曰監國

上命以守易監此親王印廣長各加一分

雜儀大定三年八月有司議祫享犧牲品物按唐開元禮

宋開寶禮每室用羊一猪一五禮新儀每室後加魚十

有五尾天德貞元例與唐宋同有司行事則不用太牢七

祀功臣羊各二酒共二百一十瓶正隆減定通用犢一兩

室共用羊一豕一酒一百瓶此於禮有關今七祀功臣牲酒

請依天德制宗廟每室則用宋制加魚然每室一犢後恐

太豐世宗乃命每祭共用一犢羊豕如嘗又以九月五日

祫享當用鹿肉五十斤犢肉三十五斤兔十四頭為鶚臨

以貞元正隆時方禁獵皆以羊代此禮殊為未備詔從古

制十年正月詔宰臣曰古禮殺牛以祭後世有更者否其

檢討典故以聞有司謂自周以來下逮唐宋祫享無不用

牛者唐制開元禮時享每室各用太牢一至天寶六年始減

牛數太廟每享用一犢宋政和五禮新儀二年詔昊天上帝地祇

用牛有司行事則不用宋開寶二年詔恐難省遂命時

用犢餘大祀皆以羊豕代之令二羊五豕足代一犢今三

年一祫乃為親祠其禮至重每室一犢恐難省減遂命時

享與祭社稷如藉若親祠宗廟則共用一犢有司行事則

不用十二年十月祫享以攝官行事部共用三犢二十二

年十月詔祫禘共用三犢有司行事則以應代昭德皇后

廟大定十九年禘祭不用犢

大定二十九年章宗即位禮官言自大定二十七年十月

祫享至今年正月世宗升遐故四月不行禘禮按公羊傳

閔公二年吉禘于莊公言吉者來可以吉謂未三年也注

謂禘祫從先君數朝聘從今君數三年喪畢遇禘則禘遇

祫則祫故事宜於辛亥歲孟夏禘祭之時可為親祠詔從之

及期以孝懿皇后崩而止五月禮官言世宗升遐已三年

尚未合食於祖宗若來冬遽行祫禮伏為皇帝見居心喪

喪中之吉春秋譏其速祗冬祫未可行然周禮王有哀慘

則春官攝事竊以世宗及孝懿皇后升祔以來未曾躬謁

豈可令有司先攝事哉況前代令攝事者止施于常祀今

乞依故事三年後畢祫則祫禘則禘於明昌四年四月一

日釋心喪行禘禮上從之明昌三年十二月尚書省奏明

年祫享明德皇后室未嘗用犢一欽懷皇后祔于明德之廟按大定三

年親禘室當用犢以世宗聖壽高故殺其數亦不立

間拜數右丞璷具對上曰世宗聖壽高故殺其數亦不立因

於位今當從禮而已大定六年定晨祼行禮自大次至板

位先見神之禮兩拜冊至板位又兩拜祼畢遷板位再

兩拜遍小次酌獻時盥洗位盥訖至板位先兩拜酌獻畢

遠板位再兩拜止將詣祖位西南安置讀冊訖

又兩拜還小次又至飲福位先兩拜飲畢九十六拜

貞祐二年命參知政事李革為修太廟時享儀

祔享有司故事用皇帝時享儀初至板位兩拜晨祼及

酌獻訖每位三拜飲福五拜總七十九拜今升祔則編及

祧廟五室則為一百九拜也明昌間嘗減每位酌獻及

後一拜則為九十二拜而已然大定六年世宗嘗令禮官

通減為十六拜又皇帝當散齋四日于別殿致齋三日于

大慶殿令國事方殷宜權散齋二日致齋一日上曰拜數

從大定例餘准奏禮部尚書張行簡言近奉詔從世宗十

六拜之禮臣與太常參定拜禮儀注竊有疑為謹按唐宋親祠

典禮皆有通拜及隨位拜禮世宗大定三年親行禘始勅有

司減為十六拜仍存七十二拜速至六年禘始勅

禮亦通七拜每室各五拜合七十二拜蓋初廟見奉安而

定間十有二室姑從十六拜猶可今十有七室而拜數反

不及之此臣之所疑二也況六年所定儀注惟於皇帝板

位前讀姑祖一室祝冊夫祭有祝辭本告神明今諸祝冊

各書帝后尊諡及高曾祖考世次不

不同而乃止讀一冊餘皆虛設恐於禮未安此臣之所疑

三也先王之禮順時施宜不可多索惟稱而已今近年禮

官酌古今別定四十四拜之禮初見神二拜展祼通四拜

隨室酌獻讀祝畢兩拜飲福四拜似為得中上從之乃定

祔享如時享十二室之儀文以祧廟五主始祖室不能容

止於室戶外東西一列以西為上神主關者以升祔前三

日廟內敬造以事目丑前題寫畢以次奉陛十月巳未親

用四十四拜之儀無官縣樂犧牲從儉十七室用犢三羊

王百官自明俊殿奉迎祖宗神主于太廟幄次辛酉行禮

金史第三十五　志　等

承九而巳以皇太子為亞獻濮王守純為終獻皇帝攝服

靴袍行禮日服袞冕皇太子以下公服無鹵簿儀仗禮畢

乘馬還宮

志第十二

開府儀同三司上柱國錄軍國重事前中書右丞相監修國史 國朝經筵官都總裁臣脫脫 奉

禮志

勅修

禮五 上尊謚

天會三年六月諳班勃極烈杲等表請追冊先大聖皇帝
十二月二十五日奉玉冊玉寶上尊謚曰大聖武元皇
帝廟號太祖天會十三年三月七日遣攝太尉皇叔大
司空晏奉玉冊玉寶上尊謚曰文烈皇帝廟號太宗九月
追謚皇考曰景宣皇帝廟號徽宗十四年八月庚戌文武
百僚太師宗磐等上議曰國家肇造區夏四征弗庭太祖
武元皇帝受命撥亂光啓大業太宗文烈皇帝繼志辛伐
奮張皇威原其積德累功所由來者遠矣且禮多為貴國
前籍之美談德厚流光實本朝之先務伏惟皇九代祖廟
君人之量挺御世之姿厚群生馮遷於貟夏太王避狄邑
此岐山聖姓來歸天原肇發皇八代祖承家襲
慶裕後垂芳不求赫赫之名終大振振之族皇六代祖徙
居得吉播種是勤去暴露姿邁世美略濟時成百里日辟之切
利皇五代祖字董雄宇之安釋貟載興車輿之
戎車既飾為五教在寬之訓人紀肇倅皇高祖太師質自
天成德為民望兼精騎射往無不摧始置官師歸者蓋

皇曾祖太師威稜震疊機警絕人雅善運籌未嘗衽甲臨
敵愈奮蹇應變若神皇曾叔祖太師機獨運心公無私物四
方僉動諧部歸懷德威兩隆風俗大定皇伯祖太師友于
蓋愛國爾惟忠謀必固愍舉無不濟累代祖妣婦道之
王業艱難俱殫內助之勞寔著始基之漸是宜來群臣之
行剛曰景元皇帝廟號始祖妣曰明溫柔聖善曰懿
請上皇九代祖尊謚曰元保民耆艾曰明恭柔德曰恭
會議酌古之故事以遵行欽帝于郊稱天以謀謹按謚法布義
后中和純備曰德道德純一曰思請上皇八代祖尊謚曰
德皇帝妣曰思皇后好和不爭曰安好廉自克曰節請上
皇七代祖尊謚曰安皇帝妣曰節皇后安民治古曰定明
德有勞曰昭尊賢讓善曰恭柔德來眾曰靖請上皇六代
祖尊謚曰定昭皇帝廟號獻祖妣曰靖皇后愛民立政
曰成辟土有德曰襄強毅執正曰威慈仁和民曰順請上
皇五代祖字董尊謚曰成襄皇帝廟號桓祖妣曰順皇
后愛民好與曰惠辟土兼國曰桓明德有勞曰昭執心決
斷曰肅請上皇高祖太師尊謚曰惠桓皇帝廟號景祖妣
曰昭肅皇后請上皇曾祖太師尊謚曰肅思慮深遠曰
翼一德不懈曰簡請上皇曾祖太師尊謚曰聖肅皇帝廟
號世祖妣曰翼簡皇后申情見貌曰穆博聞多能曰憲柔

德好眾曰靜聖善周闕曰宣請上皇曾叔祖太師尊諡曰

穆憲皇帝廟號肅宗妣曰靜宣皇后慈愛志勞曰孝執事

有制曰平清白守節曰貞愛民好與曰惠請上皇曾叔祖

太師尊諡曰孝平皇帝廟號穆宗妣曰貞惠皇后愛民請

悌曰恭一德不懈曰簡鳳夜共事曰敬小心畏忌曰悟請

上皇伯祖太師尊諡曰恭簡皇帝廟號康宗妣曰敬僖皇

后仍請以始祖景元皇帝為永不祧之廟澶極兩辰奉上

太祖武元皇帝太宗文烈皇帝為求永不祧之廟澶極兩辰奉上

告成消日備物奉上尊諡擇日奉安恐在郊社之

九代祖姙尊諡廟號是日百僚上表稱賀皇統五年增上

太祖尊諡禮禮官議自古辨祀以南比郊太社太稷太廟為

序若太廟神主造畢即合題尊諡擇日奉安恐在郊社之

前於禮未備候築郊兆畢擇日奉告昊天上帝地祇次

奉安社稷神主及奏告其次恭告神主題號奉安入

室以此為序元奉勑旨候到上京行禮或只於慶元宮

無指定候修建太廟奉勑旨候到上京行禮不見元奏目內有

奉上諡號若候奉安太廟神主禮畢方奉上諡號冊寶即

百官並合法服兼於皇帝所御殿合立黃麾伏及殿中省

細伏太廟殿前亦合立黃麾伏其冊寶在路亦合量設儀

伏若太廟未奉安只於慶元宮上冊寶即行事及立班官

並用常服及依例置用大小旗甲騎門伏官供奉官引從

冊寶綵服若奉安後發冊即御服通天冠絳紗袍若只就

慶元宮即惟頭紅袍并將來題太廟本

室神主便可用新諡若於太廟先奉安神主即先題舊諡

及至就本室上冊寶又須改題新諡有兩節不同五月九

日擬奏告於太廟上冊寶寫應法物樂新難辦前有司供張

辰居殿神御床案少府監鈞盾署設烯薪于殿庭西南撱

坎於其側儀鸞司設小次千辰居殿下東廂又設冊寶幄

殿于景輝門外東壖舍殿前司宣徽院量差甲騎兵大小旗

鼓門伏官香輿自製造冊寶所迎奉冊寶奉安于幄殿行

事官製造官皆騎馬引從門下中書侍郎在前侍中中書

令在後大禮使又在其後舉捧奉冊寶官製造官分左右

夾侍以此為上皆給人從錦帽衩帶是日未明翰林使太

官令丞鋪設香案酒果供具牲體膳羞於神御前儀鸞司

設皇帝拜褥四一在作階上面西一在香案南面北一在

殿上東欄子內西面一在作階之東西設黃道自小次

至作階褥位質明有司備常行儀伏駕頭扇筥管勾官常服

服騎馬執鞭前導以此為上造冊寶官排辦管勾官常朝

於慶元宮門外立班迎駕再拜皇帝自宮中服靴袍御馬

至景暉門外下馬步入小次少頃御史臺催班大禮使行
事官自幄殿奉冊寶入正門宣置於辰居殿西階下大禮使
歸押班位閤門使齊班齊太常卿奏請皇帝行奉上冊寶
之禮宣徽使太常卿分引前導皇帝由黃道升阼階上面
西褥位立正門入殿西褥位再拜上香又再拜乃引皇
帝由殿上正門入於香案南舉冊昇褥位再拜上香又
冊寶褥位於香案前導儀鸞司徽香案前床對捧由西
褥升欄子內面西褥位立定奉冊中書令於褥位南再拜退就殿
階升候於褥位置定奉冊中書令讀冊匣子床對捧由西
後從候於褥位侍卽分左右前導奉冊中書令於褥位南再拜退
階上西南柱外面東立讀冊官中書令稍前再拜昇冊官
取匣蓋下實于西階下冊舉冊官對舉冊讀冊官中書
令一拜起跪摺笏讀冊文曰孝孫嗣皇帝臣某謹拜手稽
首奉玉冊王寶恭上尊諡曰應乾興運昭德定功睿神莊
孝仁明大聖元皇帝讀冊畢就拜興又再拜退立于奉
冊中書令之次奉冊官進與中書侍卽率舉冊昇冊官奉
冊匣由西階下引從如上儀復置于冊匣之儀以
寶盝進至侍中讀冊畢設香案南拜褥宣徽使太常卿導皇
有司徹冊寶褥位復設香案南拜褥宣徽使太常卿導皇
帝進就褥位再拜上香茶酒樂作三酹酒樂止太祝讀祝

文訖皇帝再拜復歸阼階褥位立定大禮使升殿於香案
南宣徽使飲授福酒盞盝行至皇帝陳階前宣徽使
贊皇帝再拜飲福閤門傳賜胙再拜應在位官皆再拜
大禮使跪以酒盞進授皇帝樂作飲訖以盞授
徽使取酒盞回授宣徽使訖由西階下歸押班位太祝
上文武班齊太常卿酌酒臺于翰林使以進授皇帝酪酒于燎薪
翰林使酌酒太官令丞量取牲羞自西階下置于燎薪
之上執事者舉燎半燎燔于坎所立禮官贊請皇帝望燎
徽使取酒盞臺于翰林使以進授皇帝酪酒于燎薪
酒盞復以授酒宣徽使訖由西階下歸押班位太祝
喝百官皆再拜太常卿宣徽使前導皇帝歸小次即御座
藥降太常卿俛伏興跪奏太常卿臣某言禮畢百官皆
班西出大禮使以下奉冊寶床納于慶元宮收掌去皇
帝進膳于別殿侍食官取旨有司轉仗由麥路皇帝便服
還內教坊作樂前導次日大禮使率百官稱賀是歲閏十
一月增上祖宗尊諡始祖景元皇帝曰懿憲景元皇帝德
皇帝曰淵穆玄德皇帝安皇帝曰和靖慶安皇帝獻祖定
昭皇帝曰純烈定昭皇帝昭祖成襄皇帝曰武惠成襄定
帝景祖惠桓皇帝曰英烈惠桓皇帝世祖聖肅皇帝曰神
武聖蕭皇帝蕭宗穆憲皇帝曰明睿穆憲皇帝孝平
皇帝曰章順孝平皇帝康宗恭簡皇帝曰獻敏恭簡皇帝

太宗文烈皇帝曰體元應運世德昭功哲惠仁聖文皇
帝徽宗宣景皇帝曰允恭克讓孝德玄功佑聖景皇帝
巳上廟號先是元年十二月一日奏告如儀大定三年增上尊
宗尊謚先是元年十一月十六日追冊臺考曰簡肅皇帝
廟號睿宗皇妣蒲察氏欽慈皇后皇妣李氏貞懿皇帝
二字即令庬宗皇帝更合增上尊謚於升祔前奉冊寶制
可十七日左平章元宜等奏請增上尊謚曰庬宗未經升祔
仁啓聖廣運文武簡肅皇帝有司奏奉增上尊謚於升祔正
合無於衍慶宮聖武殿設神御床衆奉旨崇聖閣借設正
位文奏皇帝親授冊寶太尉行事制可九月二十二日奏
告太廟二十八日大安殿置大樂閣習前一日自衍慶宮
奉迎冊寶於大安殿安置授冊日未明三刻有司各勒所
部整肅儀衛群臣集于殿門行事官各法服陪位官公服
皇帝自宮中常服乘輿侍衛如儀赴大安殿後更長幄次
御史臺催班通事舍人引太尉及群臣就位侍中跪奏
嚴少頃又跪奏外辦皇帝服通天冠絳紗袍出太常卿跪
奏稱太常卿臣某言請皇帝行奉上冊寶之禮奏訖俛伏
興宣徽使分左右前導皇帝步詣冊寶幄次將至幄次簽
歌樂作至幄次前北向宣徽使贊拜皇帝再拜典儀贊在

位官再拜訖奏請皇帝搢圭三上香訖執圭請皇帝
再拜典儀贊在位官再拜訖各分班東西序立奏請皇帝
詣稍東褥位樂止中書令中書侍郎奉冊寶降自西
階登歌樂止宣徽使贊導皇帝隨冊寶降自西
郎奉冊寶行登歌樂作至大安殿下當中褥位中書侍
中奉冊寶於皇帝褥位之西樂止宣徽使贊請皇帝再拜
典儀贊在位官皆俛伏興再拜訖中書令搢笏奉冊寶匣官
跪奉冊授太尉搢笏跪受訖執笏少東立宣徽使奏請
圭跪捧冊授太尉搢笏跪受訖執笏少東立宣徽使奏請
東向太常博士引太尉至褥位北向立宣徽使奏請皇帝搢
作至皇帝褥位前俛伏跪奉冊寶匣官
執圭俛伏興搢笏奉寶盞官捧冊匣中書侍郎奉冊寶降自西
樂止侍中搢笏奉寶盞官捧匣中書侍郎奉冊匣置於冊床
奉置訖執笏俛伏興退稍西立東向太常博士引太尉至
褥位北向立宣徽使奏皇帝搢圭俛伏興早寶
褥位北向立宣徽使跪受訖執笏少東立宣徽使奏請
官捧寶盞盂門下侍郎奉置於寶床南向立宣徽使奏請
拜典儀贊在位官再拜皇帝再拜樂止宣徽使奏請皇帝
引太尉奉冊寶出圭即各持節前導冊床在前寶床次之
樂止中書門下侍即者持節前導冊寶之前太尉居其後至大
安門外太尉以次跪奉冊寶於玉輅中中書侍即於輅旁

夾侍所司迎衙如式太尉奉冊寶訖步出通天門外華車
用本品鹵簿導從如儀敔吹不振作俟冊寶出大安門太
常卿跪奏稱太常卿臣某言禮畢奏請皇帝
升自東階登歌樂作樂還大安殿後幄次設冊寶止侍中導皇帝
嚴乘輿還內侍衙如儀十月一日攝太尉特進平章政
事兼太子太師定國公臣完顏宗憲率百官赴衙慶宮行
禮前一日設冊寶幄次於聖武殿設神御床案徽
常寺官率所屬於聖武殿門外西向其日質明太
案時饌茶食香花等並如太祖皇帝忌辰供備之數大樂
署設登歌之樂於殿上前楹間稱南北向迎衙冊寶至衙

慶官門外中書門下侍郎各奉冊寶降輅各置於床太尉
至門外降車率中書令以下導從赴聖武殿門外幄次奉
安如式其儀伏兵士並退次引文武百官各服其服以次
就位大樂令率工人就位禮直官亦先就位應執事者並
先入殿庭比向立禮直官贊再拜訖升殿次引太尉就
階下褥位西向立禮直官贊拜在位官俱再拜訖引太尉
有司謹具洗盥手升殿詣神座前搢笏跪三上香樂作奠茶奠
酒訖執笏俛伏興樂止太尉再拜訖還位少立次引太尉
出率中書門下侍郎等奉寶床入自殿門中書令侍中等

並導從登歌樂作冊寶床至殿庭列於西階之下承以席
褥樂止太尉以下各就西面北褥位立定禮直官拜拜在位
官俱再拜訖太尉率中書令侍郎奉冊寶升殿登歌樂作
至殿上冊匣置於食案之前仍設褥位樂止次引太尉詣
神位前俛伏興稍西立次引中書令立於冊匣南舉冊官樂冊
俛伏興稍西立次引中書令立於冊匣南舉冊官舉冊
書令俛伏跪讀冊俛伏興樂止次引侍中門下侍郎奉寶盝升
殿樂作置於食案之前仍設褥位樂止舉寶官舉寶盝
中俛伏跪讀寶俛伏興侍中奉寶盝降自西階置于床
百官稱賀如常儀

登歌樂作置訖樂止太尉詣殿門外褥位再拜訖太尉而
下俱降階以次就位禮直官贊拜在位官皆再拜訖以次
出寺官署官率衙直官奉冊寶置于冊寶殿各退次日

大定十九年奉上孝成皇帝謚號元年十一月十六日詔
曰前君乃太祖之長孫受太宗之遺命嗣膺神器十有五
年再拱仰成委任勳戚慶養國以省徭賦柔宋人而息兵
戈世格泰和俗躋仁壽混車書於南北一尉候於東西晚
繼遭刑幾於忞忞意寬施弟后戮及良工庢不及民事猶可
讓過之至此古或有爲右丞相岐國王亮不務卹諸反行

弒妄加賊廢抑損徽稱違近傷嗟神人憤慈天方悔禍
朕乃繼興受天下之樂推居域中之有大將撥亂而反正
務在革非期事亡以如存事恩盡禮宣上諡號曰閔宗武
靈皇帝十八年有司言本朝祖宗尊諡或十八字或十四
字或十二字或四字今擬增上閔宗尊諡曰弘基繼武莊
靖孝成皇帝仍加諡悼平皇后又言大定三年
追尊唐宗皇帝禮儀大安殿前立黃麾仗一千人應天門
外行仗二千人服通天冠絳紗袍隨冊寶降自西階
搢圭跪捧冊寶授太尉今擬大安殿行禮及依唐周典故
降陛捧冊寶授太尉所有冠冕儀仗擬依已行禮例上命
儀仗人數約量減之餘略同前儀明年四月十日奉上冊
實升祔太廟二十六年勑再議閔宗廟號禮官擬上襄威
敬定桓烈熙七字奉旨用熙字乃以明年四月一日遣官
奏告太廟及閔宗本室易新廟號
大定二十九年四月乙丑諡大行皇帝曰光天興運文德
武功聖明仁孝皇帝廟號世宗五月丙午以祔廟禮成大
赦
大定二十九年五月甲午上皇考尊諡曰體道弘仁英文
睿德光孝皇帝廟號顯宗
大安元年二月丁卯諡大行皇帝曰憲天光運仁文義武

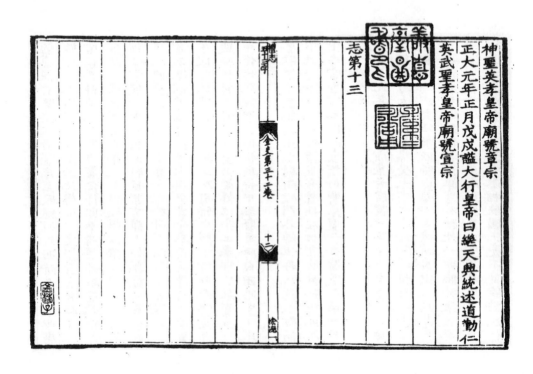

神聖英孝皇帝廟號章宗
正大元年正月戊戌諡大行皇帝曰樂天興統述道勤仁
英武聖孝皇帝廟號宣宗

開府儀同三司上柱國錄國重事中書右丞相監修國史領經筵事都總裁臣脫脱奉

勑修

禮六　原闕　朝享儀　別闕

金史三十三

太宗天會二年立大聖皇帝廟于西京熙宗天卷二年九月又以上京慶元宮爲太祖皇帝原廟皇統七年有司奏慶元宮門舊曰景暉殿曰辰居似非廟中之名今宜改殿名曰世德是歲東京御容殿成世宗大定二年十二月詔以會寧府國家興王之地宜就慶元宮址建正殿九間仍其舊號以時薦享海陵天德四年有司言燕京興建太廟曰聖武門曰崇聖

復立原廟三代以前無原廟制至漢惠帝始置廟於長安渭北薦以時果其後又置於豐沛不聞專薦之禮今兩都告享宜止於燕京所建原廟行事於是名其宮曰衍慶殿成有司言宜以御容安置先是衍慶宮藏太祖御容十有大定二年以庶宗御容遷衍慶宮五年會寧府太祖廟二法服一立容一戎衣一佩弓矢一坐容二巾服一舊在會寧府安置半身容一巾服二春衣容一巾服一遣官奉都御容殿安置今皆在此詔以便服容一遣官奉擇日啓行前一日鳳輿告廟用酒餞差奏告官一貟以所差使

充進請御署祝板其日質明有司設龍車於衍慶宮門外少西東向宰執率百官公服詣本宮殿下班立再拜班首升殿上香奠酒教坊樂作少退再拜班首降階復位位官皆再拜奉送使副率太祝捧御容匣出宮以下分外俟御容車少駐導官下馬車前立班再拜奉送使副旗幟甲馬錦衣人等分左右導香輿扇等前行至都門郊左右前導出衍慶宮門外俟御容車百官上馬後從使副遂行每程到館或廨舍内安駐車上駕以牛又用騾側侍不拜班首詣香輿跪上香俛伏興還班再拜辭訖退一龍車一其制以青布爲幰子狀安車上駕以牛又用騾至郊外再拜乃退至會寧府官與本府官及建廟官等並公服詣幰官屬公服出郭香果奉迎再拜班首上香奠酒又再拜送士百人護衛二十人以宗室猛安謀克子孫充所過州縣五旗鼓共五十辞香輿一人導從六十人執扇八人兵馬從至廟門外下馬分左右導引使副率太祝四貟捧御容入廟於中門外東壁幰次内奉置定再拜訖退擇日奉安容衆官前導引至殿下排立御容升殿奉安訖再拜班首次前排立先再拜訖上香樂作奠酒訖又再拜訖太祝御升殿跪上香讀祝奠酒樂作少退再拜訖班首降階復位

禮志

同執事官再拜訖退十五年二月有司言東京開覺寺藏

廟宗皇帝卓衣展裳真容勅遷本京祖廟奉祀仍易袍色

明年四月詔依奉安廟宗禮奉安世祖御容於衍慶宮前

期有司備香案酒果教坊樂至日質明親王宰執率百官

公服迎引至衍慶宮几用甲騎百人傘二人扇十二人香

輿八人綵輿十六人從者二十四人執事官二人弩手控

鶴各五十人贊者二人禮直官二人六品以下官三十員

駕朝謁十六年正月有司奏奉勅議世祖皇帝御容當於

何處安置臣等詳衍慶宮即漢之原廟每遇太祖皇帝

忌辰百官朝拜今世祖皇帝擇地修建殿位庶可副嚴奉

之意從之乃勅於聖武殿東西興建世祖太宗御容殿位

旣而復欲擇地建太宗殿于婦仁館有司言山陵太祖太

宗寮宗一兆域太祖太宗寮宗亦同堂異室

今於婦仁館與建太宗廟之制不同詔

從前議止於衍慶宮各建殿七間閣五間三門五間乃定

世祖殿曰廣德閣曰然昌太宗殿曰丕承閣曰光啟廟宗

殿曰天興閣曰景福十九年五月六日奏告七日奉安執

事禮官二人每位香案一祭器席一拜褥二盥洗一大勺

廡中全前一日太廟令率其屬掃除宮內外又各設神座

於殿上又設親王宰執以下百官拜位於殿庭又設盥洗

位于東階下執晷晷者位于其後又於神位前各設拜向

拜褥位并各設香案香爐匙合香酒花果器皿物等依前

來例又於聖武殿上設香案香爐匙合香等又於殿下各設

腰輿一舁士一十六人傘子各二人執扇各十二人導從

妗手各三十人前一日清齋親王於本府百官於其第行

禮官執事人等習儀就祠所清齋日質明禮官率太廟

署官等詣崇聖閣奉世祖御容匣用內侍二人親王宰執

貟禮官公服於殿庭班立七品以下班于殿門之外贊者曰

拜在位官皆再拜禮直官引班首詣盥洗盥手訖升殿詣

神座前跪上香訖少退再拜禮直官引班首詣盥洗盥手訖升殿詣

署曰拜在位官皆再拜禮官導世祖御容升腰輿儀衛

依次序導從至廣德殿後從至殿上正面奉安訖立禮官率

太廟署官就腰輿內捧御容於殿門外立班贊者曰

階下六品已下官立於殿門外立班贊者曰再拜在位官皆

舁拜禮直官引班首詣盥洗盥手訖升殿詣

御容前跪上香奠酒教坊樂作少退再拜訖禮直

詣御容前跪上香奠酒教坊樂作少退再拜訖禮官率太宗

官引班首降殿復位贊者曰拜在位官皆再拜禮官率太宗

太廟署官詣崇聖閣太祝內侍捧太宗御容禮官導太宗

御容於聖武殿行禮畢以次奉安於丕承殿行禮並如上

儀次庵宗御容奉安於天慶殿禮亦如之俟奉安禮畢百

官退二十一年閏三月奉音昭祖景祖奉安崇聖閣下每位設

宗穆宗康宗奉安閣下明蕭皇帝奉安燕昌閣上蕭

黃羅幕一黃羅明金柱衣二紫羅地褥一龍林一路林二

衣全前期奏告四月一日奉安五日親祀是年五月遷聖安

寺庵宗皇御容于衍慶宮皇太子親王宰執奉迎安置

朝謁儀大定十六年四月十九日奉安世祖御容行朝謁

之禮皇帝前一日齋於內殿皇太子齋於本宮親王齋於

本府百官廣於其第太廟令率其屬於衍慶宮內外掃除

設親王百官拜位於殿庭又設皇太子拜褥於親王百官

位前宣徽院率其屬於聖武門外之東設西向御幃安聖

門東設皇太子幃次其日有司列仗衛于應天門俟奉安

御容記有司於殿上弁神御前設北向拜褥位安置香爐

香案弁香酒器物等皇太子比至車駕進發巳前公服乘

馬本官屬導從至衍慶宮門外西向立班

於衍慶宮門外西向立班俟車駕將至典贊儀引皇太子

出幃次於親王百官班前奉迎導駕官五品六品七品職

官內差四十員於應天門外道南立班以俟皇帝服靴袍

乘輦從官纖扇侍衛如常儀勒旨用大安輦儀仗一千人

出應天門閤門通喝導駕官弁詣閤門傳勒導駕官上

馬分左右前導至廟門外西偏下馬車駕至衍慶宮門外

稍西降輦宣徽使前導皇帝步入御幃降閤門先

引親王宰執四品巳上執事官由東西偏門入至殿庭分

東西班相向立典贊儀引皇太子入立於褥位之西東向

進香進酒等執事官並升階於殿上分東西向次立宣

徽使跪奏請皇帝行朝謁之禮簾捲皇帝出褥位宣徽使前

導至殿上褥位北向立令中間歌空

親王宰執四品巳上職事官回班並北向立聖武門外八品巳下陪拜奏

不礙奏樂五品以下

請宣徽使皇帝再拜教坊樂作皇太子巳下群官皆再

拜請皇帝詣神御前褥位北向立又請皇帝再拜皇太子

巳下群官皆再拜請皇帝跪三上香三奠酒俛伏興又請

皇帝再拜皇太子巳下群官皆再拜宣徽使奏禮畢巳上擬

帝再拜皇太子巳下群官皆再

拜宣徽院奏過依舊例十二拜典贊儀引親王宰執以下群官東西相向

立先引五品巳下出宣徽使前導親王宰執以下群官東西相向立

於褥位之西東向立

八拜宣徽院奏過依舊例十二拜典贊儀引親王宰執以下

贊儀引皇太子闔門分引皇太子以次出宣徽簾降典

請皇帝還宮簾捲步出廟門外升輦還宮如來儀十九年

奉安禮同

朝拜儀初太祖忌辰皇帝至褥位立再拜稍西向詣香
案前又再拜上香訖復位又再拜進食奠茶酹神皆再拜
而退二十一年五月十二日睿宗忌辰有司更定儀禮前
一日宣徽院設御幄于天興殿門外稍西至日質明皇太
子親王百官公服于衍慶宮門外下馬二宣徽前導步入宮門稍西皇帝乘馬
至衍慶宮門外下馬二宣徽前導步入宮門稍西皇帝乘
輦至于殿庭左右分班立定二宣徽使導皇帝由
由偏門入至于殿庭左右分班立定
蓋簾降典贊儀引皇太子閣門引親王宰執四品已上官
次簾扇侍衛如常儀引皇太子至天興殿門外稍西皇帝乘
蓋簾扇侍衛如常儀有司置香案酒卓訖請詣褥位三
詣神位立候有司置香案酒卓訖請詣褥位三
上香奠酒復位再拜已上皇太子已下皆陪拜再奏請詣
稍束侍神位立典贊儀引皇太子升殿赴褥位先兩拜其
酒再兩拜降復褥位次閣門引終獻官趙王上殿行禮宣
徽使奏請皇帝詣褥位再兩拜皇太子已下官皆再拜禮
畢百官依前分班立皇帝出殿門外入幄次簾降更衣引
皇太子已下官出宮門外立班皇帝乘輦至宮門稍降
輦步出宮門外上馬還宮導從侍衛如來儀皇太子已下

合班五品以下班于殿門外宣徽使奏請皇帝先再拜請
天興門正門入自東階升殿詣褥位立定皇太子已下官

官僚車駕行然後退大定五年奉旨太祖忌辰衍慶宮焚
享止用素食諸京凡御容所在皆同又朔望皆行朝拜禮
六年有司奏太祖皇帝忌辰車駕詣親奠莫百官陪拜今車駕
從華合以宰臣為班首率百官詣衍慶宮行禮從之十六
年奉旨世祖太宗忌辰奉與十八年八月太祖忌辰
世祖太宗同在一廟致奠有司言歷代無一聖忌辰列
六年以内外祖廟不同定擬太廟每位行禮每歲五享山陵朔望忌
預祭之典擬議間勑遣太子一位行禮并諸京祖廟節辰忌
辰及節辰祭算並依前代典故外祖廟自來車駕行幸
過祖宗忌辰百官行禮并諸京祖廟節辰忌辰朔望拜莫
雖無典故条酌恐合依舊以盡崇奉之意從之
別廟大定二年有司擬奏閟宗無嗣合別立廟有司以時
祭享不稱宗以武靈為廟號又奏唐立別廟不必在太
廟垣内今武靈地建立從之十四年廟成以武靈後諡孝成
廟東墻外隙地建立從之
又謂之奉告十五年三月戊申奉安武靈皇后及悼皇
后前期一日奏告太廟同時行禮命判宗正英
過廟之儀四月十七日夏享太廟餘如昭德
王奭攝太尉充初獻官兵部尚書讓攝司徒差大理卿天
錫攝太常卿充亞獻大興少尹高居中攝光祿卿充終獻

自是歲常五享十七年十月袷享太廟檢討唐禮孝敬皇
帝廟時享用廟舞宮縣登歌讓皇帝廟至禘袷月一祭只
用登歌其禮制損益不同今武靈皇帝廟庭與太廟地步
不同難以容設宮縣樂舞并樂器亦是闕少看詳恐合依
唐讓皇帝袷享典故樂用登歌所有牲牢樽俎同太廟一
室行禮及契勘得自來袷享遇親祠每室一犢攝官行禮
三犢或增添牛數奉勅旨太廟別廟共用三犢武靈皇
帝廟樂用登歌差官奏告並准奏大定十九年四月升袷
太廟其舊廟遂毀

昭德皇后廟大定二年有司援唐典昭德皇后合立別廟
擬於太廟內垣東北起建從之三年十月七日太廟袷享
升祔睿宗皇帝并昭德皇后神主同時制造題寫奉
庭謁畢祔於祖姑欽仁皇后之左享祀畢奉主還本廟十
二月二十一日臘享禮官言唐禮別廟薦享皆準太廟一
室之儀伏恐今廟享畢已過頒明請別差官攝祭可後
以殿制小又於太廟之東別建一位十二年八月廟成正
殿三間東西各空半間以兩間為室從西一間西壁上安
置祏室廟置一便門與太廟相通仍以舊殿為冊寶殿祏
室奏毀十三年六月二十一日奏告太廟祭告別廟二十

三日奉安用前袷享過廟儀有司言當用鹵簿以廟相去
不遠參酌擬用清道二人次團扇二人次職掌八人次街
官二十六人為十三重供奉官充次腰輿輿士一十六人
傘子二人次團扇十四為七重方扇四次排列職掌六人
一日行事官就祠所清齋一宿仍習儀執事者眡醴
饌太廟令帥其屬掃除廟之內外禮直官設皇太子
位執事官位皇太子後近南西向各依品從立監察殿西
階下東向立及親王百官位於廟庭北向西上又設祝案
下當戶南向設几一莞席一緣席一次席二紫
綾厚褥一紫綾蒙褥一并幄帳等諸物並如舊廟之儀又
設望燎位于西神門外之北設燎壜又
于燎所司陳儀衛於舊廟門之外奉安日未明二刻所
籍以席左一邊實以鹿脯右一豆實以鹿臡又設盥洗爵
洗位于橫街之南稍東墨在洗東加勺籬在洗西南肆實
以巾執墨籬者位于其後太廟令又設神位於室內北墉
於神位之右設尊彝之位於左各加勺冪坫又設祭器皆

下馬步入廟門至幕次引親王百官常服由廟門入於殿
下南向質明皇太子公服乘馬本宮官屬導從至廟門外
司進方廟燭籠於舊廟殿門外設腰輿一繖一於殿階之

庭北向西上重行立定次引皇太子於百官前絕席位立
贊者曰再拜皆再拜宮闈令升殿捧昭德皇后神主置于
座贊者曰再拜皆再拜次引內常侍北向俛伏跪奏請昭
德皇后神主奉安于新廟降殿升輿內常侍北向俛伏跪
侍先捧几俛伏於腰輿跪奏請降俛伏興捧几內
子步自舊廟殿先從行親王次之百官分左右後從儀衛導
興升殿內侍捧几置前宮闈令捧接神主升殿置于座禮
直官引皇太子以下親王百官入殿庭北向西上重行立

皇太子在絕席立禮直官立禮直官贊曰再拜皆再拜又贊曰行事
官各就位禮直官引皇太子西向位立定禮直官少前贊
曰有司謹具請行事即引皇太子就盥洗位北向搢笏盥
手帨手執笏詣爵洗位北向立搢笏執笏以授執事
者執笏升詣酒尊所西向立執事者以爵授皇太子搢笏
執爵執事者舉冪酌酒皇太子以爵授執事者詣神位前
北向搢笏跪執事者以爵授皇太子搢笏執爵三祭酒反爵于
坫執笏俛伏興少立次引太祝詣讀祝位東北向
址向搢笏跪舉冊太祝跪讀祝訖俛伏興舉祝
舉祝官跪舉版次引太祝詣讀祝位跪俛伏興舉祝
官皆卻立址向贊者曰再拜皇太子就兩拜降階後位舉

祝讀祝官後從俛伏復本位禮直官曰再拜皆再拜在位者皆再拜宮
闈令納神主于室贊者曰再拜皆再拜禮畢退署令闔廟
門廟祝祝于坎瘞物各還所司十一年郊祀前二十六年勅別
太廟同日用登歌樂行三獻禮有司攝事二十一日朝享與
建昭德皇后影廟于太廟內有司言宜建殿三間南面一
屋三門垣周以覿外垣置靈星門一神廚及西廡各三間
然禮無廟中別建影廟之例今皇后廟西有隙地廣三十
四步表五十四步可以興建制可仍於正南創正門門
以坤儀為名仍留舊有便門遇禘祫祔享由之每歲五享
并影廟行禮於正南門出入又於廟外起齋廊房二十三

間
宣孝太子廟大定二十五年七月有司奏依唐典故太子
置廟設官屬奉祀擬於法物庫東建殿三間南垣及外垣
皆一屋三門東西垣各一屋一門門設九戟齋房神廚廥
地之宜又奉旨太子廟既安神主宜別建影殿有司定擬
制度於見建廟稍西中間限以墻垣內建影殿三間南面
一屋三門垣周以覺無關角及東西門外垣正南建三門
一左右翼廊二十間神廚齋室各二屋三門是歲十月廟
成十一日奉安神主十四日奉遠畫像神主用栗依唐制
諸侯用一尺刻諡于背省部道官於本廟西南隅面址設

幄次監視製造於行禮前一日製造訖其日晚奉神主官

奉承以箱覆以帕捧詣題神主幄中次日丑前五刻題神

主官與典儀并禮官詣幄次前題神主官詣盥洗位盥手

帨手訖奉神主官先以香湯奉沐拭以羅巾題神主官就

褥位題諡號於背云孝太子神主墨書用光漆模訖授

奉神主官承以箱覆以梅紅羅帕藉以素羅帕詣座置於

匱乃下簾帷侍衛如式俟典儀倪伏跪請備禮與金扇詣

神位導引侍衛皆減昭德廟祭儀有司言當隨祖廟四

時祭享初獻於皇孫亞獻於皇族或五品以下差樂

用登歌今量減用二十五人其接神用無射宮升降徹豆

則歌夾鐘牲牛羊豕各一邊豆各八簋簠各二登鉶各一其

餘祭食亦量減之二十六年十一月一日奏神主廟牲牢

樂縣官給影廟皇孫奉祀

開府儀同三司在國錄國書前書袞相權
國領　經進事都總裁臣

脫脫　奉

勅修

禮七　社稷　風雨雷師　嶽鎮海瀆

黃元年閏十二月有司奏建社稷壇于上京大定七年
七月又奏建壇于中都為社為制其外四周為垣各開一
神門門三間內又四周為垣東西南北各開一神門門三
闇各列二十四戟四隅連飾罘罳無屋於中稍南為壇位
令三方闊一級四陛以五色土各飾其方中央覆以黃
土其廣五丈高五尺其主用白石下廣二尺剡其上形如
鐘埋其半壇南栽栗以表之近西為稷壇如社壇之制而
無石主四壇門各五間兩墊三門門列十二戟有角
樓之面皆隨方色飾之饌幔四楹在北壇門西北向神廚
在西壇門外南向廨在南圍墻內東西向有望祭堂三獻及
在其北兩則於堂望拜堂之南北各為屋二楹三獻及
司徒致齊幕次也堂下南北相向有齋舍二十間御
一間不施鴟尾祭用春秋二仲月上戊日樂用登歌遺官
卿一省差太尉一司徒一已上奏差亞獻太常卿一終獻光祿
行事太尉一司徒一已上奏差亞獻太常卿一學士院官一請
御署祝版大樂令一太官令二監祭御史二太常博士二

庫儀令一奉禮郎一協律郎二司尊罍二奉爵酒官一太
祝七祝史四盥洗官二爵洗官二執尊罍官四齋郎四十
八贊者一禮直官十巳上部差守衛十二人各衣其方色
其服官給舉瘞四衣皂軍人自備前三日質明
行事官受誓戒於尚書省御史臺太常寺引眾官就位禮
直官贊揖對揖太尉曰其月某日上戊祭于太社太
揚爾職不恭其事國有常刑讀訖退凡與祭官散
齋二日致齊一日巳齊而關者通攝行事仍習禮於社宮
諸衛令率其屬各以其方器服守衛社宮門大樂工人俱
清齋一宿前三日陳設祭官公卿巳下次於齋房之
內及設饌幔四於社宮西神門之外門南向前二日郊社令
社令牽其屬掃除壇之上下大樂令設樂於壇上郊社令
為瘞坎二於壬地方深取足容物南出陛又設望瘞位於
坎之北南向前一日奉禮郎帥禮直官執事官於道南每等異位俱重
褥位於西神門之內道南執事官於道北西向北上設
行東向南上設御史位二於壇下一在太社東北西向一
在太稷西北東向博士各在其北設奉禮郎位於稷壇上
西北贊者一在北東向設協律郎位二於壇上東北隅俱
西向設大樂令位於兩壇之間南向設獻官褥位於逐壇
上神座前設省牲位於西神門外設牲榜於當門黝牲二

居前又繫牲二必退[用缺]比上設諸廪犧令位於牲東北南
向設諸太祝位於牲西各當牲後祝史陪其後俱東向設
太常卿省牲位於前近南北向又設御史位於太常卿之
東北向太常卿帥其屬設酒罇之位太罇二著罇二犧罇
二山罍二在壇上北隅南向象罇二壺罇二山罍二在壇
下比陛之西南向后土氏象罇二著罇二山罍二在壇
酒罇之西俱設東南向社后稷酒罇於壇之上下如太
社后土之儀設洗位二於社壇西北南向設玉帛在壇東筐於壇在
洗西比肆司罇罍筐冪者各位於其後設玉帛之筐於壇
上罇坫之所設四座各邊十豆十籩二簠二簋三鉶一俎
三坫四內邊一豆一籩一俎三各設於饌幔內光禄
卿帥其屬入實邊之實魚鱐乾棗形鹽鹿脯榛實乾蓤桃
菱芡栗以序為次豆之實芹菹笋菹葵菹鹿臡菁菹韭菹魚臡
兔醢豚拍鹿臡醓醢臡臡以序為次簠實以稻粱簋實以
稻粱簠實以黍稷粱在稻前稷在黍前太官入實罇罍
以酒各一罇實以玄酒祭日未明五刻郊社令升設太社
太稷神座各於壇上近南北向設后土氏神座於太社神
座之左后稷氏神座於太稷神座之左俱東向席皆以莞
加祖褥如常之色神位版各於座首前一日諸衛之屬禁
斷行人郊社令與其屬以罇坫罍洗筐冪入設於位司罇

奉禮郎及執事者外自太社壇西陛以俟其省牲器視
滌漑並如郊廟儀祭日未明十刻太官令率宰人以鸞刀
割牲祝史以豆取毛血各置於饌所以盤取血置神座前
遂烹牲祝史未明三刻諸祭官各服其服郊社令太官入實
玉幣罇罍爵太官令帥進饌者實諸邊豆籩籩未明一刻奉
禮郎贊者先入就位禮直官引光禄卿御史博士詣司罇
祝史司罇罍太官令帥進饌者入自西門當太社壇北重行詣司罇
上立祝史奉禮贊者承傳御史以下皆再拜詣司罇
罇所立祝史以俟瘞血大祝以俟取玉幣大樂令帥工人
入禮直官各引祭官入就位立定奉禮曰眾官再拜贊者
曰在位者皆再拜其先拜者不拜禮直官引光禄卿就瘞血所以
有司謹具請行事退後位禮直官引光禄卿就瘞血所以
引祝史奉盤血降自西陛至瘞位光禄卿瘞血詣復位祝
史以盤還饌幔以俟奉毛血豆奉禮曰眾官再拜在位者
皆再拜諸太祝取玉幣於籩各立於罇所禮直官引太尉
詣盥洗位協律郎跪俛伏舉麾樂作太簇宮正寧之曲後
盥洗同至洗位南向立樂止搢笏盥手帨手訖詣太社壇
諸監盥洗位即跪俛伏舉麾樂作太簇宮正寧之曲後升壇
樂作應鍾宮嘉寧之曲後升壇同外自比陛樂止南向立
太祝以玉帛西向授太尉太尉受玉帛禮神之玉奠於神

前瘞玉加於幣配位不用玉玉用兩圭有即盛以匣瘞玉
以玉石為之帛用黑繒長一丈八尺樂作太簇宮嘉寧之
曲太稷同禮直官引太尉進南向再拜訖樂止禮直官引太尉少
興引太尉西向少退詣禮直官引太尉進南向跪奠於太稷座前俛伏
受幣西向奠玉幣少退詣得位神座前俛伏與禮直官引太尉降自比陛以幣授太尉執
退西向再拜訖樂止禮直官引太尉降自比陛詣太稷壇
盥洗升奠玉幣如太社后土之儀祝史奉毛血入各由其
神座前祝史退立於罇所太祝既奠玉幣太稷官令出帥
陸外毛血係別置一豆諸太祝之奠毛血入各於其
進饌者奉饌陳於西門外禮直官引司徒出詣饌所司徒
神座前祝史退立於罇所太祝迎取於壇上俱進奠於
稷宮正寧樂之曲饌至陛樂止祝史俱進徹毛血豆降自西
簇宮出太社太稷之饌升自比陛配座之饌入自左闑饌初入門樂作太
太祝迎引於壇上各於神座前設訖禮直官引諸
陸以出引於太社太稷之饌升自西陛配座之饌升自西
奉太社之俎諸太祝既奠毛血禮直官太社令引太社太
臺洗位樂作至位樂止盥手洗爵訖禮直官引太尉詣
降自西陛樂作復位樂止諸太祝還罇所禮直官引太尉詣太
社壇外自比陛樂作至太社酒罇所樂止執罇者舉羃執
事者以爵授太尉執爵太官令酌酒訖樂作太簇宮卑寧執
之曲太稷同太尉以爵授執事者禮直官引太尉詣太社

〔禮志第十五〕〔金史卷三十四〕五

神座前執事者以爵授太尉南向跪奠爵訖以爵授執事
者俛伏興與太祝進后土神座前俛伏與禮直官引太尉詣
詣配位酒罇所執事者舉羃執事者以爵授太尉執
爵太官令酌酒訖樂作太簇宮昭寧之曲太尉詣太稷壇升自
西向跪奠爵訖以爵授執事者俛伏興與禮直官引太尉降自比陛樂作至
祝如上儀太尉再拜訖禮直官引太尉詣太稷壇升自
臺洗位樂止盥手洗爵訖禮直官引太尉詣太稷壇升自
比陛亞如太社后土之儀禮直官同詣禮直官引太尉還本
位亞終獻盥洗升獻並如太尉之儀禮直官引終獻降復
位樂止太祝各進籩豆樂作應鍾宮娛寧之曲
止樂止太祝各進少移於故處奉禮曰賜胙請就望瘞位御
再拜在位者皆再拜禮直官進太尉之右執籩進於神座
史博士從南向立於眾官將拜之前太祝執籩進於神座
前取玉幣齋郎以俎載牲體稷黍飯爵奠酒體謂牲之髀
各由其陛降壇以玉幣饌物置於坎訖禮直官進太尉之
西各二人置土半坎訖禮直官進太尉之左曰禮畢
太尉出祭官以下以次出禮直官引御史博士以下俱復
執事位立定奉禮曰再拜御史以下皆再拜訖出工人以

〔禮志第十七〕〔四門外〕〔金史卷三十四〕六

次出祝版燔於齋坊光祿卿以胙奉進御史就位展視光
祿卿望闕再拜乃退其州郡祭享一遵唐宋舊儀
風兩雷師明昌五年禮官言國之大事莫重於祭王者奉
神靈祈禱祐皆為民也我國家自祖廟祫祔五享外惟社
稷嶽鎮海瀆定為常祀而天地日月風兩雷師其禮尚闕
宜詔有司講定儀注以聞尚書省奏天地日月或親祀或
令有司攝者也合先舉行制可乃為壇於景豐門外東
縣之所通祀者也合先舉行制可乃為壇於景豐門外東
南郊之巽地歲以立春後丑日以祀風師牲幣進熟如中
祀儀又為壇於端禮門外西南關之坤地以立夏後申日
以祀兩師其儀如中祀羊豕各一是日祭雷神於位下禮
同小祀一獻羊一無豕其祝稱天子謹遣臣某云
嶽鎮海瀆大定四年禮官言嶽鎮海瀆當以五郊迎氣日
祭之詔依典禮以四立土王日就本廟致祭其在他界者
遥祀立春祭東嶽于泰安州東鎮于益都府東海于萊州
東瀆大淮于唐州立夏望祭南嶽衡山南鎮會稽山于河
南府南海南瀆大江于萊州季夏土王日祭中嶽于河
府中鎮霍山于平陽府立秋西嶽華山于華州西鎮吳
山于隴州望祭西海西瀆大河中府立冬祭北嶽恒山于
定州比鎮醫巫閭山于廣寧府望祭比海比瀆大濟于孟

州其封爵並仍唐宋之舊明昌間從沂山道士楊道全請
封沂山為東安王吳山為成德王霍山為應靈王會稽山
為求與王醫巫閭山為廣寧王江為會源王
河為顯聖靈源王濟為清源王淮為長源王每歲遣使奉御署祝板薦
嶽乘駟詣所在率郡邑長貳官行事禮用三獻讀祝官一
捧祝官二盟洗官二爵官一司尊彝一禮直
官四以州府司吏充前三日應行事執事官散齋二日治
事如故宿於正寢如常儀前二日有司設行事執事官次
於廟門外掌饌者掃除廟之內外前一日有司牽牲詣祠
所享官以下常服闕饌物視牲充腯為度前五刻執事
者設祝版於神位之右置於坫及以血豆設於饌所次設
祭器皆籍以席掌饌者實之左十邊為三行以右為上實
以乾橑乾棗形鹽魚鱐鹿脯榛實乾桃茨栗右十豆為
三行以左為上實以芹菹筍菹韭菹葵菹菁菹魚醢兔醢
豚拍鹿臡醓醢左簠二實以稻稷右簠二實以黍稷俎二
實以牲體次設犧尊二象尊二在堂上東南隅比向西上
犧尊在前實以法酒犧尊初獻官酌象尊亞終獻酌又設
太罇一山罇一在神位前設而不酌有司設燭於神位前
洗二在東階之下直東罍在洗東加勺籠在洗西
南肆實以巾執罍籠者位於其後又設揖位於廟門外初

獻在西東向亞終及祝在東南向北上開瘞坎於廟內廷
之壬地事日丑前五刻執事官各就次掌饌者師其屬實
饌具畢凡祭官各服其服與執事官各就位行止皆贊者引點視
陳設訖退就次引初獻以下詣廟南門外揖位立定贊
者贊揖次引升祝升就位次引初獻以下詣神
執事者執笏升堂詣酌罇所西向立執事者酌酒初獻者以爵授執
初獻揖笏詣神位前比向立揖笏跪執事者以爵授初獻
事者執笏詣神位前比向立揖笏詣盥洗位比向立
揖笏搢手帨手執笏詣爵洗位比向立揖笏詣盥洗位比向立
摺笏盥手帨手執笏詣爵洗位比向立揖笏詣盥洗位比向立
者贊揖次引升祝升就位次引初獻以下詣廟南門外揖位立定贊視

初獻執爵三祭酒奠爵訖執笏俛伏興少立次引祝詣神

位前東向立揖笏復位次引亞獻酌獻並如初獻之儀次引終

金史三十四　九

獻並如亞獻之儀贊引初獻官詣神位前比向立執事
者以俎進減神座前胙肉前脚第二節共置一俎上以授
初獻初獻以授執事者初獻取爵遂飲卒爵奠爵執事
爵授於坫初獻與再拜贊者引初獻復位贊者曰已飲福
受胙者不拜亞獻官以下皆再拜訖次引初獻已下就
望瘞位以饌物置於坎東西廂各二人贊者曰可瘞置土
半坎又曰禮畢遂引初獻官已下出祝與執罇罍羃者

俱復位立定贊者曰再拜再拜訖遂出祝板燔於齋所

志第十五

金史三十四　十

禮八
宣聖廟　武成王廟　前代帝王
祈禜　拜天　本國年儀

禮志十六
金史三十五
一

宣聖廟皇統元年二月戊午熙宗詣文宣王廟奠酹比面
再拜顧儒臣曰為善不可不勉孔子雖無位以其道可尊
使萬世高仰如此大定十四年國子監言歲春秋仲月上
丁日釋奠於文宣王用本監官房錢六十貫止造茶食等
物以大小楪排設用留守司樂以樂工為禮生率倉場等
官陪位於古禮未合也伏覩國家承平日久典章文物當
繁然備具以光萬世況京師為首善之地四方之所觀仰
護釋奠器物行禮次序合行下詳定兼兖國公觀承聖教
者也鄰國公力扶聖教者也當於宣聖像左右列之今兖
子以燕服在後堂宣聖儀側遠虛一位禮宜還孟子像於
宣聖右與顏子相對改塑冠冕袞服法服一遵舊制禮官
攝釋奠開元禮定擬釋奠儀數文宣王兖國公鄒國公每
位邊豆各十籩豆各一簠簋各二俎二祝板各一皆
設象尊七十二賢二十一先儒每位各邊一豆一爵一兩廉
各設象尊二綳用邊豆各一百二十三籩簋各六俎六犧
尊三象尊七爵九十四其尊皆有坫罍二洗二篚勺各二

冪六正位并從祀籩鐏豆俎豆席約用三十幅尊席用莞
俎豆席用莞牲牷用羊豕各三酒二十瓶禮行三獻以祭酒
司業博士用兖分奠官二讀祝官一太官令一捧祝官二罍
洗官一爵洗官一巾罍官二禮直官十一學生以儒服陪
位樂用登歌大樂令一員本署官充樂工三十九人迎神之來
三奏咸儀具陳穆穆凝旒巍然聖真斯文伊始群方所視初
獻盥洗姑洗宮靜寧之曲辭曰偉矣素王鳳翽至粹垂二
千年斯文不墜消辰維良爰修祀事沃盥于庭嚴禋備五
升階南呂官蕭寧之曲辭曰巍乎聖師道全德隆修明五

禮志十六
金史三十五
二

常垂教無窮增崇儒宮通追遺風嚴祀申虔登降有容眞
帶姑洗宮和寧之曲辭曰天生聖人賢於堯舜仰之彌高
磨而不磷新廟告成宮墻數仞遣使陳祠斯文復振降階
姑洗宮安寧之曲辭曰票靈尼丘垂芳闕里生民以來執
如夫子新祠歸然四方所視酹觴告虔祗循典禮充國公
酌獻姑洗宮輯寧之曲辭曰於戲聖師之門顏惟居上其殆庶
幾是宜配饗桓圭袞衣有嚴儀象載之神祠增光吾黨鄒
國公酌獻姑洗宮泰寧之曲辭曰有周之衰王綱既墜萬
生真儒宏才命世言而為經醇乎仁義力扶聖功同垂萬
祀亞終獻姑洗宮咸寧之曲辭曰於昭聖能與天立極有

承其流皇仁帝德豈伊立言訓經王國煥我文明典祀千
億送神姑洗宮來寧之曲辭曰吉蠲爲饎孔惠孔時正辭
嘉薦言神之格思是饗是宜神保聿歸惟時肇祀太平極致
武舉臣助奠上親爲贊文舊封公者升爲國公侯者爲國
承安二年春丁章宗親祀以親王攝亞終獻皇族陪祀文
侯郿伯以下皆封侯宣宗遷汴建廟會朝門內歲祀如儀
宣聖顏孟各羊一豕一餘同小祀共用羊八無豕其諸州
釋奠並遵唐儀

禮志十六　【金史三十五】　三　【晉十四施刊】

武成王廟泰和六年詔建昭烈武成王廟于闕庭之右麗
澤門內其制一遵唐舊禮三獻官以四品官已下儀同中
祀於是以泰王宗翰同子房配武成王而降管仲已下又
躋楚王宗雄宗望宗弼等侍武成王坐韓信而下降立於
廡又黜王猛慕容恪等二十餘人而增金臣遼王賽也等
其祭武成王宗翰子房各羊一豕一餘共用羊八無豕宣
宗遷汴於會朝門內闕庭之右營廟如制春秋上戊之祭

仍舊

諸前代帝王三年一祭於仲春之月祭伏犧於陳州神農
於亳州軒轅於坊州少昊於兗州顓頊於開州高辛於歸
德府陶唐於平陽府虞舜夏禹成湯於河中府周文王武

王於京兆府泰和三年尚書省奏太常寺言開元禮祭帝
嚳堯舜禹湯文武漢祖以御署開實禮犧軒顓頊帝
嚳陶唐女媧成湯文武請御署自漢高祖以下二十七帝
不署平章政事御署固直至于前古帝王家言方搬
之神各有所主有國所賴請御署固直至于前古帝即康及
銘以爲三皇五帝禹湯文武皆已厚矣不須御署參知政事即康及
落香汴列于中祀亦已厚矣不須御署垂世立教之君唐宋康及
皆御署而今降祝板不署恐於禮未盡不若止從外路祭
社稷及釋奠文宣王例不降祝板而令學士院定撰祝文
頒各廟爲常制勅命依期降祝板而不請署

禮志十六　【金史三十五】　四　【晉十四施刊】

長白山大定十二年有司言長白山在興王之地禮合尊
崇議封爵建廟宇十二月禮部太常學士院奏奉勅封
興國靈應王即其山北地建廟宇十五年三月奏定封冊
儀物冠九旒服九章玉圭玉冊函香幣冊祝遣使副各一
貞詣會寧府行禮官散齋二日致齋一日於廟中陳
設如儀廟門外設玉冊裝幀次牙杖旗鼓從物等視一
品儀禮用三獻如祭嶽鎮其冊文云皇帝若曰自兩儀剖
判山嶽神秀各鍾于其分野國將興者天實作之對越神
休必以祀事故摩基王迹有若岐陽望秩山川於稽虞典
厥惟長白載我金德仰止其高實惟我舊邦之鎮混同流

光源所從出狹狹幽幽有相之道列聖蕃衍燦昌迄于太
祖神武徵應無敵于天下爰作神主肆于冲人紹休聖緒
四海之內名山大川靡不咸狹列王業所因瞻彼旱麓可
儉其禮服章爵號非位於公侯之上不足以稱焉今遣其
官其持節備物冊命茲山之神爲興國靈應王仍勅有司
歲時奉祀於戲廟食之享豈萬億年維金之禎與山無極
豈不偉歟自是每歲降香命有司春秋二仲擇日致祭明
昌四年十月備袞冕玉冊儀物上御大安殿用黃麾立伏
八百人行仗五百人復冊爲開天弘聖帝
大房山大定二十一年勅封山陵地大房山神爲保陵公

覓八旗服七章圭冊香幣使副持節行禮並如冊長白山
之儀其冊文云皇帝若曰古之建邦設都必有名山大川
以爲形勝我國既定鼎於燕西顧郊圻巍然大房秀拔混
厚雲雨之所出萬民之所瞻欸兹祖宗陵寢於是爲依仰惟
鎮古有秩序皆載祀典矧兹大房禮可闕歟其封爵號服章
俾列于侯伯之上庶足以稱今遣其官其備物冊命爲
保陵公申勅有司歲時奉祀其封域之內禁無得樵採弋
獵著爲令是後遣使山陵行禮畢山陵行禮官以一獻禮致眞
混同江大定二十五年有司言昔太祖征遼策馬徑渡江
神助順靈應昭著宜修祠宇加賜封爵廷封神爲興國應

聖公致祭如長白山儀冊禮如保陵公故事其冊文云昔
我太祖武元皇帝受天明命襲遠奉荒弟成師以出至于
大江浩浩洪流不舟而濟雖孱孱滿渡江而竈棟光武濟河
而水氷自合觀之無足言矣執徐之歲四月孟夏厥時遘
竈邦臨江永歟仰藝祖之開基佳江神之効靈至于上都
議所以尊崇之典盖古者五嶽視三公四瀆視諸侯
唐以來遠享帝王之尊稱非直後世彌文而崇德報功理
亦有當然者公之號則無以昭答神休今遣某官其備物非
錫以上公之號則無以昭答神休今遣某官
冊命神爲興國應聖公申命有司歲時奉祀於戲廟貌

正封爵禮亦至矣惟神其衍靈長之德用輔我國家彌億
年神亦享廟食於無窮豈不休哉
嘉瀆侯大定二十五年勅封上京護國林神爲護國嘉蔭
侯覓七旗服五章圭同信圭遣使詣廟以三獻禮祭吉
其祝文曰蔚彼長林實壯天邑廣袤百里惟神主之廟貌
有嚴侯封是享獻時禰蔚相厥滋榮是後遇月七日上京
幕官一員行香著爲令.
瀘溝河神大定十九年有司言瀘溝河水勢泛浹齧民田
乞官爲封冊神驕禮官以祀典所不載難之已而特封安
平侯建廟二十七年奉旨每歲委本縣長官春秋致祭如

令

昭應順濟聖后大定十七年都水監言陽武上埽黃河神
聖后廟宜依唐仲春秋五龍祠故事二十七年春正月尚
書省言鄭州河陰縣聖后廟前代河水為患屢禱有應嘗
加封號廟額今因禱祈河遂安流乞加優贈上從其請特
加號曰昭應順濟聖后廟曰靈德善利之廟每歲委本縣
長官春秋致祭如令

鎮安公舊名旺國崖太祖伐遼嘗駐蹕於此大定八年五
月更名靜寧山後建廟明昌六年八月以冕服王冊冊山
神為鎮安公冊文曰皇帝若曰古之名山咸在祀典軒皇

禮志十六　　金史三十五　七　四百二十五　燒州

之世神靈所奉者七千虞氏之時望秩每及於五載蓋惟
有益于國是以必報其功逮乎後王申以徽冊至于嶽鎮
之外亦或封爵之加故太白有神應之稱而終南有廣惠
之號禮由義起事與時偕載籍所傳于今猶監朕修和有
夏咸秩無文春兹靜寧秀嶂朝野緼澤布氣幽贊乎坤元
導風出雲協符乾造一方之表萬物所瞻南直都畿此
維障徽連延廣厚寶藏攸興盤固高明諒宮斯莫昔有邊
嘗恃以富國迄大定更為之錫名洪惟世宗功列聖亦
越顯考德利生民爰即歲時駕言臨幸兵革不試遠人輯
寧兩腸常調品彙蕃廡此上帝無疆之貺亦英靈有相之

符比即與情載修故事顧先皇帝駐蹕之地揖累世承平
之風迄續遺休式甄神祐肆冢德以昇號仍班台而闡儀
宇像一新采章具舉今遣使其副持節備物冊命神為
鎮安公仍勑歲時奉祀於戲容典焜燿精明感通惟永億
年蜿我昌運神其受職豈不偉歟

瑞聖公即麻達葛山也章宗生於此世宗愛此山勢衍氣
清故命章宗名之後更名胡土白山建廟明昌四年春秋二

禮志十六　　金史三十五　八　四百四十

仲擇日致祭為常其冊封山神為瑞聖公建廟命撫州有司
以冕服王冊冊封山神為瑞聖公達廟命國家之興命曆收
析木之津達中原之氣廓除氛祲函毓泰和仰惟光烈昭
修望秩之文嘉乃名山莫茲勝地下綿乾分上直樞輝盤
聖繼生著丕應於殊禎啓昌期於幽贊覆對信猶之典咸
垂徽音如在即高明而清暑克靜壽以安仁周廬安寧厚
澤浹洽朕惟祖武順講時巡感美號以興懷佩聖謨而
介福言念誕彌之初虔抑由胡衛之效靈然猶彿秩無章
神居不屋非所以盍報勤崇德之義副追始樂原之心爰
飾名稱載新祠宇勑愾辭於員璞消良多儀今元龜彰服采
以辨威潔廢縣而致祭闡揚茂實殷繹多儀今遣使其副
其持卽備物冊命神為瑞聖公仍勑有司歲時奉祀於戲

22-346

尚其聰明歆此誠意孚休惟永亦莫不寧

貞獻郡王廟明昌五年正月陳言者謂葉曾谷神二賢劉

製女直文字乞各封贈名爵建立祠廟令女直漢人諸生

隨拜孔子之後拜之有司謂葉曾難以致祭若金源郡貞

獻王谷神則配享太廟笑亦難特立廟也有旨令并

議之禮言前代無剗割文字入孔子廟故事謂若於廟後

或左右置祠令諸儒就拜亦無害也尚書省謂如此恐

不副國家厚功臣之意遂詔令依蒼頡立廟于藍屋例官

致祭所用諸物從宜給之

禮志十六　　金史三十五　九　四百二十六　施州

祈祭大定四年五月不雨命禮部尚書王競祈兩比嶽以

定州長貳官充亞終獻又卜日於都門北郊望祀嶽鎮海

瀆有司行事禮用酒脯醢後七日不雨祈太社太稷又七

日祈宗廟不雨仍從嶽鎮海瀆如初祈其設神座實樽置

如常儀其樽罍用瓠齊擇甘敦去抵以為尊祝板惟五

宗廟社稷御署餘則否後十日不雨乃徙市禁屠稷斷織

扇造土龍以祈雨足則報祀送龍水中十七年夏六月京

議义兩遶祈兩儀命諸寺觀啓道場祈禱

拜天金因遼舊俗以重五中元重九日行拜天之禮重五

於鞠場中元於內殿重九於都城外其制剗木為盤如舟

狀赤為質畫雲鶴文為架高五六尺置盤其上薦食物其

中聚宗族拜之君至尊則於常武殿築臺為拜天所重五

日質明陳設畢百官班俟於毬場樂亭南皇帝靴袍乘輦

宣徽使前導自毬場南門入至拜天臺降輦至褥位皇太

子以下百官皆詣褥位宣徽贊拜皇帝再拜上香又再拜

排食拋盞畢又再拜飲福酒跪飲畢又再拜百官陪拜引

皇太子以下先出皆如前導引皇帝輦至幄次更衣行

射柳擊毬之戲亦遼俗也金因尚之凡重五日拜天禮畢

插柳毬場為兩行當射者以尊卑序各以帕識其枝去地

約數寸削其皮而白之先以一人馳馬前導後馳馬以無

禮志十六　　金史三十五　十　四百四十三　遼

羽橫鏃箭射之既斷柳又以手接而馳去者為上斷而不

能接去者次之或斷其青處及中而不能斷與不能中者

為負每射必伐鼓以助其氣巳而擊毬各乘所習馬持

鞠杖杖長數尺其端如偃月分其眾為兩隊共爭一毬

先於毬塲南立雙桓置板下開一孔為門而加網為囊能

奪得鞠擊入網囊者為勝或曰兩端對立二門互相排擊

各以出門為勝毬狀小如拳以輕靭木枵其中而朱之皆

所以習跪捷也既畢賜宴歲以為常

本國拜儀金之拜制先袖手微俯身稍復卻跪左膝左右

搖肘若舞蹈狀九跪搖袖下拂膝上則至左右肩者凡四

如此者四跪復以手挾右膝單跪左膝而成禮國言言搖手
而拜謂之撒速承安五年五月上諭旨有司曰女直漢人
拜數可以相從者酌中議之禮官奏曰周官九拜一曰稽
首拜中至重臣拜君之禮也乞自今九公服則用漢拜君
便服則各用本俗之拜主事陳松曰本朝拜禮其來久矣
乃便服之拜也可令公服則朝拜便服則從本朝拜平章
政事張萬公謂拜禮各便所習不湏改也司空完顏襄曰
今諸人社髮皆從本朝之制宜從本朝禮禮松言是也上
乃命公裳則朝拜諸色人便服則皆用本朝拜

志第十六

開府儀同三司上柱國錄軍國重事中書右丞相監修國史領……臣脫脫等奉

勅修

禮九　國初即位儀　受尊號儀　上壽儀
　　　朝祭常朝儀　肆赦儀　臣下拜詔儀

金史三十六　一

國初即位儀

會議創新儀奉上即皇帝位阿離合懣宗翰乃陳耕具九
祝以闢土養民之意復以良馬九隊隊九疋別為邑并介
青弓矢矛劍奉上國號大金建元收國天會元年九月六
日皇弟諳班孛極烈即皇帝位己未告祀天地丙寅大赦
改元

受尊號儀皇統元年正月二日太師宗幹率百僚上表請
上皇帝尊號凡三請詔九七日遣上京留守裒國和殿宗幹率
稷析津尹宗強告太廟十日帝服袞冕御元和殿宗幹率
百僚恭奉上冊文云云冊玉寶上尊號曰
崇天體道欽明文武聖德皇帝是日皇帝改服通天冠宴
二品以上官及高麗夏國使十二日恭謝祖廟還遣使奏告
天地宗廟社稷前二日諸司僚奏刑罰文字百官習儀於
大安殿庭兵部帥其屬設黃麾伏於大安殿門之内外宣
徽院帥儀鸞司於前一日設受冊寶壇於大安殿中間又

金史三十六　二

禮志十七

設御幄於壇上又設冊寶幄次於大安殿門外及設皇太
子幕次於殿東廊又設群官次于大安門外大樂令與協
律即即前一日設宮縣于殿庭又設登歌樂架于御座
裒于殿下符寶郎其日俟上冊寶官入奉冊寶置于御座
左右俟上冊寶官奉冊寶至應天門下馬由正門步
書省俟讀冊寶與乘馬奉冊寶至應天門下馬由正門步
導入至大安殿門外置冊寶於幄次舁冊寶床舁手人等
分立於左右文武舉官並朝服入次舁太常御舁與大樂令
帥工人入就位協律郎各就舉麾位舁冊寶案官由西偏

門先入置案於殿東間褥位置記各退于西階冊寶位
後捧冊官捧寶官舁冊匣官舁寶盝官由西偏門先入至
殿西階下冊寶褥位之西東向立俟閤門官報通事舍人引
攝侍中版奏中嚴僉儀贊者各就位閤門官引文武百
僚分左右入於升置殿上東西相向記分左右立於
寶後通事舍人引攝侍中版奏外辦扇合服裒以出曲
直華蓋侍衛警蹕如常儀殿上鳴鞭記殿下亦鳴鞭初宗
即座儀協律郎跪俯伏興舉麾工鼓柷奏乾寧之曲出自東房
扇協律郎跪俯伏興舉麾工鼓柷奏乾寧之曲……

止太常博士通事舍人自冊寶悝次分引冊大常卿前道
吏部侍郎押冊而行奉冊太尉讀冊中書令舉冊官於冊
後以次從之次太常博士通事舍人二負分引寶禮部侍
郎押寶而行奉寶司徒讀寶侍中舉寶官於寶後以次從
之由正門入宮縣奏歸美揚功之曲太常卿與舉冊床前導
至第一墀香案南籍冊寶褥位上少置太常卿與舉冊寶
官退於冊寶稍西東向立又於其後皆東向太尉司徒中書令侍
床弩手繳子官等又於立吏部侍郎禮部侍郎次立於其
中皆於冊後面北以次立應博位東向太尉立於其
後立定樂止閤門舍人分引東西兩班群官合班轉北向

立中閤少卿班路俟立定太常博士通事舍人四負分引
太尉司徒中書令侍中吏部禮部侍郎以次各復本班訖
博士分引太尉退以俟初引時樂奏歸美揚功之曲至位立定
樂止典儀曰拜贊者承傳太尉以下應在位官皆舞蹈五
拜班首出班起居訖又贊再拜如朝會常儀太常博士通
事舍人四負冊引太尉司徒中書令侍中舉冊官復
進至冊寶所稍南立定舉冊寶床弩手繳子官並進前舉
冊寶床與太常博士通事舍人讀冊中書令舉冊官於冊
後以次從之冊初行樂奏肅寧之曲次通事舍人太常博

士又二負分引寶禮部侍郎押寶而行奉寶司徒讀寶侍
中舉寶官於寶後以次從之詣西階下至冊寶稍西東向立
冊南樂止舉冊寶床弩手繳子官等退於冊寶司徒讀寶侍中舉
寶官捧冊官與舉冊官並進前取冊匣升冊太尉讀冊中書令舉
分引冊太常卿側身導寶先升奉冊讀冊官中書令舉
太尉從外至褥位稍西立以俟太常博士立於後奉冊
官捧冊官於寶後以次從之升奉冊初行樂奏肅寧之曲於
擁子外前楹稍西立以俟舉冊官立於其後奉冊
至殿從外至褥位稍西少前跪置訖執笏俛伏興樂止奉冊

立昇冊官立於其後皆東向捧冊官先入舉冊官次入讀
冊中書令又次入捧冊官四負皆搢笏雙跪捧舉冊官二
負亦搢笏兩邊單跪對舉中書令執笏進跪補中書令臣二
其讀冊讀訖俛伏興中書令俟冊興通事舍人引降
自東階復本班訖太常卿降復太常卿亦遞太常卿降復
等降自西階還本班訖以俟次捧寶盂升太常博士
冊官等取本班昇冊匣興置於殿東間褥位案上西向
令讀訖出並進前取寶盂升太常博士通事舍人引奉寶
太常卿側身導寶先升奉寶司徒讀寶侍中舉寶官捧寶

官於寶後以次從升寶初行樂奏蕭寧之曲進至殿上博
士舍人俱退不升並於前檻稍西立俟讀寶侍中於檻子
外前檻間稍西立以俟舉寶官捧寶官立於其後奉寶司
徒從升至褥位以揖笏少前跪置訖執笏俛伏興退至司
徒位皆東向捧寶官先入舉寶官次入讀寶侍中又次入捧
寶官四員皆揖笏雙跪捧舉寶官二員亦揖笏兩遍單跪
對舉中執笏進跪捧舉寶盂
前興捧寶舉寶官等取寶盂興置於殿之西間褥位案上
侯實興先退通事舍人引降自西階復本班昇寶官進
南源位立定博士舍人贊引太尉司徒次詣第一爐香案
尉東向立定博士舍人引奉寶司徒進詣第一爐香案
皆復本班昇寶官亦退太常博士引奉寶司徒次奉冊太
皆再拜訖博士舍人二員引太尉詣東階升宮縣奏純誠
享上之曲至階止閤門使二員引太尉進至前立定樂止
閤門使揮贊太尉拜跪賀殿下閤門揮百僚躬身太尉稱
女武百僚具官臣等言致賀詞云俛伏興退至階上博
士舍人分引太尉降至東階初降宮縣作蕭寧之曲復
安南褥位立定樂止博士舍人少退典儀曰拜贊者承傳

太尉司徒及在位群官俱再拜舞蹈三稱萬歲又再拜訖
通事舍人引侍中升自東階進詣前檻間躬承旨退臨
階西向稱有制典儀曰拜贊者承傳宣訖通事舍人引
官俱再拜躬身宣讀詞云訖通事舍人引侍中還位典
儀曰拜贊者承傳宣訖通事舍人引侍中還位群
萬歲又再拜訖博士舍人分引太尉司徒就百僚位初引
官縣作蕭寧之曲至位立定閤門舍人分引應比面
律部倪伏興舉麾工鼓祝奏乾寧之曲降座入自東房選
東階當前檻間跪奏禮畢俛伏興引降還位扇合簾降協
位群官各分班東西相向立定通事舍人分引自
司官前導昇寶床人皆升殿取匣蓋訖置於床前引進
捧寶官帥昇寶床人皆升殿取匣蓋訖置於床前引進
後閤進膳侍衛警蹕如儀扇開樂止捧冊官帥昇冊人
引文武百僚等以次出歸幕次賜食以俟上壽冊寶禮
畢有司供辦工人入并協律郎各就舉麾位並如曲宴儀
與大樂令帥工人入協律郎跪俛伏興工鼓祝宮
事舍人引三師以下文武百僚親王宗室等分左右入至
殿階下稍南東西相向立通事舍人先引攝侍中版奏中
嚴少頃又奏外辦扇合鳴鞭律郎跪俛伏興工鼓祝宮
縣奏乾寧之曲服通天冠絳紗袍即座簾捲內侍贊扇開

殿上下嚴鞭奏樂止儀使副等添香爐煙升通事舍人
引班首已下合班樂奏肅寧之曲至此向位重行立定中
間少留班路通事舍人引攝侍中詣東階升至殿上少立
閤門舍人引禮部尚書臣出班前北向俛伏興跪奏攝禮部尚
書臣其言請允群臣上壽俛伏與跪奏通事舍人引攝侍
中少退舍人贊禮令於殿下橫階拜訖贊樅候復本班內侍局
通事舍人分引攝上公由東階升初升宮縣奏肅寧之曲
殿上舍人少退二閤使攝上公進至進酒攝位樂止宣徽
者承傳在位官皆再拜訖平立太常博士

金史三十六　七　脩瑞之

使以爵授上公上公揖笏受爵詣欄前跪進受爵訖上公
執祭授宣徽使訖二閤使攝上公入欄侍中進詣前攬間俛
門揖百僚皆俛身通事舍人攝攬侍中進詣前攬間俛身
位官皆臨階西向攬有制典儀曰拜贊者承傳上公及在
與公等內外同慶閤門舍人贊宣百僚分班東西序北向立
蹈五拜訖閤門舍人引百僚分班東西序北向立博士舍
人再引上公自東階升宮縣奏肅寧之曲至進酒攝位樂
止上公搢笏宣徽使授上公槃上公詣欄子內攬位跪舉
酒宮縣奏景命萬年之曲飲訖樂止上公進受虛爵訖復

攝位以爵授校宣徽使訖二閤使攝上公退內侍局升御床
出博士舍人並進前分引降自東階閤官作肅寧之曲閤
門舍人分引東西兩班隨上公俱復北向閤門官立定殿上
儀曰拜贊者承傳在位官皆再拜訖攝攬間俛身再拜訖
通事舍人攝攬侍中進詣前攬間俛身退臨階西向閤
門官先攝百僚皆再拜訖攝攬侍中攬舞蹈又再拜訖太常博士
承傳攝百僚皆再拜訖攝攬宣曰延王公等升殿上坐侍立
官分左右捲班出宮縣奏肅寧之曲百僚至殿上坐俟立

金史三十六　八　脩刊

樂止內侍局進御床入依常宴會壽進第一爵酒登歌
奏聖德昭明之曲飲訖樂止執事者行群官酒宮縣作肅
寧之曲陽行一周樂止尚食局進食執事者設群
歌奏天賚堯齡之曲飲訖樂止執事者行群官酒宮縣作
蕭寧之曲武舞入攬行一周樂止尚食局進食執事者設
群官宮縣奏萬國來同之舞三成出又進第三爵酒
登歌奏慶雲之曲飲訖樂止執事者行群官酒宮縣作肅
寧之曲陽行一周樂止尚食局進食畢樂止閤門官分攝侍宴群官起立於
縣奏肅寧之曲食畢樂止閤門官分攝侍宴群官起立於

席後通事舍人引攝侍中詣榻前俛伏興跪奏侍中臣某
言禮畢俛伏興閤門舍人分引群官俱降東西階內侍局
昇御床出宮縣作肅寧之曲至北向位立定樂止典儀曰
拜贊者承旨傳在位官皆再拜訖搢笏舞蹈又再拜訖分
班東西序立扇合簾降殿上下鳴鞭協律郎俛伏跪舉麾
興工鼓柷奏乾寧之曲降座入自東房還後閤侍衛如來
儀內侍贊扇開簾徹樂止通事舍人引皇太子並臣僚使客合班
所司承旨放仗在位群官皆再拜以次出

居各復侍立舍人引皇太子並臣僚使客合班入至丹
元日聖誕上壽儀皇帝陞御座鳴鞭報時畢殿前班小起
墀舞蹈五拜平立閤使奏諸道表目皇太子以下皆再拜
引皇太子升殿褥位搢笏捧盞盤進酒皇帝受置於案皇
太子退復褥位轉盤與執事者出笏二閤使齊搢入欄子
內拜跪致詞云元正啟祚祈品物咸新恭惟皇帝陛下與天
同休拜跪致詞云萬春令節謹上壽厄伏願皇帝陛下萬
歲萬歲萬萬歲祝畢拜興復褥位同慶詞畢拜興復褥位同
徽使稱有制在位皆拜興復褥位同慶詞畢拜興復褥位同
同慶聖節則曰得卿壽酒與卿等內外
殿上下侍立臣僚皆再拜皇太子受虛盞退立褥位轉盤
拜齊立皇太子搢笏執盤臣僚分班執勸樂止皇帝舉酒

盞與執事者出笏左下殿樂止合班在位臣僚皆再拜分
引與宴官上殿次引宋國人從至丹墀拜不出班奏聖
躬萬福夏人從有勑賜酒食又再拜各祗候平立引左廊
立次引高麗夏人從如上儀又再拜各祗候平立引左廊
進酒皇帝飲則坐宴侍立臣皆再拜進酒官接盞還位坐
宴官再拜復坐行酒傳宣立飲訖再拜飲坐次從人再拜坐
三盞致語揖臣口號畢坐次從人立再拜下殿進酒接盞
拜坐次從人再拜坐食入七盞曲將終揖從人立次
引出閤時曲揖臣揖使起再拜下殿果床出至丹墀合班謝

大定六年正月上御大安殿受皇太子以下百官及外國
使賀賜宴文武五品以上侍坐者有定員為常制十七年
詔以皇族袒免以上親雖無官爵封邑若與宴當有班次
禮官言按唐典皇家周親視五品大功親小功尊屬視四
品小功親總麻尊屬視五品大功親袒免以上視六品上命
以此制為班次

朝參常朝儀天眷二年五月詳定常朝及朔望儀准前代
制以朔日六日十一日十五日二十一日二十六日為六
參日後又定制以朔望日為朝參餘日為常朝制十七年
奏日百官卯時至幕次皇帝辰刻視朝供御駕手金子直

於殿門外分兩面排立司辰入殿報聊畢皇帝御殿坐也

闔門報閣班齊執禮儀物內侍分降殿階兩傍面兩立宿

衛官自都點檢至左右親祗應官自宣徽閣門祗候先

兩拜班首都點檢委聖躬萬福兩拜駕手傘子先於殿門

外東西向排立侯委聖躬萬福時即就位比面山呼聲喏

起居畢即相向對立尊御傘直立左班內侍上都點檢以

次陛殿副點檢引親王班於御前東西相向立在殿下東西

相向立閣門乃引親王班贊首名以下冊拜訖班首少

起居委聖躬萬福先退次引文武百僚班首之

以下應合朝參官升殿運六品以上官皆左入至丹墀之

御史對立於左右衛將軍之比少前修起居畢領省宰執陞殿奏事殿中侍

東西分下侍殿隅直日主賓捧實置於殿墀上

殿墀子內副階下餘起右出初帝就坐置實匣於殿墀內侍

郎及當監印郎中名一員進封訖內侍微案常朝則親王班

東西向舞蹈五拜又冊拜畢領省宰執陞殿叩欄奏封

下起居舞蹈五拜閣門通唱後引至丹墀閣門贊班首名以

退引七品以上職事官分左右班入丹墀冊拜班首稱前

起居畢後位冊拜宰執升殿除官分班退

大定二年五月命臺臣定朝參禮五品已上官職趨朝朝

服入局治事則展皂自來朝參除殿前班外若遇朔望自

七品已上職事官皆赴其餘朝日五品已上職事官得赴

六品已下止於本司局治事如左右司都貟外郎侍御史記

注院等官職雖不係五品亦赴朝參若拜詔則但有職事

并七品已上散官皆赴朝參貟令譯史通事檢法各於

本局待官貟朝退赴局簽押文字不得於宮內署押七品

已下流外職遇朝日亦不合入宮如左右諭客朝使迎詣祖廟

取奏事乃聽入宮七品已上職事官如遇朝日

依朝望日皆赴若元日聖節拜詔車駕出獵送迎詣祖廟

燒飯但有職事并七品已上散官皆赴凡親王宗室已命

官者年十六以上皆隨班赴起居大定五年右諫議大夫

移剌子敬言猛安謀克不得與州鎮官隨班入見凡班首遇朝

一體之意上是其言責宣徽院令隨班入見及侍御史補闕尚書諸司

参有故不赴以次押班凡五品以上若除官出使之類皆通班入見辭謝除

郎中太常丞翰林修撰起居注殿中侍御史補闕拾遺赴

召或假一月以上若除官出使之類皆通班入見辭謝並

官於殿門外見謝班皆舞蹈七拜辭班四拜門見辭謝

冊拜

肆赦儀大定七年正月十一日上尊冊禮畢十四日應天

門頒敕十一年制同前期宣徽院使率其屬陳設應天門之內外設御座于應天門上又設更衣幄於大安殿門外稍東南向閤門使設捧制書箱案於御坐之左少府監設鷄竿於樓下之左竿上置大盤盤中置金鷄鷄口銜絳幡幡上金書大赦天下四字巻而銜之盤四面近邊安四大鐵鏁盤底四面近邊懸四大朱索以備四使人攀緣又設捧制書木鶴仙人一以紅繩貫之引以轆轤置於御前欄干上又設捧鶴畫臺於樓下正中臺一於官縣之左稍比東向大樂署設官縣於樓下又設鼓一於官縣之左稍比東向兵部立黃麾仗於門外刑部御史臺大興府以囚徒集於

左伏外御史臺閤門司設文武百官位於樓下東西相向又設典儀位於門下稍東西相向書臺之前又設皇太子侍立褥位於門下稍東西向又設皇太子致賀褥位於百官班前又設協律郎位於樓上前東西向司天臺鷄唱生於東闕樓之上尚衣局備皇帝常服如常日視朝之服尚輦設輦於幄之前躬謝禮畢皇帝乘金輅入應天門至幄次前侍中奏中嚴又略入幄俟倪伏興皇帝降輅入幄簾降少頃侍中倪伏跪奏請降少頃俟典贊儀引皇太子就門下侍立位通事舍人引群

官就門下分班相向立侍中奏外辦皇帝服常朝服尚輦進輦侍中奏請升輦徽扇侍衛如常儀由左翔龍門踏道升應天門至御座東侍中奏請降輦升座官縣樂作所司奏扇五十扇合皇帝晡軒即御座樓下鳴鞭簾捲扇開執御繖者張於軒前以障日樂止閤門使捧制書置於詣御座前承旨退稱前南向立官縣樂作九分班合班文武群官合班謝曰奉勑勒樹金鷄赦退復位金鷄初立大定即止典儀曰再拜在位官皆再拜訖分班合班相向立侍中稍閤門舍人二員從以俟引繩降木鶴仙人過通事舍人引於門下稍前東向宣曰奉勑勒樹金鷄赦訖分班合班相向立侍中

樂署擊鼓樹訖鼓止竿木俟人四人緣繩爭上竿取難所銜絳幡展示訖三呼萬歲通事舍人引文武群官合班比向立捧上乘鶴仙人捧制書循繩而下至晝臺閤門使奉承置於案閤門舍人四員舉案又二員對捧制書閤門使引至班前西向稱有制典儀曰拜在位官皆再拜訖以制書授尚書省長官稍前搢笏跪受訖復位右司官捧制授跪受訖長官出笏倪伏興退復位付右司官右司官搢笏位都事對捧右司官宣讀至咸赦除之所帥獄吏引罪人詣班南北向跪俛伏興退復位右司官宣讀訖以制宣制訖西向以制書授刑部官跪受訖以制書加於笏上

退以付其屬歸本班典儀曰拜在位官皆再拜舞蹈又再
拜典贊儀引皇太子至班前褥位立定典儀曰拜皇太子
已下群官皆再拜典儀引皇太子稍前俛伏
典儀曰再拜皇太子已下群官皆再拜摺笏舞蹈又再
拜侍中於御座前俛伏跪奏禮畢俛伏興復位司索扇官
引皇太子已下群官分班相向立侍
中詣御座前俛伏跪奏降皇帝降座樂止樓下鳴鞭皇帝乘輿還
太子已下群官皆再拜摺笏舞蹈又
拜皇太子至閤下褥位通事舍人引群官歸位所司索扇官
內纖扇侍衛如常儀侍中奏解嚴通事舍人承敕群官各
還次將士各還本所
臣下拜赦詔儀宣敕日於應天門外設香案及設香輿於
案前又於東側設卓子自皇太子宰臣以下序班定閤門
官於案箱內捧赦書出門置於案閤門官案東立南向稱有
勅贊皇太子宰臣百僚再拜皇太子宰臣少前上香訖復位皆
再拜閤門官取赦書授尚書省都事都事跪受及尚書省
令史二人齊捧同升於卓子讀在位官皆跪聽讀訖復位皆
置於案都事復位皇太子宰臣以下三稱萬歲訖退其降諸書
執笏俛伏興再拜拱衛直以下三稱萬歲訖退其降諸書

禮亦准此惟不稱萬歲其外郡尚書省差官送赦書到京
府節鎮先遣人報長官即率僚屬吏從備旗幟音樂綵輿
位前詣五里外迎見送赦書即於道側下馬所差官亦
香輿取赦書置綵輿與中長官詣香輿前上香訖下馬
馬在香輿後長官以下皆上馬從後鳴鉦鼓作樂導至公
卓子於案之東南所差官下馬執事者先設案并望闕褥位於
庭中香輿置於桉之前又設案綵輿之側又設
廳有勅正門入所差官下馬取赦書褥位於
拜所差官取赦書授都目官二員三人
稱有勅長官以下皆再拜長官少前上香訖退復位又再
齊捧赦書同高几上宣讀在位官皆跪聽讀訖都目等復
位長官以下再拜舞蹈俛伏興再拜公吏以下三稱萬歲
禮畢明日長官率僚屬音樂送至郭外

勑修

禮十

冊皇后儀天德二年十月九日冊妃徒單氏為皇后前一
日儀鸞司設坐勤政殿南向設群臣次於朝堂大樂令展
宮縣於殿庭設恊律郎舉麾位於樂縣西北東向閤門設
百官班位於庭並如常朝之儀又設典儀位於樂縣之東
比贊者二人在南少邻俱西向設冊使副史命位於殿庭前
東又設冊使副史命位於百官班前又設冊寶幄次二於
殿後東廂俱南向其日諸衛勒所部略列黃麾細仗於庭
符寶郎奉八寶置於左右吏部侍郎奉冊禮部侍郎奉寶
匣皆置於床訖出就門外班大樂令恊律郎樂工典儀贊
者各入就位群官等依時刻集朝堂俱就次各服朝服侍
中約刻板奏請中嚴通事舍人引群官入就庭東西相向
立以北為上又引冊使副立於東偏門西向門下侍郎引
主節奉節立於殿下東廊橫街北中書令中書侍郎舉捧
奉節奉冊立於殿門下侍郎中書侍郎舉捧寶官舉
寶床立於冊床之南俱西面侍中版奏外辦殿上索扇恊
律郎跪舉麾鳴鞭皇帝服通天冠絳紗袍出自東房曲直

華蓋警蹕侍衛如常儀即座南向坐簾捲樂止通事舍人
引冊使副入宮縣作使縣作使令門下侍
郎中書侍郎舉捧冊臣次於朝堂西北東向侍中中書令門下侍
常朝之儀立定典儀曰再拜贊者承傳群官在班首已下群官在
位者皆再拜班首門起居又稱有制群臣再拜閤門承傳又
侍中宣制曰命公等持節詣使副稱旨起居又稱有制閤門
郎門下侍郎執節詣西向授太尉受付主節主節立於
使副之左右門下侍郎退還班位中書侍郎引冊床門下
侍郎引寶床立於冊使東北西向以次授與太尉太尉皆
捧受冊床置於比寶床置於南侍中中書令禮儀使舉捧
冊寶官及昇床者退於東西博道之左右相向立門下侍
郎中書侍郎退還班位典儀曰再拜贊者承傳群官在位
者皆再拜訖分班東西相向位舉昇冊寶者進冊床
先行讀冊官次之寶床次之以行持節者前導太尉初行宮
縣樂作出殿門樂止攝侍中臣言禮畢
殿上索扇簾降宮縣作降座入自東房樂止通事舍人引
群官在位者以次出俟太尉司徒復命禮畢還內先是有

司預設太尉司徒本品革車鹵簿於閤門外至殿門左右排
列俟使副出殿吹振作禮儀使舉捧官執御者并擡昇人
以冊寶駐於泰和門太尉司徒及讀冊寶官暫歸幕次
內侍閤門引入泰和殿西陛之南東向又設鼓吹止有司
泰和殿設皇后座於殿上垂簾又設東西房於座之
左右稍比又設受冊位於殿庭設東西房於座之
婦次於殿之左大樂令設宮縣於庭協律郎設舉麾位
設外命婦次於門外又設行事官次於門左右又
仗有司設二步障於殿之西陛簾前設扇左右各十紅纖

志四百四十七　▲金史三十七　三▼　字君用

設宣徽使位於比廂南向同贊設內外命婦以下陪列位
設宣徽使位於比廂南向同贊設內外命婦以下陪列位
一在西階欄干外又設舉冊寶案位於使副之前比向又
設司贊位於東階東南贊者二人在南少退俱西向質明
執事官大樂令等各就位皇后常服乘龍飾肩輿至泰和
殿後閤近仗導衛如常儀宣徽使奏中嚴冊寶副立於床後
縣作俟師持節立樂止在比寶在南使副立於床後
禮儀使師持節者立於其後宣徽使奏外辦內侍閤門
縣作俟師持節者立於其後宣徽使奏外辦內侍閤門引升座宮
讀冊寶官各立於其後宣徽使奏外辦內侍閤門引升座宮
出後閤宮縣作簾捲皇后降自西階左右步障繖扇從至

志四百四十七　▲金史三十七　四▼

階下望勤政殿御閤所在立樂止冊使進立於右宣曰有
制閤門使內侍贊再拜冊使宣曰制遣太尉臣某司徒臣
某奉授皇后冊寶閤門使內侍贊再拜冊使退宮縣作冊
內侍內侍以授后受訖以付右立內侍內侍以表授左立
立既定樂止閤門使內侍贊再拜捧表官以表授內侍持
殿舉擡官分左右相向立讀冊寶官各立於床之東西向
讀冊寶官分左右並置於殿之前樞間冊寶官各立於床之東西向
床自東階升並置於殿之前樞間冊寶官各立於床之東西向
其奉授后冊寶閤門使內侍贊再拜冊使少退中書令侍
制閤門使內侍贊再拜冊使宣曰制遣太尉臣某司徒臣
官隨冊使行冊使副至門鼓吹振作如來儀入西偏門鼓
吹止冊使副至御閤所在俛伏興退持表閤門官進表近侍人
奉制授冊寶禮畢俛伏興退持表閤門官進表近侍人
進讀訖退初冊寶禮畢俛伏興退持表閤門官進表
殿宮縣作繖扇止於簾外退於左右及殿前步障止於階
下稱中書令臣某謹讀冊寶畢降自東階立於欄外第一輝
稱中書令臣某謹讀寶床南立比西向內侍稱侍中臣某讀寶讀
上西向次侍中詣寶床南立比西向內侍稱侍中臣某讀寶讀
畢降階立於中書令之比西向內侍稱侍中臣某讀
坐定樂止舉捧官以次招擡昇人持帕蓋覆匲床奉置殿

之左右冊床在東寶床在西訖舉捧官以次降階立於
中書令侍中之後立定合班訖向閤門贊再拜訖降東
階退出殿門其擡昇人置合冊寶床於東西訖各由承殿下
階於侍中等班後直出殿門引內外命婦陪列者以次進就
謝訖內侍跪奏禮畢閤門引內外命婦皆
比向位班首初行宮縣作至位樂止閤門曰冊寶升樂作至位樂止進當座前比
再拜閤門引班首自西階詣命婦
向躬致稱賀訖降自西階樂作至位樂止閤門曰再拜

前西北東向稱有教旨命婦等皆拜閤門使宣曰祗奉置
人承傳命婦等皆再拜閤門引班首承令降自西階詣命婦
婦皆再拜訖內侍引內命婦還宮班首初行樂作出門
止內侍引外命婦出次宣徽使奏稱禮畢降坐宮縣作入
東房樂止歸閤宮縣作至閤樂止更常服內侍承教旨宣

恩授以冊寶榮幸之至競騰漎所賀知舍人曰再拜命

外命婦入會並如常儀會畢閤門引外命婦降階橫班比
向舍人曰再拜訖以次出還宮如來儀中書門下侍郎復
以引進司帥擡昇人進冊寶入內付與都點檢司退別日
會群官會妃主宗室等賜酒食設食賜花教坊作樂如內宴
之儀十一日朝永壽永寧兩宮皇后既受冊越二日內侍
設座於所御殿南向其日鳳興宣徽使版奏中嚴質諸

侍衛官人俱詣寢殿奉迎宣徽使版奏外辦后首飾褘衣
御車內侍前導降自西階以出侍衛如常儀至太后之裏
門外降車障扇侍衛既降車宣徽使版奏外辦太后常服
使引升座南向宣徽使引后進升自西階宣徽使贊再拜
致謝詞存撫賜酒食並如家人之儀禮畢宣徽使贊再拜
訖宣徽使引降自西階以出出門宣徽使奏禮畢降座入
妃岐國太妃仍別建宮名合行典禮官撰詳條具以聞

華冊皇太后儀天德二年正月詔有司擇日奉冊唐敬國

其日質明有司各具繖扇侍衛如儀及兵部約量差軍兵
并文武百官詣兩宮迎請引導皇太后入內並赴受冊殿
入御幄侍衛如式次奉冊太尉等俱以冊置於案司
徒等俱以寶置於案皇帝常服乘輿至別
教坊提點率教坊人引宣徽使版奏中嚴質諸
殿後幄次通事舍人引宣徽使扇合兩宮皇太后出自後幄並即
外辦幄簾卷教坊樂作扇分跪右通事舍人引宣徽使版奏中嚴質諸
御座南向扇開樂止扇分跪右通事舍人引文武
入依品重行西向立定通事舍人引文武百僚班分東西相向立通事舍人太常
居七拜訖引文武百僚班分東西相向立通事舍人太常

博士贊引太常卿前導押冊官押冊而行奉冊太尉讀冊
中書令舉冊官等以次從之次押寶官押寶而行奉寶司
徒讀寶侍中舉寶官等以次從之俱自正門入教坊樂作
至殿庭西階下少東北向於褥位少置樂止冊比寶南通
事舍人太常博士贊引太常卿前導押冊官押冊升寶南樂作
讀冊舉冊官夾侍奉寶司徒等從之進至兩宮皇太后座前褥位樂止兩寶
讀寶舉寶官俱進向冊前跪奏稱讀記執笏俛伏興
讀冊舉冊官單跪對舉中書令俱進向冊前跪奏稱讀記執笏俛伏興

位中書令舉冊官俱跪對舉太尉並降階東向以俟
押寶官押寶升樂作奉寶司徒等從之進至兩宮皇太后
座前褥位樂止舉寶官夾侍奉寶司徒各搢笏讀記比向跪置於御座前褥
伏興退立讀寶舉寶官單跪對舉前跪奏稱讀記執笏俛伏興
其謹讀寶舉寶官單跪對舉中各搢笏讀記比向跪俛伏
褥位冊之南通事舍人太常博士贊引太尉司徒以次應
與搢笏捧寶與於位東迴冊西比向並進跪置於御座前褥
之禮俛伏跪奏臣某謹請皇太后詣兩宮皇太后前行稱賀
幄前俛伏興贊引皇帝再拜又奏請比向跪皇帝賀曰嗣
行事官俱降自西階通事舍人太常博士贊引太尉司徒以次

皇帝臣某言云云俛伏興又再拜記又奏請皇帝少立內
侍承音退西向稱兩宮皇太后旨云云皇帝再拜宣徽使
前引皇帝歸幄常服乘輿還內侍衛階下丈武
百僚宣行立定通事舍人唱在位皆再拜通事舍人引
太師詣西階升俛伏跪奏稱文武百僚具官臣某等稽首
言皇太后殿下顯對冊寶禮畢安帝養仰祈壽與天同休
俛伏興降自西階俛伏興立定通事舍人贊在位皆再拜
舞蹈三稱萬歲又再拜宣徽使升自東階取旨退臨階西
向稱兩宮皇太后旨云云通事舍人贊在位皆再拜退
公等忠敬盡心推崇協力應茲令典感愧良深宣記還位

通事舍人贊謝宣諭拜在位官皆再拜舞蹈三稱萬歲又
再拜通事舍人分引應比向官各分班東西立宣徽使升
自東階俛伏跪奏稱具官臣等言禮畢降還位扇合皇太后並興
教坊樂作降座還殿後幄次扇開樂止通事舍人引宣徽
使奏解嚴中書侍郎等各帥捧冊寶官升殿跪捧寶並置於
床訖通事舍人引詣東上閤門捧寶床官升殿跪捧寶並置
於皇太后常服乘輿各還本官引詣如來儀文武百僚以次
出皇太后拜表賀皇帝退禮畢各赴本官受內外命婦稱
東上閤門拜表賀皇帝退各還禮畢各赴本官受內外命婦於殿
賀所司預於殿內設皇太后御座司賓引內外命婦於殿

庭北向依序立尚儀奏請皇太后常服即座司贊曰再拜
命婦皆再拜司賓引班首詣西階升跪賀稱姜某氏等言
伏惟皇太后殿下天資聖善昭受鴻名凡在照臨不勝欣
抃舞降位司贊曰再拜內外命婦皆再拜尚宮承旨
降自西階階級於命婦之北東向立司贊曰再拜在位
拜尚宮乃宣答曰膺茲典禮感愧良深司贊曰再拜在位
者皆再拜退赴別殿賀皇帝亦如賀皇太后之儀惟不致
詞不宣答

冊皇太子儀大定八年正月冊皇太子禮官擬奏皇太子
乘輿至翔龍門東宮官導從不乘馬冊皇太子前三日遣
使同日奏告天地宗廟冊前一日宣徽院帥儀鸞司設御
座於大安殿當中南向諭皇太子次於門外之東西向又
設文武百僚應行事官東宮官等次於門外之東西廊又
設冊寶幄次於殿後東廂俱南向又設受冊位於殿庭橫
階之南工部官與監造冊寶官公服自製造所導引冊寶
床由宣華門入約宣徽院同進呈畢赴幄次安置大樂令
帥其屬展樂縣於庭其日質明文武百僚應行事官並朝
殿門之內外其日質明文武百僚應行車官並朝服入次
東宮官各朝服自東宮乘馬導從至左翔龍門外下馬入
就次通事舍人分引百官入立班東西相向次引侍中中

書令門下侍郎中書侍郎及捧昇冊寶官詣殿後幄次前
立少頃奉冊寶官出幄次由大安殿東降至庭中褥位權置
訖奉引冊寶官立於其後皇太子服遠遊冠朱明衣出次
執圭引三師三少下導立於門外侍中奏中嚴待寶郎
奉入寶由東西偏門分入升置御座之左右侍中奏外辦
內侍承旨索扇扇合皇帝服通天冠絳紗袍以出曲直華
蓋侍衛如常儀報官樂作皇帝出自東序即御座燭
煙升扇開簾捲樂鳴報官縣樂作典贊引皇太子入門宮
位樂止師少已下從人立於皇太子位東南西向典儀贊
皇太子再拜搢圭舞蹈又再拜奏聖躬萬福又再拜引近
東西向立師少已下并奉引冊寶官等各赴百官東班樂
作至位樂止通事舍人引百官俱橫班北向典儀贊拜在
位官皆再拜搢笏舞蹈又再拜起居又再拜畢百官各還
復受冊位樂作至位樂止侍中承旨還立典儀贊引皇太子
應在位官皆再拜躬身侍中宣制曰冊某王爲皇太子已下
再拜通事舍人引中書令詣讀冊位中書侍郎
引冊匣置於前搢冊官西向跪捧皇太子冊讀冊畢俛伏興
皇太子再拜中書令詣捧冊位奉冊授皇太子跪讀畢俛伏與
冊以授右庶子右庶子跪受皇太子俛伏興右庶子以冊

興置於床中書令巳下退復本班次通事舍人太常博士
引侍中詣奉寶位門下侍郎引寶盝立於其右侍中奉寶
授皇太子受以搢盝立於庶子左庶子跪受皇太子俛
伏興左庶子以寶興置於床巳下退復本班典儀贊
再拜畢引皇太子退初行樂作皇帝降座左右庶子帥其屬異笏合籍
降樂止出出門樂止侍中奏禮畢內侍承旨放使衛以次出皇太子入
開樂止樂作皇帝降座入自西序還後閤侍衛如來儀侍中
床匣以出出門樂止侍中奏解嚴放使衛以次出皇太子入
次改服公服還東宮導從如來儀引皇太子入
伏於仁政殿門之內外陳設並如大安殿之儀百官服朝

十二　四百四十七　沈然庸

服皇太子公服至次改服遠游冠朱明衣通事舍人引百
官入至階下立俟閤門使將至單跪捧表閤門使接表皇
太子俛伏興典儀贊再拜搢圭舞蹈又再拜俟宣訖典儀贊
於閤外侍中奏中嚴少頃又奏外辦皇帝出自東序即座
籖捲通事舍人引百官俱橫班比向典儀贊拜在位官皆
再拜搢笏舞蹈又再拜訖分班皇太子捧表
再拜畢引皇太子興躬身侍中宣訖典儀贊
中承旨退搢有制典儀贊再拜搢圭舞蹈又再拜引皇太子退侍
鞭入西序還後閤侍衛如來儀侍中奏解嚴放使百官以

次出後二日百官奉表稱賀如常儀
正旦生日皇太子受賀儀大定二年世宗命有司議親王
百官及妃主命婦見皇太子禮有司按唐宋舊儀擬親王
宗室賀皇太子依冊受禮然唐禮元正復有降階見
伯叔答群官再拜之文又無妃主命婦見太子先之禮稽諸
令文廳致恭之官相見或貴賤珠隔或長幼親戚任從私
禮自今若在東宮候皇太子便服則當從私禮接見若三
師以下遇皇太子誕日在御前則候皇太子先進酒即當殿跪
官望皇太子再拜班首跪進酒又再拜若賜酒即當殿跪
飲畢又再拜以為定制命班行之十二月晦皇太子奏狀

十三　四百四十　沈然庸

日按禮文親王升一品宗室皆比面拜伏臣但答揖而已
雖曰尊宗子而在長幼惇敘之間誠所未安當時運蒙頒
降未獲謙讓明日元正有司將舉此禮伏望聖慈許臣答
拜庶敦親親友愛之義上從其請命尚書省頒下所司若
皇太子生日則公服左上露臺欄子外先再拜二閤使齊
揖入欄子內拜祝畢就拜興復位再拜又再拜接臺進
酒退跪欄子內跪飲畢接盞復位再拜復位再
酒進皇帝親賜酒進盞稍退跪飲畢宣徽使接盞復位再
拜復搢笏入欄子內跪搢笏受賜物畢出笏興復位
更衣入殿稍東西向立皇妃等進勸生日酒皇太子跪皇

妃等亦跪飲畢各再拜群官致賀則其日賀明皆公服集
於門外少詹事奏請內嚴又奏外備典儀引升座文武官
臣入就庭下重行北向立典儀曰再拜在位官皆再拜班
首少詹事跪奏元正首祚生日則云慶誕令辰伏惟皇太子
殿下福壽千秋賀畢復位贊師少於殿上三少於殿柱外北向
分東西序立次賀畢復位典儀贊師少皆再拜皇太子受
東上立皇太子詣南向褥位典儀曰再拜少於殿上再拜班
首同前稱賀復位執事者酌酒一卮班首奉進樂作飲訖
樂止回勸師少畢各復位典儀贊師少再拜皇太子答拜
師少出皇太子就坐次引親王入欄子内一品宗室於欄

子外餘宗室序班庭下拜致賀進酒如上儀皇太子答拜
畢就坐復引隨朝三師三公宰執於殿上三品以上職事
官於露階上四品以下於庭下北向以東為上
立皇太子詣褥位典儀曰再拜上下皆再拜乃答拜引群官
致賀復位執事者酌酒一卮餘殿上群官則令執事者如
有進獻如常儀回勸畢典儀曰再拜上下皆再拜引群官
以盤行酒飲畢典禮畢自是歲賀為定制
以次出少詹事跪奏禮畢
皇太子與百官相見儀三師三公欄子内北向躬揖班首
稍前問候皇太子離位稍前正南立答揖宰執及一品職

事官扣欄子比向躬揖答揖同前二品職事官欄子外稍
南躬揖皇太子起揖三品職事官露階稍南躬揖皇太子
坐揖四品以下職事官庭下躬揖問候皇太子坐受太
子太師太傅太保與隨朝三師同東宮三少與隨朝二品
同詹事已下並在庭下面比每品重行以東為上再拜稍
前問候又再拜皇太子坐受大定二年所定也七年定
許與樞密使副御史大夫判宗正東宮三師相見九年定
制凡皇太子赴朝許與親王宰相餘官宗室三公宰執以下公
服重行立皇太子出於都門三里外設褥位三公宰執以下鞠躬班首致辭云
青宮萬福再拜皇太子答拜退迎送皆同

志第十八

開府儀同三司上柱國錄軍國重事都章政事監修國史……甲領……給進書都總裁臣……殿脫脫奉

外國使入見儀　曲宴儀　朝辭儀　新定夏使儀

勑修

禮十一

志　四百七

金史三十八〔一〕

呈宣閣

外國使入見儀皇帝即御座鳴鞭報時畢殿前班小起居
畢至侍立位引臣僚左右入丹墀小起居畢宰執上殿其
餘臣僚分班出閤門使奏使者入見牓子先引宋使副出
笏捧書左入至丹墀北向立閤使左下接書捧書者單跪
授書拜起立閤使左上露階齊揖入欄内揖使副鞠躬使
副左上露階揖入欄内揖使副少前拜跪附

墀北嚮立禮物右入左出盡揖使副傍折通班再引左至丹
鞠躬使少前拜跪奏畢起復位齊揖舞蹈五拜不出班又揖
舞蹈五拜不出禮物右入左出盡揖使副傍折通班再引至丹
墀謝面天顏復位舞蹈五拜再揖使副鞠躬使出班又
班謝恩復位舞蹈五拜再揖使副鞠躬使出班謝宴遠
差接伴兼賜湯藥諸物等復位舞蹈五拜各祇候引右出
賜衣次引右出次引宋人從入通名已下再拜賜其
候亦引右出定揖橫使鞠躬使左入至丹墀北嚮略立引使左復
上露階立定揖橫使宣問高麗王時並鞠躬受勑旨畢再揖橫使鞠
位立閤使宣問高麗王時並鞠躬受勑旨畢再揖橫使鞠

志　四百四十五

金史三十八〔二〕

躬正使少前拜跪奏畢拜起復位齊退卻引左下至丹墀
面殿立定禮物立定禮物右入左出盡揖使傍折通班畢引至丹墀
引右階立次再引宋使副左入至丹墀謝恩舞蹈五拜各
祇候平立次引高麗夏使並左至丹墀三使並鞠躬有勑賜
酒食候平立次引宋使副右出次引夏使從入至
位奏聖躬萬福又再拜出班謝宴舞蹈五拜各上殿祇候
曲宴儀皇帝即御座鳴鞭報時畢殿前班小起居到侍立
班奏聖躬萬福又再拜出班謝宴舞蹈五拜不出
位引臣僚並上殿其餘臣僚右出次引宋使從人至丹
分引預宴官上殿

墀再拜不出班奏聖躬萬福又再拜有勑賜酒食又再拜
引左廊立次引高麗夏從人入分引左右廊立果床入進
酒皇帝舉酒時上下侍立官並再拜坐候進酒官到
位當坐者再坐並四盞餅茶入致語開鼓笛時揖臣使起
人再坐至四盞歌絕坐宴並侍立官並致語開鼓笛時揖臣
立口號絕坐宴教坊謝恩畢揖臣使起果床出皇帝入閤臣
五盞歡宴教坊謝恩畢揖臣使起果床出皇帝起入閤臣
使下殿歸幕次賜花人從隨出戴花畢先引人從入左右
廊立次引臣使入至右上殿位皇帝出閤坐先引人從入左右
立並再拜坐次從人再拜坐九盞將曲終揖從人至位再

拜引出閤曲時揖臣使起冊拜下殿果床出至丹墀謝宴

舞蹈五拜分引出

朝辭儀皇帝卻御座鳴鞭報時畢殿前班小起居至侍立
位引臣僚合班入至丹墀小起居引宰執上殿其餘臣僚
分班出閤使奏辭牓子先引夏使左入傍折通班畢至丹
墀舞拜不出班奏聖躬萬福又再拜揖使副鞠躬使出班
愁闕致詞復位又再拜揖使副鞠躬高麗使如
上儀亦引右出次引宋使副左入傍折通班畢至丹墀依
上通六拜各祗候平立閤使賜衣馬鞠躬受賜衣
馬畢平身揎笏單跪受別錄物過盡出笏拜起謝恩賜衣

■金史三十八　　三

五拜有敕賜酒食舞蹈五拜引使副左上露階齊揖入欄
內揖鞠躬大使少前拜跪受書起復位揖使副齊鞠躬受
傳達畢齊退引左下至丹墀鞠躬喝各好去引右出次引
宰執下殿禮畢熙宗時夏使入見改為大起居定制以宋
使列於三品班高麗夏列於五品班皇統二年六月定
使辭見臣僚服色拜數止從常朝起居三國使定班品如舊
俟殿前班及臣僚小起居畢宰執升殿餘臣分班畢乃令
行入見及朝辭之禮凡八見則宋使先禮畢而高麗夏使入
而高麗使入其朝辭則夏使先禮畢而高麗朝辭之賜則遣使就賜
宋使入夏高麗朝辭之賜則遣使就賜於會同館惟宋使

之賜則庭授舊賜高麗使至闕皆有私進禮大定五年上以
宋夏使皆無此禮而小國獨有之不可遂命罷之六年詔
外國使初見朝辭則於左掖門出入朝賀賜宴則由應天
門東偏門出入大定二十九年三月章宗以在諒闇免宋
使朝辭太常寺言若不面授書及傳達語言恐後別有違
失遂令宋使先辭靈恨然後詣仁政殿朝辭授書時右丞
相襄言伏見熙宗誕七月七日以景思辰避之更為
禮乞以正月十七日受外國賀本聖誕節若依期令外
方人使過界恐為兩遼所滯設能到闕或值陰雨亦難行
翌日後用正月十一日或三月十五日為聖節定宋人過界
之期平章政事張汝霖參知政事劉瑋等言帝王當示信
以兩遼路阻報改之或恐失信且宋帝生日亦五月也是
時都在會寧上國遣使賜生日萬里渡越江河尚不避霜
瀜如期而至今久與宋好不可以小阻示以不實彼若過
界多作程頓亦不至留滯縱使兩水愆期而入見猶須更
用他日也御史大夫唐括貢出丞相李宴利部尚書兼用襄
議大夫完顏居貞等亦皆言不可上初從之既而竟用襄
議令有司移報使明知聖誕之實特改其日以示優待行
人之意承安三年正月上諭言有司曰比閤宋國花宴殿
上不設餉饌至其歇時乃備於廊下今花宴上賜食其為

■金史第三十八　　四

拘束若依彼例可乎上向者人使見辭殿上亦嘗有酒禮
今已移在館宴矣有司奏曰曲宴舊禮彼方酒一行
食一上必相須成禮而國朝之例酒既罷而食始進至於
花宴日宋使至客省幕次有酒禮而我使至其幕則有食
而無酒各因其舊不必相同古者宴設食以示慈惠今
兄弟議金各用本國年號定擬使者見辭儀注云蓋夏人自
天會議和臣屬於金八十餘年無兵革及貞祐之初小
有侵掠以至搆難十年兩國俱敝至是始以兄弟之國成

金史第三十八　五

正大元年十月夏國遣使修好二年九月夏國和議定以
遼更之恐遠人有疑失朝廷寵待臣子之意乃命止如舊
和十月遣禮部尚書奧敦良弼大理卿裝蒲欽甫侍御史
烏古孫弘毅為報定使三年十月夏人告哀遣中大夫完
顏履信為弔祭使夏人以兵事方殷各停使聘四年遣王
立之來聘未復命而夏亡
新定夏使儀注夏國使副及參議各一謂之使都管三上
節中節各五下節二十四謂之三節人從各報至行省差接
伴使與書表人迎於境入界則先其驛程腰宿之次始至
京兆行省翌日賜宴至河南行省亦然謂之來宴將至
京遣內侍一人以油絹複韜三銀盒貯湯藥二十六品迤於
近境尉氏縣賜之至恩華館（舊名燕寶館承安三年更名）更衣由宜照

門入預差館伴使副使二員書表四人牽攏官三十人以
俟來使三節人從至會同館謂之歇頓先以館伴使名銜
付之而使者亦以其銜呈然後使副都管上中節人從以
次見館伴使接伴使初相見之儀亦然次以館伴所書表
見人使副伴使接伴使所牽攏官與下節人互相見乃請館伴
此人對立先接伴使副與館伴互展狀揖各傳示再
接伴人使副伴使接伴次到來使副先湯次酒三盞置果殽茶罷各請館伴在
前路起攔子外館伴在南對立先館伴揖次展接伴辭狀
相別揖各傳示再揖通揖分位是日皇帝遣使撫問天使

金史第三十八　六

至館轉衙如館伴初見之儀館伴與天使來使副各公服
齊行至位對立來使請來使副升拜褥望闕立次請天使升拜
襆稍前立來使副鞠躬天使言有勅乃再拜鞠躬天使口
宣辭畢復位來使再拜舞蹈三拜復位立來使與天使各
展狀相見揖次館伴揖來使令人傳示請館伴天使與來
使對行上廳各赴椅子立通揖謹收笏坐湯酒殽茶並如
前畢執笏近前齊請起至拜褥依前對立請來使副升襆
位進表謝撫問再拜使平立使跪奉表天使近前揖笏
受之出笏復位來使就拜退復對立來使令人傳示館伴
依例書送天使土物畢展天使辭狀相別揖次館伴揖各

請分位是後每旦暮傳示并牽攏官聲喏如儀到館之明
日遣使賜酒果天使初至轉衛後望拜宣皆如撫問之
儀使副受賜酒果過其側拜舞蹈如儀上廳湯酒茶畢
詣拜傳位跪進謝賜酒果表贈天使如撫問之
押汲果軍亦有土物之贈乃命閤門副使賜禮副
來日入見例當習儀使副回傳示習儀畢第二盞果罷
而不展辭狀分位乃以入見牓子付閤門持去以付禮進
面勸習儀承受人酒一盞先揖飲酒再拜退三盞果罷
執笏近前齊起攔子外南爲上對立以來日入見故但揖

馬

司來使副以書送土物於引進使及交進物軍貧人等閤
門及習儀承受人各贈土物第三日入見其日質明都
管三節人從皆裹帶館伴來使牽馬各上馬臺
管伴牽攏官喝排馬來使牽攏官與來使副各公服齊請赴
館上奉書在使前至中門外以外爲上對立先揖
管馬兩聲喏次館伴牽攏官亦然齊揖各傳示再揖請行
攏官承受傳示館伴次至左右易位而行揖
至左掖門外五百步入稱賀曲宴皆同是
去門百步去傘下馬出笏對行凡後入牽攏官
儀來使人從持物者不得入門牽攏官權收之客省令二
人傳示館伴與來使各令人回傳示至客省幕前館伴所

書表在上立齊揖乃入幕先館伴所書表傳示次來使書
表傳示依前攔子外立先揖當面勸酒一盞再揖退引館
伴來使入客省幕內爲上對立先揖當面傳示再揖請分位立位再揖請赴位立再揖請
次客省起居狀揖各傳示再揖通揖請分位立位先館伴揖
收笏坐先湯次酒三盞各有果穀第二盞酒畢客省乃傳
示來使請塔下排立中節勸酒回傳示畢引都管上中節於
幕次前齊起通揖退各歸本幕次俟殿上小
執笏近前齊起攔子前立通揖再揖引退第三盞酒罷
起居畢宰執升殿餘臣分班退閤使奏畢於
請館伴入班俟閤門招引乃請客省與來使副對立於幕

馬

前外爲上使者奉書揖畢對行至三門外與引揖閤副揖
使奉書副出笏後隨左上露臺殿簷柱外奉書單跪然升儀
犀內奉書閤使接書使副就拜立閤使右入攔子內奉
奉書不故事皆引使副入殿攔子內揖使副鞠躬再拜引少
讀畢引使副入殿攔子內揖使副鞠躬再拜興
前跪奏弟大夏皇帝乃宣夏皇帝聖躬萬福拜復位立齊退左下階至丹墀
復位皇帝乃宣夏皇帝聖躬萬福使副受旨畢引使少前跪
奏弟大夏皇帝聖躬萬福拜復位立傍析通班再引至丹墀
北向立以禮物右入左出盡揖使副傍析通班再引使前雙
爆舞蹈五拜不出班代奏聖躬萬福畢再揖引使副前跪
跪皇帝遣入勞問復位謝恩舞蹈五拜再揖使副出班謝

面天顏復位舞蹈五拜再揖閤副鞠躬引使出班謝遂差
接伴兼賜湯藥諸物復位舞蹈五拜喝各祗候引右出至
三門階下與閤副揖別與客省同行至幕次前對揖下立齊
幕次引都管上中節左入丹墀立下節於門外階下立節鞠躬歸
咶初一拜呼萬歲次一拜呼萬歲臨起下節鞠躬聲
鞠躬通名先再拜不出班奏聖躬萬福再拜下節鞠躬聲
都管人從鞠躬天使衣拜舞皆如使儀就拜畢謝恩再拜
者與天使對立次請都管人從望閤立天使稍前立
候平立一拜乃賜使者衣物再拜舞蹈三拜鞠躬贊
下節鞠躬聲咶如入見儀乃再引入賜以酒食閤門招客

省皆如入見儀至丹墀謝賜衣物再拜舞蹈三拜鞠躬贊
有勑賜酒食舞蹈五拜喝各祗候引右出如前儀歸乃
位入門內為上對立而行揖畢各收笏上馬至館又左易
馬所復左右易位乃以押伴使牽攏官次館伴牽攏至館轉
請出館伴與使副幕前對立揖畢傳示再揖請行至元下
位再拜揖單請分位乃揖伴使賜宴於館押伴至館轉
名街回單與館伴來使公服齊詣褥位對立押伴稍前立
先請押伴館伴上褥位望闕拜謝坐再拜舞蹈三拜起先
位乃引使副階上乃引使副望闕拜亦謝坐儀同
上乃與館伴對行上廳押伴在副階上與使副展參狀來

使副先令人報上閤押伴回傳示再揖請押伴先入於卓
前椅位立館伴與使副對揖各就位立通揖請端笏就坐湯
入乃於拜席上排立都管人從湯盞出揖起押伴等雜位
立都管人從鞠躬拜下節引三都管人從於湯盞分左右上
押伴及使副皆就坐引三都管上中節分左右上揖呼萬歲畢喝
拜席上排立待茶罷揖押伴等起離位立都管人從鞠躬
節酒一盞來使答上聞以都管人聲咶盡坐至
喝盞飲傳台盞勸再揖退至五盞下酒畢茶入都管人從鞠躬
三盞下食畢四盞下酒畢押伴傳示來使面勸都管人從
北為上下節在兩廊下立候初盞畢樂聲盡坐至

喝謝恩拜下節聲咶如上儀就位立請押伴等齊下廳赴
拜褥對立先請使副就褥位謝恩再拜舞蹈三拜復位乃
請押伴館伴就褥位謝如上儀復位第四日命宴官賜
宴官就館宴先賜宴天使互展狀起居揖次館伴使天
使與來使就褥位對立先請使副望闕拜次請賜
前儀使天使傳宣使副拜謝皆如
宴天使依例請賜宴天使茶酒館伴暫歸幕來使副與天
示館伴依例請賜宴於西閤內各詣椅位揖收笏坐再
使主賓對行上廳於西閤內各詣椅位揖收笏坐再
酒三盞果殽茶罷執笏近前請起賜宴天使暗退請湯次

使至褥位立次請館伴齊就褥位望闕再拜平身搢笏鞠躬三舞蹈跪左膝三叩頭出笏就拜興復位對立請押宴上廳次請來使副詣先館伴搢次互展押宴三拜請分笏以御宴不敢用踏床湯入都管三節人從於拜席上狀相見請就位詣椅位立通押宴等坐鞠躬下節人從聲階升廳攔子外內為上對立先館伴搢次互展押宴起居排立湯盞出押宴離位立搢都管人從於鞠躬下節人從聲笏呼萬歲如入見請押宴等喝各就坐請押宴等坐鞠躬下節上立候押宴等初盞畢樂聲盡坐至五盞後食六盞七盞節分左右上廳比入南為上立下節於西廊下南入北為

勸酒使者答上閤復引都管上中節於攔子外階下排立先搢飲酒再搢退至九盞下酒畢教坊退乃請賜宴天使於幕次前候茶入乃於拜席排立都管人從鞠躬喝謝宴天出搢起押宴官等離位立搢都管人從鞠躬喝謝恩拜下節聲喏呼萬歲如入見且鞠躬喝各祇候請謝恩拜齊出分階下廳與天使對行至拜褥前立請使副就位望闕謝恩再拜舞蹈三拜畢依位立請押宴館伴齊詣褥位謝恩來使乃進舞蹈三拜平身立請押宴官等就位立近前搢笏受表出笏復位使就拜退復位立使跪捧表上閤依

例書送天使土物領畢天使即以物報之然後展天使辭狀再搢次館伴通搢請押宴分位是日來使於宴下監酒等官及教坊人等皆有所贈第五日稱賀比至客省幕次對立皆如入見儀至收笏坐先湯次酒三盞畢客省傳示來使辭日請都管上中節當面勸酒田傳示畢引都管茶罷出笏離次近前階下節人從立排立先搢飲酒再搢引退至三盞酒畢節於幕次前齊請出幕次前外為上對立通搢分位各立搢對行至門外階下與引搢閤副揖引使副左入與臣歸幕次候閤門招引時請客省與使副再拜平身搢笏鞠躬僚合班至丹墀北嚮立定同臣僚先再拜平身搢笏鞠躬

三舞蹈跪左膝三叩頭出笏就拜興再拜平立俟進酒致辭畢再拜宣徽使稱有制又再拜舞蹈平立分班俟皇帝舉酒時再拜合班又再拜上殿夏使副在御座右第二行北端立次引都管立中節左入至丹墀立下節門外階下排立節聲喏呼萬歲如前儀喝各奏聖躬萬福喝拜又再拜鞠躬通名畢先再拜鞠躬不出班祗候畢平立再鞠躬喝賜酒食聲喏再拜呼萬歲如前儀引左廊立待床入進酒皇帝飲酒時上下侍立皆再拜俟進酒官至位合坐官再拜皆坐人從鞠躬聲喏再拜再拜復坐次人從鞠躬聲喏再拜呼萬歲之儀如前皆坐

至第三盞傳宣立飲畢再拜復坐次人從如前致
語聞鼓笛時揖臣立俟口號絕臣使皆立俟坐使從
如前儀復坐次至五盞將終人從立立如前儀畢先引
出臣與使副出幕次為上對立揖搢笏上馬至館聲喏相
至幕次前對立先揖搢笏再搢請相揖別與客省同行
祇候引出再拜退至三門階下與閤門副使相揖請揖各
館伴與使前對立先揖搢笏再搢請分位就幕次引行
至尢下馬與請左右易位對立揖搢笏笏上馬至館聲喏相
揖分位與初入見還禮同第六日賜分食并賜酒果禮天
使至館與第二日賜酒果禮同是日支押分食酒果軍士
館伴所牽攏官皆簿及之第七日曲宴禮如前儀使第八日
直長館都監酒食官承應班祇候眾厨子館子巡護軍
物并在館隨局分官員承應人例物凡裏外門將軍監厨

奉辭之儀至小起居畢閤使先奏來使辭膀子引使者左
入傍折通班至丹墀再拜不出班奏聖躬萬福又再拜搢
副鞠躬使出班舞蹈致詞復位再拜唱各好去引右出次
引宰執下殿禮畢第九日聚廳送至恩華館更衣而行凡
使將至界報至則差接伴使去則差送伴
使皆有副皆差書表以從凡行省來宴回宴之押宴官皆
從行省定差就借以文武高爵長官之職以為轉街之光

來之賜宴天使皆以閤門祇候往詔書口宣皆票命於
都省以翰林院定撰為夏使至或許貿易於市二日使至
所差者以館伴使副各一監察奉職令史各一書表四總
領提控酒食官監厨稱肉官各一牽攏官三十尚食局
直長知書都管接手湯藥直長長各一厨子五直
長一長行二監長各一長行十把內外門官二
通漢語軍十凡雜役皆衣皂過食司吏八十街市厨子四
十方脈雜科醫各一醫獸一鞍馬二十四匹
館外巡防軍三十把軍六十二雜役軍六十過位不
押馬官一員又差說儀承受禮直官一員凡在館鋪陳繳
使副帛百四十段衣使副各三對人從各二對
先期命工部修治之凡賜衣使副各三對人從各二對
絡器皿什物戶部差官與東上閤同點檢所經橋道皆
錠副代以帛六十疋後前之惟生餼則代以綾羅三十九
疋帛六十二疋布四疋金帶三金鍍銀束帶三金塗銀闊
裝鞍轡三金塗銀渾裹書匣開金鍍銀裝釘黑油詔匣及
包書詔匣複各一朝辭賜人從銀二百三十五兩絹二百
三十五疋賜宋高麗使之物其數則無所考

志第二十

樂上

雅樂　本朝樂曲　郊祀樂歌

散樂

鐃吹樂

傳曰王者功成作樂治定制禮豈二帝三王之彌文哉蓋
有天下者將一軌度正民俗合人神和上下舍禮樂何以
焉金初得宋始有金石之樂然而未盡其美也及乎大定
明昌之際日修月葺粲然大備其隸太常者即郊廟祀事
大宴大朝會官縣二舞是也隸教坊者則有鐃歌鼓吹天
子行幸鹵簿導引之樂也有散樂有渤海樂有本國舊音

世宗嘗謂其意度為雅曲史録其一其俚者弗載云
雅樂凡大祀中祀天子實冊御樓肆赦受外國使賀則
用之初太宗取汴得宋之儀章鐘磬筐篴之以歸皇統
元年熙宗加尊號始就用宋樂有司以鐘磬刻晟字犯
太宗諱皆以黃紙封之大定十四年太常始議歷代之樂
各自為名於是命禮部學士院太常寺撰名乃取大樂與天
地同和之義名老曰太和文武二舞皇統年間定文舞曰
仁豐道洽之舞武定之舞貞元儀又改文舞曰
曰保大定功之舞武舞曰萬國來同之舞六定十一年又

有四海會同之舞於是一代之制始備明昌五年詔用唐
宋故事置所講議禮樂有司謂雅樂自周漢以來止存大
法魏晉而後更造律度訖無定論至後周保定中得古玉
斗千地中以造尺律其後牛弘以為不可止用蘇綽鐵尺
至隋亦用之唐興因隋法鑄鐘處士蕭承訓等校石
常博士教以周顯德以柔定律議者謂比唐樂高五律
磬合而奏之至周顯德時和峴以周顯德律音近哀思乃
宋初亦取泰累尺成律以其聲猶高更用太府帛尺遂
依西京銅望臬石尺重造十二管取聲下王朴一律景祐
初李照取泰累尺下王朴樂二律以為新樂元祐范鎮又造
加四清聲下王朴樂二律以為新樂元祐范鎮又造
聲高彭不和依舊用王朴元豐揚傑參用李照鐘磬
下太常樂三律皇祐中阮逸胡瑗改造上下一律或謂其
律之高無法以下之乃以時君指節為尺其所造鐘磬即
今所用樂是也然以王朴所制聲高疑於太重其後范鎮命改作李復用李
府尺制律人習舊聽疑於太重其後范鎮等論樂復用李
照所用太府尺即周隋所用鐵尺牛弘等以謂近古合宜
者也今取見有樂以唐初開元錢校其分寸亦同則漢津
所用指尺始與周隋唐所用之尺同失漢津用李照范鎮

之說而恥同之故用時君指節爲尺使衆人不敢輕議其
尺雖爲詭說其制乃與古同而清濁高下皆適中非出於
法數之外私意妄爲者也蓋今之鐘磬雖吴之所製亦
周隋唐之樂也閱今所用樂律聲調和平無太高太下之
失可以久用唯辰鐘辰磬自昔數缺宜補鑄辰鐘十五辰
磬二十一通舊用爲二十四簇上曰嘗觀宋人論樂以爲
律主於人聲不當泥於其器要之在聲和而已於是命禮
部符下南京取宋舊工更鑄盡鐘十有二又以舊鐘姑洗
夷則皆高五律無射高二律別鑄以補之乃協又琢
各十有二以其半少爲擇其諧者而用之初正隆間海陵

營太廟于汴貞祐南遷宣宗修之以祔諸帝神主其地故
宋景靈宮之址也掘其下得編鐘十三編磬八皆刻大晟
宇時朝廷多故禮器散亡竟亦不能備也大定十一年太
常議按唐會要制南北郊官縣用二十架周漢魏晉宋
齊六朝及唐開元宋開寶禮其數皆同宋會要用三十六
架五禮新儀用四十八架其數多似乎太侈今擬太常因
革禮天子宮縣之樂三十六簇宗廟與殿庭同郊立則二
十簇宜用宮縣二十架登歌編鐘編磬各一簇又按周禮
大司樂凡樂圜鐘爲宮黃鐘爲角太簇爲徵姑洗爲羽雷
鼓雷鼗孤竹之管雲和之瑟雲門之舞冬至日至地上之

圜立奏之若樂六變則天神皆降可得而禮矣六變謂六
成也唐宋因之蓋圜鐘夾鐘也用爲宮者以上應房心有
天帝明堂之象也宮聲三奏角徵羽各一奏合陽之奇數
欲神聽之也凡樂起於陽至少陰而止天神皆降可得而
數有六故六變而樂止則天神皆降可得而禮也樂曲之
名唐以圜丘爲昊天而宋以安本朝定樂曲以寧爲名今
享樂曲而郊祀樂曲未備皇統九年拜天用乾寧之曲令
之曲迎俎奏豐寧之曲酌獻舞出入奏肅寧之曲飲福奏
圜立降神固可就用今太廟祫享皇帝升降行止奏肅寧
福寧之曲宋開寶禮亦可就用餘有郊祀曲名皇帝入中

壇奠玉幣迎俎酌獻舞出入樂曲宜皆以寧字製名遂命
學士院撰爲皇帝入中壇奏文寧之曲降神奏乾寧
之曲昊天上帝奏洪寧之曲皇地祇奏坤寧之曲配位奏
永寧之曲飲福奏福寧之曲升降望燎出入大小次並與
入中壇同餘載儀注及樂章又命太常議文武二舞所當
先後太常議按唐宋郊廟之禮並先文後武本朝自行祔
祫之禮亦然惟唐章萬石建議謂先儒相傳以揖讓得政
下則先奏文以征伐得天下則先奏武當時雖從尋復得改
之其以開元禮先文後武爲定方立如圜立之儀社則
用登歌

宗廟皇帝入門宮縣以無射宮升殿登歌以夾鐘皆奏昌
寧之曲迎神送神奏來寧之曲九成天德二年晨祼畢還
小次方奏迎神曲大定十一年朝享奏依開元開寶禮至
版位即奏迎神宮三大呂角二太簇徵二應鐘羽二曲詞
皆同進俎奏豐寧之曲酌獻宮縣奏無射大元之曲諸室
之曲德安帝曰大熙安帝曰大安獻帝曰大昭昭祖曰大成
景祖曰大昌世祖曰大武肅宗曰大明穆宗曰大章康宗
曰大康太祖曰大定太宗曰大惠熙宗曰大同睿宗曰大
和昭德皇后廟曰大慶皇帝還板位及亞終獻皆奏無射廟

志第二十
四百五十
金史第三十九
五

大隆宣宗曰大慶皇帝還板位及亞終獻皆奏無射廟
寧之曲飲福登歌奏夾鐘宮福寧之曲徹豆奏豐寧之曲
皆用無射宮大定十二年制祫禘時享有司攝事初獻盥
洗奏無射宮無射宮嘉寧之曲餘
並與親享同其別廟曰宣孝太子所用並載儀注
樂章舊制太廟皇考廟樂工各三十九人大定二十九年
升祔顯宗有司以爲宋之太廟別廟堂上樂各四十八人
今之樂工少十八人擬令皇考廟舊樂工皆充兩廟堂上
樂以應前代九十六人之數尚書省議古樂工無定數逐
奏太廟別廟通以百人爲定明昌六年祔設宮縣樂工一
百五十六人承安三年勑祭廟用教坊奏古樂非禮也其

自今召百姓材美者給以食直教閱以待用秦和元年命
宮縣樂正月給錢粟二貫石遇正樂闕驗色收補四年
尚書省奏宮縣樂工總用二百五十六人而舊所設止百
人時或用之即以貼部教坊閱習自明昌間以渤海教坊
兼習而又創設詔罷創設者宣宗南遷祔諸帝主於汴京太
亦可備用遂闕但前期遣漢人教坊及大興府樂人習之
廟禮官言祔享禮畢車駕還宮至承天門外百官奉迎宮
縣奏采茨以樂簴未備遂止用教坊樂哀宗遷蔡天興二
年七月丁巳太祖太宗及后妃御容至自汴京奉安於乾

志第二十
四百五十一
金史第三十九
六

元寺左宣徽使溫敦七十五奏當用樂上曰樂須太常奈
何七十五日市有優樂可假用之權左右司貟外郎王鶚
奏曰世俗之樂豈可施于帝王之前遂止
樂舞名數太廟登歌鐘一簴鎛一簴歌工四篇二塤二簴
九弦琴各二瑟四別廟登歌則用金鐘玉磬搏
一搏柎二柷一敔一麾一弦一塤一簴琴七弦琴
二笛二巢笙二和笙二簫二七星匏一九耀匏一闋餘簴
一笛二巢笙二別廟登歌並同親祠則用金鐘玉磬搏
祭則用編鐘編磬宮縣樂三十六簴編鐘十二簴編磬十
二簴大鐘鎛鐘特磬各四簴建鼓應鼓鞞鼓各四路鼓二
路鼗二晉鼓一巢笙竿笙各十簫十篪十箎十塤十塤八

一絃琴三三絃五絃七絃九絃琴各六瑟十二柷一敔一

麾一文舞所執籥翟各六十四武舞所執朱干玉戚各六

十四引舞所執旌二纛二牙二單鐸二雙鐸二

金鉦二金錞二金鐲二相鼓二雅鼓二有司攝祭宮縣二

十簨編鐘四編磬四建鼓十二建鼓四路鼓四路鼗二晉

鼓一巢笙竽笙蕭塤麃笛各八一絃琴三三絃五絃七絃

九絃琴各六瑟八柷敔各一麃一登歌及二舞引舞所執

與親祠同

樂虡位二一於殿西北又設登歌樂架於

皇帝受冊寶前期大樂令與協律郎設樂縣於殿廷又設

殿上至日侍中奏外辦宮縣樂作皇帝乃出即坐樂止奉

寶入門樂作置褥位上樂止初引時宮縣樂作至位立定

樂止寶初行樂作至御前置訖樂止皇帝受寶訖樂作侍

中奏寶初行樂止皇太子升殿登歌樂作復位樂止侍中

中奏稱賀樂止皇帝還嘉次樂止

禮畢宮縣樂作皇帝還嘉次樂止

御樓宣敕前期大樂署設宮縣於樓下又設鼓一於宮縣

之左至日金雞初立大樂署設擊鼓立訖鼓止侍中奏外辦

大樂令撞黃鐘之鐘右五鐘皆應昌寧之鐘左五鐘皆應

宣讀訖百官舞蹈禮畢大樂令撞蕤賓之鐘左五鐘皆應

昌寧之樂作皇帝降座樂止凡皇帝出入升降及分班合

班皆樂作坐立定乃止其冊命中宮皇太子太孫受外國

使賀宴外國使皆用宮縣

散樂元日聖誕稱賀曲宴外國使則教坊奏之其樂器名

曲不傳皇統二年宰臣奏自古並無伶人赴朝參之例所

有教坊人員只宜聽候宣喚不合同百寮赴起居從之章

宗明昌二年十一月甲寅禁伶人不得以歷代帝王為戲

及稱萬歲者以不應為事重法科泰和初有司又奏太常

工人數少即以渤海漢人教坊及大興府樂人兼習以備

用

鼓吹樂為上樂也天子鼓吹橫吹各有前後部部又各分

二節金初用遼故物其後雜用宋儀海陵遷燕及大定十

一年鹵簿皆分鼓吹為四節其他行幸惟用兩部而已

前部第一

鼓吹令二人

棡鼓十二　　　金鉦十二

大鼓百二十　　長鳴百二十

鐃鼓一十二　　歌二十四

拱宸管二十四　簫二十四

笳二十四　　　大橫吹一百二十

前部第二

節皷二　笛二十四

簫二十四　篳篥二十四

笳二十四　桃皮篳篥二十四

摑皷十二　金鉦十二

小皷百二十　中鳴百二十

羽葆皷十二　歌二十四

拱辰管二十四　簫二十四

後部第一
皷吹丞二人
摑皷三
金鉦三

羽葆皷十二　歌二十四

拱辰管二十四　簫二十四

笳二十四　節皷二

鐃皷十二　歌十六

簫二十四　笳二十四

小橫吹百二十

後部第二
笛二十四　簫二十四　笳二十四

篳篥二十四　簫二十四　笳二十四

桃皮篳篥二十四　桃皮篳篥二十四

本朝樂曲

世宗大定九年十一月庚申皇太子生日上宴于東宮命
奏新聲謂大臣曰朕製此曲名君臣樂今天下無事與卿
等共之不亦樂乎辭律不傳十三年四月乙亥上御廡思
殿命歌者歌女直詞顧謂皇太子曰朕思先朝所行之事
未嘗暫忘故時聽此詞亦欲令汝輩知女直醇質之風至
於文字語言或不通曉是忘本也二十五年四月幸上京
寧宗室于皇武殿飲酒樂上諭之曰今日甚欲成醉此樂
不易得也昔漢高祖過故鄉與父老歡飲擊筑而歌令諸
兒和之彼起布衣尚且如是况我祖宗世有此土今天下
一統朕巡幸至此何不樂飲于時宗室婦女起舞進酒畢
群臣故老起舞上曰吾來故鄉數月矣今廻期已近未嘗
有一人歌本曲者汝曹來前吾為汝歌乃命宗室子叙坐
殿下者皆上殿面聽上歌曲道祖宗創業艱難及所以繼
述之意上既自歌至慨想祖宗音容如親之語悲感不復
能成聲歌畢泣下數行右丞相元忠暨群臣戚捧觴上
壽皆稱萬歲於是諸老人更歌本曲如私家相會暢然歡
洽上復賡調歌曲留坐一更極歡而罷其辭曰
猗歟我祖聖矣武元誕膺明命功光于天拯溺救焚深根
固蔕克開我後傳福萬世無何海陵淫昏多罪反易天道

荼毒海内自昔肇基至于繼體積累之業淪胥且隆望載

所歸不謀同意宗廟至重人心難拒勉副樂推肆予嗣緒

二十四年競業萬幾億兆庶姓懷保安綏國家開眼廓然

無事乃眷上都興帝之第屬茲來游惻然予思風物減耗

昔時朕無異視瞻懇想祖宗舊宇屬音容宛然如睹

殆非昔時于鄉于里皆非初始雖非初始朕自樂此雖非

童嬉孺慕歷歷其勵壯歲經行恍然如故舊年從游依俙

如昨懼誠契闊旦暮之若于嗟閭別兮云胡不樂

郊祀樂歌

皇帝入中壝宮縣黃鐘宮昌寧之曲凡步武同

志卷二十 三百四十 金史第三十九 十一 朱珪

褻服穆穆臨于中壝瞻言圓壇皇皇后帝禋祀肇稱馨香

維德愛曁百神於昭受職

降神宮縣乾寧二曲 仁豐道洽之舞圜鐘爲宮黃鐘爲角

太蔟爲徵姑洗爲羽圜鐘三奏黃鐘太蔟姑洗皆一奏詞

並同

我金之與皇天錫羨惟神之休爰茲郊見有玉其禮有牲

其爲將受嚴明來寧來燕

皇帝盥洗宮縣黃鐘宮昌寧之曲

因天事天悼宗將禮爰飭收司奉時罍洗挹彼注茲廼陞

壇陛先事而虔神勞豈弟

皇帝升壇登歌大呂宮昌寧之曲

相在國南崇崇其趾丞哉皇王維時洎止至誠通神克禋

克祀於萬斯年昊天其子

昊天上帝奠玉幣登歌大呂宮洪寧之曲

昊天君王有嚴有翼珮環鏘然圜壇是陟嘉德升聞馨非

黍稷高明降臨百神受職

皇地祇泰坤寧之曲

肅敬明祇躬行莫贊其贊維何黃琮制幣從祀群靈咸秩

厥位惟皇帝能饗允集熙事

配位太祖皇帝永寧之曲

志卷二十 三百四十一 金史三十九 十二 朱珪

肇舉明禋皇天后土皇祖武元爰作神主玓昭著定歌以

大呂綏我思成有秩斯祐

司徒迎俎宮縣黃鐘宮豐寧之曲

穆穆皇皇天子躬祀群臣相之閟不敬止俎豆畢陳物其

嘉矣馨香始升明神燕喜

昊天上帝酌獻登歌大呂宮嘉寧之曲

郊禋展敬昭昭事上靈太尊在席有醹斯馨酌言獻之靈其

醉止福祿來宜以答明祀

皇地祇泰寧之曲

褻服穆穆臨彼泰折於昭神宮埋幣瘞血爰稱匏爵斝言

薦潔方與常安扶我帝業

配位太祖皇帝燕寧之曲

烝哉高后肇迪丕基切與天合配天以推薦時清旨孔蘭

其儀來寧來燕福禄之

文舞退武舞進宮縣黃鐘宮咸寧之曲

亞終獻宮縣黃鐘宮咸寧之曲切成治定之舞

聖武無疆維烈天子受祜

奉祀郊丘雲門夔舞進東朱干竿擇翟羽於昭厥文德用

掃地南郊天神以埃於皇君王克禋克祀交於神明玄酒

陶器誠心靖純非貴食味

皇帝飲福登歌大呂宮福寧之曲

所以承天無過乎賀天其祜之惟精惟一丕尊爰把蒸嘗

薦德惠我無疆子孫千億

撤豆登歌大呂宮豐寧之曲

大禮爰陳爲豆孔碩蕭蕭其容於顯百辟皇靈降監肴香

在德明禋斯成孚休罔極

送神宮縣圜鐘宮乾寧之曲

赫赫上帝臨監祀祀居然來歆昭苔祖配圜壇四成神安

其位升歌贊送天人悦喜

方丘樂歌

迎神鎮寧之曲林鐘宮再奏太簇角再奏姑洗徵再奏南

呂羽再奏詞同

至哉坤儀萬彙資生稱物平施流謙慶盈禮修泰折榮極

精誠皇皇靈睠求莫衆瀛

初獻盥洗太簇宮蕭寧之曲

禮有五經無先祭禮即時伸虔惟時盥洗品物吉蠲威儀

初獻升壇應鐘宮廟寧之曲

濟濟錫之純嘏來歆愷悌

無疆之德至哉坤元沉潛剛克寶生實蕃方丘之儀惟敬

無文神其來思時歆薦穀

初獻奠玉幣太簇宮億寧之曲

禮行方澤文物備舉惟皇地祇昭假來下莫痽玉帛純誠

內著神保是享陟降斯祜

司徒捧俎太簇宮豐寧之曲

四階秩秩壇於方澤昭事皇祇即陰以燀潔肆於坊孔嘉

正位酌獻太簇宮溥寧之曲

且碩秋儀神其福之如幾如式

斯在四海來寧福禄收介

湯湯坤德物無不載柔順利貞含洪光大邊豆既陳金石

配位酌獻太簇宮保寧之曲詞闕

配太也

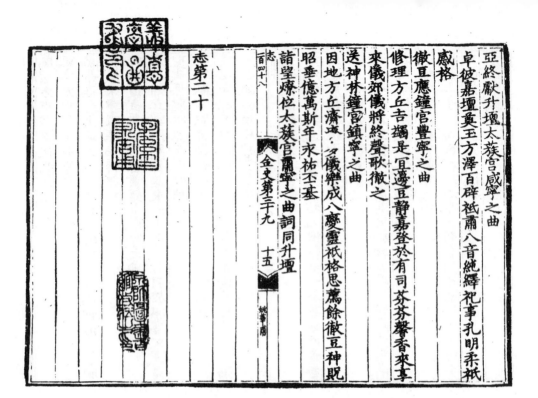

亞終獻升壇太簇宮感寧之曲

卓彼嘉壇奠玉方澤百辟祗肅八音純繹祀事孔明柔祗

感格

徹豆應鐘宮豐寧之曲

脩理方丘吉蠲是宜邊豆靜嘉登於有司芬芬馨香來享

來儀郊儀將終聲歌徹之

送神林鐘宮鎮寧之曲

因地方丘濟濟一句儀樂成八變靈祇格思薦餘徹豆神既

昭垂億萬斯年永祐丕基

詣望燎位太簇宮蘭寧之曲詞同升壇

志一百四十八　《金文第三十九　十五

樂下　宗廟樂歌

殿庭樂歌

鼓吹導引曲

采茨曲

褅祫親饗皇帝入門宮縣無射宮昌寧之曲

迎承歡祖考神宇攸寧

惟時升平禮儀肇興鳴鑾至止穆穆造庭百辟卿士恪謹

皇帝升殿登歌夾鐘宮昌寧之曲　升階及將選板　位皆同登歌　出入步武同

璧鏞既陳雲搏在戶升降有容惟規惟矩恭敬明神上儀

交舉永言保之　承天之祐

志二十三　〈金卑〉　一　徐演

皇帝盟洗宮縣無射宮昌寧之曲

惟水之功潔淨精微洗爵奠羊千德有輝皇皇穆穆宗廟

之威宜其感格福祉交歸

皇帝降階宮縣無射宮昌寧之曲

於皇神宮象天清明有來蕭相維公卿禮儀卒度君子

攸寧孔時孔惠綏我思成

迎神宮縣來寧之曲黃鐘宮三奏大呂角二奏大蔟徵二

奏應鐘羽二奏詞同

八音克諧百禮具舉明德維清至誠永慕神之格思雲軿

風馭來止來臨千祀燕娛

司徒引祖宮縣無射宮豐寧之曲

維牲維犧齊明致祠我將我享吉蠲奉之博碩肥腯神嗜

為宜千秋歆此永綏黔黎

始祖酌獻宮縣無射宮大元之曲

惟酒既清既馨蒸蒸孝祀在廟之庭著於皇祖來無

來寧象功昭德先祖是聽

德皇帝大熙之曲

萬方欣戴鴻業創基瑤源垂裕綿峽重熙式燕黜祀聚考

成規遵豆有楚益臻皇儀

安皇帝大安之曲

象圖造邦載德其昌皇儀尤穆誕集嘉祥明誠昭格積厚

流光祗嚴清廟鐘石琅琅

獻祖大昭之曲

惟聖興邦經始之初鴆民化俗還定攸居迪德純儉志規

遠圖時哉顯祀精誠有孚

昭祖大成之曲

天啓璇源貽慶定基率義為勇施德為威耀武拓境功烈

巍巍永昌皇祚均福黔黎

景祖大昌之曲

丕顯鴻烈基緒隆昌聖期誕集邦宇斯張尊嚴廟祜昭格

志二十一　〈金史四〉　二

休祥煌煌縟典億載彌光

世祖大武之曲

桓桓伐功天監其明惟威震皇惟德綏寧神策無遺鴻圖

以興曾孫孝祀通昭厥成

肅宗大明之曲

穆宗大章之曲

烝哉文祖欽聖弘淵慈愛忠信典策昭然歆此明祀繁社

綿綿時純熙矣流慶萬年

盎魚垂光綿求成帝之孚

於皇神人武烈文謨左右世祖懷柔掃除威震遄化漸

康宗大康之曲

惟明惟聽暉暉神功刑世業昭格上穹持盈孝孫薦芳

斯豐錫我祉福皇化益隆

太祖大定之曲

功超殷周德配唐虞天人協應平統寰區開祥垂裕肇基

永圖明明天子敬承典謨

太宗大惠之曲

魏魏德鴻無為端辰祚承神功究馴俗嫻清宮緝熙孝慈

時祀欽虔著誠犧樽嘉旨

熙宗大同之曲

金史四十　三　金

昭顯令德神基丕承對越在天享用躋升於穆清廟來撫

來寧神其醉止惟欽克誠

唐宗大和之曲

皇祖開基周武殷湯猗歟聖考嗣德彌光啟佑洪緒長發

其祥嚴恭宗廟享萬世丞嘗

世宗大鈞之曲

神之來思甫登于堂裸圭有瓚秬鬯芬芳巍巍先功啟佑

無疆萬年肆祀孝心不忘

顯宗大寧之曲

於皇神宮有嚴惟清吉蠲孝祀惟神之窰對越在天綏我

思誠敷祐億年邦家之慶

章宗大隆之曲

兩祀踐祚萬方寧康文經天地武服遐荒禮備制定德隆

業昌居歆典祀億載無疆

宣宗大慶之曲

猗歟聖皇三代之英功光先后德被群生牲粢惟馨鼓鐘

其鏗神兮來思歆于克誠

文舞退武舞進宮縣無射宮廟靈之曲

明明先皇神武維揚開基垂統萬世無疆干戚象功威儀

有光神保是饗昭哉降康

金史四十　四　金

亞終獻宮射宮蕭寧之曲

消辰之休昭祀惟恭威儀陟降惟禮是從邊豆靜嘉於論

鼓鐘惟皇受祉監斯德容

皇帝欽福登歌夾鐘宮福寧之曲

犧牲充潔粢盛馨香來格來享精神用彰飲此純禧簡簡

穰穰文明天子萬壽無疆

徹豆登歌夾鐘宮豐寧之曲

微祀蕭睦明德以薦樂奏九成禮終三獻百辟卿士進徹

以時小大稽首神保聿歸

送神宮縣黃鐘宮來寧之曲

金史四十　五　文奎

綮茲牛羊清茲酒醴三獻收終神既燕喜神之去兮載錫

綮祉萬壽無疆永保禋祀

皇帝入門宮縣無射宮昌寧之曲

郊將升禋廟當告虔錫靈戻止孝寔奉先祀事斯舉有序

無愆祗見祖考神意愷然

郊將升殿登歌夾鐘宮昌寧之曲

皇皇天子升自阼階真見祖禰蕭然有懷百禮已洽八音

克諧既昌且寧萬福咎來

迎神宮縣來寧之曲黃鐘三奏大呂角二奏太簇徵二奏

應鐘羽二奏詞同

以實應天報本反始潔粢盛禮先肆祀風馬雲車神之

弔矣來止來宜而燕翼子

皇帝盥洗宮縣無射宮昌寧之曲

有水于罍有巾于篚悅手拭爵圭袞有煒玄酒大羹德馨

維菲萬年昌寧皇皇貢庶

皇帝陞階宮縣無射宮昌寧之曲　降階同

其容將昭大報庸示推崇

魏魏京師有嚴神宮聖主宸止多士雲從來享來戲蕭蕭

司徒奉俎宮縣無射宮豐寧之曲

陳其犧牲惟純與精苾芬孝祀於昭克誠不疾蘛蠡或剝

金史四十　六

或亨洋洋在上以交神明

始祖酌獻宮縣大元之曲

猗歟初基兆我王迹其命維新貽謀丕赫絲綸瓜瓞國步

日闢堂構之成焜煌今昔

獻祖大昭之曲

以聖繼興成王之孚民從其化咸蒖攸居清廟觀德猗歟

偉歟金石備樂以奉神娛

昭祖大成之曲

東夷不庭皇祖震怒神武削平貽厥聖緒猶室有基垣墉

乃樹億萬斯年天保孔固

景祖大昌之曲

於皇藝祖其智如神修法施令百度惟新疆宇日廣海隅

咸賓功高德厚耀耀震震

世祖大武之曲

於皇先王昭假于天長駕迷馺麈斥無前王業猶生孫謀

有傳圜壇展禮敢先告虔

肅宗大明之曲

狥嫩前人簡惠昭融相我世祖成茲伐功敷佑來兼帝圖

其隆將修熙事先歆神宮

穆宗大章之曲

仁慈忠信惟祖之休功岐下迹掩商丘言瞻清廟懷想

前修神其來格歆歆庶著

厫宗大康之曲

不忘昭告大祀祗率舊章

太祖大定之曲

天生聰明俾乂蒸人惟此二國為我甌民撻彼威武萬邦

咸賓明昭大報推而配神

太宗大惠之曲

維清緝熙於昭明德我其收之駿奔萬國南郊肇修大典

增飾清廟吉蠲純禧申錫

睿宗大和之曲

維時祖功摩開神基昭哉聖考其德增輝上動天監明命

攸歸謀貽翼子無疆之辭

文舞退武舞進宮縣肅寧之曲

先皇開基比迹殷湯功加天下武德彌光容舞象成干戈

戚揚於昭報本懷哉不忘

亞終獻宮縣肅寧之曲

於皇初朝獻維時芬芬酒醴棣棣威儀誠則有餘神之

格思神孫千億神其相之

皇帝飲福登歌夾鐘福寧之曲

皇皇穆穆丕承丕基躬親于禋載蕭載祗對越在天神歆

其誠于以飲酒如川之增

徹豆登歌夾鐘豐寧之曲

物維其時既豐且旨苾芬德馨或將或肆神之居歆洽于

百禮於萬斯年穰穰介祉

送神宮縣黃鐘宮來寧之曲

濟濟多儀皇皇雅奏獻終反爵薦餘徹豆神監昭回有秋

斯祐無疆之福申錫厥後

昭德皇后別廟郊祀前薦享登歌樂曲

初獻盥洗夷則宮蕭寧之曲

神無常享享時歆精誠惟誠絜感通神明先事盥滌注盥

清泠巾籠既奠尊彝薦馨

初獻升殿中呂宮嘉寧之曲

有來蕭蕭登降以敬黎黎祓服鏘鏘佩聲金石節奏既協

司徒奉俎奏夷則宮豐寧之曲

聲我黍稷絜我牲牷降有節薦是吉蠲工祝致告咸儀

蕭粢神之弗矣元吉其旋

且平其儀不忒乃終有慶

倪天之妹坤德利貞圓丘有事先薦以誠我酒既旨我殽

酌獻奏夷則宮儀坤之曲

既盥神其居饗福祿來成

徹豆奏中呂宮豐寧之曲

明昭祀事薦典無違樂既云闋神其事歸禮之克成神保

斯饗於萬斯年迄續不覬

拾梯有司攝事

初獻盥洗宮縣無射宮蕭寧之曲

祀事之大齊粟爲先絜精以獻沃盥于前既灌以升乃薦

豆薦神其感格歆于吉蠲

升自西階登歌奏夾鐘宮嘉寧之曲　餘並同親祀

國有太宮合食以禮蹄階蕭蕭降陛濟濟鏘然純音節乃

容止神之格思求綏福履

時享攝事登歌樂章

初獻盥洗無射宮蕭寧之曲

酌彼行潦維挹其清潔齊以祀祀事昭明顯允辟公沃盥

初獻升殿夾鐘宮嘉寧之曲　餘同親祀惟不用宮縣

乃升神之至止歆于克誠

清濟在庭抵有序雍容令儀旋規折矩爰徂于基鳴珮

接武敬恭神明來寧來燭

昭德皇后時享登歌樂章

初獻盥洗無射宮蕭寧之曲

中矩神其來格百福是與

時祀有章禮備樂舉爰絜其盥亦豐其俎俯仰升降中規

初獻升殿夾鐘宮嘉寧之曲　三獻及司徒降同

假哉神宮神宮有血惟時吉蠲登降翼翼歌鐘鏘煌笙磬

初獻升殿夾鐘宮嘉寧之曲

司徒奉俎無射宮豐寧之曲

翁繹於昭蕭恭靈罍來格

祀之大齊栗枚枚鐘磬喤喤既儀圭瓚既其骨鄉齊莊奉饙遵豆

大房靈之右饗流慶無疆

酌獻無射宮儀坤之曲

於皇坤德作合乾儀塗山懿範京室芳徽容聲如在典祀
惟時神其克享焉祉來宜

亞終獻無射宮儀坤之曲

嘉薦實俎高張在庭申獻合禮終獻改為三　坤德儀刑神其是
愿用毖清明清明既毖來享來寧
載裸青玄悠悠歸且億矣

禮成於終神心禋禋肸蠁蕭薌發蔡〇樂闋獻獻巳徒歔孔多靈顧

徹豆夾鐘宮豐寧之曲

宣孝太子別廟登歌樂章

初獻升殿夾鐘宮承安之曲

有脢斯牲有馨斯齊美哉洋洋升降以禮禮容既莊樂亦
諧止神之格思式歆明祀

酌獻無射宮和寧之曲

於惟光靈孝德昭宣高巖有奕來寧來燕於焉惟袷既時
既蠲從我烈祖載享億年

亞終獻和寧之曲

金石和奏豆邊惟豐祠宮奉事齊敬精東笙吟伊浦鶴駐
猴峯是保是饗靈德無窮

徹豆夾鐘宮和安之曲

寔成奕奕令茲其時明禋摹祀將禮之儀俟安以懌善嘉
且時樂闋獻巳神其纓思

大定三年十月上〇宗册寶應鐘宮顯寧之曲

天開休運積仁而昌命茲昭考敢志顯揚上儀摹擧消日
之良來格來享惠我無疆

大定十九年升祔熙宗册寶樂曲

恢大帝業救寧多方懿德茂烈金書發揚摹擧上儀消擇
吉日鴻名赫赫與天無極

上册寶宮縣靜寧之曲

日卜其吉承祀孔蕭廣號追崇孝心克篤於乎悠哉來思
醉穆寶冊既陳委委於宗祝

皇帝降殿宮縣鴻寧之曲

繼世隆昌臨朝靜默追諡鴻名發光潛德玉質金章煌煌
簡册消辰展儀來傳無極

殿庭樂歌

大定七年正月上册寶皇帝將升御座宮縣樂太簇宮泰
寧之曲降座同

德隆帝位承天而與侯邦來庭民居安寧歸美以報傳之
無極鴻名徽稱壽時萬億

册寶入門奏天保報上之曲

四方既平功歸聖明定功巍巍丕享鴻名股肱良哉揄揚

元首儲精優游南山等壽

奉冊寶官將復班位奏歸美揚功之曲

聖德高明萬邦咸休鎺鐵唐虞糠粃商周維時群臣對敷

稽首天子明明今聞不朽

冊寶初行奏和寧之曲　侍立位至降階曲並同

四方攸同昭哉成功時和年豐諸福來崇英聲昭騰和氣

皇太子升殿賀奏同心戴聖之曲

穆清皇風邁方來同於昭于天物和歲豐丕受鴻名對揚

充塞於平皇王維壽時億

懌躋純禧穰穰敷錫周極

上壽皇帝將升御座宮縣和寧之曲　同前

舉酒萬壽無疆之曲

樂且皇天喜休萬壽無極

四海太平吾皇之功群臣對揚誕受鴻名霞觴瓊腴君王

皇太子升階降階及與寶官升殿並奏和寧之曲　同前

進第一爵登歌奏王道明昌之曲

對天鴻休干以鋪張巍巍煌煌超冠百王皇圖皇網時維

明昌祉福無疆于民敷揚

行群官酒宮縣和寧之曲文武入設群官食奏功成治定

十三

伯冀列

之舞三成止

聖德高明如天強名多方治平功大有成流于聲音形于

蹈舞頌賜群臣以昭禮遇

進第二爵登歌奏天子萬年之曲

惟明后馭寰瀛蹕升平飛英摩功三王德五帝游巖廊億

萬歲

行群官酒宮縣和寧之曲　武舞入設群官食奏四海會同

之舞三成止

地平天成時和歲豐迓衡弗迷率惟教功受天之祜四方

來荷於萬斯年不遐有佐

進第三爵登歌嘉禾之曲

景命赫斯歸吾皇仁風洋洋被遠荒琛賮狼庭趨明光氣

和薰燕為嘉祥殊本合穗真異常庚如坻京歲且穰猗歟

鴻休超前王播為聲詩傳無疆　行群官酒宮縣奏和
寧之曲並用

皇帝將降御座宮縣奏和寧之曲並用太簇宮

大定十一年十一月行冊禮皇帝升御座宮縣奏和寧之曲

天子願言無疆介以繁祉

皇皇穆穆袞服玉趾如日之升如山仰止九賓在列媚茲

冊寶入門奏和寧之曲

天子顒言天保報上之曲

穆穆元聖天迪子保相維臣工以奏丕號揚于路朝玉牒

十四

神寶於萬斯年晉君壽考

本冊寶官將後班位奏歸美揚功之曲

玉冊玉寶尊璧天子丕揚鴻名昭受帝祉閟休對天其隆

軌比臣下同心冀戴歸美

皇太子升殿賀奏同心戴聖之曲

萬靈覲覲者來天地長久

大矣我后徽冊膺受歎超形庭拜手稽首休明御辰無疆

諧奏群公奉暘天子萬壽

聖德煥昭民歸天祐煌煌金書典冊光受備樂在庭八音

舉酒奏萬壽無疆之曲

進第一爵登歌王道昌明之曲

明明我皇道光化溥百慶惟新禮修樂舉海師太平爛然

可觀超躡三王暉映千古

設群官食奏和寧之曲功成治定之舞

穆穆我君威折群酲輝光日新仁洽九有容典蕆難趨前

絕後端拱深嚴寶冊膺受

第二爵登歌奏天子萬年之曲

典禮修惟明后揚鴻名燦瑰玖羅華紳為萬壽歌南山堅

且久

行群官酒奏和寧之曲四海會同之舞

志二十　金史四十　十五　二百九　太祠

道隆政平天開有德萬國和寧來王來極昭受鴻名俯徇

列辟錫飲行觴歡心各得

第三爵登歌奏嘉禾之曲

來瑞粲至昭升平爰生嘉禾延合穗大田無南東稼

戊如雲成豐歲既刈既穫百室盈繁歌沸野老聲陶唐

之民茲其比帝力何有若自遂

上帝有赫懷此明德昇之神寶庸鎮萬國臨軒是膺登降

維則群臣拜首年卜萬億

大定十八年十二月上受命寶皇帝將升御座官縣奏泰

寧之曲並大呂宮

寶入門奏天保報上之曲

受命大寶昭荅春佑珍符明覘人為天授文物具舉韶濩

送奏群臣上之天子萬壽

群臣合班奏歸美揚功之曲

德員生民明明元后端冕臨軒神寶是受群工來賀咸拜

稽首無疆萬期享祚長久

皇太子升殿并自侍立位降階官縣秩餚介壽之曲

上儀昭舉膺時瑞玉群辟在列蹌蹌袞衣桓圭歸美

稽首升降惟時天子萬壽

舉酒登歌奏萬壽無疆之曲

志二十一　金史四十　十六　三百九　太祠

上帝眷命純休迄至誕膺洪寶光臨大器稱觴對揚萬歲

萬歲其寧惟求無疆卜世

天德二年十月冊立中宮皇帝將升御座宮縣奏乾寧之
曲降座同

人道大倫王化所基明聖稽古陰敎欲施臨軒發冊備舉

冊寶入門奏昌寧之曲出門同

舞儀蹕趾關雎宜播聲詩

椒房億萬斯年邦家之光

羽衛充庭淑旂徽章禮儀具舉消辰以良相我內訓來儀

將受冊寶以冊入門宮縣奏蕭寧之曲命婦升降同

受冊寶以冊入門宮縣奏肅寧之曲命婦升降同

合德於萬斯年作懍宸極

天立厥配任姒比隆母儀四海化行六宮日月並明乾坤

后出閣奏順寧之曲升降座同

凝旒地久天長福祿是道

塗山與夏關雎美周坤儀之尊母臨九州瑤冊褕衣光配

風化之始由于靈闈禮文斯備爰正坤儀維順以慈儀聖

同德則百斯男毓統無極

天德四年二月冊皇太子皇帝將升御座宮縣奏乾寧之

曲皆用夾鐘宮

大君有爲先圖本固溯辰之吉禮成儲副文物備陳聲樂

皆具人心載寧載寧克昌福祚

冊使入門昌寧之曲

在天成象煥乎前星惟聖時憲典禮以行一人有慶萬邦

以貞社稷之福煥昌燠明

皇太子入門奏元寧之曲出門同

矣上帝純佐明聖篤生元良蹕德性冊命主器萬邦

以正龍樓問寢億年之慶

大定八年正月冊皇太子

皇太子入門奏蕭寧之曲

阜帝將升御座宮縣洪寧之曲並用太族宮

會朝清明臨軒備禮天威皇皇臣工濟濟於昭元良膺茲

典冊對揚閌休卜年萬億

光昭前星旣隆前星惟天垂象稽古而行主器以長曲禮告成通退

皇太子入門奏蕭寧之曲

蜀望國本旣隆繁釐求亨

群臣合班奏嘉寧之曲

於皇臨軒禮崇上嗣維眷之祺儀方正位言觀其儀翔翔

濟濟美歸吾君太平萬歲

皇太子復受冊位奏和寧之曲

祖功艱難經營締構基牢根深枝繁葉茂於昭貽謀騈休

集佑元良斯貞吾皇萬壽

大定二十七年三月冊皇太孫

皇帝將升御座官縣泰寧之曲　並妣洗宮

上天叢休申錫祚胤孫謀有詒臨軒體正煌煌上儀欣欣

衆聽隆我邦本無疆惟慶

皇太孫入門奏慶寧之曲　出門同

貞源流光流光惟遠孫謀有貽慶序昭衍於樂衆里於皇

備典動容周旋承歡嘉與裏

群臣合班奏順寧之曲

兒旒當宁徽章備莫綠伏克庭金石列簴濟濟多士翼其

龥序海潤山暉傾聽樂府

皇太孫復受冊位奏保寧之曲

禮之收聞不違世嫡衆論愜從天心不易名崇震宮醉著

瑞冊社稷宗廟無疆夷懌

鼓吹導引曲

天春三年九月駕幸燕京導引曲　無射宮

五年一狩仙仗到人間閭稼穡艱難蒼生洗眼秋光裏

曰見天顏金戈玉斧臨香火馳道六龍關歌謠到處皆相

似天子壽南山

天德二年三月祫享廻鑾導引曲

禮成廟享御衛拱飛龍諧道起祥風太平天子多受福孝

德與天通鳳簫龍管韶音奏聲在五雲中蔡然文物昭泊

世萬億禩無窮

貞元元年三月駕幸中都導引曲　並妣洗宮

鑒興動嘉氣蒲神京輦路宿塵清陳萬旅隨天仗綵

絅軒寬旌都人望幸傾堯日籠扦溢歡聲臨觀八極辰居

正家宇慶昇平

桑茨曲

新都春色濶華蓋定全燕時運千齡愜星辰五緯連六龍

承曉日冊鳳倚中天王氣盤山海皇居億萬年

貞元三年十一月祫享廻鑾采茨曲　並用

慶成廻大駕仙仗紫雲深龍衮輝千騎萬呼間八音太平

興綵禮萬國得懽心孝格迎迓福穰穰永降臨

正隆六年六月駕幸南京導引曲　並林鐘宮

神宮壯麗宮殿壓蓬萊向曉九門關聖明天子初巡遇

駕六龍來五雲影裏排仙仗清蹕絕纖埃都人齊唱昇平

曲更進萬年盃

桑茨曲

雙闕層雲表澄景開清曉六龍天上來馳道平如掃虞巡

五載合夏諺一遊同都人欣豫意寫入頌聲中

大定三年十月祫享迴鑾采茨導引曲皆應鐘宮〔親祀二曲並用〕自後

太官崇烈考大禮慶初成綠仗迴雲步天階嚴蹕聲舜宮

合至孝周頌詠維清介福應穰簡歡交萬國情

導引曲

禮行清廟華秾薦年豐聖孝與天通六龍迴馭千官衛玉
振珮環風黃麾金輅嚴天仗非霧鬱蔥蔥工歌疊奏升平

曲福祿自來崇

大定二十七年三月皇太孫受冊謝廟

導引曲

璿源濬發衍慶自靈長聖運日隆昌震閟顯冊遵彝典與基
緒煥重光練時廟見殿昭報禮縈成章精誠潛格神明

助福祿永無疆

儀衛上　常朝儀衛　内外立仗　當行儀衛

行仗法　駕　黃麾仗

金史四十一　奉

金制天子之儀衛一曰立仗二曰行仗其衛士曰護衛曰
親軍曰弩手曰控鶴曰傘子曰屬行立仗則有殿庭内仗
殿庭外仗凡大禮大朝會則用之其朝望常朝弩手百人
熙撿公服偏帶　左衛將軍宿直將軍展紫金東
廟祀享則用之其非大禮遠出則有常行辇及郊
分立兩階而已行立仗則有法駕大駕黃麾仗行立仗則
為大抵倣宋制錯綜增損而用之其宿衛官則見兵志云
初圖制凡朝望常朝日殿下列衛士簾下置甲兵正隆元
年海陵去甲兵惟存錦衣弩手百人分立兩階其儀物副
帶各執玉水晶及金飾骨朶左右親軍盤裹紫襖塗金東
帶骨朶佩兵械供御弩手傘子百人並金花交脚幞頭紫
金銅釵襯花束帶骨朶左右班執儀物内侍二十人展紫
塗金東帶朝余曰弩手傘子直於殿門外分兩面排立司
辰報時畢皇帝御殿坐鳴鞭閤門報班舞執弩儀物内侍
分降殿階南向立黜撿司起居弩手傘子於殿門外北面
山呼聲喏訖即於殿門外東西相向排立都黜撿以次三

負陛殿都黜撿在東近南副又少南右副在西東向對
立左右衛將軍在殿下東西對立省臣隨班起居畢東左
司侍郎從宰執奏事殿中侍御史隨班起居畢東西對立
於左右衛將軍之比少前修起居注分殿陛東西對立於
殿欄外副階下以俟奏事畢皇帝還閤侍衛者乃退
凡遇大禮大朝會則有内外立仗凞宗皇統元年正月上
冊寶立仗一千一百八十人自是以後至海陵時俱用三
千人世宗大定七年上冊實頗損其數且以天德貞元不
設車輅遂并去之是後或減至二千或一千或八百或六
百人天德二年海陵立后發冊勤政殿設黃麾細仗用前
六部攝官七十一擎執六百七十八人受冊泰和殿用後
六部攝官三十六擎執三百二十二人大定八年正月冊
皇太子於大安殿用黃麾半仗二百二十二百六十五人奉表
于仁政殿用黃麾細仗一千四百二人二十七年冊望太
孫亦如之
大定八年黃麾半仗攝官一百七十五人擎執二十八十
一人編排職掌九人　殿庭内仗以中心東西相向為中道
左行自北西向排列黃麾幡一首執者三人碧襴官一大
一人朱團扇二碧襴官六碧襴官一睟睕四碧襴官一
雉扇二碧襴官六碧襴官一中雉扇六碧襴官一小雉扇六碧襴官一
紅大傘一碧襴

官一紫方傘二碧襴官一華蓋一右行東向列者並同
面北第一行牙門旗八共二十四人分左右留中道第二
行監門校尉十二分右第三行長壽幢一押旗大將軍
一居中次東五方龍旗十五次西五方鳳旗十五青龍旗紅第四行
自內而東青龍旗五紅龍旗二十自內而西居中日旗
龍旗二十第五行同上又君王萬歲旗一五次西五方鳳
一五人在左月旗一五人在右第六行自內而東天下太
平旗苣紋旗日月合璧旗苣紋旗青龍旗赤龍旗河瀆旗
江瀆旗各一青天王旗白天王旗各一自內而東天祥雲
辰卯寅旗各一青天王旗白天王旗各一排仗通直官一排仗大將一永午巳

志四四六　金史四十一　三

旗五星連珠旗祥雲旗黃龍旗白龍旗黑龍旗淮瀆旗濟
瀆旗各一旗五人通直官一大將一申酉戌亥子丑旗各
一緋天王旗皂天王旗各一第七行自內而東孔雀旗一
五人蒼烏旗兒旗辟牛旗驪駒旗
旗馴犀旗角端旗鸑鷟旗騶牙旗野馬旗瑞麥旗甘露旗
各一旗五人自內而西者同外仗在門左邊西向自北
排列第一部第一行侍御史大將軍折衝都尉各一主帥
三第二行絳引幡五首十五人龍頭竿四弓矢五揭鼓二
龍頭竿四儀鍠谷五龍頭竿四朱刀盾五龍頭竿四綠刀
盾五龍頭竿四小戟五第三行與第一行同第四行與第

二行同第二部第三部第四部第五部以次而南各為前
後四行其名數與第一部同惟無絳引幡右五部東向排
列色數皆同左第五行從北每大旗一均用小紅龍旗二
間之角宿旗一三人房宿旗一三人心宿旗一三人氐宿
旗一三人尾宿旗一三人箕宿旗一三人均用二斗宿
旗一三人均用二牛宿旗一三人女宿旗一三人
宿旗一三人壁宿旗一三人
危宿旗一三人紅紫排襴旗二室宿旗二重輪旗
旗二壁宿旗一三人紅黃排襴旗二
人龍旗一三人井黃排襴旗二

儀衛志三　金史四十一　四

排襴旗二左攝提旗一三人黃紫排襴旗
人紅黃排襴旗二木星旗一三人紅紫排襴旗二青龍旗
一三人黃紫排襴旗二土星旗一三人紅黃排襴旗二火星旗
星旗一三人紅紫排襴旗二水星旗一三人吏兵并蚩
襴旗各一北岳旗一三人吏兵并龍君旗各一
各一西岳旗一北岳旗一中岳旗一東岳旗一
力士并虎君旗各一朱雀旗一三人虎君并天馬旗各一
右第五行從北奎旗一三人胃旗一三人昴旗一昂
旗一三人畢旗一三人觜旗一三人參旗一三人井旗一

三人鬼旗一三人皆均用二旗如前栁宿旗一三人井黃排襴旗各一星宿旗一三人紅黃排襴旗二張宿旗一三人紅紫排襴旗二翼宿旗一三人紫黃排襴旗二軫宿旗一三人黃排襴旗二重輪旗一三人紫黃排襴旗二右攝提旗二東方神旗一三人紫黃排襴旗一重輪旗排襴旗二中央神旗一三人紅紫排襴旗二白虎旗一三人紫排襴旗一風伯旗一三人力士幷虎君旗各一雨師旗一三人虎君幷黃熊旗各一雷公旗一三人黃熊幷赤豹

旗二鼉母旗一三人赤豹幷吏兵旗二北斗旗一三人吏兵幷龍君旗二玄武旗一三人龍君幷天馬旗二三人執一旗者重立二人各執小旗者亦重立　殿門外仗亦從此留中道飛麟旗駃騠旗鵁鶄麟旗馴象旗各二共十人從中分列為第一重鷞鳩旗貔旗玉馬旗三角獸旗黃鹿旗各二共十人次外分列為第二重其次第一部都尉三貟第二至第五部俱二貟為第三重其次第一部各刀盾二十為第四重又其次五部各弓矢二十為第五重左右同

黃麾細仗攝官八十八人擎執一千三百五人編排職掌

儀衞志四十七州

金史四十一

九八　内仗中道左一行自北西向排列黃麾幡一首執者三人大雉扇六中雉扇六小雉扇六朱團扇六眂眼四紅大傘一紫方傘一華蓋一凡傘扇之上皆有碧襴官一右行東向排次同　面北第一行長壽幢一居中牙門旗八人二十四人分左右第二行君王萬歲旗一居中日行紅龍旗三十四第五行紅龍旗三十四皆均分左右第六右第三行五方龍旗十五行五方鳳旗十五在右第旗五人監門校尉五人在左月旗五人旗各一在右第四人通直一人大將一人未午巳辰卯寅子人通直一人大將一人申酉戌亥子丑旗各白天王旗各一自内而西祥雲連珠祥雲黃龍白龍黑龍旗各一旗各一通直一人大將一人第七行自内而東河瀆江瀆一緋天王旗卓天王旗各　第一部侍御史大將軍折衝兒赤熊馴犀角端鵁鶄綱子旗各一旗五人外濟瀆瀆兒赤熊馴犀角端鵁鶄綱子旗各一旗五人仗左邊西向自北排列第一第五部第一行第都尉各一主帥各二第二行第一部絳引幡五首十五人龍頭竿四弓矢五揭鼓二儀鍠斧五龍頭竿四引幡五首十五盾五綠刀五龍頭竿四儀鍠斧五朱刀盾五綠刀刀盾五龍頭竿四小戟五龍頭竿四小戟五第二部至五部無五龍頭竿四小戟五第二部至五部無

金史四十一

絳引幡餘色並同以次相接而南右五部東向亦如之左

第三行從比角亢氐房心尾箕斗牛女虛危室壁旗各一

旗三人次重輪左攝提青龍旗各一木火土金水星旗各

一比東中南西岳旗各一旗三人次紫排襴四黃排襴四

紅排襴四吏兵旗二天馬旗一右第三行從比奎婁胃昴

畢觜參井鬼柳星張翼軫旗各一旗三人次重輪右攝提

白尾旗各一東南中西北方神旗各一風伯雨師雷公電

母比斗旗各一旗三人次紫排襴四黃排襴四紅排襴四

吏兵旗二天馬旗一

行仗天子非祀享巡幸速出則用常行儀衛弩手二百人

儀衛志 四百三十五　〔七〕　陳壽刋

金史四十二

軍使五人控鶴二百人首領四人俱服紅地藏根牡丹錦

襖金鳳花交脚幞頭塗金銀束帶控鶴或皁帽碧襖各執

金鍍銀蒜辮骨朶長行四百人舉脚幞頭紅錦四袴襖塗

金束帶二人紫衫前導無執物餘者執列糸骨朶七十八

金束帶二人紫衫前導金吾仗八十金花大劔六十瓜

八十八鐙三十四在控鶴前五十八在控鶴後其常朝御郊

廟臨幸凡步輦出入則有近侍導從執金鍍銀骨朶者二

俱垂紅絨結子儀鑲斧五十八

人左右扇十人拂子四人香盒二人節二人幢二

二人孟一人唾壺一人淨巾一人鐁鑼一人水罐一人交

椅一人斧一人皇帝出閤則分立閤門之外道引至殿皇

帝升座則降階以俟入閤然後放仗

天眷三年熙宗幸燕始用士卒萬四千五百九十六

人攝官在外海陵遷都于燕用士卒萬三千四百四十八

人天德二年祀廟用黃麾仗四千人世宗即位凡行幸祀事並

用三千人間亦不滿其數大定十一年前祀南郊朝享太

廟及至郊壇用大駕七千人此其大較也

天眷法駕人數攝官六百九十三

人折衝果毅一百二十六人校尉五十六人將軍四十三

人帥兵官二百四十六人統軍六人都頭六人千牛一

人進輅職掌二人夾輅將軍二人陪輅將軍二人教馬官

牧一人刻漏生四人縣令一人御史大夫一人僚佐一十

丞二人典事五人太史令一人太史正一人司丞一人府

仗大將二人碧襴二人長史二人鼓吹令二人鼓吹

四人押旗二人引駕官四人進馬四人押仗通直二人押

旅帥二人部轄指揮使二人押纛二人押衙四人四色官

儀衛志 四百三十五　〔八〕

金史四十二

扇筤一人尚輦奉御二人殿中少監二人供奉職官二

人令史四人書令史四人押仗二人殿中少監二人執

人四省局官八人導駕官四十八人殿中侍御史二十四

人進輅職掌二人夾輅將軍二人把駕頭官一人執

諸班直隊二千九百四十五人鈞容直三百六人長行三十

百執旗一百三十六人引駕六十二人　行六十　長駕頭天

金史四十二 儀衛志二十二

人天武把行門八人殿前班擊鞭一十八人御龍直四十人

行人負三十八骨朵直一百三十四人部押二人殿前班行門

三十五人捧日馬隊七百人奉宸步隊七百人天武骨朵

十扇僾天武二十人捧日隊從領人負一十七人族轝茶

大劍三百一十人東第四班三十一人長行三

前班三十三人長行天武約襴三百一十人長行

酒班三十一人天武鈎容直三百一十人長招

車輅下駕士六百三十八人玉輅下一百四十人踏

路馬四駕士一百金輅下六百六十四人象輅下

儀衛志二十二 挾輅八人招

五十九

駕士四十八人革輅木輅靳根車駕士同上革車二共五十

人指南記里車各三十八輅車鸞旗皮軒車各十八人黃

鍼豹尾車輅各十五人屬車八共八十人

輦輿下六百八十五人小輿一長行二十四人一共

芳亭輦一長行六十人御

一人掌輦人負四什將郎級五番

六腰輿輦共一長行十九人一長行一什將郎級二十

三十五人長行二十六九平輦下四十二人長行一什將廙候

馬三十二共百三十四人馬直天武官二十四人押馬六人

一人行三百五十五分番

天驕御馬直人負三人

馬三十二共百三十四人

一人行三百五十

百七十一人

鼓吹樂工九百九十四人

象二十三人擎執人士共八千六百七十人

馬六千六百七十一人

八疋

天德五年海陵遷都于燕用黃麾仗一萬八百二十三人

攔官在內騎三千九百六十九分八鄭御級二人銅纘七寶飾石銀鉤

第一節中道象二十二人各一纖鉤二小旗十五並眼花

第一引七十二人清道一

鞍黑漆杖鱗鈒銀束帶緋

裲胸抱肚衫帶相佐一赤平裲衫靑杉皁襴衫緋抹額緋繡花

軹轝車一赤馬二駕士十八人緋繡花裲胸相佐一貟朝服坐

涼衫褐融衫帶裲胸袍肚

袖衫大瑵銀杖相佐一赤平裲衫緋抹額緋繡花

蓋一花衫繡額緋繡花縣令一貟輅車裲胸抱肚杉帶相佐

八人衫帶裲胸抱肚杉帶相佐一貟朝服坐僚佐四貟朝服坐

紫方傘二

靑衣二

金史四十一

十

白澤衫並帶赤裌袴 告止幡二執者六人緋抹額緋繡花衫花抹額繡花

幡一各三人衫帶裲胸抱肚杉帶 小戟十六上服同第二引

二百六十四人清道二憧弩一誕馬四控八人如服前並

一人金鉦一帶巾憤緋鷙衫大鼓六黃雷衫黃抹額繡花傳教幡一信

麾一夾稍二角四儀刀十花衫銀革帶大口袴革車一赤

馬四駕士二十五人武弁馬勒帛䩞靷身如前大袖花裲胸坐

四貟控馬八人如前並鋜鼓一簫二笳二笛一簟簾一幢車輅棒二中緋平

傘一朱團扇四曲蓋一告止幡二六人傳教幡二六人信

寶相花衫四府牧一貟坐朝服僚佐

銀褐抹帶大橫吹一抹額緋抹額繡花衫繡額緋繡花靑衣四車輅棒四紫方

傘一朱團扇四曲蓋一告止幡 刀盾三十六杉銀褐革帶裲胸花弓

幡二六人小戟四十服如前並刀盾三十六杉銀褐革帶裲胸花弓

矢三十六　衫帽青寶相花　鞘三十六　錦帽青寶帶袴相

旗隊二十四人折衝都衛三人　相花衫革帶大口袴　稍二　平巾幘緋繡寶相花衫革帶大口袴矢六

爆稍二　相花衫革帶寶　朱雀旗一人　並橫刀

駕六弓矢六稍十二　朱雀旗　四人　黃抹額革帶袴

人右分左　白澤旗二執夾各五人　輅横刀引　金吾

太僕三車八十一人大將軍一人指南車駕士三十八人　記里鼓車駕士三十八人

牙門旗第一門牙門旗四執夾十二人　監門校尉六人

前部馬隊第一隊七十人折衝果毅都尉二人　白澤氏旗如服前執

角宿亢宿斗宿牛宿旗各五人

十二風伯旗五左右攝提旗二執夾共六十人　電母旗一　驚旗車駕士十八人

隊七十一人大師旗一雷公旗一電母旗一北斗旗一　護旗四人　抹額黃抹額龍旗

五星旗五左右

〈金史四十〉

〈金史四十一〉

牙門旗隊二十八　金吾

第二隊七十人折衝果毅都尉二人

房宿虛宿旗四旗五人弩六弓矢十四稍二十八　心宿危宿星宿室宿

第三隊七十人折衝果毅都尉二人

旗四旗五人弩六弓矢十四稍二十八

第二節金吾引駕騎二十八人折衝都尉二人

人弩六弓矢六稍六

百四十七人鼓吹令二人

主帥四十八人

歌二十四拱辰管二十四簫二十四笛二十四

大橫吹百二十饒鼓

馬部第四隊六十人折衝都尉二人箕宿壁宿旗各一旗五人弩六弓

右折衝都尉二人

第五隊六十人折衝都尉二人

奎宿井宿旗各一旗五人弩六弓矢十四稍二十八

第六隊六十人折衝都尉二人胃宿昴宿旗各一旗五人弩六弓矢十四稍二十八

各一旗五人弩六弓矢十四稍二十八

六十人折衝都尉二人

第七隊

第八隊六十人折衝都尉二人柳宿星宿旗各一旗五人弩六弓矢十四稍二十八

昂宿星宿旗各一旗五人弩六弓矢十四稍二十八

第九隊六十人折衝都尉二人

十人折衝都尉二人觜宿參宿軫宿翰宿旗各一旗

各一旗五人弩六弓矢十四稍二十八

畢宿張宿

第十隊七

府史四人

前部鼓吹五人

五甲弩六弓矢十四稍二十八　如前服

出甲隊第一第二兩隊百一十人領軍衞將軍二人　平白巾

蛇橫刀弓矢鑘稍四花袍大口袴折衝都尉四人　紫服如前

澤袍袴帶鐙鞢鍱稍四花袍大口袴折衝都尉四人　如服

將軍鸞雞旗二貔旗各五人朱牟甲弓矢四十朱牟甲

軍鸞雞旗二貔旗各五人朱牟甲弓矢四十行縢鞋韈錦鞶襻

刀盾四十行縢鞋韈錦鞶襻

第三節中道前部鼓吹第二五百二十三人在外節鼓二

筁二十四簫二十四篥第二五百二十四筁二十四桃皮篳篥二

十四銀褐勒帛火口袴　主帥二十六人儀刀服如上節鼓二

勒摑鼓金鉦各十二　黃雷花炮帛大口袴　銀褐蛇　小鼓二

帛摑鼓金鉦各十二　黑平巾幘緋繡鷲衫　青菖紋袍　羽葆鼓十二

十中鳴百二十二　黑平巾幘緋繡鷲衫　青菖紋袍　林頜抹帶

十四拱辰管二十四簫二十四筁二十四　林頜抹帶歌二

金史四十二　十三　陳仁

負服黃麾幡一三人帛大口袴靴者新者步

三隊五十二人折衝果毅都尉二人馬紫

人青牟甲弓矢四十　同前隊　服執並

五人黑牟甲刀盾四十　瑞鷹三角獸旗二旗五人青牟甲刀盾四十

第五隊五十二人折衝果毅都尉二人袍　第四隊五十二人折衝果

毅都尉二人　飛麟旗二旗五　白澤黃鹿旗二旗

第六隊五十二人折衝果毅都尉二人　第七隊五十二人折衝果

人黑牟甲刀盾四十　第八

二人赤豹駊騀旗二旗五人銀褐牟甲弓矢四十

隊五十二人折衝都尉二人　同服鸞旗二旗五人銀褐牟甲

刀盾四十　第九隊五十二人折衝果毅都尉二人　瑞鷹

麟旗二旗五人黃牟甲弓矢四十　第十隊五十二人　馴

象旗二旗五人黃牟甲刀盾四十　金吾牙門旗第

二門牙門旗四執夾十二人監門校尉六人　第一門左右

者六十人武弁緋繡鷲衫統軍六人神武軍

屯衞將軍二人銀褐勒帛緋繡蛇華帶頭　金帽引排二十執

第四節中道六軍儀仗二百五十二人共八十人

旗二羽林軍旗二龍武軍旗二旗各五人夾人執金帽引排

闌旗四十八　吏兵旗四力士旗四赤豹旗四黃熊旗四龍

君旗四虎君旗四掩尾天馬旗六旗一人花脚幞頭二十四鏒杖十

鞒白斡槍九十交脚幞頭五色實相花衫華帶錦臂韝

人排仗大將二人　長脚幞頭紫公服天王旗四旗二人

八寶相花衫華帶　引駕龍墀隊六十五人排仗通直二

旗各一旗五人帽靸人錦帽引夾人皂鞓刀弓矢柯舒二十四鏒杖十

旗五旗五人執人錦帽引夾人錦帽引天下太平旗一五方龍

韖並貼金帽五色花衫華帶臂韝　君王萬歲旗一日月

十六四四四人控馬三十二人　御馬六十六人馬

人黑牟甲刀盾四十　錦帽同控馬皂衣　御馬直人負一人帽

廣武節級一人　服錦帽同控馬黑狀管押騎御馬直人負一人帽

金史四十一　十四　陳仁

中道隊三十二人大將軍一人　朝服日月合絲朝鞭服

璧旗一菖紋旗二五星連珠旗一祥雲旗二旗各五人　執服見前　長壽幢一　平巾幘緋寶相花衫華帶大口袴倒前

龍旗一白虎旗一五嶽神旗五五方神旗五旗各　寶相花衫青黃銀褐皁額抹帶帶烏皮靴四　押旗二人　並紅皂色華帶橫刀　金吾細仗一百人青服五　儀刀

方龍旗各三五方鳳旗各三旗　黃麾前第一部二百七十　四旗五人　一人額華帶　四濟旗五

龍頭竿一百揭鼓六儀鎯斧二十小戟二十弓矢　殿中侍御史二人　左右屯衛大將軍二人折衝都尉二人　並青革帶橫刀引夾如前朝服　主帥二十人寶相花衫緋

尉二人　革帶橫刀引夾如前　主帥二十人折衝都尉二人　平巾幘緋寶相花衫　白主帥二十

行滕鞋韈　第二部二百七十二人殿中侍御史二人左　紫袍並緋

右領軍衛大將軍二人折衝都尉二人鷹主帥二十人龍頭竿一百揭鼓六　澤袍

人龍頭竿一百揭鼓六儀鎯斧二十小戟二十弓矢四十　第三

朱滕絡刀盾二十稍二十綠滕絡刀盾二十

部二百七十二人殿中侍御史二人左右屯衛大將軍二人　紫瑞鳥袍主帥二十人龍頭竿一百揭鼓六

人折衝都尉二人　並緋

儀鎯斧二十小戟二十弓矢四十朱滕絡刀盾二十稍二十綠滕絡刀盾二十

十綠滕絡刀盾二十　同上

第五節中道八寶三百人轝士九十六人　平巾幘緋寶相花衫大口袴塗

吾仗六方傘二大雉扇四　服並同官

郎將二人　長史二人　紫公服

刀弓矢四人　金吾引駕四十九人千牛將軍一人千牛十八人　錦臂鞲鍪牛猗儀刀犀牛桶金帶千牛郎將花　進馬四人犀牛桶

四人　金甲二人　披膊兜鍪鍼縧鉒甲纓

吾仗六方傘二大雉扇四華蓋二香蹬　金吾仗十二人四色官

十人　執緋寶相花衫香案八轝士三十二人

接寶三十二人轝士三十二人　籠行馬燭案後金

導前步寶三十二人人轝士三十二人　長行三

六人　引懗碧皁皮鞾四後碧皁皮鞾四

金帶燭籠三十二　大職銀腰帶並同

長行二十六人開道旗一纖甲兜年紅排馬甲　開道旗十二旗隊一百七十七人　阜帽紅背子劍排兵戎骨朵

一座八人火燎一二人　武弁緋寶相花大口袴

中雉扇十二大傘二小雉扇四華蓋二香蹬　腰轝人負什

排列官二人　銀束帶人執杖烏皮鞾　小輿二十四人帶服同長束帶

逍遙輦人負什將共十六人　紅錦襪烏皮鞾

人行將三人　銀束帶人執杖金銀塗公服

將三人　銀束帶人執杖烏皮鞾紫公服

七人開道旗一纖甲兜年紅背　阜帽紅背子劍排兵戎骨朵

塗金銀帶輿轝共一百三人　諸班開道旗隊一百七十人

紅錦團襪輿轝共一百三人　平輦人負什勝練鵠人負什

人行開道旗一纖甲　阜帽紅背子劍排兵戎骨朵纖笠紅背

十人引駕六十二人　阜帽紅背子骨朵纖人馬甲

百二人　雜職人馬甲　黃麾前第四部二百七十二人輔龍直一

殿中侍御史二人左右武衛大將軍二人折衝都尉二人

主帥二十人龍頭竿一百揭鼓六儀鍠斧二十小戟二十

弓矢四十朱滕絡刀盾二十稍二十綠滕絡刀盾二十寶黃

相花衫如前第一部並　第五部二百七十二人軍與都尉服赤豹衫大將

如前服餘色並如前第二部　第六部二百七十二人軍都尉

尉服瑞馬色並如前第三部

花衫餘名色並如前以下服皂

第六節中道門旗隊一百二十三人騎執門旗四十五

色龍旗十步執紅龍門旗六十麾旗一簇韋紅龍旗八日

月旗二麟旗一鳳旗一旗皆一人　駕士九十四人平

並阜帽兜牟紅錦襖紅背子馬執者惟紅背子赤

御床抱駕頭內侍一人服塗金控馬二人錦絲襖帽下

緋巾繡領對鞾襖大袖繫鞭內侍十八人服塗金銀紫羅公

人懷中紅繡赤袴繫鞍乘之故在王輅之前

也御駕頭皇太后乘之公主侍仍帶銅鈿駕頭下

金輅坐故在王輅之前

人水罐二香毬二唾盂一斷羅一手巾一御椅三人踏床

鏵寬腰帶金銀束帶襖禊酒班執從物十一

廣武官十二人錦襖襖茶酒班執從物十一

大珮碾腰帶束帶襖共一百三十人拱聖直人員二人

從人八十四人衫大珮襖銀腰帶仗劔六人仗劔如金帽紅錦圍襖紅服並如

廣武把行門八人殿班把行門三十五人惟用青色

長行三十八人導駕官四十二人服朝

一阜帽子蓥金錦襖紅服並如

一阜帽碧蓥錦圍襖紅錦共一百三十人拱聖直人員二人踏床王

絡太子陪乘駕士百二十八人惟用青色千牛將軍一人

刀於輅右左右點檢二人披金夾輅大將軍二人陪輅

其裝執長刀　將

軍二人服並　朝進輅職掌二人長腳襆頭紫寬教馬官二人

控踏路馬四人涼帽包星鐵甲紅錦襖紅背子馬執者服如駕士共一百五十三人鐵甲阜

翔馬隊二十隊六百二十人分左右每隊殿侍二十八人弓矢器械骨朵甲馬鐵甲阜

每隊旗三人弩二十五人共一百六十八人佩弓矢共一

五班金槍六隊每隊旗三人槍二十五人神勇步隊二隊

百六十八人弩二十五人共一百六十八人

七百人分左右作四重每重人員十弓矢器械骨朵直一

六百六十八人弩二十五人共一百六十八人拱聖

槍直一百六十四人並鐵兜牟甲執旗者槍執二人錦襖拱聖弓箭直一百六十

六人執骨朵三百一十人械骨朵直一百六十六人廣武骨

朵大劔三百一十人指揮使五人都頭五人

一白虎旗一旗五人弩六人弓矢十四稍二十見前

青龍白虎隊五十二人果毅都尉二人從者八十青龍旗

第七節中道駕後輔龍直等三十一人樂器自備並阜帽紅

四人員一人錦襖蓥金束帶並馬人員執骨朵

十五人執篲官一人控馬二人服並如
臺士四十二人什將人負十六人前例
銀束塗金廣武二十人
紅龍扇二
旗二旗五人
武弁緋袴蛇花前例並如
繡華蓋一
華蓋一武弁緋袴繡錦膝花蛇花朱團扇八
花钑相睥睨八花大袖緋羅相蛇花
人主帥十八人金鉦搥鼓各三羽葆鼓十二歌二十四拱
吹三百三十七人鼓吹丞二人典士四人部轄指揮使一
辰管二十四篇二十四鉦二十四節鼓二鐃鼓十二歌十
同
六篇二十四筋二十四小橫吹一百二十
金吾牙門第三門牙門旗四旗三人監門校尉六人
第一門
黃麾後第一部二百七十二人
七十二人
第三部二百七十二人殿中侍御衛大將軍
折衝都尉龍頭竿以下名色並如前三部
第八節中道後部鼓吹第二部二百
四箪篥二十四筋二十四桃皮篳篥二十四篇二十
八牛二十四駕士八十人
馬二駕士十五人
十五人

持鎚隊五十八人旅帥二人都尉重輪
真武幢一銀寶相花衫
後部鼓
人部轄指揮使一
典士四人
小雉扇八紅羅
大雄扇八小雉扇八
持鎚隊五十八人

都尉一人
童旗一玄武旗一神龜旗一旗五人
十九弓矢十五弩四
百七十二人
十二人攝官名數服色並如前第四第五第六部絳引幡
二十執者六十人
後陪從朝服不足者公服並同宋制

志第二十二

金史四十一 九

金史四十一 千

修

奉

儀衛下

〈金史四十二〉

大駕鹵簿
皇太后皇后鹵簿
百官儀衛
皇太子鹵簿
親王儀衛
諸妃嬪媵從

大駕鹵簿世宗大定三年祫享用黃麾仗三千人分四節
第一節無縣令府牧即用黃麾前三部次前部鼓吹次金
吾牙門旗次駕頭次引駕龍墀隊次天王十二辰等旗第
二節黃麾第四第五部次君王萬歲日月旗次日月合璧五星連珠
控馬司圍挾馬司圍各一十六人次日月旗次御馬內增
等旗次八寶內增執黑杖傳唱一十八人在香案前次七

寶輦第三節黃麾後第一第二部次玉輅次栲栳隊次導
駕門伏官第四節黃麾後第三第四第五部次金輅次牙
門旗次後部鼓吹大定六年九月西京還都用黃麾仗二
千五百四十二人攝官七百六十二人樂工一百七十八分四節第一
節攝官五十四人執擎三百二人樂工一百七十八人第二
節攝官三十二人執擎三百七十六人樂工一百二十分四節
四十四人導駕官四十二人門伏官一百二十人玉輅青馬八
節攝官五十人護駕栲栳隊五百人金輅赤馬八駕士九十四人
人第四節攝官五十人金輅赤馬八駕士二百九十八是歲上還自
駕士一百四十人樂工八十四人執擎二百九十八是歲上還自
二十二人樂工八十四人執擎二百九十八是歲上還自

西京有司備儀仗皇太子乘金輅上疑其非禮以問禮官
無能知者上怒責降之明年將冊皇太子宰臣奏當備
儀仗告廟上怒皆責降之明年將冊皇太子宰臣奏當備
朝服乘馬於禮甚輕易之大定十一年將有事於南郊朝享
謝上徐曰此父臣因循不加意爾先是凡行幸皆役民執
儀仗後詔以軍士易之大定十一年將有事於南郊朝享
太廟右丞石琚奏其禮上曰前朝漢人祭天惟務整蕭儀
仗此自奉耳非敬天在誠不在儀仗之盛也
其減半用之於是遂增損黃麾仗為大駕鹵簿凡用七千
攝官在內分八節第一節第一引七十人縣令第二引二
百六十四人府牧第三引二百二十九人第二節金吾大夫名色
人內分八節第一節第一引七十人縣令第二引二
旗一十二人駕旗車一十八人前部鼓吹一百二十九人清游隊七
十二人內白澤旗二旗五人
十二人朱雀隊三十四人指南記里鼓車皆五十二
甲仗全折衝都尉二人
弓矢二十四稍三十
人內果毅都尉二
馬隊第一隊六十四人第二第三隊皆六十八人第四第五
飛三十八

隊皆五十八人仗義仗五十四人內帥兵官二人

相花衫華帶緋繡儀刀鍚二十六義二十六額抹帶行滕幞頭
五色寶相花衫抹帶行滕幞頭

大口袴幞頭
黑平巾幘

行止旗一銀褐抹帶實相花衫抹帶大口袴幞頭　第二節前部鼓吹第二

門旗二十八人黃麾前第一部第一至第五隊皆四十二人衛

三百六十九人前步甲隊第一部一百五十八人第四節黃麾幡三人

十八人仗義仗五十八人行止旗一第四節黃麾前第三至

六軍儀仗二百二十六人御馬三十三人黃麾前第三人

第五部皆一百二十人青龍白虎隊五十二人仗義仗五

十六人行止旗一第五節八寶二百三十二人平頭輦

三十八人七寶華四十二人班劍儀刀隊二百人內將軍二

人折衝都尉二人

平巾幘緋絆袍革帶銀褐袴幞頭儀刀

九十八人並平巾幘緋袢袍革帶銀褐袴幞頭儀刀

人供奉郎將二負帶銀褐大口袴幞頭儀刀

五人如前載弩弓矢稍皆十六劍橫刀十六交戟隊第一

十二人內折衝都尉二人帶錦袍革帶鵰鶻儀刀

二旗五人朱鍪甲刀盾八十行縢鞋韈驍衛翊衛隊六十

人內果毅都尉二人飛黃旗五人銀褐鍪甲刀寶符旗

盾七十第三隊八十二人內果毅都尉二人鳳旗二

二旗五人卑鍪甲刀盾七十仗義仗五十六人行止旗一

第六節馬步門刀旗隊一百人駕頭二十五人廣武官茶

酒班執從物者二十三人御龍直四十人

貟二人阜帽三十八玉輅一百五十一人栿楼隊五百人內

金槍隊一百二十六人分左右人貟十八
錦包尾長行一百八十人

步隊一百二十四人貟四長行一百二十人無弓矢

十八人黃麾後第一部一百五十八人第二部一百二十八人仗

仗義仗五十二人行止旗一第七節扇筤二十五人金輅

九十四人大安輦一百八十一人內尚輦奉御二

少監二人奉職官二人令史四人書令史四人烏介

鼓吹一百六十八人第八節後部鼓吹第二一百四十八人

百五十一人掌輦四人黃麾後第三至第五部皆一百二十八人

後步甲隊第一至第二隊皆四十二人仗義仗五十六人

行止旗一第八節後部鼓吹第二一百四十八人象輅華

車木輅皆五十八人進賢車二十六人豹尾車一百二十八人屬

車八十八人玄武隊六十一人後步甲隊第三至第五隊皆

四十二人金吾牙門旗二十人後部馬隊第一隊七十六
人第二隊六十四人第三隊六十八人及義仗六十八人行止
旗一〔止後旗分行旗以上名數與黃麾同者不重述〕
章宗明昌五年六月尚書省奏大定六年世宗自西京還
都採宋省方還京之儀用黃麾仗二千人及金玉輅棧棧
隊甲騎五百人導駕官四十二員自後遂不復用今車駕
辛景明官還都之日宜依用之制可承安元年省臣奏南
郊大禮大駕鹵簿用人二萬六千一百二十八馬八千
一百九十八世宗親行郊祀仗用七千人今擬大定制外
量添甲卒三百榜棧隊執柮人二百四十八通七千五百
四十八人仍分八節從之泰和六年上欲親行祫享命有
司計其役費尚書省奏當用仗三千五百人錢一萬餘貫
馬八百六十五四舊例馬皆借取於民親軍班祗皆自備
從事今軍旅方興官馬以儻緩急不可借用民亦不可重
擾宜令有司攝軍上詔再議之八年四月禘于太廟依元
年例用黃麾仗三千人屯門仗五百人
皇太后皇后鹵簿用唐宋制共二千八百四十人清游隊
三十人清游旗一執一人引二人夾二人
次金吾衛折衝都尉一人引二人夾二人
領四十騎橫刀二十人執稍四
祿稍二人〔開弓聲刀執〕〔矢橫刀〕〔平巾幘緋裲衫大〕
次金吾衛折衝都尉一人〔金吾騰蛇弓矢佩鞬〕〔口跨夾折領大〕
二人〔平巾幘夾折領大〕

人弩十六人〔大口袴襈刀橫矢〕〔平巾幘緋裲襠次虞候伏飛二十八人〕
並平巾幘緋裲分前後左右
左右服道分前後各書令史一人丞一人夾
二人〔武弁朱衣革帶烏皮履〕各書令史二人
次左右廂黃麾仗各一人從
内第一行短戟五色氅次左右領軍衛
外第三行儀鍠五色幡
五色氅鞋襪帽襖裲次左右領軍衛左右威衛左右驍衛
行花蓋鞋襪帽襖裲次左右領軍衛
左右衛各三人
左右領軍等衛各三人
右領軍衛各三人
右長刀後分前後每衛各果毅都尉一人撫校
左衛至帥六人唯左右
前衛各至帥六人唯左右
詔者監四人給事二人内常侍二人内侍少監二人
復次偏扇團扇方扇各二十四
車馬四駕士二十四人大口袴
次腰輿一舉士八人領寺人六團雉扇二
次内寺伯二人領寺人六
團扇各十二分左右行次錦曲蓋二十四二攢行
次大雉扇八
分左右行次錦曲蓋二十四二攢行為次錦六柱
次大傘四二攢行
次小雉扇四
次大傘四
次錦六柱

八扇分列左右自腰輿以下並
人武弁緋衣朱鞋執戈
執繖禮大口袴大刀楯
駕士並赤幕禮衣在後第二
四人黃麾前第二
車皆四馬駕士各二十四人次廂輦車馬四駕士二十四人次輦車夾
供奉宮人在後第二次後廂輦車馬四執一人夾二人並武弁朱衣革帶正道次
次宮人車次絳麾二分左右各一
次宮人車次黃麾一執一人夾二人並武弁朱衣革帶正道次
師四人檢校
一讒次左右領軍衛折衝都尉各一人檢校尉二人皆騎各
各一百五十人執戈
後部鼓吹金鉦捆鼓大鼓長鳴中鳴鐃吹羽葆鼓吹橫吹
節鼓御馬並減大駕之半是歲重翟等六車改用圓方輅
驚及行障坐障錦六柱宮人等乘車其制度人數並見輿服
志天德二年海陵立后皇后乘龍飾肩輿有司設二步障
於殿之西階設扇左右各十徹一此蓋殿庭導引之儀也
又設皇太后導從六十人扇子不在數內並服簇四盤鵰
團花紅錦褥金花幞頭塗金銀束帶永壽宮道服鵰
三十人傘子各二人此亦常行之儀也
皇太子鹵簿受冊寶謝廟凡大禮大朝會則用之有司奏

當用唐宋儀禮詔止用千人中道清游隊二十四人折衝
都尉一人白澤旗一五人弩四弓六稍八
一十八人折衝都尉二人稍四弓矢十二騎並細引隊十二騎前部鼓吹九十八
人正道直旗隊三十三人果毅都尉一人重輪旗一馴犀旗一八
二野馬旗一馴象旗一旗各五人稍六相間並引騎並引騎前部鼓吹九十八
毅都尉二人弓矢六稍六長鳴八鐃吹二大鼓十二小鼓十二羽葆鼓二帥兵官二
觸府史二人金鉦捆鼓各二二節鼓二小鼓十二中鳴八桃皮篳篥四
六矟六帥兵官二節鼓二大鼓十二羽葆鼓二帥兵官二
歌四拱辰管六篳篥六大橫吹十二長鳴八鐃鼓二帥導
鐃翁八梅紅傘二六大雜扇四中雉扇二小輿一十八人導
引官十二人中允二人諭德二人庶子二人詹事二人
太師一人太傅一人太保一人少師一人在金輅後騎並親
勳翊衛團子隊七十四人
七十人三衛隊一十八人刀執儀戟角隊六十二人郎將一
人祥雲旗一五人弩三弓七稍十五又郎將一人祥雲
旗一五人弩三弓七稍十五騎又郎將一人祥雲
府校尉四人朱團扇一十六人司禦率
大角一十八後部鼓吹五十四人篳篥管轄指揮一人金鉦
欄鼓各一鐃鼓二篥六歌六篳篥六節鼓一主帥二人笛
六矟四拱辰管六小橫吹十主帥二人後拒隊四十六人

果毅都尉一人騎三角獸旗一五人弩四弓矢十六稍二
十外仗左行二百四人牙門旗一三人監
門校尉三人郎將一人班劍九前第一騎並牙門旗
率府一人果毅都尉一人折衝都尉一人主帥一人騎絳
引幡三首九人麟頭竿二儀鍠斧二弓矢二麟頭竿二儀
鍠斧二朱刀盾二小戟二儀鍠斧二弓矢二麟頭竿各一十
門校尉三人果毅都尉一人主帥一人絳引幡三九人鶡
四人頭竿已下同

儀衞志　騎後第一部麟　金史四十二

二小戟二稍四弩三稍五弓矢三弓矢四騎後第二隊第二第三第四第五隊各一
鶡旗一五人稍四弩三稍五弓矢三稍五弩三稍五騎後第三隊
弓矢三弓矢四　太子常

九　黃道林

行儀衞導從六十二人傘子二人並服梅紅繡羅雙鳳
用銀金飾傘用梅紅羅坐麒麟金浮圖椅用金鍍銀束帶凡從物鏤鑼嚼盂水罐等事並
戲麒麟背紅絨縺結殿庭與宴樏用繡羅閒金盤鳳
長則用繡羅獨角閒金盤獸東宮視事朱轑飾椅塗金銀
獸䩞紅絨縺結明金團花椅背案長則用素羅色皆梅紅
蒙帕跣腳同

親王傔從引接十人皁衫腰束帶乘馬擁護官五十人
首領紫羅襆頭執素襆銀裹牙杖傘子紫羅圓蓋繡芙蓉
襆閒金花交腳襆頭餘人紫羅四襆繡芙蓉襆
義襴並用金鍍銀束帶襆頭邀喝四人傘用青表紫裏
金鍍銀浮圖椅用銀裹圓背水罐鍮鑷嚼盂並用銀郡王
捧擁官三十人未出宮者二十八人國公擁護官二十八人未

儀衞志　金史甲二　十　黃道林

出宮者十四人郡王引接六人國公四人未出宮者各減
諸妃嬪導從四十人襆頭繡盤蕉紫衫衫塗金束帶妃用編
半人從儀物並依一品職事官制
羅繡肯背葵花夾襆盤裹襆頭大佩銀腰帶牙杖各其
扇方扇圓扇各十六　諸嬪各十四皆宮人執服雲腳紗帽
幞帶大長公主導從一十二人皇妹皇女一十人並服紫
紫四襆衫束帶綠輦大傘各一傘子二人就用本服錦襆
諸宗室女各以親疎差降之傘制皇太子三位妃皆青羅
表紫裏金浮圖圓親王公主王妃金鍍銀浮圖郡主縣主夫
人銀浮圖皆青表紫裏諸臣下母妻各從其夫子勳封品
級用傘

百官儀從正一品三師三公尚書令朱衣直省各十人公三
編直府
捧擁官各六十人並服紫衫帽銀扁帶內執藤棒二
對骨朵三對牙杖三對旗馬六人傘子二人交椅水罐鑷

鑾輿子唾盂等事以次執之服皁衫帽途金銅束帶
人並邀唱四人傘用青羅紫裏銀浮圖從一品尚書左右
丞相平章政事都元帥樞密使直省同
官五十人邀唱四人判大宗正引接十人捧攏官四十人
大興尹面前兩對餘並同以上交椅並用銀裹圈背紫絲
政事樞密副使御史大夫直省同
八人捧攏官四十人邀唱三人傘用朱浮圖從二品叅知
條結
軍殿前都點檢六部尚書諸京留守宣徽勸農使翰林學
官三十六人邀唱數同　正三品東宮三少元帥左右監
士承旨等官凡同品者各引接六人捧攏官二十人以上
交椅並用直脊銀間粧青絲條結諸京都轉運使招討使
諸路提刑使諸府尹兼本路兵馬都總管及畱守捧攏官
五十人外任統軍使都運招討使諸府尹無總管捧攏
攏官四十五人公使七十人從三品元帥左右都監
副使殿前副都點檢及御史中丞引從則給緋衫外任運使
六人捧攏官一十八人內中丞引從則給緋衫外任運使
節度使捧攏官四十人諸節鎮諸部族節度同公使上鎮
七十人中鎮六十五人下鎮六十人以上外任官人從服
色除諸招討總管部族節度群牧使自來無射粮軍人力

金史四十二　十一　楊清之刊

者並仍舊外留守統軍總管都運招討府尹轉運節度使
人力亦仍舊其數雖多俱不得過四十人並服紫衫銀帶
銀裹圈背交椅銀水罐鑾盂牙杖內銀裹骨朶大劍
各兩對及邀唱唯運使無骨朶大劍　正四品左右諫議
大夫國子祭酒六部侍郎等官凡同品者各引接十二人外
十人從四品殿前左右衛將軍諸猛安千戶親王府尉諸
破十二人外任留守同統軍都監提刑副使各捧攏官三
京同知轉運等官凡同品者各引接四人捧攏官八人本
住捧攏官三十五人公使上防禦六十人中防禦五十五
人下防禦五十人　正五品尚書左右司郎中翰林待制
太常少卿等官凡同品者各本破八人外任捧攏官三十
人公使上州五十人中州四十五人下州四十人凡防禦
剌史知軍并京府統軍司節鎮佐貳官人從並服紫衫角
東帶直脊銀交椅鑌鑾盂牙杖傘用青表碧裏青
浮圖防禦剌史知軍仍用銀裹骨朶大劍一對邀唱唯隨
路副統軍則不邀唱從五品六部郎中侍御史大理少府
等官凡同品者本破七人侍御史引從則給緋衫外任本
十人以上職事官並許張蓋　正六品尚書左右司員外
等官凡同品者本破六人外任本破九人從六品尚書六
部員外等官凡同品者本破五人外任本破九人　正七

金史四十二　十二　楊清之刊

品殿中侍御史等官凡同品者本破四人外住本破七人
縣令公使十人都軍公使六人從七品應奉翰林文字等
官凡同品者本破四人外住本破六人縣令公使十人
正八品大理評事等官凡同品者本破二人外住本破六
人從八品太常太祝等官凡同品者本破二人外住本破
五人　正九品御藥都監等官凡同品者本破一人外住
本破三人從九品隨殿位承應同監本破一人外住
一人外住本破　尚書省樞密院令譯史通事六部
御史臺及統軍司通事諳院令國史院書寫等職官各設
一人以上職官人力從物不得僭越其外住官人從
本破一人以上　職設之本破

服執以本屬公用或贓罰錢置
凡內外官自親王以下儀從各有名數差等而朱長直省
不與其賤者一曰引接引從亦曰內官從四品以上設之二曰
捧擁官內外正五品以上設之三曰本破內外正四品以
下設之四曰公使外官正三品以上設之五曰從已人力
外官正三品京都留守大興府尹以下等官設之本破如
捧擁之職公使從公家之事從已執私家之役者也五等
皆以射粮軍充其軍非驗物力以事攻討特招募民年十
七以上三十以下魁偉壯健者收刺以資粮給之故曰射
粮其首領則有將節承局什將等名而皆統於隨路都兵

馬總管府馬金之所以禮臣下足任使者其亦先代之遺
法歟　外任官從已人力諸京留守大興府尹五十人統
軍都轉運招討按察使諸路兵馬都總管四十五人轉運
節度使四十人提控諸群牧防禦使三十五人外住親王
傅同知留守副統軍按察副使諸州刺史知軍事三十人
同知都轉運使事副統軍都府尹兼總管提舉
漕運司諸五品鹽使二十五人都轉運副使按察司僉事
知都轉運使事副招討留守同知府尹都總管
少尹副總管同知轉運節度副使十七人兵馬都指
揮使十八人轉運節度副使二十人都轉運使京府
人親王府尉諸京留守總判官同知防禦使十三人警

巡使兵馬副都指揮同提舉漕運司京府
品酒麴鹽稅使同知州軍事一十人統軍都轉運司京府
總管散府等判官京推官九人親王府司馬招討判官赤
劇縣令提舉上京皇城兵馬鈴轄正七品酒麴鹽稅副使
都轉運判官府推官節度觀察判官八人京縣次劇縣令
都巡檢使正將府軍都指揮使七人司屬令親王府文字
招討司勘事官諸縣令警巡副使知城堡寨鎮從七品鹽
判同提舉上京市令錄事赤劇縣丞副都巡河同七品酒
判同提防禦官六人皇城節鎮軍都指揮使都巡檢副將
防禦提舉上京皇城節鎮軍都指揮使副
都巡檢州軍判官五人統軍司知事親王府記室泰軍司

屬丞正八品酒使副京縣次劇縣丞諸司使四人大興府
招討按察司知事京府運司節鎮司獄管勾河橋關度誠
察官從八品鹽判官漕運司勾當官警巡判官諸縣丞市
丞司候主簿錄事司判官縣尉副都巡檢諸巡檢巡河官
正九品酒使副都監鎮以上知法二人鹽場管勾防刺以下司獄部
隊將同管勾河橋副使巡察司候判官教授統軍司
法軍轄諸司都監鎮以上知法二人鹽場管勾防刺
以下知法諸司同監統軍司書史統軍司譯書通事
一人　婆速公使從己人力於附近東京澄州招募漢人
百姓投充

職稱　謂非猛安謀克所管安謀克者

合懶恊品胡里改蒲與路並於各

金支甲二　十五

管猛安謀克所管上中戶內輪差驅丁依射糧軍例支給
錢糧周年一易部羅火土魯渾扎石合亦同其諸亂及群
牧官貪若猛安謀克應差本管戶民充人力者並上中戶
輪當　諸內外官有兼職各應得人從者多給餘各職
一人
品類差　諸親王引挨引從在都兵馬司差公主隨朝者
從守部本破內差外路者并所在州府就差　諸王府引
從相府權攝官引接周年替代自餘十月滿代並以射糧
軍充　諸隨朝六品以下職官并諸局承應者顧令從己
翰廬有聽仍具姓名申部本廬官司周年內不得占使
諸職官之任以理去官者接送人力於從己人內給半取

接者皆於所在官司出給印券差取送還者須到本所給
券發還　如無驗者權閣支請候會問別無逃亡將帶然後
放支　諸致仕官職俱至三品者從己人力於顧往慶給
半不得輪廬身故應送還者又減半給之若年未六十而
致仕及罷去者則不給

職斯志　白玉

志第二十三

金支四十二　十六

舊司徒國錄雲國書□□尚書□□□　脫脫奉　敕修
國史院　監修

輿服上　天子車輅　皇太子車制　皇后妃嬪車輦　王公以下車制及鞍勒飾

古者車輿之制各有名物表識以祀以封以田以戎所以

別上下明等威也歷代相承互有損益或因時創始或襲

舊致文奇巧日滋浮靡益蕩加以後世便習騎乘車用蓋

寡惟於郊廟祀享法駕導引為一代令儀而不敢廢也其

於先王經世立法之意寥乎闊焉哉金初得遼之儀物既

克宋於是乎有車輅之制熙宗幸燕始用法駕迨至世宗

制作乃定班班乎古矣考禮文證國史以見一代之制度

云

大定十一年將有事於南郊命太常寺檢宋南郊禮圖南

海圖鼓車崇德車皮軒車黃鉞車白鷺車鸞旗車豹

當用玉輅金輅象輅革輅木輅耕根車明遠車指南車記

里鼓車崇德車皮軒車黃鉞車白鷺車鸞旗車豹

尾車轅車羊車各一革車五屬車十二除見有車輅外關

象木革輅耕根明遠皮軒進賢白鷺羊車大輦各一革車

三屬車四按五禮新儀玉輅以青金輅以緋象輅以銀褐

革輅以黃木輅以皁蓋其物有合隨輅之色者有當用別

色者如玉輅用青絲繡雲龍絡帶青羅繡寶相花帶青畫

輅

輪轅青氊牛尾此隨輅之色者也若象木革輅則當用緋

用銀褐用黃及皁若至尊乘御步武所及非若餘物但為

美觀其踏床倚背踏道之褥皆用紅錦座褥及行馬褥透

壁輕簾三用銀褐黃青羅錦三色又大輦革車象輅革輅

木輅耕根皮軒進賢明遠白鷺羊車革車關可見者象輅

各以意從長斟酌造之其制金玉輅關可見當時亦無定制

之至祥符中以其太重減七百餘斤可見當時亦無定

同玉輅

革輅黃質鞔之以革金塗銅裝輪衣以黃建大白餘同玉

象輅黃質金塗銅裝以象飾諸末輪衣以銀褐建大赤餘

木輅黑質漆之輪衣以皁建大麾餘同玉輅

耕根車青質蓋三重制如玉輅而無玉飾

皮軒車赤質上有漆柱貫五輪相重畫虎紋一轅

進賢車赤質如革車緋輪衣絡帶門簾並畫鳳上設朱漆床

香案紫綾衣一轅

明遠車制如屋銳頂重簷勾欄頂上有金四角垂鐸上層

四面垂簾下層周以花板上有漆柱抄刻為鷺鷥銜鵝毛

白鷺車赤質周施花板上有漆柱貫五輪相重輪衣皁頂緋裙緋絡帶並繡飛

箭紅綾帶柱貫五輪相重輪衣皁頂緋裙緋絡帶並繡飛

大輦赤質兩壁油畫龍紋金鳳翅憑衣結帶並繡瑞羊二
輅

大輦赤質正方油畫金塗銀葉龍鳳裝其上四面施行龍
雲朵火珠方鑑銀絲纏網珠翠結雲龍鈿窠霞子四角龍
頭銜香囊頂輪施耀葉中有銀蓮花坐龍紅綾裏碧牙壓
帖內設圓鑑香囊銀輪勾欄臺坐紫絲龍細窠網粉鍍黃
褥上置御座曲几香鑑錦結綬几衣輪衣絛網緋繡雲
龍寶相花金緣壓長竿四飾以金塗銀龍頭畫梯托乂行

皇后之車六一曰重翟車青質金飾金塗銅鈒花葉段裝
羅青油憶衣各一朱絲絡網紫羅明金生色雲龍相帶各
二兩廂明金五彩閒裝翟羽二金塗碙石長轅鳳頭三橫
轅立鸞八香鑑香寶子一副宜男錦帶結朱紅漆杌子踏
床各一扶板扶魚一副紅羅明金衣褥紅羅襯褥一青羅
行道褥四青羅明金生色雲鳳夾幰一紅羅明金緣紅竹
簾二金塗銅葉斷行馬二朱紅漆金塗銀葉裝釘胡梯一

七寶輦制如大輦飾以玉裓綱七寶滴子珥真珠宋欽宗
爲上皇製海陵自沛取而用之

青羅胡梯尋儀褥二踏道褥十青絹裹大麻索二油蒙帕
一二曰厭翟車赤質倒仙錦帷一紫羅紫油憶衣各一朱
絲絡網宜男錦絡帶各二餘同重翟帷行道夾幰尋儀褥
羅及裹索等用紅三曰翟車黃質金飾碙石葉段裝釘餘
男錦帷黃羅油憶衣一餘同重翟車而無橫轅紫油憶衣
同厭翟而羅色用黃四曰安車朱質倒仙錦帷紫油憶衣
朱絲絡網天下樂錦絡帶同翟車而色皆用紅五曰
及香鑑香寶子餘同翟車朱質六曰望車朱質
宜男錦帷青油憶衣轅端螭頭二餘同安車朱質
車朱質紫羅紫油憶衣朱絲倒仙錦絡帶各二踏床褥用
紅綾衣尋儀褥踏道褥並用綾餘並同安車造六車成後
復改造圓轅重簷方輅五華亭頭平頭六等之制又增製
九龍車一高二丈廣一丈一尺長二丈六尺五鳳車四各
高一丈八尺長廣如之圓轅一方輅車一重簷車一各
高一丈七尺長一丈八尺廣八尺皆駕馬四駕士各五十
人並平巾幘青色緋黃三色寶相花衫銀褐抹帶大口
褲平頭韈一五華輦一亭頭輦一各高一丈九尺廣丈五
寸長三丈異士各九十六人作兩番代並生色緋寶相花
衫餘如前製鞾管押人負三十五人長脚襆頭紫羅窄衫金
銅帶束鞾馬繁纓涼韂鈴拂屋皆從車色金銅面挿翟
簾

尾朱纓朱總龍車合用紅羅傘一傘子二人用本服錦帽

幰帶又檢定扇障等制偏扇如仙人羽扇行衝㴖六扇各長

八尺高六尺用紅羅裹朱裏畫雲鳳龍首午衝㴖結每障

用宮人四坐用紅羅三扇八扇各長七尺高五尺畫雲鳳龍表朱

裏餘同行障錦六柱八扇各闊二尺高三尺冒以錦內絟

使八人執宮人車制如屬車駕士八人平巾幘緋衫大口

褲鞋韈供奉宮人三十人雲脚紗帽紫衫束帶綠靴明昌

元年三月定妃嬪車輦同鍍金鳳頭黃結御裏世婦用閒

金鳳頭梅紅結子

皇太子車制大定六年十二月奏皇太子金輅典故制度

志四百三十
金志甲三
五
朱州

及上用金輅儀式奉勑詳定輅旂旂首及應用龍者更以

麟爲飾省去部麾等物上用金輅名件色數依上公以九

爲節減四分之一上用輅軾前有金龍改爲伏鹿軾上坐

龍改爲鳳旂十二旂減爲九駕赤騮六減爲四及簾褥用

龍鳳勘改用鳳除並具體成造其制赤質金飾諸末畫

黃羅畫質文爲獸黃屋軾作赤伏鹿龍輈金鳳一軾前設

障塵朱蓋黃裏輪畫朱牙左建九旒右載闟戟旂首衝金

較箱黃飾及鈴綬八鸞在衡二鈴在軾駕赤騮四金鍐方

龍頭結綬及鈴緌九就皇帝輅自頂至地高一丈七尺

䡐插翟尾鍍錫鑾纓九就皇帝輅自頂至地高一丈七尺

今幰四分之一爲一丈三尺二寸備廣之幰亦如之

王公以下車制一品輅用銀螭頭涼棚杆子月板並許以

銀裝飾三品以上螭頭不得施銀涼棚杆子月板亦聽用

銀爲飾五品以上輅獅頭六品以上輅雲頭廄人坐車平

頭止用一色黑油

親王鞍韂鍍金銀裝束用絲結皇家小功以上太皇太后大

塗金銀裝束仍鈒以開花障泥用紫羅飾以錦韂以

功以上及一品官至三品親

王障泥許用金花若經賜或御輦塲內不在禁限舊制親

王寧任外者與大興尹皆服小帽束帶銀鞍轡大定

中世宗以京尹亦外官三品而與親王無別遂命不得御

者障泥任外者與大興尹皆服小帽束帶銀鞍轡大定

志四百二十
金史四十三
六
朱州

銀鞍絲鞭惟同外三品例幰頭帶展皂視事

承安二年制護衛銅裝鞍轡不得借人庶人馬鞍許用黑

漆以骨角鐵爲飾不得用玉較具及金銀屏象飾鞍轡

輿服中　天子袞冕　皇太子冠服
　　視朝之服　皇后冠服
　　宗室外戚及一品命婦服
採用　臣下朝服
　　公服

昔者聖人制爲安黃黼黻之服以象天地之德以章貴賤

之儀夏商損益至周大備不可以有加矣自秦滅棄禮法

先王之制靡皺不存漢初猶服袀玄以從大祀歷代雖漸

復古終亦不純而已金制皇帝服袀通天絳紗袍偏焉即

前代之遺制也其臣有貂蟬法服即所謂朝服者章宗時

禮官請參酌漢唐更製祭服青衣朱裳去貂蟬竪筆以別

於朝服惟公朝則又有紫緋綠三等之服與夫穿紫展皂

等事悉著于篇云

天眷三年有司以車駕將幸燕京合用通天冠絳紗袍擾

見闕名件依式成造禮服袍裳心曲領中單蔽膝蕐帶

大帶玉具劍綬佩韍韎乘輿服大綬六采黑黃赤白縹綠

小綬三色同大綬間施三玉環大綬五百首小綬半之白

玉雙佩蕐革帶玉鉤䩞

【金史四十三　七】卵成

冕制天板長一尺六寸廣八寸前高八寸五分後高九寸

五分身圖一尺八寸三分并納言並用青羅為表紅羅為

裏通迴用金稜天板下有四柱四面珠珠網結子花素隁

子前後珠旒共二十四旒各長一尺二寸青碧線織造天

河帶一長一丈二尺闊二寸兩頭各有真珠金碧旒三節

玉滴子節花紅線組帶二上有真珠金翠旒玉滴子節花

下有金鐸子二梅紅線欵幔帶一一鈒繢二真珠金垂繫上用

金簪子二簪窒欵幔組帶鈿窒各二內組帶鈿窒四並玉

鑲塵碾造玉簪一頂方二寸導長一尺二寸簪頂刻鏤塵

雲龍

衣用青羅夾製五綵間金繪畫正面日一月一昇龍四山

十二上下襟蕐蟲火各六對虎雖各六對背面星一昇龍

四山十二蕐蟲火各十二對虎雖各六對中單一白羅單

劈羅領褾襈裳一帶褾褵紅羅八幅夾製繡藻三十二粉

十六米十六黼三十二黻三十二蔽膝一帶褾褵並紅羅

夾製繡昇龍二綬一幅大綬以赤黃黑白綠六綵織紅

羅托裏小綬三色同大綬銷金黃羅綬頭上間施三玉環

皆刻雲龍大綬五百首小綬半之緋白大帶一銷金黃羅

帶頭鈿窒二十四紅羅勒帛一青羅抹帶一王佩二白玉

上中下璜各一半月各二皆刻雲龍玉滴子各二皆以真

珠穿製金籠鉤獸面水蕐環釘涼帶一紅羅裏繢繱金上有

玉鶻七鉈尾束各一金夔龍口以玳瑁板襯釘脚為重底

【金史四十三　八】卵成

紅羅面白綾托裏如意頭銷金黃羅綠口玉鼻仁飾以珠

韍用緋羅加綿凡大祭祀加尊韎受冊寶則服袞冕行幸

武樣大禮使據三禮圖以進用之大定十一年太常寺按

鎮圭大圭皇統九年十月二十四日禮部下太常畫鎮圭

齋戒出宮或御正殿則通天冠絳紗袍

禮大大圭長三尺抒上終葵首天子服之自西魏隋唐以來

大圭長尺二寸與鎮圭同蓋鎮圭以鎮天下以四鎮山為

飾今其圭已依古制惟無大圭今御府有故宋白玉圭圓

無上絭及終葵首自西魏以來所製玉笏皆長尺有二寸

方而不折雖非先王之法蓋後世玉難得隨宜故也擬合

以御府所藏行禮就用

視朝之服初太宗即位始服赭黃自後視

章宗即位以世宗之喪有司請御純吉不從乃服淡黃袍

烏犀帶常朝則服小帽紅襖偏帶或束帶

皇后冠服花珠冠用盛子一青羅表青絹襯金紅羅托裏

用九龍四鳳前面大龍銜穗毬一朵前後有花珠各十有

二及鸂鶒孔雀雲鶴王母隊仙人浮動插瓣等後有納言

上有金轉鈒金兩博鬂以上並用鋪翠滴粉縷金裝珍珠

結製下有金圈口上用七寶鈿窠後有金鈿窠二穿紅羅

鋪金欹幔帶一

襌衣深青羅織成翬翟之形素質十二等領襈並紅羅

織成雲龍中單以素青紗製領織成襯形十二標袖襈織

成雲龍並織紅穀造裳八副深青羅織成翟文六等標

成雲龍撚金線織成大小綬頭青標大帶青

織成紅羅織成雲龍明金帶腰襈蔽膝深青羅織成翟文三等領

綠綯色羅織成雲龍明金帶大綬一長五尺闊一尺黃赤

白黑縹綠六彩織成小綬三色同大綬間七寶鈿窠施三

玉環上鈒雲龍撚金線織成大小綬頭青

羅朱裏縱其外上以朱錦下以綠錦紐約用青組撚金線

織成帶頭玉佩二朵每朵上中下璜子各一半月墜子各二

並玉碾縷金打鈒獸面篦鈎佩子各一水葉子貫珠穿綴

青衣革帶用縷金青羅蔽造上用金打鈒水地龍鸂眼鈒

尾龍口攀東子共八章以玳瑁襯金釘脚抹帶二紅羅青

羅各一並用金造各長一丈五寸鬲以青羅製白綾裏如

裹纈縠熟帶

意頭明金黃羅準上用玉鼻仁貫珠裝綴繫帶韈青羅表

犀冠減撚花樣縷金柒造上有玉簪一下有玳瑁盤一

皇太子冠服冕用白珠九旒紅絲組為纓充耳屋筹

導纓青衣朱裳五章在衣山龍華蟲火宗彝四章在裳藻

粉米黼黻白紗中單青標襈裾革帶金鈎鰈蔽膝隨

裳色為火山二章瑜玉雙佩四采織成大綬間施玉環三

遠遊冠十八梁金塗銀花飾博山附蟬紅絲組為纓犀簪

白襪朱舄舄加金塗銀釦謁廟則服之

太子入朝起居及與宴則朝服紫袍玉帶雙魚袋其視事

及見師少賓客則服小帽皂衫玉束帶

桓圭長九寸廣三寸厚半寸用白玉若屋之桓楹為之二秒

餘同袞冕冊寶則服之

導朱明服紅裳白紗中單方心曲領絳紗韈蔽膝白襪黑舄

宗室及外戚幷一品命婦衣服雖別簪女

子出嫁並同又五品以上官母妻許披霞帔唯首飾簪女

領袖腰帶並許用明金籠金間金之類其衣服止用明金銀象

金及金絲壓編正班局分承應帶官人雖未出職係班其祖母及母妻子孫之婦同籍兄弟之妻及在室女孫姊妹並同又禁私家用純黃帳幕陳設若曾經宣賜繡與服御日月雲肩龍文黃服五笛朝眼之鞍皆湏更改臣下朝服百官皆服之正一品貂蟬龍巾七梁額花冠貂鼠立筆銀褐立筆犀簪導佩劍緋羅大袖緋羅裙緋羅蔽膝各一緋白羅中單銀褐勒帛佩一玉珠佩二金塗銀革帶烏皮履白綾韈正二品七梁冠銀立筆犀簪導不佩紒緋羅大袖雜花疊錦玉環綬餘並同正四品五梁冠銀立筆犀簪白獅錦銀環綬珠佩銀革帶御史中丞則獬豸冠荷蓮綬餘並同正五品四梁冠銀立筆犀簪錦銅環綬銀珠佩餘並同正六品至七品三梁冠黃獅錦銅環綬珠佩銅束帶餘並同大定二十二年祫享攝官導駕二品冠七梁三品四品冠六梁服有金花五品冠五梁六品冠四梁七品冠三梁監察御史獬豸冠青綬八品九品冠二梁餘製並同

祭服皇統七年太常寺言太廟成後奉安神主祫享行禮凡行事執事助祭陪位官准古典當服袞冕九章畫降龍隨品各有等差通典云厦夏殷並十二章日月星辰山龍

華蟲作繪於衣宗彝藻火粉米黼黻絺繡於裳周升三辰於旂登龍於山登火於宗彝作九章之服山龍華蟲宗彝繪於衣藻粉米黼黻絺繡於裳公之服自袞冕而下如王之服侯伯子男皆朝服又自袞冕而下如公之服九章又五品服九旒冕犀簪青衣畫降龍今汴京舊禮直官言自宣與祭者皆朝服又開元禮一品服九章又五禮新儀正一品服九旒冕大袖無龍唐雖服龍九章服和二年已後一品祭服七旒冕大袖無龍唐雖服殊飾龍名袞尊車相亂之議當時司禮少常伯孫茂道言諸臣之章雖殊飾龍名袞尊車相亂請三公服鷩冕八章爲宜臣等竊謂歷代衣服之制不同若從後魏則止服朝服或用宋服則爲七章若後魏故事止用燕京大冊禮時所服朝服以祭大定三年導唐九章則有飾龍名袞尊車相亂之議尚書省乃奏用八月詔遵皇統制攝官則朝服散官則公服以皇太子爲亞獻服袞冕十四年用唐制若祭服所以接神朝服所之公服也泰和元年八月禮官言祭服以祭大定三年以事君雖歷代損益不同然未嘗不有分別是以袞冕十二旒玄衣纁裳備十二章天子之祭服也通天冠絳紗袍紅羅裳天子之視朝服也臣下之服則用青衣朱裳以祭朱衣朱裳以朝國朝惟天子備袞冕通天冠二等之服今群臣但有朝服而祭服尚闕每有祀事但以朝服從事

於典禮未當請依漢唐故事祭服冕旒畫章雖
章數各殊而俱飾龍名袞而唐孫炎道已有尊卑相亂之
論然三公法服有龍恐涉於僭國初禮官亦嘗駁議乞象
酌古今改置祭服其冠則如朝冠而但去其貂蟬殿其
服用青衣朱裳白襪朱履非攝事者則用朝服應幾少有
差別上曰朝祭之服固宜分也

公服大定官制文資五品以上官服紫三師三公親王宰
相一品官服大獨科花羅徑不過五寸執政官服小獨科
花羅徑不過三寸二品三品散搭花羅謂花頭碎小者徑不
過寸半四品五品服小雜花羅謂花頭碎小者徑不過一
寸六品七品服緋芝蔴羅八品九品服綠無紋羅應武官
皆服紫九散官職事皆從一高上得兼下下不得僭上窄
紫亦同服色各依官制品格其諸局分承應人並服無紋
素羅十五年制曰袍不加襴非古也遂命文資官公服皆
加襴帶制皇太子玉帶親王玉帶佩玉雙魚袋親王玉
品玉帶佩金魚二品笏頭毬文金帶佩金魚三品四品荔
枝或御仙花金帶並佩金魚五品服紫者紅鞓烏犀帶佩
金魚服緋者紅鞓烏犀帶佩銀魚服綠者並皂鞓烏犀帶
金魚一品二品佩帶同三品四品金帶五品六品七品紅
武官一品二品佩帶同三品四品金帶五品六品七品司天太醫
鞓烏犀帶皆不佩魚八品以下並皂鞓烏犀帶

金史四十三
輿服志四百四十
十三

內侍教坊服皆同文武官惟不佩魚應殿庭承應五品以
下官非入內不許金帶又許服紫入殿庭者並許服紅鞓不
佩魚又二品以上官許兼服花犀帶大定二年制百官赴省並須裹
帶五品以上官許兼服花犀帶三品官若治事及見
賓客許服花犀帶趨朝則朝服赴省並須裹衣則從
給使供御筆硯直長符寶郎展紫闇門六尚遇朝則近侍
侍給使並常服常服則展紫御仙花或太平花金束帶輪直則服
本品服若當直則服窄紫金帶學士院官修起居注
補闕拾遺祕書郎朝雜侍立則服本品服帶當
官則展皂三少則展紫
直則窄紫金帶東宮左右衛率僕正副典儀贊儀內
直郎承當直亦許展服東宮之太子太師出入官中則展紫至東

金史四十三
輿服志四百三
古

輿服下 衣服通制

君子之服以稱德也故德之備者其文備古者王公及士
麻人莫不各有一定之制而不敢相逾者蓋風俗之奢儉
法令之齊一必於是而觀焉詩曰彼都人士狐裘黃黃其
容不改出言有章行歸于周萬民所望又曰彼都人士充耳琇實彼君子
女謂之尹吉此言都邑之盛人物之懿也明昌間章宗謂
宰臣曰今風俗侈靡莫若律以制度使貴賤有等其令禮

部具典故以聞他日又謂枀知政事張公曰山東風俗
如何萬公對以奢左丞守貞因言衣服之制上曰如卿所
言正恐失人心耳守貞曰止是商賈有不悅者萬公曰乞
寬與之期三年之內當制矣於是上以禮部所擬太繁
以尚書省所擬而行之嗟乎人君以風俗為言其亦知所
務矣

金人之常服四帶巾盤領衣烏皮靴其束帶曰吐鶻巾之
制以皂羅若紗為之上結方頂折垂于後頂之下際兩角
各綴方羅徑二寸許方羅之下各附帶長六七寸當橫額
之上或為一縮襵積貴顯者於方頂循十字縫飾以珠其
中必貫以大者謂之頂珠帶旁各絡珠結綬長半帶垂之
海陵賜大興國者是也其衣色多白三品以卑窄袖盤領
縫腋下為襞積而不缺袴其冑臆肩袖或飾以金繡其從
春水之服則多鶻捕鵝雜花卉之飾其從秋山之服則以
熊鹿山林為文其長中骭取便於騎也吐鶻玉為上金次
之犀象骨角又次之銙周鞛小者間置於前大者施於後
左右有雙鉈尾納方束中其刻琢多如春水秋山之飾左
佩牌右佩刀刀貴鑌鐵柄尚雞舌木黃黑相半有黑雙距者
為上或三事五事室飾以獺辮樺鏁口飾以鮫或屑金鏤
和漆塗皶隙而礦平之醬辮樺者謂樺皮班文色鞍紫如

醬中豆辮也產其國故尚之初女直人不得改為漢姓及
學南人裝束遼者杖八十編髮為永制婦人服以黑
紫上編繡全枝花周身六辮積上衣謂之團衫用黑紫或
皂及紺直領左衽拽縫兩傍復為雙辮積前拂地後曳地
尺餘帶色用紅黃前雙垂至下齊年老者以皂紗籠髻如
巾狀散綴玉鈿於上謂之玉逍遙此皆遼服也金亦襲之
許嫁之女則服綽子制如婦人服以紅或銀褐明金為之
對襟彩領前齊拂地後曳五寸餘

明昌六年制文武官六貫石以上承應人并及廳者許用
牙領白紫圓板皂絛羅帶皂靴餘人用純紫領不
得用緣雜色圓板絛羅帶不得用紫用黃及黑油皂蠟
等婦人各從便泰和四年以親王品官既分領緣而復有
皂靴之禁似涉太煩遂聽親王用銀褐領紫綠品官皆紫
領白緣餘從明昌制

衫領繫背帶並以紫圓絛羅帶

書袋之制大定十六年世宗以吏貟與士民之服無別潜
入民間受賕鬻獄有司不能檢察遂定懸書袋之制省樞
密院令譯史用紫紵絲為之臺六部宗正統軍司楡
以黑斜皮為之寺監隨朝諸局并州縣並黃皮為之各長
七寸闊二寸厚半寸並於束帶上懸帶公退則懸於便服

達者所司絀之

大定十三年太常寺攏士人及僧尼道女冠有師號并良

閒官八品以上許服花紗綾羅絲紬在官承應有出身人

帶八品以下官未帶官亦同許服花紗綾羅紵絲紬家

屬同婦人許用珠為首飾其都孔目與八品閒官同京府

州縣司吏皆與庶人同庶人止許服絁紬絹布毛褐花紗

無紋素羅絲綿其頭巾繫腰帕許用芝蒴羅絛用絨織

成者不得以金玉犀象諸寶瑪瑙玻璃之類為器皿及裝

飾刀把鞘并銀裝釘床榻之類婦人首飾不許用珠翠鈿

子等物翠毛除裝飾花環冠子餘外並禁兵卒許服無

紋壓羅絁紬絹布毛褐奴婢止許服絁紬絹布毛褐倡優

遇迎接公筵承應許暫服繪畫之服其私服與庶人同

……開府儀同三司……錄軍國重事前中書右丞相臣……監修國史領　經筵事都總裁臣脫脫奉　敕修

金史四十四

兵志第二十五

兵制　養兵之法　禁軍

①

金與用兵如神戰勝攻取無敵當世曾未十年遂定大業
原其成功之速俗本齷齪人多沉雄兄弟子姓才皆良將
部落保伍技皆銳兵加之以地狹產薄無事苦耕可給衣食
有事苦戰可致俘獲勞其筋骨以能寒暑徵發調遣軍同
一家是故將勇而志一兵精而力齊一旦奮起犷弱為彊
以寡制眾用是道也及其得志中國自顧其宗族國人尚
少乃割土地崇位號以假漢人使為之効力而守之猛安
謀克雜厠漢地聽與契丹漢人昏因以相固結迫夫國勢
濅盛則歸土地削位號罷遼東渤海漢人之襲猛安克
者漸以兵柄歸其內族然樞府簽軍募軍來漢制伐宋
之役條用漢軍及諸部族而統以國人非不知制勝長策
在於志一之將用力齊之兵也第以土宇既廣豈得盡
任其所親哉馴致極盛乃自患其宗族國人之多積其猜
疑卒自戕賊遂致強本剝落醇風鋭薄將帥携離兵士驕
情造其亡也忠孝等軍構難于內亂軍雜人召禍于外向
之所謂志一而力齊者不見可恃之勢焉豈非自壞其家

岷平山

---

② 金史四十四

兵志第二十五

法而致之歟抑是道也可用於新造之邦不可以保長久
之天下歟金以兵得國奉
詔作金史故於金之兵考其興亡得失之跡特著於斯
兵制　馬政　養兵等法載諸舊史者胪列于篇
金之初諸部之民無它徭役壯者皆兵平居則聽以佃
漁射獵習為勞事有警則下令部內及遣使諸部徵
兵凡步騎之仗糧皆取備焉其部長曰孛堇行兵則稱曰
猛安謀克從其多寡以為號猛安者千夫長也謀克者百
夫長也謀克之副曰蒲里衍士卒之副從曰阿里喜部卒
之數初無定制至太祖即位之二年既以二千五百破耶
律謝十始命以三百戶為謀克十謀克為猛安繼而諸部
來降率用猛安謀克之名以授其首領而部伍其人出河
之戰兵始滿萬而遼亦亡矣及來流鴨水鐵驪鼈古之民
皆附東京既平山西繼定內收遼漢之降卒外籍部族之
健士嘗用遼人訛里野以比部百三十戶為一謀克漢人
王六兒以諸州漢人訛里野以比部百三十戶為一謀克漢人
祐等並領所部為一猛安至天會二年平州既平宗望恐
風俗糅雜民情弗便乃罷是制諸部降人但置長吏以下
從漢官之號五年伐宋之役調燕山雲中中京上京東京
遼東平州遼西長春八路民兵隸諸萬戶其間萬戶亦有

岷山

尋統漢軍者熙宗皇統五年又罷遼東漢人渤海猛安謀
克承襲之制浸移兵柄於其國父乃分猛安謀克為上
下三等宗室為上餘次之至海陵庶人天德二年省併中
京東京臨潢咸平泰州等路鄭鎮及猛安謀克削上中下
之名但稱為諸猛安謀克循舊制間年一徵發以補老疾
死亡之數奠元遷都遂從上京路太祖遼王宗幹秦王宗
翰之猛安併為合扎猛安及右諫議烏里補猛安太師勗
宗正宗敬之族勗之中都幹諭和尚胡剌三國公太保昂
管事烏里野輔國勃魯骨定遠許烈故杲國公勃送八猛
安處之山東阿魯之族勗之北京按達族蜀勗之河間二

年命兵部尚書蕭仲恭等與舊軍皆分隸諸總管府節度
使授田牛使之耕食以蕃衛京國六年南伐立三道都統
制府及左右領軍大都督將三十二軍以神策神威神捷
神銳神毅神輔國勃魯骨神勇神果神略神鋒武勝武安
武捷武平武成武毅武鋭武楊武翼武震武定威信威勝
威捷威烈威毅威震威略威果威勇為名軍置都總管副
總管及巡察使副各一貫而沿邊契丹恐妻孥被鄰寇鈔
掠不可盡行遂皆背叛而大名續授甲之士還迎立世宗
于東京及大定之初窩斡既平乃散契丹隸諸猛安謀克
至三年詔河北山東等路所簽軍有父兄俱亡充甲軍子

第又為阿里喜恐其家更無一丁男有誤農種與免一丁以
驅丁充阿里喜無驅丁者於本猛安內驗富強有驅
丁者簽充十三年徙東北等戍邊漢軍於內地十五年十
月遣吏部郎中蒲察石家奴分行天下再定猛安謀
克戶每謀克不過三百七謀克至十謀克置一猛安十
七人分行天下置一猛安十
上京之地上謂宰臣曰契丹戍之人令遷之於烏古里石壘部及
里甚為勞苦繼有一二馬牛一牲則無還理且奪其農時
事屯時或有邊隙不為我用令遷戍之人歲冒寒暑往來千
七年又以西南西北招討司契丹素狠戾復恐生
不得耕種故嘗命卿等議以何術得罷其役使安于田里
不知卿議何如也左丞相良弼對曰比邊之地不堪耕種
不能長戍故須番戍耳上曰朕一日萬幾安能遍及卿等
既為宰相以此急務反以末事竟無一言其勞朕慮甚
者參政宗敘屢為朕言若以貧戶永屯邊境使之耕種官
給糧廩則貧者得濟富戶免於更代之勞使之耕務
若宗敘者可謂盡心為國矣朕嘗思之宜以兩路招討司
及烏古里石壘部族臨潢府泰州等路分番守邊
關朕觀覽為十八年命部族乣分番守邊二十年以祖宗
平定天下以來所建立猛安謀克因循既久其間有戶口
繁簡地里遠近不同又自正隆之後所授無度及大定間

亦有功多未酬者遞更定以詔天下復命新授者並令就
封其謀克人內有六品以下職及諸局承應人皆為遷之
三從以上族人願從行者猛安不得過十戶謀克不得過
六戶詔以邊軍士半五十五以上許以其子及同居弟姪
承替以奴代者罪之二十一年三月詔遣大興尹完顏迪
者移馬河猛安相錯以居甚待朕意而遷落河猛安不如
戶速遷河北東路兩猛安上曰朕始令移此欲令與女直
古相錯安置父則自相姻親不生異意此長久之利也令
此可再遣兵部尚書張安相也按視其地以雜居恊力營種

金史四十四 志二十四

五

朱珍

右丞相烏古論元忠曰彼方之人以所得之地為家雖兄
弟不同赋故贫者眾察政粘割斡特剌曰舊時兄弟雖折
猶相聚種令則不然宜令約束之又以猛安謀克舊籍不
明遇蕭軍與諸差役及贓濟增減不以實命括其口以實
籍之二十三年遣刑部尚書移剌慥遷山東東路八謀克
戶之河間其棄地以山東東路忠黑河猛安下難葊謀克
移里閭斡魯溽猛安下翁浦謀克什毋溫山謀克九村人
戶從於劉僧安和二謀克之舊地其未従者之地皆薄懸
且鄰冠遣使詢顧徙者相可居之地圖以進上嘗以速頻
胡里改人驍勇可用海陵嘗欲徙之而未能二十四年以

上京平胡剌溫之地廣而胰遂遺刑部尚書烏里也出府
庫錢以濟行資牛畜遷速頻一猛安胡里改二猛安二十
四謀克以實之蓋欲上京兵多它日可為緩急之備也當
是時多易置河北山東所屯之舊括民地而為之業戶須
牛而使之耕畜甲兵而為之備乃大重其權授諸王以猛
安之號或新置者待賜之名制其耆靡禁其飲酒習其騎
射儲其糧糒其備至嚴也是時宗室戶百七十猛安二百

北路部族屯軍曰送剌部 承安三年改屬部渾凡石合篤慶使曰唐古部
二謀克十八百七十八戶六十一萬五千六百二十四東
它若助魯部族烏魯古部族石壘部族萌骨部族計魯部
族享特本部族數皆稱是西北西南二路之屯軍十曰蘇
謨典剌部 札剌唐古屯霞馬屯木典屯萌
骨屯呼屯胡都屯凡九其諸路曰曷懶與曰婆速曰
恤頻曰胡里改曰移懶移懶後廢皆在上京之鄙或置總
管府或置節度使至章宗明昌間欲國人兼知文武令猛
安謀克舉進士試以策論及射以定其科甲高下承嘗
年上謂宰臣曰人有以八陳圖來上者其圖果何如朕嘗
觀宋白所集武經具載攻守之法亦多難行右丞相清臣
曰兵書一定之法難以應變本朝行兵惟用正奇二軍臨

金史四十四 志二十四

六

朱珍

四百六十

【上段】

敵制疆以正為奇以奇為正故無往不克上曰自古用兵

亦不出奇正二法耳且學古兵法如學弈棋未能自得於

心欲出舊陣勢以接敵踈失敵所應與舊勢異則必不可

支然武經所述雖難遽行然知之猶愈不知泰和閒又制

武舉其制具在選舉志所謂渤海軍則渤海八猛安之兵

也所謂鎮防軍則諸邊戍軍及屯守于泰州者固軍大定所置者

徙于山西後分遣河東其漢軍中取以更代戍邊者也奚軍初

也所謂奚軍使屯守千泰州者也邊鋪軍則河南陝西居

則有分番屯戍軍及求屯軍諸路驅軍則國初所免

遼人之奴婢使屯守者也

守邊界者河東三虞候順德軍及章宗所置諸路劾軍

京府鄜鎮設三十人防剌設二十人掌同弓手者也諸路所募射粮軍五年

一籍三十以下十七以上強壯者皆剌其　所以兼充雜

役者也京師防城軍世宗大定十七年三月改為武衛軍

則掌京師巡捕者也其曰牢城軍則嘗為盜竊者以充防

築之役曰土兵則以司警捕之事凡漢軍有事則簽取於

民事已則或放免初天會閒郭藥師降有曰長勝軍者

皆遼閒又嘗罷諸路漢軍而所存者猶有威勇威烈威

順德及韓常之軍之號凡邊境置兵之州三十八鳳翔延

【下段】

安郜發凞泗頴蔡隴秦河海者唐河商洮蘭會積石鎮戎保

安綏德保德環殷澠嘗邊東勝淨慶秉遠桓昌昌懶婆速

蒲與恤品胡里改置於要州者十一南京東京益都京兆

太原臨洮臨潢曹南撫蓋及宣宗南遷糺軍潰丟兵勢益

弱遷盡擁猛安戶之老稚渡河僑置諸總管府以統之器

械既缺糧精不給朘民膏血而不足乃令括糧之法一人為

從征舉家待哺又謂無以照戰士之心乃令其家盡入京

城統缺糧精弱驅羸使戰不能取勝後乃至以二十五人為

敵匿強壯驅羸弱使戰不能取勝後乃至以二十五人為

師不數年至無以為食乃分隸河南而國亦屈矣然初南渡

時盡以河朔戰兵三十萬分隸河南行樞密及師府性性

謀克四謀克為猛安每謀克隸旗鼓司火頭五人任戰者

止十八人不足成隊伍但務存其名而已故混源劉祁謂

金之兵制最弊每有征伐及邊警輒下令簽軍使遠近騷

動民家丁男若皆強壯或盡取無道號泣動乎鄰里嗟怨

盈於道路驅此使戰欲其勝敵難矣初真祐時下令簽軍

會一時任子為監當者春赴吏部選事執命取為監軍官

皆憤懣哀號交懟臺省至衝軍相閧鬨以告丞相僕散七

斤大怒趣左右取弓矢射去巳而上知其不可用命免之

元光末備潼關黃河又簽軍諸使歷縣邑自見居官外

無文武小大職事官皆充軍至許州前侍御史劉元規年

幾六十亦選為千戶至陳州以祁父從益以前監察御史
亦為千戶餘不可卷紀既立部伍必以軍律臨物議紛
然後亦罷之哀宗正大二年議選諸路精兵直隸奪院先
設總領六貟分路揀關因相合併每總領司率數萬人軍
朝既張乃易總領之名為都尉班在隨朝四品之列曰鎮
威曰虎威曰破虜振威鷹揚貟振武折衝奪溫寇珍寇必
以先督秉師權者居貟職雖師府行院亦不敢以貴重臨
之天興初元有十五都尉先六人陛授在京建威奧都軍
里卜許州折衝來谷澤樊本姓陳州振武溫撒辛辛蔡州
盪寇蒲察打吉卜申裕安平完顏斜列嵩波振武唐括辟

傳領封金昌府虎威紇石烈乞兒宣權歸德果毅完顏猪
兒南京珍寇完顏阿拍宣權潼關都尉三虎貟完顏陳兒
鷹揚內族大妻壹金節復取河朔諸路歸正人不問鞍馬
有無譯語能否卷送密院增月給三倍亡軍授以官馬得
千餘人歲時福祿名曰忠孝軍以石抹燕山奴蒲察定住
統之加以正大已後諸路所虜臨陳所獲皆放歸鄉土同
忠孝軍給以其犒賞使河朔俘係知之故此軍迄于天興至
七千千戶以上為師尚不預焉又以係於
忠孝籍中別為一軍戒忠孝貟所給之半不能射者令關習
一毎月然後試補忠孝軍是所謂合里合軍也又以親衛

馬軍舊時所選來精必加閱試直取武藝如忠孝軍次之自正
五千人餘罷歸為步軍凡進征忠孝軍居前馬軍者得
大改立馬軍隊伍一鞍勒兵甲一切更新將相舊人自謂國
家金盛之際馬數則有之至於軍士精銳器仗堅整較之
今日有不侔者中興之期為有望矣一日布列曹門內教
樞密院時所選教場地約三十頃尚不能容餘都尉十三
族九住所統親衛軍三千及阿排所統四千皆貟都尉趙亡
場忠孝軍七千馬軍五千京師所屯建威都尉軍萬人內
四軍猶不在是數此外招集義軍曰忠義軍要皆背哀宗者
命雖獲近用終不可制異時擅殺比使唐慶以速金亡者
即此曹也

禁軍之制本於合扎謀克合扎者言親軍也以近親所領
故以名為貟元遷都更以太祖遼王宗幹秦王之宗翰軍為
合扎猛安謂之侍衛親軍故立侍衛親軍司以統之舊當
選諸軍之材武者為護駕軍海陵又名上京龍翔軍為神
勇軍正隆二年將南伐乃罷歸使就僉調復於侍衛親軍
四猛安舊止曰太祖遼王秦王猛安凡三令以倫宿衛五年罷
四猛安未群壹太祖親軍耶內選三十以
下十六百人騎兵曰虎步兵曰虎步以偏宿衛五年罷
親軍司以所掌付太興府置左右驍騎所謂從駕軍也置
都副指揮使隸點檢司步軍都副指揮使隸宣徽院大定

初親軍置四千人二十二年省為三千五百上京亦設守衛是年尚書省奏上京既設皇城提舉官亦當設軍守衛上曰可設四百五十馬一百二十分三番更代異時朕室上京即作兩番巡警限以半年交替人日給錢五十米一升半馬給芻粟猛安謀克官可差年四十以上者軍士三十以上者充童宗承安四年增為五千又增至六千又有威提軍承安增募弩手千人凡選弩手之制以並取尺度狀其長六尺立之謂之等杖取身與杖等能踰常違三石鋪弦解索彎弓射六箭者猛安謀克以貼者又選親軍取身長五尺五寸善騎射者猛安謀克以

名上兵部秋黜檢司覆試補之又設護衛二百人近侍之執兵仗者也取五品至七品官子孫及宗室弟親軍諸局分承應人身長五尺六寸者選試補之又設挃鎮二百人皆以脩出入者也大將軍府治高永昌置南路都統司旦以討張覺天輔五年親遼主始有內外諸軍都統之月始置咸州軍帥司以經略遼地討高永昌置南路都統司以癸未平又置異路都統司後改為六部路都統以遇蔡平九營為九猛安隸為與上京及泰州凡六處置軍司統五六萬人又以渤海軍為八猛安之上置之上置都統然時亦稱軍帥為帥軍帥之上置萬戶萬戶之上置都統然時亦稱軍帥

【金史四十四　十二】

猛安而猛安則稱親管猛安者燕山既下循遼制立樞密院于廣寧府以總漢軍太宗天會元年以伐宋更為元南都統府為西南西北兩路都統府三年以元帥府為元帥府置元帥及左右副及左右監軍左右都監凡六都元帥必以諳版宗室為之恒居守而不出六年詔還二帥以鎮方面諸路各設兵馬都總管府州鎮置節度使沿邊州則置防禦使凡州府所募射糧軍年城每五百人為一指揮使司設指揮使分為四都都設左右什將左右人或二百人亦設指揮使若百人以上則止設軍使不可合者以三百其軍數若有餘或不足則與近者合置不可合者以三百

立為都不及百人止設什將及承局管押官各一員十年改南京路都統司為東南路都統司治東京以鎮高麗後又置統軍司于大名府及海陵天德二年八月改諸京兵馬都部署司為本路都總管府九月罷大名統軍司而置統軍司于山西河南陝西三路以元帥府都監軍為便分統天下之兵又改烏古迪烈路統軍司為招討司以婆速路統軍司為總管府三年以元帥府為樞密院罷元之官詔曰太祖開剏因時制宜材堪統眾授之萬戶其次千戶又謀克當時官賞未定城郭未下設此職許以世襲乃權宜之制非經久之利令子孫相繼專擅威權其戶不

【金史四十四　十二】

下數萬與留守總管無異而世權過之一可罷是官若舊無
千戶之職者續思增置國初時賜以國姓若爲子孫者皆
令復舊正隆末復陞陝西統軍司爲都統府大定五年復
罷府降爲統軍司尋又設兩招討司與前凡三以鎮邊陸
東北路者初置烏古迪烈部後置于泰州泰和間以去邊
尚三百里宗浩乃命分司于金山西北路者置於應州西
南路者置於桓州以重臣知兵者爲元帥府罷則復爲院宣宗
爲承制樞密院每行兵則更爲元帥府罷言留代州以屏平陽興
貞祐三年徵代州戍兵五千從各鼎言留代州以屏平陽興

定二年選募河南陝西弩手軍二千人爲一軍賜號威勇

及南遷河北封九公因其兵假以便宜從事沿河諸城置
行樞密院元帥府大者有便宜之號小者有從宜之名元
光間時招義軍以三十人爲謀克五謀克爲一千戶四千
戶爲一萬戶四萬戶爲一都統兩副統爲一都統此復國
初之名也然又外設一總領提控時皆稱元帥爲總領

云金初因遺諸抹而置群牧抹之爲言無蚊蚋美水草之
地也天德間置迪河幹朶幹里保作本蒲速幹燕恩尤者
五群牧所皆仍遼舊名各設官以治之又於諸色人內選
家富丁多及品官家子猛安謀克蒲輦軍與司吏家餘丁
及奴使之司牧謂之羣子分牧馬駝牛羊爲之立蕃息簿

耗之刑賞後稍增其數爲九契丹之亂遂亡其五四所之
所存者馬千餘牛二百八十餘羊八百六十駝九十而巳
世宗置所七曰特滿忒蒲忒蒲州在撫
地大定七年分其地置之承幹親只蒲速椀本
安三年改爲板底因烏魯古者言幹親只椀本烏魯古者言
法息合魯椀耶盧椀秦州之境臨潢大定二十年三月更
定羣牧官詳穩脫朶知把羣牧人滋息損耗賞罰格二十
一年物諸所馬三歲者付女直人牧之牛或以借民耕或
又令民畜羊或以賑貸戶時遣使閱實其數缺則杖其官
而令牧人償之匿其賞者監察舉覽之二十八年蕃息之
父馬至四十七萬牛十三萬羊八十七萬駝四千明昌五

年散羣牧官令中都西京河北東西路驗民物力分畜之又
令亡路民畜馬者死則於前四路所養者給換若欲用則
悉以送官此金之馬政也然每有大役必括於民及取羣
官之餘羣脫以供戰士爲宣宗興定元年定民間收潰軍亡
馬之法及以馬送官直之格上等馬一匹銀五十兩中
下逓減十兩不願酬直者上等二疋補一官雜班任使中
等三四下等四四如之令下十日陳首限外匿及穀並絞
四以上一官二千四以上兩官
又遣官括市民馬立賞格以示勸五百四以上鈔千貫千
養兵之法熙宗天眷三年正月詔歲給遼東戍卒紬絹有

正隆四年命河南陝西統軍司并虞候司順德軍官兵
並增廩給六年將南征以絹萬疋于京城易衣襖穿膝一
萬以給軍世宗大定三年南征軍士每歲可支一千萬貫
官府止有二百萬貫外可取於官民户此軍須錢之所由
起也時言軍者以山東河南陝西等路循宋齊舊例州縣
司吏弓手於民間驗物力均敷顧錢名曰免役請以是錢
贍軍主是省具數以聞詔罷弓手錢其司吏錢仍舊四年
六月奏元帥府乞降軍須錢上曰帥府支費無度例皆科
取於民其非朕意仰會計軍須文用不盡之數及諸路轉
運司見在如實缺用則別具以聞十年四月命德順州建

鹽屋以廠屯軍十七年七月歲以羊皮三萬賜西北路戍
兵承安三年以軍須防費甚大乞驗天下物力均徵擬依
黃河夫錢例徵軍須錢驗各路新籍物力每貫徵錢四貫
西京北京遼東路每貫徵錢二貫三限臨潢全州則免徵周年
三限送納恐期遠遂定制作半年三限輸納尼河南陝西
山東放老千户謀克蒲葦正軍阿里喜等給賞之例舊軍
千户十年以上銀五十兩絹三十疋不及十年比附十
年以上謀克支謀克銀十年以上銀四十兩絹二十五疋不
及十年謀克支謀克十年以上銀三十兩絹二十五疋不
二十疋不及十年銀二十兩絹二十五疋馬步正軍阿里

喜等勾當不拘年分放老正軍銀一十五兩絹一十疋阿
里喜旗鼓吹笛本司火頭人等同銀八兩絹五疋三虞候
千户十年以上謀克銀四十兩絹二十五疋不及十年銀三十
兩絹二十疋謀克二十年以上銀五十兩絹三十疋不及十年
以上銀三十兩絹二十五疋不及十年銀一十兩絹一十五
疋蒲葦十年以上銀二十兩絹一十五疋不及十年銀一
十五兩絹一十疋正軍阿里喜正軍
銀一十兩絹七疋阿里喜旗鼓吹笛等歷過軍功及年老放
五兩絹四疋比邊萬户千户謀克等歷過軍功及年老放
罷給賞之例　吏部格例　遷官從正千户管押萬户勾當過一十五
年老放罷遷一官實銀絹同從正千户管押萬户勾當過一十五
押萬户勾當一十五年遷兩官與正六品不及一十五
正六品若十年以下遷一官實銀絹六十兩不及一十五
年遷兩官與從五品不及一十五年年老放罷遷一官與
五十兩疋正千户管押千户勾當過三十年遷一官與正
六品不及二十年年老放罷遷一官與正七品若十年以
下遷一官實銀絹四十兩年老放罷遷一官管押千户以下依河
南陝西體例尼鎮防軍每年試射射若有出衆上等賞銀
四兩特異衆者賞十兩銀馬孟簽充武衛軍挈家赴京者
人日給六口粮馬四疋留其賞充諸招軍月給例物邊鋪軍錢

五十貫軍匠上中等錢五十貫絹五疋下等錢四
十貫絹四疋黃河埽兵錢三十貫絹五疋射糧軍及溝渠
等處埽兵水手錢二十貫絹二疋土兵錢十貫絹一疋凡
射糧軍指揮使及黃沁埽兵指揮使錢粟七貫石絹六疋
軍使錢粟六貫石絹同上什將錢二貫粟三石春衣錢五
貫秋衣錢十貫承局押官錢一貫五百文粟二石春衣錢五
五貫秋衣錢七貫牢城并土兵錢八百文粟二石二斗絹
四貫秋衣錢六貫邊鋪軍請給與射糧軍糧軍同河南陝西山
粟路統軍司鎮防甲軍馬軍猛安錢八貫米五石二斗絹
八疋六馬夵粟謀克錢六貫米二石八斗絹六疋五馬夵

粟蒲輦錢四貫米石七斗絹五疋四馬夵粟正軍錢二貫
米石五斗絹四疋綿十五兩兩馬夵粟阿里喜錢一貫五
百文米七斗絹三疋綿十兩步軍猛安馬二疋夵謀克馬一
疋夵粟每馬給夵一束粟五升歲仲春野有青草馬可牧
則止惟每猛安當差馬七十二疋四時皆給又定制河
養南山東河東歲給五月陝西六月鎮防軍補買馬錢河南
正軍五伯文阿里喜隨色人二百諸屯田被差及緣邊駐扎
三伯文阿里喜隨色人三百文陝西山東路正軍
捉殺軍猛安月給錢六貫米一石八斗五馬夵粟蒲輦錢
四貫米一石二斗三馬夵粟蒲輦錢二貫米六斗二馬夵

粟正軍錢一貫五百文米四斗一馬夵粟阿里喜隨色人
錢一貫米四斗一馬夵粟德順軍使什將錢六貫米二石
八斗絹六疋三馬夵軍使什將錢四貫米一石七斗絹
五疋給兩馬料夵粟謀克錢二貫米一石五斗絹二石八
兩給一馬料夵軍謀克錢一貫五百文米二石二斗絹八
兩給一馬料癸軍謀克蒲輦錢一貫米二石七斗絤絹同
斗絹六疋飼五馬地四項蒲輦錢四貫米一石七斗絹五
北邊臨潢等處永屯駐軍千戶錢八貫米二石二斗絹八
上給二馬料長行錢一貫米一石八斗絤絹同
春秋各一疋給三馬料夵粟蒲輦錢一貫米二石七斗絤絹同

疋飼四馬地三項正軍錢二貫米一石四斗五升絹四疋
飼兩馬綿十五兩地二項阿里喜錢一貫五百米七斗絹
三疋綿十兩地一項旗鼓司人與阿里喜同交替軍錢三
貫米四斗阿里喜錢一貫五百文米四斗上番漢軍千戶
月給錢三貫糧四石絹六疋正軍錢二貫米九斗五升絹四
糧一石絹六疋飼二馬正軍錢二貫米一石二斗絹八疋飼
上京路永屯駐軍所除授千戶月給錢粟十五貫石絹十
疋絹二十兩飼三馬謀克錢六貫米二石八斗絹六疋飼
二馬正軍月支錢二貫五百文米一石二斗絹四疋綿十
五兩飼一馬阿里喜隨色人錢二貫米一石二斗絹四疋

綿十五兩諸北邊東駐軍月給補買馬錢四百文隨色人
三百文貞祐三年軍前委差及掌軍官規圖糧料冒占職
役皆無實貟又見職及遇授者已有俸給又與無職事者
同支募糧故時議欲省貟減所給之數候征行則全給之
及興定二年彰化軍節度使張行信言一軍充役舉家厪
男而其妻女猶受給何謂耶五年京南行三司官石抹幹
魯言京南東西三路見屯軍戶老幼四十萬口歲費糧百
四十餘萬石皆坐食民租甚非善計語在田制諸屯田軍
人如差防送日給錢一百五十文看管耆寧宮人月各給

米五斗柴一車春秋衣麤布一段秋絹二疋綿一十五兩
諸養院子年滿者以元請錢糧三分內給一貫石養老

開府儀同三司上柱國錄軍國重事監修國史領經筵事都總裁臣　脫脫　奉

勅修

昔者先王因人之知畏而作刑因人之知恥而作法畏也
恥也五性之良知七情之大闊也是故刑以治已然法以
禁未然畏以處小人恥以遇君子君子知恥小人知畏天
下平矣是故先王養其威而用之畏可以教愛慎其法而
行之恥可以立廉愛以興仁廉以興義仁義與刑法並行此可
於措乎金初法制簡易無輕重貴賤之別刑贖並行此可
施諸新國非經世久遠之覿也天會以來漸從更議皇統

刑法志
四百四十三

金史四十五

一

阮明

頒制兼用古律厥後正隆又有續降制書大定有權宜條
理有重修制條明昌之世律義粉條並修品式寖備既而
泰和律義成書宜無遺憾然國脉紓嬰風俗醇醨世道升
降君子觀一代之刑法每有以先知為金法以杖折徒累
及二百州縣立威甚者置刃於肉刑季年君臣好
用箠楚故習由是以深文傅致為賦吏以慘酷辨事為長
才百司姦贓真犯此可決也而微過亦然風紀之臣失之
皆決考校其受決多寡以為殿最原其立法初意欲以
同疏蔵壹小大使之咸就繩約於律令之中莫不齊手並
足以聽公上之所為蓋秦人強主威之意也是以待宗室

少恩待大夫士少禮終金之代恩恥以就功名雖一時名
士有所不免至於避辱遠引罕聞其人殊不知君子無恥
而犯刑則小人無畏而犯刑矣是故論著於教愛立廉之
道往往致太息之意為雖然世宗御法司秦讞或去律
援經或撥義制法近古人君聽斷言數於道鮮有及之者
章宗宣宗嘗親民事當寧裁決寬猛出入難時或過中迹
其稱恕之多猶有祖風為簡牘所存可為龜鑑者本紀刑

志詳略互見云

金國舊俗輕罪笞以柳葼殺人及盜劫者擊其腦殺之沒
其家貲以十之四入官其六償主併以家人為奴婢其親
屬欲以馬牛雜物贖者從之或重罪亦聽自贖然恐無辨
於齊民則劓刵以為別其獄則掘地深廣數丈為之太宗
雖承太祖無變舊風之訓亦稍用遼宋法天會七年詔凡
竊盜但得物徒三年十貫以上徒五年五十貫以上死
貫以上徒終身仍以贓滿盡命刺字於面五十貫以上死
徵償如舊制熙宗天眷元年十月禁親王以下佩刀入宮
衛禁之法實自此始三年復取河南地乃詔其民約所用
刑法皆從律文罷獄卒酷毒刑具以從寬恕至皇統間部
諸臣以本朝舊制兼採隋唐之制參遼宋之法類以成書
名曰皇統制頒行中外時制杖罪至百則臀背分決及海

刑法志三十六

金史四十五

二

阮明刑

陵無人以肴近心腹遂禁之難主決奴婢亦論以違制又
多變易舊制至正隆間者為續降制書與皇統制逆行為
然二君任情用法自有異於是者矣及世宗即位以正隆
之亂盜賊公行共甲未息一時制旨多從時宜遂集為軍
前權宜條理大定四年尚書省奏大興民男子李十婦人
楊仙哥並以亂言當斬上曰愚民不識典法有司亦未嘗
丁寧語戒宣可遽加極刑以減死論五年命有司復加刪
定條理與前制書兼用七年左藏庫夜有盜殺都監郭良
臣盜金珠求盜不得命點檢司治之執其可疑者八人鞫
掠三人死五人誣伏上疑之命同知大興府事移剌道

雜治既而親軍百夫長阿思鉢斡勵金於市事覺伏誅上聞
之曰箠楚之下何求不得奈何鞫獄者不以情求之乎賜
死者錢人二百貫不死者五十貫於是禁護衛百夫長五
十夫長非直日不得帶刀入宮是歲斬死四二十人八年
制品官犯賭博法贓不滿五十貫者其法杖聽贖再犯者
杖之且曰杖者所以罰小人之也九年四御史臺奏獄事上曰近
廉恥故也曰既為職官當先廉恥既無
聞法官或各執所見或觀望宰執之意自今制無正條者
皆以律文為準復命杖不分受恐至深重乃令復舊令聞
謂宰臣曰朕念罪人杖不分受恐至深重乃令復舊令聞

民間有不欲者其令罷之十年尚書省奏河中府張錦自
言復父讎法當死上曰彼復父讎又自言之烈士也以減
死論十一年詔諭有司曰彼應捕盜而信實者輪直十二年
之事常親提控其選擇舍須近獄安置四禁
尚書省言內丘令蒲察臺補自科部內鐵立德政碑復有
貪偽錢二百餘貫罪當除名今遇赦當敘仍免徵贓上以
其餘錢二百餘貫罪何辜自今可並
告得實者量與給賞咸平尹石抹阿没剌以贓死於獄
追還墳墓亦有被發者盖無所畏自今可
功臣墳墓入官者免徵尚書省奏有發塚者上曰
今除名人子孫有在仕者並取奏裁十三年詔立春後立
秋前及大祭祀月朔望上下弦二十四氣兩未晴夜未明
休暇并禁屠宰日皆不聽決死刑惟強竊盜贓不待秋後十
品職官以贓至死愚亦其矣其諸子可皆除名先是詔自
上謂其尸諸市已為厚幸省而為盜蓋不得已三
五年詔死自今可令至八十貫者處死十七年陳言者氣設
者處死自今可令至八十貫者處死十七年陳言者氣設
提刑司以糾諸路刑獄之失尚書省議以謂父恐滋弊上
乃命濟南尹梁肅言犯徒者當免杖朝廷以為令已輕
閒時距京師數千里外懷冤上訴者集其事以待選官就

於古恐滋姦惡不從嘗詔宰臣朝廷每歲冊道審錄官本
以爲民伸冤滯也而所遣多不盡心但文具而已審錄之
官非止理問重刑凡訴訟案牘皆當閱實是非四徒刑之
囚繫則當釋放官吏之罪即以狀聞失糾察者嚴加懲斷
不以贖論又以監察御史體察東北路官吏輒受訟爲
慢也罷朝御批送尚書省曰凡法寺斷重輕罪各有期限
過七日徒刑五日杖罪三日上曰法有程限而輒違之囚不
者亦經旬月何耶參知政事移剌道對曰在法決死囚不
杖而殺之者即罪至於死而情或可恕猶當念之況其小
過傷於苛察而與人之性命安可輕哉上以正隆續降制書多任己
意因得上下其手遂置局命大理卿移剌愷總中外明法
者共校正乃以皇統正隆之制及大定軍前權宜條理後
續行條理倫其輕重刪繁正失制有關者以律文足之
律俱關及疑而不能決者則取旨畫定軍前權行條理
有可以常行者亦爲定法餘未應者亦別爲一部存之參

李章

三批送其議定奏者書奏牘亦不下旬日以致事多滯留
自今當勿復爾又曰故廣寧尹高楨爲政尚猛雖小過有

以近所定徒杖減半之法凡校定千一百九十條分爲十
二卷以大定重修制條爲名詔頒行焉二十年上見有踐
踐禾稼者謂宰相曰今後有踐民田者杖六十盜人穀者
杖八十並償其直二十一年尚書省奏肇州民馬俊妻安
姐與管卓姦俊以斧聲殺之罪當死上曰可減死一等以
戒敗風俗者二十二年上謂宰臣曰凡尚書省詳事近取觀之初送法
寺如法裁斷再送司直披詳又送閤寺如爲古論公說事反覆三次要
生情見不得結絕朕以國政不宜滯留昨雖灸艾六百炷
文字一斷便可聞奏如卿等知勤政也自今可止十次送
未嘗一日不坐朝欲使卿等知勤政也自今可止十次送
寺閤寺披詳苟有情見即具以聞冊使滯留也二十三年
尚書省奏益都民范德年七十六爲劉祐毆殺法當死
以祐父母年俱七十餘家無侍丁上請上曰范德與祐父
母年相若自當如父母相待至毆殺之難議末減其論如
法尚書省奏招討司官及禿里乞取本部財物與盜何
人止可矜恤若進貢不闕更以兵邀之強取財物與盜何
異且或因而生事何可不懲又曰朕所行制條皆臣下所
奏行者天下事多人力有限豈能一一盡之必因一事奏
聞方知有所窒礙即更定全有聖旨條理復有制條是
便姦吏得以輕重礙隨也大興府民趙無事帶酒亂言父千捕

甚難可特減死一等武器署丞奕直長骨被坐受笞畔子
財奕杖八十骨被笞二十監察御史梁襄等坐失糾察罰
俸一月上曰監察人君之耳目事由朕簽何以監察為上
掌撃徒致稽緩遂詔罷情見二十五年二月上以婦人在
囚輸作不便而杖不分決與殺無異遂命免死輸作者決
杖二百而免輸作以髀肯分決時后族有犯罪者尚書省
引入議奏上曰法者公天下持平之器若親者犯而從減
是使之恃此而橫恣也昔漢文誅薄昭有足取者前二十

志四四五　金史四十五　七

年時后族濟州節度使烏林達釙元嘗犯大辟朕未嘗宥
令乃宥之是開後世輕重出入之門也宰臣曰古所以議
親尊天子別庶人也上曰外家自異於宗室漢外戚權太
重至移國祚所以不令諸王公主有脫或緣坐則固
議勳可也至若議賢既賢而犯法乎夫有功於國
當減請也二十六年逐奏定太子妃大功以上親及皇
家無服者及賢而犯私罪者皆不入議上謂宰臣曰法有
倫而不偷者其政定之監察御史陶鈞以攜娼遊北花間
飲池島聞迫近殿廷提控官石珌聞而發之鈞令其友
怨屬珌得緩既而事覺法司奏當徒二年半詔以鈞耳目

之官謂妓入禁苑無上下之分杖六十珌皆坐之二十
八年上以制條拘於舊律間有難解之詞命刪修明白使
人皆曉之舊禁民不得收制書恐滋告訐之弊章宗大定
二十九年言事者乞許民藏之平章張汝霖曰前上問
刑書叔向譏之者蓋不欲預使民測其輕重也令著不利
之典使民曉然知之猶江河之易避而難犯足以輔治不
禁為便以眾議多不欲詔姑令仍舊禁之明昌元年上問
寧臣曰令何不專用律文平章政事張汝霖曰前受財法一
也遂置詳定所命審定律令承安二年制軍前受財分
令各有分其有犯以律決之令國家制律混淆固當分

志四四五　金史四十五　八

貨以下徒二年以上徒三年十貫處死待寶典書北京奴
盜待寶局金牌伏誅仍除屬籍按虎阿虎帶失覺察各杖
七十泰和二年御史臺奏監察御史史肅言大定條理自
二十年十一月四日以前奴婢良人女為妻者並筆已娶
為定若夫亡拘放從其主離夫摘賣良人女為妻者令本主收贖依舊
與夫同聚放良從良者即聽贖換如夫亡贖換間與夫所生
男女並聽為良而泰和新格復以夫亡服除準良人例離
夫摘賣及放夫為良者並聽為良若未出離再配與奴或
雜姦所出男女並許為良如此不同皆聽出離為妻或
以致隨處訴訟紛擾是涉連枉勑付所司正之初詔凡條

格入制文内者分為別卷復詔制與律文輕重不同及律
所無者各校定以聞如禁屠宰之類當著于令也慎之勿
忽律令一定不可更矣三年七月右司郎中孫鐸先以詳
定所校定名例篇進既而諸篇皆成復命中都路轉運使王
寂大理卿董師中等重校之四年七月上以諸路枷杖多
不如法平章政事守貞曰聞枷杖尺寸有制提刑兩月一巡
察必不敢違法也五年正月復令鈞校制律即付詳定所
時詳定官言若依重修制文為式則條目增減罪名輕重
當異於律既定復與舊同頒則使人感而易為姦矣臣等
謂用今制條參酌時宜準律文修定歷揀前代刑書宜於

金史四十五 九 章宗本紀

今以補遺闕取刑統疏文以釋之著為常法名曰明昌
律義別編摭貨邊部權宜等事集為勑條宰臣謂先所定
令文尚有未完俟皆通定然後頒行若律科舉人則止習
舊律遂以知大興府事尼尾古鑑御史中丞董師中翰林
待制興屯忠孝小字哥提點司天臺張嗣翰林修撰顏撒
剌刑部員外郎李庭義大理丞麻安上為校定官大理卿
闕公貞戶部侍郎李敬義工部郎中賈鉉為復定官重修
新律為時奏獄而法官有獨出情見者上曰或言法官不
當出情見故論者紛紛不已朕謂情見非出於法外但折
衷以從法爾平章守貞曰是制自大定二十三年罷之然

律有起請諸條是古亦許情見矣上曰科條有限而人情
無窮情見亦豈可無也明昌五年尚書省奏在制名例内
從年之律無決杖之文便不用杖緣先謂流刑非令所宜
且代流役四年以下俱決杖而徒三年以下難復不用婦
人比之男子雖年輕差輕亦當例減送以徒二年以下杖六
十二年以上杖七十婦人犯者並決五十著于勑條承安
三年勑尚書省自今特旨事如律令程式者始可送部自
餘翔行之事但召部官赴省議之四年四月尚書省請冊
覆定令文因勑宰臣曰凡事理明白者轉奏可也文牘
多者恐難偏覽其三推情疑以聞五月上以法不適平常

金史四十五 十一 章宗本紀

行杖樣多不能用遂定分寸鑄銅為杖式頒之天下且曰
若以笞杖太輕恐情理有難恕者訊杖可再議之五年五
月刑部員外郎馬復言外官尚苛刺者不遵銅杖式輕用
大杖多致人死詔令按察司糾劾之先嘗令諸死四及
除名罪所委官就讞之刑部員外郎完顏綱言自是制
以上者並令其官相去二百里外并犯徒以下遽及三十人
行如上京最近之地往還不下三二千里如北京留守司
亦動經數月愈致稽留未便詔復從舊令委官追取鞫之
十二月翰林修撰楊庭秀言州縣官往往以權勢自居喜
怒自任聽訟之際鮮克加審但使譯人往來傳詞罪之輕

重成於其口貨略公行寬者至有三十年不能正者上
遂命定立條約達者按察司糺之且謂宰臣曰長貳官委
幕職及司吏推問獄囚命申御史臺聞奏之制當復舉行
也又命編前後條制書之千冊以備將來考驗泰和元年
正月尚書省奏以見行銅狀式輕細姦宄不畏遂命有司
量所犯用大杖且禁不得過五分十二月所修律成凡十
有二篇一曰名例二曰衛禁三曰職制四曰戶婚五曰廄
庫六曰擅興七曰賊盜八曰鬥訟九曰詐偽十曰雜律十
一曰捕亡十二曰斷獄實唐律也但加贖銅皆倍之增徒
六條凡五百六十三條為三十卷附注以明其事疏義以

刑法志四百五十　金史四十五　十二　陳考

二十六條皆從其舊又加以分其一為二分其一為四者
百四十九條因而畧有所損益者二百八十有二條餘百
至四年五月為七削不宜於時者四十七條增時用之制

釋其疑名曰泰和律義自官品令職負令之下曰祠令四
十八條凡戶令六十六條學令十一條選舉令八十三條
爵令九條封贈令十條宮衛令十條公式令五十八條禮
制令二十三條衣服令十條軍防令二十五條儀　禄令十七
三條廄庫令七條廄牧令十二條田令二十條賞令十七條賦役令二十　醫疾令二十
令五條假寧令十四條獄官令百有六條雜令四十九條

釋道令十條營繕令十三條河防令十一條服制令十一
條附以年月之制曰律二十卷又定制勑九十五條權
貨八十五條蕃部三十九條曰新定勑條三卷六部格式
三十卷司空襄以進詔以明年五月頒行之貞祐三年上
謂宰臣自今監察官犯罪其事關軍國利害者並筈決之
貞祐四年詔凡監察失糺勤者從本法論外使入國私通
本國事情宿衛近侍官承應人出入親王公主宰執家災
傷之食有司檢覈不實致傷人命犯在京犯至
試舉人而防閑不嚴其罰並決至兩次者臺官減
監察一等治罪論贖止坐專差任滿日議定若任內曾
以漏察被決依格雖為稱職止從平常者從降罰興
定元年八月上謂宰臣曰律有八議今言者或謂應議之
人即當減等何如對曰凡議者先言所坐及應議之
狀以請必議定然後奏裁也上然之曰若不論輕重而輒
減之則賣威皆將恃此以虐民民何以堪

刑法三百三十八　金史四十五　十二

纂修

中書右丞相監修國史兼經筵事臣脫脫奉
敕修

食貨一

戶口　通檢推排

金史四十六卷

國之有食貨猶人之有飲食也人非飲食不生國非食貨
不立然燧人庖犧能為飲食之道以教人而不能使人無
飲食之疾三王能為食貨之政以遺後世而不能使後世
無食貨之弊唯善養生者如不欲食啖而飲食自不事貨
故能適飢飽之宜可以疾少而長壽善裕國者初不事貨
殖而食貨自不乏焉故能制豐約之節可以弊少而長治

食貨志

金於食貨其立法也周其取民也審太祖肇造減遼租稅
規模遂矣熙宗海陵之世風氣日開無務遠略君臣講求
財用之制切切然以是為先務雖以世宗之賢儲積之志
嘗一日而忘之章宗文焉與邊費亦廣食貨之議不
容不急宣宗南遷國土日蹙汗池數昏徙往而然攷其立
國以來所謂食貨之法舉舉大者曰租稅銅錢交鈔三者
而已三者之法數變而數窮官田曰租私田曰稅租稅之
外筭其田園屋舍車馬牛羊樹藝之數及其藏鏹多寡徵
錢曰物力物力之徵上自公卿大夫下逮民庶無苟免者
近臣出使外國歸必增物力錢以其受饋遺也猛安謀克

戶又有所謂牛頭稅者宰臣有納此稅庭陛間諮及其增
減則州縣徵求於小民蓋可知矣故物力之外又有鋪馬
軍須輸庸司吏河夫桑皮故紙等錢名目瑣細不可殫述
其為戶有數等有課役戶本戶雜戶正戶監戶
官戶奴婢戶二稅戶隸州縣者與隸猛安謀克其屬民
為推排凡戶隸州縣者始以三年一籍後變為通檢又
不同法之初行唯恐不密言事者謂其屬民即命罷而民
之未久會計者告用乏又即舉行其罷也志以便民而民
未見德其行也志以足用而數亦浩瀚若足支歷年者郡
言不絕告誠當自計其國用數亦浩瀚若足支歷年者

金史四十六卷

縣稍遇歲侵又遽不足竟莫詰其故焉至於銅錢交鈔之
弊蓋有甚者初用遼宋舊錢雖劉豫所鑄廢亦兼用之
正隆而降始議鼓鑄民間銅禁甚至銅不給用漸興窨冶
凡產銅地脈進吏境內訪察無遺且及外界而民用銅器
不可闕者皆造於官而鬻之既而官不勝煩民不勝病乃
聽民冶銅造器而官為立價以售此銅法之一變也若錢
之變則鼓鑄未廣斂散無方已見壅滯初恐官庫多積錢
不及民立法廣布繼恐民多賣錢乃設存留之限開告計
之路犯者繩以重罰卒莫禁州縣錢艱民間自鑄私錢
苦惡特甚乃以官錢五百易其一千其策愈下及改鑄大

錢所準加重百計流通卒莫獲效濟以鐵錢鐵不可用權
以交鈔錢重鈔輕相去懸絕物價騰踊鈔至不行權以銀
貨銀弊又滋抹亦無策遂罷銅錢專用交鈔銀貨然而二
者之弊乃甚其錢在官利於用大鈔而大鈔出多民益見
輕在私利於得已而恐民用銀而小鈔入多國亦無補於是禁官不
得用大鈔已而恐民眩惑及不得已則又責民以鈔納官
以示必用先造二十貫至百貫例後造二百貫至千貫例
先後輕重不倫民益眩惑及不得已則限以年數限以地
方公私受納限以分數由是民疑日深其間易交鈔為寶
券寶券未久更作通寶準銀并用通寶未久復作寶泉寶

泉未久織綾印鈔名曰珍貨珍貨未久復作寶會泛無定
制而金柞詭訛矣歷觀自古財聚民散以至亡國若鹿蔓鉅
橋之類不足論也其國亡財匱比比有之而國用之屬未
有若金之甚者金之為政常有邶民之志而不能已苟
征之令徒有聚歛之名而不能致富國之實及其亡也
粟闌權一切掊克之政靡不為之加賦數倍豫借數年或
欲得鈔則豫賣下年差科高琪為相議至榷油進納濫官
輒售空名宣勅或欲與以五品正班僧道入粟始自度牒
終至德號綱副威儀寺觀主席亦量其貨而鬻之甚而丁
愛鬻以求仕監戶鬻以從良進士出身鬻至及第又甚而

叛臣劇盜之效順無金帛以備賞激動以王爵圖結其心
重爵不珬則以國姓賜之名實混淆倫法斁壞皆不暇顧
國欲不亂其可得乎迨夫絕歲幣而不許和貪其淮南
之舊謀以力取至使樞府武騎盡於南伐訛可時全之出
初志得粮後乃尺寸無補三軍償亡我師壓境兵財俱困
無以禦之故志金之食貨者不能不為之掩卷而興嘅也
傳曰作法於涼其弊猶貪作法於貪弊將若何金起東海
之制若用唐之求業口分以制民產傚其租庸調之法以
曠間遺黎恓恓惴惴何求不獲使於斯時縱不能復井地溝洫
其俗純實可與返古初入中夏兵威所加民多流亡土多
朴襲宋繁縟之文懲宋寬柔之政是葉二國之
耶其弊在於急一時之利踵久壞之法及其中葉鄙逐倹
所長而併用其所短也國用繁縟勝必至於傷財操切勝必至
於害民訖金之世國用易匱民心易離宣不由是歟作法
不慎厥初變法以捄其弊祇益甚焉可其他鹽筴酒麴常
平和糴茶稅征商榷場等法大槩多宋舊人之所建明焉
耗無定籙易靡恒視錢鈔何異田制水利區田之目或建
行隨報或屢試無效或熟議未行咸著于篇以備一代之

制云

戶口之制男女二歲以下為黃十五以下為小十六為中
十七為丁六十為老無夫為寡妻妾廢疾不為丁戶
主推其長充內有物力者為課役戶無者為不課役令
民以五家為保有匿姦細盜賊者連坐宰臣謂舊以五家為
保恐人易為計攜而難覺察遂令從唐制五家為隣五隣
百戶以上則設主首四人二百以上三人五十戶以上二
人以下一人以佐里正禁察非違置壯丁以佐主首以佐

寨為鄉置里正以按比戶口催督賦役勸課農桑村社三
盜賊猛安謀克部村寨五十戶以上設寨使一人掌同主
首寺觀則設綱首凡坊正里正以其戶十分內取三分為
民均出顏錢募強幹有抵保者充人不得過百貫役不得
過一年大定二十九年章宗嘗欲罷坊里正俊以主首速
更凡戶口計帳三年一籍自正月初縣以里正主首猛之
十日申州以十日內達上司無遠近皆以四月二十日到
安謀克則以寨使詣編戶家責手實具男女老幼年與姓
名生者增之死者除之正月二十日以實數報縣二月二
部呈省凡漢人渤海人不得充猛安謀克戶猛安謀克之
奴婢免為良者止隸本部為正戶凡沒入官良人隸官籍

監為監戶沒入官奴婢隸太府監為官戶當收國二年時
法制未定兵革未息貧民多依權右為計苟安多隱蔽為奴
婢者太祖下詔曰比以歲凶民飢多附豪族因陷為奴隸
及有犯法徵償莫辨折身為奴或私約立限以人對贖過
期則以為奴者並聽以兩人贖一為良元約以一人贖者
從便以居五年以境土既拓而舊部多瘠鹵將移其民于
泰州乃道皇弟昱及族子宗雄按視其地晶等莫其民于
統之屯種于泰州婆盧火舊居阿注滸水出獵獲至是
遷焉其居寧江州者遣拾得查端阿里徒歡奚捷罕等四

進言可種植逐摘諸猛安謀克中民戶為餘使宗人婆盧
火耕于泰州仍賜婆盧火耕牛五十天輔
六年既定山西諸州以上京為內地則移其民實之又命
謀克挈家鷹耕具徙于泰州
耶律佛頂以兵護送諸降人于渾河路以皇弟昂監之命
從便以居七年以山西諸部族近西北二邊且遷主未獲
恕陰相結誘復命皇弟昂與李董稍喝等以兵四千護送
亂之嶺東惟西京民安堵如故且命昂鎮守上京路既而
上聞昂已過上京而降人復苦其侵擾多叛亡者退命孛
堇出里徒往戒諭之比至而諸部已叛去又以猛安詐穩
留住所領歸附之民還東京命有司常撫慰且貸一歲之
糧其親屬被虜者皆令襄居及七年取燕京路二月盡徙

潤隰等四州之民於瀋州之境以新遷之戶艱苦不能自
存詔曰比聞民乏食至鬻子者聽以丁力等者贖之又詔
字董阿寶贅曰先皇帝以同姓之人昔有自鬻為贅典質其
身者命官為贖令聞尚有未復者其悉閱贖之又命以官
二年民有自鬻為奴者詔以丁力等易之三年禁內外
粟鬻上京路新遷置寧江州戶口貧而賣身者六百餘人
買者一人償十五人詐買者一人償二人罪皆杖百七年
詔兵興以來良人被略為驅者聽其父母妻子贖之熙宗

食貨志 四九
○ 金史卷六 七

皇統四年詔陝西蒲解汝蔡等州歲飢百姓流落典質窩
驅者官以絹贖為良丁男三疋婦人幼小二疋世宗大定
二年詔免二稅戶為民初遼人使佛尤甚多以良民賜諸
寺分其稅一半輸官一半輸寺故謂之二稅戶遼亡僧多
匿其實抑為賤有援左證以告者有司各執以聞上素知
其事故特免之十七年五月省奏咸平府路一千六百餘
戶自陳皆長白山星顯禪春河女直人遼時簽為獵戶移
居於此號移典部遂附契丹籍本朝義兵之興首詣軍降
仍居本部今乞釐正詔從之二十年以上京路女直人戶
規避物力自賣其奴婢致耕田者少遂以貧乏詔定制禁

之又謂宰臣曰猛安謀克人戶兄弟親屬若各隨所分土
與漢人錯居每四五十戶結為保聚農作時令相助濟此
亦勸相之道也二十一年六月徙銀山側民於臨潢又命
避役之戶舉家逃於他所者元貫及所寓司縣官同罪為
定制二十三年定女直奴婢如有得力於良人是年七月奏
者須取問房親及村老給據方許婚娉於良人本主許令婚娉為
猛安謀克戶口墾地牛具之數猛安二百二謀克千八百
七十八戶六十一萬五千六百二十四口六百一十五萬〔內正口四百八十一萬九千六百/奴婢口一百三十四萬五千六百〕
八千五百三十六〔九 奴婢二萬七……〕
十墾田一百六十九萬三百八十頃有奇牛具三十八萬
八千七百九十一
四千七百七十一在都宗室將軍司戶一百七十口二萬〔正口一千六百……奴婢……〕
八千七百九十
十三頃七十五畝牛具三百四迭剌唐古二部五糺戶五
千五百八十五口十三萬七千五百四十四
萬八千八百十一〔一 奴婢十一萬……〕墾田三千六百八
千七百六十二十五年命宰臣禁有祿人一子及農民避課
萬八千八十一墾田六千七百二十四頃十七畝牛具五
下戶六百七十八萬九千四百四十九口四千四百七十
役為僧道者大定初天下戶繞三百餘萬至二十七年天
萬五千八百七十六章宗大定二十九年十一月上封事者言
乞放二稅戶為良省臣欲取公牒可憑者為准泰知政事

食貨志
○ 金史卷四六 八

移剌復謂憑驗真偽難明凡契丹奴婢今後所生者悉為
良見有者則不得典賣如此則三十年後奴皆為良而民
且不病焉上以履言未當令再議省奏謂不拘括則訟終
不絕遂遣大興府治中烏古孫仲和侍御史范楫分括北
路及中都路二稅戶凡無憑驗其主自言之者及因通檢
而知之者其稅半輸官半輸主而有憑驗者悉放為良明
昌元年正月上封事者言自古以農桑為本今商賈之外
又有佛老與他游食浮費百倍農歲不登流殍相望此末
作傷農者多故也上乃下令禁自披剃為僧道者是歲奏
天下戶六百九十三萬九千口四千五百四十四萬七千
九百而粟止五千二百二十六萬一千餘石除官兵二年
之費餘驗口計之口月食五斗可為四十四日之食上曰
蓄積不多是力農者少故也其集百官議所以使民務本
廣儲之道以聞六月奏北京等路所免二稅戶凡一千七
百餘戶萬三千九百餘口此後為良為驅皆從已斷為定
明昌六年二月上謂宰臣曰凡言女直進士不須稱女直
字鄉等誤作迴避女直語非也今如分別戶民則女
直言本戶漢戶及契丹餘謂之雜戶明昌六年口四千八
天下女直契丹漢戶七百二十二萬三千四百口四千
百四十九萬四百物力錢二百六十萬四十七百四十二

貞泰和七年六月勅中物力戶有役者則多逃避有司令以
次戶代之事畢則復業以致大損不逃之戶令省臣議
宰臣奏舊制太輕遂命課役全戶逃者徒二年賞告者錢
五萬先逃者以百日內自首免罪如實銷乏者內從御史
臺外從按察司體究免之十二月奏天下戶七百六十八
萬四千七百三十八口四千五百八十一萬六千七十九
戶增於大定二十七年一百六十二萬三千七十五
口增八百一十二萬七千六百五十五
之極盛也及衛紹王之時軍旅不息宣宗立而南遷徙
之餘所在為虛庤戶口日耗軍賞日急賦歛繁重皆仰給
於河南民不堪命率棄廬田相繼去鄭降詔招復業
河南以歲飢而賦役不息所亡戶令有司招之至明年三
月不復業者論如律時河壖為疆烽䩸屢警故集慶軍節
度使溫迪罕達言亳州戶舊六萬自南遷以來不勝調發
相繼逃去所存者曾無十一磁山下邑野無居民矣
者免其歲之租然以國用乏竭逃者之租皆令居者代出
以故多不敢還興定元年十二月宣宗欲懸賞募人捕亡
戶而復應騷勳遂命依已降詔書已免債逋更招一月進
通檢推排通檢即周禮大司徒三年一大比各登其鄉之
眾寡六畜車輦辨物行徵之制也金自國初占籍之後至

大定四年承正隆師旅之餘民之貧富變易賦役不均世
宗下詔曰粵自國初有司常行大比于今四十年矣正隆
時兵役並興調發無度富者今貧不能自存版籍所無者
今為富室而猶幸免是用遣信臣泰寧軍節度使張弘信
等十三人分路通撿天下物力而差定之以革前弊俾
元無不均之嘆以稱朕意凡規措理命尚書省畫一以
行又命凡監戶事產除官所撥賜之外餘凡置到百姓有
稅田宅皆在通撿之數時諸使往往以苛酷多得物力為
功弘信檢山東州縣尤為酷暴榷州防禦使完顏永元面
責之曰朝廷以正隆後差調不均故命使者均之今乃殘
暴妄加民產業數倍一有來申訴者則血肉淋離甚者即
須杖下此何理也弘信不能對故惟榷州稍平五年有司
奏諸路通撿不均詔再以戶口多寡貧富輕重適中定之
既而又定通撿地土等第稅法十五年九月上以天下物
力自通撿以來十餘年貧富變易調輕重不均遣海南
尹梁蕭等二十六人分路推排二十年四月上謂宰臣曰
猛安謀克戶富貧差發不均皆自謀克內科之暗者惟胥
吏之言是從輕重不一自窩斡叛後貧富反復令當籍其
更之言是從輕重不一自窩斡叛後貧富反復令當籍其
克寧平章政事安禮樞密副使宗尹言女直人除猛安謀

克僕從差使餘無差役今不推奴婢畜地土數目止驗
產業科差為便左丞相守道等言止驗財產多寡分為四
等置籍以科差庶得均也左丞通右丞道都點撿襄言括
其奴婢之數則貧富自見緩急有事科差與一例科差者
不同請俟農隙拘括地土牛具奴婢之數以所見上聞曰
一謀克戶之貧富謀克豈不知一猛安所領八謀克一例
科差設如一謀克內有奴婢二三百口者有奴婢一二人
者科差與同豈得平均正隆興兵時朕之奴婢萬數尊貴
數千而不差一人一馬豈可謂平於庶事未嘗專行與
卿謀之往年散置契丹戶安禮言恐搖動朕決行之果
得安業安禮雖盡忠未審長策其從左丞通等所見拘括
推排之十二月上謂宰臣曰猛安謀克多新強舊弱差役
不均其令推排當自中都路始至二十二年八月始詔令
集耆老推貧富驗土地牛具奴婢之數分為上中下三等
以同知大興府事完顏烏里也先推中都路續遣戶部主
事按帶等十四人與外官同分路推排九月詔毋令富者
匿隱畜產貧戶或有不敢養馬者昔海陵時拘括馬畜絕
無等級富者倖免貧者盡拘入官大為不均今並覈實貧
富造籍有急即按籍取之庶幾無不均之弊張汝弼梁蕭
奏天下民戶通撿既定設有產物移易自應隨業輸納至

於浮財須有增耗貧者自貧富者自富似不必屢推排也

上曰宰執家多有新富者故皆不願也蕭對曰如臣者能

推排中都物力臣以嘗為南使先自添物力錢至六十餘

貫視其他奉使無如臣多者但小民無知姦生數動

搖則易駭如唐宋及遠時或三二十年不測通比則有之

頻歲推排似為難爾二十六年復以李晏等分路推排二

十七年奏晏等所定物力之數上曰朕以元推天下物力

錢三百五萬餘貫即是賣二萬貫爾而曰續收何也對

數復續收二萬餘貫除三百貫外令減五萬餘貫今減不及

者也上曰過檢舊數止於視其營運息耗與房地多寡

而加減之彼人賣地此人買之皆舊數也至如營運此強

則彼弱強者增之而弱者減之而已且物力之數蓋是定

役之法其大數不在多寡也朕恐實有營運富家所當出

者反分與貧者爾章宗大定二十九年六月命為國信使

之副者免增物力又命農民如有積粟每充物力錢慳之

郡所納錢貨則許折粟帛九月以曹州河溢遣馬百祿等

推排遭墊溺州縣之貧乏者明昌元年四月刑部郎中路

伯達等言民地巳納稅又通定物力比之浮財所出差役

是為重併也遂詳酌民地定物力減十之二尚書戶部言

中都等路被水詔委官推排比舊減錢五千六百餘貫明

昌三年八月勅尚書省百姓當豐稔之時不務積貯一遇

凶儉輒有阻飢何法可使民重穀而多積物力明昌初二

十九年巳詔農民能積粟免充物力明昌初命民之物力

與地土通推者亦減十分之二此固其術也承安元年尚

書省奏是年九月當推排以有故不克詔以冬巳深比事

畢恐妨農作乃權止之後距今巳十年詔令議通檢率臣奏

曰大定二十七年通檢後距今巳十年舊詔以冬十月勅戶

進更定制恐致流亡遂定制巳典賣物業止隨物推收戶

異居者許令別籍戶絕及困弱者減免新強者詳審增之

巡院示為諸路法每路差官一員命提刑司官一員副

是令吏部尚書賈鉉剛吏部侍郎高汝礪先推排在都兩

止當從實不必敷足元數邊城被寇之地皆不必推排於

之三年九月奏十三路籍定推排物力錢二百五十八萬

六千七百二貫四百九十文舊額三百二萬二千七百十

八貫九百二十二文以貧乏除免六十三萬八千一百

十一貫除上京北京西京路無新強增者餘路計收二十

萬二千九百五十貫泰和二年閏十二月上以推排時乾問

人戶浮財物力而又勘當比次期迫事繁難得其實務尚

書省定人戶物力隨時推收法令自今典賣事產者隨業

推收別置標簿臨時止拘浮財物力以增減之泰和四年

十二月上以職官仕於速方其家物力有應除而不除著

遂定典賣賣業逐時推收若無浮財營運應除免者令本

家陳告集坊村人戶推唱驗實免之造籍後如無人告一

月內以本官文牒推唱定標附于籍五年以西京北京邊

地常羅兵荒遣便推排之舊大定二十六年所定三十五

萬三千餘貫遂減為二十八萬七千餘貫五年六月簽南

京按察司事李革言近制令人戶推收物力置簿標題至

通推時止增新強銷舊麻得其貧今有司奉行減裂恐

臨時冗併卒難詳審可定期限立罪以增之遂令自今年

十一月一日令人戶告詣推收標附至次年二月一日畢

違期不言者坐罪且令諸處稅務具稅詑房地每半月具

數申報所屬違者坐以怠慢輕事之罪仍勅物力既隨著

通推時止令定浮財八年九月以吏部尚書賈守謙知濟

南府事蒲察張家奴莒州刺史完顏百嘉南京路轉運便

宋元吉等十三貫分路同本路按察司官一貫推排諸路

上召至香閤親諭之曰朕選卿等隨路推排除推收外其

新強消乏戶雖集眾推唱然消乏者有未當者新強勿添

力元三百貫今蠲免二百五十貫猶有未當者新強之類卿

盡量存其力如一戶可添三百貫而止添二百貫之類卿

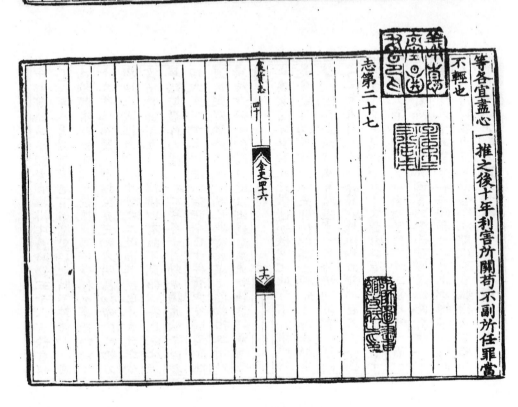

等各宜盡心一推之後十年利害所關苟不副所任罪當

不輕也

志第二十七

開府儀同三司權尚書右丞相兼總裁臣永相等　國領　經筵事都總裁臣　脫脫　奉

勅修

食貨二

田制　牛頭稅　租賦

食貨志

田制量田以營造尺五尺為步闊一步長二百四十步為
畝百畝為頃民田業各從其便賣質於人無禁但令隨地
輸租而已凡桑棗民戶以多植為勤少者必植其地十之
三猛安謀克戶少者必課種其地十之一除枯補新使之
不闕凡官地猛安謀克及貧民請射者寬鄉一丁百畝狹
鄉十畝中男半之請射荒地者以最下第五等減半定租
八年始徵之作已業者以第七等減半為稅七年始徵之
自首賣比鄰地者輸官租三分之二佃黃河退灘者次年
納租太宗天會九年五月始分遣諸路勸農之使者興宗
天會十四年罷來流混同間護邊地以予民耕牧海陵正
隆元年二月遣刑部尚書紇石烈婁室等十一人分行大
興府山東真定府拘括官或荒閑牧地及官民占射逃
絕戶地成兵占佃營籍監外路官本業外增置土田及大
興府平州路僧尼道士女冠等地盡以搜所遷之猛安謀
克戶且令民請射而官得其租也世宗大定五年十二月
上以京畿兩猛安民戶不自耕墾及伐桑棗為薪輒焉之命

大興少尹完顏讓廵察十年四月禁侵耕圍場地十一年
謂侍臣曰往歲山西傍路皆禾稼殆無牧地嘗下令
使民五里外乃得耕墾今聞其民以此夫之他所甚可矜
憫其令依舊耕種毋致失業凡害民之事患在不知之
朕必不為自今事有類此卿等即告毋隱十三年勅令有司
每歲遣官勸猛安謀克農事恐有煩擾自今止令各管職
官勸督弛慢者舉劾以聞十七年六月邢州男子趙迪簡
言隨路不附籍官田及河灘地皆為豪強所占而貧民土
瘠稅重乞遣官拘籍佃者定立租課復量減人戶稅數
庶得輕重均平詔付有司將行而止後以近都猛安謀克
所給官地率皆薄瘠蒙民租佃官田歲久往往冒為已業
令拘籍之又謂省臣曰官地非民誰種然女直人戶自鄉
土三四千里移來盡得薄地若不拘刷良田給之女必貧
乏其遣官察之又謂參知政事張汝弼曰先嘗遣問女直
土地皆六良田及朕出獵因之則謂自起後至此不能
種蒔研鹵為蓆或斬刈以自給卿等其議之省臣奏官地
所以人多嵇匿盜耕者由其罪輕故也乃更條約立限令
人自陳遣限則人能告者有賞遣同知中都路轉運使張
九思往過限拘籍之十九年二月上如春水見民桑多為牧畜
齧毀詔親王公主及勢要家牧畜有犯民桑者許所屬縣

官立加懲斷十二月謂宰臣曰比遼時所撥地與本朝元

師府已曾拘籍矣比或指射為無主地租佃及新開荒因

己業者可以拘括其間播種歲久若遽奪之恐民失業因

詔括地官張九思戒之後謂宰臣曰朕聞括地事所行極

不當如皇后莊太子務之類止以名稱便為官地百姓所

執憑驗一切不問其相鄰冒占官地復有辜免者能使軍

戶稍給民不失業乃朕之心也二十年四月以行幸道臨

屬從人不便詔戶部沿路頓舍側近官地勿租與民耕種

又詔故太保阿里先於山東路撥地百四十頃五月諭有司曰

於中都路賜田百頃命拘山東之地入官大定初又

白石門至野狐嶺其間淀濼多為民耕植渚而官民雜畜

往來無牧放之所可差官拘元荒地及冒佃之數二十一

年正月上謂宰臣曰山東大名等路猛安謀克戶之民往

往驕縱不親稼穡不令家人農作盡令漢人佃蒔取租而

已富家盡服綺紈酒食遊宴貧苦弟慕效之欲望家給人

足難矣近巳禁賣奴婢紈約其吉凶之禮更當委官閱實戶

數計口授地必令自耕力不瞻者方許佃於人仍禁其農

時飲酒又曰癸人六猛安巳徙居咸平臨潢泰州其地肥

沃且精勤農務各安其居人徙居美地者菽粟得收

穫否左丞守道對曰聞皆自耕歲用亦足上曰彼地肥美

異於他屬惟附都民以水害稼者振之三月陳言者言豪

強之家多占奪田者上曰前參政納合椿年占地八百頃

又聞山西田亦多為權要所占有一家一口至三十頃者

以致小民無田可耕從籍入官將均賜貧民省臣又奏播

官地十頃以上者皆括從居陰山之惡地何以自存其占

年猛安三合以故太師轎盆溫敬思忠孫長壽等親屬計七

十餘家所占地三千餘頃上曰至秋除牛頭地外仍各給

十頃餘皆拘入官後招討司所括者亦當同此也又謂

宰臣曰山東路所括民田巳分給女直屯田人戶復有籍

官闕地依元數還民仍免租秋六月上謂省臣曰近者大

興府平灤薊通順等州經水災之地免今年稅租不罹水

災者姊停夏稅俟秋歲徵之時中都大水而濱棣等州及

山後大熊命修治懷來以南道路以來難者又命都城減

價以糶又曰近畿地三二年租課者或種而不耘難其

往往以田租人而預借三二年租課者或種而不耘聽其

荒蕪者自今皆令閱實各戶人力可耕幾頃畝必使自耕

耘之其力果不及者方許租賃如情農飲酒勸農謀克及

本管猛安謀克并都管各以等第科罪收穫數多者則亦

以等第遷賞七月上謂宰臣曰前徙宗室罪戶於河間撥地

處之而不迴納舊地宜有兩地皆占之理自今當以一處

賜之山東刷民田已分給女直屯田戶復有餘地當以還
民而免是歲之租八月尚書省奏山東所刷地數上謂梁
蕭曰朕嘗以此問卿卿不以言此雖稱民地然皆無明據
括為官地有何不可又曰黃河已移故道梁山濼水退地
甚廣已嘗遣使安置屯田民莒嘗恣意種之今官已籍其
地而民懼徵其租逃之者甚眾若徵其租而以冒佃不即出
首罪論之固宜然若遽取之恐致失所可免其徵被其罪
地則給之御史臺奏大名漳州因刷梁山濼官地或
別以民地被刷者上復名宰臣曰雖曾經通檢納稅而無
明驗者復當刷問有公據者雖付本人仍須體問十月後

典張仲愈論冒占田事二十二年以附都猛安戶不自種
悉租與民有一家百口耀無一苗者上曰勸農官何勸諭
為此其令治罪宰臣奏曰不自種而輒與人者合科遺例
上曰太重愚知遂從大興少尹王脩所奏以不種者
杖六十謀克四十受罪百姓無罪又命招復梁山濼流民
官給以田時人戶有鬻契擭指墳壠為驗者亦拘在官先
之如已撥係猛安則償以官田上曰工部尚書張九思執
委恩州刺史竇晦招之復遣安廉州刺史張國基驗實給
強不通向遣刷官田凡犯秦漢以來名稱如長城燕子城
之類者皆以為官田此田百姓為已業不知幾百年矣所

見如此何不通之甚也八月以趙王永中等四王府冒占
官田罪其各府長史府掾及安次新城宛平昌平永清懷
安舊居之地無牛者官給之河間宗室來徙者令盡徙于
雜六縣官皆罰贖有差九月遣刑部尚書移剌慥于山東
路猛安內摘八謀克民徙于河北東路酬斡青之兒兩猛
安貧窮須刷官田至是歲省臣復以為奏上曰本為新徙
平州無力者官給之土薄者易以良田先當令俟豐年
則括籍官田與之若張仲愈等所擬條約太刻但以
民初無得地之由自擬定後未嘗輸稅妄通為已業者刷
之如此恐民苦之可為酬直且先令猛安謀克人戶蘿宜

分處計其丁壯牛具合得土田實數給之不足則以前所
刷地二萬餘頃補之復不足則續當議時有落兀者與婆
薩等爭懿州地六萬頃以皆無擄驗遂沒入官二十七年
隨處官豪之家多請占官地轉與亡人種佃規取課利命
有司拘刷見數以與貧難無地者每丁授五斗畝庶不至
失所餘佃不盡者方許蒙家驗丁租佃章宗大定二十九
年五月擬再立限令貧民請佃官地緣今已過期計已數
足其占而有餘者若容告許滋姦弊況續告漏通地畝
旨已革今限外告者宜知之止付元佃兼平陽一路地狹
人稠官地當盡數拘籍驗丁以給貧民上曰限外指告多

佃官地者卻之當矣如無主不願承佃方許諸人告請其

平陽路宜計丁限田如一家三丁已業止三十畝則更許

存所佃官地一頃二十畝餘者拘籍給付貧民可也七月

諭旨尚書省曰唐鄧潁蔡宿泗四等處水陸膏腴之地若河

等級量立歲租寬其徵納之限募民佃之公私有益今河

南沿邊地多為豪民冒占若民或流移至彼就募令耕不

惟貧民有賴亦增美官租其給丁壯處給田及耕具而免其

租稅八月尚書省奏河東地狹稍凶荒則流亡相繼竊謂

河南地廣人稀若令招集他路流民量給閑田則河東飢

民減少河南且無曠地矣上從所請九月戊寅又奏在制

諸人請佃官閑地者免五年租課今乞免八年則或多墾

並從之十一月尚書省奏民驗丁佃河南荒閑官地者如

願作官地則稅八年願為已業則免稅三年並不許質

易與賣若豪強及公吏輩有冒佃者限兩月陳首免罪而

全給之其稅則視其鄉地定之以三分為率減一分限外

許諸人告諸給之制可明昌元年二月諭旨有司曰瀕水

民地已種蒔而為水浸者可令以所近官田對給三月勅

願地所產租其自欲折錢輸納者從民所欲不願承佃者

當軍人所受田止令自種力不足者方許入承佃亦隨

地所產納租其自欲折錢輸納者從民所欲不願承佃者

每強六月尚書省奏近制以猛安謀克戶不務栽植承果

已令每十畝須栽一畝公乞再下各路提刑及所屬州縣

勸諭民戶如有不栽及栽之不及十之三者並以事怠慢

輕重罪科之詔可八月勅隨處係官閑地百姓已請佃者

仍舊未佃者以付屯田猛安謀克三年六月尚書省奏南

京陝西路提刑司言屯牧馬地久不分撥以致軍田圍已

比差官往各路定之凡民戶有憑驗已業及宅地者則給

改正給付而其中復有官地者亦驗數對易之矣兩路牧

地南京路六萬三千五百二十餘頃陝西路三萬五千六

百八十餘頃五年諭旨尚書省遼東等路女直漢兒百姓

可並令量力為蠶桑二月陳言人乞以吏勸農立殿最

遂定制能勸農田者每年謀克賞銀絹十兩定猛安倍之

縣官於本等陞五人三年不怠者猛安謀克遷一官縣官

陞一等荒及十之一者笞三十分數加至徒一年三年

皆荒者猛安謀克追一官縣官以陞等法降之為求格六

年二月詔罷括陝西之地又陝西提刑司言本路官民安

水磨油漱所占步數在私地有稅官田則有租若更輸水

利錢銀是重併也乞除之省臣奏水利錢銀以輔本路之

用未可除也宜視實占地畝除稅租命他路視此為法承

安二年遣戶部郎中上官瑜往西京弅治邊勸農軍民耕

種又差戶部郎中李敬義往臨潢等路規畫農事舊令軍

人所授之地不得租賃與人違者苗付地主泰和四年九
月定制所撥地土十里內自種之數每丁四十畝續進丁
同此餘者許令撥地便宜租賃及兩和分種違者鐶業還主上
閏六路括地時其間屯田軍戶多冒名增口以請官地及
包取民田而民有空輸稅賦虛抱物力者應詔陳言人多
論之五年二月尚書省奏若復遣官分往追照案憑訟言
紛紛何特巳乎遂令虛抱稅石巳輸送入官將地以其分
輸納自首冒佃比隣田定租三分納二其請佃黃河退灘
地者次年納租向者小民不爲久計比至納租之時多巧
免八年輸納若作巳業並依第七等稅鈇減半亦免三年
每歲續剗之泰和七年蒼民種佃清河等處地以其租分
爲諸春水處飼鵝鴨之食八年八月戶部尚書高汝礪言
篤制人戶請佃荒地者以各路最下第五等減半定租仍
避匿或後告退蓋由充限太遠請佃之初無人保證故用
全請佃者可免三年作巳業者免一年自首冒佃并請退
灘地並令當年輸租以隣首保護爲長制宜宗臬祐三年
七月少既徙河北軍戶於河南議所以處之者則宰臣曰當
指官田及牧地分界之巳爲民佃者則侯秋穫後仍日給
米一升折以分鈔太常承石抹世勣曰荒田牧地耕關費
力奪民素懶則民失所況軍戶率無牛宜令軍戶分人歸

守本業至春後還爲固守計上卒從宰臣議將括之侍御
史劉元規上書曰伏見朝廷有括地之議閒者無不駭愕
向者河北山東巳爲舉民之塋墓井竈悉爲軍有怨嗟
爭訟至今未絕若復行之則將大失衆心荒田不可耕徒
有得地之名而無奪土之實縱得熟土不能親耕而後令
民佃之所得無幾而便紛紛交病哉上大悟罷之八月先
遣官聚蒼老問之其益賦或與軍田二者孰便參政汝
南來共圖保守而不能知所以得軍粮之術很議謂可分
以括地事未有定論北方侵及河南由是盡起諸路軍戶
礪言河南官民地相半又多全佃官地之家一旦奪之何
以自活小民易動難安一時避賦遂有捨田之言及與人
能勿悔乎悔則忿心生矣如山東撥地時膄地盡入富豪
瘠者乃付貧戶無益於軍而民有損惟當倍益官租以給
軍食復以係官荒田牧地量數與之令其自耕則民不失
業官不屬民矢從之三年十月高汝礪言河北軍戶徙居
河南者幾萬口人日給粟一升歲費三百六十萬石半以
給直猶支三百萬河南租地計二十四萬頃歲租繞一百
五十六萬於經費之外倍徵以給之遂命右司諫馮開
等五人分諸郡就授以荒官田及牧地可耕者人三十畝
十一月又議以括荒田及牧馬地給軍命尚書右丞高汝

碼總之汝碼還奏今頃畝之數較之舊籍甚少後蓋惡不
可耕均以可耕者與人無幾又僻遠之處必徙居以就之
彼皆不能自耕必以與人又當取其租於數百里之外況今
農田且不能盡開豈有餘力以耕叢薄交固草根結之
荒地哉軍不可仰此得食也審矣今詢諸軍戶皆曰得半
若計民田必欲得耕則其欲罷其廩將何所賴臣知初籍
妄指民田以充之則所在騒然矣令民之賦役三倍平時
地之時未嘗按閲其實所以不如其數不得其處也若復
粮猶足自養而後為此舉何以堪選
飛輓轉輸日不暇給而後為此舉何以堪選

金史四十七　十二

行有還期何為以此病民哉軍獲利猶不可為況
無所利乎惟下加察遂詔罷給田但半給粮實直
為四年後遂官括河南牧馬地既籍其數上命省院議所
以給軍者即當計口給之自餘僻遠不願者宜准近
計當口占六畝有奇繼來者不與為但相去數百里者豈
能以六畝之故而遠來哉
謂軍戶願佃者即當計口給之自餘僻遠不願者宜准近
制係官荒地許軍民耕闢例令軍民得占蔣之院官曰收
馬地少且久荒難耕耕軍戶後之糞糞然不給之則彼自支
粮外更無從得食非蓄銳待敵之計給之則亦未能遽減

其粮若得進以歲月俟成倫次漸可以省官廩其今每
於有力者即以授其無力者恐無以耕乞令司縣官勸率
民戶借牛破竟至於來春然後給之司縣官能率民戶助
耕而無騒動者量加官賞實庶幾有所激勸官宰臣復曰若如
所言則司縣官廩實必將抑配以至擾民令民家之
牛量地而畜之況比年以農功雨畢則併力轉輸猶恐
不及豈有暇耕牧之況也惟如臣等前奏為便記再議
之乃擬民有能開牧馬地及官荒地作熟田者以半給之
為求業半給軍戶戶奏可四年省奏自古用兵且耕且戰是
以兵食交足令諸帥分兵不管百萬一充軍伍咸仰於官

金史四十七　十二

至於婦子居家安坐待哺蓋不知屯田為經久之計也願
下明詔令諸師府各以其軍耕糯亦以逸待勞之策也詔
從之興定三年正月尚書右丞領三司事侯摯言檢河南
軍民田總一百九十七萬頃有奇見耕種者九十六萬餘
頃上田可收一石二斗中田一石下田八斗十一取之歲
得九百六十萬石自可優給歲支且使貧富均大小各得
其所臣在東平嘗試行二三年民不疲而軍用足詔有司
議行之四年十月民剩不言軍戶自徙於河南數歲尚未
給田兼以移剩不常莫得安居故貧者甚眾請括諸屯處
官田人給三十畝仍不移屯宅所如此則軍戶可以得所

俟事緩而行之今河南罹水災流亡者眾所入種麥不及五
萬頃殆減往年太半歲所入始不能足授授之為永業
侯有獲即罷其家糧亦省費之一端也上從之又河南水
災適戶太半田野荒蕪恐賦入少而國用之遂命唐鄧裕
蔡息壽頻亳及歸德府被水已燥者布種未滲者種稻
後業之戶免本租及一切差發能代耕者如之有司擅科
者以遠制論會言及食者率富者就貸五年正月京兩行
三司石抹輘論言京南東西三路屯軍老幼四十萬口歲
實糧百四十餘萬石皆坐食民租甚非善計宜括通戶舊

●金史卷十七 十三

耕田南京一路舊墾田三十九萬八千五百餘頃內官田
民耕者九萬九千頃有奇今飢民流離者太半東西南路
計亦如之朝廷難招使復業民恐既復之後生計未定而
賦欲隨之往往匿而不出若分給軍戶人三十畞使之自
耕或召人佃種可數歲之後畜積漸饒官糧可罷令省臣
議之更不能行

租賦金制官地輸租私田畞取稅租之制不傳大率分田之
等為九而差次之夏稅畞取三合秋稅畞取五升又納秸
一束十有五斤夏稅六月止八月秋稅十月止十二月
為初中末三限州三百里外纾其期一月屯田戶佃官地

者有司移猛安謀克皆之泰和五年章宗諭宰臣曰十月
民穫未畢遽令納稅可乎改秋稅限十一月為初中都西
京北京上京遼東山陝西地寒稼穡遲熟夏稅限以七
月為初凡輸送粟麥三百里外石減五升以上每三百里
遞減五升粟折秸百稱者百里內減三稱二百里減五稱
不及三百里減八稱三百里及輸本色桑草各減十稱計
之甲乙有橫科則視物力循大至小均科其或不可分摘
之物力錢遇差科必按版籍先及富者勢均則以丁多寡
民田園邸舍車乘牧畜種植之資藏鏹之數徵錢有差謂
之物力錢

●金史卷十七 十四

者率以次戶濟之凡民之物力所居之宅不預猛安謀克
戶監戶官戶所居外自置民田宅則領其數蠶田學田租
稅物力皆克民應克者河南山東河東大名京兆
鳳翔彰德部內支郡夏田四月秋田七月餘路夏以五月
秋以八月水田則通以八月為限遇閏月則展期半月限
外惣者不理非時之災則無限損十之八者全免七分免
所損之數六分則全徵桑被災不能蠶則免絲綿其諸
路雨雪及禾稼收穫之數月以捷步申徃錢進納補官官
之家並免雜役驗物力所當輸者止出徃錢進納補官未
至塵子孫及凡有出身者謂司吏等出職帶官敘當身者雜
班敘使五品以下及正品承應已歷散官來出職者子孫

與其同居兄弟下逮終場舉人係籍學生醫學生皆免一
身之役三代同居巳應門則免差發三年後免雜役太宗
天會九年弛有司輕徭勸稼稍十年以遼人士庶之族
賦役等差不一詔有司命悉均之熙宗天眷五年十二月
詔免民戶殘欠租稅皇統三年發三年後彌民稅之未足者世宗大
定二年五月調宰臣曰凡有徭役均科強戶不得抑配貧
民有言以用度不足奏預借河北東西路中都租稅上以
國用雖乏民力九艱遂不允三年以歲歉詔免二年租稅
京以東及北遼州郡調發甚多而省部又與他州一例征

金史四七　十四

又詔曰朕比以元帥府從宜行事今聞河南陝西山東北
取賦役是重複也可憲元帥府已取者倒蠲除之五年命
有司凡催蝗旱水溢之地蠲其賦稅六年以河北山東水
免其租八年十月彰德軍節度使高昌福上書言稅租甚
重上諭翰林學士張景仁曰今之租稅法比近代甚輕而以
為重何也景仁曰今之稅歛殊輕稅歛則國用何從而
出二年二月尚書省奏天下倉廪貯粟二千七十九萬餘
石上曰朕聞國無九年之蓄則國非其國朕是以括天下
之田以均其賦歲取九百萬石自經費七百萬石外二百
萬石又為水旱之所蠲免及賑貸之用餘纔百萬石而已
朕應蓄積備饑饉也小民以為稅重小臣沽民譽亦多議

之蓋不應國家緩急之備也十二年正月以水旱免中都
西京南京河北河東山東陝西去年租稅十三年調宰臣
曰民間舊科差所免巳過半矣應小民不能詳知吏緣為
姦仍舊徵取所免在禍勝諭後幾十萬餘石何戶部通檢勘謂先以官吏兵卒及孤老數多以此實大上曰當察其實
仰給二十萬後所積幾何戶部契勘謂先以二十萬六萬以
曰遼東賦稅舊租六萬餘石通檢後幾二十萬六萬時何以
六年正月詔免去年被水旱路分租稅十七年上問宰臣
催督稅租以致逋懸者可止其俸便之徵之十

金史四七　十六

能給令官吏兵卒及孤老數多以此實大上曰當察其實
仰給二十萬後所積幾何戶部契勘謂先以二十萬六萬以
毋令安費也十七年三月詔免河北山東陝西河東西京
遼東等十路去年被旱蝗租稅十八年正月免中都河北
西京河北山東河南陝西以水旱傷民田十三萬七千七
百餘頃詔蠲其租稅二十年三月以中都西京河北西路
東陝西路前歲被災詔免其租稅以戶部尚書曹望之
言詔減廊延及河東南路稅五十二萬餘石增河北西路
稅八萬八千石又詔諸稅要非關過要之地者除當儲數
外聽民從便折納二十一年九月以中都水災免租前時
近官路百姓以牛夫充逓運者復於亡蠲未嘗就役之家
徵錢償之二十三年宗州民王仲規告乞徵還所役牛夫

錢省臣以奏上曰此既就彼復徵錢於彼驅如此行之
復恐所給錢未必能到本戶是兩不便也不若止計所役
須裁定也有司上其數歲約給六萬四千餘貫計折粟八
免租稅及鋪馬錢為便其預計實數以聞若和糴價直亦
曾被河決水災軍民租稅十一月詔河水泛溢農田被災
居者充役二十六年軍民地雜水旱之災者二十一萬頃
免稅凡四十九萬餘石二十七年六月免中都河北等路
稅章宗大定二十九年赦民地租十之一河東南北路則置
著與免差稅一年懷衛孟鄭四州塞河勞役弁令今年差
減之尚書省奏兩路田多峻阪磽瘠者往往再歲一易若
不以地等級蠲除則有不均遂勅以赦書特免一分外中
田復減一分下田減二分舊制夏秋稅納麥粟章三色以
各願所須之物不一戶部復令以諸所用物折納上封事
者言其不可戶部謂如此則諸路所須之物要當治黃河
擾民矣遂命太府監應折納之物為樞承官禁者治黃河
薪芻增直二錢折納如黃河岸所用木石固非土產乃令
所屬計置而罷它應折納者四月上封事者乞薄民之租
稅恐廩粟積久腐敗省臣奏曰臣等議大定十八年戶部
尚書曹望之奏河東及鄜延兩路稅頗重遂減五十二萬

餘石去年赦十之一而河東瘠地又減之今以歲入度支
所餘無幾萬一有水旱之災既蠲免其所入復出粟以賑
之非有備不可若復欲減將何以待之如應腐敗令省諸
以時賑凉毋令致壞遣者論如律制可十一月尚書省奏
河南荒閒官地許人計丁請佃願仍為官者免租八年願
為巳業者免稅三年詔從之明昌一年二月勅自今民有
訴水旱災傷者即委官按視其實中所屬州府移報提刑
司同所屬檢畢始令補耕之九月以山東河北三路被
食之民猶有未輸租者詔蠲之令俟歲豐日續徵上如秋山
災其攤閣之租及借貸之粟令俟歲豐日續徵上如秋山
免圍場經過人戶今歲夏秋租稅之半四年冬十月上行
華諭旨尚書省曰海壖石城等縣地瘠民困所種惟黍稗
而巳及賦於官必以易粟輸之或令止課所產或依河東
路減稅至還京當定議以閒五年勅免河決被齧之民秋
租泰和四年四月以旱下詔責躬免所旱州縣今年夏
稅九月陳言者謂河間滄州逃戶物力錢至數千貫而其
差發有司止取辦於見戶民不能堪矣詔令按察司除地
土物力命隨其業而權止其浮財物力五年正月詔有司
自泰和三年嘗所行幸至三次者被科之民特免半年租
稅八年五月以宋謀和詔天下免河南山東陝西六路今

年夏稅河東河北大名等五路半之八月詔諸郡農民請
佃荒田者與免租賦三年作已業者一年自首月佃及請
佃黃河退灘地者不在免例宣宗貞祐三年十月御史田
迥秀言乃今軍國所需一切責之河南有司不惜民力徵
調焦急促其期限殫其種艱民既罄其所有而不足遂使
奔走傍求於佗境力竭財殫相踵逃散亡禁之不能止此乞
自今凡科徵必先期告之不急者皆罷庶民力寬而逃者
可復詔行之十二月詔逃戶租稅四年三月免陝西所逃
戶租五月山東行省僉言泗州被災道殣相望所

食者草根木皮而已而邠州戍兵數萬急徵重役悉出三

縣官吏酷嘉擅括宿藏以應一切之命民皆通賫文別道
進納關官以相迫督皆怙勢營私實剝官者繞十之一而
徒使國家有厚斂之名乞命偹臣革此弊以安百姓之而
之典定元年二月免中京高汝等連租十六萬石四年御
史中丞完顏伯嘉泰亳州大水計當免租三十萬石而三
司官不以實報止免十萬而已詔命治三司官虛妻之罪
七月以河南大水下詔免租勸種且命參知政事李復亨
為宣慰使中丞完顏伯嘉副之十月乃令寬民輸稅
之限十一月上曰闔百姓多逃而遍賊皆抑配見戶人何
以堪軍儲既足宜悉除免今又添軍頒錢大多亡者詔旨

〈金里七〉 十九

復業乎遠命行部郡官閱實免之已代納者給以恩例或除
亡役仍減蠶皮故紙錢四之一三年令復戶有司失偹擅
本租餘者以遵制諭四之二十二月鎮南軍節度使迥車思敬
科者以遵制諭四之一二月皆免能代耕者免如復戶有司失偹擅
上書言令民輸稅其法大抵有三上戶次之
下戶最近然近者不下二百里遠者數百戶次之
所輸而兩稅有稽違之責過稱屯兵之費將忻然徵之若有不
郡令有司檢筭第愈之所積稱屯兵之患就食之若有不
足則增斂于民民計所欲不及道里之費將忻然徵之矣
五年十月上諭宰臣曰比欲民多種麥故令所在官貸易

〈金志十七〉 二十

麥種今閣實不貸典廬立孳薄反收其數以徵稅租之急
租其遺使究治九光九年上聞向者有司以徵稅租
民不待熟而刈之以應限令麥將熟矣其諭州縣有犯者
以慢軍儲治罪九月權立職官有田不納租罪京南司農
鄉本跌言按齊民要術麥晚種則粒小而不實故必八
種之今南路營輸秋稅百四十餘萬石草四百五十餘萬
束皆以八月為終限若輸遠倉及泥淖往返不下二十日
使民不暇趨時是妨來歲之食也乞寬徵歛之限使先盡
力於一麥朝廷不從元光二年宰臣奏去歲正月京師見
糧纔六十餘萬石今三倍矣計國用頗足而民間租稅徵

之不絕恐貧民無所輸而適以中旨遍諭止之

牛頭稅即牛具稅猛安謀克部女直戶所輸之稅也其制

每来牛三頭為一具限民口二十五受田四頃四畝有奇

歲輸粟大約不過一石官民占田無慮四十具天會三年

太宗以歲稔官無儲積無以備飢饉詔令一牛賦粟一石

每謀克別為一廩貯之四年詔內地諸路每牛一具賦粟

五斗為定制世宗大定元年詔諸猛安不經遷移者徵牛

具稅粟就命謀克監其君廥損則坐之十二年尚書省奏

唐古部民舊同猛安謀克定稅其後改同州縣履畝立稅

頗以為重遂命從舊制二十年定功授世襲謀克許以親

宗謂宰臣曰前時一歲所收可支三年比閒今歲山西豐

稔所種可支三年此閒地一歲所穫不能支半歲而又牛

具以下者則於官豪之家畫撥地六具與之二十一年世

族役行當給以地者除牛九具以下全給十具以上四十

頭稅粟每牛一頭止令各輸三斗又多逋懸此皆迹而互隱

蓮所致當令盡實輸之二十三年有司奏其事世宗謂左

丞完顏襄曰鄉家舊止七具今定為四十具朕始令卿等

讓此而鄉皆不欲蓋各顧其私爾是後限民口二十五

牛一具七月尚書省復奏其事上應版籍歲久貧富不同

猛安謀克又皆年少不練時事一旦軍興按籍徵之必有

不均之患乃令驗實推排閱其戶口畜產之數其以上京

二十二路来上八月尚書省奏推排定猛安謀克戶口田

畝牛具之數猛安二百二謀克千八百七十八戶六十一

萬五千六百二十四口六百二十五萬八千六百三十六

內正口四百八十一萬二千六百六十九奴婢口一百三

十四萬五千六百六十九田一百六十九萬三百八十一頃

有奇牛具三十八萬四千七百七十一在都宗室將軍司

戶一百七十二口二萬七千八百八十三內正口九

畝有奇牛具三百四送剌唐古二部五乣戶五千五百八

十五口一十三萬七千五百四十四內正口十一萬九千

四百六十三萬七千五百四十四內正口十

四頃一十七畝牛具五千五百六十六後二十六年尚書省奏

併徵牛頭稅上曰積壓五年一見併徵民何以堪其令

民隨年輸納被災者贏之貸者俟豐年徵還

開府儀同三司監修國史事……臣丞相脫脫……國史領……經筵事……臣……奉

勅修

食貨三　錢幣

錢幣金初用遼宋舊錢天會末雖劉豫阜昌元寶阜昌重

寶亦用之海陵庶人貞元二年遷都之後戶部尚書蔡松

年復鈔引法遂製交鈔與錢並用正隆二年歷四十餘歲

始議鼓鑄冬十月初禁銅越外界懸罪賞格括民間銅

器陝西南京者輸京兆他路悉輸中都三年二月中都置

錢監二東曰寶源西曰寶豐京兆置監一日利用三監鑄

西晉天　　金史四十八

錢文曰正隆通寶輕重如宋小平錢而肉好字文峻整過

之與舊錢通用世宗大定元年用吏部尚書張中彥言命

陝西路參用宋舊鑞錢四年浸不行詔陝西行戶部并兩

路通檢官詳究其事皆言民間錢名與鑞錢兼用其實

不為準數公私不便遂罷之八年民有犯銅禁者上曰銷

錢作銅舊有禁令然民間猶有鑄鏡者非銷錢而何遂併

禁之十年上諭戶部臣曰官錢積而不散則民間錢重貿

易必艱宜令市金銀及諸物其諸路酤権之貨亦令以物

平折輸之十月上責戶部官曰先以官錢率多恐民間不

得流通令諸處貿易金銀絲帛以圖流轉今知乃有以抑

配反官百姓者前許院務得折納輕賚之物以便民是皆

朕恩而後行者也此尚出朕安用若為又隨處時有振濟

往往近地無粮取於它處既遠人愈難之何為不隨

處起倉庫則多難以備振贍設有緩急亦豈之不易辦乎

而徒使錢克府庫將安用之天下之大朕豈能一一徧知

凡此數事汝宜務因循以守其職則戶部與它部不同當從

宜為計若但務因循以守其職則存之其餘新鑄十一

年二月禁私鑄銅鏡舊有銅器悉送官給之十二年正月以

佛像鐘磬鈸鈷腰束帶魚袋之屬則存之其餘新鑄

銅少命尚書省遣使諸路規措銅貨能指坑冶得實者

金史四十八

上與宰臣議鼓鑄之術宰臣曰有言所在有金銀坑冶皆

可採以鑄錢臣竊謂工費過於所得數倍恐不可行上曰

金銀山澤之利當以與民惟錢不當私鑄令全國家財用實

盈若流布四方與在官何異所費雖多但在民間而新錢

日增爾其遣能吏經營之左丞石琚進曰臣聞天子之富

藏在天下錢貨如泉正欲流通上復問琚曰古亦有民自

鑄者乎琚對曰民若自鑄則小人圖利錢益薄惡此古所

以禁也十三年命屯兵之州府以錢市易金帛運致京

師使錢幣流通以濟民用十五年十一月上謂宰臣曰或

言鑄錢無益所得不償所費朕謂不然天下如一家何公

私之間公家之費私家得之但新幣日增公私俱便也十
六年三月遣使分路訪察銅鑛苗脉十八年代州立監鑄
錢命震武軍節度使李天吉知保德軍事高李孫佺監鑄
而所鑄斑駁黑澁不可用詔削天吉李孫等官兩階解職
仍杖李孫八十更命工部郎中張大節吏部員外郎麻珪
監鑄其錢文曰大定通寶字文肉好又勝正隆之制世傳
宋大觀錢作當五用如此小事朕豈能悉知卿等
先以五千進呈而後命與舊錢並用初新錢之未行也以
其錢料微用銀云十九年始鑄至萬六千餘貫二十年詔
即與直又用短錢貴宰臣曰

志二十九　金史四十八　三　沈元

何為不察也時民間以八十為陌謂之短錢官用足陌謂
之長錢大名男子幹瞥補者上言謂官私所用錢皆當以
八十為陌遂為定制二十年十一月名代州監曰阜通監
一員正五品以州節度兼領副監一員正六品以州同
知兼領丞一員正七品以觀察判官兼領設勾當官二員
從八品給銀牌命副監及丞更馳驛經理二十二年十月
以雜知政事粘割斡特剌提控代州阜通監二十三年上
以阜通監鼓鑄歲父而錢不加多蓋以代州長貳廳幕兼
領而奉於州務不得專意綜理故也遂詔副監監丞為正
貟而以節度領監事二十六年上曰中外皆言錢難朕當

計之京師積錢五百萬貫亦不為多外路雖有終亦無用
諸路官錢非屯兵處可盡運至京師太尉丞相克寧曰民
間錢固已艱得若盡歸京師民益艱得矣不若起其半至
都餘半礦折輕齎則中外皆便十一月上諭宰臣曰國家
銅禁久矣尚聞民私造腰帶及鏡託為舊物公然市之宜
加禁約二十七年二月曲陽縣鑄錢別為一監以利通寶
名設副監監丞給驛更出經營銅事二十八年上謂宰臣
曰今者外路見錢其數甚多聞有六千餘萬貫皆在僻處
積貯既不流散公私無益與無等爾今中都歲費三百萬
貫支用不繼若致之京師不過少有軌運之費縱所費多

志二十九　金史四十八　四　四百天四

亦惟散在民間鴈童宗大定二十九年十二月鴈門五臺民
劉完等訴自立監鑄錢以來有銅鑛之地雖曰官運其額
直不足則令民共償乞與本州司縣均為差配遂命甄官
署丞丁用楫徃審其利病還言所運銅鑛民以物力科徵
溜之非所願也其顧直既低又有刻剝之弊而相視齒脉
工匠妄指人之垣屋及寺觀謂當開採因以取賄又隨沿
夫匠日辦淨銅四兩多不及數復銷銅器及舊錢送官以
足之今阜通利用兩監歲鑄錢十四萬餘貫而歲所費乃
至八十餘萬貫病民而多費未見其利便也宰臣以聞遂
龍代州曲陽二監初貞元間既行鈔引法遂詔印造鈔引

庫及交鈔庫皆設使副判各一員都監二員而交鈔庫副
則專主書押搭印合同之事印一貫二貫三貫五貫十貫
五等謂之大鈔一百二百三百五百七百五等謂之小鈔
與錢並行以七年爲限納舊易新猶循宋張詠四川交子
之法而紓其期闊蓋亦以銅少權制之法也時有欲罷之
著至是二監既罷有司言交鈔舊同見錢商旅利於致遠
姓姓以錢買鈔蓋公私俱便之專宣可罷去止因有輦章
年限不能無疑乞削七年爲限納舊易新
字文磨減許於所在官庫納舊換新或聽便支錢遂罷七
年輦章之限交鈔字昏方換法自此始

入少民寖輕之厭後其法屢更而不能革弊亦始於此爲
交鈔之制外爲闌作花紋其上衡書貫例左曰其字料右
曰其字號料號外篆書曰偽造交鈔者斬告捕者賞錢三
百貫料號開下曰中都交鈔庫准尚書戶部符承都堂
割什戶部獲點勘令史姓名押字文曰聖旨印造逐路交
鈔於其處庫納錢換鈔更許於其處庫納鈔換錢官私同
見錢流轉其鈔不限年月行用如字文故暗鈔紙擦磨許
於所屬庫司納舊挡換新若到庫支錢或倒換新鈔每貫
工墨錢若千文庫挡換新若干文庫子庫挡換新若
造鈔引庫庫子庫副使各押字上至尚書戶部官亦押

字其搭印支錢處合同餘用印依常例初大定間定制民
間應許存留銅鏡器物若申賣入官每斤給錢二百文其
藥鑒應禁器物首納者每斤給錢百文非器物銅貨
五十文不及斤者計給之在都官局及外路造賣銅器價
令運司佐貳檢校鏡每斤三百十四文鍍金御仙花腰帶
十七貫六百七十一文五子荔支腰帶十七貫九百七十
一文鈒鏤鍍羅文束帶八貫五百六十文魚袋二貫三百
六十九文鍮石者三貫六百四十六文明昌二年十月勅
減賣鏡慣防私鑄銷錢也舊者以夫匠逾天山比界外採
銅明昌三年監察御史李炳言頃開有司奏在官銅數可
支十年若復每歲令夫匠過界逐採不惟多費復恐或生
邊患若支用將盡之日止可於界內採煉上是其言遂不
許出界五月勅尚書省曰民間流轉交鈔當限其數每令
多於見錢也四年上諭宰臣曰民間有破損官物可爲計
置如鐵錢之類是也或有言鐵錢有破損當量令所司以鐵
錢慣之者參知政事胥持國曰如慣之尚令不慣
將盡矣若果無用曷別爲計持國曰如江南用銅鐵江
比淮南用鐵錢蓋以隔閡銅錢不令過界爾如陝西市易江
亦有用銀布葦麻若舊有鐵錢宜姑收貯以備緩急遂令

有司籍鐵錢及諸無用之數貯於庫八月提刑司言所降

陝西交鈔多於見錢使民艱於流轉宰臣以聞遂令本路

權稅及諸名色錢折交鈔官兵俸許錢鈔各半之若

錢銀數少即全給交鈔五年三月宰臣奏許民間錢所以艱

得以官豪家多積故也在唐元和間嘗限富家錢過五千

者死王公重貶没入以五之一賞告者上令剳酌定制令

官民之家從物力限定二萬貫猛安謀克

則以牛具爲差不得過萬貫奴婢免使高爵迎者出離以十之一

之有能告數外留錢者皆没入又諭旨凡使高爵迎者所得銅器令

爲賞餘皆没入又諭旨凡使高爵迎者所得銅器令

盬引每貫榷作一貫五十文庶得各舊上曰工墨錢可

令收十二文買盬引者每貫可榷作一貫一百支時交鈔

所出數多民間成貫例者艱於流轉詔以西北二京遼東

者每貫取工墨錢十五文至大定二十三年不拘貫例每

張收八文既無益於官亦妨鈔法宜從舊制便若以鈔

路從宜給小鈔且許於官庫換錢與它路通行十二月尚

書省議謂時所給官兵俸及邊戍軍須皆以銀鈔相兼

例銀每鋌五十兩其直百貫民間或有藏鑱之者其價亦

隨低卬遂改鑄銀名承安寶貨一兩至十兩分五等每兩

折錢二貫公私同見錢用仍定銷鑄及接受稽留罪賞格

承安三年正月省奏隨處權場若許見錢越境雖非銷毀

即與銷鑄無異遂立制以錢與外方人使及與交易者徒

五年三月以死駟會同罪捕告人之賞官先爲代給錢

以上俱用銀鈔寶貨不許用錢一貫以下聽民便時既行

仍令均償時交鈔稍滯命西京北京臨潢遼東等路一貫

五百貫其速及與接引館伴先排通引書表等以次坐罪

限鈔法人多不遵上曰已定條約不爲不重其令御史臺

及提刑司察之九月以民間鈔滯蓋以一貫以下交鈔易

錢用之遂復減元限之數更定官民存留錢法三分爲率

親王公主品官許留一分餘皆半之其贏餘之數期五十

日內盡易諸物違者以違制論以錢賞告者於兩行部各

置回易務以綿絹貿易銀鈔亦許本務納銀鈔赴榷場

出盬引納鈔於山東河北河東等路從便易錢各降補官

及德號空敕三百度牒一千從兩行部指定處限四月進

納補換又更造一百例小鈔並許官庫易錢

並支小鈔三貫六分支銀一兩小鈔一貫二貫例

則四分支小鈔六分支銀欲得寶貨者聽有阻滯及飄減

價者罪之四年三月又以銀鈔阻滯乃權止山東諸路以

銀鈔與綿絹盬引從便易錢之制令院務諸科名錢除京

師河南陝西銀鈔從便餘路並許收銀鈔各半仍於鈔四
分之一許納其本路隨路所收交鈔除本路者不復支發
餘通行者並循環用之權貨所需鹽引收實貨與鈔相
半銀每兩止折鈔兩貫省許人依舊諸庫納鈔隨路漕司
已零截者亦如之所支若實貨數少可浸增鑄銀鈔相兼銀
所收除額外羨餘者亦許滯納民間實貨有所歸自然通行
制四年以戶部言命在都官錢權貨務遂除鹽引並聽收實貨
不至銷毀先是設四庫印小鈔以代鈔本令人便賣小鈔
既通則物價自平雖有禁法亦安所施遂罷鈔印小鈔以代鈔

赴庫換錢即與支錢無異今更不須印造俟其換盡可
罷四庫但以大鈔驗錢數支易見錢時私鑄承安實貨者
多雜以銅錫寖不能行京師閉肆五年十二月宰臣奏比
以軍儲調發支出交鈔數多遂鑄實貨與錢兼用以代鈔
本蓋權時之制非經久之法遂罷承安實貨泰和元年六
月通州刺史盧構言民間鈔固已流行獨銀價未平官之
所定每鏹以十萬為準而市肆緡直八萬出多入少故
也若令諸稅以鈔銀佐用以出多遂滯頃令院務收鈔
謂軍與以來全賴交鈔佐用以鈔銀鈔三分均納則彼增此減理必偏勝至礙
七分亦漸流通若與銀均納則彼增此減理必偏勝至礙

鈔法必欲銀價之平宜令諸名若鋪馬軍須等錢許納銀
半無者聽便先是嘗行三合同交鈔至泰和二年止行於
民間而官不收斂先是嘗行三合同鈔至泰和三年
雖止係本路者亦許不限路分通納戶部見徵累年不足
錢亦聽收其半閏十二月上以交鈔事石戶部尚書孫鐸不足專以
用既而復每言議於內殿復每以國虛民貧經用不足而
侍郎張復每議於內殿復每言三合同鈔可行鐸請廢以
不在官何耶其集問百官問之者四年七月罷限
其弊彌甚乃謂宰臣曰大定間錢至今民間錢少而又
交鈔愚百姓而法又不常世宗之業衰焉以至泰和三年
不止宜罪其官及隣太府監梁璫等言鑄錢其費率貴十
議所以足銅之術中丞孟鑄謂銷錢作銅及盜用出境若
錢可得一錢識者謂費雖多猶增一錢也乞採銅拘器以
鑄宰臣謂鼓鑄未可速行其銅冶聽民煎煉官為買之凡
寺觀不及十人不許畜法器民間鍮銅器以兩月送官
給價匯者以私法坐其罪銅多別具以聞八月定從便易錢法
觀許行告者賞俠銅多別具以聞而不絓坐其官寺
聽人輸納於京師而於山東河北大名河東等路依數支
取後鑄大錢一直十篆文曰泰和重寶與鈔兼行五年上

欲罷交鈔工墨錢復以印時常費遂命貫止收六文六年
四月陝西交鈔不行以見錢十萬貫爲鈔本與鈔相易復
以小鈔十萬貫相兼用之六年十一月復許諸路各行小
鈔中都路則於中都及保州南京路則於南京歸德河南
府山東東路則於益都濟南府山東西路則於東平大名
府河北東路則於河間府奧州河北西路則於眞定彰德
府河東南路則於平陽河東北路則於太原汾州遼東則
於上京咸平西京則於西京撫州北京則於臨潢府官庫
易錢令戶部印小鈔五等附各路同見錢用七年正月勅
在官毋得支出大鈔在民者令赴庫以多寡制數易小鈔
御史臺曰自今都市敢有相聚論鈔法難行者許人捕

言賞錢三百貫五月以戶部尚書高汝礪議立鈔法條約
及見錢院務商稅及諸名錢三分須納大鈔一分惟遼東
從便時民以貨幣屢變稚往怨嗟聚語於市上知之諭旨
路轉運使孫鐸言錢幣上命中丞孟鑄禮部侍郎喬宇國
添印大小鈔以鈔庫至急切增副使一員汝礪又與中都
子司業劉昂等十人議月餘不決七月上召議于泰和殿
且諭汝礪曰今後毋謂鈔多不加重而輒易之重之加於
錢可也明日勅民間之交易典質一貫以上並用交鈔毋
得用錢須立契者三分之一用諸物六盤山西遼河東以

五分之一用鈔東鄙屯田戶以六分之一用鈔不須立契
者惟遼東錢鈔從便犯者徒二年告者賞有差監臨犯者
枚且解職論官能奉行流通者升除否者降罰集衆沮法
者以違制論工墨錢每張止收二錢商旅賣見錢不得過
十貫所司籍辨鈔人以防偽冒品官及民家存留見錢比
舊減其數若舊有見錢多者許送官易鈔十貫以上不得
出京又定制按察司以鈔法流通爲稱職而河北按察使
科不出巡按所給券應得鈔一貫以難支用命取見錢御
史以沮壞鈔法劾之上曰科察之官乃先壞法情不可恕

杖之七十削官一階解職戶部尚書高汝礪言鈔法移在
必行府州縣鎭宜各籍辨鈔人給以條印聽與人辨驗隨
買賣給二錢例雖多六錢即止每朝官出使則令體究
通滯以聞民間舊有宋會子亦令同見錢用十貫以上不
許持行權臨許用銀絹餘市易及俸並用交鈔其奇數以
小鈔足之應支銀絹而不足者亦以鈔給之上遣近侍諭
旨尚書省今既以按察司鈔法通快爲稱職否則爲不稱
職仍於州府司縣官給由內明書所犯之數但犯鈔法者
雖監察御史與其能幹亦不准用十月楊序言交鈔料號
不明年月故暫雖令赴庫易新然外路無設定庫司欲易
無所遠者直須赴都上以聞汝礪對曰隨處州府庫內各

有辨鈔庫子鈔雖不偽弊亦可收去都遠之城邑既有
設置合同換鈔客旅經之皆可相易更慮無合同之地難
以易者令官庫凡納昏鈔者受而不支於鈔背印記官吏
姓名積半歲赴都易新鈔如此則昏鈔有所歸而無滯矣
十一月上諭戶部官曰今鈔法雖行而憚改汝礪對曰今諸處置庫
雍滯即當以開勿謂已行而
亥在公廨内小民出入頗難雖有商賈易之然慮鈔本不
豐比者河北西路轉運司言一富民首其當存留錢為本萬
錢十四萬賣宅路腸或有如此者臣等謂宜令州縣委官
及庫典於市肆要處置庫支換以出首之錢為鈔本萬

《金史四十八》 十三 陳桷之

戶以上州府給三萬貫以次為差易鈔者人不得過二貫
以所得工墨錢克庫典食直仍令州府佐貳及轉運司官
一貢撰控上是之遂命移庫於市肆之會令民以鈔易錢
是月勅捕獲偽造交鈔者皆以交鈔為賞時復議更鈔法
上從高汝礪言命在官大鈔更不許出聽民以五貫十貫
例者赴庫易小鈔欲得錢者五貫内與一緡十貫内與兩
緡惟遼東從便河南陝西山東及它行鈔諸路院務諸稅
及諸科名錢並收並以三分為率一分納十貫例者二分五
例者餘並收見錢八年正月以京師鈔滯定所司賞罰格
時新制按察司及州縣官例以鈔通滯為陞降遂命監察

御史賞罰同外道按察司大興府警巡院官同外路州縣
官是月收斂大鈔行小鈔八月從遼東察司楊雲翼言以
咸平東京兩路商旅所集遂從都南例一貫以上皆用交
鈔不得用錢十月孫鐸又言民間鈔多正宜收斂院務稅
諸名錢可畫收鈔外亦令赴省庫換易令小鈔
農民知之則漸重鈔可以流通比來州縣抑配市肆買鈔
徒增騷擾可罷諸處創設鈔局止令通用命巫行之十二月寧臣
各限路内外官兵皆給鈔以足數者可以十
奏舊制軍兵給三分之二分多不過十貫九
分為率軍兵給三分之二分多不過十貫九

《金史四十八》 十四 陳祐之

前所牧大鈔俟至通行當復計造其終須當精緻以圖經
父民間舊鈔故暗者乞許於所在庫易新若官吏務受乞
家有賤買交鈔而於院務換錢與販者以遺制論復遺官
分路巡察其限錢過數雖許奴婢以告乃有所屬默令其
主藏匿不以實首者可令按察司察之若舊限已滿當更
展五十日許再令今蔑易鈔引諸物具制既行之後章宗
崩衛紹王繼立大安二年潢河之役至以八十四車為軍
賞兵餉國殘不遵救弊交鈔之輕幾於不能市易矣至宣
宗貞祐二年二月思有以重之乃更作二十貫至百貫例
交鈔又造二百貫至千貫例者然自泰和以來凡更交鈔

初雖重不數年則輕而不行至是則愈更而愈滯矣南遷
之後國蹙民困軍旅不息供億無度輕又甚焉三年四月
河東宣撫使胥鼎上言曰今之物重其舉在於鈔輕有出
而無入也雖院務稅增收數倍而所納皆十貫例大鈔此
何益哉今十貫例者民間甚多以無所歸故市易例見
錢而鈔每貫僅直一錢曾不及工墨之費臣恩謂宜懷禁
見錢且令計司以軍須為名量民力徵斂之限外弊交鈔
物價平矣於是錢貨不用富家內困藏鏹之限外弊交鈔
屢變皆至窘敗謂之坐化商人性狃舟運貿易于江淮不
多入于宋宋人以爲喜而金人不禁也識者惜其既

能重無用之楮而又章自古流行之實焉五月權西安軍
節度使烏林達與言闕陝軍多供億不足所仰交鈔則取
於京師徒成煩費乞降板旋造便又言懷州擥鏹錢萬
今既無用願賣爲甲以給戰士時有司輕罪議罰以錢
贖而當罪不平遂命贖調計贓皆以錢計贓皆以錢
交鈔利便七月改交鈔名爲貞祐實券仍立組阻罪九月
御史臺言自多敚以來全籍交鈔以助軍需然所入不及
所出則其價浸減卒無法以禁此必然之理也近用貞祐
寶券以輕其幣又應多而民輕與寶鈔無異也乃令四
關市易慈從時估嚴立罪實期於必行遂使商旅不行四

〔八金史四十八〕　十三　〔懷州〕

方之物不敢入夫京師百萬之眾日費不貲物價寧不日
貴耶且時估月再定之而民間價旦暮不一今有司強之
而市輒置閉復議搜括隱匿必令如估萬於京師之物
指日盡而百姓重困矣臣等謂惟計官和買計贓之類可用
時估餘宜從便制可十二月上聞近京郡縣多雜於京師
轉運司謂宜悉禁其出上從開封府議請置鈔初行時民
毅價翔踴令尚書省集戶部講議所言以五斗出城者可聞羅其平
以制之者戶部及講議所支諸路議請以商賈事
甚重之但以河北陝西諸路所支既多人遠商賈事
收入京以市金銀銀價昂貴亦蘭之若令寶券路各殊制

則不可後入河南則河南金銀賤而報自輕若直開京城
嚴奉行不謹也夫繳幣欲流通必輕重相權散欲有術而
後可今之患在出太多而入太少苟若隨時裁損所支而
毋妄增價官爲定制務從其便四年正月監察御史田迥
秀言國家調度皆資實券才數月又復輕滯非此約東不
今既言國家調度皆資實券行才數月又復輕滯非約
果不出則外亦自守不復入京毅當益賣宜諭郡縣小民
其所收庶平或可也因條五事一曰罷寄治官五曰省兀官吏二曰摭酒
復可今之患在出太多苟若隨時裁損所支而增
使司三曰節兵條四曰罷寄治官五曰省冗官吏二曰摭酒
皆當用實券貼酒稅從大定之舊餘皆不從尋又更定摭
復僞造寶券官實三月翰林侍講學士趙秉文言比者實

〔金史四十八〕　十六　〔隙州〕

券滯塞蓋朝廷將議更張而已妄傳不用因之抑過漸至
廢絕此乃權歸小民也自邇汴以來廢回易務臣愚謂當
復置令職官通市道若能良監當官營爲之若半年無過及
低昂而出納之仍自選良監當官營爲之若半年無過權其
脊非言交鈔貴賤所指使便差遣詔議行之四月河東行省
以不許行于河南由是愈滯宰臣謂昨以河北寶券商旅
徵收則彼中所有日湊于河東與不歛何異又河中寶券
寶券多出民乞驗民貧富徵之雖爲陝西宣撫司亦以
之不無缺誤宜量民力徵歛以禆軍用河中宣撫司亦以

賣販繼踵南渡遂致物價翔踴乃權宜限以路分今鼎既
以本路用度繁殷欲徵軍須錢宜從所請若陝西可徵與
否詔令行省議定而後行五月上以河北州府官錢散失
多在民間命尚書省經畫之八月平章高琪奏軍興以來
用度不貲惟賴寶券然所入不敷所出是以浸輕今千錢
之券僅直數錢隨造隨盡工物日增不有以救之弊將滋
甚宜更造新券與舊券權爲子母而兼行之庶工物俱省
而用不之濮王守純以小釼以下皆懼改奏曰自古軍旅之費皆
取於民向朝廷易壞不若錢可久於是得錢則珍藏而券則
淺應謂楮幣易壞不若錢可久於是得錢則珍藏而券則

亟用之惟恐破裂而至於廢也於於所以
以錢日貴而券日輕然則券之輕非民輕之國家致之然
也不若量其所支日輕而即欲循環則必用之
物而知愛重其實全徒患券輕而即令爲必用且
恐券之輕復同舊券也既而隴州防禦使完顏僞及陝
西行省令史惠言繼言券法之弊請姑罷印造以見在
言流通之若滯塞則驗丁口之多寡物力之高下不行
不過多歛少支爾然歛多則傷民支少則用不足二者皆
言多歛少支爾若一時非可通流與見錢比必欲通之
者以救弊則驗丁口之多寡物力之高下不行
不可爲今日計莫若更造以貞祐通寶爲名自百至三千

等之爲十聽各路轉運司印造仍不得過五千貫與舊券
參用庶乎可也詔集百官議戶部侍郎與屯阿虎禮部侍
郎楊雲翼郎中蘭芝刑部侍郎馮鸞皆主更造戶部侍郎
高霖貪外郎張師魯兵部侍郎徒單欧里白皆請徵歛惟
戶部尚書蕭貢謂止當如舊而工部尚書李元輔謂二者
可並行太子少保御史趙伯成曰更造之法陰奪民利其弊甚
罪足矣侍御史趙伯成曰更造之法陰奪民利其弊甚於
徵歛之爲法特徵於農民則不可若徵於市肆商賈之家
是亦歛本抑末之一端刑部主事王壽寧曰不然今之
重錢輕券者皆農爾其歛必先於民而後可轉運使王擴

曰凡論事當寬其本令歲支軍士家口糧四萬餘石如使
斯人地著少寬民力然後徵之則行之不難推貨司揚貞
亦欲節無名之費罷閑冗之官或有請鑄大錢以當百別
造小鈔以省或謂縣官當擇人者獨吏部尚書溫迪罕
思敬上書言國家立法莫不備具有司不克奉之而已
誠使臣得便宜從事凡外路四品以下官皆許杖決三品
以上奏聞仍付監察二人馳驛徃來法不必變民不必徵
一號令之可使上下無不奉法如其不然請重刑上以
示宰臣曰彼自許如此試爲之可乎宰臣未有以應病之
察御史陳規完顏素蘭交諍以爲事有難行聖詔猶病之
興定元年二月始詔行之凡一貫當千貫增重偽造沮阻
詔如舊絆其徵欲之期爲未幾竟用惠吉言造貞祐通寶
罪及捕獲取于民五月以鈔法屢變隨出而隨壞製紙之桑
皮故紙皆取于民甚艱得遂令計價但徵寶券通
寶名曰桑皮故紙錢謂可以免民輸輓之勞而省工物之
費也高汝礪言河南調發繁重所徵租稅三倍於舊僅可
供億如此其重也而今年五月省部以歲收通寶不克所
用乃於民間歛承皮故紙鈔七千萬貫以補之又大甚矣
而近又以通寶稍滯又增兩倍河南人戶農居三之二今

年租稅徵尚未足而復令出此民若不罹當納之租則實
所食之粟舍此將何得而爲今所急而難得者鈔粮也出於
民而有限也可緩而易爲者交鈔也出於國家而可變以國家
之所自行者而強求之民將焉交鈔若之何向若大鈔滯則更爲
小鈔小鈔弊則改爲寶券寶券不行則易爲通寶寶券變硬制在
我尚何煩民既悉力以奉軍而不足又計口計稅計
物計生殖之業而加徵若是其剝彼不能給則有亡而已
矣民逃田穢兵食不給是軍儲鈔法兩廢矣臣非於鈔法
不加意非故與省部相違也但以鈔滯物貴之害輕民去
軍飢之害重爾時不能用三年十月省臣奏向以物重錢
輕犯贓者計錢論罪則太重於是以銀爲則每兩爲錢二
貫有犯通寶之贓者直以通寶論如因軍興調發受通寶
又三十貫者已得死刑準以金銀價爲錢四百有奇則
當杖輕重之間懸絕如此遂命准犯時銀價論罪三月乘
知政事李復亨言近制犯通寶之贓者並以物價折銀定
罪每兩爲錢二貫而法當贖銅者止納通寶見錢亦乞令
依上輸銀既足以懲惡又有補於官詔省臣議遂命犯公
錯過悞者止徵通寶見錢贓污故犯若輸銀四年十二月
鎮南軍節度使溫迪罕思敬上書言錢之爲泉也貴流通
而不可塞積於官而不散則病民散於民而不歛則關用

必多寡輕重與物相權而後可大定之世民間錢多而鈔
少故貴而易行軍典以來在官殊少民亦無幾軍旅調度
悉仰于鈔日之所出動以萬計至于填委市肆能無輕乎
不若弛限錢之禁許民自採銅鑄錢而官製模範薄惡不
如法者令民不得用則錢必輕有司欲少出則貴而
易行矣今日出益衆民日多鈔可少出少出則貴而
至乃計官吏之俸驗百姓之物力以欲重之而卒不能增重
曾不知錢少之弊也臣謂宜令民鑄錢而當斂鈔者亦聽
輸銀民因以銀鑄錢為數等文曰與定元寶定直以備軍
賞亦救弊之一法也朝廷不從五年閏十二月宰臣奏向

者寶券既弊乃造貞祐通寶以救之迄今五年其弊又復
如寶券之末初通寶四貫為銀一兩今八百餘貫通寶四百
更造與定寶泉子母相權與通寶兼行每貫當通寶四百
賣以二貫為銀一兩隨處置庫許人以通寶易之縣官能
使民流通者的決為進官一階陞職一等其或姑息以致壅滯則
亦追降的決行部官察之定挑法失斜舉法失畢則御史降
史及諸路行部官察之定罪賞命監察御
決行部官降罰集衆妄議難行者徒二年告捕者賞錢三
百貫元光元年二月始詔行之二年五月更造每貫當通
寶五十又以綾印製元光珍貨同銀鈔及餘鈔行之行之

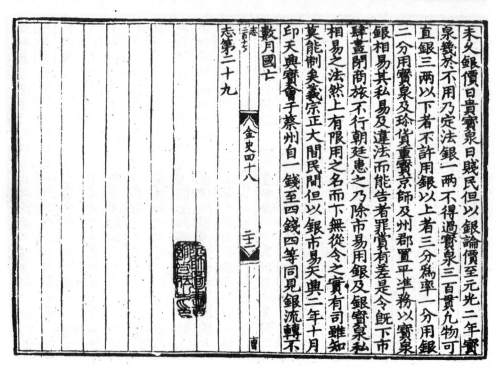

未久銀價日貴寶泉日賤民但以銀論價至元光二年寶
泉錢茶不用乃定法銀一兩不得過寶泉三百貫九物可
直銀三兩以下者不許用銀以上者三分為率一分用銀
二分用寶泉及珍貨重寶京師及州郡置平準務以寶泉
銀相易用其私易及違法而能告者罪賞有差是令既下市
肆晝閉商旅不行朝廷患之乃除市易用銀及銀寶泉私
相易之法然上有限民間用之而下無從令天興二年十月
莫能制矣義宗正大間民間以銀市易天興二年十月
印天興寶會子蔡州自一錢至四錢四等同見銀流轉不
數月國亡

提舉司在國城西……書局及印造修　國史領　經筵章新德載臣　脫脫　奉敕修

食貨四

鹽　酒　醋　茶　諸征商　金銀稅

食貨志
金史四九
一
周忠

鹽金制權貨之目有十曰酒麴茶醋香礬丹錫鐵而鹽為
輔首貞元初蔡松年為戶部尚書始復鈔引法設官置庫
以造鈔引鈔合鹽司簿之符引會同縣桃繳之數七年一
鹽連頻路食海鹽臨潢之北有大鹽濼烏古里石壘部有
鹽池皆足以食境內之民嘗征其稅及得中土鹽場倍之

故設官立法加詳焉然而增減不一廢置無恒亦隨時採
蠻而已益都濱州舊置兩鹽司大定十三年四月又併為山
東鹽司二十一年滄州及山東各務增美官禁鬻鹽朝論
路諸鹽場為兩鹽司使司十一月又併遼東等
是後惟置山東滄寶坻莒解北京西京七鹽司山東滄寶
坻斤三百為俵俵二斗有五為大套鈔引公攇三者俱備
然後聽鬻其斤數或六之三或六之一又為小鈔引給之
以便其鬻解鹽斤二百有五十為一席席五為小套鈔引則

食貨志
金史四九
二
周忠

與陝西轉運司同鬻其輸粟於陝西軍營者許以公牒易
鈔引西京等場鹽以石計大套之石五小套之石三北京
大套之石四小套之石一遼東大套之石二北京
一引零鹽積十石亦一鈔而十引其行鹽一石一鈔石
宜山東滄州之場九行山東河北大名河南南京歸德諸
府路及許亳陳蔡潁宿泗曹雎陽徐邳睢州莒之場十二
濟洛場行莒州臨洪場行贛榆縣獨木場行海州司候
胸山東海縣板浦場行漣水沐陽縣信陽場行密州之五
場又與大鹽場通行沂邳徐宿泗滕六州西由場行萊
錄事司及招遠縣衡村場行即墨萊陽縣之二場鈔引及
半俵小鈔引聽本州縣鬻之寧海州五場皆鬻零鹽不用
引曰黃縣場行黃縣巨風場行登州司候寧海州福山
場行福山縣是三場又通行文登場行河東南北路陝西
於馬城縣置局貯錢解鹽行中都路陝西東及南京副使
司牟平縣文登場行文登寧海鹽行其地北京
河南府陝鄭唐鄧嵩波諸州西京遼東鹽各行其地北京
宗錦之末鹽行本路及臨潢府肇州泰州之境與接壤者
亦預為世宗大定三年二月定軍私煮鹽及盜官鹽之法
命猛安謀克巡捕宋俱言更定狗濼鹽場作
使司十一年正月用西京鹽判宋俱言更定狗濼鹽場作

六品使司以倶爲使順壟縣令白仲通爲副以是歲入鏡
爲定額四月以爲古里石壘民飢罷其鹽池稅十二年十
月詔西北路招討司猛安所轄資及富人奴婢背給食鹽
宰臣言去鹽樂遠者所得不償道里之費遂命計口給直
平灤鹽鹼滄州瀋廢海阜鹽場三月併榷永鹽爲寳坻使司
富家奴婢二十口止十三年二月併榷永鹽場三月州人李格請復置
詔遣鹽使相視有司謂是場與興則損滄鹽之課且食鹽戶仍
竈而鹽價歲增必徒多積而不能售遂寢其議三月大鹽
參知政事梁蕭言實池及傍縣多闕食可減鹽價增粟
月
樂設鹽稅官復免爲古里石壘部鹽池稅二十一年八

價而以粟易鹽上命宰臣議皆謂鹽非多食之物若減價
易糶恐久而不售以至虧課今歲敗以七十餘萬石至通
州此又以恩獻等六州粟百餘萬石繼至足以賑之不煩
易糶逐罷十二月罷平州摭配鹽課二十三年七月博興
縣民李孜收放日炙鹽大理寺具私鹽及刮鹼土二法以上
宰臣謂非私鹽可止張仲愈獨曰私鹽罪重而犯者猶報
不可縱也上曰刮鹼非煎何以同私仲愈曰如此則渤海
之人恣刮鹼而食將侵官課矣上曰乃以故同刮
鹼科罪後犯則同私鹽法論十一月張邦基言實坻鹽課
若每石收正課百五十斤應有風乾折耗遂令石加耗鹽

二十二斤半仍先一歲偽支價直以優竈戶二十四年七
月上在上京謂丞相爲古論元忠等曰會寧尹蒲察通言
其地猛安謀克戶甚艱難速煩以東食海鹽蒲與胡里改
等路食摩州鹽初定額萬貫今增至二萬七千若罷鹽引
添竈戶庶可易得元忠對曰已嘗遣使咸平府以東規畫
矣上曰不須待此宜丞丞爲之通又言可罷上京酒務聽民
自造以輸稅上曰先濼州諸地亦嘗令民煮鹽後以不便
罷之今豈可令民自治耶二十五年十月上還自上京謂
宰臣曰朕聞遼東凡人家食鹽之何由有引目者即以私治罪
夫細民徐買食之何由有引目可止令散辦或詢諸民從

其所欲因爲之罷北京遼東鹽使司二十八年尚書省論
鹽事上曰鹽使司雖辦官課然素樓民鹽官每出巡而巡
捕人往往私鹽苟圖羨增知其弊不如意則以所
懷謂以爲私鹽官課至求賄及酒食稍不如意則以所
別設巡捕官勿與鹽司關涉庶革其弊五月遣巡捕使山
東滄寳坻各二負解西京各一負山東則置於濰州招速
縣滄置於深州及寧津縣寳坻置於易州及永濟縣解置
於澄城縣西京置於梵容館秩從六品直隸省部各給銀
牌取鹽使司弓手充巡捕人且禁不得於人家搜索若食
鹽一斗以下不得究治惟盜販私貨則捕之在三百里内

者屬轉運司外者即隨路府提點所治罪盜課鹽者亦如
之章宗大定二十九年十月上朝隆慶宮諭有司曰比因
獵知百姓多有鹽禁獲罪者民何以堪朕欲令依平糶太
原均辦倒令民自煎其令百官議之十二月戶部尚書鄧
儼等謂若令民計口定課民既輸乾辦錢又必別市而食
錢幣易得之時所定今日與向不同況太平日久戶口蕃
息食鹽歲課宜有羨增而反無之何欤緣官佑高貴民利
私鹽之賊發鬻官課爾近已減寶坻山東滄鹽價斤為三
十八文乞更減去八文歲不過減一百二十餘萬貫官價
既賤所售必多自有羨餘亦不全失所減之數況今府庫
金銀約折錢萬萬買有奇設使鹽課不足亦足補百有餘
年之經用若量入為出必無不足之惠乞令平糶乾辦鹽
課亦宜減價各路巡鹽弓手不得自專巡捕庶革誣罔之
弊禮部尚書李晏等曰所謂乾辦者既非美名又非良法
私價同則私將自已又巡鹽兵吏往往挾私鹽以誣人可
必欲杜絕私煮盜販之弊若每斤減為二十五文又非公
令與所屬司縣期會方許巡捕違者按察司罪之刑部尚
書郭邦傑等則謂平糶瀕海及太原鹵地可依舊乾辦餘
同儗議御史中丞移剌仲方則謂私煎盜犯之徒皆知禁

沈宰通州

而犯之者也可遽重能吏巡捕使而不得入人家搜索同
知大興府事王翛請每斤減為二十文罷巡鹽官左諫議
大夫徒單鎰則以乾辦為便宰臣奏以每斤官十文若
減作二十五文似為得中巡鹽弓手可減三分之一鹽官
出巡須約所屬同往不同獲者不坐可自來歲五月一日
行之上遂命俟農隙遣使索之十二月遂罷西京解鹽巡
捕使時既詔罷乾辦鹽錢十二月以大理司直移剌九勝
奴廣寧府宗宇議北京路遼東鹽司利病遂復置北京遼
東鹽使司北京路歲以十萬餘貫為額遼東路以十三萬
為額罷西京及解州巡捕使明昌元年七月上封事者言
河東北路乾辦鹽錢歲十萬貫太重以故民多逃徙乞緩
其徵督上命俟農隙遣使索之十二月定禁司縣擅科鹽
剌二年五月省臣以山東鹽課不足蓋由鹽司官出巡不
敢擅捕必約所屬同往人不畏故也遂詔自今如有盜販
者聽鹽司官輒捕民私鹽私煮及藏匿則約所屬搜索巡尉
兵非與鹽司官相約則不得擅入人家三年六月孫即廉等
同鹽司官議軍民犯私鹽三百里內者鹽司按罪即廉等
提點所咨微捕獲之賞於販造者猛安謀克部人煎販及
盜者所管官論贖三犯杖之能捕獲則免罪又濱州渤海

亭南甫

縣永和鎮去州遠恐藏盜及私鹽可改爲永豐鎮與曹子
山村各勑設巡檢山東寶坻滄鹽司判官乞陞爲從七品
用進士上命猛安謀克枝者再議餘皆從之尚書省泰山
東濱益九場之鹽行於山東等六路濤洛等五場止行於
沂邳徐宿勝泗六州各有定課方之九場大課恐不用力轉生每
與九場通比增鬱其五場官恃彼大課恐不用力轉生每
弊遂定令五場自爲通比舊法與鹽司使副通比故至是
始改爲五年正月入小場鹽官左萆等以課不能及穎繳
進告勑遣遣使按視十三場再定除濤洛等五場係設管
勾可即日恢辦乃以萆所告八場從大定二十六年制自

見管課依新例永相比磨户部郎中李敬義等言八小場
今新定課有減其半者如使俱從新課而舊課已辦入官
恐所減錢多因而作弊而所收錢數不復盡實附曆納官
逐從明昌元年所定酒稅務制令即日收辦十一月以
舊制猛安謀克犯私鹽酒麯者轉運司按罪遂更定軍民
犯私鹽者皆令屬鹽司私酒麯則屬鹽司三百里外者
則付提點所若連問犯人而所屬恍不遣者徒二年十二
月尚書省議山東滄州舊法每一斤錢四十一文寶坻每
一斤四十三文自大定二十九年敕恩并特旨減爲三十
文計減百八十五萬四千餘貫後以國用不充遂奏定每

一斤後加三文爲三十三文至承安三年十二月尚書省
奏鹽利至大今天下户口蕃息食者倍於前軍儲支引者
亦甚多況日用不可闕之物豈以價之低昂而有多寡也
若不隨時取利恐徒失之遂復定山東寶坻滄州三鹽司
價每一斤加爲四十二文解州舊法每石九百文鹽司舊
貫四百文遼東北京舊法每席五貫鹽司舊貫爲六
西京煎鹽舊石二貫文既增其價後加爲二貫八百文
百文增爲二貫文遼東北京價增爲一貫五百文
課歲六百二十二萬六千三百六十六貫五百六十三
文至是增爲一千七十七萬四千五百一十二貫一百三
十七文二分山東舊課歲入二百五十四萬七千三百
十六貫增爲四百三十三萬四千一百八十四百文
滄州舊課歲入百五十三萬一千二百貫增爲二百七十
六萬六千三百六十六貫五百六十三萬一千二百七十
五十八貫六百三十六貫五百七十八萬七千三百九
一百三十二萬一千五百二十貫二百五十六文北京舊
八十三萬一千五百七十二貫八百七十文北京舊增爲
賣解州舊八十一萬四千六百五十七貫五百三十九
三千八百九十二貫五百文增爲三十四萬六千一百五

貫六百九十六文增爲二十八萬二百六十四貫六百八
文四月宰臣奏在法猛安謀克有犯而不捕者杖之
其部人有犯而失察者皆以數多寡論罪今乃有身犯之者
與犯私酒麹殺牛者世皆議權貴之家不可不禁遂定制
滄州三鹽司每春秋遣使覆按察司及州縣巡察私鹽泰
和元年九月省臣奏遣使覆按察司及州縣巡察私鹽泰
徒年枚茶不以贖論不及徒者杖五十八月命山東寶坻
宜弛其禁令民時採而纖之十一月陝西路轉運使高汝
取於民清州北靖海縣新置滄鹽場本故獵地沮洳多蘆

一百九　食貨志　金史九十　九

不賞之數及巡捕弓手所減者皆徵以入官則罪賞均矣
半免後弓手又半之是罪同而賞異也乞以司縣巡捕官
監官獲之則充正課巡捕官則減常人之罪同而賞興也
碼言舊制捕告私鹽酒麹者計斤給賞錢皆徵于犯人然
諾從之三年二月以解鹽司使治本州以副治安邑十一
月以七鹽使司課頴七年一定爲制每斤增爲四十四文
月定進士授鹽使司課頴七年一定爲制每斤增爲四十四文
時棣州刺史張煒乞以鹽易米詔省臣議之六月詔以山
東滄州鹽司自增新課之後所虧歲積盖官既不爲經盡
而管勾監同與合干人互爲姦弊以致然也即選才幹者

代兩司使副以進士及部令史譯人書史律科童
諸局分出身之廉慎者爲管勾而罷其舊官十月西北路
有犯花鹹禁者欲同鹽禁罪宰臣請若比私鹽則有不同
詔定制收轍者杖八十七十加一等罪止徒一年賞同私
藝例五年六月以山東滄州兩鹽司侵課遣戶部外郎
石鉉按視之還言令兩司分辨爲便詔以周昂分河北東
西路大名府恩州德府曹單毫泗州隸滄鹽司以山東
西路開濮州歸德府睢陳蔡許頴滄隸山東鹽司各計
東西路關濮州歸德府睢陳蔡許頴滄隸山東鹽司各計
口承課十月簽河北東西大名路按察司事張德輝言海
儒人易得私鹽故犯法者報可量戶口均配之尚書省命

一百九　食貨志　金史四十九　十

山東按察司讓其利便言萊密等州比年不登計口賣鹽
所斂雖微人以爲歛恐致流亡且私煮者皆無籍之人豈
以配買而不爲歛定制命與滄鹽司皆馳驛巡察境內
惟賴鹽課今山東歲五十餘萬貫盖以私煮盜販者成羣
六年三月右丞相内族宗浩奏知政事實鉉言國家經費
鹽司既不能捕察司亦不爲歛若止論犯私鹽
者之數罰俸降職彼将抑而不申愈難制矣宜立制以各
官在職時所增虧之實令鹽司以達省部以爲陞降遂詔
諸統軍拖討司京府州軍官所部有犯者兩次則奪半月
俸一歲五次則奏裁巡捕官但犯則的決令按察司御史

察之四月從涿州刺史夾谷蒲乃言以萊州民所納鹽錢
聽輸絲綿銀鈔七年九月定西北京遼東鹽使判官及諸
物管勾斟酌陞降格凡文資官吏貧諸局署承應人應驗
資歷注者增不及分者陞本等首一分減一資二分減兩
資遷一官擬四分減兩資遷兩階陞者亦視此為降十二月尚
遷一階四分減兩資遷兩階首一分減一資二分減一資
書省以盧附翼所言遂定制竈戶盜賣課一等若刮鹹土煎食
課外有餘則盡以中官若留者減盜賣課鹽法若應納鹽
之採黃穰草燒灰淋鹵及以醅粥為酒者杖八十八年七
月宋克俊言鹽管勾自改注進士諸科人而監官有失趣
陸縣令之階以故急而斟課乞依舊為便有司以泰和四
年改注時選當時到部人截替遂擬以秋季到部人注代
八年七月詔沁淮諸榷場聽官民以鹽市易宣宗貞祐二
年十月戶部言陽武延津原武滎澤河陰諸縣饒鹹國民
私煎不能禁遂詔置場設判官管勾各一員隸戶部既而
御史臺奏諸縣皆為有力者奪之而商販不行遂勑御史
分行申明禁約三年十二月河東南路權宣撫副使烏古
論慶壽言絳解民多業販鹽由大陽關以易陝虢之粟及
遷渡河而官邀糴其八其旅費之外所存幾何而河南行

部復自運以易粟于陝以盡奪民利比歲河東旱蝗加以
邀糴物價踴貴人民流亡誠可閔也乞罷邀糴以紓其患
四年七月慶壽又言河中乏糧既不能濟而又邀糴以奪
之夫鹽乃官物有司陸運至河復以舟達京兆鳳翔以與
商人貿易而甚勞而陝西行部每石復邀糴二斗是
官物而自糴也夫轉鹽易物本濟河中而陝西復強取之
非奪而何乞彼此壹聽民便則公私皆濟上從之興定二
年六月以延安行六部貧外郎盧進言綏德之嗣武城
義合克戎寨近河地多產鹽請設鹽場管勾一員歲獲十
三萬餘斤可輸錢二萬貫以佐軍三年詔用其言設官鬻
鹽給過用四年充闕東之用尋命解鹽不得通陝西以此方有
萬七千石充闕東之用尋命解鹽不得通陝西以此方有
鹽給過用四年李復亨言以河中西岸解鹽舊所易粟麥
世宗大定三年詔宗室私釀者從轉運司鞫治三年省奏
中都酒戶多逃以故課額愈㽃上曰此官不嚴禁私釀所
致也命設軍百人隸兵馬司同酒使副合干人巡察雖權
要家亦許搜索奴婢犯禁杖其主百且令大興少尹招復
酒戶八年更定酒使司課及五萬貫以上鹽場不及五萬

警河禁方急也元光二年內族訛可言民運解鹽有助軍
食詔修石墻以固之
酒金榷酤因遼宋舊制天會三年始命榷官以周歲為額

貫者依舊例通注文武官餘並右職有才能累差不虧者
為之九年大興官以廣陽鎮務虧課而懼奪其俸乃以
酒散部民使翰其稅大理寺以財非入已論以贖論上曰
雖非私職而貧民亦被其害若止從贖何以懲後特命解
職二十六年省奏鹽鐵酒麴自定課後增各有差上曰朕
頃在上京酒味不嘉欲如中都麴院取課廉使民得芙
酒朕日膳亦減省審有一公主至而無餘膳可與朕欲芙
用五十羊何難我願費用皆出於民不忍為也監臨官惟
知利已不知何從來若恢辦增羨者酬遷虧者懲殿仍
更定併增併虧之課無失元額如橫班祗虧者與餘一
錢可入官及監官食直若不先與何以責廉令後及格限
見差使內不選酬餘錢與後差使內所增錢通籌為酬庶
千難選兩酬者必止納萬貫而報以餘錢入已令後可令
例降罰庶有激勸且如切酬合辦二萬貫而止得萬七八
務依中都例改收麴課而聽民酤戶部遣官詢問遼東來
而至者即用此法又奏羅杓欄人二十七年議以天下院
遠軍南京路新息虞城西京路西京酒使司曰自昔遼刺
部族天城縣七廳除稅課外願自承課賣酒上曰自昔
官多私官錢若令百姓承辦庶革此弊其試行之明昌九
年正月更定新課令即日收辦中都麴使司大定間歲獲

錢三十六萬一千五百貫承安元年歲獲四十萬五千一
百三十三貫西京酒使司大定間歲獲錢五萬三千四百
六十七貫五百八十八文承安元年歲獲錢十萬七千八
百九十三貫七月定中都麴使司以大定二十一年至明
昌六年為界通比之均取一年之數為額五年四月省奏舊
以佐國用泰和四年九月省奏在都麴使司自定課以來
數百分中取三隨課代輸更不入已歲約得錢三十餘萬
其勢今擬將元收杓欄錢以代添支令各院務驗所收之
隨麴酒稅務所設杓欄人以射糧軍人各給添支錢酬
大定二十六年罷去其隨朝應役軍人各給添支錢酬
八年併增諸物宜依舊法以八年通誠課程均其一年之數仍
取新增諸物一分稅錢併入通為課額以後之課每五年
一定其制又令隨麴酒務元額上通取三分作糟醡錢六
年制增賣酒數各有差若數外賣及將帶過數者罪之
宣宗貞祐三年十二月御史田迴秀言大定中酒稅歲及
十萬貫者始設使司其後二萬貫亦設令河南使司亦五
十餘貫虛費月廩宜依大定之制九光元年復設麴使司
醋稅自大定初以國用不足設官榷之章宗明昌五年以
三年以府庫充物遂罷之助經用至二十
充所出言事者請榷醋息遂令設官榷之其課額族當差

房稅之制五年以前此河樂罷設官復召民射買兩界之
後仍舊設官二十年正月定商稅法金銀百分取一諸物
百分取三章宗大定二十九年戶部言天下河泊已許與
民同利其七處設官可罷之委所屬禁豪強毋得擅其利
明昌元年正月勅尚書省定院務課商稅額諸路使司院
務千六百一十六處比舊減九十四萬二千餘貫遂罷坊
場免債房稅十月尚書省奏天下使司院務
之制但委提刑司察提點官侵犯場務者則論如制詔從
之三年詔減南京出債官房及地基錢二年諭提刑司禁
而監官增虧既有陞遷追殿之制宜罷提點所給賞罰俸

勢力家不得固山澤之利又司竹監歲採八破竹五十萬
竿春秋兩次輸都水監備河防餘竿皮等賣錢三千
貫章錢二千貫為額明昌五年陳言者乞復舊置坊場上
不許惟許增置院務詔尚書省參酌定制遂擬遼東北京
依舊許人分辦中都等十一路差官按視量添設院務千
二十三處自今歲九月一日立界制可大定間中都稅使
司歲獲千六萬四千四百四十餘貫承安元年歲獲二十
一萬四千五百七十九貫泰和六年五月制院務課虧令

運司差官監權

金銀之稅大定三年制金銀坑冶許民開採二十分取一

為稅泰和四年言事者以金銀百分中取一諸物取三今
物價視舊為高除金銀額所不能盡設自餘金銀可並
添一分詔從之七年三月戶部尚書高汝礪言舊制小商
貿易諸物收錢四分而金銀乃重細之物多出富有之家
後止三分是為不倫亦乞一例收之省臣議以為如此恐
多匿隱遂止從舊

志第三十

開府儀同三司上柱國錄軍國重事前中書右丞相修國史領經筵軍都總裁臣脫脫奉

勅修

食貨五　榷場　和糴　常平倉
　　　　水田　區田　入粟　鬻度牒

食貨志四百○七　　《金史第五十卷》　一

榷場與敵國互市之所也皆設場官嚴屬禁廬宇以通二國之貨歲之所獲亦大有助於經用焉熙宗皇統二年五月許宋人之請遂各置於兩界九月命壽州鄧州鳳翔府等處皆置海陵正隆四年正月罷鳳翔府鄧州潁蔡壽洮等州并罷西縣所置者而專置于泗州尋代宋亦罷之五年八月命榷場起赴南京國初於泗州北招討司之燕子城北羊城之間嘗置之以易比方牧畜世宗大定三年市馬於夏國之榷場四年以尚書省奏復置泗壽蔡唐鄧潁密鳳翔秦鞏洮諸場七年以禁秦州場不得賣米麵及羊豕之臘并可作軍器之物入外界十七年二月上謂宰臣曰宋人喜生事背盟或與大石交通恐柱害生靈不可不備其陝西沿邊榷場可止留一處餘悉罷之令所司嚴察姦細前此以防姦細罷西界關州保安綏德二榷場二十一年正月夏國王李仁孝上表气復置以保安關州無所產而且稅少惟於綏德為要地可復設互市命省臣議之宰臣以陝西隣西夏邊民私越境盜竊綠有榷場故姦人得

四百六　　《金史第五十卷》　二

往來攙奪東勝可依舊設置陝西者並罷之曰東勝與陝西道路隔絕貿易不通其令環州置一場尋於綏德州復置一場十二月禁壽州榷場受分例分者以商人贄見場官之賄幣也章宗明昌二年七月尚書省以泗州榷場自前禁委場官及提控所拘榷以提刑司舉察惟東勝靜慶州來遠軍者仍舊悉皆修之泗州場大定間歲獲五萬三千四百六十七貫承安元年增為十萬七千八百九十三貫六百五十三文所滇雜物泗州場歲供進新茶千勝荔支五百斤圓眼五百斤金橘六千斤橄欖五百斤芭蕉乾三百箇蘇木千斤溫柑七千箇橘子八千箇沙糖三百斤生薑六百斤梔子九十犀象冊砂之類不與焉宋亦歲得課四萬三千貫秦州西子城場大定間歲獲三萬三千六百五十六貫承安元年歲獲十二萬二千九十九貫承安二年復置於保安關州三年九月行樞密院奏科出等告制隨路榷場若以見錢入外界與外人交易者徒五年以與宋斤以上死宋界諸場皆罷泰和八年八月以與宋和宋人請如舊置之遂復置於唐鄧壽泗息州及秦鳳之地宣宗貞祐元年秦州榷場為宋人所焚二年陝西安撫

副使烏古論兗州復開設之歲所獲以十數萬計三年七
月讓欲聽榷場互市用銀而計數稅之上曰如此是公使
銀入外界也平章忠德升曰賞賜之用如
如銀絹而府庫不足以給之互市雖有禁而私易者自如
若稅之則欲不及民而用可足平章高琪曰小人敢犯法
不行爾況許之乎今軍來息而產銀之地皆在外界不禁
則公私指日蠲矣上曰當熟計之上曰如此是公使官
銀冶九年御史臺奏河南府以和買金銀抑配百姓且下
之後皆失之金銀之犯世宗大定五年聽人射買寶山縣
呂鑑言當監息州金銀坑冶恣民採毋收稅二十七年尚書省
之十二年詔金銀坑冶恣民採毋收稅二十七年尚書省
奏聽民於農隙採銀承納官課明昌二年天下見在金千
二百餘鋌銀五十五萬二十餘鋌三年以提刑司言封諸
勸銀冶禁民採煉五年以御史臺奏請令民採煉隨廠金
銀銅冶上命尚書省議之而貧人茍求生計聚眾私煉上有禁之之
增息雖曰禁之而民多犯法如令民射買之家則
名而無杜絕之實故官無利而民多犯法如令民射買則
貧民壯者爲夫匠老稚供雜役各得均齊而射買之家亦
有餘利如此則可以久行比之官役顧工廢費百端者有

間矣遂定制有治之地委謀克縣令籍數召募射買禁權
要官吏弓兵里胥皆不得與如舊場之例令州府長官一
員掌提控提刑司訪察而禁治之上曰此後設官可也麼之酒
事青持國曰今姑聽如此後有利然後官榷也上亦以爲然遂從之墳山
酤蓋先烏坊塲而後官榷也上亦以爲然遂從之墳山西
銀山之銀窟九百一十有三
和糴熙宗皇統二年十月燕西東京河東河北山東汴京
等路秋熟命有司增價和糴世宗大定二年以正隆之後
倉廩久匱遣太子少師完顏守道等山東東西路收糴軍
糧除戶口歲食外盡令納官給其直三年詔宰臣曰國家
以足之京師之用甚大所須之儲其自餘宿兵之郡亦須糴
年賣宰臣曰朕謂積貯爲國本當修倉廩以廣和糴今聞
外路官文具而已卿等不留心甚不稱委任之意六年八
月勅有司秋成之後可於諸路廣糴以備水旱九年正
諭宰臣曰朕觀宋人虛誕恐不能久遵普約其令將臣謹
飭邊備以戒不虞玄歲河南豐宜令所在廣糴以實倉廩
詔州縣和糴毋得抑配百姓十二年十二月詔在都和糴

經費甚大向令山東和糴止得四十五萬餘石未足爲備
自古有水旱所以無患者由蓄積多也山東軍屯廒須急
爲二年之儲若遇水旱則用賑濟自餘宿兵之郡宜廣糴

以實倉廩且使錢幣通流又詔九秋熟之
旱十六年五月諭左丞相紇石烈良弼曰西邊自來不
備蓄其令所在和糴以備凶歉急十七年春尚書省奏先奉
詔賑濟東京等路飢民三路粟數不能給上曰朕嘗諭鄉
等豐年廣糴以備凶歉民皆以蓄積為國長計倉廩盈溢今欲
濟刀云不給即今自古帝王皆以蓄積為國長計倉有餘
欲獨用即今不給可於隣道取之自今多備當以為常
月尚書省奏東京三路十二猛安充關食者已賑
有未賑者詔遣官詣復州昌蘇館路撿視富家蓄積有餘
增直以糴令近地居民就往受糧十八年四月命泰州所

管諸猛安西比路招討司所管畏猛安咸平府慶雲縣霧
鬆河等壓遇豐年多和糴章宗明昌四年七月諭旨戶部
官聞通州米粟甚賤若以平價官糴之何如於是有司奏
中都路去歲不熟今其價稍減者以商旅運販至故也
若即差官爭糴切恐市價騰踴貧民愈病請俟秋收日依
常平倉條理運至者有餘可減直以糴詔從之明昌五年五月上日聞米價騰
踴今官條理取糴詔從之明昌五年五月上日聞米價騰
縣一年則當賑貸二年然後賑濟如其民實無恒産者雖
之而貧民無錢者何以得食其議賑濟省臣以為關食州
私糴也六年七月勑宰臣曰詔制內饑饉之地令減價糴

應賑貸亦請賑濟上遂命間糴備飢荒之地可以辦錢收糴
者減價糴之貧之無依者賑濟宣宗貞祐三年十月命高
汝礪糴於河南諸郡令民輸輓入京復命在京諸倉糴民
輔之餘粟待御史黃摑奴申言汝礪所糴足給歲支民既
於租賦之外轉輦而來亦止得二百餘石此何濟
也詔罷之十二月附近郡縣多糴粟於京師穀價騰踴遂禁
其出境四年河北行省候言河比人相食然每石官糴斗
米銀十餘兩伏見沁河行省候言河比人相食然每石官糴其
八商人無利誰肯為之且河朔之民皆陛下赤子既罹兵

華又坐視其死臣恐弄兵之徒得以藉口而起也願止其
糴縱民輸販為便詔從之又制九軍民客旅不於官糴
處糴而私販渡河者枝百沁河軍及機察權豪家犯者徒
年杖數並的決從重以物没官上以河北州府鐵多其散
失民間頗廣命尚書省措畫之省臣奏已命山東河北權
及濱滄鹽司以分數帶納矣今河比艱食販粟不於官糴
酌量糴本立法以遮糴之擬於諸渡口南岸選通練財貨官
衆宜金銀絲絹等博易商販之糧轉之比岸以迴易糴本
先以金銀不惟杜姦弊亦使錢入京師從之又上封事者
兼收見錢不惟杜姦弊亦使錢入京師從之又上封事者
言比年以來屢艱食雖由調度征歛之繁亦兼并之家有

以奪之也收則乘賤多糴困急則以貴人私立券貿名為
無利而實數倍飢民惟不得莫敢較者故埸功兩官
租未了而囷已空矣此富者益富而貧者益貧者也國朝
立法舉財物者月利不過三分積久至倍則止今或不期
月而息三倍願明勅有司舉行舊法豐之是年權河東南路
宣撫副使為古論慶壽言遂糴事忘下 興定元年上頗聞
百姓以和糴太重葉業者多命宰臣加意焉八月以戶部
即中揭貞權陝西行六部尚書收給潼陝軍馬之用奏興
販糧濟河者之半以寬民從之六月立和糴賞格

常平倉世宗大定十四年常定制詔中外行之其法尋廢
章宗明昌元年八月御史請後設勅省臣詳議以聞省臣
言大定舊制豐年則增市價十之二以糴儉歲則減市價
十之一以出平歲則已夫所以豐則增價以收者恐物賤
傷農儉則減價以出者恐物貴傷民增之損之以平糶價
故謂常平非謂使天下之民專仰給於此也今天下生齒
至衆如欲計口使餘一年之儲則不惟數多難辦又慮出
不以時而致腐敗也況復有司抑配之弊殊非經久之計
如計諸郡縣驗戶口例以月支三斗為率每口但儲三月
已及千萬數亦足以平物價救荒凶矣若令諸處自官兵

三年食外可充三月之食者免糴其不及者俟豐年糴之
庶可久行也然而立法之始貴在必行其令各路計
司兼領之郡縣吏沮格者斜能推行者加糴用若中都路
年穀不熟之所則依常平法減其價三之一以糴詔從之
其偶諭諸路其奉行滅裂者提刑司斜察以聞又謂宰臣
曰隨處常平倉儉糴儉有名無實兒遠縣人戶豈肯跋涉
就州府糴糴可各縣置倉命州府縣官兼提控舊撲定
制縣距州六十里內就州倉六十里外則特置舊撲戶
口三月之糧恐數多致損政令戶二萬以上備三萬石一

萬以上備二萬石一萬以下五千以上備萬五千石五千
戶以下備五千石河南陝西屯軍貯糧之縣不在是數州
縣有倉仍舊置郡縣吏受代所糴粟無壞一月內
交割給由如無同管勾亦准上交割違限委州府并提刑
司差官催督監交本廳歲豐而收糴不及一分者本等以
降提刑司體察直申尚書省至日斟酌黜陟九月勅置常
平倉之地令州府官提舉之縣官兼董其事以所糴多寡
約量升降為求制又諭尚書省曰上京路諸縣未有常平
倉如亦可置定其當備粟數以聞四年十月尚書省奏今
上京蒲與速頻曷懶胡里改等路猛安謀克民戶計一十

巢行

水田明昌五年閏十月言事者謂郡縣有河者可開渠引
以溉田詔下州郡溉而八路提刑司雖有河者皆言不可
溉惟中都路言安蕭定興二縣可引河溉田四千餘畝詔
命行之六年十月定制縣官任內有能興水利田及百頃
以上者陸本等首注除謀克所管屯田能刱增三十頃以
上賞銀絹二十兩足其租稅止從陸田承安二年勑放白
遠渾東師水與百姓溉田三年又命勿毀高梁河關從民
灌溉泰和八年七月詔諸路按察司規畫水田部官謂民
田之利甚大沿河通作渠如平陽掘井種田俱可灌溉比
年郡沂近河布種豆麥無水則鑿井灌之計六百餘頃比

七萬六千有餘每歲收稅粟二十萬五千餘石所支者六
萬六千餘石總其見數二百四十七萬六千餘石臣等以
為此地收多支少遇災足以賑濟似不必置遂止五年九
月尚書省奏明昌三年始設常平倉定其永制天下常平
倉總五百一十九處見積粟三千七百八十六萬三千餘
石可備官兵五年之食米八百一十餘萬石可備四年之
用而見在錢總三千三百四十三萬貫有奇僅支二年以
上見錢既少且比年稍豐而米價猶賤預糴恐價騰
湯於民未便遂詔權罷中外常平倉和糴俠官錢貴餘日

渠通淮潁大治諸陂於潁之南穿渠三百餘里溉田二萬
頃今河南郡縣多古所開水田之地收穫多於陸地數倍
石詔從之興定五年五月南陽令李國瑞刱開水田四百
新陂通運二百餘里謂之賈侯渠鄧艾修淮陽汝水二
田省奏漢召信臣於南陽灌溉三萬頃魏賈逵遠堰汝水為
餘頃詔陸職二等仍錄其最狀徧諭諸道十一月議興水
麥所收倍於陸地宜募人佃之官取三之一歲可得十萬
言事者程珌言磣山諸縣陂湖水至則畦為稻田水退種
河或摳井如何為規畫具申以俟興作貞祐四年八月
司因出計點就令審察若諸路按察司因勸農可問開
之陸田所收數倍於此較之宅境無不可行者遂令轉運
勑令分治戶部按行州郡有可開者誘民趨功其租止依
陸田不復添徵仍以官賞激之陝西除三白渠設官亦
宜視例施行元光元年正月遣戶部郎中楊大有等詣京
東西南三路開水田

區田之法見稧康養生論自是歷代未有天下通用如趙
過一畝三刪之法者章宗明昌三年三月宰執嘗論其法
於上前上曰卿等所言甚嘉但恐農民不達此法又如其
行當遍諭之四年夏四月上與宰執復言其法父之參知
政事胥持國曰今日方之大定間戶口既多費用亦厚若

上曰此法自古有之若其可行則
何為不行也持國曰所以不行者蓋民未見其利今已令
試種於城南之地乃委官性監督之若使民見收成之利
當不率而自効矣參知政事夾谷衡以為若有其利古已
行矣且用功多而所種少復恐廢壞畝之田功也上曰姑
試行之六月上問參知政事胥持國種如何對曰此
常年頗登是日命近侍二人馳驛巡視京畿未稔五年正
月勸諭農民使區種先是陳言人武陟縣高翥上區種法
請驗人丁地土多少定數令種上令尚書省議既定遂勅

〈食貨志〉
一百五十一

〈金史第五十卷〉 陳鑄之 十一

令農田百畝以上如瀕河易得水之地須區種三十餘畝
多種者聽無水之地則從民便仍委各千戶謀克縣官依
法勸率承安元年四月初行區種法男年十五以上六十
以下有土田者丁種一畝五畝止二年二月九路
提刑為百祿奏重訓農民有地一頃畝區種一畝五畝即
止臣以為地肥瘠不同乞不限畝數制可泰和四年九月
尚書省奏近奉旨講議區田臣等謂此法本欲利民或以
天旱乃始用之倉卒施功未必有益也且五方地肥瘠不
同使皆可以區種農民見有利自當勉以效之不然督責
雖嚴亦徒勞耳勅遂令所在長官及按察司隨宜勸諭亦

竟不能行

入粟鬻度牒熙宗皇統三年三月陝西旱饑詔許富民入
粟補官世宗大定元年以兵興歡下令聽民進納補官
又募能濟饑民者視其人數為補官格五年上謂宰臣曰
頃以邊事未定財用關乏自東南兩京外命民進納補官
及賣僧道尼女冠度牒紫褐師號觀寺觀名額
寧其悉罷之慶壽寺天長觀歲給度牒每道折錢二十萬
以賜之明昌二年粉山東河北關舍之地納粟補官三年
承安二年賣度牒以濟之宣宗貞祐二年從知大興府事胥
京饑詔賣度牒以濟之宣宗貞祐二年從知大興府事胥

〈金史第十卷〉 食貨志 四百三十三字 十三

鼎所請定權宜鬻恩例格進官升職丁憂人許應舉求仕
監戶從良之類入粟草各有數三年制無問官民有能勸
率諸人納物入官者米百五十石選官一階正班任使七
百石兩階除諸司千石三階除丞簿過此數則請於朝廷
議賞推司縣官有能勸率進糧至五千石以上者減一
軍儲又定制司縣官能勸率進糧至五千石以上選一官陞
資考萬石以上遷一官減二等考二萬石以上遷一官陞
一等皆注見闕四年河東行省宥言河東兵多民必倉
空歲饑饉見潞州元帥府雖設鬻爵恩例然條目至少未
盡勸率之術今擬凡補買正班依格止廕一名若願輸許

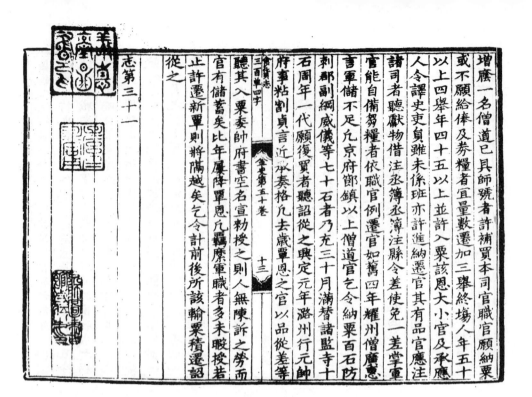

增廱一名僧道已具師號者許補買本司官職官願納粟
或不願給俸及券糧者宜量數遷加三舉終場人年五十
以上四舉年四十五以上並許入粟該恩大小官及承應
人令譯史吏貟雖未係班亦許進納遷官其有品官應注
諸司者聽獻物借注丞簿注縣令差使免一差掌軍
官能自備芻糧者依職官例遷官如舊四年耀州僧廱惠
書軍儲不足凡京府節鎮以上僧道官乞令納粟百石防
刺郡副綱威儀等七十石者乃充三十月滿替諸監寺十
石周年一代願復買者聽詔從之興定元年潞州行元帥
府事粘割貞言近承奏格凡去歲豐恩之官以品從差等
聽其入粟奏帥府書空名宣勅授之則人無陳訴之勞而
官有儲蓄矣比年屢降軍恩凡鬻廪軍職者多未暇授若
止許遷新軍則將隔越矣乞令計前後所該輸粟積遷詔
從之

食貨志 三百單四字

金史第五十卷 十三

明府儀同三司尚書右丞相監修國史領修奉

勑修

選舉　議進士諸科　學士院官　律科　經童科　制舉　武舉
　　　試學士院官　司天醫學試科

自三代鄉舉里選之法廢秦漢以来各因一代之宜以盡
之世雖有賢良方正諸科以取士而推擇為吏由是以致
一時之才茍足於用即已故法度之不一其来遠矣在漢
互有因革至於唐宋進士盛為當時士君子之進不由是
公卿鄉卿子弟入備宿衛因被寵遇以位通顯親而下
則自以為懶此由時君之好尚故人心之趣向然也遠
而法亦密焉若夫以策論進士取其國人而用女直文
士科目無秩唐宋之法而增損之其及弟出身視前代特
所自進士總十之二三耳金承遼後冗事軼遙世故進
起自進士頒用唐進士法取人然仕於其國者玫其致身之
字以為程文斯盖就其所長以收其用又欲行其國字宙
人通習而不廢耳盖金之代科目得人為盛諸宮護衛及
省臺部譯史令史通事仕進皆列於正班斯則唐宋以来
之所無者當非因時制宜而以漢法為依据者乎金治純
駁議者於是每有別焉宣宗南渡吏習日盛苛刻成風殆
亦多故之秋急於事功不免爾歟自時厥後仕進之歧既

（選舉志　晉卷二十四　金史五十一　一　鐵清之）

廣饒倖之俗益熾軍伍勞效雜置令錄門廕右職迭居朝
著科舉取士亦使況濫而金治衰矣原其立經制陳紀之初
所為外轉之格考察之方井井然有條而不紊百有餘年
歷代所有附著于斯寶爵進納金季之弊莫甚焉蓋由財
用之不足而然也特載食貨志
詔作金史其選舉因得而詳論之司天醫學內侍等法
金設科皆因遼宋制有詞賦經義策試律科經童之制海
陵天德三年罷策試科初設女直進士
科初但試策後增試論所謂策論進士也明昌初又設制
舉宏詞科以待非常之士故金取士之目有七焉其試詞
賦經義策論中選者謂之進士律科經童中選者曰舉人
凡養士之地曰國子監始置于天德三年後定制詞賦經
義生百人小學生百人以宗室及外戚皇后大功以上親
諸功臣及三品以上官兄弟子孫年十五以上者入學不
及十五者入小學大定六年始置太學初養士百六十人
後定五品以上官兄弟子孫百五十人曾得府薦及終場
人二百五十八人凡四百人府學亦大定十六年置以
凔共十八人初以嘗與廷試及宗室皇家袒免以上親并得
解舉人為之後增州學遂加以王品以上官曾任隨朝六

（選舉志　晉卷二十四　金史五十一　二　鐵清之）

上

品官之兄弟子孫餘官之兄弟曾孫經府薦者同境內舉
人試補三之一闕里廟宅子孫年十三以上不限數經府
薦及終場免試者不得過二十八人凡試補學生太學則禮
部主之州府則以提舉學校學官主之曾得府薦及終場
舉人皆免試凡經易則用王弼韓康伯註書用孔安國註
詩用毛萇註禮記用孔穎
達疏周禮註鄭玄註賈公彥疏論語用何晏註邢昺
孟子用趙岐註孫奭疏春秋左氏傳用杜預註史記用裴松之
前漢書用顏師古註後漢書用李賢註三國志用裴松之
註揚子用李軌註宋咸柳宗元吳祕註皆自國子監印之授
諸學校凡學生會課三日作論一道又三日試賦及詩
各一篇三月一私試以每月初先試賦開一日試策論中
選者以上五名申部以旬休節辰皆有假病則給假省親
遠行則給程犯學規者罰不平教者黜遭喪百日後求入
學者不得與釋奠禮凡國子學生三年不能充貢欲就諸
局承應者學官試能粗通大小各一經者聽章宗大定二
十九年上封事者乞興學校推行三舍法及鄉以八行貢

下

春官以設制舉宏詞等事下尚書省集百官議戶部尚書鄧
儼等謂三舍之法起于宋熙寧間王安石罷詩賦專尚經
術大率上舍生初補外舍無定員由外陞內舍限二百人由內
陞上舍限百人各治一經每月考試或特免解或保舉補
官其法雖行而多席勢力尚趨走之弊故蘇軾有三舍
竟發臣等謂公行之語是以元祐間罷之後雖復而宣和三
興貸略公行之門不可不為法貴乎可父彼三舍之法委而學官選專
啟倖悻之門立法貴乎可父彼三舍之後委而學官選專
五千人今策論賦經義三科取士而太學所養止百六
十八人外京府或至十人天下今僅及千人今若每州設學專
除教授月加考試每舉所取數多者賞其學官月試定為
三等籍之一歲中頻在上等者優後之不率教行懲者黜
之庶幾得人之道也又成周鄉舉里選法辛不可後設科
取士多隨其時八也凡人之亡宋取周禮之六行孝友睦州
任恤加之中和為八也凡人之行美大於孝廉之令縣官已有舉
孝廉之法及民有才能德行者令縣官薦之令制犯十題
姦盜者不得應試亦六德六行不限進士并選人試之中選
天子待非常之士若設此科不限進士并選人試之中選
擢之臺閣則人自勉矣上從其議遂計州府戶口增養士
之數於大定籠制京府十七處千人之外置節鎮防禦刺

史州學六十處增養千人各設教授一員選五舉終場或
進士五十以上者為之府學二十有四學生九百五人
〔大興開封各　真定河間濟南大名東平府各六十人太原益都府各四十人遼陽彰德府各三十人河中慶陽臨洮府廣寧府各二十人鳳翔平涼延安咸平府各十五人博德沁州亳州各十六人　汾　絳之衛懷慄州與中府各二十人茶之州各三十人代州同郡〕
年以女直大小字譯尚書頒行之後擇猛安謀克內良家
子弟為學生諸路至三千人九年取其尤俊秀者百人至
京師以編修官溫迪罕締達教之十三年以策詩取士始
設女直國子學諸路設女直府學以新進士為教授國子
學策論生百人小學生百人府州學二十二中都上京胡
里改頻合懶蒲與婆速咸平泰州臨潢北京襄州開州
豐州西京東京蓋州隆州東平益都河南陝西置之凡取
國子學生府學之制皆與詞賦經義生同又制每謀
克取二人若宗室每二十戶內無騍學者則取有物力家
子弟年十三以上二十以下者充凡會課三日作策論一
道李月私試如漢人進士長貳官提控其事具入官街〔河南陝西〕
〔女直學承安二年罷之餘如舊〕

凡諸進士舉人由鄉至府由府至省及殿庭凡四試皆中
選則官之至逮試五被黜則賜之第謂之恩例又有特命
及第者謂之特恩恩例者但考之文之高下為第而不復黜
落凡詞賦進士試賦詩策論各一道經義進士試所治一
經義策論各一道其設也始於太宗天會元年十一月時
以急欲得漢士以撫輯新附初無定數亦無定期故二年
邊宋之制不同詔南北各因其素所習之業取士號南北
北選熙宗天眷元年五月詔南北選各以經義詞賦兩科
取士海陵庶人天德二年始增殿試之制而更定試期三
二月八月凡再行為五年以河北河東初降職員多闕以
年併南北選為一罷經義策試兩科專以詞賦取士貞元
元年定貢舉程試條理格法正隆元年命以五經三史正
文內出題始定為三年一開大定四年勑宰臣進士文優
則取勿限人數十八年謂宰臣曰文士有偶中魁選不問操
履而輒授翰苑之職如趙承元文士有偶中魁選不問
今榜首訪察其鄉行可取則授以應奉否則從常調十
九年謂宰臣曰自來御試賦題皆士人嘗擬作者前朕自
選一題出人所不料故中選者多名士而庸才不及為是
知題難則名儒亦擅場題易則庸流易僥倖也平章政事
唐括安禮奏曰臣前日言士人不以策論為意者正為此

尔宜各場通考選文理俱優者上曰升掛時務策觀其議
論材自可見卿等其議之二十年謂宰臣曰朕嘗諭進士
不當限數則對以所取之外無合格文故中選者少豈非
題難致然耶若果多合格而有司妄黜之甚非理也又曰
古者鄉舉有行者授以官今其考滿察鄉曲實行出倫者
擢之又曰舊不選策令熟選矣然自今府會兩試不須試
策已中策後則試以制策試學士院官二十二年謂宰臣
曰漢進士黜例授應奉若行不副名不習制誥之文者即
與外除二十三年謂宰臣曰漢進士皇統間人材始不後
見今應奉以授狀元蓋循資尔制誥文字各以職事鋪叙
皆有定式故易至撰敕誥則解有能者參知政事粘哥斡
特刺對曰舊人巳登第尚為學不輟令人一及第輒廢而
不學故尔上於聽政之際色參知政事張汝霖翰林直學
士李晏讀新進士所對策至縣令竊念久矣國朝設科分
風夜思此未知所出要對曰臣
南北兩選此選詞賦進士擢第一百五十八人經義五十八
南選百五十八人計三百五十八人嗣場比選詞賦進士七十
人經義三十人南選百五十八人以入仕
多故員不關其後南北通選上設詞賦科不過取六七十
人以入仕者少故縣令員關也上曰自今文理可採者取

之毋限以數二十八年復經義科章宗明昌元年正月言
事者為舉人四試而鄉試似為虛設固當罷去其府會試
乞十人取一人可以群經出題而註示本傳上是其言詔
免鄉試府試以五人取一人仍令有司議外路添考試院
及群經出題之制有司言會試所取之數舊止五百人此
以世宗勅中格者取乞依此制行之府試舊六慶中有地
遠者命增添三慶上京路則試於益都以六經十七史考
路則試於平陽山東東路則試於遼陽河東南北
經論語孟子及荀揚老子內出題皆命於題下註其本傳
又諭有司曰舉人程文所用故事恐考試官或遽不能憶
誤失人材可自注出處注字之誤不在塗注乙之數明昌
二年勅官或職至五品者直赴御試平章政事守貞言國
家官人之路惟女直漢人進士得人居多諸司局承應循
無出身自大定後始敘使至今鮮有可用者近來放進士
第數稍多此舉更宜增取若會試止以五百人為限則迁
試雖欲多取不可得也上乃詔有司會試毋限人數文合
格則取六年言事者謂學者率恃有司全注本傳以示之
故不勉讀書乞減子史註本傳人充試官省臣謂若經義中選之文多
膚淺乞擇學官及本科人充試官及本科人
碩學者有偶忘之失可令但知題意而已遂命擇前經義

進士為眾所推者才識優長者為學官遇差考試官之際
則驗所治經參用詞賦進士御試第二場試論日添注本傳不得過五十字經
義進士御試第二場試論日題注本傳不得過五十字經
宰臣曰一場放二狀元雖是後場廷試令詞賦經義通試
時務策止選一狀元餘雖有明經法律等科止同諸科而
已至宋王安石為相作新經始以經義取人且詞賦經義
同餘分為兩甲中下人並在詞賦之下五年詔考試詞賦
副陛下公選之本業策論則兼習者也今捨本取兼習恐不
人素所習之本業策論則兼習者也今捨本取兼習恐不
立甲次第一名為狀元御試同日各試本業詞賦依舊分
奏自大定二十五年以前詞賦進士不過五百人二十八
年以不限人數取至五百八十六人先承聖訓合格則取
故承安二年取九百二十五人兼令有四舉終場恩例若
會試取人數過多則淆混濫進定策論詞賦經義人數雖
多不過六百人少則聽其闕時太常丞郭人傑轉對言詞
賦舉人不得作別名蕪試經義及入學生精加試選無至
監補工勑宰臣曰近已奏定後場詞賦經義同日試之若
府會試更不令兼試恐試經義者少是虛設此科也別名
之弊則當禁之補試入學生員已有舊條恐行之威裂尔

宜嚴防閑張行簡轉對言擬作程文本欲為考試之式今
會試考試官御試讀卷官皆居顯職權第後雖筆硯父不
復常習今臨試擬作之文稍有不工徒起謗議詔罷之泰
和元年平章政事徒單鎰病時文之弊言諸生不窮經史
唯事事末學以致志行浮薄可令進士試策日自時務策外
更以疑難經旨相參為問使發聖賢之微旨今古之事要
詔為求制先嘗勑樂人不得舉進士而奴免為良者則許
之尚書省奏舊制釋工樂謂工樂民也而不得與試前代令諸
監工匠太常大樂謂配隸之色及倡優之家今少府
選人身及祖父曾經免為良者雖在官不得居清貫及臨
民令及許試誠砧清論詔遂定制放良人不得應諸科舉
其子孫則許之上又謂德行才能非進士科所能盡可通
行保舉之制省臣奏在周禮大司徒以鄉三物教萬民而
賓興之所謂萬民農工商賈皆是也前代立賢無方如版
築之士鼓刀之叟屠釣簡策者不可勝舉今草澤隱逸才
行兼備者諸令謀克及司縣舉按察具聞以旋用之既有
已降令文矣上命復宣旨以申之宣宗貞祐二年御史臺
言明年省試以中都遼東西北京等路道阻宜於中都南
京兩廂試之三年諭宰臣曰國初設科嵗舉嚴密今開會
試至于雜坐謹譁何以防弊命治考官及監察罪興定二

年御史中丞把胡魯言國家數路取人惟進士之選最為
崇重不求備數惟務得賢今場會試策論進士不及二人
取一人詞賦經義二人取一前雖有聖訓當依大定之制
中選即收無問多寡然大定間嘗依大定之制
五百泰和中策論進士三人取一詞賦經義四人取一向
者貞祐初詔免府試赴會試者或至三千取不過
識今考官徒濫如此非所以為求賢也宜於會試之前奏
請所取之數使恩出于上可也而
則是十之一而已時已有依大定之制
之例又謂宰臣曰後來廷試進士日晡後即遣出宮恐文

〈金史五十一〉 十一

思遲者不得盡其才令待至暮時特賜經義進士王彪等
十三人及第上覽其程文愛其辭藻欲歎久之因性學者
益少謂監試官在丞高汝礪曰養士學粮歲稍豐熟即以
本色給之不然此科且廢矣五年省試經義進士考官令
常格外多取十餘人上命以特恩賜第又命河北舉人今
府試中選而為兵所阻者免後舉府試
策論進士中選女直人之科也始大定四年世宗命頒行女
直大小字所譯經書每家子習之竟欲興女直字
學校猛安謀克內多擇良家子為生諸路至三千九年以
選異等者得百人薦於京師廩給之命溫迪罕締達教以

古書作詩策後復試得徒單鎰以下三十餘人十一年始
議行策選之制至十三年始定每場策一道以五百字以
上成免鄉試府試止赴會試且詔京師設女直國子
學諸路設女直府學擬以新進士充教授以教士民子弟
之顧學者久矣學者眾則同漢進士三年一試之制
乃就懶忠寺試徒單鎰等其策曰賢生於世資於賢世
未嘗不生賢賢未嘗不輔世蓋非無賢惟用與否君能
尹之佐成湯傅說之輔高宗世遇文王皆起耕築漁
釣之間而其功業卓然後世不能企及者蓋文殷周之君能
用其人盡其才也本朝以神武定天下聖上以文德綏海

〈金史五十一〉 十二

內父武並用言小善而必從事小便而不棄蓋取人之道
盡矣而尚憂賢能遺於草澤者今欲盡得天下之賢而用
之又俾賢者各盡其能以何道而臻此乎懶忠寺舊有雙
塔進士入院之夜半聞東塔上有聲如音樂西入宮考試
官侍御史完顏蒲涅等曰文路始開而有此得賢之祥也
中選者得徒單鎰以下二十七人十六年命皇家兩從以
上親及宰相子直赴御試皇家袒免以上親及親政官之
子直赴會試至二十人以徒單鎰等教授中外其學大振
遂定制今後以策詩試三場策用女直大字詩用小字程
試之期皆依漢進士例省臣奏漢人進士來年三月二十

日鄉試八月二十日府試次年正月二十日會試三月十
平府等路四處府試餘従前例上曰契丹父字年遠觀其
所撰詩義理深微當時何不立契丹進士科舉今雖立女
直字科應女直字創製曰近義理未如漢人文字深奧恐為後
人誚論丞相守道曰漢文字恐初亦未必能如此由歷代
聖賢漸加修舉也聖主天姿明哲令譯經教天下行之久
亦可同漢人文章矣上曰其同漢人進士例譯作程文俾
漢官覽之二十二年三月策試女直進士至四月癸丑上
謂宰臣曰女直進士試已久矣何尚未考定參知政事斡

特制對曰以其譯付看故也上命速之二十三年上曰女
直進士設科未久若令積習精通則能否自見矣二十八
年論宰臣曰女直進士惟試以策行之既久人能預備今
若試以經義可乎宰臣對曰五經中書易春秋巳譯之矣
侯譯詩禮畢試之可也上曰大經義理深奧不加試章宗
能貫通今宜於經內姑試以論題後當徐試經義也章宗
大定二十九年詔許諸人試策論進士舉七月省奏如詩
策論俱作一日程試恐力有不逮詩策作一日論作一日
以詩策合格為中選而以論定其名次上曰論乃新添至
第三舉時當通定去畱明昌元年猛安謀克顏試進士者

擬依餘人例不可令直赴御試上曰是止許女直進士毋
令試漢進士也又定制餘官第五品散階令直赴會試官
職俱至五品令直赴御試承安二年勑策論進士隔丁習
學遂定制內外官員諸局承應人武衛軍若猛安謀克
女直及諸色人戶止一丁者不許應試兩丁者許一人四
丁二人六丁以上止許三人三次終場不在驗丁之限三
年定制女直人以年四十五以下試進士舉於府試十日
前委佐貳官善射者試射其制以六十步立堋去射者十
五步對立兩竿相去二十步立堋去地二丈以繩橫約之
限強弱不計中否以張弓巧便發箭迅正者為熱閙射十

帝中兩箭出繩下至堋者為中選餘路委提刑司在都委
監察體究如當赴會試御試者大興府佐貳官試驗三舉
然場者免之四年禮部尚書賈鉉言策論進士程試弓箭
其兩舉終場及年十六以下未成丁者若以弓箭退落有
失賢路乞於及第後試之中者別加任使或弁遷否者以
之省臣謂舊制三舉終場免試今兩舉終場免試若降
未成丁免試必有妄匿年者如果幼使徐習未晚也至于
及第後試驗弁降則已有定格矣詔従舊制在泰和格復
有以時務策參以故事及疑難經旨為問之制宣宗南遷
興定元年制中都西京等路策論進士及武舉人權於南

京東平婁速上京四慶府試五年上賜進士幹勒業德等
二十八人及第上覽程文悅其數少以問宰臣對曰大定
制隨慶設學諭謀苑其數少以問宰臣對曰
泰和中人例授地六十貫詞所給既優故學者眾今京師雖
軍戶慶應學養之庶可加益京師府學已設六十八人乞更
增四十人中京亳州京兆府並置學官於總府以謀克內
不隸軍籍者為學生人昇地四十畝漢學生在京者亦乞
同此餘州府仍舊制上樓之

凡會試之數大定二十五年詞賦進士不得過五百人二
十八年以不限人數遂至五百八十六人章宗令合格則
取故承安二年至九百二十五人時以復加四慶終場者
數大濫遂命取不得過六百人泰和二年上命定會試諸
科取人之數司空襄言試詞賦經義者多可五取一取一
絕少等四取一恩榜本以優老於場屋者四慶受恩則太
優限以十五舉則礙異材可五舉則受恩平章徒單鎰等言大
五人取一府試百人中纔得五耳遂定制策論三人取一
定二十五年至明昌初平章張汝霖亦言
詞賦經義五人取一五舉終場年四十五以上四舉終場
年五十以上著受恩

凡考試官大定間府試六慶各差詞賦試官三員策論試
官二員明昌初增為九員大興府則十一員
承安四年又增太原為十員有司請省之遂定策論進士
女直經童千人以上差四員五百人以上三員不及五百
二員各以職官高者一人為考試官餘為同考試官詞賦
進士與律科舉人共及三千人以上五員二千四百以上
四員千五百人以上三員千人以上二員不及二
千三百員經義進士及經童舉人千人以上三員
百人以上二員不及百人以上詞賦
論試官上京咸平東平北京西京益都各二員律
科監試官一員試律官二員隸詞賦試院經童試官一員
隸經義考試院與會試同其彌封謄錄官檢搜懷挾官
自餘修治試院監押門官並如會試之制大定二十年上
以性歲多以遠地官考試不便遂命差近者

凡會試知貢舉官同知貢舉官詞賦則舉十員承安五年
為七員經義則六員承安五年省為四員詮讀官二員泰
和三年上以彌封漢人司則以女直司封宣宗貞祐三年以會試
選漢人封漢人司則以女直司封宣宗貞祐三年以會試
賦題已曾出而有犯格中選者優以考官多取所親上怒
其不公命究治之

凡御試讀卷官策論詞賦進士各七員經義五員餘職事

制舉宏詞共三員泰和七年禮部尚書張行簡
言帶例讀卷官不避親至有親人或有不敢定其去留或
力加營護而為同列所疑若讀卷官不用與進士有親者
則讀卷之際得平心商確上遂命臨期多擬其有親者次
之

凡府試策論進士大定二十年定以中京上京咸平東平
府試中都河北東西路者則赴大興府試西京并西南西
北二招討司者則赴大同府試北京臨潢宗州與州全州
者則赴大定府試山東西大名南京者則赴東平府試山
東東路則試於益都凡詞賦經義進士及律科經童府試
之屬大定間大興大定開封東平京兆凡六屬明昌
初增遼陽平陽益都為九屬承安四年復增大興府寺路則試於遼
都河北則試於大興府上京東京咸平府寺路則試於遼
陽府餘各試於其境

凡鄉試之期以三月二十日府試之期若策論進士則以
八月二十日試詞賦進士則以二十五日
試賦及詩又間三日試策論經義進士又間詞賦後三日

志第三十二　　金史五十一　七　章宗紀

試經義又三日試策次律科次童每場皆間三日試之
會試則策論進士以正月二十日試策皆以次間三日同
前御試則以三月二十日策論進士試策二十三日試詩
論二十五日詞賦進士試詩論而經義進士亦以是日
試經義二十七日乃試策論若試日遇兩雪則候晴日御
試唱名後試策則票奏宏詞則作二日程試舊制試女直
進士在再試漢進士後大定二十九年以復設經義科更
定是制

凡監檢之制大興府則差武衛軍餘府則於附近猛安內
差摘平陽府則差順德軍凡府會試每四舉人則差一人
復以官一人彈壓御試策進士則差親手及隨局承應人
漢進士則差親軍人各一名皆用不識字者以護衛十人
親軍百人長五十人長各一人巡護泰和元年省臣奏搜
撿之際雖當嚴切然至于解髮袒衣索及耳鼻則過甚矣
宣持士之禮哉故大定二十九年已嘗依前故事使就沐
浴官置衣為之更之既可防濫且不黷禮上徒其說命行
之

恩例明昌元年定制省元直就御試不中者許綴榜末解
元但免府試四舉終場依五舉恩例所試文卷惟犯卯名
廟諱不成文理者則黜之餘並以文之優劣為次仍一日

志第三十二　　金史五十一　十八　晉士

試三題其五舉者止試賦詩　女直進士亦同此例承安五年勅進士四舉該恩詞賦經義當以各科為場數不得通數又恩榜人應授官監試者於試時具數以奏特恩者授之泰和三年以經義會元與策論詞賦進士不同遂御試被黜則附榜末為太優若同恩例又與四舉者不同若御定制依曾經府試解元免府試之例會試下第再舉赴

御試

律科進士又辯為諸科其法以律令內出題府試十五題每五人取一人大定二十二年定制會試每場十五題三場共通三十六條以上文理優擬斷當用字切者為中選至章宗大定二十九年有司言律科止知讀律不知教化臨時約取之初無定數其制始見於海陵庶人正隆元年經義試官出題與本科通考定之

復於論語孟子內試小義一道府會試別作一日引試命之源可使通治論語孟子以涵養其氣度遂令合舉後經論語諸子及五千字以上府試十五題通十三以上又誦論語之制凡士庶子年十三以下能誦二大經三小經又試每場十五題三場共通四十一以上為中選所貴在幼而誦多者若年同則以誦大經多者為最初天會八年時太宗以東平童子劉天驥七歲能誦詩書易禮春秋左氏

傳及論語孟子上命教養之然未有選舉之制也熙宗即位之二年詔闢貢舉始備其列取至百二十二人天德間廢之章宗大定二十九年上謂宰臣曰經童豈處無人其議復置明昌元年益都府申童子劉住兒年十一歲能詩賦誦大小六經所書行草頗有法孝行願成乞依宋童子李淑賜出身且加以恩詔上嘉之賜本科出身給錢粟官舍令在藻詩令賦旱詩上名至內殿試鳳凰來儀賦魚古也自唐諸道表薦或取五人至十人近代宋仁宗以為肄業太學明昌三年平章政事完顏守貞言經童之科非無補罷之本朝皇統間取及五十人因以為常天德時後取之上曰若所誦皆及格何如守貞曰視最幼而誦不訛者精選之則人數亦不至多也後問知政事胥持國對曰所誦通否易見豈容有濫上曰限以三十或四十人若百人皆通亦可覆取其精者持國曰是科資教之術耳夫幼習其文長玩其義使之可也若能擢進士第自同進士之修習進士舉業則所記皆得為用臣謂可勿令遠登仕途必習舉業而後官使之可也蓋政人材出焉如中選者住用如中府薦或會試視其次數優其等級幾舉不得薦者從本出身又可以激勸而後得人矣詔議行

制舉有賢良方正能直言極諫博學宏材達於從政等科
試無常期上意欲行即告天下聽內外文武六品以下職
官無公私過者從內外五品以上官薦於所屬詔試則先投
草澤士德行為鄉里所服者則從府州薦之凡試則先經
子史內出題一日試論三道於學士院視其詞優者委官以舉經
務取其德無不通貫者優等遷權之宏詞科試詔誥章表論
布檄書則皆用四六於每舉賜第後進士及在官六品以下無公私
罪者在外官薦之令試策官出題就考通試四題分二等
參用四六於每舉賜第後進士

【金史五十一】 二十一 袁

遷權之二科皆章宗明昌元年所剙者也
武舉嘗設於皇統時其制則見於泰和式有上中下三等
能挽一石力弓以童七錢竹箭百五十步立貼十箭內府
試欲中一箭省試中二箭程試中三箭又遠射二百二十
步珠三箭內一箭省試中又百五十步內每五十步設高五
寸長八寸卧鹿二能以七斗二大鸞頭鐵箭射府試
能馳射四反省試三反程試二反皆能中二箭者又百五
十步內每三十步左右錯置高三尺木偶人戴五寸方板
則許射四以槍馳刺府試則許馳三反省試二反程試三反
右各刺落一板者又依雁例閱律一條又問孫吳書十條

能說五者為上等凡程試若一有不中者皆默之若射貼
弓八斗遠射二百一十步射鹿弓六斗孫吳書十條通四
為中等射貼弓七斗遠射二伯伍步射鹿弓五斗孫吳書
十條通三為下等解剌板皆欲同前凡不知書者又雖上
等為中中則為下試中中下願再試者聽舊制就試上
等不中不許再試中下等為次二年省泰和元年定制不分舊等但從
立未見應試人數遂權令各務就考之宣宗貞祐三年同
同時今年八月府試欲隨路設考試所臨期差官恐以朔
進士例賜勅命章服時以隨禦武舉人試者自非見居職
所願試中則以三等為下等凡剌板欲上願再試者聽進士
師紀石烈牙吾塔言武舉人仕皆授慰軍韻例曹雖善
騎射不歷行陣不知軍旅一旦臨敵恐致敗事乞盡括付
臺前為長校俟有功則外之宰臣奏國家設此科與進士
等而欲盡實軍中非獎進人材之道遂籍丁憂待闕去職
者付之

【金史五十一】 二十二 袁

任及巳用於軍前者令郡縣盡遣詣京師別為一軍以備
緩急其被薦而未授官者亦量材任之元光二年東京總
試學士院官大定二十八年剙設科取士為學士院官
部下太常按唐典初入學士院例先試今若於進士已仕
者以隨朝六品外路五品職事官薦試制詔誥等文字三

道取文理優者兗應奉由是翰苑之選爲精明昌五年以

學士院撰文字人少命尚書省訪有文采者句取權試

凡司天臺學生女直二十六人漢人五十人應官民家年

十五以上三十以下試補又三年一次選草澤人試補其

試之制以宣明曆試推步及婚書地理新書試合婚安葬

弁易筮法六壬課三命五星之術凡醫學十科大興府學

生三十人餘京府二十人散府節鎮十六人防禦州十人

每月試疑難以所對優劣加懲勸三年一次試諸太醫雖

不係學生亦聽試補

志第三十二

金制文武選皆吏部統之自從九品至從七品職事官部
擬正七品以上呈省以聽制授凡進士則授文散官謂之
文資官自餘皆武散官謂之右職又謂之右選文資則進
士為優右職則軍功為優皆循資有陞降定式而不可越
凡銓注必取求仕官解由撮所陳行續資歷之要為銓頭
以定其能否其有犯公私罪贓汚者謂之犯選格則雖遇

選舉二　文武選
金史五十二　一

恩而不得與蕭制犯追一官以至追四官皆解任周年而
復仕之承安二年定制每一官則殿一年凡罷職會赦
當敘者及降殿當除者皆具罪以聞而後仕之凡增課陞
至六品者任回復殿既廕陞而弁任覆察不同者任回亦
降自進士舉人勞效廕襲恩例之外入仕之途尚多而所
定之時不一若牌印護衛令史之出職則皇統時所定者
也檢法知法國史院書寫令史之出職則海陵庶人所置者
將軍宮中諸局承應人牽表太子護衛妃護衛王府
祗候郎君內侍及宰相之子弁譯史通事省祗候郎君親
軍驍騎諸格則定於世宗之時及章宗所置之太常檢討

內侍寄祿官皆進仕之門戶也凡官資以三十月為考職
事官每任以三十月為滿群牧使及管課官以三周歲為
滿防禦使以四十月三品以上官則以五十月轉運則以
六十月為滿司天太醫內侍官皆至四品止凡外任循資
官謂之常調選為朝官謂之隨朝隨朝則每考陞職事一
等若以廉察而陞者為廉陞授東北沿邊州郡而陞者為
邊陞凡院務監當差使則皆同從九品凡品官任都事典
事主事知事及尚書省令史譯史掌書
局長副檢法知法院務監當差使及諸令史譯史掌書
史書吏譯書譯人通事弁諸局分承應有出身省皆為流

金史五十二　二

外職凡此之屬或以尚書省差遣或自本司判補其出職
或正班雜班則莫不有當歷之名職既仕則必循陞降之
定式雖或前後略有損益之殊而定制則莫能逾焉
凡門廕之制天眷中一品至七品皆限以數而削八品用廕者依格
二年定廕敘法一品至八品皆不限所廕之人貞元
制世宗大定四年五月詔皇家袒免以上親就廕者與
引試中選者勿令當攉使五年十月制亡宋官當廕子孫
者並同士遼官用廕自餘有勤勞者賞賜而已昔正隆時常使教
文武同用廕自餘有勤勞者賞賜而已昔正隆時常使教
坊輩典城牧民朕甚不取又更定冒廕及取廕官罪賞格

七年五月命司天臺官四品以上官改授文武資者並聽
如太醫例蔭其制凡正班廕亦正班雜班廕明昌元
年以上封事者乞六品官添廕吏部言天卷中八品用
於將仕武始於進義以上至七品儒林忠顯各七階許廕
不限所蔭之人貞元信計九階許廕二人自大定十四
一名至六品承直昭信計九階許廕二人自大定十四年
文武官從下各增二階其五品視舊為九階亦唯六
五品凡十七階方限五品以上至三品並無間越唯六
品不用廕乞依舊格五品以上增廕一名六品廕子孫第
兄二人七品仍舊為格雖有已子許廕兄弟

妊蓋所以崇孝悌也而新格禁之遂聽讓廕舊制司天太
醫內侍長行雖至四品如非特恩擬授文武官資者不許
用廕以本人見充承應難使係班故也泰和二年定制以
年老六十以上退與患疾及身故者雖至止官擬令以班
除存習本業者聽廕一名止一子者則不湏習即廕諸
色出身文武官一品廕子孫至曾孫及弟兄姪孫六人因
門廕五人二品則子孫至曾孫及弟兄姪五人因門廕
則四人三品子孫兄弟姪四人因門廕則三人四品五品
三人因門廕則二人六品二人七品子孫兄弟一人因門
廕則六品七品子孫兄弟一人舊格門廕惟七品一人餘

皆加一人明昌格自五品而上皆增一人凡進納官舊格
正班三品廕四人雜班三人正班武略子孫兄弟第一人雜
班明威一人懷遠以上二人鎮國以上三人司天太醫遷
至四品詔換文武官者廕一人
凡進士所歷之階及所循注之職貞元元年制南選初除
軍判丞簿尉從品八　次除防判丞簿錄事貞元元年制初
令推官節察判　正七五六皆上令
二下令三中令四上令已後並上令
隆元年格上甲者初上簿軍判丞簿尉中甲者初中簿軍
判丞簿尉下甲者初下簿軍判丞簿尉第二任皆中簿軍

判丞簿尉三四五六七住皆縣令迴呈省大定二年詔文
資官不得除縣尉八年格歷五任令即呈省十三年制第
二任權注下令舊制狀元授承德郎以十四年官制文武
官皆從下添兩重命狀元更授承務郎次舊授儒林郎更
為承事郎第二甲以下舊授仕郎更為將
勅狀元除應奉翰林以下舊授仕郎行止不顧
名者與外除十九年命本貫察其行止美惡二十一年復
命第三任所謂簽試者也內才識可取者籍其名歷任從察
第一道所謂簽試者也令二十二年勅進士受章服後開試時務
其政若言行相副則升擢任使是年九月復詔今後及第

人策試中者初任即升之二十三年格進士上甲初錄事
防判二下令三中令中甲初中簿二上簿三下令中甲初錄事
下簿二中簿三下令試中策者上甲初錄事防判二中令
三上令中甲初上簿二下令三中令下甲初中簿二中令
令一任通五任回呈省遂定格上甲初錄事防判二中令
三四五上令中甲初中簿二下令三中令下甲初中簿二中令策試
二十六年格三降兩降免一降文資右職外官減最後上
過人者與外除二十六年格以相次合爲令者減一資歷
防判三中令又詔令後狀元授應一年後所撰文字無
四五上令又次初中簿二下令三中令四五上令下甲初
下簿二下令三中令四五上令二十七年制進士階至中
大夫呈省明昌二年罷勘會狀元行止之制七年格縣令
守關各依舊格注授泰和格諸進士及第合授資任歷歷
遍乃呈省雖未盡歷官已至中大夫亦呈省又仍每任升
義進士及第後策試中選合授資任歷遍呈省仍每任升
本等首銓選貞祐三年狀元授奉直大夫上甲儒林即中
經義進士皇統八年就燕京擬注六年與詞賦第一人皆
擬縣令第二人當除察判以無闕遂擬軍判第二第三甲
甲以下授微事即

隨各人住貫擬爲軍判丞簿舊制五經及第未及十年與
關內差使已下卒者與關外差使四十年除下令正隆三
年不授差使至三十年則除縣令大定二十八年始復設
是科每舉專主一經
女直進士大定十三年皆除教授二十二年上甲第二第
三人初除上簿中甲則除中簿下甲則除下簿大定二十
五年上甲首遷四重各遷兩重第二第三甲授隨路
教授三十月爲一任第二任尋復令第四任注錄事
軍防判第五任下令注縣令二十六年減
一資歷注縣令二十八年添試論後皆依漢人格
宏詞上等遷兩官次等遷一官臨時取旨授之恩榜章宗
大定二十九年勅令後凡五次御簾女直人遷將仕漢人
落止以文之高下定其次謂之恩榜女直人遷將仕漢人
登仕初任教授三十月任滿依本格從九品注授明昌元
年勅四舉終場亦同五舉恩例直赴御試明昌五年勅神
童三次終場同進士恩榜遷轉兩次終場全免差使第六
任與縣令依本格遷官如一次終場初入仕則一除一差
其餘並依本門戶仍使應三舉然後入仕每舉放四十人
凡恩例補廕同進士者謂大禮補致仕遺表陳乞等恩澤
補承襲錄用幷與國王幷宗室女爲婚者正隆二年格初

下簿二中簿三上簿四下令五中令六七上令四呈省

凡特賜同進士者調進粟出使四役于王事之類皆同雜

班補蔭亦以雜班正隆元年格初授下簿二中簿三縣丞

四軍判五六防判七八下令九中令十上令尋復更初注

四主簿五警判六市丞七諸縣丞八次赤丞九赤縣丞十

下縣令十一中縣令五住上縣令呈省三年制律科及第

律科經童正隆元年格初授將仕郎皆仕司候十年以上

及七年者與關內差使七年外者與關外差諸經及第人

未十年者關內差已十年關外差律科四十年除下令經

者授下令十七年開外差律科及第經童赤又

童及第人視餘人復展十年然後理算月日大定十四年

以從下新增官階遞定制律科及第者授將仕佐郎十六

年特旨以四十年除下令大遠其以三十二年不犯贓

者授下令十七年省擬諸科人仕至下令者免差二十年省

擬無職罪及廉察無惡者減作二十九年注下令經童赤

同此二十六年省擬以相次當為縣令者減一資歷選注

物命諸科人累任之餘月日至四十二月准一除一差又

物舊格六住縣令呈省遞減為五住二十八年減赤縣丞

一住明昌五年制仕二十六年之上者如該廉升則注縣

令六年減諸縣丞赤縣丞兩任後吏格十年內擬注下使

十年外一除一差若歷八住或仕至三十二年注下令則

免差湏過歷而後呈省所歷之制初二下簿三四中簿五則

六七上簿犯選格者又歷上簿兩住第九則注下令十中

令十一十二上令

元光軍泰和三年格上甲第一名遷進勇校尉第二第三

名遷忠翊校尉中等遷修武校尉收充親軍不拘有無底

視舊格減一百月出職下等遷敦武校尉亦收充親軍減

五十月出職承安元年格第一名所歷之職初都巡副將減

二下令三中令四五上令第二第三

簿三下令四中令五六上令餘人初副巡軍轄二中簿三

下令四中令五六上令

凡軍功有六一曰川野見陣最出當先殺退敵軍二曰攻

打抗拒州縣山寨奪敵樓三曰爭取船橋越險先登四

曰遠探捕得濟候舌五曰皇統八年格尼帶官一命昭信校尉

謀事得濟報事情成功六曰

使事得濟報告五日險難之間遠處奪報事情成功六曰

正品七以上者初除主簿及諸司副使正品八三下令或通注鎮軍都

正品九二主簿及諸司

指揮使正品十及正將其官不至昭信及無官者自初至三

【上半葉】

住通注承簿四下令五中令六上令及知城寨雖從七章京
二十九年遷至鎮國者取旨升除後吏格之所定女直人
昭信校尉以上者初下簿二下令三中令四五上令女直
一命遷至昭信校尉餘人至昭信已上者初下簿二中簿
三下令四中令五六上令凡至宣武將軍以上者初下令
以上謀克與正班遷差使十年以上賞銀絹皆以所歷
二中令三四上令凡勞效謂年老千
戶謀克蒲輦月日通箅二十年制以先曾充軍管押千戶
謀克蒲輦二十年以上六十五歲放罷者視其強健者與
差除令係班不則量加遷賞後更定吏格若一命遷宣武
將軍以上當授從七品職事者初下令二中令三四中令
官不至宣武初授八品者授錄事二赤劇丞三下令四中
令五六上令初授九品官者初下簿二中簿三上簿四下
令五中令六七上令大定九年格三虞候順德軍千戶四
十年以上與從八品三十年千戶四十年以上謀克與從
九品二十年以上千戶三十年以上謀克與正班以下賞
銀絹大定十四年定隨路軍官出職以新制從下翔添兩

【下半葉】

重權還忠武校尉著今還忠勇校尉中都永固軍指揮使
及隨路婦兵指揮使出職舊還敦武校尉者今還進義校
尉武衛軍大定十七年定制其猛安曰都將謀克曰中尉
蒲輦曰隊正都將正都將三十月還一官至昭信注九品職事以
隊正陞中尉中尉陞都將
省令史選取之門有四曰文資自承直郎品至奉德大夫品從五
執子其出仕之制各異文資者舊惟聽左司官舉用至貼
宗皇統八年省臣謂若止循舊例舉句父則善惡不分而
多僥倖遂奏定制自天眷二年及第榜次姓名從上次第
句年至五十已上官資自承直郎品從六至奉德大夫品從五
無公私過者一闕勾二人試驗可則收補若皆可即籍名
令還職待補官至承直即以上一考者除正七品以上從
六品以下職事兩考者除從六品已上從五品已下奉直
大夫品從六以上一考者除從六品已上從五品以下兩考
者除從五品以上正五品以下節運同正陞元年世宗以
止於寨院臺及六部路幹事又不知大體徒多擾動至二
吏既貪墨委之外路人令史內選充大定元年世宗以
年罷吏人而復皇統選進士之制承直郎以上者一考正
七品除軍判節察判軍刺同知兩考者從六品除京運判
總府判防禦同知奉直大夫已上一考者從六品除同前

兩考從五品除節運京總管府留守司判官七年以敦
階官至五品亦勾充不願者聽十一年以進士官至承直
者衆送不論官資但以榜次勾補二十七年以外多關官
論者以爲資考所拘以難以榜次升進乃命不論官資凡一考者
與六品次任降除正七品第三任四任皆與從
兵興時邊關令史三十月除隨朝關泰和八年以習學知
五品五任升正五品次任降除六品第三四任升與從
除十五月以上選充正知除一考後理算資考大安三年
以從榜次則各人所歷月日不齊送以吏部等差其所歷
歲月多寡爲次收補知除考滿則授隨朝職貞祐五年進
士未歷任者亦得充補一考者除上縣令再任上縣令升
正七品如已歷一任丞簿者舊制除六品乃更爲正七品
一任回降從七品再任正七品升六品如歷兩任者
一考舊除六品乃更爲正七品一任回免降復免正七
任即升六品曾歷令一任者依舊格六品再任降除七品
還升從五品興定二年勅初任未滿及未歷任者考滿升
二等爲從七品初任未滿者兩任回升正
七品兩任正七品皆免回降凡不依榜次勾取者同隨朝升
除候榜次所及日聽再就補興定五年定進士令史與右

職令史同格考滿未應得從七者與正七品回降從七一
任所勾諸府令史不及三考出職者除從七品
品若一任應得從七品者除六品四降正六
品二十八年勅樞密院等處轉省者並用進士明昌元年
勅至三考者與進士令史罷契丹令史
其闕內增女直令史一考與從六品兩考與從五品
資考難異遂定與漢進士一考與從五品
女直進士令史大定十二年制尼承廕者呈省引見除
得正七品者免降

特恩任用外並內奉班收仍於國史院署編爲太常署撿
討秘書監置校勘尚書省准備差使每三十月選一重百
五十月出職如承應一考以上許試補省令譯史則以百
二十月出職其巳歷月日皆不紐折如係終場舉人即聽
尚書省試補十七年定制以三品職事官之子弁在省宗室郎君如願
院令史遂命吏部定制宰執之子弁試補省令譯史則以
就試令譯史每年一就試令譯史考試院試補外總麻袒
免宗室郎君密院收補大定二十八年制以宗室第三從
親弁宰相之子出職與六品外宗室第二從
子出職與正七品其出職皆以百五十月若見巳轉省之

餘人則至兩考止與正七品二十九年四從親亦許試補

志第三十三

志第二十二

▲金史五十二

十三

開府儀同三司上柱國錄軍國重事翰林學士承旨脩國史臣張起巖　臣歐陽玄　臣揭傒斯　臣脫脫奉　勅脩

選舉三

右職吏員雜選

右職省令史譯史皇統八年格初考遷一重女直人依本
法外諸人越進義每三十月各遷兩重百二十月出職除
正六品以下正七品以上職官正隆二年復以三十月出職除
一重初考女直人遷敦武校尉餘人遷保義校尉正隆二年更為五十月遷
月出職係正班與從七品若自樞密院臺六部轉省者以
前已成考月數通算出職大定二年復以三十月遷一官

【金史五十三】一　汲古閣刊

赤以百二十月出職與正從七品院臺六部及它府司轉
省而不及考者以三月折兩月一考與從七品
三考與六品三年定格及七十五月出職者初上令二中
令三下令四五錄事六下令八上令二中
職者初刺同運判推官等二三中令四上令五十月出
二十七年制一考及不成考者除從七品頓歷縣令三任
第五任則升正七品第五任再任降除六品
三考皆與正七品第五任則升六品
再任降正七品三任四任與六品第五任則升從五品
省女直譯史大定二十八年制以見任從七品從八人內勾

六十歲以上者相視用之明昌三年取見役契丹譯史內
女直契丹字熟閑者無則以前省契丹譯史出職官及國
史院女直書寫見任七品八品九品官充
省通事大定二十年格三十月出職八品九品官充
御史臺令史譯史皇統八年遷考之制百二十月出職一
隆二年格百五十月出職皆與九品係正班一考兩考與九
品三考與八品明昌三年裁罷見役吏人用三品職事官
子弟試中者及終場舉人本臺試補者若不足於密院六

【金史五十三】二　汲古閣刊

部見役品官及契丹品官子孫兄弟選充承安三年勅凡
補一人必詢於眾雖為公選亦恐父漸生弊況又在書吏
之上不試而即用本臺出身門戶似涉太優遂令除本臺
班內祗令譯史名關外於試中樞密院令譯史人以名
次取用則不足即於隨部班祗令譯史上名轉充若頓用終
場舉人之關則令三次終場舉人每科舉後與它試書史
人同程試驗榜次用之女直十三人內班內祗七人終場
舉人七人漢人十五人內班內祗六人終場
史四人內班內祗二人終場舉人二人
樞密院令史譯史令史正隆二年制遷考與省同出職除

係正班正從八品大定二十一年定元帥府令譯史三十

月遷一官二十月出職一考與八品除授三考與

從七品十四年遞命內祗并三品職事官承應人與四品

五品班祗及吏員人通試中選者用之十六年定一考兩

考者初錄事軍判防判再除上簿三中簿四同初五六下

二中令九十上令着二十六年兩省一任三考以上初上令

令七八中令四錄事軍防判免此除二十六年五下令二十

此六七中令八上令十七年制試補總麻袒免以上宗室

郎君又定制三品職事子弟設四人吏員二人睦親府宗

正府統軍司令譯史選考出職與臺部同部令史譯史皇

統八年格初考三十月遷一重第四考並遷兩重二百二十月出

義第二第三考各遷一重女直人依本格餘人越進

大定二十一年宗正府六部臺統軍司令史蕃部譯史九品

職八品巳下正隆二年選考與省右職令史同出職九品

帥府通事皆三十月遷一重百二十月出職班一考兩

考與九品三考已上與八品除授十四年以三品至七品

官承廕子孫一混試充尋以爲不倫命以四品五品子孫

及吏員試中者依舊例補六品以下不與十五年命免差

使十六年格一考兩考者初除上簿再除中簿三下簿四

上簿五錄事防軍判六七下令八九中令十上令三考以

上者初除錄事軍防判再除上簿三中簿四如初五下令

此後除六七下令八中令九上令

按察司書吏以終場舉人內選補遷加出職同臺部

凡內外諸吏員之制自正隆二年定知事孔目出身俸給

凡都目皆自朝差海陵初除尚書省樞密院御史臺吏員

以內省司舊吏員及外路試中司吏補大定二年戶部郎

次稍降爲歡果有人才當不次擢用也又定少府監吏員

外皆爲雜班乃召諸吏員於昌明殿諭之曰爾等勿以班

中曹望之言隨廳吏猥多乞減其半詔肯吏仍舊但禁

用貼書又命縣吏關則令推舉行止修舉爲鄉里所重者

充三年以外路司吏父不升轉往往交通豪右爲姦命吏與

孔目官每三十月則一轉移於它處七年勅隨朝司屬吏

員通事譯史勾當過雜班月日如到部者並不理算又詔

吏人但犯職罪罷者雖遇赦而無特肯不許復叙又命京

府州縣及轉運司胥吏之數視其戶口與課之多寡增減

之二十二年上謂宰臣曰外路司吏止論名次上下恐未得

人若其下有廉慎熱閑吏事委所屬保舉試不中程式者

付隨朝近下局分承應以待再試彼既知不得免試必當

盡心以求進也章宗大定二十九年上封事者言諸州府

吏人不宜試補隨朝吏員乞以五品以上子孫試補蓋職

官之後清勤者多故爲可任也尚書省謂吏人試補之法
行之已久若止收承應人復恐不開素績或致敗事舊格
惟許五品職官子孫投試令省部試者尚少以所定格法
未寬故也遂定制散官五品而任七品散官未至五品而
職事五品其兄弟子孫已承應者並許投試而六部令史
內吏都目止令上名吏人兼管經歷六案文字與同類分
言自罷移路吏目後吏勢浸重恣爲豪奪黎民不敢言令又無
受朝路吏目通歷三十月始得出職常在本廨令又無
朝差都目止令上名吏人試補者仍舊泰和四年簽河東按察司事張行信
遂定制依舊三十月移轉年滿出職以杜把握州府之弊

八年以金東京按察司事楊雲翼言書吏書（皆不用本）
路人以別路書吏許特薦申部者類試取中選者補用
凡右職官天德制忠武以下與差使昭信以上兩除一差
大定十二年敕鎮國以上即與省除十三年制明威注下
令宣威注丞簿又制宣武顯武功酬與上簿無闕與中簿二
差權注丞簿又制宣武顯武始令出職又以舊制通歷五任
十六年制遷至宣武顯武始令出職又以舊制通歷五
令呈省詔減爲四任明昌三年以諸司除授守闕近三十
月於選調窒礙今後依舊兩除一差俟員闕相副則復舊
制泰和元年以縣令見闕近者十四月遠者至十六月蓋

遷至武義漢人諸色人武畧並注諸司除授皆兩除一差
若至明威方注丞簿女直人遷至廣威漢人諸色人遷至
宣威者皆與諸司除授亦兩任中令回呈省貞祐三年制遷至
遠方注丞簿至安遠則注下令定遠注中令安遠注上令四任呈省
以官至懷遠注中令安遠注上令各一任呈省凡不犯選格者若懷
差使昭信以上擬諸司除授仍兩除一差宣武注上令與中
簿與上簿明威以上令宣威注中令廣威注上令縣
令四任如帶定遠已歷縣令三任者皆呈省若但曾鵲求直至縣
及犯選格（諸曾犯公罪追官私罪解任及犯贓廉察不堪臨民謂之犯選格者若…）
令四任如帶定遠已歷縣令三任者皆呈省若但曾鵲求直至縣
雜班（謂無資歷班內祇同）皆驗官資注授帶忠武以下者與中
遂命但曾鵲求直至明威方注丞簿又吏格凡諸右職當
遠者二十一月依見格官至宣武顯武信者合注丞簿
廣威漢人至宣武方注縣又以守闕簿丞近者十九月
威人亦注是無別也遂令曾鵲求及犯選格女直人展至
以見格官至明威者並注縣令或犯選并者令若帶明

二任司候兩考除上簿三考則除市丞大定二年制曾三
考除兩考皆除下簿兩考除中簿三考除警判十年外者初
檢法知法正隆二年當定六部所用人數及差取格法初

考者不拘十年內外皆與八品錄事市令擬當合得本門戶除授舊授闕付大定三年始命給勅以律科人為之七年定制驗榜次勾取如勾省令史之制二十六年命三考除錄事以後則兩除一差

女直知法檢法大定三年格以臺部統軍司出職令譯史曾任縣佐市令差使人內奏差考滿比元出身陞一等依隨路知事例給勅以三十月為任明昌五年以省院臺部統軍司令譯史書史內擬年五十以下無過犯慎行止試一月以能者充再勒留者升一等一考者初上令二三中令四上令兩考陞二等呈省

太常寺檢討二人正隆二年五十月遷一重女直遷敦武餘人進義百五十月出職係雜班大定二年制以三十月遷一重二十月出職係正班九品

省祗候郎君大定三年制以祖免以上親顧承應已試合格而無闕收補者及一品官子已引見止在班祗候三十月猶遷初任與正從七品次任呈呈省內祗在班初正從八品三四注從七品而後呈省班祗在班初九品三四從八品四五從七品而後呈省已上三等並以六十月為滿各遷一官黙之才幹者再理六十月每三十月遷加百幹者進一官黙之才幹者

二十月為滿須用識女直字者十六年定制以制文試之能解說得制意者為中選十八年制一品官子內都軍二錄事軍防判三都軍四下令五六上令七中令八中令九事軍防判二上簿三同初四錄事五都軍六下令七中令八上令回呈省班祗初上簿二中令三上簿三同初錄事判五錄事六都軍七下令八中令九上令回呈省

國史院書寫正隆元年定制女直書寫試以契丹字書譯成女直字限三百字以上契丹書寫以熟於契丹大小字言四韻以契丹字出題漢人則試論一道遷考出職同大以漢字書史譯成契丹字出題漢人則試論一道遷考出職同太常檢討

宗室將軍六十月為任初剌同二都軍三剌同四從六副將軍以七品出職人充明昌元年以九十月為滿中都上京初從七二錄事軍防判三入本門戶餘安二年改司屬判二上簿三八本門戶承安二年改司屬令作隨朝

內侍御直內直六十四人正隆二年格長行人五十月遷一重女直人遷敦武餘人遷進義無出身大定二年格同上大定六年更定收補內侍格能誦一大經及論語孟子內能誦一書并善書札者月給奉八貫石稍識字能書者七貫石不識字六貫石泰和二年以參用外官失防微之

道乃翔寄祿官名以專任之既足以酬其勞而無倖官之
幹
凡宮中諸局分大定元年世宗謂諸局分承應人班敘俸
給淽于太濫正隆時乃無出身泆于太刻又其官品不以
勞逸爲制遂命更定之大定六年諭有司曰宮中諸局分
承應人有年滿數差使者往往苦於稽留而卒不得其差
若復多不解文字而不幹故往往出局者亦增
秩作長行承應除依例放選七年詔令女直人自來局分
顧留者各增其秩依舊承應其十人長雖老顧留者亦聽
諸局分不經收充枉候可自令除太醫司天内侍外餘局
分並令攺充勾當

護衛正隆二年格每三十月遷一重初考女直遷敦武驗
遷保義百五十月出職與從五品以下從六品以上除大
定二年格更爲初遷忠勇百二十月出職大定十四年官
制二年格添兩重遂爲初遷修武餘人敦武十八年制
初除五品者次降除六品第三復除從五品初任六品者
不降第四品始授從五品再勒留者各遷一官明昌元年
資格初任不算資歷不勒留者初從六品二三皆同上第
四任陞從五勒留者初從五二三同上第四正五品再勒
留者初正五品二同上三少尹四刺史明昌四年降作六

品七品除貞祐制一考八品兩考除縣令三考正七品四
考六品五年定一考者注上令兩考者一任正七品回降
從七品兩任正七品陞六品三考者正七一任回再任正七
隆六品四考者三任六品陞從五品
符寶郎十二人正隆二年格皆同護衛十四年初收餘人遷進義二十
揆大定十二人正隆二年格並入寢殿小底大定十二年除
一年英俊者與六品同符寶郎大定二年出職從七品
華輦十六人以内駙馬充舊名入寢殿小底大定十
更令名正隆二年格同常人止與七品除
奉職三十人舊名不入寢殿小底又名外帳小底大定十
二年更令名正隆二年格女直遷敦武餘人歷進義無出
身大定二年格出職正班九品大定十四年定新官制從
下添兩重女直初考進義餘人進義副尉十七年格有麾
者初中簿二下簿無麾者注縣尉已後則依格明昌元年
格有麾者每勒一考則減一資二年以八品出職六年
定格初錄事軍防判正從八品丞二上簿三中簿四正從
八品若不犯選格者則免此除五下令六七中令八上令
者陞上令二中令三四上令回呈省凡奉御奉職之出職
勒留一考者陞下令四五中令六上令回呈省勒留兩考
大定十二年增爲百五十月二十九年復舊承安四年復

東宮護衛正隆二年出職正班從八品大定二年正從七
品初收女直遷敦武餘人保義
閤門祗候正隆二年格女直初遷敦武餘人保義正
班從八品大定二年格出職從七品八年定格初都軍
錄事三軍防判四都軍五下令六中令七上令巳帶明威
者即與下令二錄事軍防判三都軍四下令五中令六上
令泰和四年格初都軍二錄事軍防判三下令四中令五
上令

算硯承奉舊名筆硯令史大定三年更爲筆硯供奉後以
避睿宗諱復令名正隆二年女直人遷敦武餘歷進義
無出身大定二年格初考女直遷敦武餘保義出職正班
從七品吏格初都軍二三下令四五中令六上令
妃護衛正隆二年格與奉職同大定二年出職九品大定二十八
符賣典書四人舊名牌印令史以皇家祖免以上親有服
外戚功臣子孫爲之正隆二年格出職九品大定二十八
年出職八品二上簿回驗官資注授
尚衣承奉天德二年格以班祗人選充大定三年女直
人選敦武餘人遷進義出職九品
知把書畫十人正隆二年格與奉職同大定二年出職九

品十四年格同奉職二十一年定格有陞者初中簿二軍
器庫副後依本門戶差注無陞者與差使凡巳上諸局分
承應人正隆二年格有出身者皆以五十月爲五考
出職無出身者五十月止遷一官大定二年三年格皆三
十月爲考遷一重四年出職十二年復爲五考二年凡
十九年又爲考遷一重初考女直敦武餘人正隆
二年格同奉職大定二年格十八人長每三十月遷一重四
增考者惟護衛則否隨局內藏四庫本把二十八人正隆
考遷出職九品長行每五十月遷女直敦武餘人
進義轉十人長者其後依親軍例轉五十八人長者以三十
月遷加雖未至十人長而遷加至敦武者依本門戶出職
十二年加爲五考二十一年格與知把書畫同二十八年
以合數監同人內從下選差明昌元年如八貫石本把闕
六貫石局內選六年半於隨局承應人內選
左右藏庫本把八人格同內藏大定二十九年設三十月
遷一重一百二十月出職
儀鸞局本把大定二十七年三人明昌元年設十五人格
比內藏本把
尚食局本把四人大定二十八年設格同儀鸞
尚藥局本把六人二十八年設格同儀鸞

典客署書表十八人大定十二年以班內祗并終場舉人
慎行止者試三國奉使接送禮儀并往復書表格同國史
院書寫十四年終場舉人出職八品注上簿內祗一同試補大定
二十四年終場舉人識漢字班內祗下簿三任依本
門戶明昌五年復許終場舉人材質端偉言語辯捷者與
內班祗同試與正九除

〈金史五十三〉　十三

捧案八人大定十八年以已承三品官廳人命宣徽院揀
試儀觀修整者格同尚衣承奉二十一年格同知把書畫
捧執儀使大定四年以內職及承奉班內選明昌六年以
皇家袒免以上親不足則於外戚并三品已上散官五品
貌者
以上職事官應蔭子孫弟兄姪以宣徽院選有德而美形
擎執舊名撚氊兒大定二十九年更名格同知把書畫
奉輦舊名撚氊兒大定二十九年更名格同知把書畫
妃奉舊舊名不入寢殿小底大定十一年又名名奉職大
定十八年更令更名格同知把書畫
東宮妃護衛十八人大定十三年格同親王府祗候郎君二
十八年有廕人與副巡撥讞察無廕人與司軍軍轄等除
東宮入殿小底三十月遷一重初考女直人與司軍軍轄等
遷保義更格有廕無廕其出職初八品二上簿三中簿四
八品五下令六中令八上令回呈省

東宮筆硯五十月遷一重百五十月出職正班九品無廕
人差使有廕人二十一年格與二十一年知把書畫格同

正班局分
儀鸞
武庫本把　尚藥　果子本把　奉膳
掌器　掌輦　奉飲　司禋
習騎　群子都管

雜班局分
鷹坊子　尚食局廚子　果子廚子
儀鸞典幄　武庫槍寨　尚醞　錢帛庫
車本把　武庫槍寨　司獸　食庫
旗鼓篳角唱曲子人　弩手　傘子貞元元年制弩手傘

宗大定二十九諸局分長行並歷三百月十八長九十月
生料庫本把大定二十一年格有廕人知把書畫格同章
出職

〈金史五十三〉　十四

子尚廐局小底尚食局廚子并授府州作院都監大定二
十九年長行三百月十八長九十月出職其他局分若秘書監楷書及琴棋書院象戲話待
詔尚廐局醫獸馳馬牛羊群子略人皆無出身
侍衛親軍長行初收遷一重女直敦武餘人進義每五十
月遷一重以次轉五十八長者則每三十月遷一重如五
十人長內遷至武義者以五十人長本門戶出職五十人
長每三十月出職係正班與九品除授如轉百人長者則
廕者八品除授如轉百人長者則三十月遷一重六十月
長每三十月遷一重六十月出職係正班八品有廕者七
出職係正班八品有廕者七品大定六年百戶任滿有廕

著注七品都軍正將無廕及五十戶有廕者注八品剌郡

都巡檢副將五十戶無廕者及長行有廕者注縣尉無廕

注散巡檢十六年有廕百戶初中令二都軍正將三四錄

事五下令六中令七上令回省無廕者初都軍正將二

錄事三四副將巡檢五都軍正將六下令七中令八上令

回呈省此言識字者也不識字者初止縣尉次主簿二十

一年有廕者初中簿二縣尉無廕者初縣尉二散巡檢已

後依本門戶識字不識字並用差注二十九年定女直二

百五十月出職餘三百月出職吏格先察可親民及不可

者驗其貫歷若已任回帶明威懷遠者驗資擬注

拱衛直正隆名龍翔軍無出身大定二年改龍翔軍為拱

衛司定格軍使什將長行每五十月遷一重女直人敦武

餘人進義遷至指揮使則三十月遷一重女直與

諸司都監雖未至指揮使遷至武義出職係雜班與差使

司天長行正隆二年定五十月遷一重女直敦武餘人進

義無出身

太醫格同貞元元年嘗罷去六十餘人正隆二年格五十

隆間⋯⋯政武餘人進義無出身

⋯⋯教民者大定間罷遂定格⋯

重女⋯

十四

開禧德閏三司徒開縣軍國重事當事若相修
國領　經筵事部侍豊
脫脫奉

勅修

選舉四　蔭舉
　　　　省選　功酬　廉察

凡吏部選授之制自太宗天會十二年始法古立官並赴中
京吏部各置局銓注又命吏部尚書蕭顗定河南北官通
眷元年頒新官制及天德四年始以河南北選人並赴中
注格以諸司橫班大解並大將軍合注差人依年例一就
時依舊令求仕官明數謂面也不許就本鄉若襄為年老者
銓注餘求仕人分四季擬授遂為定制貞元二年命擬注
受之著奏之二年詔隨季選人如無過或有功酬者依格
闡又制求仕官毋入權門連者追一官降除有所餽獻而
毋授嫉劇廛世宗大定元年勅從八品以下除授不須奏
每奉求仕人到部令本部體問政跡出發者及贓污者申
銓注有廉能及污濫者約量升降呈省七年命有司自今
省校實以聞約量升權懲斷年老者勿授縣令以至縣宰
但隨朝官能否大率可知若外路轉運司幕官以至縣令
不敢望三品矣豈進賢退不肖之道哉自今通三考視其
能否以定升降為格又曰今用人之法其弊有不求聞

選舉志　金史五十四　一　六葉

達者入仕雖久不離小官至三四十年不離七品者而新
進者結朝貴致顯達此豈示激勸之道卿等當審於用人
以革此弊時清州防禦使常德輝上言吏部格法止敘年
勞是以雖有才能拘於法而不得升以致人材多滯下位
又刺史縣令親民之職多不得人乞加體察然後公行廉
問庶使有懼心且今酒稅使者況承流宣化之官
可不擇乎自今宜令以能吏當任酒使者授親民之職從之
十年上謂宰臣曰守令以下小官能否不能偏知聞百
姓或請留者類皆不聽凡小官得民悅上官多惡之能察
事上官者必不得民悅自今民願留者許直赴部告呈省
遣使覆實其績果善可超升之如丞簿升縣令之類以示
激勸二十六年以關官勅見行格法合降資歷內三降兩
降各免一降一降者勿降省令譯史合得縣令資歷內免
錄事及下縣各一任密院令譯史合歷縣令任數免下
臺部宗正府統軍司令譯史合歷縣令任當過檢法知
外路右職文資諸科合歷縣令亦免一任
三考得錄事者已後兩除一差明昌三年上曰舊制每季
到部求仕人識字者試以書判不識字者問以疑難三事
體察言行相副者其令自今隨季部人並令依條試驗字
不敢望其中縱有忠勤廉潔者無路而進是此人終身
執奏曰既體察知與所舉相同又試中書判若不量與升

選舉志　金史五十四　二　六葉

除無以示勸遂定制若隨朝及外路官則隨長
住用外路正七品官擬升六品縣令一等除授任滿合降
者免降從七品以下於各等資歷內減兩任擬依後體
察相同即依已升任例施行時皆令隨門戶減一資歷
縣令升中上令者并掌錢穀及丁憂去者候解由到部諸
司保舉到升任例施行時皆令隨門戶減一資歷察見任
蜀分人亦候將來出職日準上擬注猛安謀克親民者明昌
刑司保舉到升任例施行時皆令隨門戶減一資歷明昌
七年敕復令如舊泰和元年上以縣令見守關近臣右選
月遠者十六月又以縣令宣武者注縣令宣武者注丞簿雖曾犯選
官見格散官至明威者注縣令宣武者注丞簿雖曾犯選
格及歡求者亦注是無別也遂定制曾犯選格及歡求者
廣威注令明威注丞簿衛紹王大安元年以縣令闕少令
相副則當復舊宣宗貞祐二年以權越流離官職多闕權
初入上中下令者與其守闕可令再注丞簿一任俟員闕
命河朔諸道宣撫司得擬七品以下尋以所注吏部不知
季放之關多至重複乃奏罷之時李英言兵興以來百務
煩冗政在用人舊雖有四善十七最之法而接擢歲聞幾
爲徒設大定間以監察御史及審錄官分詣諸路考數以
擬號爲得人可依已試之効庶幾使人自勵詔從之三年
戶部郎中奧屯阿虎言諸色遷官並與女直一體而有司

不奉妾生分別以至上下相疑詔以違制葉之初宣宗
南遷也詔吏部以秋冬於南京春夏於中都置選而赴調
者憚於北行率皆南來遂併於南京設之三年命汰不勝
官者令五品以上官公舉今季赴部人內先擇材幹者量
緩急易之興定元年詔有司議減冗貞又詔自今吏部每
季銓選差女直漢人監察各一貞監視又盡罷前犯罪降
除截罷及承應未滿解去而復為隨處官司罪定
制權依劇縣例俱作正七品令隨朝七品外路六品以上
職事官舉正七品以下職事官年未六十無公私罪堪任
使者歲一人仍令兼領樞密院彈歷之職以鎮軍人几上
者截罷
凡省選之制自興宗皇統八年以上京僻遠始命詣燕京
擬注歲以為常貞元遷都始罷是制其常調制正七品正
任陞六品三任陞從五品凡內外官皆以三十月為任隨朝官以
五品三任陞正五品兩任陞從五品凡內外官皆以三十月為任隨朝官以
三十月為住陞職刺史一等自非制授尚書選在外官命左司
移文勾取承安三年始命置簿勾取大定十五年制凡二
籍記又半年覆察考滿日分等升用如六事備為上等升
職一等四事為中等減二資歷其次下等減一資歷

品官及宰執樞密使不理任每及三十月則書于貼黃六
及則附于關蒲簿內外三品官以五十月爲任泰和三年
制凡文資右職官應遷三品職事者五品以上歷五十月
六品以下及門廊雜流職事至四品以上而散官應至三
品者皆歷六十月方許告遷七年自按察使副依舊三
月理考外內四品以四十月遷三品泰
和八年詔以門廊官職事至四品者甚少自今至刺史而
散官應至三品者即許告遷三品外任不能悉知人之優
宗大定元年上謂宰臣曰朕昔歷外任乃相職卿等其各
勞每除一官必以不稱職爲憂夫薦賢乃
盡乃心勿貽笑天下又曰凡擬注之際當爲官擇人勿徒
任親舊廉無曠官矣又曰守令之職當擇材能比聞近邊
殘破多用年老及罪降者是益害邊民也若資歷高者不
當住邊遠可取以下之才能者升授回不復降廢可以完
復邊陲也邊陲之制蓋始于此三年詔監當官遷散官至
三品尚住縣令者與省除四年敕隨朝六品以繁劇局分
官有闕者省不得擬注令具闕及人以聞六品制內外三
品除朝廷約量勞績歲月特恩遷官七年制內外三品官
遇擬注其歷過成考以上月日不曾遷加或經擢撥可於
除目內備書以聞又勑外路四品以上職事官并五品合

陞除官皆具闕及人以聞六品以下官命尚書省擬定而
復奏上又謂宰臣曰擬注外官往往未當州縣之官良則
政舉否則政隳卿宜辨論人材優劣參用則遞相勉勵廢
幾成治矣又曰從來頓舍人例爲節副今宣徽院同簽銀
術可以特收頓舍然後授以滄州同知此亦何功但其人
倫也十年謂宰臣曰凡在官者若不熟隨朝職任便不能
離常調若以卿等所知任便恐有滯如驗人仕名而廉
等第用之亦可若不稱職即與外除十一年上謂宰臣曰
隨朝官多自計所歷一考謂當得其職兩考又當得其職
故但務因循而已及被差遣又多稽違近除大理司直李
寶爲警巡使而奏謝言臣內歷兩考意謂合得五品而除
六品也朕以此人幹事嘗除監察御史及爲大理司直未
嘗言情見一事由是除長官欲視其爲政故授是職自今
外路與內除者察其爲政公勤則升用若但務苟簡者不
必待任滿即當依本等出之不明賞罰何以示勸勉也十
二年上謂宰臣曰朕嘗取尚書省百官行止觀之應任刺
史知軍者甚少近獨深州同知同知辭不肯爲可故用之即今
居五品者皆冊任當例陞之人故不可也護衛中有考滿

者若令出職慮其年勿不開政事兼宿衛中如今日人材
亦難得也若勒留承應累其資考令至正五品可乎皆曰
善十六年勑宰臣選調擬注之際須引外路求仕人引至
尚書省堂量材受職二十一年謂宰臣曰海陵時與人本
官太濫今復太濫令散官小者奏之二十四年以舊資考
太濫命各減一任臨時量人材辛苦資歷年申以次奏稟
章宗大定二十九年定制自正七品而上皆以兩任而後
儻明昌四年以前制有職官已帶三品者不許告遷有司
因之不舉以致無由遷敘上慮其濫遂定制已帶三品散
官實歷五十月從有司照勘格前進官一階格後為始再

筭五年命宰臣擬注之際召赴選人與之語以觀其人六
年命隨朝五品之要職及外路三品官皆具人關進呈以
聽制授七年勑隨朝除授必欲至三十月如有急關則具
關及人奏票尋復令不須待考滿後當通筭其所歷雖有
承安四年勑宰臣曰凡除授恐未盡當今無門下省當有
給事中而無封駁司若設之使於擬奏時詳審得當
然後授之可也乃立審官院凡所送詳審者以五日內
奏或申省承安五年以六品泰和元年諭旨宰臣曰凡遇急關與其
七品或而後陞六品從五品歷三任正
用資歷未及之人何如止起復丁憂舊人也命內外官通

筭合得升等而少十五月者依舊在職補足而後升除或
有餘月日以後積筭遇關而無相應人則以資歷近者奏
稟二年命少五月以後者至六月以下逝升後者恐太
或別除補之是制既行之後至六年以一例逝升後者恐太
濫命量材續稟衛紹王大安元年定文資本職出身內有
至一品職事官應遷一品散官者實歷五十月方許告遷
二品三品職事官應告本品復遷者亦歷五十月不得過
本品外四品以下職事官如遷三品者亦歷五十月止許
告遷三品一資六品以下職事官歷六十月告遷帶至三
品更不許告犯選格者皆不許如已至三品以上職事官

六十月亦聽凡遷三品官資及致仕并橫遷三品者則具
行止以聞四品則六十月告遷雜班則否宣宗興定元年
徒單頑僧言兵興以來恩命數出以勞進階官者比年尤多
賤職下僚散官或至極品名器之輕莫此為甚自今非親
王子及職一品餘人雖散官亦當降從二品之制從之凡選
封者雖不追奪其儀衛亦當降從二品乞皆不許封公若巳
察御史尚書省具才能者疏名進呈以聽制授任滿尚書省
臺奏其能否仍視其所察公事具書於解由以送尚書御史
如所察事皆無謬戾為稱職則有陞擢庸常者臨期取旨
不稱者降除任未滿者不許改除大定二十七年前嘗令

六十以上者爲之後臺官以年老者多廢事爲言乃勑尚
書省於六品七品内取六十以下廉幹者備選二十九年
令臺官得自辟舉明昌三年復命尚書省擬注每一闕則
具三人或五人之名取旨授之承安三年勑監察給由必
經部而後呈省泰和四年制以給由失料察者以怠慢治罪貞祐
寞定其優劣八年定制事有失料察者以急慢治罪之大小多
臺官辟舉以名申省定其可否
廉察之制始見於海陵時故正隆二年六月有廉罷官復
二年定制以所察大事至五小事不實者爲不稱職四年命
無切務者爲廉常數之有二事不實者爲不稱職數不及且
陞一等除其次約量注授污濫官第一等殿三年降二等次
二年又次一年皆降一等詔廉問猛安謀克廉能者決杖百罷去擇其
等邊兩官其次遷一官污濫者第一等決杖百罷去擇其
兄弟代之第二等杖八十第三等杖七十皆令復職蒲輦
決則罷去永不補差八年省臣奏御史中丞移剌道所廉
之官上曰職官多貪污以致罪廢其餘亦有因循以苟歲
月者令所察能實可罷數若即與陞除恐無以懲民受留
之意且可遷加候秋滿日陞除十年正月上謂宰臣曰今
天下州縣之職多闕貪朕欲不限資歷用人何以徧知其

能擬欲遣使廉問又慮擾民而未得其賢若令行辟舉之
法復恐父則生弊不若選人暗察明廉如其相同然後陞
黜之何如宰臣曰當如聖訓十一年奏所廉善惡官上曰
罪重者遣官就治所犯細微者盡不能禁制妻孥耳其誡
勵而釋之凡廉能官四品以下委官覆實同則升擇三品
以上以聞朕自慮之時陳言者有六每三年委宰執一員
廉問者上以大臣出則郡縣動搖誰敢行事者今黙察
明問之制蓋得其中矣又謂宰臣曰朕以欲徧知天下官
吏善惡故每使採訪其被升黜者多矣宜知勸也若常設
訪察恐任非其人以之生弊是以姑罷之皆曰是官不設
信則善著勸善者懼此道父者族可得人也其第其政績
山和尚等清強上曰此輩暗察明訪皆曰者政聲夫賞罰必
察之上曰宜加詳勿使名實清混十二年以同知山陽軍
何以知官吏之善惡也左丞相良弼曰自今臣等盡心親
遣驛使徧詣諸道即日罷之大定二十八年制以閤門祗
雄賞之三月詔贓官既已被廉若仍舊在職必復害民其
候筆硯承奉職妃護衛東宮入殿小底宗室郎君王府
郎省郎君始以選試才能用之不須體察内藏本把不
入殿小底與入殿小底及知把書畫則亦不體察三年以
所廉察則有清廉之聲而政績則平常者勑命不降注以

石仲淵等四人雖清廉為百姓所喜而復有行事邀順人情之語則與公正廉能人不同勅命降注凡治績考平常者奪元舉官俸一月明昌四年上曰凡被舉者或先察者不同其後為人再舉而察者同而後察者不同當何以處之其議可久通行無窒之術以聞省臣奏曰保舉與體察不一者可除不相掛提刑司境内職事再令體察如果同則還本資歷時有議凡當舉人之官歲限以數減資注受者是曰省臣併奏以謂如此恐波久長求請僥倖之弊遂擬被舉官如體察相同隨長陞用不如所舉者元舉官約量降除如自囑求舉或因勢要及為人請囑而舉之者各追一官受賄者以枉法論體察官亦同此歲舉不限數不舉不坐罪但不如所舉則有降罰如此則必不敢濫舉而實材可得上曰是可止作條理施行一二年當別思其法承安四年以按察司不兼採訪遂罷平倒別路除授之制泰和元年定制自第一等關外第二等關滿三任以上者與錄事軍防判仍減一資注與下令少三任以上者與錄事蒲合注縣令少二任五任以上者注丞簿第三等任蒲合注縣令者升中令少一任與下令少二任以上者與錄事蒲合注縣令亦減一資注少四任以上者並注丞簿已入縣令者秩滿日與上令仍

依各等資考内通減兩任呈省己任七品六品者減一資注授經保充縣令明問相同依資公正廉能者不待蒲升見宣宗者考滿升注既升除後將來覆察或非材監察御史南遷嘗以御史巡察興定元年以縣官或非材監察御史一過不能備知邊令每歲兩遣監察御史巡察仍別選官巡訪以行黜陟之政哀宗正大元年設司農司自卿而下迭出巡察吏治臧否以陟黜之

舉薦大定二年詔隨朝六品外路五品以上官各舉廉能官一員三年定制若察得所舉相同者即議進除若聲跡黜濫所舉官約量降罰九年上曰朕思得忠廉之臣與之共治故賞命五品以上各舉所知于今數年矣以天下之大豈無其人由在上者知而不舉也參知政事魏子平奏曰可令當舉官者每任須舉一人視其當否以為旌賞上曰一任舉一人則人材或難恐涉於濫又少有所犯則罪舉者故人益畏而不敢舉宋國被舉之官有犯罪所舉官雖宰執亦不免黜若有能名則被遷賞自掌黜陟之權進故多廉慎既得任用或失所守宰執自曰已申前令命可因所舉而置罪耶左丞相紇石列良弼曰三品官當舉幾人是使舉之矣十年上曰舉人之法若定三品官當舉幾人是使小官皆諂媚於上也惟任蒲詢察前政則得人矣十一年

上謂宰臣曰昨觀貼黃五品以上官多關而難於得人凡
三品以上朕則自知五品以下不能盡識卿等曾無一言
見舉者國家之務朕豈能獨盡哉思之欲盡久安之
計興百姓之利而無良輔佐雖有所行皆尋常事耳十九
年時朝廷既取民所舉望之官而升遷之後上以隨路之
民赴都舉請者往往無廉能之實多為所使而來沽名者
不須舉行章宗大定二十九年上以選舉十事命奉御合
曾諭尚書省定擬其一曰舊格進士軍功最高尚且初除
丞簿第五任縣令升正七品兩任從五升正五品升六
品升從五品兩任從五升正五品正五三任而後升刺史

選舉

金史五十四

十三

六三

計四十餘年始得至刺史也其他資格出職者可知矣拘
於資格之滯至於如此其令提刑司採訪可用之才減資
考而用之庶使可用者不至衰老省臣遂擬凡三任升者
減為兩任於此資歷內遇各品關多則於第二任未滿人
內選人材若辛可以超用者及外路提刑司所採訪者升
擢之其二曰舊格隨朝苦辛驗資考陞除從五品回降為六品之
復降之如正七滿回降除從七品從五品回降為六品而
類令若其人果才能可為免降尚書吏部遂擬令隨朝考
滿遷除外路五品以下職事并應驗考次職滿有才能者
以本官任滿已前十五月以上二十月以內察訪保結呈

省其三曰隨路提刑所訪廉能之官就令定其堪任職事
從宜遷注其四曰從來宰相不得與求仕官相見如此何
由知天下人材優劣其許以訪才能尚書刑部謂在
制求仕官不得於私第謁見達官連者追一官降等奏除
若有求請謁遺則以奏聞仍委御史糾察上遂命削此制
其五曰舊令五品以上官各舉所知才行可用者皆欲遠嫌而不引
薦古者舉賢不避親讎如祁奚舉子崔祐甫除
吏八百皆親故也其令五品以上官職事官每歲保廉
加以薦賢之罪吏部議內外五品以上官各舉所知
能官一人外路五品隨朝六品願舉者聽若不如所舉者

選舉

金史五十四

十四

六三

各約量降罰今擬賢而不舉者亦當約量降罰其六日前
代官到任之後即舉可自代者其令自今五品以上官舉
自代以備交承吏部按唐會要建中元年敕文文武常參
官自代其有官外節度觀察防禦軍使刺史赤令畿令并七品以上清
官大理司直評事受命之三日於四方館上表讓一人以
自代外官則馳驛聞表付中書門下每官闕即以所舉
多者量授今擬內外官五品以上到任須舉所知才行官
一員以自代恐濫而不得實材參政謂自代非謂即令代其人也
自代恐濫而不得實材參政謂自古人材難得若令舉以
止類姓名取所舉多者約量授之兩此蓋辭官相讓周官

推賢之遺意上以參政所言與吏部同從之其七曰隨朝
外路長官一任之內凡知府屬之能否每任可令舉幾人
吏部擬今內外五品以上職事官長於僚屬內須舉才能
官一人數外舉者聽其八品以上有之監臨諸物料
及聲澤隱逸之士不無人材隨色人材令內外五品以上職
物料內以外路五品隨朝六品以上舉廉能者直言所長
後文縣申省差官察訪得實隨材任使草澤隱逸當通下
官舉之其九曰親軍出職內有尤長武藝勇敢過人者其
內外官所薦人材即依所舉試之委提刑司採訪虛實者
果能稱職吏更加遷擢如或碌碌即送常調古者進賢受上
賞進不肖有罰其立定賞罰條格庶使人不敢徇私也知
臣讓隨款各欲舉人則一人內所舉不下五七人自古知
人為難人材亦自難得限數多則猥避貴賤訐務苟簡不副
聖主求賢之意擬以前項各款隨色能舉一人即充歲舉
之數如此則不濫而實材得矣每歲貢人數尚書省覆察
相同則置簿籍之如有闕則當隨材奏擬明昌元年勑齊

令內外官舉提刑司察如資考高者可參注沿邊刺史同
知縣令吏部擬若依本格資歷恐妨才能若舉察得實者
農本格減一資歷擬注尚書省擬依旨升品擬注其十日

民之中有德行才能者司縣舉之特賜同司四舉五舉人下
明昌元年制如所舉碌碌無過人跡者元舉官依例治罪
宣宗與定元年令隨朝七品外路六品以上職事官舉正
七品以下職事官年未六十不犯贓堪任使者一人三年
定辟舉縣令制稱職則元舉官減一資歷中平約量陞除
不稱罰俸一月犯贓免官及官當私罪解任杖罪
贓污者約量降除污贓至徒以上及除名者一任不理資
考三品以上舉縣令稱職者約量升除不稱舉俸一月若
被舉者犯免官等罪奪俸兩月贓污至徒以上及除名者
奉俸三月獄成而會赦原者亦原之五年制辟舉縣令考

平者元舉者不得復舉他人舉之者聽又舊制保舉縣令
秩滿之後以六事論升降三事以下減一資歷四事減兩
資歷六事皆備則升職一等既而御史張升卿言進士中
下甲及第人及監官至明威當入縣丞主簿而三事以下
減一資歷注下令四事減注中令令皆七品也若復八品
矣輕重相戾宜更定之遂定制自令四事以下縣丞主簿
事完者進士出身者亦同此任二十月以上雖未秩滿若
歷注上令餘出身者當入縣丞主簿人減三資
以理去官六事之跡已經覆察論升如秩滿例五年必舉
官或私其親或徇於請求或謬於鑒裁而妄舉數歲之間

以濫去者九十餘人乃罷群舉縣令之制至哀宗正大元
年乃立法命監察御史司農司官先訪察隨朝七品外路
六品以上官清慎明潔可為舉主者然後移文使舉所知
仍以六事課殿最而升黜舉主故舉主既為之盡心而被
舉者亦為之盡力是時雖迫危亡而縣令號為得人由作
法有足取云

功酬虧永之制凡諸提點院務官三十月遷一官周歲為
滿止取無虧月日用之大定四年定制一任內虧一分以
上降五人二分以上降十人三分以上降十五人若有增
羨則依此陞遷其陞降不盡之數於後任充折二十一年
官殿一年外虧永不及酬者亦殿一年章宗大定二十九
年罷年遷之法更定制比永課增及一酬遷一官兩酬遷
兩官如虧課則削亦如之各兩官止又罷使司小都監與
使副一體論增虧者及罷餘錢陞降不盡之數後任充折
之制泰和元年制犯選及虧永者至右職漢人至宣武將軍
從五品女直至廣威將軍正五品方注縣令又吏格曾犯
選及虧永者女直從六漢人及諸色人至武略從
六皆注諸司亦兩除一差至明威方注丞簿奥祐三年制

曾虧永犯選者遷至宣武注諸司至懷遠從四下方注丞
簿至安遠從四上注下令正大元年制曾犯選永者
至廣威與諸司兩除一差至安遠注丞簿三任其至鎮國
從三品下方注下令群牧官三周歲為滿所牧之畜以十
為率駞增二頭馬增二疋牛亦如之羊增四口而大馬百
死十五疋者及能徵前官所虧三分為率能盡徵及徵二
分半以上為上等陞一品級增一馬牛增二羊增三大
馬百死二十五徵前官所虧二分以上為中等約量升除
駞不增馬牛增一羊增二大馬百死三十徵虧一分以上
為下等依本等除餘畜皆依元數而大馬百死四十徵虧

不及一分者降一等此明昌四年制也五年制馬牛羊虧
元數十之一驄馬百死四十徵虧不及一分者降一等決
四十若驄馬牛羊虧元數一分馬百死四十徵虧不得者
杖八十降同前

志第三十五

新修

百官一
三師　三公　尚書省　六部
都元帥府　樞密院
大宗正府　御史臺
宣撫司　勸農使司
國史院　翰林院
大農司　三司
司農司
審官院　太常寺

志第三十六

金自景祖始建官屬統諸部以專征伐嶷然自為一國其官長皆稱曰勃極烈故太祖以都勃極烈嗣位太宗以諳版勃極烈居守諳版者尊大之稱也其次曰國論忽魯勃極烈國論言貴忽魯猶總帥也又有國論勃極烈或左或右所謂國相也其次諸勃極烈之上則有國論乙室忽魯移賚阿買阿舍具迭之號以為陸拜宗室功臣之序為其部長曰李董撻數部者曰勃極烈此至熙宗定官制皆廢其後惟鎮撫邊民之官曰禿里烏魯骨之下有掃穩脫朵詳穩之下有麼忽習此則具於官制而不廢皆踵遼官名也漢官之制自平州人不樂為猛安謀克之官始置長更以下天輔七年以左企弓行樞密院于廣寧尚踵遼南院之舊天會四年建尚書省遂有三省之制至熙宗定官制及換官格除拜内外官始定勳封食邑入衔而後其制定然大率皆循遼宋之舊海陵庶人正隆元年罷中書門下省止置尚書省自省而下官司之别曰院曰臺曰府

曰司曰寺曰監曰局曰署曰所各統其屬以修其職職有定位員有常數紀綱明康務舉是以終金之世守而不敢變焉大定二十八年在仕官一萬九千七百員四季遷者千餘歲數監差者三千明昌四年秦周歲官死及事故者六百七十新入仕者五百一十見在官萬有一千四百九十九内女直四萬七千五百員漢人六千七百九十四見在監者九千二百九十則三倍世宗之時又部擬授者千七百泰和七年在仕官四萬七千四百餘四季部擬者到部者經略司義宗之益政院蜂危巳之政亦必列于之招賢所其次以著一時之事云

志第三十六

海
三師　太師　太傅　太保各一員皆正一品師範一人儀刑四
三公　太尉　司徒　司空各一員皆正一品論道經邦燮理陰陽

尚書省　尚書令一員正一品總領紀綱儀刑端揆
右丞相各一員平章政事二員從一品為宰相
掌天子平章萬機左丞右丞各一員正二品參知政
事二員從二品為執政官為宰相之貳佐治省事左司
郎中一員正五品　員初置左右司侍郎天眷三年始更
今名舊凡視朝執政官親執事左
員外郎一員正六品掌本司奏事總
右司官為定制
德二年詔以付左員外郎一員正六品掌本司奏事總

察吏戶禮三部受事付事兼帶修起居注官迴避其間
記述之事每月朔朝則先集是月秊端者為簿名曰關
本及行止簿貼黃簿并官制同進呈御覽畢則受而藏
之每有除拜凡尚書省所不敢擬注者則一關具二三
人以聽制授為都事二貝正七品〔史三色人內通選三年以臨察御〕
勾稽失省署文牘兼知省內宿直檢校架閣等事右司〔掌本司受事付事檢〕
避其間記述之事都事二貝正七品
所掌蔡事總察兵刑工三部受事付事兼帶修注官迴〔史相應人取次票奏不復擬注〕
本司蔡事總察兵刑工三部受事付事兼帶修注官廻〔頒元二年左右司郎官〕〔二年出身并進士令史〕〔一關具二三〕

尚書省祗候郎君管勾官從七品掌祗候郎君謹其出
入及差遣之事〔承安二年以前走馬郎君擬注泰和令〕〔以左右女直都事兼正太閒改用親從〕
人

架閣庫大定二十一年六月設仍以都事提控之〔管勾舊二貝正從八品掌總察左右司大程官追付文〕
管勾二貝正從八品掌總察左右司大程官追付文
牘并提控小都監給受諸〔軍部綠臺部綠軍令史三〕〔人大定十四年省綠軍令史三人進士十〕〔五人左右司令史三〕
人〔子十五人右宗室子十人密院臺部縣軍令〕〔八女直譯史同通事二人左右各十人左右省譯〕〔史十四人左右〕〔令史十四人左右〕〔人諸部君五十人〕〔高麗夏國四紇〕〔人譯喫剃二十人走馬郎君六〕〔八五直譯史二十人左右走馬〕〔部綠臺部過事〕

司郎中貝外郎兼之掌提點歲賜出入鎊幣之事所左右

堂食公使酒庫使一貝從八品掌受給藏賜鎊總領庫
事副一貝正九品掌貳使事
直省局局長正九品掌都堂之禮及官貝參謝之儀副
局長正九品掌受工從九品
管勾尚書省樂工從九品局長
六部國初與左右司通署天眷三年始分治
皆下中臺一等
書省天眷三年復移置於汴京皇統二年定行臺官品
汴天眷元年以河南地與宋遂改燕京樞家為行臺尚
行臺之制熈宗天會十五年罷劉豫置行臺尚書省于
吏部尚書一貝正三品侍郎一貝正四品郎中二貝從
五品〔天德二年增〕員外郎從六品〔天德二年增〕掌文武
選授勳封考課出給制誥之政以才行勢效比仕者之
賢否以行止支冊貼黃簿制名關之機要正七品以上
擬注自八品以上則奏以下則否侍郎以下皆為尚書
以名上省聽制授從七品以下每至季月則循資格而
之貳郎中貝外郎掌文武選流外遷用官吏差使行止名簿封
爵制誥一貝掌勳級酬賞承襲用蔭循遷致仕考課護
諡之事貝外郎一貝分判曹務及參議事所掌與郎中同文
官九品階凡四十有二從一品上曰開府儀同三司中

曰儀同三司中次曰特進下曰崇進正二品上曰金紫
光祿大夫下曰銀青榮祿大夫從二品上曰光祿大夫
下曰榮祿大夫正三品上曰資德大夫中曰資政大夫
下曰資善大夫從三品上曰正奉大夫中曰通奉大夫
下曰中奉大夫正四品上曰正議大夫中曰通議大夫
下曰嘉議大夫從四品上曰太中大夫中曰中大夫
下曰少中大夫正五品上曰中議大夫中曰中憲大夫
下曰中順大夫從五品上曰朝請大夫中曰朝散大夫
下曰朝列大夫正六品上曰奉政大夫下曰奉議大夫〔舊曰奉德大夫天德二年更〕
從六品上曰奉直大夫下曰奉訓大夫正
七品上曰承德郎下曰承直郎從七品上曰承務郎下
曰儒林郎正八品上曰文林郎下曰承事郎從八品上
曰徵事郎下曰從仕郎正九品上曰登仕郎下曰將仕
郎從九品上曰登仕佐郎下曰將仕佐郎〔此二階大定十四年創增〕

武散官凡仕至從二品以上至一品者皆用文資自
正三品以下階與文資同正三品上曰龍虎衛上將軍
中曰金吾衛上將軍下曰驃騎衛上將軍從三品上曰
奉國上將軍中曰輔國上將軍下曰鎮國上將軍正四
品上曰昭武大將軍中曰昭毅大將軍下曰昭勇大將
軍從四品上曰安遠大將軍中曰定遠大將軍下曰懷

遠大將軍正五品上曰廣威將軍中曰宣威將軍下曰
明威將軍從五品上曰信武將軍中曰顯武將軍下曰
宣武將軍正六品〔舊名宣武將軍〕上曰武節將軍下曰武德將軍中曰武
義將軍從六品上曰武略將軍中曰武毅將軍下曰
忠武校尉從七品上曰忠翊校尉中曰承信校尉下曰
昭信校尉正八品上曰忠顯校尉下曰忠勇校尉
修武校尉從八品上曰敦武校尉中曰保義校尉下曰
進義校尉正九品曰保義校尉
連義校尉從九品上曰保義副尉下曰進義副尉〔此二階大定十四年創增〕

封爵正一品曰郡王曰國公正二品曰國
公正三品曰郡公從三品曰郡侯〔舊曰郡伯承安二年更〕正四品曰郡伯
從四品曰縣伯正五品曰縣子從五品曰縣男凡勳級
正二品曰上柱國從二品曰柱國正三品曰上護軍從
三品曰護軍正四品曰上輕車都尉從四品曰輕車都
尉正五品曰上騎都尉從五品曰騎都尉正六品曰驍
騎尉從六品曰飛騎尉正七品曰雲騎尉從七品曰武
騎尉凡食邑封王者食邑一萬戶實封一
千戶郡王食邑五千戶實封五百戶國公
者食邑三千戶實封三百戶郡公二千戶實封二百
戶郡伯實封一百戶縣子五百戶縣田三百戶
皆無實封自天眷定制凡食邑同散官入銜司天翰林
官舊制自從七品而下止五階至天眷定制司天自從

四品而下立為十五階從四品上曰欽象大夫中曰正
儀大夫下曰欽授大夫中曰靈憲大夫中曰明
時大夫下曰頒朔大夫正五品上曰協
紀大夫下曰雲紀大夫正六品上曰司
玄大夫從六品上曰保章大夫正六品上曰授時郎正七品上曰司
究微郎下曰靈臺郎從七品上曰明縡郎下曰候儀郎
正八品上曰司辰郎下曰司正郎從八品上曰校景郎
下曰平秩郎正九品上曰推策郎下曰紀郎從九品
上曰司曆郎下曰辰郎太醫官舊自從六品而下止
七階天眷制自從四品而下立為十五階從四品上曰
保合大夫中曰保沖大夫下曰保愈郎從六品上曰保
保善大夫中曰保嘉大夫下曰保順大夫正六品上曰
保順大夫中曰保安大夫下曰保和大夫從五品上曰
保宜大夫中曰保康大夫下曰保平大夫正五品上曰
全郎正七品上曰成和郎下曰成正郎從七品上曰成
順郎下曰成全郎正八品上曰成安郎下曰成
八品上曰醫全郎下曰醫正郎正九品上曰醫效郎下
曰醫候郎從九品上曰醫痊郎下曰醫愈郎內侍天德
創制自從四品以下十五階從四品上曰中散大夫中
曰中丑大夫下曰中侍大夫正五品上曰中列大夫中

曰中御大夫下曰中常大夫中
曰中益大夫下曰中衛大夫正五品上曰中列大夫中
作中下曰中消大夫從六品上曰中散大夫中
正七品上曰通被郎下曰通御郎從八品
僕郎從九品上曰司奉郎下曰司引郎教坊舊用武散
官大定二十九年以為不稱乃創定二十五階明昌三
年自從四品以下更立為十五階從四品上曰雲韶大
夫中曰仙韶大夫下曰成韶大夫正五品上曰章德大
夫中曰長寧大夫下曰德和大夫從五品上曰景雲大
夫中曰雲和大夫下曰協律大夫正六品上曰慶喜大
夫下曰嘉成大夫從六品上曰蕭和郎下曰純和郎正
七品上曰舒和郎下曰調音郎從七品上曰比音郎下
曰司樂郎正八品上曰典樂郎下曰協樂郎從八品上
郎從九品上曰和聲郎下曰司音郎律
所歷之資考更代之期去就之故秩滿皆備陳於解由
吏部據以定能否又撮解由之要於銓擬時讀之謂之
銓頭又會歷任銓頭而書于行止簿行止簿者以姓為

類而書各人平日所歷之資考功過者也文為簿列百
司官名有所更代則以小黃綾書更代之期及所以去
就之故而制其銓擬之要領為凡縣令則省除部除者
通書而各疏之泰和四年定考課法准唐令作四善十
清所部為政教之最二日賦役均平田野加闢為牧民
之最三日決斷不滯與年當理為判事之最四日銓東
七最之制四善之一日德義有聞二日清慎明著三日
公平可稱四日勤恪匪懈十七最之一日禮樂興行蕭
為檢校之最以上皆謂縣令丞簿尉巡使副錄事司候
史辛姦盜不滋為嚴明之最五日案簿分明評擬均當
判官也六日詳斷合宜咨執富理為蕭職之最七日盜
賊消弭使人安靜為巡捕之最八日明於出納物無損
失為倉庫之最九日訓導有方生徒充業為學官之最
十日檢察有方行旅無滯為關津之最十一日隄防堅
圓備禦無虞為河防之最十二日出納明敏數無遺失
為監督之最十三日謹察姦宄不行為邊防之最十
十四日物價得實奸守有方為市司之最詗正部市令也十
五日戎器完備扞守有方為邊防之最詗正部隊將
鎮防官也十六日讞獄得情爽斷公平為法官之最十
七日差役均平盜賊止息為軍職之最詗都軍軍轄也

凡縣令以下三最以上有四善或三善者為上陞一等
三最以上有二善者為中減兩資歷三最以上有一善
為下減一資歷節度判官防禦判官軍判以下一最為
有四善或三善為上減一資歷一最而有二善為中陞
為榜首一最而有一善者是為廉能官之制參于其間
而定其甄擢為宣宗興定元年行辟舉縣令法以六事
考之一日田野闢二日戶口增三日賦役平四日盜賊
息五日軍民和六日詞訟簡六事俱備為上等升職一
等凡四善者為中等減二資歷其次為下等減一資歷

否則為不稱罷而降之平常者依本格凡封王大國
號二十曰恆 舊為遼明昌二年以漢遼唐宋梁殷雙
之最邵梁為汴 舊當皆有天下之號不宜封臣下建
越燕權為鄆趙 舊當為并瀋為益廣為彭 舊當為趙
陳為邵 舊當為魯英豫 舊當為充鄆異為夔劉烏趙
滕薛紀昇 舊當為鄭衛韓潞曲潘岐代澤徐
榮鄧郇舒淄廊萊 舊當後改鄆宋格為沂荊
莒鄆郕 舊當道定景 舊當為申崇宿昔
祚任載薹蔣 云士民須知 舊當為邢異豐鄅鄲靈蔡瀘 以此
平平原南陽常山太原平陽東平安定延安封公主之

縣號三十樂安清平蓬萊榮安棲霞壽光靈仙陽鍾

秀惠和永寧慶雲靜樂福山隆平文安福昌順安

樂壽靜安靈壽太寧聞喜秀容宜芳真寧嘉祥金鄉華

原凡白號之姓完顏溫迪罕夾谷陁蒲僕散朮虎鑾剌石

苔幹勒斡準把阿不罕卓魯回特黑罕蒲僕散沈谷鑾蒲

里吾迭羔撲樂抹撚納坦兀撒惹樂抹撚之姓唐括

古里緃牢光吉敦卓陀阿斯準四獨思潘朮古温古孫樽

甲阿迭羔撲樂抹撚納坦兀撒惹樂抹撚里班兀里坦耳散蒲速

阿典紇石烈納闌宇朮魯阿勒根納合石盞蒲鮮古里荅

盞撒合烈吾塞和速嘉能偓阿里班兀里坦耳散蒲速

古里必蘭斡雷獨鼎尼厖寬作古赤拓特盍散撒吞牙阿

速撒剌準土谷納謀魯業速布安照烈愛申拿可賣益

昆温撒校罕靈域皆封隴西郡黑號之姓唐括獨虎朮

蒲察朮甲蒙古蒲速粘割奧屯斜卯準葛諳蠻獨厖朮

魯磨葦益輦帖暖蘇率華皆封彭城郡親王母妻封一

字王者舊封王妃為正從一品次室封王夫人次室封王二

年勑王妃止封王夫人次室封王孺人郡王母妻封王

夫人國公母妻封國公夫人郡公母妻封郡公夫人郡王

侯母妻封郡君承安二年更四品文散少中大夫武散

懷遠大將軍以上母妻封縣君承安

列大夫武散宣武將軍以上母妻封鄉君承安二年皇

統五年以古官日牧日長各有總名今廢官不分類為

名於文移不便遂定京府尹牧留守知州縣令詳穩群

牧為長官同知簽院副使少尹通判丞曰佐貳官判官

推官掌書記主簿縣尉為幕職官兵馬司及它司軍者

曰軍職官誓巡市令候諸參軍知律勘事勘判

為獵務官應管倉庫院務者曰監當官大定制以知事

孔目以下行文書者為吏凡除拜尚書令左右丞相以

下品不同者則帶守字左右丞令卿御

史部官京尹少尹守令丞簿尉錄事諸卿少至暢律評

事諫官國子監學官蒲監至丞郎符寶郎東宮屬事等

府僕正副令丞王府官散官高於職事者帶行字職事

高於散官一品者帶守字二品者帶試字品同著皆否

猛安謀克翰林待制修撰推勘事典書勘事都知事

內承奉押班通事合人通進編修勾當頓舍司役廡官

受給管勾巡河官直省長副諸檢法知法司正教

授司獄參軍並帶充宇樞寄宣微勸農諸軍都指揮統軍

記事參軍同侯東官諭德贊善堂賓典儀以下王府文學

轉運使招討提刑節度群牧防禦客省引進四方館閤

門太醫教坊鷹坊警巡巡檢諸司局倉庫務使副皆帶
充字及知其事凡帶知判簽書字者則不帶行守試字
已上所帶字品同者則否自三師三公平章政事元帥
以下至監軍東宮三師三少點撿至振肅承旨學士王
傅副統招討及前所不載者皆不帶行守試知充字主
事四員從七品掌知管差除事付事撿勾猨失省署文
之事惟選事則通署及掌受事付事撿勾分掌封勳資考
牘兼知本部宿直撿校架閣餘部主事自受事付事以
下所掌並同此

令史同泰和...年令史增十人
架閣庫設以定二十一年六月管勾正八品
掌吏兵兩部架閣兼撿校吏部行止漢人女直如娛無冊
擬識女直同管勾一員守諸院提舉二員掌署院事吏以
漢字充
部郎中一員充翰林佽
撰各一人充翰林佽

戶部尚書一員正三品侍郎二員正四品員承安二年減一
增郎中三員從五品天德二年置五員泰和八年省作二員五年置
貟外郎三貟從六品部中而下皆以一貟掌戶籍
物力婚姻繼嗣田宅財業鹽鐵酒麹香茶鹽坑
冶榷場市易等事一貟掌度支國用俸祿恩賜錢帛寶
貨貢賦租稅府庫倉廩積貯權衡度量法式給授職田

拘收官物背照磨計帳等事 泰和...年作二員後增一員
作五員主事五員從七品女直司二員通掌戶度金帛
等事漢人司三員同貟外郎分掌實事貟從七品
八員五品兼提控編附係格管勾架閣等事七年作五員內女直二
禮兩部架閣主事各兼架閣庫管勾一員正八品掌戶
勾當官五員正八品撿法從八品
管勾勘覆經歷交鈔及香茶鹽引照磨文帳等事
三年置四員尋罷之四年更設為勾當官專提控支納
禮部尚書一員正三品侍郎一員正四品郎中一員從五
品員外郎一員從六品掌凡禮樂祭祀燕享
儀式制度符印表疏圖書冊命祥瑞天文漏刻國忌廟
諸醫卜釋道四方使客國書進貢犒勞張設之事

主事二員從七品
令史十五

左三部檢法司司正二員正八品掌披詳法狀興定二年定及掌詳讞知法檢法四年罷檢法二十二員從八品掌檢斷各司取法文字右三部檢法職事同三年受劃付大定

兵部尚書一員正三品侍郎一員正四品郎中一員從五品員外郎二員從六品掌兵籍軍器城隍鎮戍廐牧鋪驛車輅儀仗郡邑圖志險阻障塞遠方歸化之事馬以上從四品馬以上從三品

刑部尚書一員正三品侍郎一員正四品郎中一員從五品員外郎二員從六品一員掌律令格式監審定刑名關津機察糾詔勘鞫追徵給沒等事一員掌戶籍官戶配祿薪良賤城門啟閉官吏改正功賞補亡等事主事二員令史五十一人内女直二十架閣庫管勾一員正八品掌刑工兩部架閣主事各兼以同管勾一員

工部尚書一員正三品侍郎一員正四品郎中一員從五品員外郎二員從六品掌修造營建法式諸作工匠屯田山林川澤之禁江河隄岸道路橋梁之事員外郎一員從六品實司管勾一員從七品隸戶工部掌覆實營造材物工匠價直等事年併罷貞祐四年復設右三部檢法司司正二員正八品檢法從八品二十二員

都元帥府宋軍始置計秦和八年罷則省天會二年代都元帥一員從一品元帥左副元帥一員正二品元帥右副元帥一員正三品左都監一員從三品元帥右監軍一員正三品左都監一員右都監一員右都監經歷一員都事一員知事一員立三道都統制府及左右領軍大都督將三十二總管承安二人正隆六年海陵南代有神策神威神捷神銳神毅神勇神翼神果神畧神鋒武勝武定武威武安武捷武平武成武毅武銳武揚武

金史卷五十五　十七

朱右明

厲之名

襄武震威定威信威勝威捷威烈威毅威略威果
威勇之號泰和六年伐宋權設平南撫軍上將軍正三
品至殄冠果毅都尉陞從六品凡九階曰平南撫軍上將
軍平南冠軍大將軍平南龍驤將軍平南虎威將軍平
南盪江將軍殄冠中郎將殄冠郎將殄冠折衝都尉
冠果毅都尉運麾人　紹譯史八十人從正三十三
間招義軍置總領使從五品都尉陞秩為四品副使從六品訓練官從八
從正大二年有建威折衝振武盪冦果毅殄冦虎賁鷹揚破
品正大二年更總領名都尉陞秩為四品四年又陞為

樞密院　天輔七年始置于續寧府天會三年下燕山初以
左企弓等為使後以劉彥宗劼宗猶如遼南亦
勅則泰和六年嘗改為元帥府樞密
武備摭密之事樞密副使一員從二品掌庶
簽書樞密院事一員正三品同簽樞密院事一員從四
都事一員正七品掌受事付事檢勾稽失省
品大定十七年增一員尋罷明昌昌初復如舊泰和四年置二
品增定三一員尋又省三年九月復增一員
品興定三年見

以下第二欄（金史卷五十五　十八）

事一員從一品以皇族中屬親者充掌敦睦糾率宗屬
欲奉王命泰和六年改為大睦親府同判大宗正事一
員從二品泰和六年改為同判大睦親事同簽大宗正
事一員正三品宗室充大定元年泰和六年改為同簽大睦
親事大宗正丞二員從四品一員於宗室中選能幹者
充一員不限親踈分司大睦親丞知事一員於宗室中選能幹者
司屬泰和六年改為大睦親丞知事一員從七品檢法
從八品諸宗室將軍正七品上京東溫
世宗時始命遷官其戶凡百二十明昌二年更名曰司
屬設令丞承安二年以令同隨朝司令正七品丞正八

金史卷五十五　十八

品中都上京扎里瓜合古西南梅堅寨蒲與臨潢泰州
金山等處置屬大宗正府

御史臺登聞檢院隸焉
品備止三品大掌糾察朝儀彈劾官邪勘鞫官府公事
大定十二年迪陞掌蔡事判臺事治書侍御史二員從
中丞從三品貳大夫侍御史二員正七品以上官品皆
凡內外刑獄所屬理斷不當有陳訴者付臺治之御史
六品掌同侍御史殿中侍御史二員從
立於龍墀之下專劾朝者儀矩凡百僚假告事具奏目
進呈監察御史十二員正七品掌糾察內外非違刷磨

諸司察帳并監祭禮及出使之事　參註

諸色人大定二年兩設承安四年十二員承安五年兩設
司各十二員　典事二員獄丞一員從七品架閣庫管勾一員從
八品檢法四員從八品　御史臺令史一員從九品女直十三人
內班內祗六人終場舉人七人漢人十五人內班祗
七人終場舉人八人譯史三人內
章二人通

宣撫司泰和六年置陝西路宣撫使節制陝西右監軍右
都監兵馬公事八年改陝西宣撫司爲安撫司山東東
西大名河北東西河南北遼東陝西咸平隆安上京
肇州北京凡十處置司使一員副使正三品

勸農使司泰和八年罷貞祐間復置興定六年罷勸農司
改立司農司使一員正三品副使一員正五品掌勸課
天下力田之事

司農司興定六年寘兼採訪公事大司農一員正二品卿
三員正四品少卿三員正五品知事二員正七品興定
六年陝西并河南三路置行司農司設官作三員卿一員正大元
年歸德許州河南陝西各置作三員卿一員正四品少
卿一員正丑品丞一員正六品卿以下迭出巡察官
吏城否而陞黜之使節所過姦吏屏息十年之間民政
修舉賽賴其力

三司泰和八年省戶部官員置三司謂兼勸農鹽鐵度支

〔卷第三十六　四百二十六〕　〔金史五十五〕　一九

戶部三科也貞祐罷之使一員從二品副使一員正三
品簽三司事一員正四品同簽三司事一員正五品掌
勸農鹽鐵度支判官三員正三品本參幹官大安元
更參議規措審計官三員正七品掌同參幹官知事二
員從七品管勾架閣庫一員正八品知法三員從八品

國史院

監修國史掌監修國史事修國史掌修國史判院事同
修國史二員
正八品女直漢人各四員
員編修官三員

翰林學士院

翰林學士承旨正三品掌制撰詞命
翰林學士從二品翰林侍讀學士從三品翰林
帶知制誥以上同貞祐三年陞從二品翰林侍講學士正三
品翰林侍讀學士從三品不限員翰林待制正五品不限
直學士從四品不限員翰林修撰從六品
詞命文字分判院事衛內帶知制誥翰林修撰從六品

〔志第三十六　五百字〕　〔金史五十五〕　二十

不限員掌與待制同應奉翰林文字從七品

審官院注承安四年罷止設大夫二人當止令御史臺論列之若知院一員從三品

掌奏駁除授失當事並隨朝六品外路五品以上官除授
七品亦送本院或御批同知審官院事一員從四品掌
亦送稟惟御批除不送同史臺終場舉人辟充
書四人史臺終場舉人女直漢人各二人以御

太常寺皇統三年始置太廟廩犧郊社諸陵大樂等署謙爲卿
一員從三品少卿一員正五品丞一員正七品掌六品掌禮樂
郊廟社稷祠祀之事博士二員正七品罷檢討二員從九
閤官一員從九品掌同博士泰和元年罷檢討典禮檢
品舉人同國史院試補太祝從八品掌春
明昌元年置以官子孫好學場

祀神主奉禮郎從八品掌誤版位執儀行事協律郎從
八品掌以廗節樂調和律呂監視音調太廟署皇統八
年太廟成設署置令丞仍兼提舉慶元明德永祚三宮
令一員從六品掌太廟衍慶坤寧宮殿神御諸物及提
控諸門關鍵掃除守衛兼廩犧令丞事
廩犧署丞直長明昌三年罷廩犧署令丞以太廟令丞
兼掌薦犧牲及養飼等事
郊社署承安三年設使同年一替大安元年奏兼武成王廟署令
一員從六品丞一員從七品掌社稷祠祀祈禱并廳舍
祭器等物直長明昌三年廢

武成王廟署大安元年置令從六品丞從七品掌春秋
祀享以郊社令丞兼

諸陵署大安四年提點山陵正五品涿州刺史兼令從
六品丞一員從七品掌守山陵直長正八品

園陵署令宛平縣丞兼貞祐二年以園陵遷大興縣境
遷以大興縣令丞兼

大樂署兼鼓吹署樂工百人令一員從六品丞從七品
掌調和律呂教習音聲并施用之法樂工部籍直長一
員正八品大樂正從九品掌祠祀及行禮陳設樂縣大

樂副正從九品

右屬太常寺

志第三十六

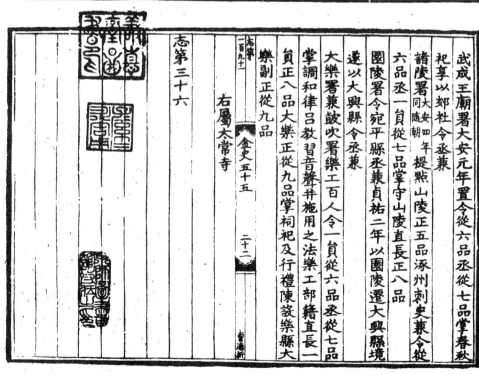

…開國子司上柱國錄軍國重事兼尚書丞相樞…國領…奉

殿前都點檢司

宣徽院
太府監
軍器監
都水監
秘書監
大理寺
諫院
記注院
弘文院
集賢院
登聞檢院
登聞鼓院
益政院
武衛軍都指揮使司
衛尉司
六部所轄諸司

百官二

金史五十六　百官志 四百四三　一

殿前都點檢司

殿前都點檢 正三品 兼侍衛親軍都指揮使 掌親軍總領左右衛等諸局署鷹坊儀鸞

行從宿衛關防門禁督攝隊伏總判司事殿前左副都

官隸焉殿前左右振蕭宮籍監近侍衛等諸局署鷹坊含

宿直將軍左右振蕭宮籍監近侍衛等諸局署

檢從三品兼侍衛將軍副都指揮使掌宮掖及行從殿前

點檢從三品兼侍衛將軍副都指揮使殿前右副都點

前都點檢判官 從六品 大定二年設十知事一員從七品殿前

左衛將軍殿前右衛殿前

副將軍掌宮禁及行從宿衛警嚴仍總領護衛右衛同

此符寶郎四員掌御寶及金銀等牌 舊為牌印祗候大定二年改為待寶

左右宿直將軍 從五品 掌總領親軍充宮城諸門衛禁

杆行從宿衛之事八員 大定二十九年作十一員後作十一員

左右振蕭 正七品 掌妃嬪出入總領護衛 從本妃嬪之…

宮籍監提點 正五品 監 從五品 副監 從七品 丞 從七品
掌內外監戶及地土錢帛小大差發直長 二員 正八品
九品 泰和四年設

掌同丞

近侍局提點 正五品 泰和八年罷設 使 從五品 副使 從六品
掌承勅令轉進奏帖直長 正八品

六品掌侍 從六品 …

械數總諸物直長 正八品 都監 正九品 同監 從九品 泰和四年設

器物局提點 正五品 使 從五品 副使 從六品 掌進御器

金史五十六　百官志 四百四四　二

尚廄局提點 正五品 使 從五品 副使 從六品 掌御馬調習

習牧養以奉其事 使一員管小馬群 副直長一員司馬

牛群掌廄都轄 正九品 副轄 從九品 數資考

尚輦局使 從五品 副使 從六品 掌承奉輿輦等事直長
正八品 除年六十以下人充 大定十九年 典輿都轄 從九品

收支都監 正九品 大安二年省 本把四人

和四年設 大定二十年設掌給受之事同監 泰

鷹坊提點 正五品 直長 正八品 使 從五品 副使 從六品 掌調養鷹鶻

海東青之類直長 正八品 管勾 從九品 不限資考

武庫署令 從六品 掌收貯諸路常課甲仗 以晚軍 女直人充丞

從七品直長二員正八品大定二年省一員

武器署提點從五品令從六品丞從七品掌祭祀朝會

巡幸及公卿婚葬鹵簿儀仗旗鼓笛角之事直長正八

品或二頓舍官二員（泰和令格作四員）正八品直長（見士民須知泰和令無）

右屬殿前都點檢司

朝會燕享凡殿庭禮儀及監知御膳（二百）

宣徽院左宣徽使正三品右宣徽使正三品同知宣徽院

事正四品同簽宣徽院事正五品宣徽判官從六品掌（百三十九人捷鶴所隸弩手傘子二人）

拱衞直使　司威捷軍隸焉舊名龍翔軍正隆二年更為（人二）

神衞軍大定二年更名為拱衞司都指揮使從四品（舊曰）

使副都指揮使從五品（舊曰副使）掌總統本直謹嚴儀衞大

定五年詔以使為都指揮使副使為副都指揮使什將

長行威捷軍（承安二年簽手千人以之備邊事）鈐轄正六品都轄

從九品不隸

客省使正五品副使從六品掌接伴人使見辭之事

引進使正五品副使從六品掌進外方人使貢獻禮物

事

閤門以次排轉除授（副使二員正六品一員明昌六年同省簽事一員）

閤門使二員正五品（明昌六年省）東上閤門使二員正五品（六年同省簽事一員）

品

服冠帶等事都監正九品後罷設直長正八品同監從九品

尚衣局提點正五品副使從六品掌諸進獻禮物及薦享奉御

院通進四員從七品掌總率本班承奉

後罷內承奉班押班正七品掌總率本班承奉編次位序之事

承奉班都知正七品掌諸進獻禮物及薦享奉編次位序（舊置判官）

門通事舍人二員從七品掌通班贊唱承奏勞問之事（御）

員正五品副使二員正六品簽事一員從六品掌贊道（閤門祗候二十五人正大間三問）

殿庭禮儀副貳同（西閤明昌六年西上閤門使置）

從六品掌簽判閤門事（以減同閤門使置）西上閤門使二（西閤明昌六年西上閤門使置）

儀鸞局（泰和四年或以少府監官兼或兼少府監官）副使從六品掌殿庭鋪設帳幕香燭等事直長四員正

八品（泰和令）收支都監正九品二員一員掌給受鋪陳

諸物一員掌萬寧宮收支庫

從九品（藏庫知書同知）提點正五品副使從

尚食局（元光二年參用奉御少府監官）掌總知御膳進食先嘗兼管從官食直長一員正

六品掌總知御膳進食先嘗兼管從官食直長一員正

八品（資考不限生料庫）一員掌給都監三員正九品（資考不限生料庫）都監同監各一員掌給

受金銀及諸色器皿（以內諸差除）受生料物色收支庫都監同監各一員掌

尚藥局提點正五品使從五品出職內職官副使從六品掌
進湯藥茶果直長正八品都監正九品同監
各一員掌給受進御果子 本局本把四人
太醫院提點正五品使從五品副使從六品判官從八
品掌諸醫藥總判院事管勾從九品隨科至十人置一
員以術精者充如不至十人併至十人設一
太醫 月升除不算 副奉上太醫 月不算 長行太醫
額五十人 一百二十 副奉上太醫 月不算 正奉上 十科
御藥院提點從五品直長正八品掌進御湯藥 明昌五年設以
親信內侍人充 都監正九品和令四員同監從九品
內藏庫 大定二年改分為四庫 使從五品副使從六
肘物率隨庫都監等供奉其事直長一員 承安三年增
財面庫都監正九品同監從九品 定出身依不入寅殿 考不限資
頭面庫都監正九品同監從九品 本把七人大定二年改本把十
段匹庫都監正九品同監從九品 本把二人
掌殿庭音樂總判院事諧音郎從五品副使從六品判官從八
教坊提點 例 小底
金銀庫都監正九品 本把八人每庫 雜物庫都監正九品
同監從九品 知書各二人
宮闈局 為舊名宮闈司大定二年改提點正五品使從五
品副使從六品掌宮中閤門之禁率隨位都監同監及

《金史全六》 五

楊清之

內直各給其事直長正八品內直一百七十八人 後作一百
內侍局令二員從八品 興定五年陞 作從六品 陞定
丞二員從九品定
給其事局長二員從八品 五年陞正八品 御直內
十四人明昌元年分宮闈局 正八品內直置初練官閤局
昭明殿都監同監 大定二十九年
承徽殿都監同監 麗妃
及門禁管鑰
東門都監同監諸隨殿位承應都監同監掌各位承應
驂翔殿都監同監
崇儀殿都監同監
迎暉殿都監同監 七妃充容秦 三年罷
瑞寧殿都監同監 藥珠殿都監同監
四春殿都監同監 芸
香殿都監同監 隆徽殿都監同監 本隆和
瑞儀殿都監同監 殿係皇
凝福景殿 改諮部溫芳二位 瑞華柔則二
位都監同監 以上無殿宇 嘉福等殿位都監同監有承
廣仁殿都監同監 本以陸慶 睿思殿都監同監 以上
滋福殿都監同監 改無位字 諮正殿都監
仙韶院都監同監 遵英殿都監同監
同監 字應 貞和門都監同監 應係錢帛
長慶院都監同監 經此門出
右昇平門都監同監 長樂門都監
入明昌四年源一員

《金史全六》 六

楊清之州

侗監　瓊林苑都監同監各二　廣樂園都監同

監　順儀位提控都監同監（舊寶）　瑞華門（金脅）

門　都監一員同監三員　太師位提控都監同監（林位）

寶昌門都監同監　會昌門都監同監

孝寧宮都監同監　崇妃位提控（興陵）

妃位提控都監同監（裕陵二位明昌四年添）　温妃位提控都監同監（世宗御客光）

報恩寺提控都監同監（世宗御客明昌三年設）　報德寺提控都監同監（裕陵）

嚴寺都監同監（在南京安宣庙大元年安三以下皆以世宗御客改興國威誠寺正）

寧福殿都監同監三　純和殿都監同監三

百官志　金史五十六　七　四百三十二　補刊

仁安殿都監同監三　真妃位都監同監

罷妃位都監同監　宣儀位都監同監（貞祐二）

位都監同監　三廟都監同監（年設）

都監同監　京後園都監同監

內侍寄祿官（泰和二年初隸宣徽院尋直隸宣徽院所以陞用內侍局御）

直內直有年勞者

中常侍　正五　給事中　從五

殿給使　從六　黃門郎　從六　內殿通直　正六品先名內

頭　品從七　內侍高品　正八　內謁者　正七　內侍殿　從八

典衛司　大定二十九年世宗才人以崇妃薨興定元年復設世宗才五

孝靖宮　令從八品丞正九品

端妃位同監　慧妃位同監（裕妃位徒谷氏）

妃位同監　靚儀位同監（昭儀位徒單氏）

懿安家　莊獻太子之事直長正八品一員（貞祐三年設）

户鋪設甄席之事直長正八品一員（泰和四年罷同監）

宮苑司令　從六品丞從七品掌宮庭修飭洒掃啓閉門

同監二員

尚醞署令　從六品丞從七品掌進御酒醴直長正八品

典客署令　從六品丞從七品直長後罷（書表十八人）

侍儀司（舊名擎執局大定五年陞局為同令從六品舊設局副從七）奉朝儀率捧案奉孝

秘書監著作局筆硯局書畫局司天臺隸焉　監一員正五品丞一員正六品秘書郎二員正七

品少監一員　正五品丞一員正六品秘書郎二員正七

品定為馬泰和元年省一以翰林院專掌校勘在監文籍著作局

通掌經籍圖書校書郎一員　從七品承安五

右屬宣徽院

二員　金史五十六　八　四百三十八

著作郎一員　從六品著作局

著作佐郎一員　正七品掌修日曆

筆硯六年著作郎佐郎各名

二負編修日曆以學士院兼領之

年以女直應奉兼筆硯供奉以避諱改為承奉

筆硯局直長二負正八品掌御用筆墨硯等事泰和七

書畫局直長一負正八品掌御用書畫紙扎都監正九

品二負或一負

司天臺提點正五品監從五品判官從八品掌天文曆數風雲氣色

密以奏聞少監從六品教授舊設二負正

大定初省一負係籍學生七十六人漢人五十人女直二十六人試補長行人

從九品試不限資考隨科人充長行人五十人司天管勾

者試補天文科女直漢人各六人三式科

四人測驗科八人漏刻科二十五人

銅儀法物舊在法物庫貞元二年始天文科

附本臺

右屬秘書監

國子監國子學太學隸焉祭酒正四品司業正五品掌學

校丞二負從六品明昌二年增一負兼提控女直學

國子學博士二負正七品分掌教授生負考藝業女直漢人同明昌

助教二負正八品女直漢人各一負

教授四負正八品分掌教誨諸生明昌二年小學各置昌二年承安五年

除國子校勘從八品掌校勘文字國子書寫官從八品

掌書寫實錄

太學博士四負正七品大安二年減二負助教四負正八品明

二年不除一負大安安二年減二負

右屬國子監

太府監左右藏支應所太倉酒坊典給署市買司錄焉監

正四品少監從五品丞二負從六品掌出納邦國財用

錢穀之事左藏庫使從六品副使從七品興定三年增一負掌

金銀珠玉寶貨錢幣四人本把右藏庫使從六品副使從七品

品本把一負 掌錦帛絲綿毛褐諸道常課諸色雜物把

四人

支應所又作支都監二負正九品掌宮中出入御前支

賜金銀幣帛大安三年省

太倉使從六品掌九穀廩藏出納之事人預除副使從七

酒坊除部使從八品副使正九品掌醞造御酒及支用諸

色酒醴

典給署本鈎盾署明昌三年更令從六品舊曰鈎盾使

丞從七品舊曰鈎盾副使壹宮中所用新炭氷燭并營

官户直長一負正八品

市買司天德二年更為市買局使從八品副使正九品

掌收買宮中所用果實生料諸物

少府監尚方織染文思裁造文繡等署隸焉 [泰和四年選上官當局近侍]

尚方署令從六品丞從七品掌造金銀器物亭帳車輿

牀榻簾鞍轡傘扇及裝釘之事 [大定二十年令不直]

二十一年復置 掌邦國百工營造之事

監正四品少監從五品丞二員從六品一員 [泰和二年大定十一年省]

長正八品

圖畫署 [明昌七年省祗應司 明昌三]

令從六品丞從七品掌圖畫續金

裁造署令從六品丞從七品掌造龍鳳車具亭帳鋪陳

匠直長正八品 [明昌三年罷]

省臺部內所用物泰和令有 直長從八品 [明昌三年省]

繪繪之事

諸物宮中隨位床榻屏風簾額條結等及陵廟諸物并

文繡署令從六品丞從七品掌繡造御用并妃嬪等服

飾及燭籠照道花卉 [貞祐二年設官一員] 直長正八品 [人都繡工一]

織染署令從六品丞從七品直長正八品掌織絍色染

諸供御及宮中錦綺帛紗縠

文思署 [明昌七年省] 令從六品丞從七品

分印合牽浮圖金銀等尚輦儀鸞局車具亭帳之物并

[裁造匠六人副繡頭四人女工四十九人次凡四百二十六人]
[婦人三十七人針工]

三國生日等禮物織染文繡兩署金線直長正八品 [明昌三年省去]

右屬少府監

軍器監承安二年設泰和四年罷復併甲坊利器兩署為

軍器署置令丞直長隸兵部至寧元年復為軍器監

軍器庫利器署隸焉 [情輔甲坊利器兩署監從六品]

丞從七品掌修治邦國戎器之事 直長正八品 [泰和令無總]

軍器庫至寧元年隸大興府貞祐三年來屬 [有]

副使正九品 [老版不素掌收支河南一路并在京所造常課]

橫漆和買軍器 [大定五年設]

甲坊署泰和四年廢舊置令丞直長

利器署本都作院興定二年更名同隸朝來屬令從

六品丞從七品掌修弓弩刀槊之屬直長正八品

右屬軍器監

都水監街道司隸焉分治監專規措黃沁河衛州置司

正四品掌川澤津梁舟楫河渠之事興定五年辣滑事

少監從五品 [明昌六年增一丞衛州分治] 正六品以下皆同兼滑事

沿河灠運事作從五品少監正六品丞二員正七品內一員外

監分治貞元元年置擢正八品掌與丞同外監分治 [大定]

二十七年兼一負明昌五
年併罷之六年後置一
負興定五年以罷樞掌二

勾當官四負准備分治監差
街道司管勾正九品掌
洒掃街道修治溝渠舊南京街道司隸都水外

委負興定五年以罷樞掌二

都巡河官從七品掌巡視河道修完堤堰裁植榆柳凡
河防之事分治監巡河官同此其蘆灘崇福上下埽都
巡河兼石橋使通濟河節巡官兼建春宮地分河道諸
各設散巡河官一負

黃沁都巡河官下四處懷州孟津孟州城北各設黃沁
散巡河官各一負

衛南都巡河官下四處新鄉崇福上崇福下衛南淇上
散巡河官各一負

滑濬都巡河官下四處武城白馬壽城教城散巡河官
各一負

曹甸都巡河官下四處東明西佳孟華陵城散巡河官
各一負

曹濟都巡河官下四處定陶濟北寨山金山散巡河官
各一負凡二十五埽埽兵萬二千人

〈金史五十六〉　十三　三百八十六

諸埽物料場官掌受給本場物料與當界官通管收支
此惟崇福上下埽物料場官與當界官通管收支
南京延津渡河橋官兼護濟渡察事管勾一負同
掌橋船渡口譏察濟渡給受本橋諸物等事內譏察事
隸留守司餘浮橋官同此

右屬都水監皇統三年四月懷州置黃沁河堤
大管勾司未詳何年罷正大二年外監東置歸
德西置于河陰

諫院左諫議大夫右諫議大夫皆正四品左司諫右司諫
皆從五品左補闕右補闕正七品左拾遺右拾遺正七
品

大理寺天德二年置自少卿至評事漢人通設六負女直
契丹各四負卿正四品少卿從五品正六品丞從六
品掌審斷天下奏案詳讞疑獄司直四負正七品掌參
議疑獄披詳法狀舊契丹明昌二年罷評事三負正八品
品掌司直明昌二年大安二年省漢人一負知法十一負從八
品女直司六負漢人五負掌檢斷刑名事明法二負正八品興定
二年置同流外四年罷之

弘文院知院從五品同知弘文院事從六品校理正八品
掌校譯經史

〈金史五十六〉　十四

登聞鼓院知登聞鼓院從五品同知登聞鼓院事正六品

掌奏進告御史臺登聞檢院理斷不當事承安二年以

諫官兼知法二員從八品人各一女直漢

登聞檢院知登聞檢院從五品同知登聞檢院正六品女

奏御進告尚書省御史臺理斷不當事知法從八品直女

漢人各一員

記注院修起居注掌記言動明昌元年詔毋令諫官兼或

以左右衛將軍兼貞祐三年以左右司首領官兼爲定

制

嗚醍孳

集賢院貞祐五年設知集賢院從四品額外兼吏部郎中
正大元年受馬瑞
張浩罷
金史卅六

同知集賢院從五品司議官正八品
員不限
諮議官正九
品不限

益政院正大三年置於內庭以學問該博議論宏遠者數

人兼之日以二人上直備顧問講尚書通鑑員觀政要

名則經筵實內相也末帝出遂罷

武衛軍都指揮使司
隸尚書
兵部
都指揮使從三品大定二十
九年以武

副都指揮使二員其
副都指揮使二員
承安三年

職低欲設使從四品安三年陞
從四品副都一員從四品
安三年陞
判官一員
承安三年

設掌防衛都城警捕盜賊
二員初設
都鈐轄四員從七品定興

鈐轄司鈐轄十員正六品

三年權設
兩宅通掌
都將二十員從九品大定十六掌管管轄軍人

防衛警捕之事
承安元年設萬人內軍八九百員
忠衛二百人隊正四百人

右屬武衛軍都指揮使司

衛尉司
大安元年擬
慶宮人數定之
中衛尉司從三品掌總中宮事務副

尉從四品左常侍從五品掌周護導從儀仗之事右常

侍從五品常侍官護衛三十人
官同
東宮
奉引八十人
同控
儀

掖庭局令正九品充
奉閤一十人
殿小底入
閤直二十人
掌皇后宮事務丞從九品充

給事局使正七品副使正八品內謁者兼司寶二員從

六品充
奉閤一十人
局內直

傘子四人
同控
儀
執旗二人
同控
儀

宮令
宮苑司儀兼
食官局兼飲官署兼醫官
尚食
尚醞
尚藥局兼太
金史卅六
十六

藏
給納署兼
主廩太倉

榷貨務
在京諸稅係中運司
錢甘權於本務收
後陞掌諸路交鈔及檢勘錢鈔換易

交鈔庫使從七品副使從八品
使從六品副使從七品掌

賣給隨路香茶鹽鈔引

印造鈔引庫
大安二年作
都監二員知令
監視印造勘覆諸路交鈔鹽引兼提控抄造鈔引紙

抄紙坊
四年罷四小庫併罷庫判四員至寧
元年設四小庫貞祐二年作從九品

朝副使正九品判從九品

交鈔庫物料場　至寧元年置

料隨處交鈔庫抄紙坊使從八品西京北京東平大名

使從六品副使從七品掌收支交鈔物

益都咸平真定河間平陽太原京兆北京廣寧
特附臨洮臨潢通順蘇秣州貞祐三年罷之

後掌收支交鈔　貞祐二年同隨二

平準務　元光二年五月罷十月復置

右自榷貨務以下皆屬尚書戶部

惠民司令正六品掌修合發賣湯藥

舊又設丞一員大定三年
入息錢不償官吏惟上曰惠城
人患錢不償官吏惟上曰設此本欲濟民官非賞物財賞何足計哉可減員而已

四方館使正五品副使從六品掌提控諸路驛舍驛馬并

陳設器皿等事

法物庫　二年改什太常寺　使從六品掌

儀仗車輅法服等事直長正八品　泰和三年省

右屬尚書禮部

八品都監正九品

承發司管勾從七品同管勾從八品掌受發省部及外路

文字

右屬尚書兵部

萬寧宮提舉司　舊太寧宮更名又更今名　提舉從六品同提舉從

七品掌守護宮城殿位　本把十五人

慶寧宮提舉司提舉正七品兼龍門縣令同提舉正八品

兼儀鸞監

右屬尚書刑部

修內司　大定七年設　使從五品副使從六品掌宮中營造事

一千六百十五人兵夫二十
仍令少府監長官提控
直長二員正八品部役官四

員正八品掌監督工役受給官二員正八品掌支納諸

都城所提舉從六品同提舉從七品掌修完城壁及城隍

門鑰百司公廨係官舍屋并栽植樹木工役等事在右

物

廟官各二員正八品掌監督工役受給官二員正八品

掌支納諸物及堘埴等事

祗應司提點從五品令從六品丞從七品掌給官中諸色

工作直長正八品收支庫都監同監　泰和元年置

甄官署令從六品丞從七品直長正八品掌瓴石及堘埴

之事

上林署提點從五品泰和八年罷大安二年省令從六品

掌諸苑囿池沼種植花木果蓏及承奉行幸舟船事丞

從七品　大定七年增一員分司南京以
向判兼之大安三年復省一員　直長二員正八

品

花木局都監同監舊設接手官四人泰和元年罷復以

諸司人內置都監同監二員貞祐三年罷都監以同

樂園管勾兼熙春園都監同監三員貞祐三年置

同樂園管勾二員每年領辦課程隸南運司宣宗南遷

罷課改為隨朝職正八品

右皆屬尚書工部

京東西南三路檢察司年置

檢察支散軍粮驗軍戶實給均軍戶差役勸農種毎犯

私殺馬牛私鹽酒麴

南京豐衍東西庫 二年間隨朝 使正八品副使從八品判

百貨志 晉里

辇運司貞祐後省擬

二員正九品監支納各一員正八品

提舉南京榷貨司貞祐四年置 提舉從五品同提舉從六品

出納公平及毋致虧減監支納官八品十六員以下六

提舉倉場司 貞祐五年置先 使從五品副使從六品掌

當官三員正九品

入作左右院設官同上掌收軍須軍器

通州倉 在京置各一員 富國倉 廣備倉 豐備倉 豐盈倉 監支納使副各一員兼軸密院彈壓 廬州倉 陳州倉 四員

東一場北一場 東二場北二場 東三場西一場 西二場西三場

二潮川倉 二員

金史五十六 九

使從八品副從九品

典牧司 置貞祐年 使正七品副從八品判官正九

團牧司 興定二年置 使正七品副正八品判官正九

提舉牧所 泰和二年置報河南東路河南西路陝西路各路統軍司

皆設提舉同提舉山東路止設提舉

軍須庫 使從八品副從九品

金史五十六 一百三

百官三

內命婦

元妃貴妃淑妃德妃賢妃正一品　昭儀昭容昭媛昭
嬪御儀備容備媛充儀充容充媛曰九嬪正二品　婕妤
正三品英人正四品才人正五品各九貟曰二十七世
婦寀林正六品御女正七品采女正八品各二十七

諸親王府

太后兩宮官屬　宮人女職

諸京留守司
諸京城宮苑提舉都監等職
諸路鎮防禦刺史
諸府運泉管府鎮兵馬等職
諸猛安部族及群牧等職

宮人女職貟品秩皆同唐制

金格妃姑而無制
同婕妤下有麗人才人正
四品尚宮尚儀尚服尚寢
夫人尚儀尚服尚寢夫人
華人尚服尚寢夫人尚寢
按金格妃姑而無制
德妃賢妃正一品
柔妃順儀淑華等
夫人寶林御女采
女尚宮尚儀尚服

〈金史五十七〉
五百四十八

御女正七品御女正八品各
侍御侍御侍御侍御
侍御侍御侍御侍御
御侍御侍御侍御侍
御侍御侍御侍御侍
侍御侍御侍御侍御
侍御侍御侍御侍御
侍御侍御侍御侍御

〈金史五十七〉
四百二十六

尚宮二人掌導引皇后管司記司言司簿司闈仍總知
五尚須物出納等事司記二人典記二人掌記二人掌
在內諸文書出入目錄為記審訖付行縣印等事女史
六人掌職文簿司言二人典言二人掌言二人女史四
人掌宣得啟奏之事司簿二人典簿二人掌簿二人女
史六人掌宮人名簿廩賜之事司闈六人典闈六人掌
闈闔管管鑰之事尚儀二人掌禮儀起居管司籍司樂司賓司贊
籍二人典籍二人掌
起居管司籍司樂司賓司贊籍教學紙筆几案之事司樂
人典樂四人掌音樂之事司賓二人掌賓客參見朝會引
導之事司贊二人典贊二人掌贊二人女史二人掌引
二人掌儀班序設板贊拜之事尚服二人掌司寶
衣司飾之事司寶二人典寶二人掌寶二人女
四人掌珍寶符契圖籍之事司衣二人典衣二人掌
二人掌衣服首飾之事司飾二人典飾二人
四人掌御衣服玩之事司仗二人典仗二
人掌仗二人女史二人掌仗衛兵器之事尚
食二人掌知御膳進食先嘗司膳司醞司藥司饎事司
膳四人典膳四人掌膳羞器皿之事司

醞二人典醞二人掌酒醴司藥二人典藥二人掌藥二人女史二人典饎二人掌饎二人女史二人掌醫藥司饎二人典寢二人管司設司輿司苑司燈事司設二人典輿掌設二人女史二人掌帷帳床褥梳席洒掃鋪設司輿二人典輿二人女史二人掌輿繖扇羽儀司果司燈二人典燈二人女史二人掌燈燭油火苑二人典苑二人女史二人掌苑囿種植蔬燭尚功二人掌女功管司製司珍司綵司製二人典製二人女史二人掌裁縫衣服篹組之事

司珍二人典珍二人女史二人掌金珠玉寶錦文緋綵綵帛之事司計二人典計二人女財貨之事司綵二人典綵二人女史二人掌史二人掌支度衣服飲食柴炭雜物之事司總知宮內格式斜正推罰之事司正二人同掌典正二人糾察違失女史四人

皇后位下女職數依隆慶宮所設人
司闈一員八品掌宮內諸事幷給散宮人廩食料秉儀一員八品丞儀一員九品掌左右給事宣傳啟奏經籍紙筆之事直閤一員司陳一員九品掌帳幕床褥輿繖洒掃鋪陳薪炭燈燭

之事秉衣一員奉衣一員九品掌首飾衣服器玩諸寶財貨裁製綵綵之事掌饌一員八品奉饌一員九品掌飲食湯藥酒醴蔬果之事

東宮官宮師府太子太師太子太傅正二品太子少師少傅太子少保正三品太子太保正二品太德義海陵天德四年始定制宮師府三師三少詹事院詹事院太子詹事從三品少詹事從四品總統東宮內外庶務左右衛率府從五品掌周衛導從儀仗左右監門正六品掌門衛禁鑰僕正正六品副僕正七品僕丞正九品掌門車馬廄牧弓箭鞍轡器物等事掌寶二人從六品掌奉寶謹其出入典儀從六品贊儀從七品司贊禮儀侍正正七品侍丞正八品掌冠帶衣服左右給使之事典食令正八品丞正九品承奉膳羞侍藥正八品奉藥正九品承奉醫藥掌飲令正八品丞正九品承華賜茶及酒果之事家令正八品丞正九品掌營繕栽植鋪設及燈燭之事司經正八品副正九品掌經史圖籍筆硯等事司藏從八品副從九品掌庫藏財貨出入之事司倉從八品副從九品掌倉廩出納薪炭等事中侍局都監正九品同監從九品掌東閤內之葉令省察

宮人廩賜給納諸物轉侍人等左諭德右諭德正五品

左贊善右贊善正六品掌贊諭道德侍從文章內直郎

正七品

　右屬宮師府

親王府屬官傅正四品掌師範輔導參議可否若親王在

外亦兼本京節鎮同知府尉從四品本府長史從五品

明昌三年改掌勑覈侍從兼總統府之事司馬從六

品同檢校門禁總統府軍事文學二人從七品掌贊道禮

義資廣學問記室參軍正八品掌表牋書啟之事大定

七年八月始置二十年不專除令文學兼之

五

諸駙馬都尉正四品

提舉衙紹王家屬提舉從六品同提舉從七品舊為東海

郡侯邑令丞

提舉鎬厲王家屬提舉同提舉

提控輦國公家屬提控同提控

太后兩宮官屬正大元年置衛尉從三品副衛尉從四品

左典禁右典禁從五品奉令正七品丞正八品太僕

正六品副僕正七品門衛二負正六品典寶二負正六

品詔者二負從六品閤正七品閤丞正八品食官令

正八品食官丞正九品官令正八品官丞正九品醫令

以上二宅天興元年始聽自便

正八品醫丞正九品飲官令正八品飲官丞正九品主

藏從八品副主藏主廩從八品副主廩

大興府尹一負正三品掌宣風導俗肅清所部總判府事

餘府尹同兼領本路兵馬都總管府事車駕巡幸則置

留守同知府少尹判官惟留則不別置以總判兼之同知

一負從四品掌通判府事府判一負正

五品掌同知總管判官一負從五品掌紀綱眾務佐斜正

務分判兵案之事府判一負從五品掌議讞察佐料正

非違紀綱眾務分判戶刑案事推官二負從六品掌

同府判分判戶刑案事內戶禮工案推排簿籍員大

六

定五年增一負知事正八品掌付事勾稽省署文牘總錄諸案

之事都孔目官一負職同知事掌

監印監受案牘餘都孔目官同此不常置者則吏目攝

六案司吏七十五人內女直十五人漢人司吏

分掌六案各置孔目官一負掌呈覆糾正本案文書

分前後行其他應設十人以下六人以上者置孔目

官三人及置提點所廳設十人以下若三十二人以上

一案五人分訣六案不及者敢三案五人以上孔目官

女直一負漢人二負掌律令格式審斷刑名抄事一

車目屬法狀以前後女直教授一負東京比京河

行使人選公使百人

東東西路山東東西路大名咸平臨潢陝西統軍司西

南招討司西北路招討司婆速路曷懶路速頻蒲與胡

里改隆州泰州蓋州並同此皆置醫院醫正一人醫工

八人

諸京留守司留守一員正三品帶本路兵馬都

總管同知留守事一員正四品帶本路兵馬都

總管副都總管留守事一員正四品帶本府尹兼本路

兵馬都總管留守判官一員從四品帶本府少尹兼本路

兵馬副都總管留守判官一員從五品帶本府總管判官一

員從五品掌紀綱總府務分判兵案之事推官一

員正六品掌同府判分判刑案之事上京兼管林木事司

獄一員正八品

　司吏女直漢人上京二十人北京十三

吏三十人　東京西京南京各五人西京十三

户以上四十人　七萬户以上三十五人五萬户以上三十

法女直漢人各一員南京漢人二員　事抄目書寫法狀公

人百

京城門收支器物使貞祐元年置每城一面設一員五年

八品十四員開陽門南京隨門添設舊有小都監後省正

户部雜料

宣陽門　安利門　平化門

迎朝門　順常門　利川門

通遠門　宜照門　崇德門　迎秋門

廣澤門　順義門　廣智門以已

上各門副尉兼職乃罷小都監十四門尉從七品副尉

正九品

上京提舉皇城司提舉一員從六品同提舉一員從七品

司使

南京提舉京城所提舉一員正七品同提舉一員從七品

掌本京城壁及繕修等事不常置上京同此管勾一員

正八品掌佐繕沿受給官一員掌收支之事壞察官一

員掌監督修造

皇城使一員正八品副使一員正九品掌宮闕繕修之事

不常置

管勾比太一宮同樂園二員正八品掌守宮園繕修之事

慶元宮小都監三員掌鋪陳祭器諸物餘官同

花園小都監二員

東京萬寧宮小都監一員

東京宮苑使一員西京比／西京同

東京西京御容殿閤門各二員掌專祀禋鼓鋪陳祭器

按察司本提刑司承安三年以上京東京等提刑司併為

一提刑使兼宣撫副使勸農採訪事為官辨副使判官以

一提刑副使判官通四員安撫司掌鎮撫人民譏察邊

官一員提刑判官為名復改宣撫為安撫各設安撫判

防軍旅審錄重刑事安撫判官則內不帶勸農採訪

兼宣撫副使

事令專管千戶謀克安撫副內差一員於咸平一員

於上京分司承安四年罷咸平分司使在上京副在東

京各設簽事一員承安四年改按察司員承安四年罷止

委監察採訪使一員正三品掌審察刑獄照刷案牘科

察漕官汙吏豪猾之人私臨酒麴應禁之事兼勸農震

飛與副使簽事更出巡案副使正四品兼勸農事兼轉

察司事正五品承安四年設判官一員正三品掌審察刑

省都議以轉運司權輕虸州縣不畏不能規措錢穀遂詔中

都都轉運依舊事管錢穀事自餘諸司按察並兼轉

運使副使兼同知簽按察並兼轉運副添按察判官一

承安三年上京者兼經歷安撫司使及簽事依舊署本司

十九年設判官以陝西地濶添一員知事正八品大定二

貟馬從六品中都西京路按察司官止兼西京路轉運

司事遼東路惟上京按察安撫司使及簽事依舊署本

事遼東路轉運使兼按察副使同知兼簽按察司

事轉運副使兼按察判官添知事一員知事兼轉

都轉運依舊簽事添知事自餘諸路按察並兼轉

品書史四人書吏十人抄人四十人　右中都西京

上京兩路設簽按察判官二員上京簽安撫司事上京

東京等路按察司事並安撫司并安撫司事上京

遼防軍旅之事仍專管猛安謀克教習武藝及令本土

純愿風俗不致改易副使二貟正四品簽安撫司事正八品知

五品簽按察司事正五品知事兼安撫司事正八品知

法四從八品書史四人漢八

人比上京東京中都西京書史漢女直

人比上京東京中都西京書史漢女直

六員令史抄人也六員女直

公使一人抄人也

右按察使於上京副使於東京內知事於

簽事一員分司勾當惟安撫司不帶勸農宇內知事於

上京自餘並於兩廳分減存設

諸總管府謂府尹兼領者都總管一員正三品掌統諸城

陸兵甲伏總判府軍同知都總管一員從四品掌通

判府軍惟婆速路同知軍事兵馬副都

總管一員正五品掌與同知同總管判官一員從六

品掌紀綱衆務分判兵案之事兵馬都指揮

掌紀綱衆務分判戶禮案仍掌通撿推排簿籍推官一

貟正七品掌同府判分判工刑業案知法一員正八品掌女直

西路二人　五路大名河北十四

東路二人屬五懶河東南路咸平府十五

人及河北三十二人以上河東路河北鳳翔延安各四

三十人婆速路上京臨潢中都兆慶陽府十五

人屬婆速路山東東路臨潢府各三

人婆速路西山東路慶陽府各三

又河北通遠東平府二人平陽二

三萬以上小婆速路懶別路通事各二譯人餘府三

人屬河東路高麗通事各一臨潢府通事

人十人臨潢通事一慶陽府通事一

五人屬諸府事總尹各移剌府事

抄事非府事總府別置抄人事

諸府謂府尹兼總尹各移剌府事

貟正五品府判一員從六品掌紀綱衆務分判吏戶禮

貟正五品府判一員正三品同知一員正四品少尹一

人一員從六品掌紀綱衆務分判吏戶禮

表事專掌通檢推排簿籍推官
一員正七品掌同府判

戶四十萬以上十四萬以上三十
二萬以上三萬以上二十人十人
人三人　通事一人　譯人一人
　　　抄事一人公使七十五人

諸鎮節度使
一員從三品掌鎮撫諸軍防剌總判本鎮
兵馬之事兼本州管內觀察使事其觀察使所掌並同
府尹兼軍州事管內觀察使事同知管內觀察使副使
通判節度使事兼管內觀察使副使
一員從五品
僉判兵馬之事兼制兵刑工案事觀察判官一員正七
品掌紀綱觀察務分判吏戶禮案事通檢推排簿籍
知法一員司獄一員正八品
州教授一員

諸防禦州防禦使一員從四品掌防捍不虞禦制盜賊餘
同府尹同知防禦使一員正六品通判防禦使事
判官一員正八品掌簽書防禦州事專掌通檢推排簿籍知
法從九品州教授一員司軍從九品軍轄兼巡捕使從

九品司吏女直
十人漢人管戶五萬以上二十人以下
人十人中五十五

諸刺史州刺史一員正五品掌同府尹兼治州事專掌
通檢推排簿籍司軍判官一員從九品軍轄兼巡捕使
從九品司吏女直
正七品州軍判官一員正五品掌同府尹兼治州事專掌

諸京警巡院使一員從七品掌平理獄訟警察別部總判
院事副一員從七品掌警巡之事判官二員正九品掌
檢稽失簽判院事

諸府節鎮錄事司錄事一員正八品判官一員正九品掌
同警巡使

諸防剌州司候司司候一員正九品司判一員從九品司吏

赤縣
縣令一員從六品掌養百姓按察所部富導風
化勸課農桑平理獄訟捕除盜賊禁止游情兼管常平
倉又通檢推排簿籍總判縣事丞一員從八品掌貳縣

事主簿一員正九品掌同縣丞尉四員正八品專巡捕

盜賊餘縣置四尉者同此　直漢字先公使十人　一名取識女

次赤縣又曰劇縣令一員正七品丞一員正九品主簿一

員正九品尉一員正九品

諸縣令一員正九品凡縣二萬五千戶以上為次赤為劇二萬

以上為次劇在諸京倚郭者曰京縣自京縣而下以萬

戶以上為中三千戶以上為中不滿三千為下中縣而下以主

下置丞以主簿與尉通領巡捕事下縣則不置尉以主

簿兼之　中縣司吏八人下縣司　公使皆十人

諸知鎮　知城　知堡　知寨　皆從七品與縣同惟驗

司吏　其設公使皆

戶口置

諸司獄司獄一員正九品提控獄四典獄二人防守獄四

門禁扄閉之事獄　南遷以左

子防守罪囚者　右警巡使兼丞一員正九

市令司唯中都置令一員正八品司吏四　司吏　員正九

品掌平物價察度量權衡之違式百貨之估直人公使

軍器庫使一員正八品副使一員從九品掌甲冑兵仗　司

二人庫子掌出納之數看守巡護仍兼八作使隨府鎮設西

京省副使比京惟副使　作使　南京依此置　　副

若軍器兼作院軍資監一員　以軍資監兼

郡則置都監　器庫及防判

作院使一員副使一員掌監造軍器郡徒四判院事都

監一員東京西京置使及副　卒長監管四徒及差設牢子中都

作院使一員副使或副　南京依此置仍加鄯字南京省都

務分判句案惟南京司判兼上林署丞戶籍判官二員

從六品舊止一員承安四年增置一員不許別差專管

拘收徵剋等事支度判官二員從六品都孔目官二員勾稽文

度案事監鐵判官一員從六品都孔目官

都轉運司使一員正三品掌稅賦錢穀倉庫出納權衡度量之

制副同知句案四品副使正五品都句判官從六品紀綱掾

贖知法二員從八品抄案勾案戶籍業安案開

抄事一人勾案戶籍業安案開

公使人一人譯史三人通事一人　女直五人漢人九十人

路度則置判女　直知法南京西京北京轉運司諸路

路度各五人　　河北西路陝西東路山東東西路河北

比路中都置　漢人　一員山東東路河東南北路西京

路同各五人　餘官皆二人　通

事路各七人　漢人　知法　山東東路河東南路河北

課額二百　萬貫以上者四　餘官皆二人河東

十人　五十萬貫以上三　西京

十人　三十萬貫以上二

諸知鎮　知城

品掌平物價察度量權衡之違式百貨之估直

山東鹽使司與寶坻滄解遼東西京比京凡七司使一

正五品他司皆同副使二員正六品一員判官三員

正七品奉和作四員餘司皆一員本貳垬

勾二十二員正五品

省掌分管諸場發買收納恢辦之事同管勾五員都監

八員監同各七員知法一員漢人司吏二十二人女直三人譯人一人抄

中都都麹使司

使從六品副使正七品掌監知人戶醞造麹藥辦課以

佐國用餘酒醞醞造皆司吏四人公使十人凡京都及其它皆設官都監三人

署文簿檢視醞造皆都監設立三萬貫以上者設使副使正八品都監五品置酒麹場權酒課十萬貫以上副使正八品都監五品

提舉南京路榷貨事從六品

中都都商稅務司使一員正八品副使一員正九品元年

隨為從掌從實辦課以佐國用都監一員從九品掌簽七品都監

署文簿巡察匿稅餘置官吏四人公使同酒使司

中都廣備庫使一員從七品副使一員從八品判官一員

正九品掌延帛顏色油漆諸物出納之事

十二人收支二人應辦掌排數出納看守巡護之事與庫官通管

永豐庫鑄鐵院都監鑄馬使一員從七品副使一員從八

品判官一員正九品掌貨金銀珠玉出納之事

鑄鐵院都監二員管勾生熟鐵釘線

南京交鈔庫使一員正八品副使一員正九品掌出入錢

鈔凡便之事

中都流泉務大定十三年上謂宰臣曰閭民間質典利息

重者至五七分或以利為本小民苦之若官為設庫務

十中取一為息以助官吏廩給之費似可便民鄉等其

議以聞有司奏於中都南京東平真定等處並置質典

庫以流泉為名各設使副一員凡典質物使副親評價

架年月之類若亡失者收贖日勒于人驗元典物日上等時

幷合該利息陪償入官外更勒庫子驗典物日上等時

年外又逾月不贖即聽下架出賣出帖子時為質物人

姓名物之名色金銀等第分兩及所典年月錢貫下

直許典七分月利一分不及一月者以日計之經二周

佑償之物雖故依舊價償仍委運司佐貳幕官議漢

字者一員提控若有違犯則究治每月具數申報上司

大定二十八年十月京府節度州添設流泉務凡二十

八所明昌元年皆罷之二年在都依舊存設使一負正

八品副使一負正九品掌辭典諸物流通泉貨勾當官

一負攢典二人

中都店宅務管勾四負正九品各以二負分左右廂掌　攢典庫子左右廂各三人催錢人一名右

官房地基徵收官鏤料修造擡毀房舍　收及檢料修造之事庫子左右廂各十五人又別設二廂平樂樓花園子一名

中都左右廂別貯院使一負從八品副使一負判官從

九品拘收退朴等物及出給之事　攢典庫

中都水塲使一負從八品副使一負判官一負皆正九　司吏一人庫子四人木匠一人

品掌拘收材木諸物及出給之事　花科料

中都買物司使一負從八品副使一負掌收買官　司吏一人

中所用諸物都監四負從九品掌支應等事　司吏二人

京兆府司竹監管勾一負從七品掌蒪養竹園採斫之事

諸綾錦院太原河間懷州使一負正八品副使一負正九

品掌織造常課疋段之事

規措京兆府耀州三白渠公事規措官正七品掌灌溉民　司吏二人

田點檢渠堰官一負掌燕檢啓閉涇陽等縣渠堰

漕運司提舉一負正五品景州刺史兼領掌河倉漕運之

事同提舉一負正六品勾當官從八品掌催督起運綱　司吏六人分掌運兩科設孔目官前後行

船司吏六人分掌運兩科設孔目官前後行　使八十一人傔使科掌戶禮案吏掌兵刑工案公

綱官七十六人

諸倉使正八品副使正九品掌倉廩蓄積受納租稅支給

同提舉兼州判　景州依此置肇州以提舉兼本州同知

禄廩之事　攢典掌收支文曆行署案牘歲收出納看守之事納攢典二人中都南京歸德河南省副使使餘京卽鎮使一負防刺仍舊置都覽

草塲使副使掌備積受給之事　萬石以上設四負

南京諸倉監支納官草塲監支納官正八品

南京提控規運紫炭塲使從五品副使正六品

京西規運紫炭塲使從八品副使正九品

諸總管府節鎮兵馬司都指揮使一負正五品巡捕盜賊

提控禁夜糾察諸博徒屠宰牛馬總判司事副都指揮

使二負正六品貳使職通判司事分管內外巡捕盜賊　軍典十二人掌本庫名籍差遣文薄行署等事案牘軍典同此設

本指揮使一負從六品銓轄四都之兵必屬都指揮使專署

揮使一負正七品指揮之職左右什將各　軍典二人掌押官各一人

一人共管使一都指揮使一負正七品指揮之兵左右什將各　軍典二人營典一人以上左右軍負局每百人為一

一人指揮使一負分四都每都一若人數不及附近相合者並　一都指揮使一負若人數不及附近相合者並依左右置如無可相合

者三百人以上為一指揮使一百人以上設指揮使仍每百人以上立為一都不及百人設

諸府鎮都軍司都指揮使一員正七品軍卒差役巡捕盜賊總判軍事仍與錄事同管城隍典二人公使六人凡諸府又節鎮並依此置

諸防刺州軍轄一員掌同都軍兼巡捕仍與司候同管城壁軍典軍二人

諸府州兵馬鈐轄一員從六品掌巡捕盜賊若有盜則總押隨慶巡尉併力擒捕　司吏二人京兆咸平濟南鳳翔府又節鎮並依此置萊密兗華州並依此置惟京兆

大興潯陰昌平通順薊盈州界盜賊事　司吏一人掌行少壯熟閑弓馬人充五人於武備馬軍內選

西南都巡檢一員正七品良鄉縣置司分管良鄉宛平安次永清縣并涿易州界盜賊事

諸州都巡檢各一員正七品副都巡檢各一員正八品　河隴泰等州並西北路依此置餘不加使字右宿泗唐鄧禁塞陳穎德華　司吏各一人

轂巡檢正九品內泗州以管勾排岸兼之皆設副巡檢一員為之佐　右地險處慶置司唐鄧宿泗潁壽蔡等州又緣邊二十五處置　大定二十二年慶寧府府大片山置巡檢司明昌五年七月升蔡州劉輝村置巡檢

潼關關使兼譏察官正七品掌關葉譏察姦偽及管鑰啓閉同譏察正九品掌任使之事直漢人女各一人女居庸關紫荊

荊關通會關會安關及他關皆設使從七品

大慶關管勾河橋兼譏察事一員正八品掌修完橋岸兼率婦兵四時功役載濟渡舟楫巡視河道修完婦岸兼率婦兵四時功役載植榆柳頭備物料譏察姦偽等事同管勾一員正九品　司吏二人直

孟津渡譏察一員正八品掌譏察姦偽副譏察一員正九品　司吏二人直　漢人各一人九鼎大陽津渡惟置譏察官一員

提舉譏察使正五品副使從五品　司吏二人

使從七品副使正八品南遷後陝西置於秦州河南置於唐鄧息壽泗四五州

提舉泰藍兩關提舉從五品同提舉正六品　南遷後置

提舉三門集津南北岸正六品　南遷後置

沿淮譏察使從五品

管勾泗州兼排岸巡檢正九品

諸邊將正將一員正七品掌提控部保將輪番巡守邊境隊副將一員正八品部將一員正九品輪番巡守邊境

將正九品　鄜延九將慶陽十六將河東三將臨洮十四將鳳翔十將慶陽十將河東三將並依此置

統軍司　陝西山東都　使一員正三品督領軍馬鎮攝封陲分河南山東益

諸移里菫司移里菫一員從八品分掌部族村寨事女直司吏
一人漢人一人習乣差從等事捷馬右主土管女直
潭部族南北乣移里菫司依此置部族大部族左右移里

諸禿里禿里一員從七品掌部落詞訟防察違背等事女直
通事一員司吏一人

諸群牧所又國言謂烏魯古撥控諸烏睹古一員正四品
明昌四年置是年以安遠大將軍尚廄局使石抹貞為之殺女直通事一員從四品國言作烏睹古女直司吏二人譯人一人

諸秃里秃里一員從七品掌副使一員從六品掌檢
校群牧畜養蕃息之事判官一員正八品掌簽判本所
事知法一員從八品掌女直司吏四人使八人副五品判三人又設

博糴脫朵分掌諸高所謂牛馬群子也惟校底因為解惑恩蒲辭群牧依
此置

營衛視察參副統軍一員正四品判官一員從五品紀
綱庶務簽判司事一員大定九年置
從八品女直漢人各一書史十三人女直八人漢人五
官依此此覆置西北路北東比路不設判官知法以益都府知法兼之

招討司西南路東北路
四品招懷降附征討攜離判官一員正三品副招討使二員從

簽判司軍勘事官一員從七品知事一員正八品知法
二員從八品女直漢人各一司吏十九人內諸部三人河西

猛安謀克勘事官一員從四品掌修理軍務副訓練武藝勸課農
十人西比路增勘事官一員抄事一員東比路不置漢人公

諸猛安謀克從五品掌

撫輯軍戶訓練武藝惟不管常平倉餘同諸縣令

桑餘同州節度副使一員從五品判官一員從司吏譯人捷馬

諸部族節度使節度使一員從三品統制各部鎮撫諸軍
餘同州節度副使一員從五品判官一員從法一員

諸乣詳穩一員從五品掌守戍邊堡餘同謀克皇統八年

六月授本班左右詳穩從五品掌定為從五品廳忽一員從八品

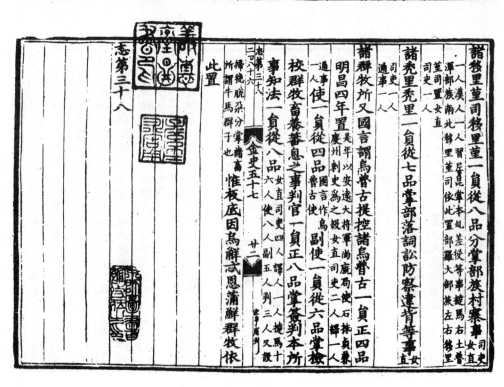

勅牒

百官四

符印　職券　官誥

符制初授宗之前諸部長各刻信牌交互馳牒訊事援人
太祖獻議自非穆宗之命擅製牌號者實重法自是號令
金牌以授萬戶銀牌以授猛安木牌則謀克蒲輦所佩者
始一致也國初與空名宣頭付冤帥以為功賞迤牌即國初之
信牌也至皇統五年三月復更造金銀牌其制皆不傳大
金牌以授萬戶銀牌以授猛安木牌則謀克蒲輦所佩者

是二十九年製綠油紅字者尚書省文字省迤用之朱漆
金宇者勅迤用之並左右司掌之有合迤文字省迤各
部付馬錯轉迤日行二百五十里如臺部別奉聖旨
亦給如上制付虎符之制承安元年製以禮官言漢與郡
守相爲銅虎符起軍旅易守長等用之至是
則次官主之若發兵三百人以上及徵兵召易本司長主貳
臣親密者掌之其右付隨路統軍司招討司長官主之其關
官酌漢唐典故其符用虎並五左一右者留御前以侍
則從尚書省奏請左第一符一近侍局以囊封付主奏者尚
書備錄聖旨與符以函同封用尚書省印記之皆專使帶

百三十七年

牌弛迤至彼主符者視其封以右符勘合然後奉行若一
有參差者不敢承用主者復用囊封斯左符上用職官具
發兵狀與符以付本司印即封日還付使者送尚書省以進
乃更其封以付內掌之人若復有事左符以次出周而後
百人以上其封以付尚書司印封封題押以匣貯之
虎符若發銀牌若省付部及貼檢司者左右司用匣封印
員祐三年更定攝軍官用虎符宣撫司用魚符統軍司用
始仍各置府　注付受日月若盗賊急速不容先陳者雖三
驗封交受受若發於他處並封題押以匣貯之
印制太子之寶大定二十二年世宗幸上京鑄守國之寶
金鑄撫軍之寶如世宗制於啟稟之際用之
之寶員祐三年十二月以皇太子守緒控制樞密院詔以
以授皇太子二十八年世宗不豫以皇太孫攝政鑄攝政

官志第三十七

百官之印天會六年始詔給諸司其前所帶印記無聞至
官印新舊悉上送官歐匱者國有常憲至正隆元年以內外
者選定制命禮部更鑄焉三師三公親王尚書令並金印
方二十重八十兩鍍金三字諸郡王印方一寸七分半金鍍銀
重四十兩鍍金三字諸郡王印方一寸六分半金鍍銀
三十五兩鍍金三字國公無印一品印方一寸六分半金

上半頁

鍍銀重三十五兩鍍金三字二品印方一寸六分金鍍銅

重二十六兩東宮三師宰執與郡王同三品印方一寸五

分半銅重二十四兩四品印方一寸四分銅重二十兩五

品印方一寸二分銅重二十兩六品印一寸三分銅重二

六兩七品印一寸二分銅重十六兩八品印一寸一分半

銅重十四兩九品印一寸一分銅重十四兩凡朱記方一

寸銅重十四兩九品印以其印小遂命擬尚

書省印小一等改鑄大定二十四年行尚書省以

史臺昇左右三部印以從幸上京泰和元年八月安國軍

節度使高有鄰言本州所掌印三曰安國軍節度使之印

日邢州觀察使印吏戶禮案用之曰邢州之印兵刑工案

用之以名實不正乞改鑄宰臣奏謂節度使專行之事自

當用節度使印觀察使亦如之其六曹提點所軍兵民訟

則當用本州印著為定制上從之泰和八年閏四月勑殿

前都點檢司依總管府例鑄印以金木水火土五字為號

如本司差人則給之

臧券以臧為之狀如卷尾刻字畫攔以金填之外以御寶

為合半留內府以賞珠功也

官誥親王紅遍地雲氣翔鸞錦褾金鸞五色羅十五幅寶

裝犀軸一品紅遍地雲鶴錦褾金雲鶴五色羅十四幅犀

下半頁

軸二品三品紅遍地龜蓮錦褾素五色綾十二幅玳瑁軸

四品五品紅遍地水藻戲麟錦褾大白綾十幅銀裏閒鍍

軸元品牙軸承安四年改之大安二年復改為金縷角軸六

品七品紅遍地草鸞錦褾小白綾八幅角軸大安加銀縷

褾金蓮鸂鶒五色羅十五幅

公主王妃與親王同郡主縣主夫人

郡王夫人國夫人紅遍地芙蓉花錦褾金花五色綾十二

縣君孺人卿君紅遍地雜花錦褾素五色小綾十幅銀裏

閒鍍軸之制如徑二寸餘大錢貫樞之兩端復以犀象

幅玳瑁軸

為鈿以轄之可圓轉如輪金格一品紅羅畫雲氣盤龍錦

軸二品翔鳳羅十六幅鳳褾金鳳羅十七幅寶裝玳瑁軸

鳳羅十幅五品翔鸞錦褾金花錦五色小綾

五色羅七品御仙花錦褾金花五色小綾十二

上玳瑁授餘皆勑授皆紅幅御仙花錦褾金花五色小綾

五色羅軸皆品太平花錦褾金花五色小綾十二

百官俸給正一品三師夫人以

石春衣羅五十四秋衣綾五十四春秋絹各一百五十綿千

兩三公錢粟二百五十貫石麵米麥各四十稱石春衣羅

四十匹春衣綾四十匹春秋絹各一百五十匹綿七百兩

親王尚書令錢粟二百二十貫石麵米麥各三十五稱石

春衣羅三十五匹秋衣綾三十五匹春秋絹各一百二十

疋綿六百兩皇統二年定制皇兄弟及子封一字王者爲
親王給二品俸餘宗室封一字王者以三品俸給之天德
二年以三師宰臣以下有以一官而兼數職者及有親王
貪其禄而復領他事者前此並給以俸令宜從一高其兼
職之俸並不重給至大定二十六年詔有一官兼職
其兼職得罪亦不能免而無廪給可乎遂以職務煩簡定
爲分數給兼職之俸

從一品左右丞相都元帥樞密使郡王開府儀同錢粟二
百貫石麴米麥各三十稱石春衣羅綾各三十四絹各
一百匹綿五百兩平章政事錢粟一百九十貫石麴米麥
各二十八稱石春羅秋綾各二十五匹絹各九十五匹綿
四百五十兩大宗正錢粟一百八十貫石麴米麥各二十
五稱石羅綾同上絹各九十綿四百兩

正二品東宮三師副元帥左右丞錢粟一百五十貫石麴米麥各
二十二稱石春羅秋綾各二十二匹絹各八十四綿三百五十兩

從二品錢粟一百四十貫石麴米麥各二十稱石春羅秋
綾各二十四絹各七十五匹綿三百兩同判大宗正錢粟
一百二十貫石麴米麥各十八稱石春羅秋綾各
絹各七十四綿二百五十兩

正三品錢粟七十貫石麴米麥各十六稱石春羅秋綾各

十二匹絹各五十五匹綿二百兩外官錢粟一百二十貫石麴
米麥各十五稱石絹各四十四綿二百兩公田三十頃統
軍使招討使副使錢粟八十貫石麴米麥各十三稱石絹各
三十五匹綿百六十兩公田二十五頃都運府尹錢粟七
十貫石麴米麥各十二稱石絹各三十四綿百四十兩天德
二年省奏職官公田歲入有數前此百姓各隨公宇就輸
而吏或貪冒多取以傷民宜送之官倉均定其數與月俸
隨給

從三品錢粟六十貫石麴米麥各十四稱石春秋衣羅綾
各十四絹各五十四綿百八十兩外官錢粟六十貫石麴
米麥各十稱石春秋衣羅綾各
一頃皇統元年二月詔諸官職俱至三品而致仕者俸禄
傔人各給其半

正四品錢粟四十五貫石麴米麥各十二稱石春秋衣羅
綾各八匹絹各四十四綿百五十兩外官錢粟四十五
貫石副統軍錢粟五十貫石麴米麥各八稱石絹各二十二匹綿八十兩
田十七頃餘同下麴米麥各八稱石絹各二十
兩公田十五頃許帶酒三十瓶鹽三石

從四品錢粟四十貫石麴米麥各十稱石春秋羅綾各六
絹各三十四綿一百三十兩外官錢粟四十貫石麴米

正五品錢粟三十五貫石麯米麥一百兩外官錢粟知軍鹽使錢
粟三十五貫石麯米麥各六稱石絹各十七匹綿五十五
兩公田十三頃餘官錢粟三十貫石麯米麥同上絹各十
各五匹絹各二十五匹綿八十兩外官錢粟二十五貫石麯米麥各
從五品錢粟三十貫石麯米麥六稱石春秋羅綾各五匹
絹各二十匹綿八十兩外官錢粟二十貫石麯米麥三稱石絹各八
四稱石絹各十匹綿四十兩外官錢粟二十五貫石麯米麥各
石餘皆無喬家部族都鈐轄無職田
外官與從六品皆錢粟二十五貫石麥五石絹各十七匹綿七十兩
匹綿三十兩公田六頃
從六品錢粟二十二貫石麥五石春秋絹各十五匹綿六
十兩烏魯古副使同無職田

年認猛安謀克俸給令運司折支
錢粟四十八貫石餘皆無烏魯古使同無職田大定二十
支各路運司備積多寡不均宜令依舊支請半頭稅粟如
過凶年盡貸與民其俸則於錢多路府支放錢少則支銀
銀絹亦未曉也從之

正七品錢粟二十二貫石麥四石衣絹各一十二匹綿五
十五兩外官諸同知州軍都轉運判諸府推官諸節度判
諸觀察判諸京縣令諸劇縣令正將錢粟一十八貫石麯
官諸都巡檢諸酒麯鹽稅副諸提舉南京京城規措渠河
米麥各二稱石春秋衣絹各七匹綿二十五兩諸司屬令
麯米麥各二稱石春秋衣絹各七匹綿二十五兩諸
諸府軍都指揮俸同上無職田潼關使錢粟一十八貫石
匹綿五十兩諸鎮軍都指揮使錢粟一十八貫石麯米麥
兩外官統軍司知事錢粟一十七貫石麯米麥四石衣絹各一十
從七品錢粟一十七貫石麯米麥四石衣絹各一十五
官諸河稅榷場使錢粟一十七貫石麯米麥各二稱石衣
里同提舉上京皇城司同提舉南京京城所黃河都巡河
縣令諸警巡副京兆府竹監管勾五品鹽使司判諸部秃
各二稱石衣絹各七匹綿二十五兩諸招討司勘事官諸
絹各七匹綿二十五兩
寨錢粟一十五貫石麯米麥各一稱石衣絹各六匹綿二
十兩職田四頃
正八品朝官錢粟一十五貫石麯米麥三石衣絹各八匹綿四
十五兩外官市令諸錄事諸防禦判赤縣令諸劇縣令崇
福場都巡河官諸酒稅使醋使榷場副諸都巡檢錢粟一

十五貫石麴米麥各一稱石衣絹各六匹綿二十兩職田四項烏魯古判官俸同上無職田按察司知事大興府知事招討司知事諸副都巡檢使錢粟一十三貫石麴米麥各一稱石麥三石衣絹各六匹綿二十兩職田二項南京同上然職田諸節鎮以上司獄諸副將錢粟一十三貫石衣絹各三匹綿一十兩職田二項南京京城所管京府諸司使管勾河橋諸關渡譏察官同樂園管勾南京皇城使通州倉使錢粟一十二貫石衣絹各三匹綿一十兩節鎮諸司使中運司柴炭場使錢粟一十貫石衣絹各二匹綿八兩

從八品朝官錢粟一十三貫石麥三石衣絹各七匹綿四十兩外官南京交鈔庫使諸統軍按察司知法錢粟一十三貫石麥三石衣絹各七匹綿四十兩諸州軍判官諸京縣丞諸次劇縣三品鹽司判官漕運司管勾永豐廣備庫副使左右別貯院木場使錢粟一十三貫石麴米麥各一稱石衣絹各六匹綿二十兩職田三項諸廳忽諸移里董錢粟一十三貫石麥二石衣絹各五匹綿一十五兩職田三項

正九品朝官錢粟一十二貫石麥二石衣絹各六匹綿三十五兩外官南京交鈔庫副錢粟一十二貫石麥二石衣絹各六匹綿三十五兩諸警巡判官錢粟一十三貫石麴米麥各一稱石衣絹各六匹綿一十兩職田三項諸縣丞諸酒稅副使錢粟一十二貫石麥一石五斗衣絹各五匹綿一十七兩職田三項市丞諸司候諸主簿諸錄判諸縣尉散巡河官黃河埽物料場官錢粟一十二貫石麥一石衣絹各三匹綿一十兩職田二項管勾泗州排岸兼巡檢副都巡檢諸巡檢俸例同上並無麥及職田諸鹽場管勾左右別貯院木場副永豐廣備庫判錢粟一十二貫石衣絹各三匹綿一十兩職田二項諸都將隊將錢粟一十二貫石麥一石衣絹各三匹綿一十兩諸店宅務管勾錢

粟一十二貫石綿絹同上京府諸司副南京皇城副通州倉副同管勾河橋諸司獄副譏察錢粟一十一貫石衣絹各二匹綿八兩諸州軍司獄錢粟一十一貫石衣絹各二匹綿四兩職田二項節鎮諸司副中運司柴炭場副錢粟一十貫石衣絹各二匹綿八兩

從九品朝官諸教授錢粟一十貫石麥一石衣絹各五匹綿三十兩外官南京諸教授錢粟一十一貫石麥二石衣絹各三匹綿一十兩司候判官錢粟一十貫石衣絹各三匹綿一十兩職田二項三品以上司知法錢粟一十貫石衣絹各三匹綿一十兩職田二項諸防次軍轄俸同上無職田

諸榷場同管勾左右別貯院木場判錢粟一十貫石衣絹
各三匹綿六兩諸京作院都監通州倉判五品以上官司
知法錢粟九貫石衣絹各二匹綿六兩諸府作院都監諸
墻物料場都監諸司都監錢粟八貫石衣絹各一匹綿六兩諸鎮
作院都監諸司都監錢粟八貫石衣絹各二匹綿六兩諸司同監
錢粟七貫石衣絹各二匹綿一十兩陝西東德州世龍籓巡檢分例月支
錢粟一十貫石衣絹二貫三百九十丈米四石五斗絹三匹
龔籓巡檢月支錢二貫石絹二匹綿一十兩陝西京原州世
河東北路葭州等處世襲籓巡檢月支錢一十貫石絹
二匹綿一十兩

宮闈歲給太后太妃宮每歲各給錢二千萬綠二百匹絹
千匹綿五千兩諸妃宮歲給錢千萬綠百匹絹三百匹綿三
千兩嬪以下錢五百萬綠二百匹絹二百匹綿二千兩貞
元年妃嬪婕妤美人及供膳女侍并仙韶長春院供應
人等歲給錢帛各有差

凡內職貞祐之制正一品歲錢八千貫幣百匹絹五百匹
綿五千兩正二品歲錢六千貫幣八十匹絹三百匹綿四
千兩正三品歲錢四千貫幣四十匹絹二百四匹綿三千
正四品三品歲錢四千貫幣四十匹絹百五十匹綿二千正
五品尚宮夫人歲錢二千貫幣二十匹絹百四匹綿千兩尚

（中縫）金史五十八　十二

宮左右夫人至宮正夫人錢千五百貫幣十九段絹九十
匹綿九百兩寶華夫人以下至資明夫人錢千貫幣十八
段絹八十匹綿八百兩有大小令人大小承正六品尚儀
御侍以下錢五百貫幣十六段絹五十匹綿二百兩正七
品司正御侍以下錢四百貫幣十四段絹三十
十匹正八品典儀御侍以下錢三百貫幣十二段絹三十
匹綿百兩正九品掌儀御侍以下錢二百五十貫幣十段
絹二十六匹綿百兩

百司承應俸給省令史譯史錢粟一十貫石衣絹四匹綿四
十兩省通事樞密令史譯史錢粟十二貫石絹三匹綿三
十兩樞密通事六部御史臺令譯史錢粟一十貫石衣絹
三匹綿三十兩六部等通事詰院令史國史院書寫隨府
書表親王府祗候郎君客署引接書表祗候郎君一品子孫十貫石內祗八貫石絹
二匹綿二十兩走馬郎君十貫石內祗八貫石絹
班祗七貫石並絹二匹綿二十兩護衛長正六品俸長
行從六品俸符寶即奉御東宮護衛長錢粟支正六品俸長
八匹綿四十兩東宮護衛長行十五貫石絹四匹綿四十
兩筆硯承奉閤門祗候侍衛親軍百戶十二貫石絹四匹
綿三十兩妃護衛職符寶典書東宮入殿小底十貫石
絹三匹綿三十兩勒留則添二貫石尚衣奉御捧紫等執

（中縫）金史五十八　十二

奏輦知把書畫隨庫本把左右藏庫本把儀鸞局本把尚
輦局本把如奉事八貫石絹三匹綿三十兩侍衛親軍五
十戶九貫石絹三匹綿三十兩未係班將絹三匹綿二十兩
長行七貫石絹二匹綿二十兩弩傘什將八貫石傘子五
貫石太醫長行八貫石正奉上太醫副奉上同隨
位承應都監未及十五歲者六貫石從八品七貫石從七
品八貫石從六品九貫石七貫石從八品七貫石司天
石止掌文書者添支三貫石牌于頭等添支二貫石
四科人九品六貫石八品七貫石六品九貫石五品十貫
石四品十二貫石止教授管勾十貫石學生錢三貫米五
斗典客書表八貫石絹二匹綿二十兩東宮筆硯六貫石
尚厩獸醫祕書監楷書六貫石祕書琴碁等待詔七貫石
駈馬半羊郡子搯酪人皆三貫石
諸使司都監食直二十萬貫以上六十貫十貫已上五
十貫五萬貫已上四十貫三萬貫已上三十貫二萬貫已
上二十五貫諸院務監官食直五千貫已上監官二十貫
同監十五貫二千貫已上監官十五貫同監十貫一千
已上監官十五貫二千貫已上監官十貫
舊制凡監臨使司院務之商稅增者有賞虧者尅俸大定
九年上以吏非祿無以養廉於是止增虧分數為殿最乃

罷尅俸給賞之制而監官酬賞仍循二十年詔十萬貫以
上監酒等使若虧額五厘尅俸一分奏隨勅提點官
賞格其省除以上提點官并運司親管院務若能增者十
分為率以六分入官二分與提點所官二分與監官充賞
若虧亦依此例尅俸若能足數則全給大定二十二年定
每月先支其半外如不虧則全給一分則尅其一分補
足貼支隨路使司院務并坊場例多虧課一分則除提控官
減虧約量裁減亦公私兩便也二十三年以省除提控官
與運司置司處所虧分數尅俸罰補公田則不尅限二
月俸之半餘半驗所虧分數尅俸罰涉重亦命先給
十六年四月奏定院務監官虧永陪償格
諸京府運司提刑司節鎮防剌等漢人女直熟冊司吏譯
史通事孔目官八貫司押司官七貫前後行六貫公田
上女直熟冊司吏譯史通事不問千里內外錢七貫公田
三項諸鹽使司都目十四貫司吏六貫諸巡院司縣司獄
等司吏有譯史通事者同錢五貫凡諸吏人月支大紙五
張小紙五百張筆二
諸職官上任不過初二日罷任過初五日者給當月俸或
受差及因公幹未能之官若計程外聽給到任祿若文牒或
未至前官在任及後官已到前官差出其祿兩支職田皆
管墨二錠

給後官凡職田畝取粟三斗草一稱倉場隨月俸支俸翘
則隨直折價諸親王授任者
者同六十以上及未六十者禄從多職田從職朝官兼外
軍功初出職未歷致仕雖未六十而病致仕者亦給其禄內外吏貟
及諸局分承應人病告至百日則停給除程給假者體禄及
職田皆以半給外親戚則全給皇家祖免以上親戶別給夫
同妻亦同若同居兄弟姪充猛安謀克祖免錢粟者不在
給限大功以上錢粟一十三貫石春秋衣絹各四疋小功
粟一十貫石春秋衣絹各三疋緦麻袒免錢粟八貫石春
秋衣絹二疋

諸馳驛及長行馬職官日給 調奉宣院臺部委差或一
品三貫文二品二貫文三品一貫五百
文五品一貫文六品八百文七品六百文八品四百
文有職事官日給外官祗依上歀給一品二貫
五百九百文二品一貫六品七品
無職事官並驗前職官俸日給無前職者以應住及待闕職事
給之四品一貫三百文五品一貫二百文六
品七百文八品九百五百文隨朝吏貟官路遞委及隨逐者亦
同及統軍司按察司書吏譯人本局差委及隨逐者日給

錢各一百五十文燕賜各部官僚以下日給米粮分例無
草地處內親王給馬二十五疋草料親王一石宰執七
斗王府三斗府尉二斗貟外即司馬各一斗六升監察御
史尚書省都事大理司直六部主事各八升檢知法七升
省令譯史通事王令譯史省通事六
樞密院移剌各三升王府祗候即君寫諮祗候人本破
臺通引王府教讀王傅府尉等下司吏及省知印直省醫工
調匠匹拈討司移剌二升萬戶一斗六升猛安八升謀克四
院子酒匠柴火各一升諸外方
升備輦二升正軍阿里喜旗鼓吹笛司吏各一升諸外官
進貢及回賜并人使長行馬每疋日給草一稱粟一斗官
中間東宮承應人因公幹本支草料即聽驗日尪破馬草料局分如被差
若係本職者住程不在給限其常破馬草料局分如被差
長行馬公幹本支草料即聽驗日尪破若特奉宣差勾當
者依本格十八貫石以上五百四十文七貫石以上四百六十文六
十五貫石以上九百文十七貫石八百六十文六
貫石四百二十文五貫石三百八十文四貫石三百二十
文三貫石二百八十五文二貫石二百三十文
諸試護衛親軍聽自起發日為始計程至都比至試補其

間客日給口糧若揀退還家者亦驗因程給之一味起閑住

限其正收之後再揀退者亦給人三口米糧錢一百文

二疋草料諸簽軍赴鎮防處及班祗充押迸橫差別路勾

當千里以上者沿路各日給米一升馬一疋草料無馬者有

本給卓駕巡幸卓駕工馬夫三百文步夫二百三十文圓地

祠祭廏勾當人少府監隨色工匠部役官司吏錢

柩祭度勾當人少府監行宮者約量給賜叚疋太廟神廚

夫隨程幹辦人各二百文傳遞果子夫一百五十文車駕

巡幸若於私家內安置行宮者約量給賜叚疋太廟神廚

粟二貫石春秋衣絹各一匹

諸局作匠人請俸繡女都管錢粟五貫石都繡頭錢粟四

賣石副繡頭三貫五百石中等細繡人三貫石次描繡

人二賣五百石習本學本把正辦人錢支次等之半描繡五

人錢粟三貫石司吏二人三貫石修內司作頭五貫石工

匠四貫石春秋衣絹各二匹軍夫除錢糧外日支錢五

匠人作頭六貫石副作頭四貫石春秋衣絹各二匹長行

米一升半百姓夫每日支錢一百米一升半國子監給

三貫石射糧軍匠餞粟三貫石春秋衣絹各二匹民

平初習學匠錢六百石米六斗春秋絹各一匹布各一匹民

諸隨朝五品以下職事官身故因公差出及以理去者身故同驗

品從去鄉地里支給津遣錢並受職事給之下若外路官

貫在任依理身故者各依上官品地理減半給之若係五

百里內不在給限五百里外五品一百貫六品七品八十

賣八品九品六十貫一千里外五品一百二十貫六品七

二百五十貫六品七品二百貫八品九品一百五十貫諸

品一百貫八品九品八十貫千里外五品一百貫七品諸

六品五十貫七品四十貫八品九品三千里外五品一貫

令譯史按察司書吏譯書吏同親軍減九品官五分之

都省樞密院御史臺令譯史同九品官通事宗正府六部

隨朝承應人身故應給津遣錢者護衛東宮護衛奉御符寶

朝書表吏貟譯人　統軍司通事守當官　按察司書

分承應人武衛軍譯人分治鈔水監典吏同　及諸局

在都七百貫諸京二十五貫　係省錢給諸府二十貫

文諸節鎮一十五貫文諸防刺州軍一十貫文諸外縣五

貫文城寨同諸孤老幼疾人各月給米二斗錢五百文春

秋衣絹各一疋　五歲以下身死者給錢一貫埋瘞諸因災

傷或遭賊驚卻餓荒去處良民典顧冒賣為驅遇恩官贖

為良分例　若錢給元債　男子一十五貫文婦人同老幼各減半

六歲已下即聽之限諸士庶陳言利害若有可揀行之便於

官民者依驗等第給賞上等銀絹三十兩匹中等二十兩

匹下等一十兩匹其陳數事止從一支若用大軍應橘宜
宗貞祐元年十二月以詔備不足隨朝官承應人俸計
口給之餘依市直折之諭旨省臣曰聞親軍俸眾每石以
參六斗折之所省錢數而失眾心令給本色二年八月始
給京府州縣及轉運司吏人月俸有差舊制惟吏業孔目
官有俸餘止給食錢故更定為三年詔損官中諸位歲給
有差監察御史田迥秀言國家調度行祿數月已後停滯
所患在支太多收太少若隨時裁損所支而增其收庶可
火也因條五事一曰朝官及令譯史諸司吏諸局承應不
人太冗濫宜省併之隨凱屯軍皆設寄泊官徒費俸給不

若令有司兼總之且沿河亭障各駐鄉兵彼皆白徒皆不
可用不若以此軍代之以省其出四月以調度不及罷隨
朝六品以下官及承應人從已人力輸備錢減修內司所
役軍夫之半經兵廢州府司吏減半興定二年正月詔陝州
除開封府南京轉運司外例減三分之一有祿官更而
出境者並罷給券出境者給其半興定二年正月詔陝州
等處司縣官徵稅不足閣其俸給何以養廉自今不復閣
俸彰化軍節度使張行信送宣之使其視五品而上各有
定數後竟停罷令軍官以上奉待使者有所鎮獻至六品
以下亦不免如例而真能辦則欽所部以與之至有獲罪

者俸縣尹特增其俸然法行至今而關以西尚有未到
任者豈所舉少而不敷耶宜廣選舉以補其闕且丞簿亦
親民者也而獨不增安能禁其侵牟哉

開府儀同三司蕠國謀克軍謀前中書右丞相雷諱　國史領

勑修

古者太史掌叙邦國之世次辨其姓氏別其昭穆尚矣金
人初起完顏十二部其後皆以部爲氏史臣記錄有稱宗
室者有稱完顏者稱完顏者亦有二焉有同姓完顏蓋踈
族若石土門迪古乃是也有異姓完顏蓋部人若歡都是
也大定以前稱宗室明昌以後避廟宗諱稱內族其實一
而已書其氏其制如此宣宗詔宗室皆稱完顏不復
識別爲大定泰和之間祖冤以上親皆有屬籍以叙授官
大功以上覈卒報朝觀親之道行爲貞祐以後譜牒散失
大縣懂存不可殫卷今撮其可次第者著于篇其上無所
係下無所承者不能盡錄也

幹魯

右始祖子與德帝凡二人
本名撒速八世孫太師尚書令

〔金史五十九〕　一

蕇魯

胡率

劤者特進

右德帝子與安帝凡三人

〔宗室表　金史五十九〕　二

信德

謝庫德

謝夷保　　金納　開府儀同三司

謝里忿

杖都

阿保寒

敵酷

敵古廼

撒里輦

核達　儀同三司

右安帝子與獻祖凡五人婆盧火稱安帝五代孫
不稱誰子不可以世置之卷末

右獻祖子與昭祖凡七人

烏骨出　辭不失〔阿買勃堇烈〕　宗尹〔寧州剌史〕

跋黑　昂〔本名奔睹太保兼都元帥〕　崇浩〔右丞相兼都元帥〕　宗賢〔左尚書相〕

宗室表一百年　金史五十九　三　揚州……

跋里黑

熱里安

胡失荅

右昭祖子與景祖凡六人付古稱昭祖曾孫崇成

稱昭祖玄孫不稱誰子不可以世置之卷末求

勃者〔韓國公〕　撒改〔國論勃極烈金源郡王〕　宗翰〔本名粘沒三省事晉國王〕　秉德〔左丞相〕

孔保迪〔特進〕　斜哥

勃孫〔沂國公〕　昱〔本名蒲察〕　宗憲〔尚書右丞相〕

斡魯〔西南路都統金源郡王〕　撒八〔銀青光祿大夫〕　賽里　阿魯

宗室表　金史五十九　四

勃真保〔代國公〕　設都〔金紫光祥大夫〕

麻頗〔慮國公〕　設晧　宗尹事〔平章政〕

設也　宗寧事〔平章政〕　向〔韓州刺史〕

阿离合懋 本名斡论 相太尉左丞

偎喝 龍虎衞上將軍	阿魯 龍虎衞上將軍	亭論 龍虎衞出上將軍 烈遂王	蒲馬 龍虎衞	果 本名斜也 諳班勃極烈 宗義 吉平章政事	斡带 魏王	宗室表 本名乎宇 ○金支五十九 五	右景祖子與世祖蕭宗穆宗凡九人治訶魯補稱 俗出景祖不稱誰子不可以世置之卷末	阿撒 阿勃极烈 烈卿 國公 謀里也 工部尚書 宗道 河南路 統軍使 愿里乃

斡魯 尠溫 盟國公	右世祖子與康宗太祖太宗凡十一人	鶴壽 邵魯兄 群牧使	昂 本名乎平 真改事鄆王 鄭家 益都尹 承暉 右丞祖	查剌 沂王	宗室表 ○金支五十九 六	闍母 魯王 宗叙 參知政事	烏故乃 漢王	斡者 魯王 神土懣 顯州上將軍 璋 本名朝麻愈 御史大夫	斡寶 鄆王 宗永 震武軍節度使	阿虎里 襄猛 安

蒲魯虎 榮國公

本名烏世太
勳師領三省事 宗秀 刑部尚書

捷襥 左副元帥

蒲察 辟圖公

蒲里迭 榮國公

撒祝 銀青光祿大夫

誰子不可以世置之卷末

右穰宗子五人胡八魯稱穰宗孫不稱

余里也

謀良虎

蒲魯虎 襲位 女

檀端 金紫光祿大夫 辰頖

蒲滯 上京路提刑使

右蕭宗子二人

揆蒼海 太子太保 金源郡王

阿鄰 兵部尚書

燕京

同刮茁 昭武大將軍

隈可 龍虎衛上將軍

怕八訛出皆稱謀良虎孫不稱誰子不可以世

右康宗子三人史載常春胡里剌胡剌鶻魯茶扎

宗幹 太師領三省嘉豊圭 克 左丞相 代王

檀奴 歸德軍節度使

永元 本名元奴

耶補 同知海南尹

阿里白 輔國上將軍

熊軍表百九字

金史五十九　九

兗	襄	袞	齊	京	文	宗禰	年	烏烈	宗傑
太尉領三省事	輔國上將軍	西京留守	本名兀不定副元帥聊宋元	西京留中	大名尹 荊王	本名太師領三省尚書	廣寧尹 韓王	豐王	趙王
阿合 同知定武軍節度使	和尚 國公		歐住 襲猛安					牟蹄	奭 會寧牧 鄭王
									阿懶

宗室表

金史五十九　十

宗雋 右丞相 陳王	訛魯補 潘王	訛魯朵 幽王	宗強 衛王	宗敏 左丞相 曹王	習泥烈 紀王
			奭 本名阿鄰太子太傅滎王	襃 國公	阿里罕 密國公
撻懶				可喜 兵部尚書 阿瑣 濟南尹	

右太祖子與景宣虜宗凡十六人遼王宗幹子與

海陵五人

寧吉　息王

燕孫　莒王

斡忽　鄆王

宗雋　太師領三

宗盤

宗固　左丞相　幽王

宗雅　代王

阿魯補　塞王

斛沙虎　滕王

宗懿　薛王

宗室表

金史五十九

十一

原闕書

五

宗本　左丞相　原王　阿里虎

鶻懶　翼王

宗美　豐王

神土門　鄆王

斛宰東　霍王

幹烈　蔡王

宗哲　畢王

宗順　徐王

元勝胜　本名常　胜王

右太宗子十四人史載北京留中卜平陽尹稟皆

太宗孫不獨雛子不可以世

宗室表

四十四

金史五十九

十三

王

宗室表

右欄（自右至左）

查剌 安武軍節度使	
右景宣子與熙宗凡三人	
濟安 皇子	
道濟 魏王	
右熙宗子二人	
光英 皇太子	
元壽 崇王	
剟思阿不 喳王	
廣陽 勝王	
右海陵子四人	
吾里補 齊王	
右睿宗子與世宗凡二人	

金史五十九　十三

永中 鎬王	瑜 石古乃
執鞏 越王	璋 神土門
	玭 阿思懣
斜魯 越王	璟 阿鄰合懣
永功 越王	璐 福孫秦國
	璹 壽孫上將軍
	璥 壽孫園公
永成 豫王	瑋 仁壽
	琳 粘没曷

金史五十九　十四

						宗室表					
琦 吾里補	瓚 阿鄰 霍王	璟 歡睹 瀛王	琮 鄆王	承慶	右世宗子與顯宗衍紹王凡十人	金史五十九 十五	永德 曹王 琰 幹論		永踖 鄭王 挾春 阿辛	永升 蔓王 璀 歡睹	瑭 仁安

方

						宗室表					
從恪 皇太子	忒鄰 髙王	洪輝 壽王 詿論	洪衍 英王 撒改	右章宗子凡六人	金史五十九 十六	洪熙 榮王 幹魯不	洪靖 荊王 阿虎懶	洪裕 絳王	右顯宗子與章宗宣宗凡七人	珠 良虎	

宗室表

金史五十九

十七

琚 猛安

璡 接出

璪 按辰

右衛紹王子史稱六子可以名見者四人

守忠 皇太子 皇太孫 諡莊獻
鏗 諡沖懷

玄齡

守純 荊王
訛可 曹王
李德 畢王

右宣宗子與末帝凡四人他書載中純子三人可以名見者二人

阿古邇 見始祖
不知世次
橙 不也 剋遠太尉
胡子門 驃騎衛上將軍
鉤室

宗室表

金史五十九

十八

不知世次

合住 遼領辰復二州

蒲速越 曹州防禦使

余里也 御史使

布輝 順天軍節度使

保活里 弟 始祖

四世孫滓不乃

石土門 金源郡王

習失 特進

阿斯懣

思敬 平章政事

迪古乃 同中書門下平章事

婆盧火 代孫安帝拳州郡敏兄弟

婆速

吾扎忽

宗安 御史大夫

胡特隣 出於婆盧

果 本名撇離 行臺尚書左丞相

宗安

什古 船根裏京留守

阿小帝 參知政事

襄 尚書左丞相

崇成　始祖玄孫　武衛軍都指揮使

冶訶　係出景祖　銀青光祿大夫

阿魯補　元帥右將軍

骨赧　天德軍節度使　喜哥

訛古乃　西南路招討使

撒合　蒲查　西南路招討使

烏帶　尚書左丞相　阿魯補係出景　左丞相

方　樞密院事

牸　河北東路節度使

胡八魯　神宗諸孫　曾點剌史　稄書柜

拔離速　宗室阿典元監軍　銀朮可　族舅猴子阿阿中書門下平章事　敦英　平章政事

宗室表第一

右諸宗室可譜者凡十一族雖稱係出某帝而不能世次不譜于各帝之下所以慎也

宗賢　本名阿骨　本祖從經　遼遷轉共馬都統軍

麻言　銀朮可弟　銀青光祿大夫

沃側　西北路招討使

開府儀同三司上柱國錄軍國重事行中書右丞相監修國史領經筵事都總裁臣脫脫等奉

勅修

天下之勢豈有常哉金人日尋干戈撫制諸部併其疆圍
以求遠志於遼也豈一日哉及太祖再乘勝已即帝位遼
乃招之使降是猶龍蒸虎變欲取天下者不徇小節成筭既
九姓反然不能定約束何者取天下者不徇小節成筭既
定矣終不為甲辭厚禮而輒攻遼人過筭宋人亦過筭海
上之書曰克遼之後五代時陷入契丹漢界下邑此
何計之過也血刃相向百戰而得之甲辭厚幣以求之難

得而易與人豈人之情哉宋之失計有三撤三關故塞不
能固燕山塞汴京城下之盟竭公私之帑以約質立梁楚
而不力戰而江左稱臣金人豈愛宋人而為和哉籌既失
炎名既屈矣假使高宗立德不得河北可保河南山東
不然亦不失為晉元帝其孰能亡之金不能奄有四海而
宋人以尊稱與之是誰強之邪金人出于高麗始通好為
獻國後稱臣夏國始稱臣末年為兄弟於其國自為帝宋
於金初或以臣禮往復稱書故諱其通好
與聞有兵爭之歲其盛衰大指可觀也已使者或書本階
或用借授兩國各因舊史不必強同云

交聘表上

金史六十

四百九十

	宋	夏	高麗
始通好			穆宗時高麗醫著自完顏部歸謂高麗人曰女直居黑水部族曰強兵精悍年輒屢掫高麗王聞之乃遣使來通好
太祖收國元年	來通好		正月高麗遣使來賀捷且請保州太祖曰爾自取之
二年			高麗遣使者為請保州詔書高麗

交聘表上　　金史六十　　二　　九十七

天輔元年	二年	三年	四年
十二月宋遣登州防禦使馬政來聘請石晉時陷入契丹漢地	正月遣散覩報聘于宋所請之	地與宋夾攻得者有之本朝自取不在分割之議　六月宋遣馬政及其子宏來聘	二月宋復遣趙良暉以書來議
曰保州近爾邊境聽爾自取	術董以勝遠報　十二月遣孛堇	謝高麗仍賜馬一疋	詔使冒顯以獲遼國州郡諭高

五年	六年	七年
燕京西京之地	六月夏遣李良輔率兵三萬敕遼幹魯妻室敗之于野谷	正月宋復遣趙良嗣來議燕京西京地答書如初約合攻隨得著有之今自我得理應有報趙
麗高麗使謂習顯曰此與先父國王之書習顯就館即依舊禮接見而以表來賀并貢方物		

良嗣言奉命若
得燕京即納銀
絹二十萬匹綾
二萬四以代燕
地之租稅二月
宋復遣趙良嗣
來定議加歲幣
代燕地租稅并
議畫疆遣使置
榷場復請西京

等事

癸卯遣宇文虚
術可鐸刺報聘
于宋許以武應
朔蔚奉聖歸化
儒媯等州其於
西北一帶接連
山川及州縣不
在許與之限
戊申詔平州與

宋使一同分割
所與燕京六州
之地
三月宋使盧益
趙良嗣馬宜以
誓書來四月復
誓書于宋
五月甲寅南京
留守張覺以南
京叛入于宋

太宗天會
元年

十一月割武朔
二州與宋
是月庚午宗望
敗張覺于南京
城東覺夜遁奔
于宋
十二月遣宇文
李靖告哀于宋

宗望至陰山以
便宜與夏國議
和許以割地
不遵隨等不敢
往太宗曰高麗
世臣於遼當以
事遼之禮事我
而我國有新喪

十二月高麗斜
野事使高麗至
境上接待之禮

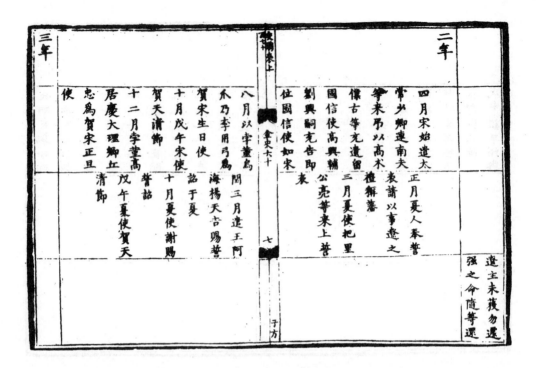

二年

四月宋始遣太
常少卿連南夫
表請以事遼之
爭來弔以高夫
禮辭蓋
儀古等充遣固
國信使高興輔
劉興嗣亢吉即
位國信使如宋

正月夏人奉誓
正月夏使把里
乙未夏使奉表
三月夏使把里
公亮等來上誓

遼主未獲勿遷
強之命隨等還

八月以宇蕫爲
乃李用弓爲
賀宋生日使
十月戊午宋使
賀天清節
十月夏使謝賜
誓詔
阢午夏使賀天
清節
十二月李蕫高
居慶大理卿丘
忠爲賀宋正旦

閏三月遣王阿
海揚天吉賜誓
詔于夏

三年

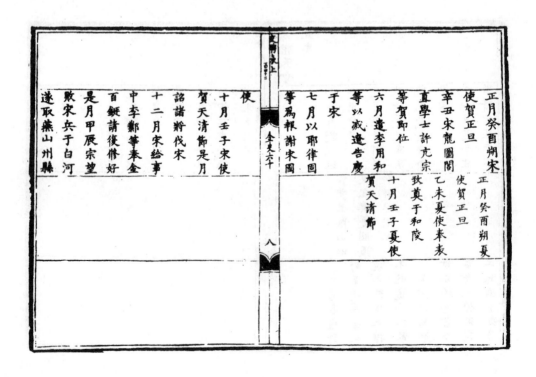

正月癸酉朔宋
使賀正旦
辛丑宋龍圖閣
直學士許克宗
等賀即位
六月遣李用和
等以滅遼告慶
于宋
七月以耶律固
等爲報謝宋國
使
十月壬子宋使
賀天清節
詔諸將伐宋是月
十二月宋絟金
中李鄭等奉金
百鋌請復修好
是月甲辰宗望
歐宋兵于白河
遂取燕山州縣

正月癸酉朔夏
使賀正旦
乙未夏使奉表
致奠于和陵
十月壬子夏使
賀天清節

正月己巳宗望
諸軍渡河具
等民入汴閒宋
取首謀平山者
癸酉諸軍圍汴
甲戌宋知樞密
院事李梲等奉
書謝罪且請修
好

正月丁卯朔夏
使賀正旦
十月丁未夏使
賜
七月遣高伯淑
為至忠使高麗
十月丁未高麗
賀天清節
十一月遣高隨

六月高麗使奉
表稱藩優詔答
之仍以保州地

金史六十

丙子宗望許宋
修好約質割三
鎮地增歲幣載
書稱伯姪
戊寅宋以康王
構少宰張邦昌
為質
辛巳宋使沈晦
等賚所上誓書
三鎮地圖至軍

等為賜高麗生
日使

中
癸未諸軍解圍
二月丁酉朔夜
宋姚平仲以兵
四十萬襲宗望
軍已亥復進兵
圍汴宋宋遣
資政殿學士宇
文虛中以書來
辯姚平仲兵非

金史六十

出宋主意改廟
王樞為質遣康
王構歸
壬子宗望渡河
以渭州濠州與
宋
七月戊子宋以
蠟書陰構右都
監耶律余覩蕭
仲恭獻其書

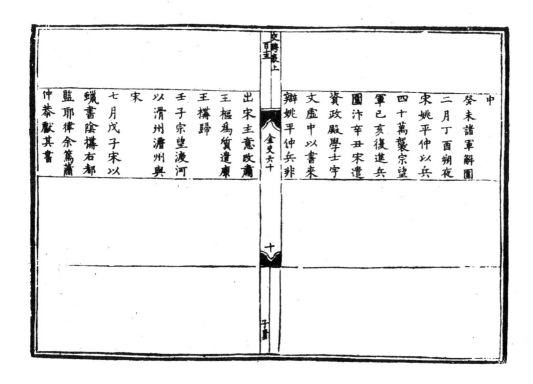

上半葉

年	金	宋	夏	高麗
	八月諸軍復伐宋元帥府遣楊天吉王汭以書責宋十一月丙戌宗望軍至汴閏月壬辰朔宗望敗宋兵于汴城下癸巳宗翰至汴辛酉宋帝詣宗翰于汴城	正月丙子宋帝		
五年	翰宗望軍合青城十二月癸亥以表降是日歸于汴城復至青城二月丁卯宋上皇至青城是月降宋二帝為庶	正月辛卯朔使賀正旦十月辛未夏使高麗使	正月辛卯朔夏八月以耶律居謹張淮為宣慶使	正月辛卯朔高十月辛未高麗

下半葉

年	金	宋	夏	高麗
（五年續）	人四月執宋二帝以歸五月庚寅朔宋康王構即位于歸德十二月丙寅宗輔伐宋			使賀天清節
六年	正月宋康王奔揚州	正月丙戌朔使賀天清節	正月丙戌朔夏十月丙寅高麗使賀天清節	正月丙戌朔高麗使賀正旦十月丙寅高麗
七年	揚州七月乙巳宋康王貶號稱臣遣王倫奉表使奉表十月宗翰宗輔會軍于濮會軍于濮十月丁酉宋壽皇安撫使馬世元以城降		正月庚寅朔夏十月庚寅高麗	正月庚寅朔高麗使賀正旦十月庚寅高麗

八年

十一月壬戌宗粥渡江
丁卯宋知江寧府陳邦光以城降
十二月丁亥宗粥克杭州
阿里蒲盧渾追宋庫王于明州
宋庫王入于海

十月庚寅夏使賀天清節
使賀天清節

九年

正月甲辰朔夏賀正旦
十月甲申夏使賀天清節
正月甲辰朔夏攘使賀正旦
十月甲申高麗使賀天清節

正月己亥朔夏使賀正旦
正月己亥朔夏使
攘使賀正旦
二月乙亥高麗

十年

十月戊寅夏使賀天清節
使上表乞免索保州巳入邊戶事
十月戊寅夏使賀天清節

正月癸巳朔夏使賀正旦
十月壬寅夏使賀天清節
正月癸巳朔高攘使賀正旦
十月壬寅高麗使賀天清節

十一年

賀天清節
正月丁巳朔夏使賀正旦
十月丙申夏使賀天清節
正月丁巳朔高攘使賀正旦
十月丙申高麗使賀天清節

十二年

正月辛亥朔夏使賀正旦
正月辛亥朔高攘使賀正旦

熙宗天會十三年

十月庚寅高麗使賀天清節
使賀正旦
十月庚寅夏使賀天清節

正月遣使如夏報哀
三月己卯高麗使祭奠弔慰
正月遣使如高麗報哀
四月戊午高麗使賀暨寶位

十四年

壽節
正月己巳朔夏使賀正旦
乙酉夏使賀萬壽節
正月己巳朔高麗使賀正旦
乙酉高麗使賀萬壽節
十月甲寅以乾文閣待制吳激為賜高麗生日

十五年

使
正月癸亥朔夏使賀正旦
己卯夏使賀萬壽節
正月癸亥朔高麗使賀正旦
己卯高麗使賀萬壽節
壽節

天眷元年

八月以河南地賜宋右司侍郎張通古等詔諭江南
正月戊子朔高使賀正旦
甲辰夏使賀萬壽節
正月戊子朔高麗使賀正旦
甲辰高麗使賀萬壽節
十二月甲戌高麗使入貢
壽節

二年

四月己卯宋遣其端明殿大學士韓肖胄等奉表謝賜河南地
九月壬寅宋端
正月壬午朔夏麗使賀正旦
戊戌夏使賀萬壽節
正月壬午朔高麗使高麗使賀
戊戌高麗使賀萬壽節

三年

明殿學士王倫
保信軍節度使
藍公佐奉表乞
歸父喪

十月癸酉夏國
王李乾順薨子
仁孝嗣位遣使
來告喪

四月癸亥宋禮
部尚書莫將等
來迎護梓宮
五月己卯詔復

正月丁丑朔夏
使賀正旦
癸巳夏賀萬
萬壽節

正月丁丑朔高
麗使賀正旦
癸巳高麗使賀

取河南陝西
伐宋淮南
十二月乙亥復
壽節
九月夏使謝聘
贈復謝封冊

正月辛丑朔夏
使賀正旦

正月辛丑朔高
麗使賀正

二月宗弼克廬
州
九月宗弼渡淮
宋乞罷兵宗弼
以便宜與宋盡
尊號

壬寅夏高麗使請
上尊號
丁巳高麗使賀

皇統元年

二年

淮為界

丁巳夏使賀萬
萬壽節
十一月己酉高
麗使賀尊號

祿大夫左宣微
三月丙辰遣光
壽節
國

勅來進普表
容州觀察使曹
辛亥夏使賀萬
乙巳王王楷開府
儀同三司上柱
國

明殿學士何鑄
正月乙未朔夏
使賀正旦
乙巳夏賀萬
麗使賀正旦

二月辛卯宋端
正月乙未朔高
麗使賀正旦

使劉筈冊宋康
王爲宋帝以故
天水郡王等三
喪及宋帝母韋
氏歸于宋

五月乙卯遣使
賜宋詔
辛亥高麗使賀
萬壽節
十二月乙丑高

八月丁卯詔遣
宋使朱弁張邵
麗使謝賜封冊

洪皓等歸

五年	四年	三年
		十二月庚午宋 使上表謝歸三 喪及母韋氏
壽節 癸亥宋使賀萬 使賀正旦 正月丁未朔宋	壽節 已巳宋使賀萬 使賀正旦 正月癸卯朔宋	壽節 乙巳宋使賀萬 使賀正旦 正月己丑朔宋
萬壽節 癸亥夏使賀萬 使賀正旦 正月丁未朔夏	壽節 已巳夏使賀萬 使賀正旦 正月癸卯朔夏	壽節 乙巳夏使賀萬 使賀正旦 正月己丑朔夏
萬壽節 癸亥高麗使賀 使賀正旦 正月丁未朔高	萬壽節 已巳高麗使賀 使賀正旦 正月癸卯朔高	壽節 乙巳高麗使賀 使賀正旦 正月己丑朔高

七年	六年
	壽節 四月庚辰以右 衞將軍撒海兵 部郎中耶律福 為攬賜夏國使
壽節 正月乙丑朔宋	正月辛未朔宋 使賀正旦 丁亥宋使賀萬
壽節 丁亥夏使賀萬 萬壽節 正月乙丑朔夏 麗使賀正旦	正月辛未朔夏 使賀正旦 丁亥夏使賀 正月辛未朔高 丁亥高麗使賀
麗使賀正旦 正月乙丑朔高 祭弔高麗 六月乙丑遣使 報喪 晛嗣位遣使來 國王王楷薨子	

22-576

金史交聘表（卷六十）

八年

- 辛巳宋使賀萬壽節
- 正月庚申朔宋使賀正旦
- 丙子宋使賀萬壽節
- 辛巳宋使賀正旦
- 正月庚申朔宋使賀正旦
- 丙子宋使賀萬壽節
- 六月高麗使謝
- 辛巳夏使賀萬壽節
- 正月庚申朔夏使賀正旦
- 丙子夏使賀萬壽節
- 辛巳高麗使賀正旦
- 三月戊寅高麗使來謝弔祭
- 正月庚申朔高麗使賀
- 六月高麗使謝

九年

- 正月甲申朔宋使賀正旦
- 使賀正旦
- 庚子宋使賀萬壽節
- 正月甲申朔宋使賀夏
- 正月甲申朔夏使賀正旦
- 庚子夏使賀萬壽節
- 麗使賀正旦
- 正月甲申朔高麗使賀
- 庚子高麗使賀

海陵天德元年

- 十二月宋賀正
- 十二月高麗賀

賜封冊

二年

- 正月辛巳以名譚告諭宋
- 是月遣侍衛親軍步軍都指揮
- 正月辛巳以名譚告諭夏
- 再遣使報諭夏
- 正月辛巳以名譚告諭高麗
- 再遣使報諭高麗
- 旦使至廣寧遣人諭以廢立之事於中路遣還
- 十二月夏賀正旦使至廣寧遣人諭以廢立之事於中路遣還
- 正旦使至廣寧遣人諭以廢立之事於中路遣還

- 使完顏恩恭翰國
- 林直學士翟永固為報諭宋國使
- 二月甲子以兵部尚書完顏元宜修起居注高懷貞為賀宋生日使
- 三月丙戌高麗遣知樞密院事濟中書舍人李崇德賀登寶位朴純冲賀登寶
- 御史中丞雜轄公文公裕使
- 七月戊戌夏御
- 再遣開封尹蘇執義秘書監王鞏賀登寶
- 舉賀天尊號

三年

正月癸酉朔宋
使賀正旦

正月癸酉朔夏

正月癸酉朔高
麗使賀正旦

三月丙戌宋使參
知政事余唐弼
保信軍節度使
鄭湛賀即位余
唐弼等四以天
水郡王玉帶歸
于宋主

金文六十　二十三　任德章

三月庚寅以翰
林學士中華大
夫劉長言少府
監耶律五哥為
賀宋生日使

九月甲子夏使
兵馬都總管府
判官蕭子敏為
上表請不去尊
號

六月宋使奉表
祈請山陵地不
起居注蕭彭哥
以經武將軍修

賀宋生日使

十月以右副點
檢不求魯阿海

為夏生日使

九月以東京路

高麗生日使

四年

翰林侍講學士
蕭永祺為賀宋
正旦使

正月丁酉朔宋
使賀正旦

正月丁酉朔夏
使賀正旦

正月丁酉朔高
麗使賀正旦

三月刑部尚書
田秀潁東上閣
門使大斌為賀
宋生日使

壬子宋使賀生
辰

壬子夏使賀生
辰

壬子高麗使賀
生辰

金文六十　二十四　任列

九月吏部郎中
完顏麻潑為高

九月都水使者
蕭中立為夏生

麗生日使

十月甲申以太
子詹事張用直
左司郎中溫都
斡帶為賀宋正
旦使

十二月辛未以
張用直本道遷
汴京路都轉運

宋生日使

二年　　　　　　貞元元年

正旦使

使左瀧爲賀宋

肇廣威威將軍兵
使統石烈撒合
命有司受宋貢
獻
弟克蔑不視朝
正月辛卯以皇

翰林侍制謀良
九月丁亥朔以
四月以右宣徽
獻
弟克蔑不視朝
正月辛卯以皇

中宸合山充高
九月以吏部郎
命有司受高麗
貢獻
弟克蔑不視朝
正月辛卯以皇

麗生日使

賀宋正旦使

部郎中蕭簡爲
賀宋生日使
麗爲夏生日使

司郎中蔡松年右
尚書蔡松年右
十一月以戶部

賀宋正旦使

就館燕
疾不視朝宋使
正月甲寅朔以

疾不視朝賜夏
正月甲寅朔以

麗使就館燕賜高
正月甲寅朔以

三年

使貢方物

己巳宋使賀生
辰
四月辛卯以工部
尚書耶律安禮
吏部侍郎許霖
爲賀宋生日使
十月以刑部侍
郎白彥恭爲賀
宋正旦使
十二月丁未宋

使貢方物

正月己酉朔宋
使賀正旦
甲子宋使賀生
辰
三月庚午以左
司郎中李通同
知南京路都轉

使貢方物一

正月己酉朔夏
使賀正旦
甲子夏使賀生
辰

己巳宋使賀生
辰
己巳夏使賀
已巳夏使謝賜生
辰
六月已亥高麗
使謝橫賜
王公佐賀遷都
九月辛亥朔夏
使謝恩旦請市
麗使謝賜生日
十一月戊辰高
儒釋書
十二月丁未夏
使貢方物

己巳高麗使賀
生辰
已巳夏高麗
使就館燕
甲子高麗使賀
生辰
三月戊辰夏使
謝恩
五月癸亥夏使
賀正旦
正月己酉朔高
麗使賀正旦
甲子高麗使賀
生辰

正隆九年

正月癸卯朔宋使賀正旦

正月癸卯朔夏使賀正旦

正月癸卯朔高麗使賀正旦

戊午高麗使賀

戊午宋使賀生辰

戊午夏使賀生辰

旦使

歸一為賀宋正旦使　學士季首耶律　十月己亥翰林　為賀宋生日使　運司事耶律陸

辰

三月庚申以左宣徽使牧嗣暉大理卿蕭中立為賀宋生日使

十一月己巳朝以右司郎中俣錄左將軍耶律湛為賀使

二年

正月戊辰朔宋使賀正旦

正月戊辰朔夏麗使賀正旦

正月戊辰朔高麗使賀正旦

癸未宋使賀生辰

癸未夏使賀生辰

癸未高麗使賀生辰

辰

賀宋生日使　部侍郎許竑為　書耶律守素刑　六月以禮部尚

十一月待衛親

三月丙寅朔高麗使賀受尊號

四月以簽書宣徽院事張諤為橫賜高麗使

温教酔喝為橫　四月宿直將軍

九月乙丑以宿

三年

正月壬戌朔宋使賀正旦

正月壬戌朔夏麗使賀正旦

正月壬戌朔高麗使賀正旦

丁丑宋使賀生

丁丑高麗使賀生辰

丁丑夏委告使生辰

宋正旦使

使孫道夫賀正

軍馬步軍副都指揮使高助不古戸部侍郎阿里黑為夏生日使

丙寅夏委告使生辰

22-580

辰

三月辛巳以共敬嗣暉諭之云坊提點高存福遷命左宣徽使

九月丁丑以教...為高麗生日使

十一月辛酉以丁丑夏使賀生辰

工部尚書蘇保府監親子平為賀宋生日使

部尚書蕭兼太衛史部侍郎阿典和實遼為賀宋正旦使

九月庚午以宿直將軍阿魯保為夏生日使

辰

正月丙辰朔宋使賀正旦

辛未宋使賀生辰

使賀正旦

辰

正月丙辰朔夏使賀正旦

辛未夏使賀生辰

三月丙辰遣

九月遣宣武將軍翰林待制完顏紀為高麗生日使

辰

正月丙辰朔高麗使賀正旦

辛未高麗使賀生辰

四月遣資德大夫松書監王可道朝散大夫經畫夏國邊界頗達紀為高麗生日使

九月昭毅大將

司郎中王蔚為單宿直將軍軍加生日使

賀宋生日使

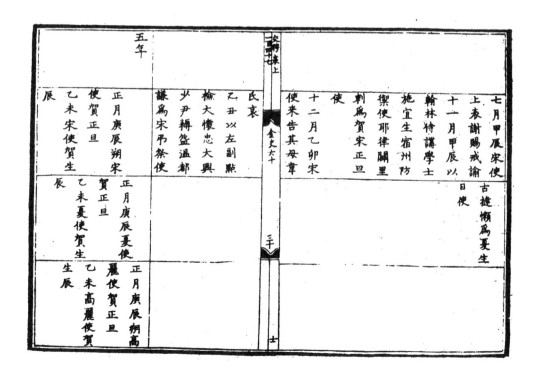

七月甲辰宋使上表謝賜戒諭古捷懶為夏生日使來告其母喪

十二月乙卯宋使賀宋正旦

剌使賀宋正旦

御使耶律關里

施宜生宿州防

翰林特講學士

十一月甲辰以

使

氏衰

乙丑以左副點

榆大懷忠大興

少尹梅盆溫都

謙為宋弔祭使

辰

正月庚辰朔宋使賀正旦

乙未宋使賀生辰

辰

正月庚辰朔宋賀正旦

乙未夏使賀生辰

辰

正月庚辰朔高麗使賀正旦

乙未高麗使賀生辰

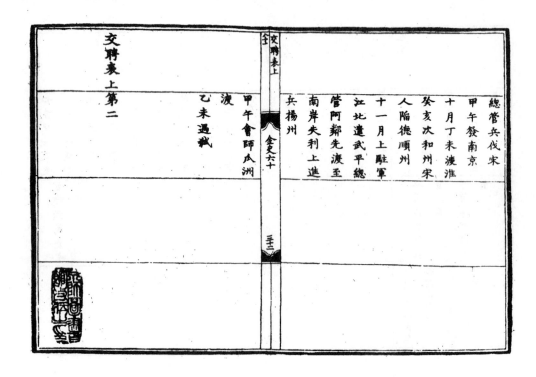

二月壬子宋參
知政事賀久中
等爲章后遺獻
使
嘉爲賀宋正旦
林直學士韓汝
尹僕散烏者翰
十一月以濟南
問等來謝弔祭
四月宋使葉義
使

○金史六十

六年

使

正月甲戌朔宋
使賀正旦
已丑宋使賀生
辰
四月以簽書樞
密院事高景山
爲賀宋生日使
九月以三十二

使賀正旦
正月甲戌朔夏
已丑夏使賀生
辰
八月遣太常博
士張崇爲高麗
生日使

正月甲戌朔高
麗使賀正旦
已丑高麗使賀
生辰

壬

可

交聘表上第二

乙未過瓜洲

甲午會師瓜洲
渡

總管兵伐宋
甲午發南京
十月丁未渡淮
癸亥次和州宋
人陷德順州
十一月上駐軍
江北遣武平總
管阿鄰先渡至
南岸失利上進
兵揚州

二十三

開府儀同三司監修國史臣脫脫等奉敕撰

勅修	宋	夏	高麗

世宗大定

元年

宋人
十一月宋人破陝州
十二月元帥左監軍高忠建德
書右司員外郎
完顏兀古出報
謝高麗

正隆所侵地報
景仁以罷兵歸
諭宋國
昌軍節度使張

二年

士洪遵鎮東軍
六月宋翰林學
順州
歐宋吳璘于德
三月徒單合喜

四月夏左金吾
衛上將軍果元
賀正旦
景顏押進樞密

十二月高麗衛
尉少卿丁應起
賀正旦

節度使張抡賀
上書詞不依舊
忠賀登寶位再
遣武功大夫
歸謝宋主
藏志宣德郎高
式詔謝洪遵使

優取汝州
慎言賀萬春節
七月丁酉復取
于德順州宗尹
九月大歐吳璘
金吾衛上將軍
蘇執禮瓃押使
王瑊押進御史
原州
八月癸百夏左

丙午宋主內禪

十月己丑諭左
副元帥紇石列
志寧伐宋諸
號

右丞相僕散忠
義節制伐宋諸
軍志寧依皇統
浚使依浚書
式過好浚復書
日遣使者至

中丞趙良嗣
完顏正臣為夏
生日使
十一月癸巳朔
九月庚子以尚
書左司員外郎
十二月辛未以

寧伐宋
夏乞兵後宋侵
地遣尚書吏部

三年

麾下議之

郎中完顏達吉
體究陝西利害
夏武功大夫芭
里昌祖宣德郎
揚彥敬等賀正
旦

五月宋人破宿
州是月志寧後
三月壬辰朔夏
二月庚寅高麗
守司空金來聘

取宿州宋洪遵
與志寧書約為
叔姪國志寧使
淮取盱眙濠廬
和除等州宋使
胡防以湯思退
與忠義書辯姪
國不肯加世字
忠義軔胡昉詔
釋之

武功大夫訛留
元智宣德郎程
禮賓少卿許碃
公濟賀萬春節
備賀登實位秘
軍阿勒根和行
為橫賜夏國使
書少監金居實
麗衛尉少卿李
馬於夏國九月
七月甲寅詔市
尚書禮部侍郎

三月壬辰朔高
公老賀萬春節
四月己卯以引

謝宣諭

四年

軍懌散習尼為
賜高麗使
進使韓綱為橫

夏生日使十月
已巳夏達金吾
衛上將軍蘇軼
已巳夏達金吾
十月丙寅以許
王府長史孫軼

天佛留為高麗
禮區匣使李子
生日使

十二月乙酉高
麗使殿中少監

金存夫謝橫賜

美謝橫賜

十一月徒單克
寧敗宋兵于十
八里口克楚州
宋周葵王之望
與忠義書約世
為姪國書仍書
名再拜不釋大
字并以宋書副
文忠宣德郎陳
本來上和議始
定

正月丁亥朔夏
遣武功大夫覺
嘛執信宣德郎
李師白賀正旦
三月丙戌朔高
麗遣祕書少監
武功大夫崔
朝散大夫衛尉
少卿鄭孝備賀
萬春節
九月以宿直將
九月以太子詹

正月丁亥朔高
麗禮賓少卿高
震約賀正旦
三月丙戌朔高
麗遣祕書少監
崔孝溫進奉使
朝散大夫衛尉
少卿鄭孝備賀
九月以宿直將
萬春節

五年

正月癸亥宋通
問使禮部尚書
觀把崇信軍承
宣使康滑奉國
書及普書入見
二月以殿前左
副都點檢完顏
仲太子詹事楊
伯雄報問宋國

正月辛亥朔夏
武功大夫訛羅
世宣德郎高嶽
賀正旦
三月庚戌夏使
外進奉使秘書
少監元顧沖賀
萬春節
軍术虎薄查為
十月以大宗正

正月辛亥朔高
麗衛尉少卿高
珍縉賀正旦
三月庚戌高麗
殿中少監陳力
賀萬春節
少監元顧沖賀
萬春節

軍宗室烏里雅
為夏生日使
十二月夏奏告
使嚴前太尉梁
惟忠翰林學士
樞密都承旨焦
景顏上章奏告
乞免徵索正隆
末年所虜人口

事烏古論三合
為高麗生日使
十二月高麗禮
賓少卿金莊謝
賜生日

六年

正月丙午朔宋
戶部尚書方滋
正月丙午朔夏
麗太府少卿李
正月丙午朔高

為宋生日使
十一月以殿前
右副都點檢烏
古論粘沒昌尚
書禮部侍郎劉
仲淵為賀宋正
旦使

三月庚戌宋禮
部尚書洪适崇
信軍承宣使龍
大洲賀萬春節
八月宋吏部尚
書李若川寧國
軍承宣使曾覿
等賀尊號
九月以吏部尚
書高衎移剌道

丞璋為高麗生
夏生日使
日使
十二月高麗遣
吏部尚書李知
深中書舍人尹
敦信賀尊號衍
尉少卿王輔謝
賜生日

武功大夫高遠
福州觀察使王
世儀賀正旦

三月甲辰朔高
義宣德郎安世
部尚書王曠利
麗國子司業趙
等賀正旦

三月甲辰朔夏
州觀察使魏仲
昌賀萬春節

仁貴進奉使祕
武功大夫曹公
書親子平骏前
九月以戶部尚

達宣德郎孟伯
左衞將軍夾谷
達押進知中興
查剌爲賀宋生
府趙衎賀萬春
節

刺道爲橫賜高
四月戊戌以尚
麗使

等書右司郎中

旦使
日使

十一月以破前
右副都尉爲馬
馬都尉爲古論
學士焦景顏奏
元忠少府監張
仲愈爲賀宋正

戊申夏御史中
書兵部侍郎移
刺按答爲高麗

十月已卯以尚

生日使
永年所虜人口
告乞免索正隆
十二月戊戌高

許之

四月戊戌以宿
直將軍斜卯摑
刺爲橫賜使

麗禮賓少卿崔
椿謝賜生日衞
尉少卿賀寘用

謝橫賜

七年

試工部尚書薛

正月庚子朔宋

正月庚子朔夏

九月辛亥以翰
林待制移刺熙
載爲夏生日使

十二月戊戌夏
御史中丞賀義
志翰林學士楊
麥歡謝橫賜

正月庚子朔高
麗司宰少卿潘

良朋昭慶軍承
宣使張說賀正
旦

武功大夫劉志
真宣德郎李師
三月已亥朔宋
仁宣德郎李澄
麗尚書戶部侍
郎柳德容賀萬

翰林學士洪克
三月已亥朔夏
家安慶軍承宣
使趙應熊等賀
萬春節
九月乙亥以宿

咸有賀正旦

春節
十二月壬戌高
麗禮賓火卿崔
保謝賜生日使

蒲察沙魯寓東
九月以勸農使
直將軍庹括鵃

上閤門使梁彬
景為夏生日使

為賀宋生日使

十二月壬戌夏
遣殿前太尉都
里昌祖撫審都
承旨趙衍賽告
以其臣任得敬
有疾乞遣良醫
診治詔賜之醫

正月甲子朔宋
試戶部尚書庶
承保寧軍承宣
信宣德郎李穆
賀正旦
三月癸亥朔試
工部尚書王瀹
賀萬春節
九月以右宣徽
使宋鈞賀正旦
太府監高彥佐

正月甲子朔夏
武功大夫利守
起賀正旦

正月甲子朔高
麗司宰少卿金
利誠宣德郎金
立本等賀萬春
萬春節

三月癸亥朔高
麗尚書戶部侍
郎金光利進奉
師道宣德郎嚴
書少監趙渙賀
萬春節
十月乙未以翰

金史六十一　九　朱　

九年

為賀宋生日使

十一月以同簽
大宗正事宗室
關合土尚書右
司部中李昌圖
九月丁卯以引
進使高希甫為
高麗生日使

林待制兼同修
國史宗室靖為
高麗生日使

正月戊午朔宋
試工部尚書鄭
正月戊午朔夏
正月戊午朔高
麗司宰少卿陳

正月戊午朔宋
正月戊午朔夏

開明州觀察使
董誠等賀正旦
戴顯宣德郎劉
翰林學士胡元
裕等賀正旦
三月丁巳朔宋
三月丁巳朔夏
賀保摩軍承宣
忠宣德郎王德
使宋直溫等賀
萬春節
九月以刑部尚
書高德基為賀
宋生日使

武功大夫莊浪
玄光禮賓少卿
武功大夫渾進
利誠賀萬春節
朝散大夫衛耐
昌等賀萬春節
五月丙辰以宿
直將軍完顏賽
使單懷貞為橫

金史六十一　十　朱

十一月以京兆
尹宗室歡爲尚書
右司郎中牛德
使
九月以賓直將
爲賀宋正旦
軍儀散志爲夏
生日使

也爲橫賜夏國
使

賜高麗使

十二月戊戌高
麗邊報稱王晛
誕得繼孫欽遵
使奏告庚戌歲
麗太府少卿裴

誠吏部尚書汪
大獻寧國軍承
直宣德郎韓德
宣使曹觀賀正
旦

正月壬子朔宋
正月壬子朔夏
武功大夫劉志
升賀正旦
三月壬子朔夏
容等賀正旦
俊進奉使尚書

許謝賜生日司
寧少卿李世爻
謝橫賜
麗禮賓少卿陳

十年

三月壬子朔宋
旦

誠工部尚書司
武功大夫張藎
善宣德郎李師
使馬定遠等賀
萬春節
十月已酉以大
白等賀萬春節
宋正丞宗室九

閏五月丁酉尚
書省奏宋祈請
使赴闕日期詔
以九月十一日
朝見

九月以簽書樞
丁丑詔以夏奏
權臣任得敬中
晛自立不肯接
麗翼陽公皓廢
爲高麗生日使
分其國虜其主
使王晧稱兄晛

丙戌宋祈請使
敬押進翰林學
資政殿大學士
范咸大崇悟軍
節慶使康淸至
求免起立接受
國書詔不許

禮部侍郎崔光
涉等賀萬春節
安賜高麗生日
麗翼陽公皓廢

言爲賀宋生日
使
敬宮籍監張僅
密使浪訛進忠
參知政事楊彥
詔不許遣使詳
七月庚子宋人

讓國求封冊詔
道使詳問

十一月以太子		
以蝗九書遺任	其殿前太尉芭	
詹事蒲察連越	里昌祖樞密直	正月丙子朔宋
得教夏執其人	學士高岳等上	試工部尚書呂
同知宣徽院事	表陳謝	正巳利州觀察
并書以來		使宰堅之賀正
韓綱為賀宋正		
賣寶以尚書戶		正月丙子朔夏
部郎中夾古阿		遺武功大夫然
里補為夏生日		王晧報辭前王
旦使		
以十一月癸巳夏		正月壬辰高麗
以誅任得教遺		父病昏耗不治
使		執直宣德郎馬
		以母弟晧權攝

子才賀正旦	國事	
林學士趙雄泉	三月乙亥夏使	
州觀察使趙伯	四月丁卯權軍	
賀萬春節	國事王晧上表	
八月以尚書刑	丁卯以近侍局	
御史中丞李文	國事王晧權軍	
尉烏林荅天錫	使劉珫為夏生	
部侍郎駙馬都	日使	
三月乙亥宋輪	封	
	并以兄晛表求	
蔚為賀宋正	晛使靖至高麗	晛稱晛避位出
御史中丞李文	為宣問高麗王	居他所病加無
尉烏林荅天錫	部侍郎宗室靖	損不能就位拜
	五月以尚書吏	命姪倓險遠非
旦使		使着所宜從乃
程輝為賀宋正		以王晛表附奏
崇寧戶部侍郎		其表大畧與前
路招討使宗室		表同
十一月以西南		丁卯高麗國
使		事王晧告奏使

十二年

正月庚子朔宋
龍圖閣學士翟
漊利州觀察使
孫顯祖賀正旦
三月已巳朔宋

試工部尚書其
正月庚午朔武
功大夫覺懿執
忠宣德郎劉略
高麗國王晧遣
等賀正旦
三月已巳朔夏
金黃裕等賀萬

表求封
張明翼以王晧
尚書禮部侍郎

敘宣州觀察使
姐士綮等賀萬
春節
四月宋試史
尚書姚憲安德
軍承宣使曾觀
賀加上尊號
九月以權前
剛都照檢夾谷
清臣尚書左司

武功大夫覺得
嶽宣德郎田公
懿賀萬春節
殿前馬步軍太
尉烏古論思列尚
書右司負外部
溫押進匭匣使
苞里直惜等賀
張亨為封冊王

春節
丁丑宿直將軍
正賀加上尊號
丁丑論思列尚
烏古論思列尚
書右司負外部
哈亨為封冊使
晧使
四月丁卯高麗
戶部尚書李著
加上尊號

郎中張汝弼為
賀宋生日使
十一月以戶部
尚書曹生之尚
書右司郎中航
九月辛巳以殿
前右衛將軍粘
割斡特割為夏
石烈哲為賀宋
生日使
十二月癸亥夏

正旦使

四月癸亥以宿
直將軍唐祐阿
忽里為橫賜夏
太尉金千蕃太
尉少卿金瑒謝
割斡特割為夏
封冊
十月高麗檢校
國子祭酒崔誧

十三年

正月乙丑朔宋
試史部尚書馮
樟泉州觀察使
觀雲等賀正旦

賜

正月乙丑朔夏
武功大夫胤落
麗國王王晧遣
紹昌宣德郎張
儒賀正旦

駙前太尉閏榮
賀尊號
忠樞密直學士
嚴立本等謝橫

正月乙丑朔高
麗國王王晧遣
宰少卿史正

十四年

三月癸巳朔宋
試禮部尚書韓
元吉利州觀察
使鄭興裔等賀
萬春節

八月以殿前左
副都點檢兼侍
衛將軍副指
撣使宗室襄國
子司業兼尚書
春道等賀正旦

皇太府少卿李
武功大夫芭里
安仁宣德郎焦
直將軍宗室崇
九月乙未以宿
引進使大洞為

三月癸巳朔夏
應求賀萬春節

三月癸巳朔高
十一月甲午以
蕭為夏生日使
引進使大洞為
高麗生日使

戶部郎中張浚
燾為賀宋生日
使
十一月以大興
尹璋宰省使裏
翽為賀宋正旦
東上閤門使高
使

正月己丑朔宋

正月己丑朔高

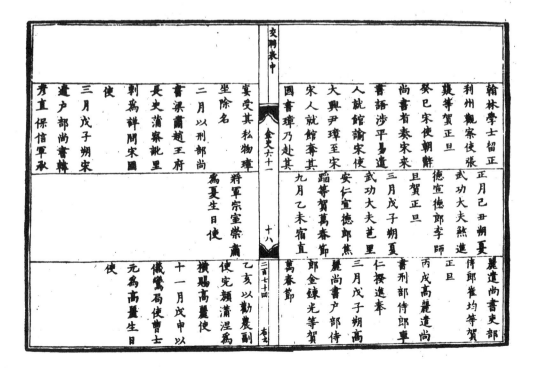

翰林學士留正
麗道尚書吏部

利州觀察使張
襄等賀正旦
癸巳宋使朝辭
尚書首奏宋
大興尹璋至宋
人就館謝宋使
書諳涉平易道
國書璋乃赴其

正月己丑朔夏
傅郎崔均等賀
武功大夫然進
正旦
德宣德郎李師
丙戌高麗遣尚
三月戊子朔夏
安仁宣德郎焦
仁授進奉

正月己丑朔高
武功大夫芭里
三月戊子朔高
書刑部侍郎畢
郎金鍊光等賀
萬春節

宴受其私物璋
將軍宗室崇蕭
坐除名
為夏生日使

二月以刑部尚
書梁蕭趙王府
長史蒲察訛里
剌為詳問宋國

乙亥以勸農副
使宪頵瀟涅為
橫賜高麗使
十一月戊申以
儀鸞局使曹士
元為高麗生日
使

秀直保信軍承
遺戶部尚書韓
三月戊子朔宋

使

宣使劉炎等賀
萬春節
梁蕭等至宋宋
主接書如舊儀
五月梁蕭等還
宋主以謝書附
奏
九月以兵部尚
書完顏讓祕書
少監賈少沖為

賀宋生日使
己酉宋試工部
尚書張子顏明
州觀察使劉宲
為報聘使仍求
免起立接書詔
不許
十一月以御史
中丞劉仲誨毀
前左衛將軍燕

十五年

慘起居注舡石
烈奧也等為賀
宋正旦使

正月宋試戶部
尚書蔡洸江州
夫李嗣卿宣德
觀察使趙益等
郎白慶嗣等賀
正旦
九月以歸德尹
完顏王祥客省

正月夏武功大
路奏得高麗邊
報以其西京留
守趙位寵作亂
欽遣告癸而義
州路梗不通欲

七月丙申昌懶

賀正旦

九月己未以符

由定州入昌懶
九月高麗西京
趙位寵遣徐彥
等進表欲以慈
悲積以西鴨淥
江以東內附詔

使燕東上閤門
使盧璣為賀宋
生日使

十一月以右宣
徽使宗室靖拱
衛直都指揮使
高運國為賀宋
賜

實部斜也和尚
路詔許之

遼中興尹訛羅
紹甫翰林學士

王師信等謝橫

不許
辛酉高麗國王
王晧以平趙位

正旦使

使盧璣為賀宋
夏生日使

22-592

十六年

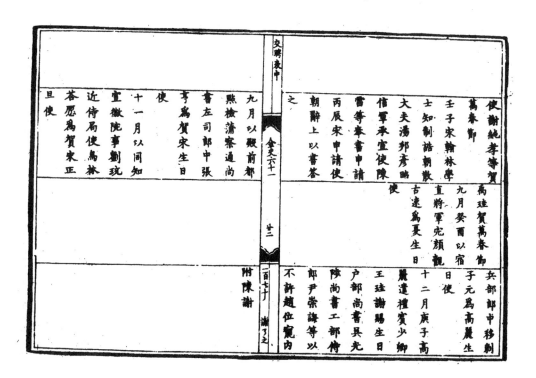

正月戊申朔宋
試戶部尚書謝
廓然泉州觀察
使黄裒行等賀

正旦
三月丙午朔宋
試工部尚書張
宋九利州觀察

正月戊申朔夏
武功大夫覺寧
卿冦宣德郎宋
卿李章賀正旦

弘等賀正旦
三月丙午朔高

正月戊申朔高
麗遣尚書吏部
侍郎蔡順禧賀

三月丙午朔夏
武功大夫骨勒
麗遣尚書戶部

文昌宣德郎王
萬春節
十一月以尚書

仁謝賜生日

禮賓少卿趙永
麗遣朝散大夫
蒲魯虎為高麗
生日使
十二月丙午高
宿直將軍阿典
告奏
十一月戊辰以
少監朴絁孝表
寬之亂遣祕書

之
朝辭上以書答
丙辰宋申請使
雷等奉書申請
信軍承宣使陳
大夫湯邦彥眠
士知制誥朝散
壬子宋翰林學
萬春節
使謝純孝等賀

兵部郎中移剌
子元為高麗生
日使
九月癸酉以宿
直將軍完顏觀
古遠為夏生日
使
十二月庚子高
麗遣禮賓少卿
陳謝賜生日
王廷謝賜生日
戶部尚書吳光
陳尚書工部侍
郎尹崇誨等以
不許趙位寬內

旦使
苍愿為賀宋正
近侍局使烏林
宣徽院事劃玖
熈檢蒲察通尚
九月以破前都

使
亨為賀宋生日
書左司郎中張

十一月以同知

附陳謝　謝方之

交聘表中　金史六十一　廿三

正月壬寅朔宋遣試戶部尚書武功大夫訛鈔郎吳淑夫賀正旦

三月辛丑朔宋慶祖宣德郎梁德昌宣德郎揚和等賀正旦

二月己亥高麗遣朝散大夫尚書戶部侍郎丁中朔進奉

三月辛丑朔夏

正月壬寅朔高麗遣尚書戶部侍郎

來賀正旦
察使李可久等
張子正明州觀
察使趙士㧑等

武功大夫訛鈔

賀萬春節

九月以殿前右尚書兵部郎中副鄆黯撿完顏石抹怨土為夏生日使

智尼烈提點太醫院兼儀鸞使曹士元為賀宋生日使

十月夏國獻百頭帳詔不受

十一月仁孝再以表上日若不宿直將軍儀徹包納則下國深懷惠為高麗生

十一月以延安

尹先頍滿刺觀

左諫議大夫兼

麗遣尚書工部侍郎崔光遠賀

交聘表中　金史六十一　廿四

正月丙申朔宋遣試禮部尚書武功大夫訛第夏三月乙未朔高麗

正月丙申朔宋

三月乙未朔夏

正月丙申朔高麗遣尚書戶部侍郎

翰林直學士鄭
誠無所展効餘
許與正旦使同
卿崔美謝橫賜

子騎為賀宋正旦使

十二月甲午夏遣東經略使蘇執禮橫進

臣嚴州觀察使延置等賀正旦存忠宣德郎武和等賀正旦

武功大夫愿愿旦

遣試禮部尚書武功大夫愿第

趙思宣州觀察仁顯宣德郎趙樂道等賀萬春節

張九恩殿前左四月己丑以太

九月以大理卿郎孫應時賀正

謝將軍宗室崇十一月丙戌以

三月乙未朔高麗尚書戶部侍郎崔孝仁成等賀萬春節

十九年

偏為賀宋生日

子左贊善兼翰
林修撰阿不罕
光慶為賜高麗
生日使

使
十一月以靜難
軍節度使烏延
查剌慶為太府監
德甫為橫賜夏
國使

東上閤門使左

御史完顏蒲魯
汝揩為賀宋正
旦使

九月辛未以侍

虎為夏生日使

遣殿前太尉浪

禮賓少卿奇
世謝賜生日

十二月戊午高
麗禮賓少卿奇
世謝賜生日

諷元智翰林學
士劉昭謝橫賜

正月庚申朔夏

正月庚申朔夏
武功大夫張蕃
善宣德郎張蕃
等賀正旦

聖等賀正旦

遣戶部侍郎宇
文价江州觀察
使趙鼎等賀正

三月己未朔宋

三月己未朔夏

正月庚申朔高
麗刑部侍郎金
御賀正旦

二月丁巳高麗
尚書吏部侍郎
柳得仁進奉

二十年

龍圖閣學士歲
遣武功大夫來
冲之潭州觀察
使劉谷等賀萬
德裕為賀宋生
日使

九月戊午以左
使蒲察鼎壽尚
書刑部郎中高
子左衛率府裝
蕭胡剌為夏生
日使

十一月以御史

德裕為賀宋生
日使

使

慶為賀宋正旦

上閤門使左光
中丞靜制憶東

禮賓少卿柳得
義謝賜生日

龍圖閣學士歲
散宣德郎梁
郎盧卓儒賀萬
介等賀萬春節

九月戊辰以太
子左衛率府裝
蕭胡剌為夏生
日使

十一月戊辰以

十二月壬子高
麗遣賜高麗生
日使

三月己未朔高
麗遣朝散大夫

正月庚申朔宋
試禮部尚書陳
峴宜州觀察使
孔昊賀正旦

三月癸丑朔宋

正月庚申朔高
武功大夫安德
郎尹東輔賀正
信宣德郎吳曰
旦

二月辛亥高麗
柳賀正旦

正月庚申朔夏

禮賓少卿柳得
義謝賜生日

表一

二十一年

正月戊申朔宋
宋正旦使

正月戊申朔高

試工部尚書傳
淇婆州觀察使
王公弼等賀萬
春飾
十一月以真定
使
也為賀宋生日
郎中完顏烏里
九月以太府監
李价尚書左司
忠宣德郎王禹
武功大夫圖進
三月癸丑朔夏

十二月癸卯詔
有司夏使入界
使
上閤門使郭喜
王賀萬壽春飾
監宗室賽補為
夏生日使
郎孫碩賀萬春
飾
四月己亥以西
國為松賜高麗
麗尚書戶部侍

嚴謝馬都尉徒
單守素左諫議
大夫揚仁為賀
限二十五日至
都二十七朝見
十二月丙午高
丙午夏遣奏告
如遇當月小盡
太常卿任侗為
麗禮賓少卿沈
晉升謝生日禮
賓少卿王慶等

士劉昭等入見
永梅樞密直學
使御史中丞固
謝橫賜

十一月乙亥以

金史六十一

表二

二十二年

三月辛未朔宋
使賀萬春飾

三月辛未朔夏

麗使賀萬春飾
三月辛未朔高

龍圖閣學士葉
宏福州觀察使
張詔賀正旦
副熙撿宗室胡
八月以駿前右
春飾
裴良能等賀萬
經閱州觀察使
試戶部尚書蓋
三月丁未朔宋

正月戊申朔夏
郎賀正旦
二月甲辰高麗
寧好德宣德郎
尚書吏部侍郎
都慶俊賀正旦
武功大夫蘇忠
三月丁未朔高
李德基進奉
麗尚書戶部侍
郎申寶至賀萬
純宣德郎康忠
義等賀萬春飾
四月戊辰以滕
春飾

什賚尚書左司
郎中鄧儼為賀
國為橫賜夏使
宋生日使
書吏部郎中吳
胡失海為夏生
日使

金史六十二

二十三年

金支六十一　廿九

使

九月以啟前起
衞將軍宗室禪使賀萬春節
赤翰林直學士筆局使傔散馬九月乙酉以尚
呂忠翰為賀宋忠佐為高麗生
生日使　日使
十一月以昭毅　使
書李术魯罕中　大夫都水監宋
大將軍吏部尚　遠罕為夏生日
十一月甲申以　宿直將軍傔散
中為賀宋正旦

正月丁卯朔宋　正月丁卯朔夏　正月丁卯朔高麗
試吏部尚書王　武功大夫劉進　麗尚書禮部侍
蘭明州觀察使　郎崔永濡賀正　郎崔永濡賀正
忠宣德郎李國　旦
劉敬賀正旦　安等賀正旦
三月丙寅朔宋　三月丙寅朔夏　二月甲子高麗
武工部尚書賈　戶部侍郎文章
使鄭興蕭等賀　昌宣德郎劉思　三月丙寅朔高
還武奉軍承宣　燁進奉

二十四年

金支六十一　三十

使

萬春節
九月以同賓太　麗戶部侍郎盧
宗正事宗室方　忠等賀萬春節
同知宣徽院事　孝敦賀萬春節
九月己巳以宿　四月癸丑以大
留守宗室婁　直將軍完顏斜
火尚食局使李　理正航石烈述
劉瑋為賀宋正　里虎為夏生日
濾為賀宋正旦　列速為橫賜高
日使　使　麗使
十一月以西京　十二月丁亥高
十一月　麗使崔孝著朝
辭以詔答王晧　是歲晧母任氏

正月辛卯朔宋　正月辛卯朔夏　二月甲戌高麗
顯謨閣學士余　王晧以母夏
端謨宣州觀察　物局使宗室宜　王晧以母夏
使王德顯等賀　當陳賀萬春節　及進貢詔以王
正旦　中宣德郎李昌　晧未經起復不
三月庚寅朔宋　軍萬春節　當陳賀進貢
試吏部尚書陳　方物宜令隨明
居仁隨州觀察　為橫賜夏國使

使賀錫來賀萬
春節

年賀正旦國同
三月庚寅夏
來—
武功大夫晁直
丙戌以高麗王
信宣德郎王庭
彥等賀萬春節
晧母喪遣東上
閤門使完顏進
閤門使大仲
侯為勒祭使
兄翰林修撰郭
王府長史永明

八月以太府監
張大節尚書左·
司郎中完顏婁
盧火為賀宋主
日使
車駕幸上京
上京跋涉艱苦
十一月甲午詔
行人跋涉艱苦

上京地遠天寒
御史遙里特末
為起復使
哥為夏生日
十月丙辰朔詔
權止一年其謝
旦生辰進奉正
來歲高麗賀正
三首人使令以
後隨朝賀人使

使
生日並不須遣

八月癸亥以侍
御史遙里特末
令諭止之
泥灣不涸遣使

來歲宋國正旦

來歲賀正旦生

二十六年
正月庚辰朔宋
使賀正旦
三月己卯朔夏
進德宣德郎劉
試戶部尚書章

武功大夫麻吉
書工部侍郎尚
仁請賀正旦以
宣孝太子未大

正月庚辰朔宋
進德宣德郎劉
仁謝慰問禮賓少
卿崔仁謝起復

二十五年
十一月壬寅以
尹嶵散守中御
史中丞馬惠迪
為賀宋正旦使
大夫李崇吉押
十二月宋遣試
禮部尚書王信

十一月丙申夏
尚書禮部員外
郎移剌慶為高
麗生日使
十二月戊寅高
麗戶部尚書課

日謝橫賜使權
止一年
同來

明州觀察使吳
進國匭使李嗣
卿等朝見

壞賀萬春節
進國匭使李嗣
進奏謝勒祭司
卿等朝見

泰寧州觀察使
吳璩等賀萬春
御
尚書左司郎中
尚書移剌子元
十一月以刑部
宋生日使
夫黃久約為賀
慶崇等賀萬春
八月以益都尹
武功大夫麻骨
德懋宣德卿王
戶部侍郎門藝
二月丁丑高麗
直將軍李連可
赫進奉
八月己丑以宿
三月己卯朔夏
光國等賀正旦

燒飯結權伻三
日曲宴禮三國
人使各賜在節
宴
麗禮部侍郎御
三月己卯朔高
公權賀萬春節
為夏生日使
為璞為賀宋正
旦使

二十七年
正月癸卯朔宋
正月癸卯朔高

四月壬戌以宰
臣使李槃為橫
賜高麗使
麗禮部侍郎任
溥謝橫賜禮賓
十二月庚子高
少卿虞元禮賓
謝橫賜
日

二百八十三

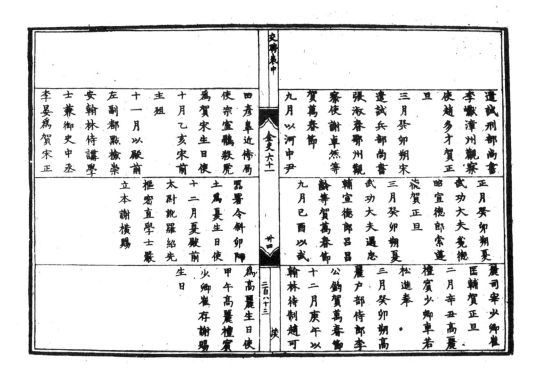

震司宰少卿崔
遵試刑部尚書
李歠漳州觀察
使趙多才賀正
賀萬春節
九月以河中尹
正月癸卯朔夏
臣輔賀正旦
武功大夫笇德
昭宣德郎索達
旦
三月癸卯朔夏
炎賀正旦
三月張卯朔宋
遵試兵部尚書
張泳春州觀察
寨使謝卓然等
輔宣德郎呂昌
醫等賀萬春節
三月癸卯朔高
麗戶部侍郎李
公鈞賀萬春節
九月己酉以試
禮賓少卿車若
松進奉
禮賓奉
翰林待制趙可

二月辛丑高麗
三月癸卯朔高
十二月庚午以
翰林待制趙可

使宗室鵤裰麂
為賀宋生日使
十一月乙亥宋
十二月夏敬前
火卿崔存謝賜
生日
四月彥卓近侍局
器署令餅卿陣
甲午高麗禮賓
為高麗生日使
十月乙亥宋前
主粗
太尉龍羅紹先
生日
安翰林侍講學
士兼御史中丞
李晏為賀宋正
左副都點檢崇
樞密直學士嚴
立本謝橫賜

二十八年

旦使
十二月壬午宋
敷文閣學士章
璞鄂州觀察使
特立來告哀

正月丁酉朔宋
試工部尚書萬
武功大夫麻奴
紹文宣德郎安
趙不遺賀正旦
鐘罩州觀察使

正月丁酉朔高
麗司宰少卿鄭
迪元賀正旦

二月乙未高麗

正月丁酉朔高
麗戶部侍郎李

禮賓少卿吉仁

是月以左宣徽
使惟敬賀正旦

使附馬都尉蒲
察克忠戶部尚
書劉璋為宋弔
祭使

三月丁酉朔夏
國使來

三月丁酉朔高
麗戶部侍郎李
忠宣德郎鄧昌
祖等來賀萬春
節

二月宋試戶部
尚書頻師魯福
州觀察使高震
來進其前主遺
詔禮物

九月甲午朔以
大理正移刺彥
為高麗生日使

十二月丙寅以
拱為高麗生日
使

鷹坊使崇蕘為
夏國生日使

庚寅高麗戶部

二十九年

正月壬辰朔宋

三月丁酉朔宋
試戶部尚書胡
晉臣鄂州觀察
使鄭廉孫賀萬

使鄭鄂州觀察

禮部尚書京鐘

五月甲辰宋試

端仁來報謝

九月丙申以武

春節

安軍節慶使王
克溫近侍局使
鶡毅虎為賀宋
生日使

十一月以河中

尹田彥章吏部
侍郎移刺仲方
為賀宋正旦使

正月壬辰朔高

正月壬辰朔高

侍郎周臣美謝

賜生日

金天六十一　廿七　青

顯謨閣學士鄭
僑廣州觀察使
張時偕等賀正
旦上
德昌宣德郎字
旦使遣還
甲辰遣大理卿
王元德等報表
于宋
二月宋主內禪
于諱嗣立

羅禮實少卿李
正月壬辰朔夏
尚僑賀正上
武功大夫紐尚
大漸高麗遣還
得賀賀正旦上
六月乙卯高麗
大漸夏使遣還
三月夏敗使前太
射户部尚書右傑
尉李元貞翰林
學士餘良來陳
會葬并祭奠　慰

黃清來奏
尚書户部侍郎
檢校尚書工部
尉李
撿校檢校尚書
高麗

即位
速可等使宋賀
招討使使溫迪罕
戊午遣東北路
報嗣位
羅點蕭熙載來
國安入奏
五月夏知興中
府事延令梁介
五月壬寅宋遣
廷瑞趙不慢來
四月辛未宋葛
予祭
史中丞鄒顯忠
樞密直學士李
實殿中監住沖
檢校太尉鄭存
來賀登位
四月進奉使御
七月辛未高麗

府事田周臣押
生日户部侍郎
部侍郎閔湜謝
十二月高麗
賀天壽節
秘書少監梁存
八月高麗遣户
部尚書崔膚庸
賀登位知中興

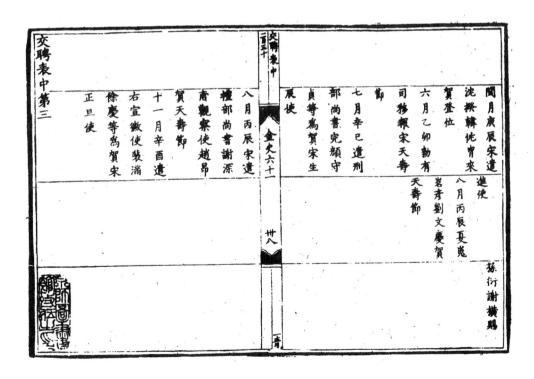

金天六十一　廿八　青

閏月庚辰宋遣
沈揆轉佑胄來
進使
六月乙卯勅有
賀登位
司穆報宋天壽
部尚書完顏守
貞等為賀宋生
辰使

八月丙辰夏覠賀
岩羊劉文慶賀
天壽節
七月辛巳遣刑
尚書完顏守

八月丙辰宋遣
禮部尚書謝深
廣觀察使趙昂
賀天壽節
十一月辛酉遣
右宣徽使裴滿
餘慶等為賀宋
正旦使

孫衍謝橫賜

交聘表中第三

章宗明昌元年

明昌儀同三司在國錄軍國重事前中書右丞相韓□□□雙須經進裏郡總裁臣脫脫奉
勅修

宋	夏	高麗
正月丙辰朔，宋試戶部尚書郭德璋、宜州觀察使蔡錫賀正旦	正月丙辰朔，夏戶部侍郎陳克、武節大夫唐彦修及進奉使戶部鄭世黌賀天（壽節）	八月己酉，高麗趙宣德郎楊彦□□
郡尚書王翛等為賀宋生辰使	七月己巳遣禮直賀正旦	護閤學士丘密、福州觀察使必勝賀天壽節
八月己酉，宋顯節宣德郎張仲□	八月己酉，夏武寧大夫拽祝守文賀天壽節	中興府閤進忠謝橫鵬
十一月乙卯，遣簽書樞密院事把德圓等為賀	十二月丁未，高	

交聘表下　金史六十二　一　刘伏三

二年　宋正旦使

宋	夏	高麗
正月庚戌朔，宋試吏部尚書蘇、武節大夫王全、山潭州觀察使忠宣德張思義、劉詢賀正旦	正月庚戌朔，夏麗禮賓少卿鄭、武節大夫王全、克溫賀正旦	正月庚戌朔，高□□敦禮奉慰檢校
丙寅遣左都點檢完顏守貞，易三日，賀正旦許使賀	三月乙亥，夏左修吏部侍郎韓正	八月乙巳，高麗□
使宋告哀	三月丁巳夏左工部尚書右傑射	
三月丁丑，宋遣金吾衛正將軍	檢吏部侍郎	
試禮部尚書宋李元膺御史中之端嚴州觀察	敦禮奉慰檢校	
之端嚴州觀察使宋嗣祖為丞高俠英為賀祭英		
太后弔祭使太	丁卯夏進奉使	知中興府事永昌奉真聖太后弔祭使户部侍郎宋弘
丁卯夏進奉使户部侍郎柳光		卿樞密直學士户部侍郎宋弘
讀祭文		壽來賀天壽節
使宋嗣祖為慰使李嗣	八月乙巳高麗	尚書文得品禮
常少卿王叔簡同知中興府事		
七月己巳遣		宪顔宛等為賀
薦大睦親府事		宋生辰使
宪顔宛等為賀		八月丁丑朔，夏麗戶部侍郎李
宋生辰使		十二月癸卯，高

交聘表下　金史六十二　二　刘伏三

三年

正月乙巳朔宋	旦使	皇賀天壽節 發宣德郎焦元 婺州觀察使田 戶部尚書越離 八月乙巳宋試武節大夫執覬	至純謝賜生日
	璧等爲賀宋 翰王傅完顏宗 十一月丁巳遣		

正月乙巳朔宋

煥章閣學士蕭
申明州觀察使
張宗益賀正旦
七月辛卯遠跋
前都無檢傑散
端等爲宋生辰
使
書畿之望廣州
觀察使楊大節

正月乙巳朔夏
武節大夫趙好
德郎史從禮賀
正旦
宣德郎韓伯容
賀天壽節
八月丁卯夏武
節大夫周敦信

麗禮賓少卿洪
八月乙巳朔夏
擧忠賀正旦
八月辛丑朔高
麗衛尉少卿祕
初賀天壽節
橫賜禮賓少卿
喜少監師威謝
石城柱進奉
十二月丁卯高
麗遣戶部侍郎

四年

正月巳巳朔宋
賀天壽節
十一月戊寅遣
右副都點檢渦
敕忠筆爲賀宋
正旦使

使謙令雍賀正
汝許均州觀察
顯謨閣學士鄭
武節大夫吳畛
淑節宣德郎高
八月辛酉高疊
正月巳巳朔夏

丁光叙謝賜生
日

旦
正月巳巳朔宋
史中丞董師中
節大夫龐靜師
德宣德郎張崇
進奉
十二月庚申高

七月辛酉宋史
崇德賀正旦
英賀天壽節御
史中丞延令思
光卿等謝賜生
日

使
八月辛酉宋史
部尚書許又之
明州觀察使蔣
聽謝橫賜
九月仁孝薨子
純佑立

十一月庚寅遣
介賀天壽節

翰林直學士完
頗匡更名彌爲
賀宋正旦使

十一月壬申夏
御史大夫李元
吉翰林學士李
國安來訃告
十二月甲午朔
夏嵗前太尉咩
銘夾直學士移
密直副使樞
輔奉遺進禮物

正月癸亥朔宋
翰林學士倪思
知閤門使王知
新賀正旦
六月戊戌宋前
主管祖
七月甲子宋主
揮位于子擴
八月乙卯宋試

正月癸亥朔夏
正月癸亥朔高
武節大夫惠恩
世忠宣德郎劉
居正賀正旦
八月巳丑朔高
麗禮賓少卿權
夫國子祭酒劉
信賀天壽節太
府少監柳渾進
中烏古論慶裔
奉
十二月丁巳朔

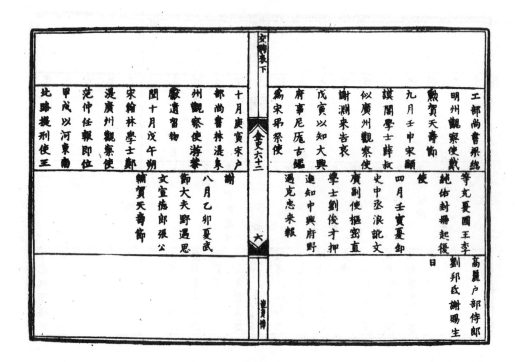

工部尚書梁統
等充夏國王李
明州觀察使戴
純佑封冊起復
爲宋弔祭使

九月壬申宋顯
謨閤學士薛叔
似廣州觀察使
謝淵來告哀
戊寅以知大興
府事尼厖古鑑
爲宋弔祭使

四月壬寅夏卸
史中丞浪訛文
廣副使劉俊才押
進知中興府野
過克忠來報
日

十月庚寅宋戶
部尚書林漲集
州觀察使游箋
獻遺賀物
閏十月戊午朔
文宣德郎張公
宋翰林學士郎
輔賀天壽節
甲戌以河東前
范仲任報即位
淮廣州觀察使
宋翰林學士郎
此路提刑使王

高麗戶部侍郎
劉邦氏謝賜生

六年

正旦使
高世忠為賀宋
東京路轉運使
徽使移剌敏為宣
廣威將軍右宣
十一月甲子以
宋即位國信使
石抹仲溫為賀
前左副都點檢
廣威將軍毅

正月丁亥朔宋
試禮部尚書曾
三促賀正旦
二月癸未宋俁
章閣學士林孝
庚明州觀察使
郭正巳報謝
八月辛未遣使
部尚書吳鼎樞

正月丁亥朔夏
武節大夫王彥
才宣德郎高大
即賀正旦
三月丙申夏御
史大夫李彥崇
存儒賀正旦
八月巳卯高嶷
知中興府事郭
庭俊謝賜生日
橫賜
十二月丁丑高

正月丁亥朔高
戶部侍郎白
禮部侍郎徐諝
少卿周元迪謝
橫賜

承安元年

等為賀宋生辰
使
已卯宋試吏部
尚書汪藏端福
州觀察使韓侂
刑部尚書綦忠
烈貞等為賀宋
十一月丙申遣
宵賀天壽節
正旦使

麗尚書戶部侍
郎孫弘謝賜生
節大夫宋覓忠
已卯夏武
日
宣德郎吳子正
賀天壽節
八月巳卯夏武

正月辛巳朔宋
遣翰林學士黃
艾均州觀察使
柳正一賀正旦
八月甲戌宋試
工部尚書吳宗
夔宣德大夫貞元
叔隨賀正旦
張卓賀天壽節
九月癸未遣使

正月辛巳朔夏
武節大夫貞元
亨宣德郎元叔
隨賀正旦
八月甲戌高麗
尚書禮部侍郎

正月辛巳朔高
麗禮賓少卿宋
湖州觀察使
等賀正旦

二年

賀宋生辰使
完顏崇道等為
陝西路統軍使
宣德郎呂昌邦
十一月甲午遣
正月乙亥朔宋
煥章閣學士張

八月甲戌夏武
太府監卿劉應
節大夫同崇義舉進奉
趙冲賀天壽節
賀宋正旦使
完顏崇道等為
十二月丙午朝
高麗戶部侍郎
金光當謝賜生日

正月乙亥朔夏
正月乙亥朔高麗禮賓少卿牙

奕讀嚴州觀察
泉州觀察使陳
工部尚書衛涇
八月戊戌宋試
以母喪告哀
觀察使朱龜年
尚書趙介利州
辛丑宋試禮部
使郭倪賀正旦
奕賀天壽節
德冲樞密直學
知中興府事李
禮部侍郎趙謙
八月戊戌高麗
賀天壽節戶部
侍郎梁元進奉
武節大夫嵐苫
世安宣德郎李
師廣賀正旦
八月戊戌夏武
節大夫玃哆守
忠宣德郎王彥
國賀天壽節
應卿賀正旦

部尚書張嗣等

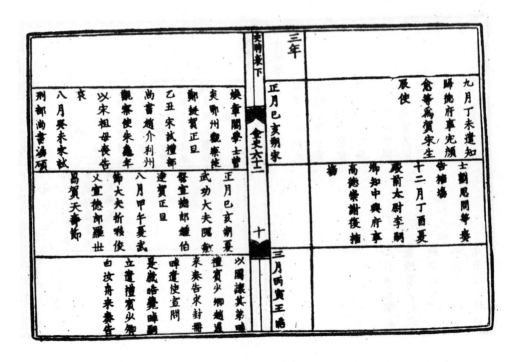

三年

正月己亥朔宋
煥章閣學士曾
辰使

九月丁未遣知
臨德府事宪頻
倉等為賀宋生
三月丙寅王淵

乙丑宋試禮部
鄭挺賀正旦
夾鄂州觀察使
煥章閣學士曾
正月己亥朔夏
嚴前太尉府事
嚴知中興府事
高德崇謝復捄
十二月丁酉夏

刑部尚書湯碩
八月聚未宋試
哀以宋祖母喪告
觀察使朱龜年
尚書趙介利州
義宣德郎羅世
昌賀天壽節
武功大夫照敏
來奉告宋封冊
晤宣德郎鍾伯
八月甲午夏武
節大夫斫雅俊
立遣禮賓少卿
是歲哈喜夔嬰
白波舟來奉告

四年

福州觀察使李
汝翼等報謝
九月丙申宋
謹閣學士王休顯
利州觀察使李
安禮賀天壽節
遣中郎路都轉
運使孫鐸等為
賀宋生辰使
賀宋生辰
十一月丁未遣

使
太常卿楊庭筠
等為賀宋正旦

正月癸巳朔宋
工部尚書馬覺
廣州觀察使鄭
源宣德郎鄭昌
蓋賀正旦
八月巳丑宋試
工部尚書李大

正月癸巳朔夏
武節大夫李慶
告哀
祖賀正旦
八月巳丑夏武

正月丁酉高麗
三月遣使冊高
麗王王晫
八月巳酉高麗
王晫遣戶部侍

五年

性泉州觀察使
金湯楫賀天壽
節大夫紐尚德
壽節戶部侍郎
郎劉元愼賀天
昌宣德郎李公
節
九月巳未遣知
東平府事僕散
思聰樞密直學
士楊德先謝橫
儀謝封冊
陝候太府卿王
麗知樞密院金
十二月乙酉高
鄭邦輔進奉
遣賀天壽節
辰使
十一月甲寅遣
琦等為賀宋生
知清南府事范
楫等為賀宋正
賜

旦使

正月戊子朔宋
煥章閣學士朱
致知福州觀察
使李師夔賀正
旦
八月壬子宋戶
部尚書趙善義
鄂州觀察使馮

正月戊子朔夏
武節大夫連都敦
信宣德郎丁師
元賦來賀正旦
為母疾求醫詔
遣太醫時德元
深賀天壽節戶
部侍郎中周錫

正月戊子朔高
麗禮賓少卿白
同賀正旦附奏
八月壬子高麗
王利貞挂診治
等進奉

仲詳賀天壽節
是月宋前主愽薨
仍以御劑藥賜

祖
十月庚子宋試
刑部尚書吳昕
利州觀察使林
可大來告母喪
十一月巳巳宋
煥章閣學士李
亮知中興府高
賓仲福州觀察

八月壬子夏武
節大夫連都教
信宣德郎丁師
周賀天壽節南
院宣徽使劉忠
永昌來謝恩

使張良顯來告
前主薨

乙卯遣工部尚
書爲古論証等
宋弔祭使
辛未遣殿前右
副點檢統后烈
忠定等爲宋正
旦使
十二月癸未遣

泰和元年

河南路統軍使
完顏充等爲宋
吊祭使

尚書丁常任嚴
壬成宋試工部
三月乙丑夏左
侍郎鄭公順賀
天壽節禮賓丞

正月壬子朔高
國賀正旦
王康成賀正旦
楠利州觀察使
忠寧德郎劉筠
八月高麗戶部
惟卿賀正旦
武節大夫臥德
禮賓丞卿李
正月壬子朔高

護閣學士林
正月壬子朔宋
州觀察使郭俠
進遺留物

三月乙亥宋試
刑部尚書慶倚
泉州觀察使張
仲舒等來報謝
八月戊寅朔夏
體禮賓少卿崔

野過思文知中
興府田文微等
賜生日
十二月巳巳高
義宣德郎焦思
南敏進奉

金吾衛上將軍
尉卿秦彥匡謝
卿趙淑進奉衛

八月丙申宋義
戶部尚書俞烈
福州觀察使李
元等賀天壽節

言等報謝

二年

丙申宋遣減吏
部尚書陳宗名
廣州觀察使賀
變賀天壽節
忠等爲宋生辰
使
十一月庚申遣
殿前右衛將軍

為賀宋正旦使
紇石烈七斤等

正月丁未朔宋
煥章閣學士李
景和福州觀察
使陳有功賀正
旦八月庚子宋
試工部尚書趙
不觀鄂州觀察

正月丁未朔夏
武節大夫白克
忠宣德郎蘇貢
孫賀正旦
八月庚子高麗

正月丁未朔高
戶部侍郎史洪
祐賀天壽節
禮賓少卿韓氏

三年

使黃卓然賀天
壽節丙辰以完
顏瑭張行簡為
賀宋生日使
殿前太尉李建
十二月癸酉遣
武安軍節慶使
公弼等為賀宋
賜宋弘烈進奉

忠毅宣德郎王
閏十二月己巳
安道賀天壽節
殿前知中興府事
高麗禮賓少卿
楊紹直等謝橫
宋弘烈進奉

正旦使
正月辛未朔宋

正月辛未朔宋
試吏部尚書曾
宣利州觀察使
王慶久賀正旦
觀察使郭偉賀
天壽節
甲子宋試禮部
尚書劉甲泉州
九月壬申遣刑
部尚書承暉等
為賀宋生辰使

正月辛未朔夏
公儀賀天壽節
武節大夫崔元
佐宣德郎劉彥
直謝賜生日
宣德郎覺德元
德元賀正旦
是歲王畀薨子
璟嗣位

麗戶部侍郎郭
正月辛未朔高
禮賓少卿師公
節大夫覺德元
麗禮賓少卿林
直謝賜生日
八月甲子夏武
禮賓少卿高
部尚書高大亨
賀天壽節

四年

十一月辛未遣
簽樞密院事獨
吉思忠等為賀
宋正旦使

旦
使林伯成賀正
李曾容州觀察
試吏部尚書張

正月乙丑朔宋
武節大夫梅詫
宇文宣德郎韓
師正賀正旦

正月乙丑朔高
麗司宰少卿李
延壽賀正旦
三月庚寅禮部
侍郎王永齡來

十丑張孝曹廻
至慶都縣卒贈
贈絹布各二百
二十疋差防禦
使女奚烈元亢
勒祭使管伴使
張雲護送以還
八月要丑宋試
禮部尚書張嗣
古廣州觀察使

八月己丑夏武
節大夫李德廣
宣德郎韓承慶
國王諜遺戶部
賀天壽節

侍郎曹光祿賀
天壽節戶部侍
郎李徽謝賜生
日

十二月丁巳高
麗禮賓少卿姜
植村進奉司宰

五年

掠

正月己未朔宋
試吏部尚書鄧
友龍利州觀察
使皇甫斌賀正
旦

正月己未朔夏
武功大夫遇惟
德宣德郎高大
倫賀正旦

正月己未朔高
麗司宰少卿准
仁頓賀正旦
閏八月辛巳高

庚申宋兵入遂
平縣縱掠出獄
因火官舍害令

閏八月辛巳夏
武節大夫趙公
義賀天壽節
十一月辛巳高
麗衛尉卿具應

良宣德郎米元

陳澳賀天壽節
乙卯遺知真定
府事完頗昌等
為賀宋正旦使
十一月丁卯遺

殿前右副都點
檢焉林答敦等
癸未寶雞部縣
諸社屢被宋抄

少卿車富民謝
橫賜戶部尚書
金慶夫禮部侍
郎崔克遇謝勒
祭衛尉少卿門
有謝慰問禮賓
少卿黃華卿謝
起復

尉而去
二月己酉宋兵
掠沁陽剽巡檢
來賣害其家人
三月戊午宋湖
兵焚平民鎮剽
橫陽
民財
四月命樞密院
移文宋人依舊
約撤新兵舞繳

遣賀天壽節假
前太尉延來思
聽知中興府通
判劉俊德來謝

天進奉

入境
庚午宋兵掠鄧
州白亭巡檢家
貲將其印去
辛巳宋兵犯鄝
州來遠鎮
丁亥廣州獲宋
謀言韓佗胄屯
兵鄝州將謀北

優

師
五月甲子平章
政事僕散揆宣
撫河南籍諸道
兵備宋宣撫司
移文宋三省樞
密問用兵之故
宋以鏹諭邊臣
為辭乃罷宣撫
司僕散揆還京

甲申宋楚州安
撫使戚拱遣其
將高顯以兵五
百人破漣水縣
聞八月辛巳宋
試吏部尚書李
鹽廣州觀察使
林仲虓賀天壽
節
九月甲申遏河

六年

闍龍皇后減授
淮北

梅棻與元欲竟
旦使
十二月宋具曦
傑等為賀宋正
遺太常卿趙之
兵入內鄉己丑
十一月乙酉宋
賀宋生辰使
后烈子仁等為
南路統軍使統

正月癸未朔宋
武刑部尚書陳
景俊知閤門事
吳璙賀正旦
四月丙寅詔平
章政事僕散揆
行省于汴督諸

正月癸未朔夏
武節大夫紐尚
德宣德郎鄭晶
賀正旦
八月丙子高麗
遺衛尉少卿李
迪儒賀天壽節
廢其主純佑自
衛尉卿金升謝

正月癸未朔高
體禮賓少卿崔
甫淳賀正旦
賀正旦
乙丑夏李安全
迪儒賀天壽節
李安全
純佑自

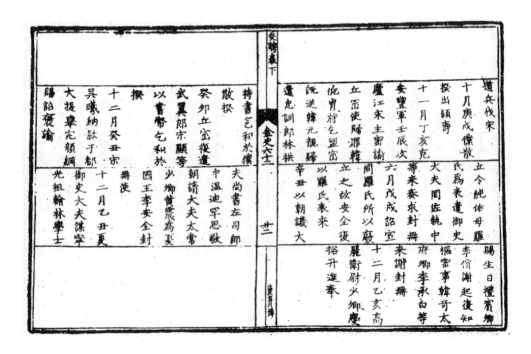

遺兵伐宋
立今純佑母羅
氏為表遺御史
李佾謝起復知
樞密事韓奇太
大夫周佐執中
府卿李承白等
十一月丁亥克
安豐軍壬辰次
廬江宋主密諭
六月戊戌詔宣
立之故安全復
間羅氏所以廢
饒送韓元靚歸
仿胄將乞盟誓
以羅氏表來
辛丑以朝謙大
麗衛尉火卿慶
裕升進奉
賜生日禮賓卿

持書乞和於樸
散揆
癸卯立寔復遺
武翼郎宋顯等
以書幣乞和於
樸

夫尚書左司郎
中溫迪罕思敬
朝請大夫太常
少卿黃震為夏
國王李安全封
冊使

吳曦納款于郜
十二月乙丑夏
大提舉完顏綱
御史大夫謀寧
光祖翰林學士

賜詔褒諭

七年

宋簽書樞密院
事立宓復遣陳
張公甫謝封冊
壁奉書詣揆乞
押進使知中興
和揆以其辭尚
府梁德楇等入
倡不見乙丑傑
見
揆為蜀國王吳
散揆班師封吳
曦遣鄒澄往宋
曦遣鄒澄住辛
奉表以蜀地圖
志吳氏譜牒來

上

正月庚寅傑散
復還至下蔡有
疾丙申以左丞
相崇浩代揆行
省于汴
二月宋妻炳報
其職宋方信孺
詣行省以書乞

丁丑朔夏
麗戶部侍郎師
武節大夫隈斂
應瞻賀正旦
修宣德郎鄧昌
八月甲辰朔夏
福賀正旦
勇大將軍官籍
副監楊序為橫

正月丁丑朔高

四月壬子以肥
武節大夫夫限
賜高麗使
思忠宣德郎安
八月壬申高麗

八年

和
禮賀天壽節

五月丙申宋張
嚴燧遣方信孺
詣都元帥府請
增歲幣
九月荼浩薨以
平章政事完顏
匡行省于汴
十一月丙子宋
韓侂胄遣王枏

議和

李壁移書行省
壬辰宋錢象祖
以書詣元帥府
象祖復遣王枏
二月乙巳宋錢
以書上行省乙
未宋函韓侂胄
蘇師旦首虜淮

遣衛尉少卿徐
琲賀天壽節衛
尉少卿金義元
謝賜生日
十二月壬寅朔
高麗遣戶部侍
郎鄭光曾進奉

正月辛未朔夏
武節大夫渾光
柱村賀正旦
中宣德郎梁德
十月己酉高麗
禮部侍郎林永

正月辛未朔高
麗戶部侍郎林
懿賀正旦
禮部侍郎林永

三月甲申夏樞
密使李元吉觀
改叔姪為伯姪
露布以聞宋請
南故地元帥府
祖賀天壽節禮
賓卿池利中謝

七月戊申答宋
世昌等奏告
日
增歲幣至三十
萬
六月癸酉宋試
禮部尚書許奕
前太尉習勒遹
五月辛亥夏歐
賜生日
福州觀察使具
義樞密都承旨
蘇寶孫謝賜生
衡泰哲書通謝
生

普書以左副黜
愉完顏佽藏宋
諭成使
十月己酉夏武
即大夫李世昌
大夫權鼎雄樞
己酉宋戶部尚
宣德郎米元傑
密直學士李文
喜鄰應龍泉州
觀察使李謙賀
天壽節
政謝橫賜參知
政事浪訛德光
八月己丑遺戶
部尚書高汝礪
等為賀宋生辰
光祿大夫田文

	使
	徽等來奏告
衛紹王大	
安元年	八月宋使賀萬　秋節　八月宋使賀萬　即位　五月高麗來賀
二年	秋節　八月宋使賀萬
三年	正月乙酉朔宋使賀正旦　正月乙酉朔夏麗使賀正旦　正月乙酉朔高
崇慶元年	正月宋使賀正旦　正月乙酉朔宋使賀正　正月夏使賀正旦　三月遺使冊李　遵頊為夏國王　十二月夏國王

至寧元年

宣宗貞祐元年

李遹 項謝 封冊

閏九月辛未奉
國上將軍戍衛
軍都指揮使爲
林客與尚書户
部侍郎尚票爲
之

十二月癸亥夏
人陷濫州節度
使奕谷守中死
之

二年

報諭宋使

十一月宋賀正
旦使入境有期
以大兵在近姑
停之令有司移
報

正月丁丑宋刑
部尚書真德秀
等賀即位駐境

十一月乙卯蘭
州譯人程陳僧

三年

上以中都被圍
版入于夏自是
連歲與夏交兵
矣

諭罷之

旦

正月辛酉朔宋
顯謨閣學士聶
子述廣州觀察
使周師銳賀正

三月壬申宋寶
謨閣學士丁焴
利州觀察使侯
忠信賀長春節
是月丙子宋使
朝辭因言宋主
請歲歲幣如大
定例上以本自
稱賀不宜別有
祈請諭遣之

四年

右武衛上將軍	旦使	九月己巳以左
筠宜州觀察使		諫議大夫把胡
奉文館學士留		魯尚書工部侍
三月甲子宋遣		郎從軍歐里白
萬春賀正旦		為賀宋生日使
累廣州觀察陳		十一月庚辰以
試工部尚書施		拱衛直都指揮
正月己卯朔宋		使蕭察五斤尚
		書禮部侍郎揚
		雲翼為賀宋正

廿九

興定元年

工部尚書錢撫	旦使	師亮賀長春節
三月己丑宋試	毅夫為賀宋正	九月乙未以榮
使霍徽賀正旦	右司郎中懷散	禄大夫中衛尉
伯震福州觀察		完顏奴婢太子
燠章閣學士陳		少詹事納坦謀
正月己卯朔宋		嘉為賀宋生日
		使
		十一月甲辰以
		尚書工部侍郎
		内族和尚尚書

卅

三年

潭州觀察使馮
柄賀長春節
四月丁未朔以
宋歲幣不至命
烏古論慶壽經
略南邊

二年

十二月甲寅朝
議秉勝與宋議
和以開封治中

癸丑以詔付行
省必蘭出諭高
麗貸報開市二

事遣典客署書
表劉丙從行

和好遂絕
人拒止之自此
行至淮中泛宋
為詳問宋國使
轉運副使馮璧
呂子羽南京路

有奉表朝貢之
東行省報高麗
正月戊辰朔遂

四年

五年

元光元年

二年

哀宗正
大元年

十一月夏遣使
議和

三月以邊帥奏
遣忠孝軍三百
送耆令史李庸
英徙滁州通好
宋人宴搞旬日
以奏稟為辭和
事竟不成
六月遣摳密判
官移剌蒲阿以
文樞邊諭宋界

意詔行省愛其
裒章以聞朝貢
之禮俟他日徐
議

兵 自是宋人亦然 軍民更不南伐	九月夏國和議 定夏攝弟各用 本國年號遺光 禄大夫吏部尚 書李仲鍔南院 宣微使羅世昌 中書省左司郎 李紹膺來聘 十月遣聶天驥 張天綱使夏講 和事 十二月夏使朝 辭國書報聘稱 兄大金皇帝致

書於弟大夏皇 帝闕下遺禮部 尚書與敦良弼 大理卿裴滿欽 甫侍御史烏古 孫弘毅充報成 使	正月丁巳朔夏 遣精鼎醌匭使 武紹德副儀增 御史中丞畔元 檀賀正旦 十月夏使報哀 十一月甲戌遣 人使夏賀正旦 丙子夏以兵事

四年

方殼來報各停
使
是月遣中奉大
夫完顏履信昭
毅大將軍太府
監徒單居正為
弔祭夏國使
予祭夏國使

五年

夏遣精方邏匭
使王立之來未
復命國亡
使命國亡

六年

七年

揚州制置趙善
湘遣黃謨詣京
東帥府約和朝

天文元年

庄以寧廢令王
渥往議凡再往
約竟不成

二年

宋惜糧宋人不
大睦親府事如
族阿虎帶同簽
州都寧軍致仕內
八月己卯假蔡

三

許
正月巳酉國亡

交聘表下第四